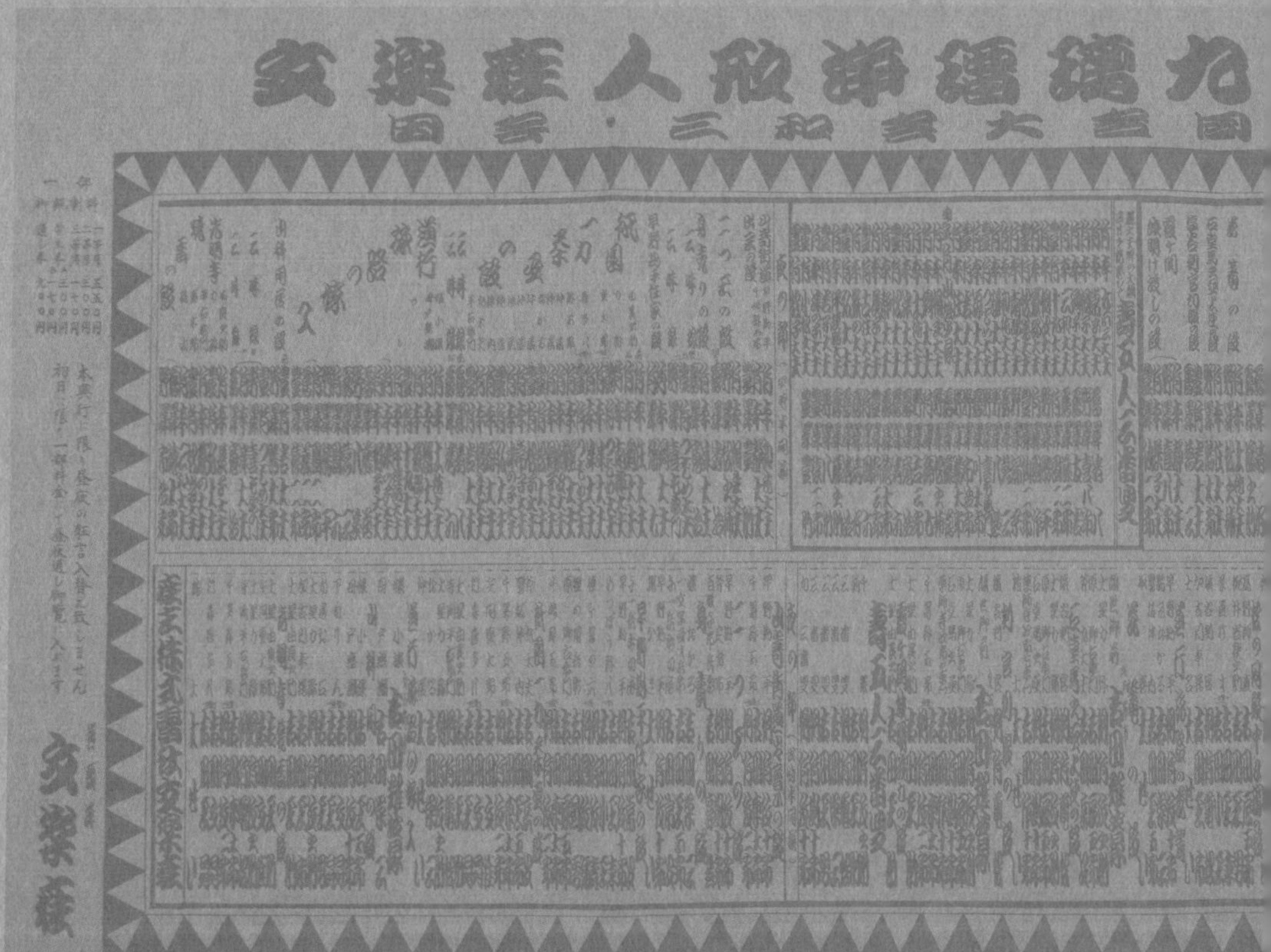
文楽座人形浄瑠璃
文楽座

国立文楽劇場 義太夫年表昭和篇刊行委員会 編

義太夫年表

昭和篇 第四巻

昭和三十年〜昭和三十五年

和泉書院

函・見返しの図版：昭和三十二年九月　道頓堀文楽座での因会・三和会合同公演のプログラム（国立文楽劇場蔵）

目次

義太夫年表 昭和篇 第四巻

凡例

収録対象範囲

一、この年表は、昭和初年から昭和末年までの人形浄瑠璃文楽の興行を年次順に記録したものである。本巻はその第四巻にあたり、昭和三十年から昭和三十五年までを扱った。編集にあたっては、番付・公演プログラム（「歌舞伎筋書」本を含む）・髙木浩志編『文楽興行記録　昭和篇』（以下『昭和篇』）・公演チラシ等を基に、新たに知り得た情報を加え、できるかぎり典拠を示すよう努めた。中でも、記述内容は『昭和篇』によるところが大きい。なお、収録にあたっては興行記録の列挙にとどまらず、関連する記事も採択した。

一、前項に関しては、番付・公演プログラム・『昭和篇』・公演チラシの他、新聞の演芸欄や広告欄、演劇関係書籍、あるいは独立行政法人日本芸術文化振興会や公益財団法人文楽協会所蔵の記録資料等により確認ができた公演、および関連記事等についても収録した。

一、収録した興行記録は、文楽関係のものに限定し、例えば淡路の人形浄瑠璃芝居等は対象としなかった。ただし、義太夫節による素浄瑠璃公演については収録した。

一、素人義太夫（素義）・女義太夫（女義）の公演は原則として採用しなかった。

一、ラジオ・テレビによる放送は、浄瑠璃・文楽を享受する重要な手段であるが、録音・録画による放送があるため、興行とは同列に扱わず、各年の末尾にまとめて示した。但し、放送局・テレビ局が多数開局し、すべてを網羅することは困難である。そこで、関西で放送・放映された番組を「朝日新聞」「毎日新聞」「読売新聞」（各大阪版）により採録した。また、他の資料で知り得た情報も付け加えた。典拠については、「朝日新聞」「毎日新聞」「読売新聞」を「朝」「毎」「読」、「週刊ＮＨＫ新聞」を「Ｎ」の略称で示し、新聞の発行日については放送日と異なる場合のみ示した。

一、収録にあたって基本とした四資料の分類を次の記号で示した。

Ａ…番付
Ｂ…公演プログラム
Ｃ…髙木浩志編『昭和篇』
Ｄ…公演チラシ類

一、『昭和篇』は、昭和五十五年に刊行されたものである。しかしその後も髙木の手により、多くの書き入れが増補されている。本巻では、それらの記事を含めＣとは別に○印で示した。その上で、今回編集担当者が新たに加え、採録した条々については、以下の記号でそれぞれを区分して示した。

◎印…『昭和篇』（Ｃ）に該当記事があるが、今回新たな資料をもって加筆修補したもの
◇印…『昭和篇』（Ｃ）にはなく、新たに加えたもの

一、新聞記事の日付については、以下の通りに示した。

（例）「山形新聞」三月十二日・三月二十四日各日の記事と三月二十一日の広告
↓「山形新聞」（03・12／03・24）、広告（03・21）

一、新聞・雑誌等の資料を引用する場合は「　」を用い、続けて（　）内に資料名を示した。

配列・記載方法

一、配列は、公演の初日の年月日順に記載した。ただし、巡業など一連の興行については、その巡業ごとにまとめて記載した。このため、日付の前後した箇所もある。

一、公演の初日の年月日は、次のように枠囲みにして示した。

（例）昭和三十年一月二日　↓　**30・01・02**

一、公演が二部制、三部制となっている場合は、一つの公演とみなした。また、同じ劇場、同じ座組であるが、二の替り・三の替りのように、番組を替えて公演を続けている場合も、一つの公演とみなした。その際、番組変更を順次丸数

字で示した。

（例）

姫路　やまと会館　①［ＢＣ］

人形浄瑠璃文楽三和会
やまとやしき友の会御招待

二月四日・五日・六日の部　十時　二時　六時開演

仮名手本忠臣蔵
一力茶屋の段
由良之助　竹本住大夫
力弥　竹本常子大夫
おかる　竹本源大夫
九太夫　豊竹松島大夫
平右衛門　豊竹古住大夫
　鶴澤叶太郎

由良之助　吉田辰五郎
力弥　（一日替り）桐竹紋寿
　桐竹勘之助
おかる　桐竹紋之助
九太夫　桐竹紋市
平右衛門　桐竹勘十郎
仲居　大勢

菅原伝授手習鑑
寺子屋の段
前　豊竹つばめ大夫
　野澤喜左衛門
切　豊竹若大夫
　鶴澤燕三

菅秀才　桐竹紋次
小太郎　桐竹勘之助
戸浪　桐竹紋二郎
武部源蔵　桐竹勘十郎
春藤玄蕃　吉田作十郎
松王丸　吉田辰五郎
千代　桐竹紋十郎
御台所　桐竹紋之丞
手習子、百姓、捕巻　大勢

桐竹紋十郎十二ヶ月好み
藤間紋寿郎振付

鏡獅子
弥生 後に獅子の精　豊竹古住大夫
胡蝶　豊竹小松大夫
胡蝶　竹本常子大夫
　野澤勝太郎
　野澤市治郎
琴　野澤勝平
　竹澤団作
　豊澤仙二郎

弥生 後に獅子の精　桐竹紋十郎
胡蝶　桐竹紋之助
胡蝶　桐竹紋二郎

姫路　やまと会館　②［ＢＣ］

二月七日・八日・九日の部　十時　二時　六時開演

生写朝顔日記
島田宿笑薬の段
前　豊竹松島大夫
　豊澤仙二郎
後　竹本住大夫
　野澤勝太郎

下女おなべ　桐竹紋四郎
下女おまつ　桐竹紋七
手代松兵衛　桐竹勘之助
荻野祐仙　桐竹勘十郎
戎屋徳右衛門　吉田国秀
岩代多喜太　桐竹紋二郎
駒沢次郎左衛門　吉田辰五郎
朝顔 実は 深雪　桐竹紋十郎
近習、供人、川越人足　大勢

宿屋奥座敷の段
切　豊竹つばめ大夫
　野澤喜左衛門
琴　野澤勝平

大井川の段
跡　豊竹小松大夫
　野澤勝平

絵本太功記
尼ヶ崎の段
前　竹本源大夫
　鶴澤叶太郎

武智重次郎　（一日替り）吉田作十郎
許嫁初菊　桐竹紋寿

切　豊竹若大夫
　　鶴澤燕三

　　　　　　桐竹紋弥
妻みさを　　桐竹紋之助
母さつき　　吉田国秀
旅僧実は真柴久吉　桐竹勘十郎
武智光秀　　吉田辰五郎
加藤正清　　桐竹小紋
軍兵　　　　大勢

鐘供養　京鹿子娘道成寺
シテ　豊竹古住大夫
ワキ　豊竹小松大夫
ツレ　竹本常子大夫
　　　野澤市治郎
　　　豊澤仙二郎
　　　竹澤団作
　　　野澤勝平

白拍子花子　桐竹紋十郎
所化　吉田作十郎
所化　桐竹紋二郎
所化　桐竹紋弥
所化　桐竹勘之助

一、第四巻に収録した時期は、文楽座が因会と三和会に分かれ、それぞれに活動した時期である。この時期因会、三和会両派が同日に開催した公演もあり、三和会の長期に渡る巡業も多い。公演初日の年月日順に記載するとそれぞれの活動がつかみにくいため、まず両派の一年の動きを一覧にして付し、その後に年月日順に各公演について記述した。
三和会の公演には、「三和会」、因会の公演には「因会」と記した。

（例）

30・11・08　**三和会**

○巡業
○十一月八日　東京都豊島公民館
○十一月九日　青山学院
〔典拠〕『三和会公演控』、『文楽因会三和会興行記録』

30・11・10　**因会**　**四ツ橋　文楽座　大阪　［ABC］**

文楽座人形浄瑠璃十一月訣別興行　大阪文楽会第二十五回公演
大阪府民劇場・重要無形文化財指定　芸術祭・文化祭参加
昭和三十年十一月十日初日　二十四日まで
昼の部午前十一時開演　夜の部午後四時三十分開演
十八日より昼夜の狂言入替

昼の部　十一時開演
西亭作曲・指揮
平和祭を祝して　文楽絃奏曲　**秋**

鶴澤藤蔵
野澤八造
鶴澤清友
豊澤新三郎
鶴澤清好
鶴沢藤二郎
鶴沢藤之助
竹澤弥七

野澤吉三郎
野澤錦糸
鶴澤寛弘
竹沢団二郎
鶴沢清治
豊澤猿糸
野澤松之輔

一、一連の巡業については、前述通り巡業初日の公演年月日を枠囲みにして示し、公演地が替わるごとに「○」印を付して立項した。
一連の巡業は巡業のプログラムの同じ演目で興行される場合が多く、同一内容のものは「巡業プログラムの通り」「○○座と同じ」という形で省略した。
また、巡業の終わりに……線を入れた。

（例）

31・05・04　**三和会**

○関東・東北巡業（『文楽因会三和会興行記録』）
◎五月四日　静岡市公会堂　昼の部午後一時　夜の部午後六時開演

静岡市立城内小学校ＰＴＡ主催　静岡新聞社後援
演目は三月巡業プログラムの通り（一六一頁参照）
〔典拠〕「静岡新聞」（04・24）

○**五月七日**　神奈川県横須賀市
〔典拠〕『三和会公演控』、『文楽因会三和会興行記録』

◎**五月八日**　神奈川県川崎市公民館　昼の部午後一時　夜の部午後六時開演
川崎市義太夫連盟主催
〔典拠〕「東京新聞（神奈川版）」（05・08）

◎**五月九日**　神奈川県横浜市県立音楽堂　昼の部午後一時　夜の部午後六時開演
竹本住大夫　桐竹紋十郎　野澤喜左衛門
入場料　前売普通二百円　指定三百円　当日普通三百円　指定四百円
〔典拠〕「神奈川新聞」（05・09）、「朝日新聞（神奈川版）」（05・06）

◎**五月十日**　東京都豊島区公会堂　午前九時開演
〔典拠〕「毎日新聞（都内城北版）」（05・10）

○**五月十一日**　宮城県仙台市労働会館
○**五月十三日**　宮城県角田町映画劇場
○**五月十四日**　福島県坂下町公会堂
〔典拠〕『三和会公演控』、『文楽因会三和会興行記録』

○**五月十五日**　福島県会津若松市公会堂
〔典拠〕「読売新聞（福島版）」（05・01）

◎**五月十六日**　福島県田島町栄楽座　昼夜二回公演
田島町観光協会主催　田島町公民館・田島町教育委員会後援
豊竹若大夫　桐竹紋十郎
〔典拠〕「毎日新聞（福島版）」（05・16）

◎**五月十七日**　福島県須賀川市立第一小学校講堂
福島市・商工会議所・観光協会後援
〔典拠〕「朝日新聞（福島版）」（05・16）

○**五月十八日**　栃木県大田原市朝日座
○**五月十九日**　東京都品川児童会館
〔典拠〕『三和会公演控』、『文楽因会三和会興行記録』

○**五月二十一日**　静岡県焼津市公会堂

・・・・・・・・・・・・・・・・・・・・・・・・・・・・

一、小公演・勉強会・研究会等は、開催年月日を枠囲みにせず太字で表記した。年月日を特定できないものについては、おおよその時期を推量して配置した。
一、公演内容の記載順序は、原則として一・初日年月日（枠囲み）、二・公演場

凡例

所、三・劇場名、四・参照資料（ＡＢＣＤ）の順に示し、以下公演タイトル（「当る戌歳初春興行」の類）、公演期間、開演時間等を記した。更に、外題、段名、出演者を記した。また、入場案内等必要な事項についても注記した。

一、右の記述内容について諸資料に異同があるなど、注記が必要な場合は、※で示した。

（例）記事本文では吉田常次とあり、チラシでは吉田淳造とある場合

→※　Ｄ（＝チラシ）吉田淳造

一、マチネー等については、公演記事の後に一括で記し、プログラム等で詳細がわかる場合は、できるだけそれを採録するよう努めた。

一、出演者の記載は、原則として上下二段に記し、境界線に――または═を用いた。

――を用いたときは、原則として上段に太夫・三味線、下段に人形遣いを示す。

═を用いたときは、上段から下段へ記事が連続することを示す。

一、番付には、格付けに応じて掲載順序、文字の大小、行間隔の違い、枠内・枠外表記の違い等、番付ならではの配慮がなされているが、本篇ではそれらを反映することはしなかった。

一、外題や段名を公演プログラムによった場合、原則として見返しや扉によって記した。それらで名称を確認できない場合は、適宜配役一覧で補った。

一、外題・段名に原資料が通称名を用いている場合には、そのまま採用した。

一、番付に記された三味線や人形については、場割の判断ができないものもある。特に人形については、出演しているものの役名がない、いわゆるユーレイ名が記されている場合があり、それらについては、場割の特定はほとんど不可能に近い。そのため、それらの類をまとめて末尾にアスタリスクを置いて一括して記した。（例参照）

一、紋下・三味線紋下・人形座頭・頭取・はやし・衣裳・人形細工人・床山・座主等の情報についても、公演記事の最後に同じくアスタリスクを置いて記した。

（例参照）

（例）　＊　＊　＊

〔三味線〕鶴沢清治
　鶴沢藤之助
　野澤喜八郎
〔人形〕吉田小文
═
吉田栄司
桐竹亀若
吉田栄之助
吉田栄弘

＊　＊　＊

紋下　豊竹山城少掾
三味線紋下　鶴澤清八
人形座頭　吉田玉助
頭取　吉田玉市
はやし　中村新三郎
衣裳　森田信二
人形細工人　藤本由良亀
人形細工人　菱田由良宏
人形師　大江巳之助
═
鬘床山　佐藤為治郎
鬘床山　名越健二
大道具　川辺繁太郎
照明　竹本文蔵
舞台監督　鷲谷樗風
人形指導　吉田難波掾《文五郎事》
座主　株式会社文楽座

千秋万歳楽大入叶吉祥日

一、打替《うってがえ》（一人または一組ずつ毎日交替で出演すること）の出演があった場合は、その範囲を次のような括弧で示した。

（例）

三五郎　（桐竹紋寿
　　　　（桐竹紋七
五貫屋善六　（桐竹紋四郎
　　　　　　（桐竹紋弥

※右は
三五郎　桐竹紋寿　五貫屋善六　桐竹紋四郎
三五郎　桐竹紋寿　五貫屋善六　桐竹紋弥
三五郎　桐竹紋七　五貫屋善六　桐竹紋四郎
三五郎　桐竹紋七　五貫屋善六　桐竹紋弥
この四組が打替で出演したことを示す。

一、資料に出演者名や登場人物名を省略表記している場合は、次のように正式な名称に改めた。

（例）山城→豊竹山城少掾　清六→鶴澤清六　文五郎→吉田文五郎

　由→由良之助　八→八重垣姫

一、年次末尾に「▼訃音」の項を設け、その年の物故者をまとめて記載した。

用字

一、常用漢字表・表外漢字一覧に収載されている漢字は、原則としてその字を用いた。出演者の名前もこれに従った。

ただし、三味線の格付けを示す沢の字は、番付がある場合はその表記に従い、「澤」「泽」「沢」の三種を書き分けた。プログラムなど三種の書き分けがない場合は、すべて「澤」に統一した。

一、外題や段名に慣用的に使用される以下のような旧字・異体字・合字は、番付等の原資料の表記に従った。

（例）鵺　鵺　嫩　嫩　廿　卅　嫜

一、慣例的誤用の字は、統一または書き分けなどを含めて、次のように改めた。

（例）悴・忰→倅　小性→小姓　茶筌→茶筅　亟→丞　唖→啞

一、口上等、文中における「ハ」「ニ」「ミ」は平仮名として扱った。

「改メ」「実ハ」「後ニ」も「改め」「実は」「後に」とした。

しかし役名に含まれる片仮名は原資料の表記通りとした。

一、外題振り仮名は原資料の表記通りとした。ただし、番付の場合は、濁点の有無を明白に判定しがたいものがある。その場合は清濁の可能性の大きい方を採用した。

一、原資料のあきらかな誤刻・誤植と思われる箇所は編集担当者の判断で改めた。また、疑義のある箇所には（ママ）と傍注した。

一、難読箇所もできるだけ判読するよう努めたが、判読不可能なものについてはその字数を□または［　　］を用いて示した。

一、外題、役名、引用文等には人権に関わる用語が使われている場合がある。年表としての資料的性格を考えて原本の通りに記したが、利用者各位には、人権問題の正しい理解にもとづいて活用して下さるようにお願いしたい。

主要参考文献

《書籍・雑誌》

『松竹百年史』演劇資料　平成八年十一月　松竹株式会社
『昭和の南座　資料編（中）』平成四年五月　松竹株式会社
『御園座七十年史』昭和四十一年九月　藤野義雄　株式会社御園座
『織大夫夜話　文楽へのいざない』昭和六十三年七月　竹本織大夫・髙木浩志　東方出版株式会社
『国立劇場上演資料集〈増刊〉吉田玉男　文楽藝話』平成十九年九月　吉田玉男・森西真弓　国立劇場調査養成部調査資料課編　独立行政法人日本芸術文化振興会
『昭和の名人　豊竹山城少掾』平成五年九月　渡辺保　株式会社新潮社
『頭巾かぶって五十年』平成三年　吉田簑助　株式会社淡交社
『でんでん虫』昭和三十九年六月　竹本綱大夫　株式会社布井書房
『〈演芸資料選書・9〉豊竹山城少掾覚書』平成二十一年二月　藤田洋　国立劇場調査養成部編　独立行政法人日本芸術文化振興会
『二代野澤喜左衛門』昭和五十二年五月　野澤勝平・伊藤靄子編　有限会社青蛙房
『人形有情　吉田玉男文楽芸談聞き書き』平成二十年十二月　吉田玉男・宮辻政夫　株式会社岩波書店
『文楽・女方ひとすじ　おつるから政岡まで』平成十三年九月　桐竹紋寿　東方出版株式会社
『文楽・桐竹紋十郎』昭和四十二年一月　安藤鶴夫　株式会社求龍堂
『文楽説き語り　言うて暮しているうちに』昭和六十年四月　竹本住大夫・和多田勝　株式会社創元社
『文楽の男　吉田玉男の世界』平成十四年一月　吉田玉男・山川静夫　株式会社淡交社
『芦笛』兵庫県立芦屋高等学校自治会執行部
『演劇雑誌幕間』株式会社和敬書店
『財団法人人形浄瑠璃因協会　年報』財団法人人形浄瑠璃因協会
『都民劇場』財団法人都民劇場
『人形浄瑠璃因協会会報』財団法人人形浄瑠璃因協会
『文楽因会三和会興行記録』大阪中央放送局
『三和会公演控』大阪中央放送局
『大阪府年鑑』新大阪新聞社
『官報』大蔵省印刷局
『芸術祭十五年史　資料編』昭和三十七年三月　文部省社会教育局芸術課編　文部省

《新聞》

「秋田魁新報」
「朝日新聞（大阪・東京）」
「朝日新聞（地方版）」
「芦高新聞」
「伊勢新聞」
「いはらき」
「岩手日報」
「愛媛新聞」
「大分合同新聞」
「大阪新聞」
「大阪日日新聞」
「大田区民新聞」
「葛飾区お知らせ」
「神奈川新聞」
「河北新報」
「河北新報（地方版）」
「北日本新聞」
「岐阜タイムス」
「岐阜日日新聞」
「京都新聞」
「京都新聞（地方版）」
「熊本日日新聞」
「黒石民報」
「芸南新聞」
「高知新聞」
「神戸新聞（地方版）」
「国際新聞」
「埼玉新聞」
「佐賀新聞」
「佐世保日日新聞」
「佐渡新報」
「山陰新報」
「山陰日日新聞」
「産経新聞（大阪）」
「産経新聞（地方版）」
「山陽新聞」
「四国新聞」
「滋賀日日新聞」
「静岡新聞」
「静岡日日新聞」
「信濃毎日新聞」
「島根新聞」
「市民新聞（伊東）」
「週間ＮＨＫ新聞」
「荘内日報」
「下野新聞」
「上毛新聞」
「新愛媛」
「新大阪」
「新関西」
「新九州」
「新宿区広報」
「新夕刊」
「砂川春秋」
「墨田区民新聞」
「千葉新聞」
「千葉日報」
「中国新聞」
「中国新聞（地方版）」
「中国日報」
「中部日本新聞」
「中部日本新聞（地方版）」
「東奥日報」
「東京新聞」
「東京新聞（地方版）」
「東北日報」
「徳島新聞」
「栃木新聞」
「富山新聞」
「豊橋新聞」
「名古屋タイムス」
「南信日日新聞」
「新潟日報」
「西日本新聞」

「西日本新聞（地方版）」
「日刊スポーツ」
「日刊両毛民友新報」
「日本経済新聞（大阪・東京）」
「日本海新聞」
「日向日日新聞」
「福井新聞」
「福島日日新聞」
「福島民報」
「福島民友」
「不二タイムス」
「文京タイムス」
「防長新聞（地方版）」
「北羽新報」
「北門新報」
「北陸新聞」
「北海タイムス」
「北海道新聞」
「北海道新聞（地方版）」
「北国新聞」
「毎日新聞（大阪・東京）」
「毎日新聞（地方版）」
「陸奥新報」
「山形新聞」
「大和タイムス」
「山梨日日新聞」
「夕刊山陰」
「夕刊山陰新報」
「夕刊フクニチ」
「夕刊みなと」
「読売新聞（大阪・東京）」
「読売新聞（地方版）」
「和歌山新聞」

《その他》

・二代野澤喜左衛門資料
・吉田文雀ノート（吉田文雀氏の書き残された「興行記録」と題するノート二冊。昭和三十五年七月二十一日から四十一年十二月までに氏が関係された公演や出演について記録。個人的な控えで氏の配役のみが記載されているものもあるが、これまで知られていない巡業の公演地なども記され、因会・三和会合流直前の交流などを知ることのできる貴重な資料。）
・巡業日程表（竹澤団作氏のチラシ等資料・メモ・日記によるもの）

義太夫年表昭和篇刊行委員会

委員
髙木浩志
阪口弘之

作業担当者（五十音順）

編集　坂本美加　名和久仁子　光貞知子　渡邊尚子
校正　北原美由紀　安田絹枝
事務統括　北村初美

資料提供者（順不同・敬称略）

【個人】

吉田文雀

竹本千歳太夫

【機関】

大阪市立大学学術情報総合センター

大阪市立中央図書館

尾道中央図書館

株式会社御園座

公益財団法人文楽協会

国立国会図書館

園田学園女子大学近松研究所

兵庫県立芦屋高等学校あしかび会

兵庫県立図書館

義太夫年表

昭和篇　第四巻

昭和三十年～昭和三十五年

昭和三十年

（一九五五　乙未）

因会・三和会の動き

因会

一月

・二日から二十一日　当る未歳文楽座人形浄瑠璃　初春本格二部興行　四ツ橋文楽座
・七日　人形浄瑠璃因協会顔付の発表
・二十二日から二十四日　文楽座人形浄瑠璃総引越興行　第一回　名古屋御園座
・二十五日から二十七日　同　第二回　名古屋御園座

二月

中国、四国、九州巡業
・三日　岡山市葦川会館
・四日　広島児童文化会館
・五日・六日　兵庫県神戸
・八日　徳島市歌舞伎座
・九日　香川県高松市
・十一日　高知市中央公民館
・十三日　愛媛県松山市国際劇場
・十五日　大分県別府市中央公民館
・十六日カ　宮崎
・十七日　長崎市三菱会館
・十八日　長崎県佐世保
・十九日　福岡県小倉
・二十日　福岡県久留米
・二十一日　福岡
・二十二日　佐賀劇場
・十五日　豊竹山城少掾、八代竹本綱大夫、四代鶴澤清六が重要無形文化財個人指定
・二十六日・二十七日、三月一日・二日　人形浄瑠璃女義太夫合同公演　四ツ橋文楽座

三和会

一月

・七日　人形浄瑠璃因協会顔付の発表
・八日から十三日　第十六回郷土公演　大阪三越劇場
（八日から十三日　よみうり・こども劇場　文楽教室　大阪三越劇場）
・二十二日　第四十七回三越名人会　大阪三越劇場
・二十三日　芸術祭賞受賞祝賀浄瑠璃会　大阪オメガハウス
・二十九日　第六十一回三越名人会　東京三越劇場

二月

・九日から十三日　第二回若手勉強会　東京三越劇場
・十五日　六代竹本住大夫が重要無形文化財個人指定

三月

・三日から二十七日　東京大歌舞伎三月興行　大夫三味線特別出演　大阪歌舞伎座
・四日から十三日　京都文楽会第八回公演　文楽座人形浄瑠璃引越興行　京都南座
（五日から八日　文楽教室　京都南座）
・十六日　因会が重要無形文化財（団体）に指定される

三月巡業
・十六日　静岡市公会堂
・十八日　青森県三本木映画劇場
・十九日　青森市国際劇場
・二十日　岩手県盛岡市県公会堂
・二十一日　秋田市スポーツセンター（山王体育館）
・二十三日　山形市公民館
・二十五日　新潟劇場
・二十九日　国家指定芸能特別鑑賞会　東京歌舞伎座

四月

・二日から二十一日　文楽座人形浄瑠璃四月本格二部興行　大阪文楽会第二十三回公演　四ツ橋文楽座
・二十二日・二十三日　天理市天理教館
・二十四日　第五回文楽座因会若手勉強会　四ツ橋文楽座

三月

・十二日から十七日　第十七回　大阪公演　大阪三越劇場
（十二日から十七日　文楽教室　大阪三越劇場）
・十六日　三和会が重要無形文化財（団体）に指定される

中国、四国巡業
・二十日　広島県呉市本願寺会館
・二十一日　広島県三原市帝人工場内大講堂
・二十二日　香川県高松市県公会堂
・二十三日　香川県坂出市公民館
・二十四日　愛媛県川之江市中学校
・二十五日　愛媛県丹原町丹原座
・二十六日　愛媛県松山市国際劇場
・二十九日　国家指定芸能特別鑑賞会　東京歌舞伎座

四月

・一日から三日　名古屋公演　第一回　名古屋新歌舞伎座
・四日から六日　同　第二回　名古屋新歌舞伎座
・九日　竹本常子大夫が竹本住大夫に入門
・十五日　京都府綾部市みろく殿

東海、関東、東北巡業
・二十四日　三重県津市曙座
・二十五日　三重県伊勢市伊勢会館
・二十七日　愛知県岡崎劇場
・二十八日　岐阜市公会堂
・三十日　静岡県島田市島田劇場

五月

巡業

・一日　島根県松江市公会堂
・二日　鳥取市大黒座
・三日　鳥取県倉吉
・四日　鳥取県米子
・十二日　岐阜市公会堂
・十三日　愛知県豊橋公会堂
・十四日　静岡県浜松
・十五日　静岡
・十六日　横浜市神奈川県立音楽堂
・十七日　山梨県甲府市中央劇場
・十八日　長野市産業会館
・二十日　長野県飯田市公民館
・十二日　人形浄瑠璃文楽が重要無形文化財に指定される
・二十四日　ＮＨＫ大阪中央放送局開局三十周年記念　因会三和会文楽人形浄瑠璃公演　大阪産経会館
・二十五日・二十六日　和歌山市民会館

六月

・四日　花柳寿美園創作発表会　東京産経ホール
・七日から二十六日　文楽座人形浄瑠璃六月本格二部興行　大阪文楽会第二十四回公演　四ツ橋文楽座

昭和三十年（乙未）

五月

・一日　静岡県伊東演舞場
・二日　神奈川県川崎市立公民館
・三日　東京都豊島公会堂
・四日　神奈川県横浜市県立音楽堂
・五日　東京都大久野公会堂
・六日　神奈川県横須賀市民会館
・八日　千葉県銚子市共栄館
・九日　千葉県銚子市公正市民館
・十日・十一日　千葉市教育会館
・十二日　栃木県宇都宮市スポーツセンター
・十三日　栃木県大田原市朝日座
・十四日・十五日　宮城県労働会館
・十二日　人形浄瑠璃文楽が重要無形文化財に指定される
・二十四日　ＮＨＫ大阪中央放送局開局三十周年記念　因会三和会文楽人形浄瑠璃公演　大阪産経会館
・二十五日　和歌山県海南市警察署
・二十八日　第三回人形と舞踊の会　大阪産経会館
・三十日　第六十五回三越名人会　東京三越劇場
・三十日　栃木県足利市月見ヶ丘学園講堂
・三十日　栃木県織姫公民館

六月

・一日から九日　第十二回東京公演　第一回　東京三越劇場
・十日から十八日　同　第二回　東京三越劇場
（二日から十八日　学生の文楽教室　東京三越劇場）

関東、東北巡業

・十九日　神奈川県鶴見区公会堂
・二十一日・二十二日　新潟劇場
・二十三日　新潟県三条市三条座
・二十四日　山形県米沢市市民会館
・二十五日　秋田県湯沢市光座

七月

・一日から四日　人形浄瑠璃女義太夫合同公演　四ツ橋文楽座
・六日から八日　大阪文楽座人形浄瑠璃総引越興行　お目見得　名古屋御園座
・九日から十一日　同　二の替り　名古屋御園座
・十三日から十九日　大阪文楽座人形浄瑠璃総引越興行　お目見得　東京新橋演舞場
・二十日から二十五日　同　二の替り　東京新橋演舞場
・二十六日から三十一日　同　お名残り　東京新橋演舞場

八月

・二日から二十六日　八月納涼大歌舞伎　大夫三味線特別出演　大阪歌舞伎座
・十日　兵庫県洲本市民会館
・十七日　京都文楽会第九回公演　文楽祭　京都南座
・十七日から二十一日　京都文楽会第九回公演　お目見得　京都南座
・二十二日から二十六日　同　二の替り　京都南座

・二十六日　秋田県湯沢市立湯沢西小学校講堂
・二十七日　秋田県能代市立渟城第一小学校講堂
・二十八日　秋田県大館市大館劇場
・二十九日　青森県弘前市柴田中学校講堂
・三十日　青森市国際劇場

七月

・一日　岩手県盛岡市県公会堂
・二日　宮城県若柳町立小学校
・三日　宮城県角田町立角田中学校
・四日　宮城県伊具郡丸森町立丸森小学校
・六日　福島市新開座
・七日　福島県会津若松市公会堂
・八日　福島県郡山市みどり座
・九日　栃木県芳賀郡真岡町
・十一日　栃木県鹿沼市東宝映画劇場
・十三日　千葉県館山市立北条小学校
・十四日　千葉県立木更津第二高等学校講堂
・十五日　千葉県安房郡鴨川町
・十六日　千葉県佐原市公民館
・十七日　千葉県銚子市立公正市民館
・十八日　茨城県土浦市公会堂
・十九日　長野市城山第一市民会館
・二十日　長野県松本市民会館
・二十一日　長野県諏訪市都座

八月

・二十日から二十五日　第十八回郷土公演　大阪三越劇場
・二十七日　三越名人会　大阪三越劇場

九月

巡業

・一日　愛知県豊橋市公会堂
・二日　紫陽クラブ九月例会　愛知県名古屋市
・二十日　神奈川県川崎市公民館
・二十六日・二十七日　第三回舞踊華扇会　東京明治座
・三十日　和敬書店創立十周年記念幕間舞踊観賞会第一回公演　京都祇園甲部歌舞練場

十月

巡業

・四日　静岡県富士市公会堂
・六日　静岡県榛原町講堂
・七日　静岡市公会堂
・八日　静岡県浜松座
・十一日　奈良友楽会館
・十三日　高知市中央公民館
・十四日　愛媛県松山市堀之内県民館
・十六日　大分中央映劇
・十八日　福岡県小倉市豊前座
・十九日　福岡県大牟田市民会館
・二十日　山口県下関戎座
・二十一日カ　岡山市葦川会館
・二十二日　広島児童文化会館
・二十三日　山口公会堂
・二十八日・二十九日　人形浄瑠璃女義太夫合同公演　四ツ橋文楽座
・二十九日　第六回邦楽名人大会　名古屋御園座
・三十日　京都市文化観光祭　京都祇園歌舞練場
・三十一日　芸術祭文楽合同公演　大阪大手前会館

九月

・一日から四日　京都公演　京都宮川町歌舞練場
・十五日から十八日　神戸公演　神戸仏教会館

九州方面巡業

・二十七日　岡山県倉敷市松竹劇場
・二十八日　岡山県新見市東映劇場
・二十九日　広島県東城町偕楽座

十月

・一日　広島市旭劇場
・三日　山口県下関市戎座
・四日　山口県厚狭市公民館
・五日　福岡県直方市多賀映画劇場
・六日　福岡県大牟田市民会館
・七日　熊本県山鹿市八千代座
・八日　熊本市歌舞伎座
・九日　熊本県八代市立代陽小学校講堂
・十日　熊本県天草合津中央映画劇場
・十二日　長崎市三菱会館
・十三日　佐賀劇場
・十四日　福岡県久留米市公会堂
・十五日から十七日　福岡市大博劇場
・十八日　福岡県三菱化成協和会館本館
・十九日　福岡県若松市稲荷座
・二十二日　兵庫県立加古川東高等学校講堂
・二十五日　奈良県立郡山高等学校
・三十一日　芸術祭文楽合同公演　大阪大手前会館

十一月

・四日・五日　昭和三十年度文部省芸術祭文楽合同公演　東京三越劇場
・六日・七日　文楽合同公演　東京新橋演舞場
・十日から二十四日　文楽座人形浄瑠璃十一月訣別興行　大阪文楽会第二十五回公演　四ツ橋文楽座
・二十五日　銀座交詢社ホール
・二十六日から二十九日　大阪文楽座人形浄瑠璃総引越短期興行　お目見得　東京新橋演舞場
・三十日から十二月三日　同　お名残り　東京新橋演舞場

十二月

・二十日・二十一日　神戸繊維会館
・二十八日　文楽座開場記念公演　道頓堀文楽座
・二十九日　秩父宮記念病棟建設基金募集興行　道頓堀文楽座

十一月

・四日・五日　昭和三十年度文部省芸術祭文楽合同公演　東京三越劇場
・六日・七日　文楽合同公演　東京新橋演舞場

巡業

・八日　東京都豊島公民館
・九日　青山学院
・十二日　甲南大学伝統演劇研究会　大阪三越劇場
・十三日から十七日　第十九回郷土公演　大阪三越劇場
・二十日　兵庫県洲本鐘紡工場公演
・三十日　東京三越劇場

十二月

・一日から八日　第十三回東京公演　第一回　東京三越劇場
（一日から十七日　学生の文楽教室　東京三越劇場）
・九日から十七日　同　第二回　東京三越劇場
・十八日　茨城県龍ヶ崎市立龍ヶ崎小学校講堂
・十九日　神奈川県横浜市県立音楽堂
・二十日　東京都品川区八潮高等学校
・二十四日　徳島県日和佐町弁天座
・二十五日・二十六日　徳島市歌舞伎座

30・01・02　因会　四ツ橋　文楽座　大阪　［ABC］

当る未歳文楽座人形浄瑠璃　初春本格二部興行
大阪文楽会第二十二回公演　府民劇場指定　文化財保護委員会選定
正月二日初日　昼の部午前十一時開演　夜の部午後四時三十分開演
十四日より昼夜の狂言入替上演

昼の部　午前十一時開演

鬼一法眼三略巻

五条橋の段

牛若丸　竹本綱子大夫／竹本津の子大夫
弁慶　豊竹十九大夫／豊竹弘大夫
竹本相子大夫
野澤吉三郎
鶴澤清友
豊澤新三郎
竹沢団二郎
鶴沢藤二郎

弁慶　吉田玉男
牛若丸　吉田玉五郎

神霊矢口渡

渡し守頓兵衛内の段

竹本伊達大夫
野澤八造

娘お舟　桐竹亀松
新田義峰　吉田玉昇
傾城うてな　吉田文雀
頓兵衛　吉田玉助
下人六蔵　桐竹紋太郎

近松門左衛門原作　西亭脚色並作曲　鷲谷樗風演出
中村貞以衣裳考証　大塚克三装置　近松学会賛助

お初徳兵衛　曽根崎心中

生玉社前の段

竹本津大夫
三味線　鶴澤寛治郎

天満屋の段

切　竹本綱大夫
竹澤弥七

林扇矢振付

天神森の段

徳兵衛　竹本雛大夫
お初　竹本南部大夫
竹本織部大夫
豊澤猿糸（友十郎改め）
野澤錦糸
鶴澤寛弘
鶴沢清好

平野屋徳兵衛　吉田玉男
天満屋お初　吉田栄三
油屋九平次　吉田玉市
田舎客 天満屋物兵衛　吉田常次
惣兵衛女房　桐竹紋太郎
丁稚長蔵　吉田玉之助
下女　吉田玉昇
町の衆　吉田万次郎
町の衆　吉田玉米
よね衆　吉田淳造
平野屋久右衛門　吉田玉助
よね衆　大ぜい

恋女房染分手綱

重の井子別れの段

豊竹松大夫
三味線　鶴澤清六

調姫　吉田小玉
乳母重の井　吉田栄三
腰元おふく　吉田玉昇
本田弥三左衛門　吉田兵次
馬方三吉　吉田文昇
宰領　吉田淳造
宰領　吉田常次
腰元　大ぜい

吉例　**寿式三番叟**

竹本長子大夫
竹本津の子大夫
竹本伊達路大夫
豊竹弘大夫
竹本織の大夫
竹本静大夫
豊竹松大夫
竹本津大夫
竹本綱大夫
豊竹山城少掾
竹本相生大夫
竹本伊達大夫
竹本雛大夫
竹本和佐大夫
竹本織部大夫
竹本相次大夫
豊竹十九大夫
竹本綱子大夫
竹本相子大夫
竹本南部大夫
三味線　鶴澤清八
野澤喜八郎
竹沢団二郎
鶴沢藤二郎

鶴澤寛弘
鶴澤清友
三味線　鶴澤清六
三味線　鶴澤寛治郎
竹澤弥七
鶴澤藤蔵
野澤松之輔
野澤八造
野澤吉三郎
野澤錦糸
豊澤新三郎
鶴澤清好
鶴沢清治
鶴沢藤之助
豊澤猿糸（友十郎改め）
豊澤豊助
三味線　豊澤広助

千歳　吉田玉市
翁　吉田文五郎
三番叟　吉田玉助
三番叟　桐竹亀松

夜の部　午後四時三十分開演

御祝儀　**車曳**

吉田神社社頭の段

松王丸　竹本津の子大夫
梅王丸　竹本綱子大夫
桜丸　竹本相子大夫
杉王丸　竹本伊達路大夫
時平公　竹本静大夫

杉王丸　吉田玉之助
梅王丸　吉田光次
桜丸　吉田文雀
松王丸　吉田玉昇
時平公　吉田淳造

鶴沢清治
竹沢団二郎
鶴沢藤二郎
鶴澤清好

仕丁　大ぜい

夕霧
伊左衛門　**曲輪文章**

吉田屋の段

竹本伊達大夫
三味線　鶴澤清六
ツレ　野澤八造

藤屋伊左衛門　桐竹亀松
喜左衛門　吉田兵次
扇屋夕ぎり　吉田栄三
女房おきさ　桐竹紋太郎
太鼓持　吉田玉米
禿　吉田小玉
仲居　吉田万次郎
若い者　大ぜい

菊池寛原作　食満南北脚色
竹本綱大夫　竹澤弥七作曲　大塚克三装置

恩讐の彼方に

鳥居峠茶屋の段より青の洞門の段まで

仲間市九郎　後に了海　竹本綱大夫
女房お弓　竹本南部大夫
旅の男　豊竹十九大夫
旅の女　豊竹弘大夫
中川実之助　竹本織の大夫
竹澤弥七
ツレ　鶴澤寛弘

仲間市九郎　後に了海　吉田玉市
女房お弓　吉田玉五郎
旅の男　吉田常次
旅の女　吉田文昇
中川実之助　吉田玉男

お千代
半兵衛　**八百屋献立**

新靭の段

竹本津大夫

八百屋の婆　吉田玉助

三味線　鶴澤寛治郎

女房お千代　吉田玉五郎
半兵衛　吉田玉男
父太郎兵衛　吉田玉市
兄十蔵　吉田常次
嘉十郎　吉田兵次
丁稚　吉田玉幸

絵本太功記

尼ヶ崎の段

前　豊竹松大夫　三味線　鶴澤清六
切　豊竹山城少掾　鶴澤藤蔵

母さつき　吉田兵次
武智光秀　吉田玉助
妻操　吉田文五郎
嫁初菊　吉田文雀
倅重次郎　桐竹亀松
真柴久吉　吉田淳造
軍兵　大ぜい

新曲　小鍛冶

木村富子作　鶴澤道八作曲
山村若振付　大塚克三装置

老翁実は稲荷明神
小鍛冶宗近
勅使道成

竹本津大夫
役毎　竹本和佐大夫
日替　竹本長子大夫
竹本織部大夫
竹本相次大夫
友十郎改め　豊澤猿糸
鶴澤清友
野澤錦糸
鶴澤寛弘
鶴澤清好

老翁実は稲荷明神　吉田栄三
小鍛冶　吉田玉五郎
勅使道成　桐竹紋太郎

＊　＊　＊

〔人形〕吉田玉新

＊　＊　＊

紋下　豊竹山城少掾
三味線紋下　鶴澤清八
人形座頭　吉田玉助
頭取　吉田玉市
はやし　中村新三郎
衣裳　森田
人形細工人　由良亀
床山　佐藤為治郎
座主　松竹株式会社

千秋万歳楽大入叶吉祥日

一部御観劇料　一等席三百五十円　二等席二百円　三等席百三十円
学生券（一等指定席）百五十円
初日に限り一部料金にて昼夜通し御覧に入れます

○一月二十一日まで（『朝日新聞（大阪）』広告　01・19）
○鶴澤友十郎改め　七代豊澤猿糸
◇「五条橋」と「車曳」に昨年入座の豆大夫・豆三味線を起用　竹本綱子大夫（九歳）、竹本津の子大夫（十六歳）、竹本相子大夫（十六歳）、鶴澤清治（十歳）、竹澤団二郎、鶴澤藤二郎（『演劇雑誌幕間』第十巻第二号）
○配役された久右衛門は舞台稽古で割愛（『人形有情　吉田玉男文楽芸談聞き書き』）

◇一月七日　人形浄瑠璃因協会「因講の顔付」の発表
竹本河内大夫が菊五郎劇団の竹本になったため、古老の中から消え、新たに竹本綱子、竹本津の子、竹本相子に続き、豊竹小松大夫らの子供大夫、三味線鶴澤清治、吉平、竹一、鶴澤藤二郎ら十代の少年組が加わる
〔典拠〕「朝日新聞（大阪）」（01・07）

30・01・08　三和会　高麗橋　三越劇場　大阪　［ＢＣＤ］

無形文化財・大阪府民劇場指定
昭和三十年初春　文楽三和会第十六回郷土公演　大阪　高麗橋　三越劇場
当一月八日より十三日　毎日十二時半開演

菅原《すがわら》伝授《でんじゅ》手《て》習《ならい》鑑《かがみ》

筆法伝授の段

中　豊竹松島大夫
　　竹澤団作
切　竹本住大夫
　　野澤勝太郎

菅丞相	桐竹紋十郎
武部源蔵	桐竹勘十郎
女房戸浪	桐竹紋之助
希世	桐竹紋二郎
御台所	吉田国秀
腰元勝野	桐竹紋弥
腰元お福	桐竹小紋
局	桐竹紋之丞

筑地の段

豊竹司大夫
豊澤仙二郎

武部源蔵	桐竹勘十郎
女房戸浪	桐竹紋之助
梅王丸	吉田作十郎
希世	桐竹紋二郎
三好清行	桐竹紋之丞
荒島主税	桐竹紋市
御台所	吉田国秀
菅秀才	桐竹紋若
役人	大ぜい

配所の段

豊竹つばめ大夫
三味線　野澤喜左衛門
ツレ　野澤八助

菅丞相	桐竹紋十郎
白太夫	吉田辰五郎
童子	桐竹紋寿
童子	桐竹紋四郎

天拝山の段

竹本源大夫
鶴澤叶太郎

菅丞相	桐竹紋十郎
白太夫	吉田辰五郎
安楽寺和尚	吉田国秀
弟子僧	桐竹小紋
鷲塚平馬	桐竹紋七
梅王丸	吉田作十郎

寺入りの段

中※1　豊竹若子大夫
　　野澤勝平

菅秀才	桐竹紋若
よだれくり	桐竹紋七
女房戸浪	桐竹紋之助
女房千代	桐竹紋十郎
小太郎	桐竹勘之助
三助	桐竹紋市
手習子	大ぜい

寺子屋の段

切　豊竹若大夫
三味線　鶴澤綱造

菅秀才	桐竹紋若
小太郎	桐竹勘之助
女房戸浪	桐竹紋之助
武部源蔵	桐竹勘十郎
よだれくり	桐竹紋七
春藤玄蕃	吉田作十郎
松王丸	吉田辰五郎
女房千代	桐竹紋十郎
御台所	桐竹紋之丞
手習子、百姓、捕手	大ぜい

仮名《かな》手本《でほん》忠臣蔵《ちゅうしんぐら》

一力茶屋場

大星由良之助　豊竹つばめ大夫

矢間重太郎	桐竹紋四郎

矢間重太郎　竹本住大夫
千崎弥五郎　豊竹若大夫
竹森喜多八　竹本源大夫
大星力弥　豊竹小松大夫
おかる　豊竹呂大夫
仲居　豊竹若子大夫
鷺坂伴内　豊竹松島大夫
斧九太夫　竹本三和大夫
寺岡平右衛門　豊竹古住大夫
前　豊澤猿二郎
後　鶴澤燕三

竹森喜多八　桐竹紋之丞
千崎弥五郎　桐竹紋寿
大星由良之助　吉田辰五郎
寺岡平右衛門　桐竹勘十郎
斧九太夫　桐竹紋市
鷺坂伴内　桐竹紋二郎
大星力弥　桐竹紋弥
おかる　桐竹紋之助
仲居　大ぜい

＊　＊　＊

おはやし　芳村喜代次
人形細工師　藤本由良亀
衣裳　八田保之
舞台製作　数宝光之助
舞台装置　服部和男

舞台装置　鈴木幸次郎
舞台装置　山森定次郎
小道具　畑天海
床山　背戸百太郎

入場料（全部指定席）A三百円　B百円　学生各半額（但し当日売に限ります）

※1　Dにあり

◇「菅原伝授手習鑑」の上演にあたり、一日から菅公ゆかりの大阪天満宮に菅丞相　菅秀才　白太夫の人形を参籠させ入魂、結願となった六日、桐竹紋十郎　桐竹勘之助　吉田辰五郎らの操る人形は、高麗橋の三越劇場まで一キロ余りを野澤喜左衛門、鶴澤叶太郎らの三味線にあわせて道行した（「毎日新聞（大阪）」01・06、「大阪日日新聞」01・07）

◇公演日は竹田出雲二百年忌（十一日）に因む（『文楽因会三和会興行記録』）

◎一月八日から十三日　文楽教室　［BC］

児童福祉運動　よみうり・こども劇場　文楽教室
一月八日より十三日午前十時半開演　大阪・高麗橋　三越劇場
主催読売新聞社　後援大阪府教育委員会　大阪市教育委員会

文楽のお話　豊澤猿二郎
人形の解説　8・10・12日　桐竹勘十郎
9・11・13日　桐竹紋之助

寿二人三番叟

豊竹松島大夫
豊竹古住大夫
豊竹呂太夫
竹本三和大夫
豊竹小松大夫
豊竹若子大夫
野澤勝太郎
鶴澤燕三
豊澤仙二郎
竹澤団作
野澤八助
野澤勝平

8・10・12日
三番叟　桐竹紋七
三番叟　桐竹紋二郎
9・11・13日
三番叟　桐竹紋四郎
三番叟　桐竹紋寿

三荘太夫千軒長者

由良湊の段

豊竹古住太夫
野澤喜左衛門
豊竹呂太夫
鶴澤叶太郎

安寿姫　桐竹紋弥
対王丸　桐竹勘之助

料金　大人五十円　学生三十円

◇一月九日　昭和二十九年度芸術祭奨励賞受賞
豊竹つばめ大夫　野澤喜左衛門が「近江源氏先陣館」の演奏で芸術祭奨励賞を受賞
〔典拠〕『芸術祭十五年史　資料編』
『演劇雑誌幕間』第十巻第一号

◎一月十一日
竹本相生大夫　野澤松之輔等が一月十一日から三十日の大阪歌舞伎座の初春大歌舞伎に「日高川」で特別出演する予定だったが、ストの為予定が変更になり出演せず
〔典拠〕『文楽因会三和会興行記録』、『演劇雑誌幕間』第十巻第二号
「毎日新聞（大阪）」（01・07）、広告（01・08）

30・01・22　因会　名古屋　御園座　①　［BC］

文部省文化財保護委員会選定　文楽座人形浄瑠璃総引越興行
芸術院会員豊竹山城少掾　芸術院会員吉田文五郎　他大夫三味線人形総出演
一月二十二日初日　二十七日まで

第一回狂言　二十二日より二十四日

昼の部　十一時開幕

鬼一法眼三略巻

五条橋の段

牛若丸　竹本織の大夫
弁慶　豊竹十九大夫
　竹本相子大夫
　野澤吉三郎

牛若丸　吉田玉五郎
弁慶　吉田玉男

鶴澤清友
竹澤団二郎
鶴澤藤二郎
野澤喜八郎

神霊矢口渡

渡し守頓兵衛内の段

竹本伊達大夫
野澤八造

娘お舟　吉田玉五郎
新田義峰　吉田玉昇
傾城うてな　吉田文雀
頓兵衛　吉田玉助
下男六蔵　桐竹紋太郎

近松門左衛門原作　西亭脚色並作曲　鷲谷樗風演出
中村貞以衣裳考証　大塚克三装置　近松学会賛助

お初 徳兵衛 曽根崎心中

生玉社前の段

竹本津大夫
三味線　鶴澤寛治郎

天満屋の段

切　竹本綱大夫
　竹澤弥七

林扇矢振付

天神の森の段

徳兵衛　竹本雛大夫
お初　竹本南部大夫
　竹本織部大夫 友十郎改め
　豊澤猿糸
　野澤錦糸
　鶴澤寛弘

平野屋徳兵衛　吉田玉男
天満屋お初　吉田栄三
油屋九平次　吉田玉市
田舎客 天満屋惣兵衛　吉田常次
惣兵衛の女房　桐竹紋太郎
丁稚長蔵　吉田玉之助
下女　吉田玉昇
町の衆　吉田万次郎
町の衆　吉田玉米
よね衆　吉田淳造
平野屋久右衛門　吉田玉助
よね衆　大ぜい

鶴澤清好一

恋女房染分手綱

重の井子別れの段

豊竹松大夫
三味線 鶴澤清六

調姫 吉田小玉
乳母重の井 吉田栄三
腰元おふく 吉田玉昇
本田弥三左衛門 吉田兵次
馬方三吉 吉田文昇
宰領 吉田淳造
宰領 吉田常次
腰元 大ぜい

寿式三番叟

竹本長子大夫
竹本伊達路大夫
豊竹弘大夫
竹本織の大夫
竹本静大夫
豊竹松大夫
竹本津大夫
竹本綱大夫
豊竹山城少掾
竹本伊達大夫
竹本雛大夫
竹本和佐大夫
竹本織部大夫
竹本相次大夫
豊竹十九大夫
竹本相子大夫
竹本南部大夫
三味線 鶴澤清八
（友十郎改め）豊澤猿糸
野澤喜八郎
鶴澤藤二郎
鶴澤清治
鶴澤寛弘
野澤錦糸
鶴澤清六
鶴澤寛治郎
竹澤弥七
鶴澤藤蔵
野澤八造
野澤吉三郎
鶴澤清友
豊澤新三郎
鶴澤清好
竹澤団二郎
鶴澤藤之助
豊澤豊助

豊澤広助
千歳 吉田玉市

翁 吉田文五郎
三番叟 吉田玉助
三番叟 桐竹亀松

夜の部 四時半開幕

妹背山婦女庭訓

道行恋の小田巻

お三輪
橘姫
求女

竹本南部大夫
竹本和佐大夫
竹本長子大夫
豊竹弘大夫
竹本伊達路大夫
三味線 豊澤広助
豊澤豊助
鶴澤清友
豊澤新三郎
鶴澤藤二郎
野澤喜八郎

道行恋の小田巻
お三輪 桐竹亀松
橘姫 吉田文雀
求女 吉田玉男

金殿の段

竹本伊達大夫
三味線 鶴澤清六

金殿の段
娘お三輪 桐竹亀松
豆腐の御用 桐竹紋太郎
鱶七実は金輪五郎 吉田玉市
官女 大ぜい

ひらかな盛衰記

松右衛門内より逆艪の段まで

竹本津大夫
三味線 鶴澤寛治郎

船頭松右衛門 吉田玉助
腰元お筆 桐竹亀松
親権四郎 吉田兵次
女房およし 桐竹紋太郎

駒若君　吉田玉幸
船頭九郎作　吉田淳造
船頭富蔵　吉田光次
船頭又六　吉田常次

伊賀越道中双六

沼津里の段

切　竹本綱大夫
　　竹澤弥七
ツレ　野澤錦糸

呉服屋重兵衛　吉田栄三
荷持安兵衛　吉田淳造
親平作　吉田玉助
娘およね（前）　吉田玉五郎
娘およね（後）　吉田文五郎
池添孫八　吉田兵次

平作内より千本松原の段まで

切　豊竹山城少掾
　　鶴澤藤蔵
胡弓　鶴澤寛弘

増補大江山

戻り橋の段

若菜 実は 鬼女
渡辺綱

竹本雛大夫
竹本静大夫
野澤八造
鶴澤寛弘
鶴澤清好
鶴澤清治
鶴澤藤之助

若菜 実は 鬼女　吉田玉五郎
渡辺綱　吉田玉男

*　*　*

人形頭取　吉田玉市
はやし方　中村新三郎
床山　佐藤為蔵
衣裳方　森田信一
人形師　藤本由良亀

平日一部料金　一等三百八十円　二等二百円　三等百円　桟敷四人詰千七百円
　学生各等半額
初日昼夜通し料金　四百二十円　二百三十円　百二十円　千九百二十円

名古屋　御園座　②　［BC］

第二回狂言　二十五日より二十七日

昼の部　十一時開幕

鶊山古跡松

中将姫雪責の段

岩根御前　竹本静大夫
中将姫　竹本南部大夫
大弐広嗣　竹本伊達路大夫
桐の谷　竹本織の大夫
浮舟　竹本織部大夫
下僕　竹本相次大夫
下僕　豊竹弘大夫
豊成公　竹本雛大夫
三味線　鶴澤清八
胡弓　鶴澤寛弘

岩根御前　吉田玉男
大弐広嗣　吉田兵次
中将姫　吉田玉五郎
下僕　吉田光次
下僕　吉田玉昇
腰元浮舟　吉田文昇
腰元桐の谷　桐竹紋太郎
豊成公　吉田栄三

良弁杉由来

桜の宮物狂の段

豊竹松大夫
竹本和佐大夫
豊竹十九大夫
竹本伊達路大夫
竹本相子大夫
三味線　鶴澤清六
　　　　野澤八造

桜の宮物狂の段
渚の方　吉田玉市
吹玉屋　吉田玉五郎
花売娘　吉田文雀
里の子　吉田玉之助
里の子　吉田玉幸
船頭　吉田常次
旅人　大ぜい

鶴澤清友
鶴澤寛弘
鶴澤清好
野澤錦糸

東大寺の段

竹本南部大夫
豊澤豊助

渚の方	吉田玉市
雲弥坊	桐竹紋太郎

二月堂の段

切　竹本綱大夫
竹澤弥七

良弁僧正	吉田玉助
渚の方	吉田玉市
弟子僧	吉田文昇
弟子僧	吉田小玉
寺侍	吉田玉米
寺侍	大ぜい

梅川忠兵衛 恋飛脚大和往来

新口村の段

竹本伊達大夫
三味線　鶴澤清六

亀屋忠兵衛	吉田玉男
傾城梅川	桐竹亀松
忠三女房	吉田光次
樋の口水右衛門	吉田文雀
鶴掛藤次兵衛	吉田淳造
伝ヶ婆	吉田常次
置頭巾	桐竹紋太郎
針立道庵	吉田兵次
親孫右衛門	吉田玉助
組子	大ぜい

日吉丸稚桜

小牧山城中の段

—

竹本津大夫
三味線　鶴澤寛治郎

鍛冶屋五郎助	吉田玉助
女房おまさ	吉田文五郎
木下藤吉	吉田栄三
堀尾茂助	桐竹紋太郎
五郎助女房	吉田常次
永井早太	吉田玉昇
倅竹松	吉田小玉

夜の部　四時半開演

木村富子作　鶴澤道八作曲
山村若振付　大塚克三装置

新曲 小鍛冶

老翁実は稲荷明神
小鍛冶宗近
勅使道成

竹本雛大夫
竹本和佐大夫
竹本長子大夫
竹本織部大夫
竹本相子大夫
友十郎改め　豊澤猿糸
鶴澤清友
野澤錦糸
竹澤団二郎
野澤吉三郎
三味線　豊澤広助

老翁実は稲荷明神	吉田栄三
小鍛冶宗近	吉田玉五郎
勅使道成	吉田玉男

碁太平記白石噺

新吉原揚屋の段

豊竹松大夫
三味線　鶴澤清六

傾城宮城野	吉田栄三
妹おのぶ	吉田玉昇
亭主宗六	吉田玉市
女郎宮里	吉田淳造
女郎宮柴	吉田小玉
禿しげり	吉田玉幸

菊池寛原作　食満南北脚色
竹本綱大夫　竹澤弥七作曲　大塚克三装置

恩讐の彼方に

鳥居峠茶店の段より青の洞門の段まで

仲間市九郎 後に了海　竹本綱大夫
女房お弓　竹本南部大夫
旅の男　豊竹十九大夫
旅の女　豊竹弘大夫
中川実之助　竹本織の大夫
竹澤弥七
ツレ　豊澤新三郎

卅三間堂棟由来

平太郎住家の段

切　豊竹山城少掾
鶴澤藤蔵

木遣音頭の段

後　竹本津大夫
三味線　鶴澤寛治郎

御所桜堀川夜討

弁慶上使の段

竹本伊達大夫
野澤八造

仲間市九郎 後に了海　吉田玉市
女房お弓　吉田玉五郎
旅の男　吉田常次
旅の女　吉田文昇
中川実之助　吉田玉男
横曽根平太郎　桐竹亀松
女房お柳　吉田文五郎
和田四郎　吉田兵次
みどり丸　吉田玉之助
進藤蔵人　吉田光次
平太郎の母　吉田淳造
木遣り人足　大ぜい
卿の君　吉田常次
妻花の井　吉田文昇
侍従太郎　桐竹紋太郎
女房おわさ　桐竹亀松
娘しのぶ　吉田文雀
武蔵坊弁慶　吉田玉助

一　こし元　大ぜい

◇一月二十二日　三和会　第四十七回三越名人会　大阪高麗橋三越劇場　午後一時開演
恋飛脚大和往来
新口村
豊竹つばめ太夫
野澤喜左衛門
〔典拠〕「大阪日日新聞」（01・19）

◎一月二十三日　三和会　豊竹つばめ太夫野澤喜左衛門　芸術祭賞受賞祝賀浄瑠璃会　大阪オメガハウス　午後一時開演
主催つばめの会
近江源氏先陣館
首実検の段
豊竹つばめ太夫
野澤喜左衛門
会費　三百円
〔典拠〕プログラム、『文楽因会三和会興行記録』

◇一月二十九日　三和会　第六十一回三越名人会　東京日本橋三越劇場　午後四時開演
心中天網島時雨炬燵
河庄内の段
豊竹つばめ太夫
野澤喜左衛門

30・02・03 因会

○中国、四国、九州巡業（『文楽因会三和会興行記録』）

二月引越興行 ［BC］

文化財保護委員会選定　大阪文楽座人形浄瑠璃引越興行
昭和三十年二月
大阪文楽会主催　芸術院会員吉田文五郎出演

昼の部　午前十一時開幕
西亭作曲　山村若栄振付

二《に》人《にん》禿《かむろ》

禿　竹本織の大夫
禿　豊竹弘大夫
　　竹本相次大夫
　　野澤八造
　　鶴澤清友
　　豊澤新三郎
　　鶴澤藤二郎

禿　吉田玉五郎
禿　吉田文雀

卅三間堂《さんじゅうさんげんどう》棟《むなぎの》由来《ゆらい》

平太郎住家の段より木遣音頭の段まで
竹本南部大夫
野澤松之輔

女房お柳　桐竹亀松
横曽根平太郎　吉田玉男
一子みどり丸　吉田小玉
平太郎の母　吉田常次
進藤蔵人　吉田光次
木遣り人足　大ぜい

壇《だんの》浦《うら》兜《かぶと》軍《ぐん》記《き》

阿古屋琴責の段
阿古屋　竹本雛大夫
重忠　竹本静大夫
岩永　豊竹十九大夫
榛沢　竹本伊達路大夫
　　野澤吉三郎
ツレ　野澤錦糸
琴胡弓　鶴澤寛弘

秩父重忠　吉田玉市
岩永左衛門　吉田兵次
榛沢六郎　吉田光次
傾城阿古屋　桐竹亀松
水奴　大ぜい

伽《めい》羅《ぼく》先《せん》代《だい》萩《はぎ》

御殿の段より政岡忠義の段まで

御殿の段
切　竹本綱大夫
　　竹澤弥七

政岡忠義の段
竹本伊達大夫
野澤八造

乳母政岡　吉田栄三
鶴喜代君　吉田玉幸
一子千松　吉田小玉
妻八汐　吉田玉助
妻沖の井　吉田文雀
栄御前　吉田玉五郎
腰元　大ぜい

大西利夫作並演出　野澤松之輔作曲

天理教祖伝　梅《うめ》薫《かおる》教祖《みおやの》俤《おもかげ》

にをいかけの段
みちすがらの段
手びきの段
陽気つとめの段
教祖　竹本津大夫
秀司　竹本雛大夫
小かん　竹本織の大夫

教祖　※1吉田玉市
兄秀司　吉田玉男
小かん　吉田玉五郎

女儀
探偵
旅の女
次良作

竹本織部大夫
竹本静大夫
豊竹弘大夫
竹本相生大夫
野澤吉三郎
野澤錦糸
豊澤新三郎
鶴澤寛弘
鶴澤藤二郎
竹澤団二郎

女儀　吉田文雀
旅の男　実は　探偵　吉田玉昇
旅の女　吉田文昇
次良作　吉田兵次

夜の部　午後四時開幕

伊《だ》達《て》娘《むすめ》恋《こひの》緋《ひ》鹿子《かのこ》

お七火の見櫓の段

豊竹十九大夫
竹本相次大夫
竹本伊達路大夫
鶴澤清友
竹澤団二郎
鶴澤藤二郎

娘お七　吉田文五郎
娘お七　吉田玉五郎

生《いき》写《うつし》朝《あさ》顔《がお》話《ばなし》

宿屋の段より大井川の段まで

竹本伊達大夫
野澤八造
琴　鶴澤寛弘

宮城阿曽次郎　後に　駒沢次郎左衛門　吉田玉助
岩代多喜太　吉田玉男
戎屋徳右衛門　吉田兵次
下女おなべ　吉田文昇
朝顔　実は　娘深雪　※2桐竹亀松
川越人足　大ぜい

鶴澤道八作曲　楳茂都陸平振付

新曲

釣《つり》女《おんな》

太郎冠者　竹本綱大夫
大名　竹本織の大夫
美女　竹本織部大夫
醜女　竹本南部大夫

竹澤弥七
野澤錦糸
豊澤新三郎
竹澤団二郎
鶴澤清友

大名　吉田玉昇
太郎冠者　吉田栄三
美女　吉田光次
醜女　吉田玉五郎

一《いちの》谷《たに》嫩《ふたば》軍《ぐん》記《き》　熊谷陣屋の段

熊谷物語の段

切　竹本相生大夫
野澤松之輔

首実検の段

後　竹本津大夫
鶴澤寛弘

熊谷次郎直実　吉田玉助
妻相模　吉田栄三
藤の局　吉田文雀
堤軍次　吉田文昇
源義経　吉田玉男
梶原平次景高　吉田淳造
石屋弥陀六　吉田玉市

大西利夫作並演出　野澤松之輔作曲

天理教祖伝

梅《うめ》薫《かおる》教祖《みおやの》俤《おもかげ》

にをいかけの段
みちすがらの段
手びきの段
陽気つとめの段

教祖　竹本津大夫
秀司　竹本雛大夫
小かん　竹本織の大夫
女儀　竹本織部大夫

教祖　吉田玉市
兄秀司　吉田玉男
小かん　吉田玉五郎
女儀　吉田文雀

探偵	竹本静大夫	旅の男実は探偵	吉田玉昇
旅の女	豊竹弘大夫	旅の女	吉田文昇
次良作	竹本相生大夫	次良作	吉田兵次
	野澤吉三郎		
	野澤錦糸		
	豊澤新三郎		
	鶴澤寛弘		
	鶴澤藤二郎		
	竹澤団二郎		

※1・※2　B上部に吉田文五郎出演のスタンプがある

◎二月三日　岡山県葦川会館　午前十一時　午後四時開演
大阪文楽会主催　天理教岡山教務支庁後援
梅薫教祖傳　他
〔典拠〕「山陽新聞」（02・03）

◎二月四日　広島児童文化会館　昼の部午前十一時　夜の部午後四時開演
大阪文楽会主催　天理教広島教務支庁後援　天理教にをいがけ委員会協賛
演目・配役は巡業プログラムの通り　但し　禿　吉田文五郎
入場料　前売A四百五十円　B三百五十円　C二百五十円
〔典拠〕「中国新聞」（02・02）、広告（01・30）

○二月五日・六日　兵庫県神戸
〔典拠〕『文楽因会三和会興行記録』

◎二月八日　徳島市歌舞伎座　午前十一時　午後四時開演
大阪文楽会主催　天理教徳島教務支庁後援
梅薫教祖傳　生写朝顔話
入場料　前売三百円　当日四百五十円
〔典拠〕「徳島新聞」（02・07〜08）

○二月九日　香川県高松市
〔典拠〕『文楽因会三和会興行記録』

◎二月十一日　高知市中央公民館　午後の部午後四時開演
竹本伊達大夫が高知新聞社を訪問
〔典拠〕「高知新聞」（02・12）

◎二月十三日　愛媛県松山市国際劇場
大阪文楽会・天理教愛媛教務支庁後援
演目は巡業プログラムの通り
〔典拠〕「愛媛新聞」（02・11）

◎二月十五日　大分県別府市中央公民館　昼の部午前十一時　夜の部午後四時開演
別府市・ラジオ大分・大分合同新聞後援　天理教大分教務支庁協賛
演目は巡業プログラムの通り
〔典拠〕「大分合同新聞」（02・16）

○二月十六日カ　宮崎
※『文楽因会三和会興行記録』では十七日

〔典拠〕『文楽因会三和会興行記録』

◎二月十七日　長崎市三菱会館　昼の部午前十一時　夜の部午後四時開演
大阪文楽会主催　長崎日日新聞社・ラジオ長崎後援　長崎市教育委員会協賛
演目は巡業プログラムの通り

入場料　四百五十円　読者優待三百円

〔典拠〕「佐世保日日新聞」広告（02・16～17）

◎二月十八日　長崎県佐世保
次の内容のチラシがある　この公演のものカ
協賛天理教長崎教務支庁　後援天理教にをいかけ委員会
演目は巡業プログラムの通り
他に　鶴澤寛治郎　吉田万次郎　吉田玉之助　吉田玉米　桐竹紋太郎
観覧料　A四百五十円　B三百五十円　C二百五十円

○二月十九日　福岡県小倉
○二月二十日　福岡県久留米
○二月二十一日　福岡

〔典拠〕『文楽因会三和会興行記録』

◎二月二十二日　佐賀劇場　昼の部午前十一時　夜の部午後四時開演
佐賀市天理教教務支庁後援
天理教祖伝　梅薫教祖俤　他八編

〔典拠〕「佐賀新聞」（02・19）

……………………………………

30・02・09　三和会　日本橋　三越劇場　東京　［BC］

文楽三和会　第二回若手勉強会
文化財保護委員会後援
昭和三十年二月九日より十三日まで　毎日十二時半開演

仮名手本忠臣蔵

裏門の段

勘平
おかる
伴内

豊竹小松太夫
竹本三和太夫
豊竹若子太夫
野澤勝平

勘平　桐竹紋弥
おかる　桐竹勘之助
伴内　桐竹紋寿
花四天　大ぜい

菅原伝授手習鑑

寺子屋の段

豊竹古住太夫
野澤勝太郎

菅秀才　桐竹紋若
小太郎　桐竹紋之助
源蔵　桐竹紋七
戸浪　桐竹紋寿
玄蕃　桐竹小紋
松王丸　桐竹紋四郎
千代　桐竹紋弥
御台所　桐竹紋市
其他　大ぜい

心中天網島時雨炬燵

紙治内の段

豊竹つばめ太夫
三味線 野澤喜左衛門

治兵衛 桐竹紋七
おさん 桐竹紋二郎
三五郎 桐竹小紋
五左衛門 桐竹紋四郎
小春 桐竹紋寿
太兵衛 桐竹勘十郎
善六 桐竹勘之助
お末 桐竹紋若
勘太郎 吉田作十郎

本朝廿四孝

十種香の段より狐火の段まで

豊竹呂太夫
鶴澤燕三
ツレ 竹澤団作
琴 野澤勝平

勝頼 桐竹紋四郎
濡衣 桐竹勘之助
八重垣姫 桐竹紋二郎
謙信 桐竹紋七
白須賀六郎 桐竹小紋
原小文治 桐竹紋弥

狐火の段

八重垣姫 桐竹紋二郎
狐八重垣姫 桐竹紋二郎
（以下特別出演）
左 桐竹紋十郎
足 桐竹紋之助
白狐 吉田辰五郎
白狐 桐竹勘十郎
白狐 吉田作十郎

入場料 二百円

◇桐竹紋十郎 全幕出演し左を持って指導（『演劇雑誌幕間』第十巻第三号）

◎二月十五日 重要無形文化財個人指定
豊竹山城少掾（七十六歳） 六代竹本住大夫（六十八歳）
八代竹本綱大夫（五十一歳） 四代鶴澤清六（六十五歳）
〔典拠〕『文楽因会三和会興行記録』、『三和会公演控』
「朝日新聞（大阪）」（01・29）

◇二月十八日 文楽人形と浪曲の共演
「古典芸術として約束の多い文楽人形が浪曲にのってテレビに出るという破格ぶり。これはNHKテレビが企画したものでいろいろともんだすえ三和会の桐竹紋十郎が三門博十八番の『瞼の母』（長谷川伸・原作）で番場の忠太郎をつかうことになった。人形が浪曲と競演したことは明治初年に一回あったというが、これは失敗だったらしい。こんどはテレビ放送なので技術陣とダメの出し合いを重ねて成功の見通しはついているといい、これがうまくいけば劇場進出も当事者の間で考えているという」（「朝日新聞（大阪）」02・18）

◎二月二十六日から三月二日 因会 人形浄瑠璃女義太夫合同公演 四ツ橋文楽座
芸術院会員吉田文五郎特別出演
女義太夫に人形参加
二月二十六日・二十七日 三月一日・二日 一日より昼夜狂言入替上演
昼の部 午前十一時開演

義経千本桜
道行初音の旅
静御前 吉田玉五郎
狐忠信 吉田玉男

傾城阿波の鳴戸
十郎兵衛住家の段
女房お弓 桐竹亀松
娘おつる 吉田小玉
十郎兵衛 吉田玉市
捕手 大ぜい

絵本太功記
尼ヶ崎の段
母さつき 吉田兵次
武智光秀 吉田玉助

妻操　吉田栄三
嫁初菊　吉田文雀
倅重次郎　吉田光次
真柴久吉　桐竹亀松
軍兵　大ぜい

壺坂観音霊験記
沢市内より壺坂寺の段まで
女房お里（前）　吉田文五郎
座頭沢市　吉田栄三
観世音　吉田玉之助
女房お里（後）　吉田玉五郎

梅川忠兵衛　恋飛脚大和往来
新口村の段
亀屋忠兵衛　吉田玉男
傾城梅川　吉田栄三
忠三女房　吉田玉昇
鶴掛藤次兵衛　吉田淳造
伝ヶ婆　吉田万次郎
置頭巾　吉田常次
樋口水右衛門　吉田文雀
針立道庵　吉田兵次
八右衛門　吉田玉之助
親孫右衛門　吉田玉市
捕手小頭　吉田玉幸
捕手　大ぜい

夜の部　午後四時半開演
御所桜堀川夜討
弁慶上使の段
卿の君　吉田常次
侍従太郎　吉田光次
妻花の井　吉田文昇
娘しのぶ　吉田文雀
女房おわさ　桐竹亀松
武蔵坊弁慶　吉田玉助
こし元　大ぜい

壇浦兜軍記
阿古屋琴責の段
秩父重忠　吉田玉市
岩永左衛門　吉田兵次
榛沢六郎　吉田玉昇
傾城阿古屋　桐竹亀松
水奴　吉田玉米
水奴　吉田常次

鶊山古跡松
中将姫雪責の段
岩根御前　吉田玉男
大弐広嗣　吉田淳造
中将姫　吉田玉五郎
こし元桐の谷　吉田文雀
こし元浮舟　吉田文五郎
豊成公　吉田玉市
下部　吉田光次
下部　吉田玉昇

近頃河原の達引
堀川猿廻しの段
母親　吉田常次
弟子おつる　吉田文昇
兄与次郎　吉田玉助
娘お俊　吉田玉五郎
井筒屋伝兵衛　吉田光次

生写朝顔話
宿屋より大井川の段まで
宮城阿曽次郎 駒沢次郎左衛門 実は　吉田玉男
亭主徳右衛門　吉田兵次

岩代多喜太　吉田淳造
下女おなべ　吉田小玉
朝顔 実は 娘深雪　吉田栄三
若侍　吉田玉幸
川越人足　大ぜい

〔典拠〕プログラム

◎三月三日から二十七日　因会　東京大歌舞伎三月興行　大阪歌舞伎座
文楽座大夫三味線特別出演
昼の部
第四　義経千本桜
吉野山
豊竹松大夫　鶴澤清六
竹本雛大夫　野澤吉三郎
竹本和佐大夫　鶴澤清友
竹本長子大夫　豊澤新三郎
豊竹弘大夫　鶴澤清好

〔典拠〕歌舞伎筋書
「朝日新聞（大阪）」（03・26）

30・03・04　因会　四条　南座　京都　［BCD］
京都文楽会第八回公演　文楽座人形浄瑠璃引越興行
芸術院会員豊竹山城少掾　芸術院会員吉田文五郎　他総出演
協賛文化財保護委員会　後援京都新聞社　都新聞社　夕刊京都新聞社
三月四日初日　十三日まで　九日より昼夜狂言入替

昼の部　午前十一時開幕

彦山権現誓助剣

毛谷村六助住家の段

毛谷村六助　竹本静大夫
弾正 実は 京極内匠　竹本伊達路大夫
門弟曽兵次　竹本相次大夫
門弟軍八　竹本相子大夫
斧右衛門　竹本織部大夫
杣　竹本織の大夫
老女 実は 母お幸　豊竹十九大夫
三味線　鶴澤清八
切　竹本相生大夫
野澤松之輔

毛谷村六助　桐竹亀松
弾正 実は 京極内匠　吉田光次
門弟軍八　吉田文雀
門弟曽兵次　吉田常次
斧右衛門　吉田玉市
一子八十松　吉田小玉
母お幸　吉田淳造
娘おその　吉田栄三
杣　大ぜい
百姓　大ぜい

三勝 半七

艶容女舞衣

酒屋の段

竹本伊達大夫
野澤八造

親宗岸　吉田玉助
娘おその　吉田文五郎
舅半兵衛　吉田兵次
半七　吉田玉昇
三勝　吉田文昇
半兵衛女房　吉田常次
おつう　吉田玉幸

近松門左衛門原作　西亭脚色並作曲　鷲谷樗風演出
中村貞以衣裳考証　大塚克三舞台装置　近松学会賛助

お初 徳兵衛

曽根崎心中

生玉社前の段より天満屋の段まで
道行天神の森の段

生玉社前の段

竹本津大夫
三味線　鶴澤寛治郎

平野屋徳兵衛　吉田玉男
天満屋お初　吉田栄三
油屋九平次　吉田玉市

天満屋の段

切　竹本綱大夫
竹澤弥七

田舎客 亭主惣兵衛　※1吉田常次
丁稚長蔵　吉田玉之助
下女　吉田玉昇
町の衆　吉田万次郎
よね衆　吉田兵次
よね衆　※2大ぜい

林扇矢振付

道行天神の森の段

お初　竹本南部大夫
徳兵衛　竹本織の大夫
竹本織部大夫
豊澤猿糸
野澤錦糸
鶴澤寛弘
竹澤団二郎

お千代 半兵衛

八百屋献立

新靫の段

竹本津大夫
三味線　鶴澤寛治郎

八百屋の婆　吉田玉助
女房お千代　吉田玉五郎
半兵衛　吉田玉男
伯父太郎兵衛　吉田玉市
兄重蔵　吉田常次
嘉十郎　吉田兵次
丁稚　吉田玉幸

夜の部　午後四時半開幕

新曲

釣女

太郎冠者　竹本静大夫
大名　豊竹十九大夫
美女　竹本伊達路大夫
醜女　竹本織部大夫
ツレ　竹本相次大夫
豊澤豊助

大名　吉田玉昇
太郎冠者　吉田栄三
美女　吉田文雀
醜女　吉田玉五郎

豊澤猿糸
野澤錦糸
鶴澤藤二郎
鶴澤藤之助
野澤喜八郎

卅三間堂棟由来

平太郎住家より木遣音頭の段まで

切　竹本相生大夫
　　野澤松之輔

女房お柳　桐竹亀松
横曽根平太郎　桐竹紋太郎
一子みどり丸　吉田玉幸
平太郎の母　吉田常次
進藤（野カ）蔵人　吉田光次
木遣人足　吉田万次郎
木遣人足　大ぜい

菊池寛原作　食満南北脚色
竹本綱大夫　竹澤弥七作曲　大塚克三舞台装置

恩讐の彼方に

鳥居峠茶店の段より青の洞門の段まで

仲間市九郎 後に了海　竹本綱大夫
女房お弓　竹本南部大夫
旅の男　豊竹十九大夫
中川実之助　竹本織の大夫
旅の女　竹本相子大夫
　　竹澤弥七
ツレ　鶴澤寛弘

仲間市九郎 後に了海　吉田玉市
女房お弓　吉田玉五郎
旅の男　吉田文昇
旅の女　吉田常次
中川実之助　吉田玉男

一谷嫩軍記

熊谷陣屋の段

切　豊竹山城少掾
　　鶴澤藤蔵
後　竹本津大夫
三味線　鶴澤寛治郎

妻相模（前）　吉田文五郎
熊谷直実　吉田玉助
藤の方　吉田玉五郎
堤軍次　吉田玉昇
源義経　吉田玉男
梶原景高　吉田淳造
弥陀六実は弥平兵衛宗清　桐竹亀松
妻相模（後）　吉田栄三

お染久松 新版歌祭文

野崎村の段

竹本伊達大夫
野澤八造
ツレ　鶴澤寛弘

親久作　吉田玉助
娘お光　桐竹亀松
娘お染　吉田文雀
丁稚久松　吉田光次
母おかつ　吉田兵次
下女およし　吉田文昇
船頭　吉田玉昇

一部御観劇料一等席三百五十円　二等席百五十円　三等席八十円　学生券百円

※1　D吉田淳造　※2　D（人形役割のみ）は吉田淳造

◇三月十三日　彦山権現誓助剣　ラジオ放送　NHK第一　午後三時五分
（「朝日新聞（大阪）」、「毎日新聞（大阪）」、「読売新聞（大阪）」03・13）

◎三月五日から八日　文楽教室　［BCD］

文楽教室　四条南座
三月五日より八日　六日は一般　午前九時より十時三十分
主催京都市教育委員会　京都文楽会
後援京都新聞社　都新聞社　夕刊京都新聞社　京都PTA連合協議会

文部省保存映画「人形芝居の妙技」全三巻

文楽人形浄瑠璃の歴史
文楽人形の解説
「艶容女舞衣」 酒屋の段
豊竹松大夫
野澤松之輔
お園 吉田文五郎
義太夫の解説 竹本津大夫

卅三間堂棟由来

平太郎住家より木遣音頭の段まで
竹本南部大夫
鶴澤寛弘

女房お柳 桐竹亀松
横曽根平太郎 桐竹紋太郎
一子みどり丸 吉田玉幸
平太郎の母 吉田常次
進藤蔵人 吉田光次
木遣り人足 吉田万次郎
木遣り人足 大ぜい

料金 高校四十円 中・小学校三十円 一般五十円

30・03・12 三和会 高麗橋 三越劇場 大阪 ［BCD］

文化財保護委員会指定 大阪府民劇場指定 文楽人形浄瑠璃
第十七回文楽三和会大阪公演 三越劇場
三月十二日より十七日まで 毎日午後三時開演

一《いち》の谷《たに》嫩《ふたば》軍《ぐん》記《き》

須磨浦組打の段
熊谷次郎直実 豊竹古住大夫
平敦盛 豊竹呂大夫
平山武者所 豊竹小松大夫
野澤勝平

平山武者所 桐竹勘十郎
平敦盛 桐竹紋之助
熊谷次郎直実 吉田辰五郎

奥《おう》州《しゅう》安《あ》達《だちが》原《はら》

袖萩祭文の段
切 豊竹若大夫
鶴澤燕三
後 竹本源大夫
鶴澤叶太郎

袖萩 桐竹紋十郎
お君 （桐竹紋弥／桐竹紋四郎）
謙仗 桐竹紋市
浜夕 桐竹紋之丞
安部宗任 桐竹紋之助
安部貞任 吉田辰五郎
八幡太郎義家 吉田作十郎
仕丁、腰元 大ぜい

お俊伝兵衛 近頃《ちかごろ》河原《かわら》の達引《たてひき》

猿廻しの段
前 豊竹つばめ大夫
三味線 野澤喜左衛門
ツレ 竹澤団作
切 竹本住大夫
野澤勝太郎
ツレ 野澤八助

弟子おつる 桐竹紋七
母親 桐竹紋市
兄与次郎 桐竹勘十郎
お俊 桐竹紋十郎
伝兵衛 桐竹紋二郎

新曲 釣《つり》女《をんな》

太郎冠者 豊竹司大夫
大名 豊竹松島大夫
美女 豊竹小松大夫
醜女 竹本三和大夫
豊澤猿二郎
豊澤仙二郎

大名 吉田作十郎
太郎冠者 桐竹勘十郎
美女 桐竹紋寿
醜女 桐竹紋之助

竹澤団作
野澤勝平

＊　＊　＊

鳴物　芳村喜代次　舞台装置　山森定次郎
人形細工師　藤本由良亀　背景製作　数宝光之助
衣裳　八田保之　床山　背戸百太郎
舞台装置　服部和夫　小道具　畑天海
舞台装置　鈴木幸次郎

入場料　指定席A三百円　B百円　学生各半額

◇この頃　鶴澤綱造は耳が遠くなったので引退の意志をもらしたが、後に無形文化財指定のことから沙汰やみとなる（『文楽因会三和会興行記録』）

◇三月十二日から十七日　文楽教室　［B］

第四回よみうりこども劇場　文楽教室　毎日一時開演
主催読売新聞社　後援大阪府・市教育委員会

文楽のお話
人形の説明

一《いちの》谷《たに》嫩《ふたば》軍《ぐん》記《き》

須磨浦組打の段

熊谷次郎直実　豊竹司太夫　平山武者所　桐竹紋四郎
平敦盛　豊竹呂太夫　平敦盛　桐竹紋七
平山武者所　豊竹小松太夫　熊谷次郎直実　吉田作十郎
豊澤仙二郎

新曲　**釣《つり》女《をんな》**

太郎冠者　豊竹松島太夫　大名　桐竹紋二郎
大名　豊竹古住太夫　太郎冠者　桐竹紋四郎
美女　豊竹小松太夫　美女　桐竹勘之助
醜女　竹本三和太夫　醜女　桐竹紋寿
豊澤猿二郎
竹澤団作
野澤八助
野澤勝平

入場料　小中高校生徒三十円　大人五十円

◇三月十六日
因会、三和会が重要無形文化財（団体）に指定される
〔典拠〕「朝日新聞（東京）」、「毎日新聞（大阪）」（03・17）

30・03・16　因会

○巡業
○桐竹紋太郎　この巡業中秋田で倒れる（『頭巾かぶって五十年』）

◎三月十六日　静岡市公会堂　昼の部午後一時　夜の部午後六時開演
静岡市教育委員会・静岡新聞社後援
演目は二十日盛岡市県公会堂と同じ
他に　竹本伊達路大夫　鶴澤寛治郎　鶴澤寛弘　竹澤団二郎　鶴澤藤之助
鶴澤藤蔵

入場料　特等指定四百円　特等前売三百五十円　一等二百円

〔典拠〕「静岡新聞」広告（03・13）

◎三月十八日　青森県三本木映画劇場

◎三月十九日　青森市国際劇場

三本木市市制施行記念　青森県芸術文化協会主催　青森市教育委員会・婦人会後援

演目は二十日盛岡市県公会堂と同じ

入場料　前売三百円　当日四百円

〔典拠〕「東奥日報」（03・16）

◎三月二十日　岩手県盛岡市県公会堂

岩手日報社主催

昼の部　午後一時開演

釣女

太郎冠者　竹本静大夫
大名　竹本織の大夫
美女　竹本織部大夫
醜女　竹本雛大夫

太郎冠者　吉田栄三
大名　吉田玉男
美女　吉田文雀
醜女　※1桐竹紋司

生写朝顔話
宿屋の段
大井川の段

不詳

深雪　吉田栄三
駒沢　吉田玉助
亭主　桐竹紋太郎

義経千本桜
すしやの段

竹本綱大夫
竹本津大夫

お里　吉田文五郎
いがみの権太　吉田玉助
弥左衛門　吉田玉市

壇浦兜軍記
阿古屋琴責の段

畠山重忠　豊竹山城少掾
阿古屋　竹本織の大夫
竹本伊達大夫
豊竹十九大夫

阿古屋　桐竹亀松

夜の部　午後六時開演

色彩間苅豆

かさね　竹本雛大夫
与右衛門　竹本津大夫

かさね　桐竹亀松
与右衛門　吉田玉男

伽羅先代萩

前　竹本綱大夫
　　竹澤弥七
後　竹本雛大夫
　　豊澤豊助

政岡（前）　桐竹亀松
政岡（後）　吉田文五郎
鶴千代君　吉田光（ママ）枝
一子千松　吉田文昇

三勝半七　艶容女舞衣
酒屋の段

豊竹山城少掾

おその　吉田文五郎

増補大江山
戻り橋の段

竹本南部大夫
竹本津大夫

吉田栄三
吉田玉助

※1　桐竹紋司改め　吉田玉五郎

前売指定席券売り切れのため当日立見席を追加

入場料　前売一階三百円　二階二百円　当日四百円　立見席百五十円

〔典拠〕「岩手日報」（03・03／03・09／03・20～21）

◎三月二十一日　秋田市スポーツセンター（山王体育館）　昼の部午後一時半
夜の部午後六時
産業経済新聞社主催　秋田県教育委員会・秋田市教育委員会・ＮＨＫ秋田放送局後援
演目は二十日盛岡市県公会堂と同じ

入場料　特別席四百円　前売指定席三百円　学生割引百円　読者優待二百円

〔典拠〕「秋田魁新報」（03・20）、広告（03・20）

◎三月二十三日　山形市公民館
山形新聞社・ラジオ山形共催　山形県市教育委員会・文化団体協議会後援
大阪文楽後援会協賛
昼の部　午後一時半開演
新曲　釣女

生写朝顔話
宿屋より大井川まで　竹本伊達大夫
野澤八造

義経千本桜
すしやの段　竹本綱大夫
竹澤弥七
後　竹本津大夫
鶴澤寛弘

壇浦兜軍記
阿古屋琴責の段
阿古屋　竹本伊達大夫
重忠　豊竹山城少掾
岩永　竹本織の大夫
鶴澤藤蔵
野澤八造
鶴澤寛弘

お里　吉田文五郎

夜の部　午後六時半開演
色彩間苅豆
木下川堤の段

伽羅先代萩
政岡忠義の段　竹本綱大夫
竹澤弥七
後　竹本伊達大夫
野澤八造

三勝半七　艶容女舞衣
酒屋の段　豊竹山城少掾
鶴澤藤蔵

増補大江山
戻り橋の段
その　吉田文五郎

ラジオ放送　三勝半七　酒屋の段（「山形新聞」03・26）

入場料　前売三百円　当日五百円

〔典拠〕「山形新聞」（03・12／03・24）、広告（03・21）

◎三月二十五日　新潟劇場　［ＢＣ］
大阪人形浄瑠璃引越興行
当る昭和三十年三月二十五日　十二時　五時　新潟劇場
協賛文部省文化財保護委員会
芸術院会員豊竹山城少掾　芸術院会員吉田文五郎
主催新潟劇場演劇部　提供松竹株式会社

昼の部
鬼一法眼三略の巻
五条橋の段　竹本織部大夫
豊竹十九大夫
竹本伊達路大夫
豊澤豊助
野澤八造

牛若丸　吉田玉五郎
弁慶　吉田玉男

竹澤団二郎
鶴澤藤二郎

鵜山古跡松
中将姫雪責の段

竹本伊達大夫
野澤八造

豊成　吉田玉市
広嗣　吉田淳造
岩根御前　桐竹亀松
桐の谷　吉田玉五郎
浮舟　桐竹紋太郎
中将姫　吉田栄三
下僕　吉田常次
下僕　吉田文昇

絵本太功記
尼ヶ崎の段

前　竹本綱大夫
　　竹澤弥七
後　竹本津大夫
　　鶴澤寛弘

光秀　吉田玉助
妻みさを　吉田文五郎
母さつき　桐竹紋太郎
嫁初菊　吉田玉五郎
武智重次郎　桐竹亀松
真柴久吉　吉田玉男

碁太平記白石噺
新吉原揚屋の段

傾城宮城野　竹本南部大夫
娘しのぶ　竹本織部大夫
傾城宮里　竹本伊達路大夫
傾城宮柴　竹本織の大夫
大黒屋宗六　豊竹山城少掾
鶴澤藤蔵

宮城野　吉田栄三
しのぶ　吉田文雀
宮里　吉田文昇
禿　吉田小玉
宗六　吉田玉男

夜の部
新曲　小鍛冶

老翁実は稲荷明神　竹本南部大夫
三条小鍛冶宗近　竹本織の大夫
勅使道成　豊竹十九大夫
豊澤豊助
野澤錦糸
竹澤団二郎
鶴澤藤二郎

老翁実は稲荷明神　吉田栄三
道成　吉田玉男
宗近　吉田玉五郎

御所桜堀川夜討
弁慶上使の段

竹本津大夫
鶴澤寛弘

侍従太郎　吉田淳造
妻花の井　桐竹紋太郎
卿の君　吉田小玉
娘しのぶ　吉田文雀
女房おわさ　桐竹亀松
弁慶　吉田玉助

近頃河原達引
お俊伝兵衛　堀川猿廻しの段

前　竹本綱大夫
　　竹澤弥七
後　豊竹山城少掾
　　鶴澤藤蔵

母親　吉田常次
おつる　吉田文昇
与次郎　吉田玉助
お俊（前）　吉田玉五郎
お俊（後）　吉田文五郎
伝兵衛　吉田玉男

本朝二十四孝
十種香より狐火まで

竹本伊達大夫
野澤八造
竹澤団二郎
ツレ　鶴澤藤二郎

八重垣姫　吉田栄三
武田勝頼　吉田玉助
腰元濡衣　桐竹紋太郎
原小文治　吉田玉昇
白須賀六郎　吉田常次

◇入場料　一般席二百五十円　指定席四百五十円（「新潟日報」広告 03・24）

・・・・・・・・・・・・・・・・・・・・・・・・・・・・・・・・・・・・

30・03・20 三和会

○中国、四国巡業（『文楽因会三和会興行記録』）

◎三月二十日　広島県呉市本願寺会館　野澤喜左衛門責任

〔典拠〕『三和会公演控』

◎三月二十一日　広島県三原市帝人工場内大講堂　昼夜三回公演
従業員春の慰安会　鶴澤燕三責任

〔典拠〕「中国新聞」（03・19）
『三和会公演控』

◎三月二十二日　香川県高松市県公会堂

◎三月二十三日　香川県坂出市公民館
四国新聞社後援

昼の部　十二時半
累物語
土橋の段
おしゆん伝兵衛 近頃河原達引
堀川猿廻しの段
一谷嫩軍記
熊谷陣屋の段
仮名手本忠臣蔵
一力茶屋の段
桐竹紋十郎

夜の部　午後五時半
玉藻前曦袂
道春館の段
恋飛脚大和往来
新口村の段
菅原伝授手習鑑
寺子屋の段
義経千本桜
道行初音の旅路

〔典拠〕「四国新聞」（03・23）、広告（03・20）

○三月二十四日　愛媛県川之江市中学校

○三月二十五日　愛媛県丹原町丹原座

〔典拠〕『三和会公演控』、『文楽因会三和会興行記録』

◎三月二十六日　愛媛県松山市国際劇場
昼の部　十二時

火見櫓の段	豊竹小松太夫	お七	桐竹紋二郎
	豊澤猿二郎		
	竹澤団作		
新口村の段	豊竹呂太夫	忠兵衛	桐竹紋二郎
	野澤勝太郎	梅川	桐竹紋之助
	豊竹つばめ太夫	忠三女房	桐竹勘十郎
	鶴澤燕三	水右衛門	桐竹小紋
		伝ヶ婆	桐竹紋寿
		藤次兵衛	桐竹紋弥
		置頭巾	桐竹紋之丞
		道庵	桐竹紋市
		孫右衛門	吉田辰五郎
		小頭	桐竹紋七
寺子屋	豊竹司太夫	菅秀才	桐竹紋若
	鶴澤叶太郎	小太郎	桐竹紋七
	豊竹若太夫	戸浪	桐竹紋之丞
	野澤喜左衛門	源蔵	桐竹紋之助

玄蕃	吉田作十郎
松王丸	桐竹勘十郎
千代	桐竹紋十郎
御台所	桐竹紋市

勧進帳

弁慶	竹本源太夫
富樫	豊竹古住太夫
義経	豊竹司太夫
四天	豊竹松島太夫
番卒	豊竹小松太夫
	野澤勝太郎
	豊澤仙二郎
	竹澤団作
	野澤勝平
	鶴澤叶太郎

富樫	吉田辰五郎
義経	吉田作十郎
弁慶	桐竹紋十郎
伊勢	桐竹小紋
駿河	桐竹紋寿
片岡	桐竹紋四郎
常陸坊	桐竹紋市

夜の部　午後五時

狐火の段

豊竹呂太夫
野澤喜左衛門
野澤勝平

八重垣姫	桐竹紋之助

袖萩祭文

竹本源太夫
鶴澤叶太郎
豊竹古住太夫
鶴澤燕三

袖萩	桐竹紋十郎
お君	桐竹勘之助
謙仗	桐竹紋市
浜夕	桐竹紋之丞
義家	吉田作十郎
宗任	桐竹勘十郎
貞任	吉田辰五郎

帯屋の段

竹本住太夫

おきぬ	桐竹紋之助

野澤勝太郎
豊竹つばめ太夫
野澤喜左衛門

母おとせ	桐竹紋之丞
儀兵衛	吉田辰五郎
長右衛門	吉田作十郎
長吉	桐竹勘十郎
お半	桐竹紋二郎
半斉	桐竹紋市

紅葉狩

豊竹呂太夫
豊竹司太夫
豊竹松島太夫
豊竹小松太夫
鶴澤燕三
豊澤仙二郎
竹澤団作
野澤勝平

更科姫	桐竹紋十郎
維茂	桐竹勘十郎
腰元	桐竹紋寿
腰元	桐竹紋四郎

入場料　指定席四百円　二階正面席二百五十円　大衆席百五十円　学生百円

〔典拠〕「愛媛新聞」広告（03・25）

…………………………………

◇三月二十六日　昭和二十九年度府民劇場賞表彰式　大阪府庁

府民劇場賞　文楽座一月公演「曽根崎心中」の演出・作曲　出演者一同

府民劇場奨励賞　野澤勝太郎　三越劇場三月公演「堀川」の三味線

〔典拠〕『文楽因会三和会興行記録』「産経新聞（大阪）」（03・25）

◎三月二十九日　因会・三和会　国家指定芸能特別鑑賞会　東京歌舞伎座　午後五時三十分開場

加賀見山旧錦絵　＝　草履打の段

豊竹山城少掾
竹本綱大夫
鶴澤藤蔵

双蝶々曲輪日記
橋本の段　竹本住太夫

豊竹古住太夫
野澤勝太郎

菅原伝授手習鑑
寺子屋の段　豊竹松大夫
鶴澤清六

四月十七日　ラジオ放送　NHK第二　午後九時（「朝日新聞（大阪）」、「毎日新聞（大阪）」、「読売新聞（大阪）」04・17）

〔典拠〕プログラム
「毎日新聞（大阪）」（04・17）

30・04・01　三和会

名古屋　新歌舞伎座　①　［BCD］

世界に誇る国宝的芸術　文楽三和会名古屋公演　文楽人形浄瑠璃芝居
四月一日より六日まで　二部制興行
主催東海素義葵会　後援名古屋タイムズ社　愛知県教育委員会
名古屋市教育委員会　文部省文化財保護委員会

第一回芸題　一日より三日まで

第一部　午前十一時開演

仮名手本忠臣蔵　殿中より裏門の段

殿中刃傷の段
高武蔵守師直　豊竹司太夫
塩谷判官高定　豊竹松島太夫
加古川本蔵
桃井若狭之助　豊竹小松太夫
豊澤猿二郎

殿中刃傷の段
桃井若狭之助　桐竹紋之助
高武蔵守師直　桐竹勘十郎
塩谷判官高定　吉田作十郎
加古川本蔵　桐竹紋市
茶道珍才　桐竹勘之助
若侍　大勢

裏門の段
竹本三和太夫
竹澤団作

裏門の段
早野勘平　桐竹紋之助
鷺坂伴内　桐竹勘十郎
花四天　大勢
腰元おかる　桐竹紋二郎

恋飛脚大和往来

新口村の段
前　豊竹古住太夫
鶴澤燕三
後　竹本源太夫
鶴澤叶太郎

亀屋忠兵衛　吉田作十郎
傾城梅川　桐竹紋十郎
忠三の女房　桐竹勘十郎
樋口の水右衛門　桐竹紋七
釣掛の藤次兵衛　桐竹紋四郎
針立の道庵　桐竹紋之丞
伝ヶ婆　桐竹紋市
置頭巾　桐竹紋寿
捕手の小頭　桐竹小紋
捕手　大勢
百姓孫右衛門　吉田辰五郎

近江源氏先陣館

盛綱陣屋の段
切　竹本住太夫
野澤勝太郎
後　豊竹つばめ太夫
三味線　野澤喜左衛門

佐々木三郎兵衛盛綱　吉田辰五郎
母微妙　吉田国秀
高綱一子小四郎　桐竹紋弥
高綱妻篝火　桐竹紋之助
盛綱妻早瀬　桐竹紋之丞
北条時政　吉田作十郎

古郡新左衛門　桐竹紋市
盛綱一子小三郎　桐竹小三郎
竹下孫八　桐竹小紋
注進信楽太郎　桐竹紋七
注進伊吹藤太　桐竹紋二郎
半貝十郎　桐竹紋四郎
和田兵衛秀盛　桐竹勘十郎

新曲 **鏡獅子**

小姓弥生　豊竹呂太夫（呂賀太夫改め）
胡蝶　豊竹古住太夫
胡蝶　豊竹小松太夫
ツレ　竹本三和太夫
野澤勝太郎
鶴澤燕三
豊澤仙二郎
野澤八助
野澤勝平
賛助出演　名古屋芸妓連

小姓弥生 実は 獅子の精　桐竹紋十郎
胡蝶　桐竹紋之助
胡蝶　桐竹紋二郎

第二部　午後四時三十分開演

花雪佐倉曙

儀作切腹の段

前　豊竹松島太夫
野澤勝平
後　豊竹司太夫
豊澤仙二郎

佐倉宗五郎　桐竹勘十郎
女房おさん　桐竹紋之助
一子宗吉　桐竹紋弥
一子宗平　桐竹紋若
喜右衛門　吉田作十郎
儀作　吉田辰五郎

心中天網島

河庄の段

前　豊竹古住太夫
野澤勝太郎
後　豊竹つばめ太夫
三味線　野澤喜左衛門

紙屋治兵衛　桐竹紋十郎
江戸屋太兵衛　吉田作十郎
五貫屋善六　桐竹紋四郎
亭主　桐竹紋寿
粉屋孫右衛門　桐竹勘十郎
紀の国屋小春　桐竹紋之助
町人　大勢

摂州合邦辻

合邦住家の段

切　豊竹若太夫
三味線　鶴澤綱造

親合邦　吉田辰五郎
俊徳丸　吉田作十郎
浅香姫　桐竹紋二郎
奴入平　桐竹紋市
合邦女房　桐竹紋之丞
玉手御前　桐竹紋十郎

本朝廿四孝　十種香の段より狐火の段まで

十種香の段

竹本源太夫
鶴澤叶太郎

狐火の段

豊竹呂太夫（呂賀太夫改め）
野澤勝太郎
野澤勝平

武田勝頼　桐竹紋之助
腰元濡衣　桐竹紋二郎
上杉謙信　桐竹紋市
白須賀六郎　桐竹紋四郎
原小文治　桐竹小紋
八重垣姫　桐竹紋十郎
狐八重垣姫　桐竹紋十郎

＊　＊　＊

はやし　阪東弥三郎
はやし　芳村喜代次
舞台装置　服部和男
舞台装置　鈴木幸次郎

舞台装置　山森定次郎＝床山　背戸百太郎
人形細工師　藤本由良亀

◇鏡獅子に地元伊和屋社中長唄連が応援出演（「名古屋タイムス」04・03）

名古屋　新歌舞伎座　②　［ＢＣＤ］

第二回芸題　四月四日より六日まで

第一部　午前十一時開演

薫樹累物語
　土橋の段
卅三所観音霊験記
　沢市内より壺坂寺まで
一谷嫩軍記
　熊谷陣屋の段
仮名手本忠臣蔵
　一力茶屋の段

第二部　午後四時三十分開演

菅原伝授手習鑑
　車曳の段
　寺子屋の段
伊賀越道中双六
　沼津の里の段より千本松原の段まで
新曲　紅葉狩

入場料　指定Ａ席二百八十円　指定Ｂ席百円　学生券五十円

○配役不詳

30・04・02　因会　四ツ橋　文楽座　大阪　［ＡＢＣ］

文楽座人形浄瑠璃　四月本格二部興行
大阪文楽会第二十三回公演　重要無形文化財指定
四月二日初日　昼の部午前十一時開演　夜の部午後四時三十分開演
十二日より昼夜の狂言入替

昼の部　午前十一時開幕

ひらかな盛衰記　逆艪の段

松右衛門内の段

竹本津大夫
三味線　鶴澤寛治郎

船頭松右衛門　吉田玉助
こし元お筆　桐竹亀松
親権四郎　吉田兵次
女房およし　桐竹紋太郎
駒若丸　吉田小玉

逆艪の段

船頭松右衛門 実は 樋口次郎兼光　竹本静大夫
船頭又六　竹本織の大夫
船頭富蔵　豊竹十九大夫
船頭九郎作　竹本相次大夫
野澤錦糸

船頭又六　吉田淳造
船頭九郎作　吉田玉昇
船頭富蔵　吉田常次

義経千本桜

道行初音の旅

静御前　豊竹松大夫
忠信　竹本雛大夫
竹本織部大夫
豊竹弘大夫
竹本伊達路大夫
三味線　鶴澤清六
野澤吉三郎
鶴澤清友
豊澤新三郎
鶴澤寛弘
鶴澤清好

静御前（前）　吉田文五郎
狐忠信　吉田栄三

川連法眼館の段

中　竹本南部大夫
三味線　豊澤広助
切　竹本綱大夫
竹澤弥七
ツレ　野澤錦糸

源義経　吉田玉男
亀井六郎　吉田淳造
片岡八郎　吉田文昇
佐藤忠信　吉田光次
狐忠信　吉田栄三

昭和三十年（乙未）

静御前（後）　吉田玉五郎

梅川忠兵衛　**恋飛脚大和往来**

新口村の段

前　豊竹松大夫
三味線　鶴澤清六
後　竹本伊達大夫
野澤八造

亀屋忠兵衛	吉田玉男
傾城梅川	吉田玉五郎
忠三女房	吉田光次
鶴掛藤次兵衛	吉田万次郎
伝ヶ婆	吉田淳造
置頭巾	桐竹紋太郎
樋口屋水右衛門	吉田文雀
八右衛門	吉田玉之助
親孫右衛門	吉田玉市
針立道庵	吉田兵次
捕手小頭	吉田玉幸

鶴澤道八作曲　楳茂都陸平振付

三人片輪

いざり
啞
盲目
有徳人
小冠者※1

竹本相生大夫
竹本和佐大夫
竹本長子大夫
竹本織の大夫
竹本綱子大夫
野澤松之輔
豊澤猿糸、
鶴澤清友
豊澤豊助
鶴澤寛弘
竹沢団二郎
鶴沢藤二郎
野澤喜八郎

いざり	吉田栄三
啞	吉田玉五郎
盲目	吉田玉昇
有徳人	吉田玉男
※2小冠者	吉田文雀

夜の部　午後四時半開幕

一谷嫩軍記　熊谷陣屋の段

熊谷物語の段

切　竹本相生大夫
三味線　鶴澤清八

首実検の段

後　竹本津大夫
三味線　鶴澤寛治郎

堤軍次	吉田文昇
妻相模	桐竹亀松
藤の方	吉田文雀
梶原景高	吉田淳造
石屋弥陀六	吉田玉市
熊谷直実	吉田玉助
源義経	桐竹紋太郎

長町女腹切

近松門左衛門原作　西亭脚色並作曲
鷲谷樗風演出　林扇矢振付
中村貞以衣裳考証　大塚克三舞台装置　近松学会賛助

京の刀屋の段

口　竹本静大夫
豊澤猿糸

石垣町井筒屋の段

竹本綱大夫
竹澤弥七

道行淀の初雁

お花
半七

竹本伊達大夫
竹本相生大夫
豊竹十九大夫
竹本相子大夫
野澤八造
野澤錦糸
豊澤新三郎
鶴澤寛弘

刀屋石見	桐竹紋太郎
番頭忠二郎	吉田淳造
佐助	吉田玉昇
お花	吉田玉男
半七の叔母	吉田栄三
供の清七	吉田常次
手代半七	桐竹亀松
よね衆	吉田文昇
よね衆	吉田光次
光満寺	吉田文雀
亭主太郎左衛門	吉田兵次
父九兵衛	吉田玉助
甚五郎	吉田玉市

大坂長町伽羅屋の段

切　鶴沢藤之助
豊竹山城少掾
鶴澤藤蔵

壺坂観音霊験記

沢市内よりお寺まで

座頭沢市	竹本伊達大夫	女房お里（前）	吉田文五郎
女房お里	豊竹松大夫	座頭沢市	吉田玉助
三味線	鶴澤清六	女房お里（後）	吉田玉五郎
ツレ	鶴澤清好	観世音	吉田玉幸
	鶴沢清治		

＊　＊　＊

〔人形〕吉田玉新＝吉田玉米

＊　＊　＊

紋下	豊竹山城少掾	人形細工人	由良亀
三味線紋下	鶴澤清八	床山	佐藤為治郎
人形座頭	吉田玉助	座主	松竹株式会社
頭取	吉田玉市		
はやし	中村新三郎		千秋万歳楽大入叶吉祥日
衣裳	森田		

一部御観劇料　一等席三百五十円　二等席二百円　三等席百三十円
学生券（一等指定席）百五十円
初日に限り一部料金にて昼夜通し御覧に入れます
※1　A役名なし　※2　Aはなし
○四月二十一日まで（「朝日新聞（大阪）」広告 04・20）

◇無形文化財の認定を受け、無税興行（『演劇雑誌幕間』第十巻第五号）
○大坂長町伽羅屋の段　中日頃まで竹本綱大夫代役（『松竹百年史』）
◎一谷嫩軍記　首実検の段　竹本津大夫休演のため　竹本織の大夫代役（『織大夫夜話』）
◎長町女腹切　近松門左衛門原作　西亭脚色並作曲　鷲谷樗風演出　中村貞以衣裳考証　林扇矢振付　大塚克三舞台装置　正徳二年初演以来二百五十年ぶりの復活上演（プログラム）
◇新秋弁天座跡地へ純洋式建築で文楽座が移転予定（プログラム）

◇四月九日
五代野澤八助息が六代竹本常子大夫を名乗り六代竹本住大夫に入門
〔典拠〕『三和会公演控』

◎四月十五日　三和会　大本みろく大祭　京都府綾部市みろく殿　午後二時開演
桐竹紋十郎
〔典拠〕「京都新聞（丹波版）」（04・12）、「京都新聞」（04・13）

30・04・24　三和会

○東海、関東、東北巡業（『文楽因会三和会興行記録』）

巡業　［BC］

文楽三和会　重要無形文化財　文楽人形浄瑠璃芝居
文部省文化財保護委員会後援

昼の部

八百屋お七 **恋緋鹿子**

火見櫓の段

豊竹小松太夫
竹本常子太夫
豊澤猿二郎
竹澤団作
野澤勝平

お七　桐竹紋二郎

恋飛脚大和往来

新口村の段

前　豊竹呂太夫
　　鶴澤叶太郎
後　豊竹つばめ太夫
　　鶴澤燕三

忠兵衛　桐竹紋二郎
梅川　桐竹紋之助
忠三の女房　桐竹勘十郎
樋の口の水右衛門　桐竹小紋
伝ヶ婆　桐竹紋寿
鶴掛の藤次兵衛　桐竹紋弥
置頭巾　桐竹紋之丞
針立の道庵　桐竹紋市
親孫右衛門　吉田辰五郎
捕手の小頭　桐竹紋七
捕巻　大ぜい

菅原伝授手習鑑

寺子屋の段

豊竹若太夫
野澤喜左衛門

菅秀才　桐竹紋若
小太郎　桐竹紋七
戸浪　桐竹紋之丞
武部源蔵　桐竹紋之助
春藤玄蕃　吉田作十郎
松王丸　桐竹勘十郎
女房千代　桐竹紋十郎

御台所　桐竹紋市
百姓、手習子、捕巻　大ぜい

鳴響安宅新関

勧進帳の段

弁慶
富樫
義経
四天王
番卒

豊竹古住太夫
豊竹呂太夫
豊竹松島太夫
豊竹小松太夫
竹本常子太夫
野澤勝太郎
豊澤仙二郎
竹澤団作
野澤勝平

富樫　吉田辰五郎
義経　吉田作十郎
弁慶　桐竹紋十郎
伊勢の三郎　桐竹小紋
駿河の次郎　桐竹紋寿
片岡八郎　桐竹紋四郎
常陸坊　桐竹紋市
番卒　大ぜい

夜の部

本朝廿四孝

奥庭狐火の段

豊竹呂太夫
野澤喜左衛門
野澤勝平

八重垣姫　桐竹紋之助

おはん長右衛門 **桂川連理柵**

帯屋の段

豊竹つばめ太夫
野澤喜左衛門

女房おきぬ　桐竹紋之助
母おとせ　桐竹紋之丞
弟儀兵衛　吉田辰五郎
兄長右衛門　吉田作十郎
丁稚長吉　桐竹勘十郎
娘おはん　桐竹紋二郎
半斉　桐竹紋市

奥州安達原

袖萩祭文の段

前　豊竹古住太夫
　　野澤勝太郎
切　豊竹若太夫
　　鶴澤燕三

袖萩　桐竹紋十郎
娘お君　桐竹勘之助
謙仗　桐竹紋市
浜夕　桐竹紋之丞
源義家　吉田作十郎
安部の宗任　桐竹勘十郎
安部の貞任　吉田辰五郎
腰元　大ぜい

新曲　紅葉狩

戸隠山の段

呂賀太夫改め　豊竹呂太夫
豊竹古住太夫
豊竹松島太夫
豊竹小松太夫
竹本常子太夫
鶴澤叶太郎
竹澤団作
豊澤仙二郎
琴　野澤勝平

更科姫　実は　悪鬼　桐竹紋十郎
平維茂　桐竹勘十郎
腰元　桐竹紋寿
腰元　桐竹紋四郎
山神　桐竹紋十郎

＊　＊　＊

はやし　芳村喜代次＝小道具　畑天海
衣裳　八田保之＝舞台装置　服部和男
床山　背戸百太郎＝舞台装置　鈴木幸次郎

◎四月二十四日　三重県津市曙座　昼の部午後一時　夜の部午後六時開演

昼の部　巡業プログラムの通り
夜の部　本朝廿四孝　奥庭狐火の段　奥州安達原　袖萩祭文の段
　伊賀越道中双六　平作住家より松原まで　新曲紅葉狩
〔典拠〕「中部日本新聞（三重版）」広告（04・23）

◎四月二十五日　三重県伊勢市伊勢会館　［CD］
学生の文楽教室
昭和三十年四月二十五日　午前十時半開会
主催中部日本新聞伊勢市専売所　後援文部省文化財保護委員会

第一
伊達娘恋緋鹿子
　お七火見櫓の段
―
第二
菅原伝授手習鑑
　寺子屋の段

○八分の入り（『三和会公演控』、『文楽因会三和会興行記録』）
◇昼の部午後一時　夜の部午後六時開演　演目は二十四日津市曙座と同じ
（「中部日本新聞（三重版）」広告 04・23）

◎四月二十七日　愛知県岡崎劇場
〔典拠〕「朝日新聞（三河版）」（04・23）

◎四月二十八日　岐阜市公会堂　昼の部十二時　夜の部午後五時開演
中部日本新聞社岐阜社会事業団主催　岐阜県・岐阜市教育委員会・岐阜放送・岐阜県文化財協会・中部日本新聞社後援
演目は巡業プログラムの通り　但し　鳴響安宅新聞　勧進帳の段を伊賀越道中双六　沼津里より千本松原までに変更　桂川連理柵と奥州安達原の順序が逆

他に　竹本住大夫
　入場料　前売指定二百円　前売一般百五十円
〔典拠〕「中部日本新聞（岐阜版）」（04・22）

○四月三十日　静岡県島田市島田劇場
〔典拠〕『三和会公演控』、『文楽因会三和会興行記録』

◎五月一日　静岡県伊東演舞場　［BC］
文楽人形浄瑠璃「文楽座」三和会特選狂言
当る五月一日　昼の部十二時　夜の部六時開場
主催伊東文楽愛好会　後援市民新聞社　文部省文化財保護委員会　伊東教育委員会
演目・配役は巡業プログラムの通り
但し　桂川連理柵と奥州安達原の順序が逆
他に　竹本源太夫　豊竹司太夫　竹本三和太夫　竹本住太夫　吉田国秀
前売券三百円　当日売三百五十円
○大入（『三和会公演控』、『文楽因会三和会興行記録』）
◇入場料　無形文化財公演のため非課税（「市民新聞」04・24）

○五月二日　神奈川県川崎市立公民館
○五月三日　東京都豊島公会堂
〔典拠〕『三和会公演控』、『文楽因会三和会興行記録』

◎五月四日　神奈川県横浜市県立音楽堂　午前十時　午後一時　午後六時
横浜古典美術観賞会
　入場料　前売二百五十円　当日三百円　指定席三百五十円
〔典拠〕「神奈川新聞」（04・26）

○五月五日　東京都大久野公会堂
○五月六日　神奈川県横須賀市民会館
〔典拠〕『三和会公演控』、『文楽因会三和会興行記録』

◎五月八日　千葉県銚子市共栄館　満員（五百人）
◎五月九日　千葉県銚子市公正市民館
文楽後援会・銚子市婦人会主催　文部省文化財保護委員会・銚子市教育委員会・毎日新聞社後援
九日
午前、午後　高校生のための文楽教室　八百屋お七火の見櫓の段　阿波の鳴門
夜の部　婦人会および一般　本朝廿四孝他四種（巡業プログラム夜の部カ）
「千葉新聞」（05・11）では、梅川忠兵衛　菅原伝授手習鑑　寺子屋の段　安宅勧進帳　おはん長右衛門　桂川連理柵　伽羅先代萩　義経千本桜とする
他に　竹本住大夫　竹本源大夫
　入場料　一般二百円　学生の演劇教室（団体優待）三十円
〔典拠〕「毎日新聞（千葉版）」（05・03／05・11）、広告（05・07）
　「千葉新聞」（05・11）
　『三和会公演控』、『文楽因会三和会興行記録』

◎五月十日・十一日　千葉市教育会館　昼の部午後一時　夜の部午後六時開演
文楽後援会主催　千葉県教育委員会・毎日新聞社千葉支局・文楽保存観賞会・各市教育委員会・千葉県毎日会後援

演目は巡業プログラムの通り　但し桂川連理柵と奥州安達原の順序が逆
十一日　午前十時から三回　小中高生の演劇教室
豊竹司大夫盲腸手術のため帰阪
　入場料　一般二百円　学生の演劇教室（団体優待）三十円
〔典拠〕『三和会公演控』、『文楽因会三和会興行記録』
　「毎日新聞（千葉版）」（05・03）、広告（05・07）

◎**五月十二日**　栃木県宇都宮市スポーツセンター　昼の部午後一時　夜の部午後六時開演
文部省文化財保護委員会・文楽保存観賞会・栃木県教育委員会・宇都宮市教育委員会・下野新聞社・栃木新聞社後援
演目は巡業プログラムの通り　但し桂川連理柵と奥州安達原の順序が逆
他に　竹本住大夫
三越劇場移動用舞台を使用
午前十時　市内の中高生向け演劇教室（約二千人）　八百屋お七伊達娘恋緋鹿子　火の見櫓の段　他
　入場料　特別指定席二百五十円　自由席二百円　学生・小人百円
〔典拠〕「下野新聞」（05・12）
　「栃木新聞」（05・11／05・13）、広告（05・07／05・12）

◎**五月十三日**　栃木県大田原市朝日座　昼の部十二時　夜の部午後六時開演
文部省文化財保護委員会・栃木県教育委員会・市教育委員会・下野新聞社・栃木新聞社後援
演目は巡業プログラムの通り　但し桂川連理柵と奥州安達原の順序が逆
〔典拠〕「栃木新聞」広告（05・07）

◎**五月十四日・十五日　宮城県労働会館**　［BC］
文楽三和会　重要無形文化財
文楽人形浄瑠璃芝居　文部省文化財保護委員会後援

十四日※1
八百屋お七　恋緋鹿子
　火見櫓の段
お七　豊竹小松太夫
　豊澤猿二郎
　竹澤団作
恋飛脚大和往来
　新口村の段
　前　豊竹呂太夫
　　野澤勝太郎
　後　豊竹つばめ太夫
　　鶴澤燕三
菅原伝授手習鑑
　寺子屋の段
　前　豊竹司太夫
十五日※2
本朝廿四孝
　奥庭狐火の段　豊竹呂太夫
　　野澤喜左衛門
　　野澤勝平
奥州安達原
　袖萩祭文の段
　前　竹本源太夫
　　鶴澤叶太郎

　後　鶴澤叶太郎
　　豊竹若太夫
　　野澤喜左衛門
鳴響安宅新関
　勧進帳の段
弁慶　竹本源太夫
富樫　豊竹古住太夫
義経　豊竹司太夫
四天王　豊竹松島太夫
番卒　豊竹小松太夫
　野澤勝太郎
　豊澤仙二郎
　竹澤団作
　野澤勝平
　鶴澤叶太郎
　後　豊竹古住太夫
　　鶴澤燕三
おはん長右衛門　桂川連理柵
　帯屋の段　竹本住太夫
　　野澤勝太郎
　　豊竹つばめ太夫
　　野澤喜左衛門

新曲 紅葉狩
戸隠山の段

呂賀太夫改め 豊竹呂太夫
豊竹司太夫
豊竹松島太夫
＝
豊竹小松太夫
鶴澤燕三
豊澤仙二郎
竹澤団作
野澤勝平

十四日・十五日とも人形配役は巡業プログラムの通り

伽羅先代萩
御殿より床下まで

（交代出演）
前 竹本源太夫 鶴澤叶太郎
後 豊竹古住太夫 野澤勝太郎

前 豊竹若太夫 鶴澤燕三
後 豊竹つばめ太夫 野澤喜左衛門
前 豊竹つばめ太夫 野澤喜左衛門
後 豊竹古住太夫 鶴澤燕三
前 竹本源太夫 鶴澤叶太郎
後 豊竹古住太夫 野澤勝太郎

＊　＊　＊

はやし 芳村喜代次
衣裳 八田保之 ＝ 床山 背戸百太郎
小道具 畑天海

御殿政岡忠義の段
鶴喜代君（一回交代）桐竹紋弥 桐竹紋四郎
千松（一回交代）桐竹紋寿 桐竹紋七
政岡 桐竹紋十郎
八汐 吉田辰五郎
沖ノ井 桐竹紋之丞
小巻 吉田国秀
栄御前（一回交代）桐竹勘十郎 桐竹紋之助
腰元 大勢

舞台装置 服部和男 ＝ 舞台装置 鈴木幸次郎

※1・※2 巡業プログラムを流用。プログラムでは昼の部、夜の部とあるが、実際は、十四日・十五日午後六時の演目

◎「政岡二百七十年祭」のため、午後六時からの公演に先立ち政岡奉賛会主催で午前九時、午後一時の二回「伽羅先代萩」御殿の段、床下の段を上演 会費百円（「河北新報」05・15、広告 05・12）

◇大仙台社主催 宮城県教育委員会・仙台市教育委員会・文楽後援会後援（「河北新報」広告 05・10）

◇入場料 前売指定三百円 一般百五十円（「河北新報」広告 05・10）

・・・・・・・・・・・・・・・・・・・・・・・・・・・・・・

30・04・22 因会 天理市 天理教館 ［BC］

重要無形文化財指定 文楽座人形浄瑠璃引越興行
芸術院会員吉田文五郎出演
四月二十二日・二十三日公演 開演昼の部十一時 夜の部午後四時
主催大阪文楽会 後援天理教にをいかけ委員会 天理教道友社 天理市 天理教館

三人片輪

鶴澤道八作曲 楳茂都陸平振付

いざり 竹本雛大夫
唖 竹本南部大夫
盲 ※1竹本織部大夫
有徳人 豊竹十九大夫
野澤吉三郎
野澤錦糸
豊澤新三郎
鶴澤寛弘
竹澤団二郎

有徳人 吉田文雀
盲 吉田玉昇
唖 吉田玉五郎
いざり 吉田栄三

菊池寛原作 食満南北脚色

竹本綱大夫　竹澤弥七作曲　大塚克三舞台装置

恩讐の彼方に　鳥居峠の段より青の洞門の段まで

鳥居峠茶店の段

仲間市九郎 了海 後に　竹本綱大夫
女房お弓　竹本南部大夫
旅の男　竹本伊達路大夫
旅の女　豊竹弘大夫

青の洞門の段

仲間市九郎 了海 後に　竹本綱大夫
中川実之助　竹本織の大夫
　竹澤弥七
ツレ　鶴澤寛弘

仲間市九郎 了海 後に　吉田玉市
女房お弓　吉田玉五郎
旅の男　吉田文昇
旅の女　吉田小玉
中川実之助　吉田玉男

御所桜堀川夜討

弁慶上使の段

竹本津大夫
三味線　鶴澤寛治郎

武蔵坊弁慶　吉田玉助
女房おわさ　桐竹亀松
侍従太郎　吉田兵次
しのぶ　吉田光次
卿の君　吉田文昇
花の井　吉田常次

大西利夫作並演出　野澤松之輔作曲　大塚克三舞台装置

天理教祖伝　梅薫《うめかおる》教祖《みおやの》俤《おもかげ》（黎明篇）

一　いばらの段
二　ふちなかの段
三　みちあけの段
四　ほそみちの段

佐助　竹本伊達路大夫
源兵衛　豊竹十九大夫

教祖（前）　吉田文五郎
中山善兵衛　吉田玉助

三右衛門　竹本綱大夫
教祖　竹本伊達大夫
善兵衛　竹本津大夫
医者石庵　竹本静大夫
小かん　竹本南部大夫
おこよ　竹本織部大夫
又吉　豊竹弘大夫
　野澤八造
　野澤錦糸
　豊澤新三郎
　鶴澤寛弘
　竹澤団二郎

おこよ　桐竹亀松
娘小かん　吉田栄三
教祖（後）　吉田玉市
医者石庵　吉田玉男
三右衛門　吉田兵次
村人佐助　吉田淳造
村人源兵衛　吉田玉幸
供人又吉　吉田玉昇

※1　B竹本織大夫

30・04・24　因会　四ツ橋　文楽座　大阪　[BC]

第五回文楽座因会若手勉強会　四ツ橋文楽座
昭和三十年四月二十四日　午後一時開演　五時半終演予定

壺坂観音霊験記

沢市内より壺坂寺の段まで

前　竹本伊達路大夫
　野澤錦糸
後　豊竹弘大夫
　鶴澤清友
※2ツレ　鶴澤清治

沢市内より壺坂寺の段まで

女房お里　※1吉田玉幸
座頭沢市　吉田小玉

梅川忠兵衛　恋飛脚大和往来

新口村の段

—

新口村の段

前　竹本南部大夫　鶴澤藤之助
後　竹本織部大夫　竹澤弥七

亀屋忠兵衛　吉田玉之助
傾城梅川　吉田文昇
忠三女房　吉田玉幸
親孫右衛門　吉田光次

賛助出演
吉田玉助
桐竹亀松
吉田玉市
吉田玉五郎
吉田玉男
吉田兵次
吉田万次郎
吉田淳造
吉田常次
吉田玉米
吉田栄三

一谷嫩軍記

熊谷陣屋の段
前　竹本織の大夫　鶴澤寛弘
後　豊竹十九大夫　鶴澤寛弘

熊谷陣屋の段
熊谷直実　吉田光次
妻相模　吉田文雀
藤の方　吉田小玉
堤軍次　吉田玉之助
源義経　吉田文昇
石屋弥陀六　吉田玉昇

義経千本桜

道行初音の旅
静御前
忠信
竹本綱子大夫
竹本相子大夫
竹本南部大夫
竹本津大夫
竹本伊達大夫
竹本綱大夫
鶴澤藤蔵
豊澤新三郎
竹澤団二郎
鶴澤藤二郎
野澤錦糸
鶴澤清友
鶴澤藤之助

道行初音の旅
静御前　吉田文雀
狐忠信　吉田玉昇

＊　＊　＊

※1　B（吉田文雀氏蔵）手書きで吉田小玉と入替の書き入れ
※2　Cにあり

30・05・01　因会

◎巡業　五月一日から二十日まで
四月三十日出発、二十一日帰阪（「毎日新聞（大阪）」04・29）

巡業［BCD］

大阪文楽座人形浄瑠璃引越興行
昭和三十年五月
重要無形文化財指定　大阪文楽会公演
芸術院会員吉田文五郎出演

昼の部　午前十一時開幕
鶴澤道八作曲　楳茂都陸平振付
新曲　釣《つり》女《おんな》

太郎冠者　竹本静大夫
大名　豊竹弘大夫
美女　竹本織部大夫
醜女　竹本和佐大夫
豊澤猿糸
鶴澤清友

太郎冠者　吉田栄三
大名　吉田玉昇
美女　吉田文雀
醜女　吉田玉五郎

豊澤新三郎
鶴澤寛弘
鶴澤藤二郎

伽《めい》羅《ぼく》先《せん》代《だい》萩《はぎ》　御殿の段より政岡忠義の段まで

御殿の段
竹本伊達大夫
野澤八造

政岡忠義の段
竹本雛大夫
野澤松之輔

乳母政岡　桐竹亀松
鶴喜代君　吉田玉幸
一子千松　吉田小玉
妻八汐　吉田玉市
妻沖の井　吉田光次
栄御前　桐竹紋太郎
腰元　大ぜい

三勝半七　艶《はで》容《すがた》女《おんな》舞《まい》衣《ぎぬ》

酒屋の段
前　竹本津大夫
　　鶴澤寛弘
切　竹本綱大夫
　　竹澤弥七
高音　竹澤団二郎

娘お園　吉田栄三
親宗岸　吉田玉助
舅半兵衛　吉田兵次
半兵衛女房　吉田常次
おつう　吉田玉幸
美濃屋三勝　吉田文昇
茜屋半七　吉田光次

大西利夫作並演出　野澤松之輔作曲

天理教祖伝　梅薫《うめかおる》教祖《みおやの》俤《おもかげ》

にをいかけの段
みちすがらの段
手びきの段
陽気つとめの段

教祖　竹本津大夫
秀司　竹本雛大夫
小かん　竹本織の大夫
女儀　竹本織部大夫
探偵　竹本静大夫
旅の女　豊竹弘大夫
次郎作　竹本伊達路大夫
野澤吉三郎
野澤錦糸
豊澤新三郎
竹澤団二郎
鶴澤藤二郎

教祖（前）　吉田文五郎
教祖（後）　吉田玉市
兄秀司　吉田玉男
小かん　吉田玉五郎
女儀　吉田文雀
旅の男 実は 探偵　吉田玉昇
旅の女　吉田淳造
次郎作　吉田兵次

壇《だんの》浦《うら》兜《かぶと》軍《ぐん》記《き》

阿古屋琴責の段
阿古屋　竹本南部大夫
重忠　竹本綱大夫
岩永　竹本織の大夫
榛沢　竹本相子大夫
鶴澤藤蔵
ツレ　野澤錦糸
三曲　鶴澤寛弘

秩父重忠　吉田玉助
岩永左衛門　吉田玉男
榛沢六郎　吉田文昇
傾城阿古屋　桐竹亀松
水奴　大ぜい

夜の部　午後四時半開幕

伊達《だて》娘《むすめ》恋《こひの》緋《ひ》鹿子《かのこ》

お七火の見櫓の段
竹本和佐大夫
鶴澤清友
ツレ　鶴澤寛弘
竹澤団二郎
鶴澤藤二郎

娘お七　吉田玉五郎

生《いき》写《うつし》朝《あさ》顔《がお》話《ばなし》　宿屋の段より大井川の段まで

宿屋の段
竹本伊達大夫
鶴澤藤蔵

大井川の段
竹本南部大夫
野澤錦糸

宮城阿曽次郎後に駒沢次郎左衛門　桐竹紋太郎
岩代多喜太　吉田兵次
戎屋徳右衛門　吉田常次
下女おなべ　吉田文昇
宿屋深雪　桐竹亀松
大井川深雪　吉田文五郎
川越人足　大ぜい

梅川忠兵衛　恋《こひ》飛《びき》脚《やく》大和《やまと》往来《おうらい》

新口村の段
前　竹本雛大夫
　　野澤八造
切　竹本綱大夫
　　竹澤弥七

亀屋忠兵衛　吉田玉男
傾城梅川　吉田栄三
忠三女房　吉田光次
鶴掛藤次兵衛　吉田淳造
伝ヶ婆　吉田玉昇
置頭巾　桐竹紋太郎
樋の口水右衛門　吉田文雀
針立道庵　吉田兵次
捕手小頭　吉田小玉
八右衛門　吉田玉之助
親孫右衛門　吉田玉市
捕手　大ぜい

大西利夫作並演出　野澤松之輔作曲
天理教祖伝　梅薫《うめかおる》教祖《みおやの》俤《おもかげ》
配役は昼の部と同じ

弥次喜多　東《とう》海《かい》道《どう》膝《ひざ》栗《くり》毛《げ》

赤坂松並木より古寺まで
弥次郎兵衛　竹本津大夫
喜多八　竹本静大夫
和尚　竹本織の大夫
親爺　豊竹弘大夫
千松　竹本相子大夫
野澤松之輔
豊澤猿糸
豊澤新三郎
竹澤団二郎
鶴澤藤二郎

弥次郎兵衛　吉田玉助
喜多八　吉田玉男
親爺　吉田淳造
千松　吉田玉幸
和尚　桐竹紋太郎

※　変更配役表により、太夫、三味線の配役を訂正

◇五月一日　島根県松江市公会堂　［D］
文部省無形文化財保護委員会選定　大阪文楽座人形浄瑠璃引越興行
芸術院会員吉田文五郎出演
五月一日　昼十一時　夜四時　松江市公会堂
主催大阪文楽会
後援松江市　松江市教育委員会　山陰新報社　ラジオ山陰松江支局　松江文楽会
演目は巡業プログラムの通り
他に　竹本相生大夫　豊竹松大夫　竹本相次大夫　鶴澤寛治郎　鶴澤清好　鶴澤清六　吉田万次郎　吉田玉米

※　同じ演目・座員で、日時・場所不明のチラシがある

◎五月二日　鳥取市大黒座　昼の部午前十一時　夜の部午後四時開演
大阪文楽会主催　鳥取県教育委員会・日本海新聞社後援
演目は巡業プログラムの通り
入場料　前売三百円　当日四百円

〔典拠〕「日本海新聞」広告（04・28）

◇五月三日　鳥取県倉吉

〔典拠〕「山陰新報」（05・02）

◇五月四日　鳥取県米子

演目は巡業プログラムの通り

「酒屋」「重忠」「新口村　切」竹本綱大夫　「宿屋」「政岡忠義の段」竹本松大夫　鶴澤清六　「御殿」「新口村　前」竹本伊達大夫　深雪　政岡　桐竹亀松

〔典拠〕「夕刊山陰」（04・28～29）

◇五月十二日　岐阜市公会堂　昼夜二回公演

岐阜タイムス社後援

天理教祖伝　他

他に　鶴澤清六

〔典拠〕「岐阜タイムス」（05・13）

◇五月十三日　愛知県豊橋公会堂　午前十一時開演

竹本相生大夫

入場料　前売三百円

〔典拠〕「豊橋新聞」（05・13）

◇五月十四日　静岡県浜松

◇五月十五日　静岡

〔典拠〕「毎日新聞（大阪）」（04・29）

◇五月十六日　横浜市神奈川県立音楽堂　昼の部午後一時　夜の部午後五時開演

天理教神奈川支庁

入場料　A四百五十円　B三百五十円

〔典拠〕「神奈川新聞」（04・26）

◇五月十七日　山梨県甲府市中央劇場　昼夜二回公演

大阪文楽会主催　世話役天理教山梨教務支庁

〔典拠〕「山梨日日新聞」（05・14）、「朝日新聞（山梨版）」（05・13）

◇五月十八日　長野市産業会館　昼夜二回公演

長野県教育委員会・長野市教育委員会後援

伽羅先代萩　伊達娘恋緋鹿子　他

〔典拠〕「信濃毎日新聞（北信版）」（05・13）

◇五月二十日　長野県飯田市公民館　昼の部午前十一時　夜の部午後四時開演

大阪文楽会主催　長野県市教育委員会後援

昼の部　壇浦兜軍記　琴責の段　他

夜の部　伊達娘恋緋鹿子　火の見櫓の段　他

入場料　指定席四百五十円　A席三百五十円　B席二百八十円

〔典拠〕「南信日日新聞」（05・19）

・・・・・・・・・・・・・・・・・・・・・・・・・・

○五月十二日　重要無形文化財総合指定　人形浄瑠璃文楽
代表者
因会　太夫　豊竹山城少掾　三味線　二世鶴澤清八　人形　三世吉田文五郎
三和会　太夫　六世竹本住太夫　三味線　四世鶴澤綱造　人形　二世桐竹紋十郎
〔典拠〕「朝日新聞（東京）」、「毎日新聞（大阪）」（03・17）

30・05・24　因会・三和会　桜橋産経会館　大阪　［BC］

NHK大阪中央放送局開局三十周年記念　因会三和会文楽人形浄瑠璃公演
昭和三十年五月二十四日午後三時より　桜橋産経会館

第一部

妹背山婦女庭訓

鱶七上使の段
竹本津大夫
鶴澤寛治郎
素浄瑠璃

姫戻りの段
竹本雛大夫
野澤八造

金殿の段
豊竹山城少掾
鶴澤藤蔵

生写朝顔話

宿屋の段
竹本綱大夫
竹澤弥七
琴　鶴澤寛弘

駒沢次郎左衛門　吉田玉助
岩代多喜太　吉田玉男
戎屋徳右衛門　吉田玉市
下女おなべ　吉田文昇
朝顔 実は 深雪　吉田栄三
若侍　大ぜい
此処人形入りにて御覧に入候

大井川の段
竹本伊達大夫
野澤八造

深雪　吉田文五郎
戎屋徳右衛門　吉田玉市
奴関助　吉田玉五郎
川越人足　大ぜい
此処人形入りにて御覧に入候

第二部

近頃河原の達引

堀川猿廻しの段
豊竹つばめ大夫
野澤喜左衛門
ツレ　豊澤猿二郎
竹本住大夫
野澤勝太郎
ツレ　野澤勝平
素浄瑠璃

安宅関

勧進帳の段
武蔵坊弁慶　豊竹若大夫
富樫左衛門　豊竹つばめ大夫
源義経　豊竹呂大夫
伊勢三郎　豊竹古住大夫
常陸坊　豊竹松島大夫
駿河次郎
片岡八郎　豊竹小松大夫

富樫左衛門　吉田辰五郎
源義経　桐竹紋之助
伊勢三郎　桐竹紋之丞
駿河次郎　桐竹紋四郎
片岡八郎　桐竹紋寿
常陸坊　桐竹紋市

野澤勝太郎
豊澤仙二郎
竹澤団作
野澤勝平
野澤八助
鶴澤叶太郎

番卒　大ぜい
武蔵坊弁慶　桐竹紋十郎
左　桐竹勘十郎
足　桐竹紋二郎
此処人形入りにて御覧に入候

*　*　*

舞台意匠　数宝光之助＝はやし　望月太明蔵社中
大道具製作　藤山幸次＝製作演出　大阪中央放送局

○因会、三和会別々の狂言
◇BK公開録音（『三和会公演控』）
◇五月二十四日　勧進帳　テレビ放送　NHK　午後八時（「朝日新聞（大阪）」、「毎日新聞（大阪）」、「読売新聞（大阪）」05・24）
◇六月五日　近頃河原の達引　堀川猿廻しの段　ラジオ放送　NHK第一　午後三時五分（「朝日新聞（大阪）」、「毎日新聞（大阪）」、「読売新聞（大阪）」06・05）

30・05・25　因会　和歌山市民会館　［BC］

古典芸術の粋　四ツ橋文楽人形浄瑠璃　大阪文楽座
芸術院会員豊竹山城少掾　芸術院会員吉田文五郎
五月二十五日・二十六日　昼午前十一時　夜午後四時三十分　昼夜入替
和歌山市民会館　主催和歌山市消防協会
昼の部　午前十一時開幕
義経千本桜
道行初音の旅

静御前　竹本南部大夫
忠信　竹本織の大夫
竹本相子大夫
竹本相次大夫
竹本伊達路大夫
野澤錦糸
豊澤新三郎
竹澤団二郎
鶴澤藤二郎
野澤喜八郎

静御前　吉田玉五郎
狐忠信　吉田玉男

人形解説　吉田玉五郎

生写朝顔日記
宿屋より大井川の段まで
竹本伊達大夫
野澤八造
琴　鶴澤寛弘

朝顔 実は 深雪　桐竹亀松
宮城阿曽次郎　吉田玉昇
岩代多喜太　吉田兵次
下女おなべ　吉田小玉
亭主徳右衛門　吉田淳造

仮名手本忠臣蔵
一力茶屋の段
由良之助　竹本相生大夫
力弥　竹本相子大夫
重二（太カ）郎　竹本織の大夫
喜多八　豊竹十九大夫
弥五郎　竹本伊達路大夫
おかる　竹本雛大夫
仲居　竹本相子大夫
亭主　竹本相次大夫
伴内　竹本織部大夫
九太夫　竹本南部大夫
平右衛門　竹本津大夫
前　野澤吉三郎

斧九太夫　吉田兵次
鷺坂伴内　吉田玉市
一力亭主　吉田玉之助
矢間重二（太カ）郎　吉田文昇
竹森喜多八　吉田常次
千崎弥五郎　吉田淳造
遊女おかる　吉田栄三
大星由良之助　吉田玉助
大星力弥　吉田玉幸
寺岡平右衛門　吉田玉男
仲居　吉田万次郎
仲居　吉田玉米

後　鶴澤寛治郎

お染久松　新版歌祭文
野崎村の段

切　竹本綱大夫
　　竹澤弥七
ツレ　竹澤団二郎

親久作　吉田玉市
娘お光　吉田玉五郎
娘お染　吉田文雀
丁稚久松　吉田光次
母親おかつ　吉田常次
下女およし　吉田文昇

寿式三番叟

千歳　竹本相生大夫
翁　豊竹山城少掾
三番叟　竹本津大夫
三番叟　竹本雛大夫
　鶴澤藤蔵
　野澤八造
　野澤錦糸
　豊澤新三郎
　鶴澤寛弘

千歳　吉田玉市
翁　吉田文五郎
三番叟　吉田玉助
三番叟　吉田栄三

夜の部　午後四時半開幕

音冴春臼月
団子売りの段

杵造　竹本織の大夫
お臼　竹本織部大夫
　野澤錦糸
　竹澤団二郎
　鶴澤藤二郎
　野澤喜八郎

杵造　吉田光次
お臼　吉田文雀

人形解説　吉田玉五郎

梅川忠兵衛　恋飛脚大和往来
新口村の段

前　竹本伊達大夫
　　野澤八造
後　竹本綱大夫
　　竹澤弥七

亀屋忠兵衛　吉田光次
傾城梅川　桐竹亀松
忠三女房　吉田小玉
鶴掛藤次兵衛　吉田万次郎
伝ヶ婆　吉田常次
置頭巾　吉田淳造
樋口屋水右衛門　吉田文雀
八右衛門　吉田玉之助
針立道庵　吉田兵次
親孫右衛門　吉田玉市
捕手小頭　吉田玉幸
捕手　大ぜい

一谷嫩軍記
熊谷物語の段
首実検の段

切　豊竹山城少掾
　　鶴澤藤蔵
後　竹本津大夫
　　鶴澤寛治郎

堤軍次　吉田文昇
妻相模（前）　吉田文五郎
藤の局　吉田文雀
梶原景時　吉田淳造
石屋弥太六　吉田兵次
熊谷直実　吉田玉助
源義経　吉田玉昇
妻相模（後）　吉田玉五郎

壺坂観音霊験記
沢市内より御寺の段まで

切　竹本相生大夫
　　野澤吉三郎
ツレ　野澤喜八郎

妻お里　桐竹亀松
座頭沢市　吉田玉男

三人片輪

いざり　竹本雛大夫
唖　竹本南部大夫
盲目　豊竹十九大夫
長者　竹本伊達路大夫
野澤吉三郎
野澤錦糸
豊澤新三郎
鶴澤寛弘
竹澤団二郎
鶴澤藤二郎

長者　吉田玉男
いざり　吉田栄三
唖　吉田玉五郎
盲目　吉田玉昇

◇入場料　前売三百円　後援和歌山新聞社（「和歌山新聞」05・15）

◎五月二十五日　三和会　和歌山県海南市警察署
海南治安協会
昼の部
義臣佐倉曙
宗五郎子別れ
豊竹松島太夫
野澤勝平
豊竹司太夫
豊澤仙二郎

大井川
竹本源太夫
鶴澤叶太郎
一谷嫩軍記
熊谷陣屋
豊竹若太夫
鶴澤燕三
生写朝顔日記
宿屋
豊竹つばめ太夫
野澤喜左衛門

東海道五十三次　道中膝栗毛
赤坂から古寺
夜の部
絵本太功記
妙心寺

尼ヶ崎
豊竹つばめ太夫

野澤喜左衛門
竹本源太夫
鶴澤叶太郎
おはん長右衛門　桂川連理柵
帯屋
竹本住太夫

新曲　小鍛冶
野澤勝太郎
朝顔相模操
桐竹紋十郎

〔典拠〕『三和会公演控』、『文楽因会三和会興行記録』

◇五月二十八日　三和会　第三回人形と舞踊の会　大阪桜橋産経会館　午前十時　午後十二時三十分　午後三時開演
「四季の寿」「たにしと鳥」「茨木」に桐竹紋十郎が出演
〔典拠〕『演劇雑誌幕間』第十巻第七号
「産経新聞（大阪）」（05・28）

◇五月二十八日　三和会　第六十五回三越名人会　東京日本橋三越劇場　午後四時開演
名筆吃又平
将監館の段
切　竹本住太夫
野澤勝太郎
ツレ　野澤勝平
〔典拠〕プログラム

◎五月三十日　三和会　足利市月見ケ丘学園講堂　栃木　［BC］
文楽人形浄瑠璃三和会興行
五月三十日午後三時半　月見ヶ丘学園講堂

主催月見ヶ丘学園　出演重要無形文化財文楽三和会一派　後援桐紋会

人形芝居について　中西敬二郎
人形の解説　桐竹勘十郎

伽羅先代萩
政岡忠義の段
豊竹古住太夫
野澤勝太郎
政岡　桐竹紋十郎（文部大臣賞受賞）
左　桐竹紋二郎
足　桐竹紋四郎

三十三所花の山　壺坂霊験記
沢市内の段
お寺の段
豊竹つばめ太夫（昭和二十九年度芸術祭奨励賞授賞）
豊竹呂太夫
豊竹小松太夫
野澤勝太郎
ツレ　竹澤団作
お里　桐竹紋十郎
左　桐竹紋之助
足　桐竹紋弥
沢市　桐竹勘十郎
左　吉田作十郎
足　桐竹紋七
観世音　桐竹勘之助

京鹿子娘道成寺
豊竹古住太夫
豊竹呂太夫
豊竹小松太夫
野澤勝太郎
豊澤仙二郎
野澤勝平
白拍子花子　桐竹紋十郎
左　桐竹勘十郎
足　桐竹紋二郎
足　桐竹紋寿

はやし　芳村喜代次

＊　＊　＊

◇他に竹本住大夫（「栃木新聞」05・19）

◇五月三十日　三和会　栃木県織姫公民館
両毛地区インター・シティ・ミーティング主催
政岡、弁慶、白拍子　桐竹紋十郎

〔典拠〕『三和会公演控』、『文楽因会三和会興行記録』

30・06・01　三和会

日本橋　三越劇場　東京　①　［ＢＣＤ］

重要無形文化財国家指定記念　文楽人形浄瑠璃芝居
文楽三和会第十二回東京公演　東京　日本橋　三越劇場
昭和三十年六月一日より十八日　毎日十二時半開演（月曜日休演）

第一回番組　六月一日より九日まで

菅原伝授手習鑑

車曳の段
松王丸　豊竹松島太夫
梅王丸　豊竹古住太夫
桜丸　豊竹若子太夫
杉王丸　竹本常子太夫
時平　豊竹小松太夫
野澤勝平
梅王丸　桐竹紋之助
桜丸　桐竹紋二郎
杉王丸　桐竹紋四郎
松王丸　桐竹勘十郎
時平　吉田作十郎
仕丁　大ぜい

絵本太功記

尼ヶ崎の段
前　豊竹呂太夫
　　鶴澤燕三
後　豊竹つばめ太夫
三味線　野澤喜左衛門

重次郎　桐竹紋之助
初菊　桐竹紋二郎
操　桐竹紋十郎
さつき　吉田国秀
真柴久吉　桐竹紋七
光秀　吉田辰五郎
正清　桐竹紋寿

伊勢音頭恋寝刃
油屋の段
切　竹本住太夫
　　野澤勝太郎
後　豊竹古住太夫
　　鶴澤燕三

福岡貢　桐竹勘十郎
お紺　桐竹紋二郎
万野　吉田辰五郎
喜助　吉田作十郎
お鹿　桐竹紋寿・桐竹紋七・桐竹紋四郎（一日替り）
女郎　桐竹勘之助
岩次　桐竹紋市
喜多六　桐竹紋之丞

花上野誉石碑
志度寺の段
切　豊竹若太夫
三味線　鶴澤綱造

源太左衛門　吉田辰五郎
土屋内記　吉田作十郎
菅ノ谷　桐竹紋之丞
坊太郎　桐竹紋弥
方丈　吉田国秀
お辻　桐竹紋十郎
重蔵　桐竹紋寿
数馬　桐竹紋四郎

増補大江山
戻橋の段
若菜 実は 鬼女　竹本源太夫
渡辺綱　豊竹司太夫
　　鶴澤叶太郎
　　豊澤仙二郎
　　竹澤団作
　　野澤八助
　　豊澤猿二郎

団右衛門　桐竹紋市
渡辺綱　桐竹勘十郎
若菜 実は 鬼女　桐竹紋之助

＊　＊　＊

はやし　阪東弥三郎
はやし　芳村喜代次
人形細工師　藤本由良亀
衣裳　八田保之
舞台製作　長谷川音次郎

舞台装置　服部和男
舞台装置　鈴木幸次郎
舞台装置　山森定次郎
小道具　畑天海
床山　背戸百太郎

入場料　一般一階席三百円　二階席二百五十円
学生割引二百円（日曜日を除く・当日売に限り）
初日（一日・十日）割引　一等席二百五十円　二等席二百円

◇大入（『三和会公演控』、『文楽因会三和会興行記録』）
◇五代野澤八助の子、竹本常子太夫（十七歳）杉王丸にて初舞台（『文楽因会三和会興行記録』）

日本橋　三越劇場　東京　②　［ＢＣＤ］

第二回番組　六月十日より十八日まで

心中天網島

口三味線の段
豊竹古住太夫
豊澤仙二郎

河庄の段
前 豊竹司太夫
鶴澤燕三
後 豊竹つばめ太夫
三味線 野澤喜左衛門

花車 桐竹紋之丞
小春 桐竹紋之助
女郎 桐竹紋寿
孫右衛門 桐竹勘十郎
仲居 桐竹勘之助
太兵衛 吉田作十郎
善六 桐竹紋弥
亭主 桐竹紋四郎
治兵衛 桐竹紋十郎
見物人 大ぜい

ひらかな盛衰記

逆艪の段
切 竹本住太夫
野澤勝太郎

権四郎 桐竹紋市
およし 桐竹紋二郎
お筆 桐竹紋之助
松右衛門実は樋口次郎兼光 吉田辰五郎
駒若君 桐竹紋若
又六 桐竹紋四郎
富蔵 桐竹紋七
九郎作 桐竹紋寿

生写朝顔日記

宿屋より大井川まで
切 豊竹若太夫
三味線 鶴澤綱造
ツレ 野澤勝平
後 竹本源太夫
鶴澤叶太郎

駒沢 吉田辰五郎
徳右衛門 吉田国秀
岩代 吉田作十郎
下女 桐竹小紋
朝顔実は深雪 桐竹紋十郎
関助 桐竹紋二郎
近習、川越人足 大ぜい

義経千本桜

初音の旅路
静御前 豊竹呂太夫
忠信 豊竹松島太夫
ツレ 豊竹若子太夫
豊竹小松太夫
竹本常子太夫
野澤喜左衛門
野澤八助
竹澤団作
野澤勝平
豊澤猿二郎

静御前 桐竹紋之助
忠信 桐竹勘十郎

○豊竹司太夫休演（六月十九日没）河庄一段 豊竹つばめ太夫代役
◇大入（『三和会公演控』、『文楽因会三和会興行記録』）

◇六月二日から十八日 学生の文楽教室 ［BC］

学生の文楽教室
主催読売新聞社 後援文化財保護委員会 東京都教育庁
昭和三十年六月二日より十八日 午前十時三十分開会（月曜日を除く）
日本橋 三越劇場

人形芝居について 三和会関東支部長 中西敬二郎
人形解説 桐竹勘十郎
桐竹紋之助

伽《めい》羅《ぼく》先《せん》代《だい》萩《はぎ》

政岡忠義の段
2日より9日
豊竹古住太夫
豊竹司太夫
鶴澤燕三
10日より18日
竹本源太夫
豊竹呂太夫
鶴澤叶太郎

乳母政岡　桐竹紋十郎
八汐　吉田辰五郎
沖ノ井　（桐竹紋寿／桐竹紋七）
栄御前　吉田作十郎
千松　桐竹勘之助
鶴喜代君　桐竹紋若
腰元　多勢い

乳母政岡　桐竹紋十郎
八汐　桐竹勘十郎
沖ノ井　（桐竹紋四郎／桐竹紋弥）
栄御前　桐竹紋之助
千松　桐竹勘之助
鶴喜代君　桐竹紋若
腰元　多勢い

義経《よしつね》千本《せんぼん》桜《ざくら》

道行初音の旅路
2日より9日
静御前
忠信
豊竹呂太夫
豊竹松島太夫
豊竹若子太夫
豊竹小松太夫
竹本常子太夫
野澤喜左衛門
豊澤仙二郎
竹澤団作
野澤八助
野澤勝平

静御前　桐竹紋之助
忠信　桐竹勘十郎

10日より18日
静御前
忠信
豊竹古住太夫
豊竹松島太夫
豊竹若子太夫
豊竹小松太夫
竹本常子太夫
野澤勝太郎
豊澤仙二郎
竹澤団作
野澤八助
野澤勝平

静御前　桐竹紋二郎
忠信　吉田作十郎

◇六月四日　因会　花柳寿美園創作発表会　東京産経ホール　午後五時開演
舞踊劇「巴」第三幕琵琶湖畔に竹本綱大夫　竹本南部大夫　竹本織部大夫
野澤松之輔　竹澤弥七　野澤錦糸が出演

〔典拠〕プログラム

30・06・07　因会　四ツ橋　文楽座　大阪　［ABC］
文楽座人形浄瑠璃六月本格二部興行
大阪文楽会第二十四回公演　重要無形文化財指定
昭和三十年六月七日初日　昼の部午前十一時　夜の部午後四時三十分開演
十七日より昼夜の狂言入替

昼の部　午前十一時開演

日高川入相花王

日高川の段

清姫　船頭
（竹本和佐大夫
竹本長子大夫）
竹本静大夫
豊竹弘大夫
竹本相子大夫
竹本相次大夫
（鶴澤清友
野澤錦糸）
豊澤新三郎
竹沢団二郎
鶴沢藤二郎
野澤喜八郎

清姫　吉田玉五郎
船頭　吉田淳造

義士銘々伝

弥作鎌腹の段

竹本津大夫
三味線　鶴澤寛治郎

百姓弥作　吉田玉助
女房おかや　吉田文五郎
代官七太夫　吉田玉男
弟弥五郎　吉田文雀
狸の角兵衛　吉田常次

お夏清十郎 寿連理の松

湊町の段

竹本伊達大夫
三味線　鶴澤清六

親佐次兵衛　吉田玉助
娘お夏　桐竹亀松
娘お梅　吉田玉五郎
手代清十郎　吉田玉男
母おかね　吉田兵次
太左衛門　吉田淳造
倅徳次郎　吉田光次
親徳右衛門　吉田玉市

鑓の権三重帷子

近松門左衛門原作　西亭脚色作曲
鷲谷樗風演出　林扇矢振付
中村貞以衣裳考証　大塚克三舞台装置
近松学会協賛

小半　吉田文昇
土佐屋半六　吉田常次

浜の宮馬場の段

笹野権三　竹本雛大夫
お雪　竹本南部大夫
乳母　竹本長子大夫
伴之丞　竹本静大夫
忠太兵衛　竹本相生大夫
野澤吉三郎

浅香市之進留守宅より数寄屋の段まで

切　竹本綱大夫
竹澤弥七

京橋女敵討の段

女房おさい　竹本和佐大夫
鑓の権三　竹本織の大夫
踊り子　竹本織部大夫
浅香市之進　竹本長子大夫
奴甚内　豊竹十九大夫
踊り子　竹本相次大夫
三味線　豊澤広助
豊澤豊助
野澤錦糸
鶴澤寛弘
鶴沢藤之助

笹野権三　吉田玉男
おさい　吉田栄三
岩本忠太兵衛　吉田玉助
娘お雪　吉田文雀
お雪の乳母　吉田玉五郎
川側伴之丞　吉田玉市
奴角助　吉田万次郎
仲間浪介　吉田淳造
浅香市之進　吉田光次
娘お菊　吉田玉昇
倅虎次郎　吉田小玉
※1奴甚内　吉田兵次
下女まん　吉田常次
下女お杉　吉田文昇
踊り子　吉田文雀
踊り子　吉田文昇

妹背山婦女庭訓

道行恋の小田巻

おみわ	豊竹松大夫
橘姫	竹本雛大夫
求女	竹本南部大夫
	竹本津の子大夫
	竹本伊達路大夫
三味線	鶴澤清六
	野澤八造
	豊澤猿糸
	鶴澤清友
	豊澤新三郎
	鶴澤清好
	鶴沢清治

娘おみわ	桐竹亀松
橘姫	吉田文雀
求女	吉田玉昇

夜の部　午後四時半開演

日吉丸稚桜

小牧山城中の段

鍛冶屋五郎助 実は 加藤忠左衛門	竹本織の大夫
女房お政	竹本織部大夫
堀尾茂助義晴	竹本津の子大夫／竹本相子大夫
一子竹松	竹本綱子大夫
五郎助女房	竹本伊達路大夫
木下藤吉郎	豊竹弘大夫
永井早太	竹本津の子大夫／竹本相子大夫
	鶴澤寛弘／鶴沢清好

鍛冶屋五郎助	吉田光次
女房お政	吉田文雀
木下藤吉	吉田玉昇
堀尾茂助	吉田文昇
五郎助女房	吉田淳造
永井早太	吉田常次
一子竹松	吉田玉幸

お俊伝兵衛 近頃河原の達引

堀川猿廻しの段

	豊竹松大夫
三味線	鶴澤清六
ツレ	鶴澤清友

猿廻し与次郎	吉田玉市
娘お俊	桐竹亀松
井筒屋伝兵衛	吉田玉昇
娘おつる	吉田玉之助
与次郎の母	吉田常次

景事 四季寿

万歳 海士

	竹本津大夫
	竹本雛大夫
	竹本長子大夫
	豊竹十九大夫
三味線	鶴澤寛治郎
	野澤吉三郎
	豊澤新三郎
	鶴澤寛弘
	野澤喜八郎

男万歳	吉田玉男
女万歳	吉田玉五郎
海士	吉田玉男
海女	吉田玉五郎

関寺小町

	竹本綱大夫
ツレ	竹本織部大夫
	竹澤弥七
ツレ	竹沢団二郎

関寺小町	吉田玉市

鷺娘

	竹本南部大夫
	竹本和佐大夫
	豊竹弘大夫
	竹本相子大夫
	竹本相次大夫
三味線	鶴澤清八

鷺娘	吉田栄三

豊澤豊助
豊澤猿糸
鶴澤清好
鶴沢藤之助
鶴沢藤二郎

生写朝顔話

宿屋の段

切　豊竹山城少掾
　　鶴澤藤蔵
琴　鶴澤寛弘

大井川の段

竹本伊達大夫
野澤八造

朝顔実は深雪（前）　吉田文五郎
朝顔実は深雪（後）　吉田栄三
阿曽次郎実は駒沢次郎左衛門　吉田玉男
岩代多喜太　吉田淳造
下女おなべ　吉田玉幸
若侍　吉田小玉
奴関助　吉田光次
亭主徳右衛門　吉田兵次
川越人足　吉田万次郎
川越人足　吉田玉米
川越人足　吉田次郎

＊　＊　＊

名筆吃又平

土佐将監閑居の段

切　竹本相生大夫
　　野澤松之輔
ツレ　野澤錦糸

土佐将監　吉田兵次
吃又平　吉田玉助
女房おとく　吉田玉五郎
雅楽之助　吉田光次
修理之助　吉田小玉
将監奥方　吉田常次

〔人形〕桐竹紋太郎

＊　＊　＊

紋下　豊竹山城少掾
三味線紋下　鶴澤清八
人形座頭　吉田玉助
頭取　吉田玉市
はやし　中村新三郎
衣裳　森田

人形細工人　由良亀
床山　佐藤為治郎
座主　松竹株式会社

千秋万歳楽大入叶吉祥日

※1　Aはなし

一部御観劇料　一等席三百五十円　二等席二百円　三等席百三十円
学生券（一等指定席）百五十円
初日に限り一部料金にて昼夜通し御覧に入れます

○六月二十六日まで（『松竹百年史』）
○鑓の権三重帷子　近松門左衛門原作　西亭脚色作曲　鷲谷樗風演出　中村貞以衣裳考証　林扇矢振付　大塚克三舞台装置

30・06・19　三和会

○関東、東北巡業（『文楽因会三和会興行記録』）

◎六月十九日　神奈川県鶴見区公会堂［BC］

重要無形文化財　文楽三和会出演　文楽人形浄瑠璃芝居
横浜開港九十七年記念
昭和三十年六月十九日　鶴見区公会堂
主催古典芸術鑑賞会
後援鶴見区役所　鶴見区自治連合会　鶴見区商店街連合会　鶴見区連合婦人会

第一部

心中天網島時雨炬燵

豊竹つばめ太夫
三味線　野澤喜左衛門

紙屋治兵衛	桐竹紋十郎
女房おさん	桐竹紋之助
三五郎	桐竹紋弥
五左衛門	桐竹紋市
勘太郎	桐竹紋若
お末	桐竹勘之助
太兵衛	吉田国秀
善六	桐竹紋之丞
紀国屋小春	桐竹紋二郎

菅原伝授手習鑑

前　竹本源太夫
　　鶴澤叶太郎
切　竹本住太夫
　　野澤勝太郎

菅秀才	桐竹紋若
小太郎	桐竹紋寿
戸浪	吉田国秀
源蔵	桐竹紋之助
玄蕃	吉田作十郎
松王丸	吉田辰五郎
千代	桐竹紋十郎
御台所	桐竹紋之丞
手習子、百姓、捕人	大ぜい

京鹿子娘道成寺

豊竹呂太夫
豊竹古住太夫
豊竹小松太夫
野澤勝太郎
豊澤仙二郎
野澤勝平
鶴澤燕三

白拍子花子	桐竹紋十郎

第二部

延年の舞（勧進帳の内より）

豊竹古住太夫
豊竹呂太夫
豊竹小松太夫
竹本常子太夫
野澤勝太郎
豊澤仙二郎
竹澤団作
野澤勝平

武蔵坊弁慶	桐竹紋十郎

恋飛脚大和往来

新口村の段

切　豊竹若太夫
三味線　野澤喜左衛門

忠兵衛	桐竹紋二郎
梅川	桐竹紋之助
女房	吉田作十郎
水右衛門	桐竹小紋
伝ヶ婆	桐竹紋寿
藤次兵衛	桐竹紋弥
置頭巾	桐竹紋七
道庵	桐竹紋之丞
孫右衛門	吉田辰五郎
捕手小頭	桐竹紋四郎

壇浦兜軍記

※1 阿古屋の琴責

竹本源太夫
豊竹つばめ太夫
豊竹松島太夫
豊竹小松太夫
鶴澤叶太郎
鶴澤燕三
野澤勝平　*

庄司重忠	桐竹紋市
岩永	吉田作十郎
榛沢	桐竹紋七
阿古屋	桐竹紋十郎
水奴	大ぜい

*　*

はやし　芳村喜代次　小道具　畑天海
舞台装置　服部和夫　床山　背戸百太郎
舞台装置　鈴木幸次郎

※1　Cに阿古屋、重忠、岩永、榛沢の配役あり

◎六月二十一日・二十二日　新潟劇場［BC］

大阪文楽人形浄瑠璃　三和会公演

初日（二十一日）①

昼の部
絵本太功記
妙心寺の段
光秀　豊竹古住大夫
さつき　豊竹呂大夫
重次郎 初菊　豊竹小松大夫
操 軍兵　竹本常子大夫
四方天　豊竹松島大夫
野澤勝平

さつき　吉田国秀
みさを　桐竹勘十郎
重次郎　桐竹紋七
初菊　桐竹紋寿
四方天　吉田作十郎
光秀　吉田辰五郎
腰元、軍兵　大ぜい

恋飛脚大和往来
新口村の段
前　豊竹呂大夫
鶴澤叶太郎
後　豊竹つばめ大夫
鶴澤燕三

忠兵衛　桐竹紋十郎
梅川　桐竹紋之助
女房　桐竹勘十郎
水右衛門　桐竹紋四郎
茶呑婆　桐竹紋市
置頭巾　桐竹紋之丞
孫右衛門　吉田辰五郎
捕手小頭　桐竹紋弥
捕手　大ぜい

菅原伝授手習鑑
寺子屋の段
豊竹若大夫
野澤喜左衛門

菅秀才　桐竹紋若
小太郎　桐竹勘之助
戸浪　吉田国秀
源蔵　桐竹紋之助
玄蕃　吉田作十郎
松王丸　桐竹勘十郎
千代　桐竹紋十郎
御台所　桐竹紋之丞
手習子、百姓、捕巻　大ぜい

所作事　京鹿子娘道成寺
豊竹つばめ大夫
豊竹古住大夫
豊竹呂大夫
野澤勝太郎
豊澤仙二郎
竹澤団作
野澤勝平

花子　桐竹紋十郎

夜の部
本朝二十四孝
奥庭狐火の段
豊竹呂大夫
豊澤仙二郎
ツレ　野澤勝平

八重垣姫　桐竹紋二郎

奥州安達原
袖萩祭文の段
前　豊竹つばめ大夫
野澤喜左衛門

袖萩　桐竹紋十郎
お君　桐竹紋弥

後
豊竹古住大夫
鶴澤燕三

謙仗　桐竹紋市
浜夕　吉田国秀
宗任　桐竹紋之助
八幡太郎　吉田作十郎
貞任　吉田辰五郎
腰元、仕丁　大ぜい

伊賀越道中双六
沼津里より千本松
豊竹若大夫
野澤勝太郎
ツレ　野澤勝平

重兵衛　桐竹勘十郎
安兵衛　桐竹紋之丞
平作　吉田辰五郎
およね　桐竹紋之助
孫八　桐竹紋四郎

新曲　紅葉狩
戸隠山の段
更科姫　豊竹呂大夫
維茂　豊竹松島大夫
山神　豊竹小松大夫
こし元※1　竹本常子大夫
こし元
鶴澤叶太郎
竹澤団作
豊澤仙二郎
野澤勝平

維茂　桐竹勘十郎
更科姫　実は　鬼女　桐竹紋十郎
山神　桐竹紋十郎
腰元　桐竹小紋
腰元　桐竹勘之助

※1　Cこし元なし

二日目（二十二日）②
昼の部
菅原伝授手習鑑
車曳の段

松王丸　豊竹松島大夫
梅王丸　豊竹古住大夫
桜丸　豊竹呂大夫
杉王丸　竹本常子大夫
時平　豊竹小松大夫
鶴澤叶太郎
野澤勝平

梅王丸　桐竹勘十郎
桜丸　桐竹紋二郎
杉王丸　桐竹紋四郎
松王丸　吉田辰五郎
時平　不詳
仕丁　大ぜい

三十三間堂棟由来
平太郎住家の段
豊竹つばめ大夫
野澤喜左衛門
ツレ　豊澤猿二郎
豊澤仙二郎
竹澤団作

お柳　桐竹紋十郎
平太郎　吉田作十郎
母　吉田国秀
みどり丸　桐竹勘之助
和田四郎　桐竹勘十郎
蔵人　桐竹紋七
木遣人形　大ぜい

増補　朝顔日記
宿屋より大井川
豊竹若大夫
鶴澤燕三
琴　野澤勝平

駒沢　桐竹紋之助
徳右衛門　桐竹紋市
岩代　桐竹紋二郎
下女　桐竹小紋
朝顔　桐竹紋十郎
供人、人足　大ぜい

忠臣蔵
一力茶屋の段
由良之助　豊竹つばめ大夫
力弥　豊竹小松大夫
おかる　豊竹呂大夫
九太夫　豊竹松島大夫
平右衛門　豊竹古住大夫

九太夫　桐竹紋之丞
力弥　桐竹紋弥
由良之助　吉田辰五郎
おかる　桐竹紋之助
平右衛門　桐竹勘十郎

野澤勝太郎

夜の部
加賀見山旧錦絵
　草履打の段

岩藤　豊竹松島大夫
善六　豊竹小松大夫
腰元　竹本常子大夫
尾上　豊竹呂大夫
　　　豊澤仙二郎

岩藤　吉田辰五郎
尾上　桐竹紋之助
善六　桐竹紋寿
腰元　大ぜい

伊勢音頭恋寝刃
　古市油屋の段

豊竹つばめ大夫
野澤勝太郎

お紺　桐竹紋二郎
万野　吉田辰五郎
貢　桐竹勘十郎
喜助　吉田作十郎
岩次　桐竹紋市
喜太六　桐竹紋之丞
お鹿　桐竹紋弥
女郎　桐竹勘之助

伽羅先代萩
　御殿の段

豊竹若大夫
野澤喜左衛門

鶴喜代　桐竹勘之助
千松　桐竹紋七
政岡　桐竹紋十郎
八汐　桐竹勘十郎
沖ノ井　桐竹紋二郎
栄御前　吉田国秀
腰元　大ぜい

壺坂霊験記
　沢市内の段より谷底まで

前　豊竹古住大夫
　　鶴澤燕三
後　豊竹呂大夫
　　鶴澤叶太郎
※1ツレ　竹澤団作
　　野澤勝平

お里　桐竹紋十郎
沢市　桐竹紋之助
観世音　桐竹紋若

※1　Cにあり

◇六月二十一日・二十二日　昼の部十二時　夜の部午後五時開演（「新潟日報」広告 06・21）
◇入場料　一般席二百円　二等指定席二百五十円　一等指定席三百五十円（「新潟日報」広告 06・21）
◇六分の入り（『三和会公演控』）
◇新潟日報社　ラジオ新潟後援（「新潟日報」06・12、広告 06・17）

◎**六月二十三日**　新潟県三条市三条座　十二時　午後五時　不入
演目は新潟劇場の初日、二日目いずれか
〔典拠〕「新潟日報」広告（06・21）
『三和会公演控』、『文楽因会三和会興行記録』

○**六月二十四日**　山形県米沢市市民会館
〔典拠〕『三和会公演控』、『文楽因会三和会興行記録』

◎**六月二十五日**　秋田県湯沢市光座　昼の部大入　夜の部八分の入り
湯沢義太夫同好会
竹本住大夫　野澤喜左衛門　桐竹紋十郎

◎**六月二十六日**　秋田県湯沢市立湯沢西小学校講堂
市内学生向けに文化財としての人形浄瑠璃の紹介

〔典拠〕「朝日新聞（秋田版）」（06・15）
『三和会公演控』、『文楽因会三和会興行記録』

◎**六月二十七日**　秋田県能代市立渟城第一小学校講堂　昼の部午後一時　夜の部午後六時開演
島田興行社主催　能代市・能代市教育委員会後援　能代市文化団体連絡協議会・能代市婦人団体連絡協議会賛助
午前中　各学校の演芸教室
入場料　前売大人二百五十円　当日大人三百円　高校生百五十円　小人百円
能代市校長会引率観覧　昼の部　小学校五、六年生、中学生三十円
〔典拠〕「北羽新報」（06・22）、広告（06・26）

○**六月二十八日**　秋田県大館市大館劇場　大入
〔典拠〕『三和会公演控』、『文楽因会三和会興行記録』

◎**六月二十九日**　青森県弘前市柴田中学校講堂　大入
◎**六月三十日**　青森市国際劇場
青森県教育委員会・青森市教育委員会・青森芸術鑑賞協会後援
三十日　学生の文楽教室　十二時　午後三時　十二時の部のみ一般入場可
人形芝居について　八百屋お七火の見櫓の段
文楽人形の解説　寺子屋の段
入場料　高校生五十円　中学生三十円　十二時の部一般百五十円
夜の部　午後六時開演
演目は二十一日新潟劇場初日夜の部と同じ
伊賀越道中双六を桂川連理柵と入替
他に　竹本源太夫　豊竹司太夫　豊澤猿二郎

入場料　前売三百五十円　当日四百五十円
〔典拠〕「東奥日報」（06・23）、広告（06・27／06・29）
『三和会公演控』、『文楽因会三和会興行記録』

◎**七月一日**　岩手県盛岡市県公会堂
昼の部　午後一時　午後三時開演
学生文楽教室　六月三十日青森市国際劇場と同じ
夜の部　午後六時開演
演目は六日福島市新開座昼の部と同じ
入場料　昼の部　団体高校五十円　中学三十円　一般自由百五十円
夜の部　一般前売二百五十円　当日三百五十円
〔典拠〕「岩手日報」広告（06・30）

○**七月二日**　宮城県若柳町立小学校　大入
○**七月三日**（Cは四日）　宮城県角田町立角田中学校　大入
○**七月四日**（Cは五日）　宮城県伊具郡丸森町立丸森小学校　大入
〔典拠〕『三和会公演控』、『文楽因会三和会興行記録』

◎**七月六日**　福島市新開座　八分の入り
◎**七月七日**　福島県会津若松市公会堂　昼の部大入　夜の部八分の入り
◎**七月八日**　福島県郡山市みどり座
教育委員会・文楽保存観賞会後援
昼の部
伊達娘恋緋鹿子
お七の見櫓の段
恋飛脚大和往来

夜の部
本朝廿四孝
奥庭狐火の段
奥州安達原

新口村の段
菅原伝授手習鑑
　寺子屋の段
鳴響安宅の新関
　勧進帳の段

袖萩祭文の段
桂川連理柵
　帯屋の段
新曲 紅葉狩
　戸隠山の段

豊竹若太夫
竹本源太夫
豊竹つばめ太夫
豊竹司太夫
豊竹松島太夫
豊竹古住太夫
豊竹呂太夫
竹本三和太夫
豊竹小松太夫
野澤喜左衛門
鶴澤叶太郎
野澤勝太郎
鶴澤燕三
豊澤仙二郎
竹澤団作
野澤勝平
豊澤猿二郎

桐竹紋十郎
吉田辰五郎
桐竹紋之助
吉田作十郎
桐竹紋二郎
桐竹小紋
桐竹紋寿
桐竹紋七
桐竹紋四郎
桐竹勘之助
桐竹紋弥
桐竹紋之丞
桐竹紋市
吉田国秀
桐竹紋若
桐竹勘十郎

入場料　前売二百五十円　当日三百円

〔典拠〕「福島民報」広告（07・06）
『三和会公演控』、『文楽因会三和会興行記録』

○**七月九日**　栃木県芳賀郡真岡町　大入
○**七月十一日**　栃木県鹿沼市東宝映画劇場　大入
〔典拠〕『三和会公演控』、『文楽因会三和会興行記録』

◎**七月十三日**　千葉県館山市立北条小学校　大入
北条小学校ＰＴＡ主催
〔典拠〕「朝日新聞（千葉版）」（07・07）
『三和会公演控』、『文楽因会三和会興行記録』

◎**七月十四日**　千葉県立木更津第二高等学校講堂　昼の部午後一時　夜の部午後六時開演　大入
婦人会主催　毎日新聞社後援
〔典拠〕「毎日新聞（千葉版）」（07・13）
『三和会公演控』、『文楽因会三和会興行記録』

○**七月十五日**　千葉県安房郡鴨川町
○**七月十六日**　千葉県佐原市公民館
○**七月十七日**　千葉県銚子市立公正市民館　八分の入り
○**七月十八日**　茨城県土浦市公会堂
〔典拠〕『三和会公演控』、『文楽因会三和会興行記録』

◎**七月十九日**　長野市城山第一市民会館　昼の部十二時　夜の部午後七時半開演
文楽古典芸術観賞会主催　長野市教育委員会・信濃毎日新聞社・ＳＢＣ放送局・長野県　義太夫愛好会後援
演目は六日福島市新開座と同じ
午後二時　寺子屋の段　ＳＢＣラジオ中継放送
入場料　前売指定三百円　一般二百円　当日指定四百円　一般二百五十円
〔典拠〕「信濃毎日新聞」（07・19）、広告（07・10）

○七月二十日　長野県松本市民会館

〔典拠〕『三和会公演控』、『文楽因会三和会興行記録』

◎七月二十一日　長野県諏訪市都座　昼の部午後一時　夜の部午後六時開演
文楽愛好会主催　諏訪市教育委員会・南信日日新聞社後援
演目は六日福島市新開座と同じ
昼の部一般席は長野県諏訪二葉高等学校観劇につき前売券売止め

入場料　階下　昼夜通し指定五百五十円　昼夜別指定三百円
　　　　階上　一般前売二百円　当日三百円　学生小人百円

〔典拠〕「南信日日新聞」（07・21）

・・・・・・・・・・・・・・・・・・・・・・・・・・・・

◎七月一日より四日　因会　人形浄瑠璃女義太夫合同公演　四ツ橋文楽座
芸術院会員吉田文五郎特別出演　昼夜狂言毎日替り
女義太夫に人形参加
昼の部　午前十一時開演

恋女房染分手綱
　重の井子別れの段
調姫　吉田玉幸
乳母重の井　吉田玉五郎
腰元お福　吉田玉昇
本田弥三左衛門　吉田兵次
馬方三吉　吉田文昇
宰領　大ぜい
腰元　大ぜい

天網島時雨炬燵
　紙屋内の段
紙屋治兵衛　吉田玉男
女房おさん　吉田栄三
舅五左衛門　吉田玉市
丁稚三五郎　吉田文昇
倅勘太郎　吉田玉之助
娘お末　吉田玉幸
紀国屋小春　吉田玉昇
江戸屋太兵衛　吉田常次
五貫屋善六　吉田淳造

生写朝顔話
　宿屋より大井川の段まで
朝顔実は深雪　桐竹亀松
阿曽次郎実は駒沢次郎左衛門　吉田光次
岩代多喜太　吉田常次
下女おなべ　吉田小玉
若侍　吉田玉之助
亭主徳右衛門　吉田兵次
川越人足　吉田万次郎
川越人足　吉田玉米

絵本太功記
　尼ヶ崎の段
母さつき　吉田兵次
武智光秀　吉田玉助
妻操（前）　吉田文五郎
嫁初菊　吉田文雀
倅重次郎　吉田玉男
真柴久吉　吉田淳造
妻操（後）　吉田玉五郎
軍卒　大ぜい

増補大江山
　戻り橋の段
渡辺綱　吉田光次
鬼女　吉田玉五郎

夜の部　午後四時半開演
日高川入相花王
　日高川の段
清姫　吉田玉五郎
船頭　吉田淳造

菅原伝授手習鑑
　松王首実検よりいろは送りの段
武部源蔵　吉田玉市
女房戸浪　吉田文雀
女房千代　吉田栄三
小太郎　吉田小玉
菅秀才　吉田玉之助
松王丸　吉田玉助
春藤玄蕃　吉田兵次
よだれくり　吉田万次郎
御台所　吉田常次
手習子、捕手、百姓　大ぜい

卅三間堂棟由来
　平太郎住家の段
横曽根平太郎　吉田玉男
女房お柳　桐竹亀松
和田四郎　吉田光次
みどり丸　吉田玉幸
進野蔵人　吉田玉昇
平太郎の母　吉田常次
木遣り人足　大ぜい

夕ぎり伊左衛門　曲輪𥶡
　吉田屋の段
扇屋夕ぎり　吉田栄三
藤屋伊左衛門　桐竹亀松
吉田屋喜左衛門　吉田淳造
女房おきさ　吉田文昇
若衆　吉田玉米
　　　吉田小玉
仲居、末社　大ぜい

安宅関
勧進帳の段
武蔵坊弁慶 吉田玉助
富樫左衛門（前） 吉田玉市
源義経 吉田玉男
伊勢三郎 吉田兵次
駿河次郎 吉田淳造

常陸坊 吉田常次
片岡八郎 吉田文雀
富樫左衛門（後） 吉田文五郎
番卒 吉田万次郎
番卒 吉田玉昇
番卒 大ぜい

〔典拠〕プログラム

30・07・06 因会

名古屋 御園座 ① ［BC］

重要無形文化財 大阪文楽座人形浄瑠璃総引越興行
芸術院会員豊竹山城少掾 芸術院会員吉田文五郎 他総出演
七月六日初日

お目見得狂言 六日より八日まで

昼の部 十一時開幕

仮名手本忠臣蔵

道行旅路の嫁入
竹本相生大夫
竹本雛大夫
竹本織部大夫
豊竹弘大夫
竹本相子大夫
野澤松之輔
野澤八造
鶴澤清友
豊澤新三郎
竹澤団二郎
鶴澤藤二郎

娘小浪 吉田栄三
戸無瀬 吉田文五郎

お夏清十郎 寿連理の松

湊町の段
竹本伊達大夫
三味線 鶴澤清六

親佐次兵衛 吉田玉助
娘お夏 桐竹亀松
娘お梅 吉田玉五郎
手代清十郎 吉田玉男
母おかね 吉田兵次
太左衛門 吉田淳造
倅徳次郎 吉田光次
親徳左衛門 吉田玉市
小はん 吉田文昇
土佐屋半六 吉田常次

近松門左衛門原作 西亭脚色並作曲 鷲谷樗風演出
林扇矢振付 大塚克三舞台装置
中村貞以衣裳考証 近松学会賛助

鑓の権三重帷子

松江浜の宮馬場の段
笹野権三 竹本雛大夫
伴之丞妹お雪 竹本南部大夫
お雪の乳母 竹本長子大夫
川側伴之丞 竹本静大夫
岩木忠太兵衛 竹本相生大夫
野澤吉三郎

浅香市之進留守宅より数寄屋の段まで
切 竹本綱大夫
竹澤弥七

笹野権三 吉田玉男
おさい 吉田栄三
岩木忠太兵衛 吉田玉助
娘お雪 吉田文雀
お雪の乳母 吉田玉五郎
川側伴之丞 吉田玉市
奴角助 吉田万次郎
仲間浪介 吉田淳造
浅香市之進 吉田光次
娘お菊 吉田玉昇

伏見京橋女敵討の段

女房おさい　竹本和佐大夫
笹野権三　竹本織の大夫
踊り子　竹本織部大夫
浅香市之進　豊竹十九大夫
奴甚内　竹本伊達路大夫
三味線　豊澤広助
豊澤豊助
野澤錦糸
鶴澤清好
鶴澤藤之助

倅虎次郎　吉田小玉
奴甚内　吉田兵次
下女まん　吉田常次
下女お杉　吉田文昇
踊り子　吉田文雀
踊り子　吉田文昇

壺坂観音霊験記

沢市内の段

豊竹松大夫
三味線　鶴澤清六

壺坂寺の段

竹本津大夫
三味線　鶴澤寛治郎
ツレ　鶴澤寛弘

女房お里　桐竹亀松
座頭沢市　吉田玉男
観世音　吉田玉之助

夜の部　四時半開幕

通し狂言　菅原伝授手習鑑　車曳より寺子屋の段まで

吉田神社車曳の段

松王丸　竹本静大夫
梅王丸　竹本長子大夫
桜丸　竹本和佐大夫
杉王丸　竹本相次大夫
時平公　豊竹十九大夫
豊澤猿糸

車曳の段

杉王丸　吉田文昇
梅王丸　吉田光次
桜丸　吉田玉昇
松王丸　吉田玉助
藤原時平　吉田淳造
仕丁　大ぜい

茶筅酒の段

竹本綱大夫
竹澤弥七

喧嘩の段

竹本雛大夫
鶴澤清八

訴訟の段

竹本相生大夫
野澤松之輔

桜丸切腹の段

切　豊竹山城少掾
鶴澤藤蔵

松王首実検の段

竹本津大夫
三味線　鶴澤寛治郎

いろは送りの段

豊竹松大夫
三味線　鶴澤清六

佐太村の段

親白太夫　吉田玉市
女房八重　吉田玉五郎
松王丸　吉田玉助
女房千代　吉田栄三
梅王丸　吉田光次
女房はる　吉田文雀
桜丸　吉田文五郎
百姓十作　吉田兵次

寺子屋の段

武部源蔵　吉田玉市
女房戸浪　吉田玉五郎
女房千代　吉田栄三
小太郎　吉田玉之助
菅秀才　吉田玉幸
松王丸　吉田玉助
春藤玄蕃　吉田兵次
よだれくり　吉田万次郎
御台所　吉田常次
手習子、捕り手、百姓　大ぜい

傾城阿波の鳴戸

順礼歌の段

竹本伊達大夫
野澤八造

お弓　桐竹亀松
巡礼おつる　吉田小玉

音冴春臼月

団子売りの段

竹本南部大夫
竹本織部大夫
竹本織の大夫
豊竹弘大夫
竹本伊達路大夫
野澤吉三郎
鶴澤清友
野澤錦糸
豊澤新三郎
鶴澤寛弘
野澤喜八郎

杵造　吉田玉男
お臼　吉田玉五郎

平日料金　一等席四百円　二等席二百円　三等席百円　桟敷四人詰千八百四十円
学生各等半額
初日昼夜通し料金　四百六十円　二百四十円　百二十円　二千八十円

名古屋　御園座　②　［BC］

二の替り狂言　九日より十一日まで

昼の部　十一時開幕
西亭作詞作曲　藤間良輔振付

面売

面売娘　竹本雛大夫
おしゃべり案山子　竹本静大夫
竹本織部大夫
豊竹弘大夫
竹本相次大夫
豊澤豊助
野澤吉三郎
豊澤新三郎
鶴澤寛弘
竹澤団二郎
鶴澤藤二郎

面売娘　吉田玉五郎
かゞし　吉田文雀

妹背山婦女庭訓

背山の段

大判事　竹本綱大夫
竹澤弥七
久我之助　竹本津大夫
三味線　鶴澤寛治郎

妹山の段

定高　豊竹松大夫
三味線　鶴澤清六
琴　鶴澤寛弘
雛鳥　竹本南部大夫
三味線　豊澤広助

大判事清澄　吉田玉助
久我之助清舟　吉田玉男
後室定高　桐竹亀松
娘雛鳥　吉田玉五郎
こし元　吉田文昇
こし元　吉田小玉

双蝶々曲輪日記

八幡里引窓の段

竹本相生大夫
野澤松之輔

南方十次兵衛　吉田玉助
女房おはや　吉田玉五郎
濡髪長五郎　桐竹亀松
平岡丹平　吉田淳造
三原伝蔵　吉田兵次
十次兵衛の母　吉田常次

お染久松　新版歌祭文

野崎村の段

竹本伊達大夫
三味線 鶴澤清六
※1ツレ 鶴澤清友
鶴澤清治

丁稚久松 吉田光次
娘お光 吉田栄三
娘お染 吉田玉男
親久作 吉田玉市
母おかつ 吉田文五郎
およし 吉田文昇

盲杖桜雪社

三人座頭の段

福の市 竹本和佐大夫
徳の市 竹本長子大夫
玉の市 竹本織の大夫
竹本相子大夫
竹本伊達路大夫
三味線 鶴澤清八
豊澤猿糸
野澤錦糸
鶴澤清好
鶴澤藤之助
野澤喜八郎

福の市 吉田栄三
徳の市 吉田玉五郎
玉の市 吉田玉昇

夜の部 四時半開幕
鶴澤道八作曲 楳茂都陸平振付

釣女

太郎冠者 竹本相生大夫
大名 竹本和佐大夫
美女 竹本織部大夫
醜女 竹本南部大夫
野澤松之輔
豊澤猿糸
野澤錦糸
鶴澤清好
竹澤団二郎

大名 吉田光次
太郎冠者 吉田栄三
美女 吉田文雀
醜女 吉田玉五郎

摂州合邦辻

合邦住家の段

前 豊竹松大夫
三味線 鶴澤清六
後 竹本津大夫
三味線 鶴澤寛治郎

親合邦 吉田玉助
合邦女房 吉田常次
玉手御前（前） 吉田玉五郎
奴入平 吉田淳造
俊徳丸 吉田玉昇
浅香姫 吉田文昇
玉手御前（奥） 吉田文五郎

長町女腹切

近松門左衛門原作 西亭脚色並作曲 鷲谷樗風演出
林扇矢振付 大塚克三舞台装置
中村貞以衣裳考証 近松学会賛助

京の刀屋の段

半七の叔母 竹本雛大夫
主石見 竹本静大夫
女郎お花 竹本南部大夫
手代半七 竹本織部大夫
番頭忠二郎 竹本長子大夫
手代佐助 豊竹十九大夫
野澤吉三郎

石垣町井筒屋の段

切 竹本綱大夫
竹澤弥七

道行淀の初雁

竹本伊達大夫

刀屋石見 吉田常次
番頭忠二郎 吉田淳造
佐助 吉田玉昇
お花 吉田玉男
半七の叔母 吉田栄三
供の清七 吉田万次郎
手代半七 桐竹亀松
よね衆 吉田光次
よね衆 吉田文昇
光満寺 吉田文雀
亭主太郎左衛門 吉田兵次
父九郎兵衛 吉田玉助
甚五郎 吉田玉市

竹本織の大夫
竹本相子大夫
竹本相次大夫
野澤八造
野澤錦糸
豊澤新三郎
鶴澤寛弘
※2鶴澤藤之助

大阪長町伽羅屋の段

切　豊竹山城少掾
鶴澤藤蔵

義経千本桜

道行初音の旅

静御前
忠信

竹本伊達大夫
竹本雛大夫
豊竹弘大夫
豊竹十九大夫
竹本伊達路大夫
野澤八造
鶴澤清友
豊澤新三郎
鶴澤藤之助
鶴澤藤二郎
野澤喜八郎

静御前　桐竹亀松
狐忠信　吉田玉男

※1　Cにあり　※2　C野澤喜八郎

30・07・13　因会

新橋演舞場　東京　①　［BCD］

大阪文楽座人形浄瑠璃総引越興行
芸術院会員豊竹山城少掾　芸術院会員吉田文五郎　他全員総出演
七月十三日より三十一日　主催東京文楽会

お目見得狂言　十三日より十九日

昼の部　十一時開演
木村富子作　鶴澤道八作曲
山村若振付　大塚克三装置

小鍛冶

老翁実は稲荷明神
小鍛冶宗近
勅使道成

竹本静大夫
竹本織の大夫
豊竹十九大夫
竹本伊達路大夫
竹本相子大夫
三味線　豊澤広助
野澤吉三郎
鶴澤清友
豊澤新三郎
鶴澤寛弘
鶴沢藤之助

老翁実は稲荷明神　吉田栄三
小鍛冶宗近　吉田玉五郎
勅使道成　吉田文昇

伽羅先代萩

御殿の段

竹本伊達大夫
野澤八造

政岡忠義の段

豊竹松大夫
三味線　鶴澤清六

乳母政岡　桐竹亀松
鶴喜代君　吉田玉幸
一子千松　吉田小玉
妻八汐　吉田玉助
沖の井　吉田光次
女医小巻　吉田玉昇

栄御前　吉田玉男
こし元　大ぜい

近松門左衛門原作　西亭脚色作曲　鷲谷樗風演出
林扇矢振付　大塚克三装置
中村貞以衣裳考証　近松学会賛助

お初 徳兵衛 曽根崎心中

生玉社前の段
竹本津大夫
鶴澤寛治郎

天満屋の段
切　竹本綱大夫
竹澤弥七

道行天神森の段
徳兵衛　竹本雛大夫
お初　竹本南部大夫
竹本織部大夫
豊澤猿糸
野澤錦糸
鶴澤寛弘
鶴澤清好

平野屋徳兵衛　吉田玉男
天満屋お初　吉田栄三
油屋九平次　吉田玉市
田舎客　吉田常次
亭主惣兵衛　吉田常次
丁稚長蔵　吉田玉之助
下女　吉田玉昇
町の衆　吉田万次郎
よね衆　吉田兵次
よね衆　吉田淳造
町の衆　大ぜい
よね衆　大ぜい

卅三間堂棟由来

平太郎住家の段
切　竹本相生大夫
野澤松之輔

木遣り音頭の段
竹本和佐大夫
竹本長子大夫

横曽根平太郎　桐竹亀松
女房お柳　吉田文五郎
みどり丸　吉田玉幸
進野蔵人　吉田光次
平太郎の母　吉田淳造
木遣り人足　大ぜい

豊竹弘大夫
竹本相次大夫
竹本津の子大夫
野澤吉三郎
野澤錦糸
竹沢団二郎
鶴沢藤二郎
鶴沢藤之助
野澤喜八郎

夜の部　四時半開演

盲杖桜雪社

三人座頭の段
福の市　竹本南部大夫
徳の市　竹本和佐大夫
玉の市　竹本長子大夫
豊竹弘大夫
※1竹本伊達路大夫
※2三味線　鶴澤清八
野澤八造
鶴澤清友
竹沢団二郎
鶴沢藤二郎
野澤喜八郎

福の市　吉田玉五郎
徳の市　吉田文雀
玉の市　吉田玉昇

摂州合邦辻

合邦住家の段
前　竹本綱大夫
竹澤弥七
後　竹本津大夫
三味線　鶴澤寛治郎

親合邦　吉田玉助
合邦女房　吉田常次
玉手御前　吉田栄三
奴入平　吉田兵次
俊徳丸　吉田玉昇

鶴澤道八作曲　楳茂都陸平振付

釣　女

太郎冠者　竹本相生大夫
大名　竹本静大夫
美女　竹本織部大夫
醜女　竹本雛大夫
野澤松之輔
野澤錦糸
豊澤新三郎
鶴澤清好
鶴沢藤之助
豊澤豊助

恋飛脚大和往来

新口村の段

中　豊竹十九大夫
鶴澤寛弘
前　豊竹松大夫
三味線　鶴澤清六
切　豊竹山城少掾
鶴澤藤蔵

浅香姫　吉田文昇

大名　吉田光次
太郎冠者　吉田玉市
美女　吉田文雀
醜女　吉田玉五郎

亀屋忠兵衛　吉田玉男
傾城梅川（前）　吉田玉五郎
忠三女房　吉田光次
鶴掛藤次兵衛　吉田万次郎
伝ヶ婆　吉田常次
置頭巾　吉田小玉
樋の口水右衛門　吉田文雀
針立道庵　吉田兵次
八右衛門　吉田玉之助
古手買　吉田玉米
節季候　吉田淳造
捕手小頭　吉田玉幸
親孫右衛門　吉田玉助
傾城梅川（後）　吉田文五郎
捕手　大ぜい

壇浦兜軍記

阿古屋琴責の段

傾城阿古屋　竹本伊達大夫
秩父重忠　豊竹松大夫
岩永左衛門　竹本雛大夫
榛沢六郎　竹本織の大夫
三味線　鶴澤清六
ツレ　野澤吉三郎
琴胡弓　鶴澤寛弘

秩父重忠　吉田玉市
岩永左衛門　吉田玉男
榛沢六郎　吉田文昇
傾城阿古屋　桐竹亀松
水奴　大ぜい

＊　＊　＊

はやし　中村新三郎
頭取　吉田玉市
衣裳　八田
人形細工人　由良亀
床山　佐藤為次郎

御観劇料　一等四百円　二等二百五十円　三階百円

※1　Cは次に竹本相子大夫
※2　C豊澤広助、野澤吉三郎、鶴澤清友、豊澤新三郎、鶴澤寛弘、鶴澤藤之助

新橋演舞場　東京　②　［ＢＣＤ］

二の替り狂言　二十日より二十五日

昼の部　十一時開演
鶴澤道八作曲　楳茂都陸平振付
新曲　三人片輪
いざり　竹本津大夫―いざり　吉田玉市

唖　竹本雛大夫
盲人　竹本織部大夫
有徳人　豊竹弘大夫
小冠者　竹本綱子大夫
鶴澤寛治郎
野澤八造
鶴澤清友
竹沢団二郎
鶴沢藤二郎
鶴澤寛弘

唖　吉田玉五郎
盲人　吉田文雀
有徳人　吉田玉男
小冠者　吉田玉昇

三勝半七　艶容女舞衣

酒屋の段

前　竹本相生大夫
野澤松之輔
後　豊竹松大夫
鶴澤清六
鶴澤清好

半兵衛女房　吉田常次
親宗岸　吉田玉助
嫁おその　桐竹亀松
茜屋半兵衛　吉田兵次
半七　吉田玉昇
三勝　吉田文昇
娘おつう　吉田玉幸

近松門左衛門原作　西亭脚色作曲　鷲谷樗風演出
林扇矢振付　大塚克三装置
中村貞以衣裳考証　近松学会賛助

鑓の権三重帷子

松江浜の宮馬場の段

笹野権三　竹本雛大夫
伴之丞妹お雪　竹本南部大夫
お雪の乳母　竹本長子大夫
川側伴之丞　竹本静大夫
岩木忠太兵衛　竹本相生大夫
野澤吉三郎

笹野権三　吉田玉男
おさい　吉田栄三
岩木忠太兵衛　吉田玉助
娘お雪　吉田文雀
お雪の乳母　吉田玉五郎
川側伴之丞　吉田玉市

昭和三十年（一九五五）

浅香市之進留守宅より数寄屋の段まで

切　竹本綱大夫
竹澤弥七

奴角助　吉田万次郎
中間浪介　吉田淳造
浅香市之進　吉田光次
娘お菊　吉田玉昇
倅虎次郎　吉田小玉
奴甚内　吉田兵次
下女まん　吉田常次
下女お杉　吉田文昇
踊り子　吉田文雀
踊り子　吉田文昇
踊り子　大ぜい

伏見京橋女敵討の段

女房おさい　竹本和佐大夫
笹野権三　竹本織の大夫
踊り子　竹本織部大夫
浅香市之進　豊竹十九大夫
奴甚内　竹本伊達路大夫
三味線　豊澤広助
豊澤豊助
野澤錦糸
豊澤新三郎
鶴沢藤之助

壺坂観音霊験記　沢市内より壺坂観音の段まで

沢市内より壺坂寺まで

座頭沢市　竹本伊達大夫
女房お里　豊竹松大夫
観世音　竹本織部大夫
三味線　鶴澤清六
ツレ　鶴澤清好
鶴沢清治

女房お里（前）　吉田文五郎
座頭沢市　吉田栄三
女房お里（後）　吉田玉五郎
観世音　吉田玉之助

夜の部　四時半開演

通し狂言　菅原伝授手習鑑　車曳の段より寺子屋の段まで

吉田神社社頭車曳の段

松王丸　竹本静大夫
梅王丸　竹本長子大夫
桜丸　竹本和佐大夫

車曳の段
杉王丸　吉田文昇
梅王丸　吉田光次
桜丸　吉田玉昇

杉王丸
時平公　竹本相次大夫
　　　　豊竹十九大夫
　　　　豊澤猿糸

茶筅酒の段　竹本綱大夫
　　　　　　　竹澤弥七

喧嘩の段　竹本雛大夫
　　　　　　鶴澤清八

訴訟の段　竹本相生大夫
　　　　　　野澤松之輔

桜丸切腹の段　切　豊竹山城少掾
　　　　　　　　　　鶴澤藤蔵

松王首実検の段　竹本津大夫
　　　　　　　　　鶴澤寛治郎

いろは送りの段　豊竹松大夫
　　　　　　　　　鶴澤清六

松王丸　吉田玉助
時平公　吉田淳造
仕丁　大ぜい

茶筅酒の段
親白太夫　吉田玉市
百姓十作　吉田兵次
女房八重　吉田玉五郎
女房千代　吉田栄三
女房はる　吉田文雀

喧嘩の段
女房千代　吉田栄三
女房はる　吉田文雀
松王丸　吉田玉助
梅王丸　吉田光次

訴訟より桜丸切腹まで
松王丸　吉田玉助
女房千代　吉田栄三
梅王丸　吉田光次
女房はる　吉田文雀
親白太夫　吉田玉市
女房八重　吉田玉五郎
桜丸　吉田文五郎

寺子屋の段
武部源蔵　桐竹亀松
女房戸浪　吉田玉五郎
小太郎　吉田玉之助
春藤玄蕃　吉田兵次
松王丸　吉田玉助
女房千代　吉田栄三
菅秀才　吉田玉幸
よだれくり　吉田万次郎
御台所　吉田常次
手習子、百姓、捕手　大ぜい

傾城阿波の鳴戸

順礼歌の段　竹本伊達大夫
　　　　　　　野澤八造

女房お弓　桐竹亀松
順礼おつる　吉田小玉

音冴春臼月

団子売の段
竹本南部大夫
竹本織部大夫
竹本織の大夫
豊竹弘大夫
竹本津の子大夫
野澤吉三郎
鶴澤清友
野澤錦糸
鶴澤寛弘
野澤喜八郎

杵造　吉田玉男
お臼　吉田玉五郎

新橋演舞場　東京　③　［BCD］

お名残り狂言　二十六日より三十一日

昼の部　十一時開演

釣船三婦
一寸徳兵衛
団七九郎兵衛
夏祭浪花鑑　釣船三婦内の段　長町裏の段

三婦内の段　中　竹本長子大夫

釣船三婦内の段
女房お辰　吉田玉五郎

切　豊澤新三郎
　　竹本相生大夫
　　野澤松之輔

長町裏の段
団七九郎兵衛　竹本津大夫
舅義平次　竹本静大夫
三味線　鶴澤寛治郎
胡弓　竹沢団二郎

義経千本桜

道行初音旅
竹本南部大夫
竹本相子大夫
竹本綱子大夫
竹本相次大夫
豊竹弘大夫
竹本織部大夫
竹本和佐大夫
豊竹松大夫
竹本伊達大夫
竹本相生大夫
豊竹山城少掾
竹本綱大夫
竹本津大夫
竹本雛大夫
竹本静大夫
竹本織の大夫
豊竹十九大夫

釣船三婦　吉田兵次
女房おつぎ　吉田常次
玉島磯之丞　吉田文雀
琴浦　吉田文昇
こっぱの権　吉田玉之助
なまりの八　吉田玉幸
一寸徳兵衛　吉田光次

長町裏の段
団七九郎兵衛　桐竹亀松
舅義平次　吉田玉男
祭の若者　大ぜい

道行初音の旅
静御前　吉田文五郎
狐忠信　吉田玉助

竹本伊達路大夫
竹本津の子大夫
竹本長子大夫
鶴澤清八
野澤喜八郎
鶴沢清治
鶴沢藤之助
鶴澤寛弘
野澤錦糸
豊澤猿糸
鶴澤清六
野澤八造
野澤松之輔
鶴澤藤蔵
竹澤弥七
鶴澤寛治郎
野澤吉三郎
鶴澤清友
豊澤新三郎
鶴澤清好
竹沢団二郎
鶴沢藤二郎
豊澤豊助
豊澤広助

川連法眼館の段
中　竹本南部大夫
　　豊澤広助
切　竹本綱大夫
　　竹澤弥七
ツレ　野澤錦糸

川連法眼館の段
源義経　吉田玉男
亀井六郎　吉田淳造
駿河次郎　吉田常次
佐藤忠信　吉田光次
静御前　吉田玉五郎
狐忠信　吉田栄三

お染久松 新版歌祭文

野崎村の段

竹本伊達大夫
三味線 鶴澤清六
ツレ 鶴澤清好
鶴沢清治

親久作 吉田玉市
娘お光 吉田栄三
娘お染 吉田玉男
丁稚久松 吉田玉昇
母親おかつ 吉田兵次
下女およし 吉田小玉

鬼一法眼三略巻

五条橋の段

牛若丸
弁慶

竹本綱子大夫
竹本織の大夫
豊竹弘大夫
豊竹十九大夫
友十郎改め 竹本相子大夫
豊澤猿糸
野澤錦糸
竹沢団二郎
鶴沢藤二郎
鶴沢藤之助
野澤喜八郎

武蔵坊弁慶 吉田玉昇
牛若丸 吉田玉五郎

夜の部 四時半開演

安宅関

勧進帳の段

武蔵坊弁慶 竹本相生大夫
富樫左衛門 竹本伊達大夫
源義経 竹本南部大夫
伊勢三郎 竹本和佐大夫
駿河次郎 竹本長子大夫
片岡八郎 豊竹十九大夫
常陸坊 竹本静大夫
番卒 豊竹弘大夫
番卒 竹本伊達路大夫

野澤松之輔
野澤八造
鶴澤清友
野澤錦糸
豊澤新三郎
鶴澤清好

武蔵坊弁慶 吉田玉助
富樫左衛門 吉田栄三
源義経 吉田玉五郎
伊勢三郎 吉田兵次
駿河次郎 吉田常次
常陸坊 吉田淳造
片岡八郎 吉田光次
番卒 吉田万次郎
番卒 吉田玉米

長町女腹切 京の刀屋の段より長町伽羅屋の段まで

近松門左衛門原作 西亭脚色作曲 鷲谷樗風演出
林扇矢振付 大塚克三装置
中村貞以衣裳考証 近松学会賛助

京の刀屋の段

竹本津大夫
三味線 鶴澤寛治郎

石垣町井筒屋の段

切 竹本綱大夫
竹澤弥七

道行淀の初雁

お花 竹本伊達大夫
半七 竹本織の大夫
竹本相子大夫
竹本相次大夫
野澤八造
野澤錦糸
豊澤新三郎
鶴澤寛弘
鶴沢藤之助

刀屋石見 吉田常次
番頭忠二郎 吉田淳造
佐助 吉田玉昇
お花 吉田玉男
半七の叔母 吉田栄三
供の清七 吉田万次郎
手代半七 桐竹亀松
よね衆 吉田光次
よね衆 吉田文昇
光満寺 吉田文雀
亭主太郎左衛門 吉田兵次
父九兵衛 吉田玉助
甚五郎 吉田玉市

大阪長町伽羅屋の段
切　豊竹山城少掾
鶴澤藤蔵

本朝廿四孝

十種香の段
豊竹松大夫
三味線　鶴澤清六

狐火の段
竹本雛大夫
野澤吉三郎
ツレ琴　鶴澤寛弘

十種香の段
花造り蓑作 実は 武田勝頼　吉田玉男
八重垣姫　吉田文五郎
こし元濡衣　吉田文雀
長尾謙信　吉田兵次
白須賀六郎　吉田小玉
原小文治　吉田淳造

狐火の段
白狐 八重垣姫　桐竹亀松

◇七月二十九日　文化財保護費　第二四半期交付額
無形文化財助成金として　文楽（文楽座因会、文楽三和会）に十五万円の交付が決定
〔典拠〕「毎日新聞（大阪）」（07・29）

◎八月二日から二十六日　因会　八月納涼大歌舞伎　大阪歌舞伎座
文楽座大夫三味線特別出演
第二部
第三　竜虎　竹本相生大夫一　野澤松之輔

竹本和佐大夫　野澤吉三郎
竹本長子大夫　豊澤猿糸
豊竹弘大夫　豊澤新三郎
竹本相次大夫　豊澤豊助

〔典拠〕歌舞伎筋書
「毎日新聞（大阪）」広告（08・25）

○八月十日　因会　兵庫県洲本市民会館　午後七時
尼ヶ崎
竹本織の大夫　竹澤団二郎
竹澤弥七

寺子屋
殿中
竹本綱子大夫
竹本綱大夫
竹澤弥七

30・08・17　因会　四条　南座　京都　［B］

京都文楽会第九回公演　文楽祭
八月十七日六時半開演　四条南座
主催京都文楽会　松竹株式会社　後援京都新聞社　都新聞社　夕刊京都新聞社

挨拶
芸術院会員 豊竹山城少掾
芸術院会員 吉田文五郎

壺坂観音霊験記

沢市内の段
鶴澤寛治郎
竹本雛大夫
三味線

女房お里　竹本伊達大夫
座頭沢市　竹本津大夫

御寺の段
沢市 鶴澤藤蔵
お里（前） 吉田玉五郎
お里（後） 鶴澤寛弘
観世音 吉田玉男
三味線 豊竹松大夫

座頭沢市 竹本静大夫
お里（前） 野澤錦糸
お里（後） 竹本南部大夫
観世音 竹本綱子大夫

万才の段
沢市 鶴澤清友
お里 野澤八造
三味線 豊竹松大夫
三味線 竹本織の大夫

沢市 竹本綱大夫
お里 竹澤弥七

30・08・17 因会

四条 南座 京都 ① [BC]

文楽座人形浄瑠璃総引越興行 京都文楽会第九回公演
芸術院会員豊竹山城少掾 芸術院会員吉田文五郎 他大夫三味線人形総出演
当興行は昼夜の狂言入替致しません
後援京都新聞社 都新聞社 夕刊京都新聞社

お目見得狂言 十七日より二十一日

昼の部 十一時開演
鶴澤道八作曲 楳茂都陸平振付
新曲 三人片輪
いざり 竹本静大夫
唖 竹本南部大夫
盲目 竹本織部大夫
有徳人 竹本織の大夫

いざり 吉田玉市
唖 吉田玉五郎
盲目 吉田文雀
有徳人 吉田玉男

小冠者
竹本綱子大夫
野澤八造
鶴澤清友
鶴澤寛弘
竹澤団二郎
野澤喜八郎

小冠者 吉田玉昇

三勝半七 艶容女舞衣
酒屋の段
前 竹本津大夫
三味線 鶴澤寛治郎
後 豊竹松大夫
三味線 鶴澤清六
鶴澤清好

半兵衛女房 吉田常次
親宗岸 吉田玉助
嫁おその 桐竹亀松
茜屋半兵衛 吉田兵次
半七 吉田玉昇
三勝 吉田文昇
娘おつう 吉田玉幸

近松門左衛門原作 西亭脚色並作曲 鷲谷樗風演出
林扇矢振付 大塚克三舞台装置
中村貞以衣裳考証 近松学会賛助
鑓の権三重帷子
松江浜の宮馬場の段
竹本雛大夫
野澤錦糸
浅香市之進留守宅数寄屋の段
切 竹本綱大夫
竹澤弥七
伏見京橋女敵討の段
女房おさい 竹本南部大夫
笹野権三 竹本織の大夫

笹野権三 吉田玉男
おさい 吉田玉五郎
岩本忠太兵衛 吉田玉助
娘お雪 吉田文雀
娘お雪の乳母 吉田玉五郎
川側伴之丞 吉田玉市
奴角助 吉田万次郎
中間浪介 吉田淳造
浅香市之進 吉田光次
娘お菊 吉田玉昇

踊り子　竹本織部大夫
浅香市之進　豊竹十九大夫
奴甚内　竹本伊達路大夫
三味線　豊澤広助
野澤錦糸
鶴澤寛弘
鶴澤藤二郎
鶴澤藤之助

壺坂観音霊験記

沢市内より壺坂寺の段まで
座頭沢市　竹本伊達大夫
女房おさと　豊竹松大夫
観世音　竹本織部大夫
三味線　鶴澤清六
ツレ　鶴澤清好
鶴澤清治

夜の部　四時半開演

通し狂言　菅原伝授手習鑑

車曳の段
松王丸　竹本綱子大夫
梅王丸　竹本津の子大夫
桜丸　竹本相子大夫
杉王丸　竹本伊達路大夫
時平公　豊竹十九大夫
鶴澤寛弘

茶筅酒の段
竹本雛大夫
三味線　鶴澤清八

倅虎次郎　吉田小玉
奴甚内　吉田兵次
下女まん　吉田常次
下女お杉　吉田文昇
踊り子　吉田文雀
踊り子　吉田文昇
踊り子　大ぜい

女房お里（前）　吉田文五郎
座頭沢市　吉田玉男
女房お里（後）　吉田玉五郎
観世音　吉田玉之助

車曳の段
杉王丸　吉田文昇
梅王丸　吉田光次
桜丸　吉田玉昇
松王丸　吉田玉助
時平公　吉田淳造
仕丁　大ぜい

茶筅酒の段
親白太夫　吉田玉市
百姓十作　吉田兵次
女房八重　吉田玉五郎

喧嘩の段
竹本静大夫
鶴澤清友

訴訟の段
竹本綱大夫
竹澤弥七

桜丸切腹の段
切　豊竹山城少掾
鶴澤藤蔵

松王首実検の段
竹本津大夫
三味線　鶴澤寛治郎

いろは送りの段
豊竹松大夫
三味線　鶴澤清六

傾城阿波の鳴戸

順礼歌の段
竹本伊達大夫

女房千代　桐竹亀松
女房はる　吉田文雀

喧嘩の段
女房千代　桐竹亀松
女房はる　吉田文雀
松王丸　吉田玉助
梅王丸　吉田光次

訴訟より桜丸切腹まで
松王丸　吉田玉助
女房千代　桐竹亀松
梅王丸　吉田光次
女房はる　吉田文雀
親白太夫　吉田玉市
女房八重　吉田玉五郎
桜丸　吉田文五郎

寺子屋の段
武部源蔵　吉田玉市
女房戸浪　吉田玉五郎
小太郎　吉田玉之助
春藤玄蕃　吉田兵次
松王丸　吉田玉助
女房千代　桐竹亀松
菅秀才　吉田玉幸
よだれくり　吉田万次郎
御台所　吉田常次
手習子、百姓、捕手　大ぜい

女房お弓　桐竹亀松

野澤八造　—　順礼おつる　吉田小玉

音冴春臼月

団子売の段

竹本南部大夫
竹本織部大夫
竹本津の子大夫
竹本相子大夫
野澤錦糸
鶴澤寛弘
鶴澤清好
竹澤団二郎
鶴澤藤之助

杵造　吉田玉男
お臼　吉田玉五郎

一部料金　一等席三百五十円　二等席百五十円　三等席八十円　学生券百円

四条　南座　京都　②　〔BC〕

二の替り狂言　二十二日より二十六日

昼の部　十一時開演

絵本太功記

尼ヶ崎の段

前　竹本雛大夫
　　野澤錦糸
後　竹本津大夫
三味線　鶴澤寛治郎

尼ヶ崎の段
武智重次郎　吉田玉五郎
嫁初菊　吉田文雀
武智光秀　吉田玉助
妻操　桐竹亀松
母さつき　吉田兵次
真柴久吉　吉田淳造
軍兵　大ぜい

義経千本桜

道行初音旅

竹本津の子大夫
竹本綱子大夫
豊竹十九大夫
竹本織部大夫
竹本静大夫
竹本津大夫
竹本綱大夫
豊竹山城少掾
竹本伊達大夫
竹本雛大夫
豊竹松大夫
竹本南部大夫
竹本織の大夫
竹本伊達路大夫
竹本相子大夫
三味線　鶴澤清八
野澤喜八郎
竹澤団二郎
鶴澤寛弘
野澤錦糸
三味線　鶴澤寛治郎
竹澤弥七
鶴澤藤蔵
野澤八造
鶴澤清友
三味線　鶴澤清六
鶴澤清好
鶴澤清治
鶴澤藤二郎
鶴澤藤之助

道行初音の旅
静御前　吉田文五郎
狐忠信　吉田玉助

三味線　豊澤広助

川連法眼館の段

中　竹本南部大夫
三味線　豊澤広助
切　竹本綱大夫
竹澤弥七
ツレ　野澤錦糸

お夏清十郎　寿連理の松

湊町の段

竹本伊達大夫
三味線　鶴澤清六

鬼一法眼三略巻

五条橋の段

牛若丸　竹本綱子大夫
弁慶　竹本織の大夫
竹本織部大夫
豊竹十九大夫
竹本相子大夫
鶴澤清友
鶴澤清好

川連法眼館の段

源義経　吉田玉男
亀井六郎　吉田常次
駿河次郎　吉田玉幸
佐藤忠信　吉田光次
静御前　吉田玉五郎
狐忠信　吉田玉助

おなつ　桐竹亀松
清十郎　吉田玉男
佐次兵衛　吉田玉助
おかね　吉田兵次
太左衛門　吉田淳造
徳左衛門　吉田玉市
徳次郎　吉田光次
お梅　吉田玉五郎
小半　吉田文昇
半六　吉田常次

武蔵坊弁慶　吉田玉昇
牛若丸　吉田玉五郎

竹澤団二郎
鶴澤藤二郎
鶴澤藤之助

夜の部　四時半開演

安宅関

勧進帳の段

武蔵坊弁慶　竹本津大夫
富樫左衛門　竹本南部大夫
源義経　竹本織部大夫
伊勢三郎　竹本静大夫
駿河次郎　竹本織の大夫
片岡八郎　豊竹十九大夫
常陸坊　竹本伊達路大夫
番卒　竹本津の子大夫
番卒　竹本相子大夫
三味線　鶴澤寛治郎
野澤八造
鶴澤清友
鶴澤寛弘
鶴澤清好
竹澤団二郎

武蔵坊弁慶　吉田玉助
富樫左衛門　吉田玉男
源義経　吉田玉五郎
伊勢三郎　吉田兵次
駿河次郎　吉田常次
常陸坊　吉田淳造
片岡八郎　吉田光次
番卒　吉田万次郎
番卒　吉田玉米

近松門左衛門原作　西亭脚色並作曲　鷲谷樗風演出
林扇矢振付　大塚克三舞台装置
中村貞以衣裳考証　近松学会賛助

長町女腹切

京の刀屋の段

竹本雛大夫
野澤錦糸

刀屋石見　吉田常次
番頭忠二郎　吉田淳造
佐助　吉田玉昇
お花　吉田玉男

石垣町井筒屋の段

切　竹本綱大夫
　　竹澤弥七

道行淀の初雁
お花　竹本伊達大夫
半七　竹本織の大夫
　　竹本織部大夫
　　竹本津の子大夫
　　野澤八造
　　野澤錦糸
　　鶴澤寛弘
　　鶴澤藤二郎
　　鶴澤藤之助

大阪長町伽羅屋の段
切　豊竹山城少掾
　　鶴澤藤蔵

本朝廿四孝

十種香の段
　　豊竹松大夫
三味線　鶴澤清六

狐火の段
　　竹本雛大夫
三味線　鶴澤清八
琴ツレ　鶴澤寛弘

半七の叔母　吉田玉市
供の清七　吉田万次郎
手代半七　桐竹亀松
よね衆　吉田光次
よね衆　吉田文昇
光満寺　吉田文雀
亭主太郎左衛門　吉田兵次
父九兵衛　吉田玉助
甚五郎　吉田玉助

十種香の段
花造り蓑作 実は 武田勝頼　吉田玉男
八重垣姫　吉田文五郎
腰元濡衣　吉田玉五郎
長尾謙信　吉田兵次
白須賀六郎　吉田小玉
原小文治　吉田淳造

狐火の段
白狐 八重垣姫　桐竹亀松

30・08・20　三和会　高麗橋　三越劇場　大阪　［BC］

重要無形文化財　文楽三和会　第十八回郷土公演
昭和三十年八月二十日より二十五日　一時半　三時半
二十三日より一部・二部狂言入替

第一部
玉藻前《たまものまえ》曦袂《あさひのたもと》

道春館の段
金藤治　豊竹松島大夫
桂姫　豊竹古住大夫
初花姫　豊竹小松大夫
采女の助　豊竹若子大夫
萩の方　豊竹呂大夫
　　鶴澤燕三

萩の方　桐竹勘十郎
金藤治　吉田辰五郎
桂姫　桐竹紋之助
初花姫　桐竹紋二郎
采女の助　桐竹紋弥
腰元　大ぜい

生写《しょううつし》朝顔話《あさがおばなし》

宿屋の段
切　豊竹若大夫
三味線　鶴澤綱造
琴　野澤勝平

阿曽次郎事 駒沢次郎左衛門　吉田辰五郎
戎屋徳右衛門　桐竹紋市
岩代多喜太　吉田作十郎
芭久蔵　桐竹紋四郎
下女おなべ　桐竹小紋
朝顔 実は 深雪　桐竹紋十郎
近習　大ぜい

嫗《こもち》山《やま》姥《うば》

廓噺の段
　　豊竹つばめ大夫
三味線　野澤喜左衛門
ツ　野澤八助

沢瀉姫　桐竹勘之助
局　桐竹紋之丞
腰元更科　桐竹紋四郎

レ　野澤勝平

腰元歌門　桐竹紋寿
源七実は坂田時行　桐竹勘十郎
八重桐　桐竹紋十郎
太田四郎　桐竹紋七
四天　大ぜい

第二部
絵《え》本《ほん》太《たい》功《こう》記《き》

尼崎の段

前　豊竹古住大夫
　　豊澤仙二郎
後　竹本源大夫
　　鶴澤叶太郎

武智重次郎　桐竹勘十郎
嫁初菊　桐竹紋二郎
母さつき　吉田国秀
妻みさを　桐竹紋之助
真柴久吉　吉田作十郎
武智光秀　吉田辰五郎
加藤正清　桐竹紋寿
軍兵　大ぜい

彦山権現誓助剣《ひこさんごんげんちかいのすけだち》

六助住家の段

切　竹本住大夫
　　野澤勝太郎

毛谷村六助　桐竹勘十郎
お園　桐竹紋十郎
弥惣松　桐竹紋若
お園の母　吉田国秀
斧右衛門　吉田作十郎
杣人　大ぜい

紋十郎十二つき

月

杵造　豊竹古住大夫
お臼　豊竹若子大夫

杵造　桐竹紋之助
お臼　桐竹紋二郎

雪

ツ　豊竹小松大夫
レ　竹本常子大夫
　　鶴澤燕三
　　竹澤団作
　　鶴澤友若
　　豊澤猿二郎

お染　桐竹紋十郎

花

豊竹呂大夫
野澤喜左衛門
シテ　豊竹つばめ大夫
ワキ　豊竹呂太夫
ツレ　豊竹小松太夫
野澤勝太郎
鶴澤友若
豊澤仙二郎
（竹澤団作
野澤八助）
野澤勝平

白拍子花子　桐竹紋十郎

＊　＊　＊

鳴物　芳村喜代次
人形細工師　藤本由良亀
舞台装置　服部和夫
舞台装置　鈴木幸次郎

舞台装置　山森定次郎
背景製作　数宝光之助
床山　背戸百太郎
小道具　畑天海

○豊竹呂大夫休演　萩ノ方　豊竹古住大夫代役　桂姫と二役（『文楽因会三和会興行記録』）
◇桐竹紋十郎門弟　桐竹門（紋カ）次入座（『文楽因会三和会興行記録』）

◇八月二十七日　三和会　三越名人会　大阪高麗橋三越劇場　午後四時開演
極彩色娘扇
増井の段　竹本住太夫
野澤勝太郎

〔典拠〕「毎日新聞（大阪）」（08・21）

30・09・01　因会

○巡業

巡業　［ABC］

大阪文楽座人形浄瑠璃総引越興行
芸術院会員豊竹山城少掾　芸術院会員吉田文五郎　他全員総出演

お目見得狂言　①

昼の部

通し狂言　**仮名手本忠臣蔵**

大序兜改めより恋歌の段まで
足利直義公　豊竹弘大夫
高野師直　竹本織の大夫
顔世御前　竹本織部大夫
桃井若狭之助　豊竹十九大夫
塩谷判官　竹本伊達路大夫
豊澤新三郎

殿中刃傷の段

大序兜改めの段
高野師直　吉田玉助
塩谷判官　桐竹亀松
若狭之助　吉田玉男
顔世御前　吉田玉五郎
大名　大ぜい
仕丁　大ぜい

殿中刃傷の段

竹本津大夫
鶴澤寛弘

裏門の段
竹本南部大夫
野澤錦糸

塩谷判官切腹の段
切　竹本綱大夫
竹澤弥七

霞ヶ関城明渡しの段
竹本伊達路大夫
竹沢団二郎

二ツ玉の段
竹本織の大夫
鶴澤清友

身売りの段

加古川本蔵　吉田常次
珍才　吉田小玉
高野師直　吉田玉助
塩谷判官　桐竹亀松
若狭之助　吉田玉男
大名　大ぜい

裏門の段
早野勘平　吉田栄三
こし元おかる　吉田文五郎
鷺坂伴内　吉田玉市
取巻　大ぜい

塩谷判官切腹の段
顔世御前　吉田玉五郎
大星力弥　吉田文昇
斧九太夫　吉田兵次
原郷右衛門　吉田玉市
石堂馬之丞　吉田栄三
薬師寺治郎左衛門　吉田淳造
塩谷判官　桐竹亀松
大星由良之助　吉田玉助
諸士　大ぜい

城明渡しの段
大星由良之助　吉田玉助

二ツ玉の段
与市兵衛　吉田淳造
定九郎　吉田玉助
早野勘平　吉田栄三

身売の段

勘平切腹の段

竹本雛大夫
野澤八造

切　豊竹山城少掾
鶴澤藤蔵

夜の部
義士銘々伝の内
弥作鎌腹の段

竹本津大夫
鶴澤寛弘

祇園一力茶屋の段

大星由良之助　豊竹山城少掾
大星力弥　竹本織部大夫
間重太郎　竹本織の大夫
竹森喜太八　豊竹弘大夫
千崎弥五郎　豊竹十九大夫
遊女おかる　竹本伊達大夫
亭主仲居　竹本伊達路大夫
伴内　竹本南部大夫
九太夫　竹本雛大夫
平右衛門　竹本綱大夫

女房おかる　吉田玉五郎
与市兵衛女房　吉田常次
一文字屋才兵衛　桐竹亀松
早野勘平　吉田栄三

勘平切腹の段

母親　吉田常次
早野勘平　吉田栄三
原郷右衛門　吉田玉市
千崎弥五郎　吉田玉男
種ヶ島の六　吉田兵次
目法弥八　吉田万次郎
狸の角兵衛　吉田淳造

弥作鎌腹の段

弥作　吉田玉助
女房おかや　吉田玉五郎
七太夫　吉田玉男
萱野和助　吉田玉昇
狸の角兵衛　吉田常次

一力茶屋の段

斧九太夫　吉田兵次
鷺坂伴内　吉田玉市
亭主　吉田玉之助
間重太郎　吉田淳造
竹森喜太八　吉田常次
千崎弥五郎　吉田玉男
大星由良之助　吉田玉助
※1大星力弥　吉田文昇
寺岡平右衛門　桐竹亀松
遊女おかる　吉田文五郎

道行旅路の嫁入

前　鶴澤藤蔵
後　竹澤弥七

竹本南部大夫
竹本雛大夫
豊竹弘大夫
竹本伊達路大夫
毎日替り
鶴澤清友
野澤錦糸
鶴澤清友
野澤錦糸
豊澤新三郎
竹沢団二郎
鶴沢藤二郎

仲居　大ぜい

道行旅路の嫁入

娘小浪　吉田玉五郎
妻戸無瀬　桐竹亀松

切狂言
本朝廿四孝
十種香の段より狐火の段まで

竹本伊達大夫
野澤八造
ツレ琴　鶴澤寛弘

十種香の段

武田勝頼　吉田玉男
こし元濡衣　吉田文雀
八重垣姫　吉田栄三
上杉謙信　吉田兵次
白須賀六郎　吉田淳造
原小文治　吉田玉昇

狐火の段

八重垣姫　吉田栄三
白狐　吉田栄三

＊　＊　＊

頭取　吉田玉市＝はやし　中村新三郎

衣裳　森田
人形細工人　由良亀
床山　佐藤為治郎

※1　Aはなし

千秋万歳楽大入叶吉祥日

二の替り狂言　②

昼の部

日高川入相花王

渡し場の段

清姫　竹本織部大夫
船頭　豊竹弘大夫
鶴澤清友
豊澤新三郎
竹澤団二郎
鶴澤藤二郎

安珍清姫　吉田玉五郎
船頭　吉田淳造

伽羅先代萩

御殿より政岡忠義の段

御殿の段
竹本伊達大夫
野澤八造

政岡忠義の段
竹本南部大夫
野澤錦糸

乳母政岡　桐竹亀松
一子千松　吉田小玉
鶴喜代君　吉田玉幸
沖の井　吉田常次
妻八汐　吉田玉助
栄御前　吉田玉市
こし元　大ぜい

伊勢音頭恋寝刃

古市油屋より十人斬の段

古市油屋の段
―

十人斬の段
竹本綱大夫
竹澤弥七
竹本雛大夫
鶴澤清友

女郎おこん　吉田玉五郎
仲居万野　吉田玉助
福岡貢　吉田栄三
下男喜助　吉田玉男
徳島岩次　吉田兵次
喜多六　吉田淳造
女郎お鹿　吉田文雀
泊り客　吉田常次
女郎　吉田文昇
小女郎　吉田小玉
おき番の男　大ぜい
下女、仲居　大ぜい

寿式三番叟

豊竹十九大夫
竹本織の大夫
竹本南部大夫
竹本津大夫
竹本綱大夫
豊竹山城少掾
竹本伊達大夫
竹本雛大夫
竹本織部大夫
豊竹弘大夫
竹本伊達路大夫
竹澤団二郎
野澤錦糸

鶴澤寛弘
竹澤弥七
鶴澤藤蔵
野澤八造
鶴澤清友
豊澤新三郎
鶴澤藤二郎

翁　吉田文五郎
三番叟　吉田栄三
三番叟　吉田玉助
千歳　吉田玉市

夜の部

鬼一法眼三略巻

五条橋の段
牛若丸　竹本織の大夫

牛若丸　吉田玉五郎

弁慶　豊竹十九大夫　野澤錦糸　鶴澤寛弘　竹澤団二郎　鶴澤藤二郎
武蔵坊弁慶　吉田玉男

御所桜堀川夜討

弁慶上使の段

竹本津大夫
鶴澤寛弘

侍従太郎　吉田兵次
妻花の井　吉田淳造
卿の君　吉田小玉
武蔵坊弁慶　吉田玉助
おわさ　吉田玉五郎
娘しのぶ　吉田文雀

夕ぎり伊左衛門 曲輪文章

吉田屋の段

竹本伊達大夫
野澤八造
ツレ　豊澤新三郎

伊左衛門　桐竹亀松
喜左衛門　吉田兵次
夕霧　吉田栄三
若者　吉田万次郎
若者　吉田玉米
女房おきさ　吉田文昇
禿　吉田玉之助
太鼓持　吉田玉幸

伊賀越道中双六　沼津里より千本松原の段

沼津里の段

竹本綱大夫
竹澤弥七
ツレ　野澤錦糸

親平作　吉田玉助
呉服屋重兵衛　桐竹亀松
荷物安兵衛　吉田常次

平作内より千本松原まで

豊竹山城少掾
鶴澤藤蔵
胡弓　竹澤団二郎

池添孫八　吉田玉男
お米（前）　吉田玉五郎
お米（後）　吉田文五郎

鶴澤道八作曲　山村若振付

新曲 小鍛冶

竹本雛大夫
竹本南部大夫
竹本伊達路大夫
野澤八造
鶴澤清友
鶴澤寛弘
鶴澤藤二郎

老翁実は稲荷明神　吉田栄三
小鍛冶宗近　吉田玉五郎
勅使道成　吉田文昇

◎九月一日　愛知県豊橋市公会堂　［BC］

大阪文楽座人形浄瑠璃
昭和三十年九月一日　豊橋市公会堂
主催豊橋文化協会
演目・配役は巡業プログラムお目見得の通り
但し　夜の部　弥作鎌腹は道行旅路の嫁入の後
仮名手本忠臣蔵　鶴ヶ岡八幡宮兜改めの段　足利義直公　吉田光次
城明渡しの段　竹澤団二郎が豊澤新三郎
山崎街道二ツ玉の段　鶴澤清友が竹澤団二郎
祇園一力茶屋場　力弥　吉田万次郎
はやし　中村新三郎　中村新一郎　床山　佐藤為次郎　衣裳　八田　人形造り
由良亀

◇九月二日　因会　紫陽クラブ九月例会　愛知県名古屋市東区西句黙宅　午後六時
文楽人形鑑賞会で吉田玉助　桐竹亀松らが人形の操り方を実演
〔典拠〕「中部日本新聞」（09・03）

◇九月二十日　神奈川県川崎市公民館　十二時
忠臣蔵通し
〔典拠〕「神奈川新聞」（09・20）

……………………………………

30・09・01　三和会　宮川町歌舞練場　京都　［CD］

三和会京都公演
文部省文化財保護委員会選定　文楽人形浄瑠璃
昭和三十年九月一日より四日まで※1　**毎日午後二時開演**

加賀見山旧錦絵

草履打ちの段

岩藤　豊竹松島太夫
尾上　豊竹古住太夫
善六 こし元　豊竹小松太夫
こし元　竹本常子太夫
豊澤猿二郎
豊澤仙二郎
野澤勝平

局岩藤　吉田辰五郎
中老尾上　桐竹紋之助
鷲野善六　桐竹紋弥
こし元　大ぜい

伊勢音頭恋寝刃

油屋の段

前　竹本源太夫

お紺　桐竹紋二郎

鶴澤叶太郎
後　豊竹古住太夫
鶴澤友若

仲居万野　桐竹紋十郎
福岡貢　桐竹勘十郎
料理人喜助　吉田作十郎
徳島岩次　桐竹紋市
喜多六　桐竹紋之丞
女郎お鹿　桐竹紋寿
女郎　桐竹勘之助

近江源氏先陣館

盛綱陣屋の段

切　竹本住太夫
野澤勝太郎
後　豊竹つばめ太夫
三味線　野澤喜左衛門

佐々木盛綱　吉田辰五郎
母微妙　吉田国秀
妻篝火　桐竹紋之助
妻早瀬　桐竹紋之丞
一子小四郎　桐竹紋弥
一子小三郎　桐竹紋若
一の注進　桐竹紋四郎
二度の注進　桐竹紋二郎
古郡新左衛門　桐竹紋市
北条時政　吉田作十郎
竹下孫八　桐竹小紋
筧十郎　桐竹紋寿
和田兵衛秀盛　桐竹勘十郎

絵本太功記

尼ヶ崎の段

前　豊竹呂太夫
野澤勝太郎
後　豊竹若太夫
鶴澤綱造

武智重次郎　桐竹紋之助
嫁初菊　桐竹紋二郎
妻みさを　桐竹紋十郎
母さつき　吉田国秀
真柴久吉　桐竹紋七
武智光秀　吉田辰五郎

加藤正清　桐竹紋四郎
軍兵　大ぜい

新曲　**紅葉狩**

戸隠山の段

更科姫　豊竹呂太夫（呂賀太夫改め）
平維茂　豊竹松島太夫
山神 こし元　豊竹小松太夫
こし元　竹本常子太夫
鶴澤燕三
野澤八助
竹澤団作
野澤勝平
鶴澤友若

平維茂　桐竹勘十郎
更科姫 実は 悪鬼　桐竹紋十郎
山神　桐竹紋十郎
腰元桔梗　桐竹小紋
腰元更科　桐竹勘之助

入場料三百円　学生券百円

※1　Cは九月二日から五日

30・09・15　三和会　神戸仏教会館　[B]

昭和三十年九月十五日より十八日
開演一部正午　二部午後五時　十七日より狂言一部二部入替　神戸　仏教会館
三和会　神戸公演　文楽人形浄瑠璃
主催文楽三和会　後援神戸浄瑠璃協会　神戸新聞社

一部
一の谷嫩軍記
須磨浦組討の段

熊谷　豊竹古住太夫
敦盛　豊竹小松太夫

敦盛　吉田作十郎
熊谷　吉田辰五郎

平山　竹本常子太夫
野澤勝平

平山　桐竹紋弥
軍兵　大勢い

心中天網島時雨炬燵
紙屋内の段

前　豊竹つばめ太夫
野澤喜左衛門
後　竹本源太夫
鶴澤叶太郎

治兵衛　桐竹紋十郎
女房おさん　桐竹勘十郎
三五郎　桐竹紋寿
五左衛門　桐竹紋市
勘太郎　桐竹紋若
小春　桐竹紋之助
お末　桐竹勘之助
太兵衛　吉田作十郎
善六　桐竹紋之丞

絵本太功記
尼ヶ崎の段

前　豊竹呂太夫（呂賀太夫改め）
鶴澤燕三
切　豊竹若太夫
鶴澤綱造

重次郎　桐竹勘十郎
初菊　桐竹紋二郎
みさを　桐竹紋十郎
さつき　吉田国秀
旅僧 実は 久吉　桐竹紋四郎
光秀　吉田辰五郎
正清　桐竹紋弥
軍兵　大勢い

紋十郎好十二月の中　月、雪、花

月　豊竹松島太夫
豊竹小松太夫
竹本常子太夫
鶴澤友若
竹澤団作
雪　野澤勝平
豊竹古住太夫

杵造　桐竹紋之助
お臼　桐竹紋二郎
お染　桐竹紋十郎
白拍子花子　桐竹紋十郎

花　鶴澤燕三
豊竹つばめ太夫
豊竹呂太夫
豊竹小松太夫
野澤勝太郎
豊澤仙二郎
野澤八助

二部
加賀見山旧錦絵
草履打の段
岩藤　豊竹松島太夫
尾上　豊竹古住太夫
善六・こし元　豊竹小松太夫
こし元　竹本常子太夫
豊澤猿二郎
豊澤仙二郎
野澤八助

岩藤　桐竹勘十郎
尾上　桐竹紋之助
善六　桐竹紋弥
腰元　大勢い

艶容女舞衣
酒屋の段
前　竹本源太夫
鶴澤叶太郎
切　豊竹若太夫
鶴澤綱造

宗岸　吉田辰五郎
おその　桐竹紋十郎
女房　吉田国秀
半兵衛　吉田作十郎
おつう　桐竹勘之助
半七　桐竹紋七
三勝　桐竹紋二郎

伊賀越道中双六
沼津里より千本松まで
前　豊竹つばめ太夫
野澤喜左衛門
ツレ　野澤勝平

重兵衛　桐竹紋十郎
平作　吉田辰五郎
安兵衛　桐竹紋之丞

切　竹本住太夫
野澤勝太郎

およね　桐竹紋之助
孫八　吉田作十郎

義経千本桜
道行初音の旅路
静御前　豊竹呂太夫（呂賀太夫改め）
忠信　豊竹古住太夫
ツレ　豊竹小松太夫
竹本常子太夫
鶴澤燕三
竹澤団作
野澤勝平
鶴澤友若

静御前　桐竹紋之助
忠信　桐竹勘十郎

入場料　一回限　二百円

◇**九月二十六日・二十七日　因会**　第三回舞踊華扇会　東京明治座　午前十一時　午後四時半開演
二十六日　第一部　文楽「櫓のお七」　第二部「吉野山」　二十七日　第一部「吉野山」に竹本織の大夫　竹本織部大夫　豊竹弘大夫　野澤錦糸　豊澤新三郎が出演
〔典拠〕プログラム

30・09・27　三和会

○**九州方面巡業**（『文楽因会三和会興行記録』）
◎**九月二十七日**　岡山県倉敷市松竹劇場　昼の部午前十一時　夜の部午後六時
文部省文化財保護委員会選定　倉敷文楽保存観賞会・西中学校ＰＴＡ後援

演目は十月十五日福岡大博劇場一日目と同じ
〔典拠〕「山陽新聞」広告（09・26）

○**九月二十八日**　岡山県新見市東映劇場
○**九月二十九日**　広島県東城町偕楽座
〔典拠〕『三和会公演控』、『文楽因会三和会興行記録』

◎**十月一日**　広島市旭劇場　昼の部午後一時　夜の部午後六時開演
演目は十五日福岡大博劇場一日目と同じ
入場料　指定席三百五十円　一般席二百五十円　優待割引一般席二百円
〔典拠〕「中国新聞」広告（09・30）

◎**十月三日**　山口県下関市戎座　八分の入り
入場料　前売二百五十円　当日三百円
〔典拠〕「夕刊みなと」広告（10・02）
『三和会公演控』、『文楽因会三和会興行記録』

○**十月四日**　山口県厚狭市公民館
○**十月五日**　福岡県直方市多賀映画劇場
〔典拠〕『三和会公演控』、『文楽因会三和会興行記録』

◎**十月六日**　福岡県大牟田市民会館

◎**十月七日**　熊本県山鹿市八千代座
◎**十月八日**　熊本市歌舞伎座　延べ三千五百人
◎**十月九日**　熊本県八代市立代陽小学校講堂
◎**十月十日**　熊本県天草合津中央映画劇場
熊本県・熊本市教育委員会・熊本日日新聞社・ラジオ熊本後援
昼の部午後一時　夜の部午後五時開演
演目は十五日福岡大博劇場一日目と同じ
入場料　前売二百五十円　当日三百円
〔典拠〕「熊本日日新聞」広告（10・07）
『三和会公演控』、『文楽因会三和会興行記録』

◎**十月十二日**　長崎市三菱会館　昼の部午後一時　夜の部午後六時
西日本新聞社主催　長崎県教育委員会・長崎市教育委員会後援
演目は十五日福岡大博劇場一日目と同じ　昼の部六分の入り
入場料　指定席前売三百円　当日四百円　西日本新聞読者二百五十円
〔典拠〕「西日本新聞（長崎版）」広告（10・09）
『三和会公演控』、『文楽因会三和会興行記録』

◎**十月十三日**　佐賀劇場　昼の部十二時　夜の部午後六時
佐賀県文化館後援
演目は十五日福岡大博劇場一日目と同じ　八分の入り
午前十時から文楽教室
入場料　前売三百円　当日三百五十円
〔典拠〕「佐賀新聞」（10・12）、広告（10・12）
『三和会公演控』、『文楽因会三和会興行記録』

○十月十四日　福岡県久留米市公会堂

〔典拠〕『三和会公演控』、『文楽因会三和会興行記録』

◎十月十五日から十七日　福岡市大博劇場　［BC］

重要無形文化財　芸術祭参加公演　文楽人形浄瑠璃芝居
文部省文化財保護委員会後援　文楽三和会
昭和三十年十月十五日より十七日　大博劇場
四代目豊竹呂太夫襲名披露

一日目　①

昼の部

義経千本桜
道行初音の旅路

静御前　豊竹古住太夫
忠信　豊竹松島太夫
ツレ　豊竹小松太夫
竹本常子太夫
鶴澤友若
豊澤仙二郎
竹澤団作
野澤勝平

静御前　桐竹紋之助
忠信　桐竹勘十郎

摂州合邦辻
合邦内の段

前　竹本源太夫
鶴澤叶太郎
切　豊竹若太夫
鶴澤燕三

合邦　吉田辰五郎
女房　吉田国秀
玉手御前　桐竹紋十郎
入平　桐竹紋之丞
俊徳丸　吉田作十郎

浅香姫　桐竹紋二郎

近頃河原達引
堀川猿廻の段

前　豊竹つばめ太夫
野澤喜左衛門
ツレ　豊澤猿二郎
切　竹本住太夫
野澤勝太郎
ツレ　野澤勝平

おつる　桐竹紋四郎（一日替り 桐竹紋弥）
与次郎母　桐竹紋市
与次郎　吉田辰五郎
お俊　桐竹紋之助
伝兵衛　桐竹紋二郎

新曲　紅葉狩
戸隠山の段

更科姫　呂賀太夫改め 豊竹呂太夫
維茂　豊竹古住太夫
山神　豊竹松島太夫
腰元　豊竹小松太夫
腰元　竹本常子太夫
鶴澤叶太郎
鶴澤燕三
豊澤仙二郎
竹澤団作
鶴澤友若
野澤勝平

平維茂　桐竹勘十郎
更科姫 実は 悪鬼　桐竹紋十郎
腰元更科　桐竹小紋
腰元桔梗　桐竹勘之助
山神　桐竹紋十郎

夜の部

恋女房染分手綱
重の井子別の段

竹本源太夫
鶴澤叶太郎

調姫　桐竹勘之助
重ノ井　桐竹紋之助
弥惣左衛門　桐竹紋市
三吉　（桐竹紋寿 / 桐竹紋七）
腰元お福　桐竹紋四郎

宰領　桐竹紋若
宰領　桐竹小紋

伊賀越道中双六
沼津里より千本松まで

前　豊竹つばめ太夫
ツレ　鶴澤燕三
野澤勝平
切　竹本住太夫
野澤勝太郎

重兵衛　桐竹勘十郎
安兵衛　桐竹紋之丞
平作　吉田辰五郎
お米　桐竹紋之助
池添孫八　吉田作十郎

絵本太功記
尼ヶ崎の段

前　豊竹呂太夫（呂賀太夫改め）
鶴澤友若
切　豊竹若太夫
野澤喜左衛門

武智重次郎　桐竹勘十郎
嫁初菊　桐竹紋二郎
妻みさを　桐竹紋十郎
母さつき　吉田国秀
旅僧 実は 真柴久吉　吉田作十郎
武智光秀　吉田辰五郎
加藤正清　桐竹紋弥
軍兵　大勢

紋十郎好み
十二ヶ月の内 道成寺

*
シテ　豊竹古住太夫
ワキ　豊竹呂太夫
ツレ　豊竹小松太夫
野澤勝太郎
豊澤仙二郎
竹澤団作
鶴澤友若
野澤勝平
*
白拍子花子　桐竹紋十郎
*

はやし　芳村喜代次
衣裳　八田保之
床山　背戸百太郎
小道具　畑天海
舞台装置　服部和男
舞台装置　鈴木幸次郎

◇福岡県教育委員会・福岡市教育委員会後援　昼の部午後一時　夜の部午後六時開演（「西日本新聞」広告 10・14）
◇入場料　一等前売三百五十円　当日四百円　二等前売二百円　当日二百五十円　三等前売百五十円　当日二百円（「西日本新聞」広告 10・14）
◇三日とも午前中市内各学校に開放（「新九州」10・11）
○大入（『三和会公演控』、『文楽因会三和会興行記録』）
◇十五日　竹本住大夫　野澤喜左衛門　桐竹紋十郎　豊澤猿二郎が朝日新聞福岡総局を訪問（「朝日新聞（福博版）」10・16）

二日目　②

昼の部
伊達娘恋緋鹿子
火見櫓の段

豊竹小松太夫
竹本常子太夫
豊澤猿二郎
野澤勝平

お七　桐竹紋二郎

御所桜堀川夜討
弁慶上使の段

前　豊竹松島太夫
竹澤団作
後　竹本源太夫
鶴澤叶太郎

卿ノ君　桐竹紋四郎
侍従太郎　桐竹紋之丞
花ノ井　吉田国秀
おわさ　桐竹紋之助
腰元しのぶ　桐竹紋弥
武蔵坊弁慶　吉田辰五郎

恋娘昔八丈
城木屋の段
豊竹つばめ太夫
鶴澤燕三
竹本住太夫
野澤喜左衛門

手代丈八 桐竹勘十郎
丁稚丁松 桐竹勘之助
お駒 桐竹紋十郎
才三郎 桐竹紋之助
女中 桐竹紋寿
親庄兵衛 吉田辰五郎
佃屋喜蔵 吉田作十郎

本朝二十四孝
十種香の段より狐火の段まで
豊竹若太夫
野澤喜左衛門
後 豊竹呂太夫 呂賀太夫改め
鶴澤友若
ツレ 野澤勝平

武田勝頼 吉田作十郎
腰元濡衣 桐竹紋二郎
八重垣姫 桐竹紋十郎
上杉謙信 桐竹紋市
白須賀六郎 桐竹紋四郎
原小文治 桐竹紋七

夜の部
加賀見山旧錦絵
草履打の段
岩藤 豊竹松島太夫
尾上 豊竹呂太夫
善六 豊竹小松太夫
腰元 竹本常子太夫
豊澤仙二郎

局岩藤 桐竹勘十郎
中老尾上 桐竹紋之助
鷲ノ善六 桐竹紋弥
腰元 大勢

増補忠臣蔵
本蔵下屋敷の段
前 竹本源太夫
鶴澤叶太郎
切 竹本住太夫
野澤勝太郎
琴 野澤勝平

伴左衛門 吉田作十郎
三千歳姫 桐竹紋之助
奴宅内 桐竹紋之丞
加古川本蔵 吉田辰五郎
小姓 ※1 桐竹勘之助
若狭之助 桐竹勘十郎
奴 大勢

艶姿女舞衣
三勝半七 酒屋の段
前 豊竹つばめ太夫
野澤喜左衛門
後 豊竹若太夫
鶴澤燕三

親宗岸 吉田辰五郎
嫁おその 桐竹紋十郎
半兵衛女房 吉田国秀
舅半兵衛 桐竹紋市
おつう 桐竹紋若
半七 桐竹紋七
三勝 桐竹紋二郎

鳴響安宅新関
勧進帳の段
弁慶 豊竹古住太夫
富樫 豊竹呂太夫
義経 豊竹松島太夫
四天王 豊竹小松太夫
番卒 竹本常子太夫
野澤勝太郎
鶴澤友若
竹澤団作
豊澤仙二郎
野澤勝平

富樫左衛門 桐竹勘十郎
源義経 吉田作十郎
伊勢三郎 桐竹小紋
駿河次郎 桐竹紋寿
片岡八郎 桐竹紋四郎
常陸坊 桐竹紋之丞
武蔵坊弁慶 桐竹紋十郎
番卒 大勢

※1 B小姓 桐竹勘十郎 若狭之助 桐竹勘之助

三日目 ③
昼の部
通し狂言 菅原伝授手習鑑 車曳より寺子屋まで

吉田神社車曳の段
松王丸　豊竹松島太夫
梅王丸　豊竹古住太夫
桜丸　豊竹呂太夫
杉王丸　竹本常子太夫
時平　豊竹小松太夫
　豊澤仙二郎

茶筅酒の段　竹本源太夫
　鶴澤叶太郎

喧嘩の段　呂賀太夫改め 豊竹呂太夫
　野澤勝平

訴訟の段　豊竹つばめ太夫
　鶴澤燕三

桜丸切腹の段　竹本住太夫
　野澤勝太郎

寺子屋の段　豊竹若太夫
　野澤喜左衛門

梅王丸　桐竹紋之助
桜丸　桐竹紋二郎
杉王丸　桐竹紋四郎
松王丸　吉田辰五郎
藤原時平　吉田作十郎
仕丁　大勢い

茶筅酒より桜丸切腹まで
親白太夫　吉田辰五郎
八重　桐竹紋二郎
十作　吉田作十郎
はる　吉田国秀
千代　桐竹紋之丞
梅王丸　桐竹紋之助
松王丸　桐竹勘十郎
桜丸　桐竹紋十郎

菅秀才　桐竹紋若
小太郎　桐竹勘之助
戸浪　吉田国秀
武部源蔵　桐竹勘十郎
春藤玄蕃　吉田作十郎
松王丸　吉田辰五郎
千代　桐竹紋十郎
御台所　桐竹紋市
手習子、百姓、捕巻　大勢い

切り狂言　新曲　小鍛冶
稲荷山の段
明神　豊竹古住太夫
宗近　豊竹松島太夫
道成　竹本常子太夫
　鶴澤友若
　竹澤団作
　豊澤仙二郎
　野澤勝平

老翁実は稲荷明神　桐竹勘十郎
三条小鍛冶宗近　桐竹紋之助
勅使道成　桐竹紋弥

夜の部
新曲　釣女
太郎冠者　豊竹古住太夫
大名　豊竹松島太夫
美女　竹本常子太夫
醜女　豊竹小松太夫
　豊澤仙二郎
　竹澤団作
　野澤勝平
　豊澤猿二郎

大名　吉田作十郎
太郎冠者　桐竹勘十郎
美女　桐竹紋二郎
醜女　桐竹紋之助

三十三所花の山　壺坂霊験記
沢市内より御寺まで
前　呂賀太夫改め 豊竹呂太夫
　鶴澤友若
切　竹本住太夫
　野澤勝太郎
ツレ　野澤勝平

お里　桐竹紋之助
沢市　桐竹勘十郎
観世音　桐竹紋四郎

伽羅先代萩
御殿の段
切　豊竹若太夫
　野澤喜左衛門

鶴喜代君　桐竹紋之助
千松　桐竹紋七

京都祇園甲部歌舞練場　十二時開演
第一部「蝶の道行」に竹本綱大夫　竹澤弥七が出演
〔典拠〕『演劇雑誌幕間』第十巻第九号　広告

30・10・04　因会

○巡業

巡業　［BC］

無形文化財指定記念興行　大阪文楽座人形浄瑠璃　大一座十月巡業公演
芸術院会員吉田文五郎　生ける文化財保持者竹本綱太夫
三味線界の巨匠鶴澤寛治郎　提供松竹演劇部

昼の部

恋女房染分手綱

双六の段

	竹本織の大夫
ツレ	竹本相子大夫
	野澤錦糸
	鶴澤寛弘
ツレ	竹澤団二郎

調姫	吉田小玉
乳人重の井	吉田栄三
腰元お福	吉田玉昇
本田弥三左衛門	吉田淳造
馬方三吉	吉田文昇
踊子	吉田玉之助
踊子	吉田玉米
宰領	吉田万次郎
宰領	吉田常次
腰元	大ぜい

重の井子別れの段

重の井	竹本南部大夫
三吉	竹本織部大夫
弥三左衛門	豊竹十九大夫
調姫	竹本相子大夫
宰領	竹本伊達路大夫
	鶴澤藤蔵

後

	豊竹つばめ太夫
	鶴澤燕三

乳母政岡	桐竹紋十郎
八汐	吉田辰五郎
沖ノ井	桐竹紋寿
栄御前	吉田国秀
腰元	大勢い

壇浦兜軍記
阿古屋琴責の段

あこや	竹本源太夫
重忠	豊竹古住太夫
岩永	豊竹松島太夫
榛沢	豊竹小松太夫
三味線	鶴澤叶太郎
ツレ	豊澤仙二郎
三曲	野澤勝平

秩父庄司重忠	吉田辰五郎
岩永左衛門	吉田作十郎
榛沢六郎	桐竹紋弥
遊君阿古屋	桐竹紋十郎
水奴	大勢い

◎十月十八日　福岡県三菱化成協和会館本館　［BC］

文楽人形浄瑠璃本格公演
十月十八日　午前十時半　午後五時開演　協和会館本館
三十年度芸術祭参加作品
演目・配役は十五日福岡大博劇場一日目と同じ

○大入（『三和会公演控』、『文楽因会三和会興行記録』）

○十月十九日　福岡県若松市稲荷座　昼の部九分の入り　夜の部満員

〔典拠〕『三和会公演控』、『文楽因会三和会興行記録』

・・・・・・・・・・・・・・・・・・・・・・・・・・・・・・・・・・・・・・

◇九月三十日　因会　和敬書店創立十周年記念幕間舞踊観賞会第一回公演

艶容女舞衣

酒屋の段

前　竹本雛大夫
　　野澤吉三郎
後　竹本伊達大夫
　　野澤八造
高音　竹澤団二郎

半兵衛女房	吉田常次
親宗岸	吉田玉市
嫁おその（前）	吉田文五郎
嫁おその（後）	吉田玉五郎
茜屋半兵衛	吉田兵次
半七	吉田光次
三勝	吉田文雀
娘おつう	吉田玉幸

菅原伝授手習鑑

寺入りの段

竹本静大夫
鶴澤清友

松王首実検の段

竹本津大夫
三味線　鶴澤寛治郎

いろは送りの段

切　竹本綱大夫
　　竹澤弥七

武部源蔵	吉田栄三
女房戸浪	吉田玉五郎
小太郎	吉田玉幸
春藤玄蕃	吉田兵次
松王丸	吉田玉助
女房千代	桐竹亀松
菅秀才	吉田玉之助
よだれくり	吉田万次郎
下男三助	吉田淳造
御台所	吉田常次
手習子、百姓、捕手	大ぜい

所作事二題

団子売

宮太夫改め　竹本和佐大夫
友十郎改め　竹本織部大夫
豊澤猿糸

杵造	吉田玉男
お臼	吉田玉五郎

豊澤新三郎
鶴澤藤二郎

お七火の見櫓

宮太夫改め　竹本和佐大夫
友十郎改め　竹本織部大夫
豊澤猿糸
豊澤新三郎
鶴澤藤二郎

八百屋お七	吉田玉五郎

夜の部

妹背山婦女庭訓

道行恋の小田巻

おみわ　宮太夫改め　竹本和佐大夫
橘姫　竹本織の大夫
求女　豊竹十九大夫
友十郎改め　豊澤猿糸
鶴澤清友
野澤錦糸
鶴澤寛弘
竹澤団二郎

娘お三輪	桐竹亀松
橘姫	吉田文雀
求女	吉田光次

一谷嫩軍記

熊谷陣屋の段

前　竹本雛大夫
　　野澤吉三郎
後　竹本津大夫
　　三味線　鶴澤寛治郎

堤軍次	吉田玉昇
妻相模	吉田栄三
藤の方	吉田玉五郎
梶原景高	吉田淳造
石屋弥陀六	吉田玉市
熊谷直実	吉田玉助
源義経	吉田玉男

恋飛脚大和往来

新口村の段

前　竹本伊達大夫
　　野澤八造
切　竹本綱大夫
　　竹澤弥七

亀屋忠兵衛　吉田玉男
傾城梅川（前）　吉田玉五郎
傾城梅川（後）　吉田文五郎
忠三女房　吉田光次
鶴掛藤次兵衛　吉田常次
伝が婆　吉田万次郎
置頭巾　吉田小玉
樋の口水右衛門　吉田文雀
八右衛門　吉田玉之助
親孫右衛門　吉田玉市
針立道庵　吉田兵次
捕手小頭　吉田玉幸
捕手　大ぜい

新版歌祭文

野崎村の段

久作　竹本静大夫
お光　竹本南部大夫
お染　竹本織部大夫
久松　豊竹十九大夫
母おかつ　竹本伊達路大夫
下女およし　竹本相子大夫
　　鶴澤藤蔵
ツレ　豊澤新三郎
　　鶴澤藤二郎

娘お光　桐竹亀松
お染　吉田玉男
下女およし　吉田文昇
親久作　吉田玉助
丁稚久松　吉田玉昇
母お勝　吉田淳造

＊　＊　＊

頭取　吉田玉市＝衣裳　森田
はやし　中村新三郎＝人形細工人　由良亀
床山　佐藤為治郎＝

◇**十月四日**　静岡県富士市公会堂
〔典拠〕『松竹百年史』

◇**十月六日**　静岡県榛原町講堂　榛原町役場厚生課主催
◇**十月七日**　静岡市公会堂　静岡市厚生事業協会主催
昼の部午後一時　夜の部午後六時開演
演目・配役は巡業プログラムの通り
入場料　当日四百円　前売三百五十円　自由席二百円
〔典拠〕「静岡新聞」（10・04）、広告（09・30）
「中部日本新聞（静岡版）」（09・30）

◇**十月八日**　静岡県浜松座　昼の部午後一時　夜の部午後六時開演
※「中部日本新聞（静岡版）」（09・30）は昼の部十二時　夜の部五時とする
演目・配役は巡業プログラムの通り
入場料　当日四百円　前売三百五十円　自由席二百円
〔典拠〕「静岡新聞」（10・04）、広告（09・30）
「中部日本新聞（静岡版）」（09・30）

◇**十月十一日**　奈良友楽会館　昼の部十二時　夜の部午後五時開演
演目は巡業プログラムの通り
入場料　当日二百五十円　前売二百二十円

〔典拠〕「朝日新聞（奈良版）」広告（10・10）

◇十月十三日　高知市中央公民館　昼の部十二時　夜の部午後五時開演
演目・配役判明分　酒屋　竹本伊達大夫　人形お園　吉田文五郎
十二日午後　竹本伊達大夫　高知新聞社を訪問
　入場料　一等四百円　二等二百五十円　三等百五十円
〔典拠〕「高知新聞」（10・13）、広告（10・10）

◇十月十四日　愛媛県松山市堀之内県民館　昼の部十二時半　夜の部午後五時半開演
愛媛新聞社主催
演目・配役は巡業プログラムの通り
　入場料　当日三百円　前売二百五十円
〔典拠〕「愛媛新聞」（10・12）、広告（10・14）

◇十月十六日　大分中央映劇　昼の部十二時半　夜の部午後五時
大分合同新聞主催　文化博協賛
演目は巡業プログラムの通り
〔典拠〕「大分合同新聞」（10・17）、広告（10・16）

◇十月十八日　福岡県小倉市豊前座　昼の部十二時三十分　夜の部午後五時開演
演目は巡業プログラムの通り
　入場料　前売A三百五十円　B二百五十円

〔典拠〕「朝日新聞（北九州版）」（10・13）

◇十月十九日　福岡県大牟田市民会館　昼の部午後一時　夜の部午後五時開演
大牟田演劇観賞会・大牟田仏教会共催　大牟田市教育委員会・朝日新聞大牟田通信局後援
演目は巡業プログラムの通り
〔典拠〕「朝日新聞（筑後版）」（10・18）

◇十月二十日　山口県下関戎座　昼の部十二時　夜の部午後五時半開演
演目は巡業プログラムの通り
　入場料　前売三百五十円　当日五百円
〔典拠〕「夕刊みなと」（10・18）

◇十月二十一日カ　岡山市葦川会館
※「山陽新聞」（10・21）では二十二日
〔典拠〕『松竹百年史』
「山陽新聞」（10・21）

◇十月二十二日　広島児童文化会館　昼の部十二時　夜の部午後五時開演
中国新聞社主催
演目・配役は巡業プログラムの通り
　入場料　指定席五百円　一般席三百円
〔典拠〕「中国新聞」（10・22）、広告（10・20）

◇十月二十三日　山口公会堂　昼の部午後一時　夜の部午後六時開演
山口民族文化同好会主催
〔典拠〕「中国新聞（山口版）」（10・21）

・・・・・・・・・・・・・・・・・・・・・・・・・

30・10・22　三和会　兵庫県立加古川東高等学校講堂　［BC］

無形文化財　三和会　文楽人形浄瑠璃
昭和三十年十月二十二日　開演一部午前十時　二部午後二時　加古川東高等学校講堂
第七回加古川本格公演
主催加古川東高等学校育友会

一部　午前十時より
新曲　小鍛冶
明神　豊竹呂太夫
宗近　豊竹松島太夫
道成　竹本常子太夫
鶴澤友若
竹澤団作
豊澤仙二郎
豊澤猿二郎

宗近　桐竹紋之助
明神　桐竹勘十郎
道成　桐竹紋之丞

三十三所花ノ山　壺坂観音霊験記
沢市内よりお寺まで
前　豊竹古住太夫
野澤勝太郎
後　豊竹つばめ太夫
野澤喜左衛門
ツレ　竹澤団作

お里　桐竹紋之助
沢市　吉田辰五郎
観世音　桐竹紋若

絵本太功記
尼ヶ崎の段
切　豊竹若太夫
鶴澤燕三

重次郎　桐竹勘十郎
初菊　桐竹紋二郎
みさを　吉田国秀
さつき　桐竹紋十郎
光秀　吉田辰五郎
久吉　吉田作十郎

壇浦兜軍記
阿古屋琴責の段
あこや　竹本源太夫
重忠　豊竹古住太夫
岩永　豊竹松島太夫
榛沢　豊竹小松太夫
鶴澤叶太郎
ツレ　豊澤仙二郎
三曲　野澤勝平

重忠　桐竹紋市
岩永　吉田作十郎
榛沢　桐竹紋四郎
阿古屋　桐竹紋十郎
水奴　大ぜい

二部　午後二時より
恋女房染分手綱
重の井子別れの段
豊竹つばめ太夫
野澤喜左衛門

調姫　桐竹勘之助
重ノ井　桐竹紋之助
弥惣左衛門　桐竹紋市
三吉　桐竹紋七
宰領　桐竹紋之丞
宰領　桐竹紋若
腰元お福　桐竹紋四郎

生写朝顔日記
宿屋より大井川まで
前　竹本源太夫
鶴澤叶太郎

次郎左衛門　吉田辰五郎
岩代　吉田作十郎

後
琴 野澤勝平
豊竹呂太夫
鶴澤友若

徳右衛門 吉田国秀
朝顔 桐竹紋十郎
おなべ 桐竹小紋
近習、川越人夫 大ぜい

名筆吃又平
土佐将監館の段
切 竹本住太夫
野澤勝太郎
ツレ 野澤勝平

将監 桐竹紋市
奥方 吉田国秀
修理之助 桐竹紋寿
吃又平 桐竹勘十郎
お徳 桐竹紋之助
雅楽之助 桐竹紋二郎

新曲 紅葉狩
戸隠山の段
更科姫 豊竹古住太夫
維茂 豊竹松島太夫
山神 こし元 豊竹小松太夫
こし元 竹本常子太夫
鶴澤燕三
豊澤仙二郎
竹澤団作
野澤勝平
豊澤猿二郎

維茂 桐竹勘十郎
更科姫 悪鬼 桐竹紋十郎
腰元 桐竹小紋
腰元 桐竹勘之助
山神 桐竹紋十郎

◎大入 桐竹紋十郎受け持ち（『三和会公演控』、『文楽因会三和会興行記録』）

◎十月二十五日 三和会 奈良県立郡山高等学校 午前十一時 午後三時半
郡山高校育友会 野澤勝太郎の係
〔典拠〕「大和タイムス」（10・22）

『三和会公演控』

◎十月二十八日・二十九日 因会 人形浄瑠璃女義太夫合同公演 四ツ橋文楽座
芸術院会員吉田文五郎特別出演
女義太夫に人形参加
昼の部 午前十一時開演
由良湊千軒長者
山の段
安寿姫 吉田玉五郎
対王丸 吉田光次

義経千本桜
釣瓶寿し屋の段
親弥左衛門 吉田兵次
弥助 実は 三位中将維盛 吉田玉男
弥左衛門女房 吉田常次
娘お里 吉田栄三
いがみの権太 吉田玉助
梶原景時 吉田淳造
若葉の内侍 吉田文雀
六代君 吉田玉之助
倅善太 吉田玉幸
女房小せん 吉田文昇

傾城阿波の鳴戸
十郎兵衛住家の段
女房お弓（前） 吉田文五郎
女房お弓（後） 吉田玉五郎

夜の部 午後四時半開演
菅原伝授手習鑑
車曳の段
松王丸 吉田玉助

阿波の十郎兵衛 吉田玉市
娘おつる 吉田文昇
捕手 吉田玉米

箱根霊験躄仇討
阿弥陀寺の段
滝口上郎 吉田玉市
飯沼勝五郎 吉田玉男
女房初花 桐竹亀松
非人あんこうの次郎 吉田兵次
非人生子の八 吉田淳造
非人月の輪の熊 実は 奴筆助 吉田玉助
刎川久馬 吉田玉昇
母早蕨 吉田常次

関取千両幟
猪名川内の段
猪名川 吉田玉男
おとわ 桐竹亀松
鉄ヶ嶽 吉田兵次
大阪屋 吉田小玉
呼遣い 吉田玉米

梅王丸 吉田玉男
桜丸 吉田栄三
時平公 吉田淳造

杉王丸　吉田玉昇
仕丁　吉田玉丸

伽羅先代萩
　御殿の段
　政岡忠義の段
乳母政岡　桐竹亀松
鶴喜代君　吉田玉幸
一子千松　吉田小玉
栄御前　吉田玉五郎
妻八汐　吉田玉市
妻沖の井　吉田光次
女医小牧　吉田文雀

梅ヶ枝の手水鉢
　神崎揚屋の段
梶原源太　吉田玉男
傾城梅ヶ枝　吉田栄三

亭主　吉田兵次
母延寿　吉田常次

傾城阿波の鳴戸
　十郎兵衛住家の段
女房お弓（前）　吉田文五郎
女房お弓（後）　吉田玉五郎
阿波の十郎兵衛　吉田玉市
娘おつる　吉田文昇
捕手　吉田玉米

壺坂観音霊験記
　沢市内の段
　壺坂寺の段
座頭沢市　吉田玉助
女房お里　吉田玉五郎
観世音　吉田玉之助

〔典拠〕プログラム

◎十月二十九日　因会　第六回邦楽名人大会　名古屋御園座

昼の部　午前十一時
恋飛脚大和往来
　梅川忠兵衛　新口村の段
　竹本綱大夫
　竹澤弥七

夜の部　午後四時半
新版歌祭文
　お染久松　野崎村の段
　竹本綱大夫
　竹澤弥七
ツレ　野澤錦糸

〔典拠〕プログラム

◇十月三十日　因会　京都市文化観光祭　京都祇園歌舞練場　午後六時開演

豊竹山城少掾等が出演

〔典拠〕「毎日新聞（大阪）」（10・17）

30・10・31　因会・三和会　大手前会館　大阪　［BC］

重要無形文化財指定記念　芸術祭文楽合同公演
十月三十一日　府立大手前会館
主催文部省・文化財保護委員会　大阪府・大阪府教育委員会　大阪市・大阪市教育委員会

第一部　正午より午後三時半まで

天網島時雨炬燵　（因会）

ちよんがれの段
　竹本静大夫
　野澤吉三郎

紙屋内の段
前　豊竹松大夫
　　鶴澤清六
後　竹本伊達大夫
　　野澤八造

紙屋治兵衛　吉田玉男
女房おさん　吉田栄三
粉屋孫右衛門　吉田兵次
伝海坊　吉田文雀
江戸屋太兵衛　吉田光次
小春の親方　吉田淳造
おさんの母　吉田常次
舅五左衛門　吉田玉市
紀国屋小春　吉田玉五郎
丁稚三五郎　吉田玉昇
五貫屋善六　吉田文昇
倅勘太郎　吉田玉幸
娘おすゑ　吉田玉之助

菅原伝授手習鑑　（三和会）

寺子屋の段
—

切　豊竹若大夫
　　鶴澤綱造
後　豊竹つばめ大夫
　　野澤喜左衛門

菅秀才　桐竹勘之助
小太郎　桐竹紋七
戸浪　吉田国秀
武部源蔵　桐竹紋之助
春藤玄蕃　吉田作十郎
松王丸　吉田辰五郎
女房千代　桐竹紋十郎
御台所　桐竹紋市
よだれくり　桐竹紋四郎
手習子、百姓、捕巻　大勢い

寿式三番叟　（因会）

千歳　竹本相生大夫
翁　豊竹山城少掾
三番叟　竹本雛大夫
三番叟　竹本南部大夫
　　鶴澤藤蔵
　　野澤松之輔
　　豊澤豊助
　　鶴澤清友
　　野澤錦糸
　　鶴澤清八

千歳　吉田玉市
翁　吉田文五郎
三番叟　吉田玉助
三番叟　吉田栄三

第二部　午後四時より午後七時まで

恋娘昔八丈　（三和会）

城木屋の段

前　竹本源大夫
　　鶴澤叶太郎
切　竹本住大夫
　　野澤勝太郎

丁稚　桐竹紋弥
番頭丈八　桐竹勘十郎
髪結才三 実は 尾花才三郎　桐竹紋二郎
娘おこま　桐竹紋十郎
親庄兵衛　吉田辰五郎
下女　桐竹紋寿

—佃屋喜蔵　吉田作十郎

一谷嫩軍記　（因会）

熊谷陣屋の段

前　竹本津大夫
　　鶴澤寛治郎
切　竹本綱大夫
　　竹澤弥七

妻相模　桐竹亀松
熊谷直実　吉田玉助
堤軍次　吉田小玉
藤の方　吉田玉五郎
源義経　吉田玉男
梶原景高　吉田淳造
石屋弥陀六　吉田玉市

義経千本桜　（三和会）

道行初音の旅路

静御前
忠信
　　豊竹呂大夫
　　豊竹古住大夫
　　豊竹松島大夫
　　豊竹小松大夫
　　竹本常子大夫
　　鶴澤燕三
　　野澤勝太郎
　　豊澤仙二郎
　　竹澤団作
　　野澤勝平
　　野澤八助
　　鶴澤友若
　　豊澤猿二郎

狐　桐竹紋十郎
静御前　桐竹紋之助
狐忠信　桐竹勘十郎

○合同公演　狂言は両派別々ながら芸術祭に人形入りは初めて（『文楽因会三和会興行記録』）

30・11・04　因会・三和会　日本橋　三越劇場　東京［ＢＣＤ］

文化財保護委員会重要無形文化財指定記念　昭和三十年度文部省芸術祭
文楽合同公演　三越劇場
主催文部省芸術祭執行委員会　文化財保護委員会　財団法人演劇研究会

第一部　十一月四日午前十一時半開演　十一月五日午後四時開演

本朝廿四孝（因会）

十種香の段
狐火の段

竹本伊達大夫
鶴澤清六
ツレ　鶴澤清友
琴　鶴澤寛弘

八重垣姫　吉田栄三
武田勝頼　吉田光次
腰元濡衣　吉田文雀
謙信　吉田兵次
白須賀六郎　吉田淳造
原小文治　吉田常次

摂州合邦辻（三和会）

合邦住家の段

前　豊竹つばめ大夫
　　野澤喜左衛門
後　豊竹若大夫
　　鶴澤綱造

親合邦　吉田辰五郎
女房　吉田国秀
玉手御前　桐竹紋十郎
奴入平　桐竹紋二郎
浅香姫　桐竹紋之助
俊徳丸　吉田作十郎

鎌倉三代記（因会）

三浦之助別れの段
佐々木物語りの段

前　豊竹松大夫
　　鶴澤清六
後　竹本津大夫
　　鶴澤寛治郎

三浦之助　吉田玉男
時姫　吉田玉五郎
母　吉田兵次
佐々木高綱　桐竹亀松
富田六郎　吉田玉昇
おくる　吉田常次
讃岐の局　吉田文雀
阿波の局　吉田文昇

第二部　十一月四日午後四時開演　十一月五日午前十一時半開演

嫗山姥（三和会）

廓噺の段

八重桐　豊竹呂大夫
源七　豊竹古住大夫
大田太郎　豊竹松島大夫
腰元　豊竹小松大夫
鶴澤燕三
野澤勝平
ツレ　野澤喜左衛門

沢瀉姫　桐竹紋弥
局　桐竹紋之丞
腰元更科　桐竹紋寿
歌文　桐竹紋市
傾城八重桐　桐竹勘十郎
大田太郎　桐竹紋七
四天　桐竹紋十郎
四天　吉田辰五郎
四天　桐竹紋之助
四天　吉田作十郎
※1源七　吉田作十郎

一谷嫩軍記（因会）

熊谷陣屋の段

前　豊竹山城少掾
　　鶴澤藤蔵
後　竹本綱大夫
　　竹澤弥七

相模（前）　吉田文五郎
相模（後）　吉田栄三
熊谷次郎直実　吉田玉助
堤軍次　吉田小玉
藤の方　吉田玉五郎
源義経　吉田玉男
梶原平次景高　吉田淳造
石屋弥陀六　吉田玉市

桜鍔恨鮫鞘 （三和会）

鰻谷の段

前　竹本源大夫
　　鶴澤叶太郎
後　竹本住大夫
　　野澤勝太郎

女房おつま	桐竹紋之助
娘お半	桐竹紋二郎
古手屋八郎兵衛	桐竹紋十郎
母	吉田国秀
香具屋弥兵衛	桐竹勘十郎
仲使銀八	吉田辰五郎
捕巻	大勢

料金　A席五百円　B席三百円　C席二百円

※1　B（吉田文雀氏蔵）に手書きで追加

○因会三和会　別狂言

30・11・06　因会・三和会　新橋演舞場　東京　[BC]

文楽合同公演　新橋演舞場

第一部　十一月六日午後七時開演

絵本太功記 （三和会）

尼ヶ崎の段

前　竹本源大夫
　　鶴澤叶太郎
後　豊竹若大夫
　　鶴澤綱造

武智重次郎	桐竹勘十郎
嫁初菊	桐竹紋之助
妻操	桐竹紋十郎
母皐月	吉田国秀
旅僧 実は 真柴久吉	吉田作十郎
武智光秀	吉田辰五郎
加藤正清	桐竹紋弥

軍兵	大ぜい

伊賀越道中双六 （因会）

沼津里の段より千本松原の段

前　竹本綱大夫
　　竹澤弥七
後　豊竹山城少掾
　　鶴澤藤蔵

呉服屋重兵衛	吉田栄三
親平作	吉田玉市
荷持安兵衛	吉田兵次
娘お米（前）	吉田玉五郎
娘お米（後）	吉田文五郎
池添孫八	桐竹亀松

鏡獅子 （三和会）

豊竹つばめ大夫
豊竹古住大夫
豊竹呂大夫
豊竹若子大夫
豊竹小松大夫
野澤勝太郎
鶴澤燕三
豊澤仙二郎
野澤勝平
鶴澤叶太郎

腰元弥生 後に 獅子の精	桐竹紋十郎
胡蝶	桐竹紋之助
胡蝶	桐竹紋二郎

第二部　十一月七日午後七時開演

恋女房染分手綱 （因会）

重の井子別れの段

豊竹松大夫
鶴澤清六

調姫	吉田玉幸
重の井	桐竹亀松
三吉	吉田文昇
本田弥惣左衛門	吉田玉助
腰元お福	吉田玉昇

宰領	吉田淳造
宰領	吉田常次

近頃河原の達引　（三和会）

堀川猿廻の段

前		豊竹つばめ大夫
		野澤喜左衛門
	ツレ	豊澤猿二郎
後		竹本住大夫
		野澤勝太郎
	ツレ	野澤勝平

弟子おつる	桐竹紋四郎
与次郎母	吉田国秀
兄与次郎	吉田辰五郎
お俊	桐竹紋十郎
井筒屋伝兵衛	桐竹紋二郎

仮名手本忠臣蔵　（因会）

一力茶屋の段

大星由良助	豊竹山城少掾
大星力弥	竹本織部大夫
間重太郎	竹本雛大夫
竹森喜太八	竹本織の大夫
千崎弥五郎	豊竹十九大夫
おかる	竹本伊達大夫
亭主	豊竹弘大夫
仲居	竹本伊達路大夫
伴内	豊竹松大夫
九太夫	竹本綱大夫
平右衛門	竹本津大夫
	鶴澤藤蔵
	鶴澤寛治郎

大星由良助	吉田玉助
大星力弥	吉田玉幸
間重太郎	吉田栄三
竹森喜多八	吉田光次
千崎弥五郎	吉田兵次
おかる（前）	吉田文五郎
おかる（後）	桐竹亀松
亭主	吉田玉之助
仲居	吉田玉米
伴内	吉田玉五郎
九太夫	吉田玉市
平右衛門	吉田玉男

料金　一等席五百円　二等席三百円　三等席百円

○仮名手本忠臣蔵　一力茶屋の段　おかるの出から鶴澤寛治郎

○両派別狂言

◇十一月七日　仮名手本忠臣蔵　一力茶屋の段　テレビ放送　ＮＨＫ　午後九時二十五分（「毎日新聞（大阪）」、「読売新聞（大阪）」11・07）

30・11・08　三和会

○巡業

○十一月八日　東京都豊島公民館

○十一月九日　青山学院

〔典拠〕『三和会公演控』、『文楽因会三和会興行記録』

30・11・10　因会　四ツ橋　文楽座　大阪　［ＡＢＣ］

文楽座人形浄瑠璃十一月訣別興行　大阪文楽会第二十五回公演

大阪府民劇場・重要無形文化財指定　芸術祭・文化祭参加

昭和三十年十一月十日初日　二十四日まで

昼の部午前十一時開演　夜の部午後四時三十分開演

十八日より昼夜の狂言入替

昼の部　十一時開演

西亭作曲・指揮

平和祭を祝して　文楽絃奏曲　**秋**

鶴澤藤蔵	鶴沢藤之助
野澤八造	竹澤弥七
鶴澤清友	野澤吉三郎
豊澤新三郎	野澤錦糸
鶴澤清好	鶴澤寛弘
鶴沢藤二郎	竹沢団二郎

鶴沢清治
豊澤猿糸

源平布引滝

百姓九郎助住家
中　竹本静大夫
　　鶴澤清友

瀬尾十郎詮議の段
　　竹本雛大夫
三味線　鶴澤清八

実盛物語の段
前　竹本相生大夫
　　野澤松之輔

綿繰馬の段
後　竹本津大夫
三味線　鶴澤寛治郎

心中天網島
紙屋治兵衛
紀の国屋小春

北新地河庄の段
切　竹本綱大夫
　　竹澤弥七

紙屋内の段
前　豊竹松大夫

野澤松之輔

斉藤実盛　吉田玉助
百姓九郎助　吉田兵次
九郎助女房　吉田常次
娘小万　吉田玉五郎
倅太郎吉　吉田文昇
葵御前　吉田文雀
仁惣太　吉田淳造
瀬尾十郎　吉田玉男
村人　大ぜい

北新地河庄の段
紙屋治兵衛　吉田栄三
紀の国屋小春　吉田文五郎
河庄亭主　吉田兵次
江戸屋太兵衛　吉田淳造
五貫屋善六　吉田常次
粉屋孫右衛門　吉田玉市
見物人　大ぜい

紙屋内の段
紙屋治兵衛　吉田栄三

後　竹本伊達大夫
三味線　鶴澤清六
　　野澤八造

女房おさん　桐竹亀松
丁稚三五郎　吉田小玉
舅五左衛門　吉田玉市
娘お末　吉田玉之助
倅勘太郎　吉田玉幸
紀の国屋小春　吉田玉五郎
江戸屋太兵衛　吉田淳造
五貫屋善六　吉田常次

盲杖桜雪社

三人座頭の段
福の市　竹本和佐大夫
徳の市　竹本長子大夫
玉の市　竹本南部大夫
竹本織部大夫
竹本織の大夫
野澤吉三郎
野澤錦糸
豊澤新三郎
鶴沢藤之助
野澤喜八郎

福の市　吉田玉五郎
徳の市　吉田光次
玉の市　吉田玉昇

夜の部　四時半開演

冥途の飛脚
梅川
忠兵衛

羽織落しの段より新口村の段まで

羽織落しの段
竹本南部大夫
豊澤猿糸

新町封印切の段
亀屋忠兵衛　竹本相生大夫
傾城梅川　竹本雛大夫
越後屋花車　竹本織部大夫

亀屋忠兵衛　桐竹亀松
傾城梅川　吉田玉五郎
丹波屋八右衛門　吉田玉男
花車　吉田淳造
千代戸瀬　吉田文昇
鳴戸瀬　吉田玉之助
越後屋主人　吉田兵次

女郎　豊竹弘大夫
太鼓持五兵衛　豊竹十九大夫
丹波屋八右衛門　竹本津大夫
三味線　鶴澤清八

新口村の段

竹本伊達大夫
三味線　鶴澤清六

越後屋女房　吉田常次
たいこ持五兵衛　吉田万次郎
仲居　大ぜい

新口村の段

亀屋忠兵衛　桐竹亀松
傾城梅川　吉田玉五郎
忠三女房　吉田玉昇
鶴掛藤次兵衛　吉田万次郎
針立道庵　吉田兵次
樋の口水右衛門　吉田文雀
置頭巾　吉田淳造
伝ヶ婆　吉田常次
八右衛門　吉田玉之助
親孫右衛門　吉田玉市
捕手小頭　吉田玉幸

太平記忠臣講釈

喜内住家の段

中　竹本長子大夫
豊澤豊助
切　豊竹山城少掾
鶴澤藤蔵

父喜内　吉田玉助
矢間重太郎　吉田栄三
女房おりえ　吉田文五郎
重太郎の母　吉田玉市
傾城浮橋　吉田玉五郎
奴関内　吉田玉昇
倅太郎市※1　吉田小玉

竹田出雲二百年祭記念

仮名手本忠臣蔵

祇園一力茶屋の段

由良之助　竹本綱大夫

大星由良之助　吉田玉助

力弥　竹本綱子大夫
重太郎　竹本織の大夫
弥五郎　豊竹弘大夫
喜太八　竹本津の子大夫
仲居　豊竹十九大夫
おかる　豊竹松大夫
仲居　竹本相次大夫
仲居　竹本相子大夫
亭主　竹本伊達路大夫
伴内　竹本和佐大夫
九太夫　竹本静大夫
平右衛門　竹本津大夫
前　三味線　鶴澤寛治郎
後　三味線　鶴澤清六

斧九太夫　吉田兵次
鷺坂伴内　吉田玉男
遊女おかる　吉田栄三
大星力弥　吉田光次
矢間重太郎　吉田淳造
千崎弥五郎　吉田文昇
竹森喜太八　吉田常次
一力亭主　吉田玉昇
仲居　吉田玉之助
仲居　吉田玉幸
寺岡平右衛門　桐竹亀松
仲居　大ぜい

＊　＊　＊

〔三味線〕　豊澤広助

〔人形〕　桐竹紋太郎
吉田玉米

＊　＊　＊

紋下　豊竹山城少掾
三味線紋下　鶴澤清八
人形座頭　吉田玉助
頭取　吉田玉市
はやし　中村新三郎
衣裳　森田

人形細工人　由良亀
床山　佐藤為治郎
座主　松竹株式会社

千秋万歳楽大入叶吉祥日

一部御観劇料　一等席三百五十円　二等席二百円　三等席百三十円
学生券（一等指定席）百五十円
初日に限り一部料金にて昼夜通し御覧に入れます

※1　A倅太市

○秋　文楽座では初の器楽曲　西亭作曲
◇四ツ橋文楽座はこの興行が最後となり取りこわしとなる（『松竹百年史』）
◇十一月二十日　午前十時から「四ツ橋文楽座の客席で、閉場を迎え、お別れ式　大谷会長、文楽座関係者出席」（『昭和の南座』資料編（中）、『文楽因会三和会興行記録』）
◇十一月十三日　仮名手本忠臣蔵　祇園一力茶屋の段　ラジオ放送　新日本　午後二時（「朝日新聞（大阪）」、「毎日新聞（大阪）」、「読売新聞（大阪）」11・13）
◇十一月二十日　源平布引滝　実盛物語の段　綿繰馬　ラジオ放送　NHK第一　午後三時五分（「朝日新聞（大阪）」、「毎日新聞（大阪）」、「読売新聞（大阪）」11・20）

◎十一月十二日　三和会　甲南大学伝統演劇研究会　大阪高麗橋三越劇場

瓜子姫とあまんじゃく

豊竹　つばめ大夫
野澤　喜左衛門
野澤　勝太郎
野澤　勝平

あまんじゃく　桐竹紋十郎
瓜子姫　桐竹紋之助
権六　吉田作十郎
山人　桐竹勘十郎
ぢっさ　吉田辰五郎
ばっさ　吉田国秀

東は東

「東は東」は、狂言形式による上演

〔典拠〕『三和会公演控』、『文楽因会三和会興行記録』

30・11・13　三和会　高麗橋　三越劇場　大阪　［BCD］

大阪府芸術祭参加・大阪市民文化祭参加　重要無形文化財

文楽三和会第十九回郷土公演
昭和三十年十一月十三日より十七日　毎日正午開演

新曲　**紅葉狩《もみじがり》**

戸隠山の段

更科姫　豊竹古住大夫
平維茂　豊竹小松大夫
山神 腰元　豊竹松島大夫
腰元　竹本常子大夫
鶴澤友若
竹澤団作
野澤八助
琴　野澤勝平
豊澤猿二郎

平維茂　桐竹勘十郎
更科姫 実は 悪鬼　桐竹紋十郎
腰元更科　桐竹小紋
腰元桔梗　桐竹勘之助
山神　桐竹紋之助

恋飛脚《こいびきゃく》大和往来《やまとおうらい》

新口村の段

前　豊竹呂大夫
　　鶴澤燕三
後　豊竹つばめ大夫
三味線　野澤喜左衛門

亀屋忠兵衛　桐竹紋二郎
梅川　桐竹紋之助
忠三ノ女房　吉田作十郎
樋ノ口水右衛門　桐竹小紋
伝ヶ婆　桐竹紋寿
絃掛ノ藤次兵衛　桐竹紋若
置頭巾　桐竹紋市
針立ノ道庵　吉田国秀
親孫右衛門　吉田辰五郎
捕手ノ小頭　桐竹紋弥
捕手　大ぜい

日吉丸《ひよしまる》稚桜《おさなざくら》

小牧山城中の段

切　竹本住大夫
　　野澤勝太郎

天網島《てんのあみじま》時雨《しぐれの》炬燵《こたつ》

紙治内の段

切　豊竹若大夫
三味線　鶴澤綱造

壇《だんの》浦《うら》兜《かぶと》軍《ぐん》記《き》

阿古屋琴責めの段

阿古屋　竹本源大夫
重忠　豊竹古住大夫
岩永　豊竹松島大夫
榛沢　豊竹小松大夫
　　鶴澤叶太郎
ツレ　豊澤仙二郎
三曲　野澤勝平

*

堀尾茂助義晴　吉田作十郎
女房お政　桐竹紋之助
五郎助 実は 加藤忠左衛門清忠　吉田辰五郎
女房　吉田国秀
一子竹松　桐竹紋七
木下藤吉郎　桐竹勘十郎
永井早太　桐竹紋四郎

*

紙屋治兵衛　桐竹紋十郎
女房おさん　桐竹勘十郎
丁稚三五郎　桐竹紋寿
舅五左衛門　桐竹紋市
紀ノ国屋小春　桐竹紋二郎
一子勘太郎　桐竹紋若
娘お末　桐竹勘之助
江戸屋太兵衛　桐竹紋之丞
五貫屋善六　桐竹紋弥

*

秩父庄司重忠　吉田辰五郎
岩永左衛門宗連　吉田作十郎
榛沢六郎成清　桐竹紋四郎
阿古屋　桐竹紋十郎
水奴　桐竹紋之丞
水奴　桐竹紋市

鳴物　芳村喜代次
人形細工師　藤本由良亀
舞台装置　服部和夫
舞台装置　鈴木幸次郎
舞台装置　山森定次郎
背景製作　数宝光之助
床山　背戸百太郎
小道具　畑天海

入場料（指定席）一等三百五十円　二等二百円　学生一等百五十円　二等百円

◎恋飛脚大和往来　新口村の段　前　豊竹呂大夫病気休演のため豊竹古住大夫代役（「読売新聞（大阪）」11・19）

◇不入（『三和会公演控』）

○十一月二十日　三和会　兵庫県洲本鐘紡工場公演

〔典拠〕『三和会公演控』、『文楽因会三和会興行記録』

◎十一月二十五日　因会　銀座交詢社ホール［CD］

文楽の夕
十一月二十五日午後五時半　銀座交詢社ホール

解説　三宅周太郎
映画
文化財保護委員会提供
生きてる人形三巻
文楽
人形遣いの妙技三巻

嬢景清八島日記
花菱屋の段
竹本織の大夫
鶴澤藤蔵

恋娘昔八丈
「鈴ケ森」お駒さわり
解説　吉田玉五郎
竹本織部大夫
鶴澤清友
― お駒　吉田文五郎

30・11・26　因会

新橋演舞場　東京　①　［BC］

大阪文楽座人形浄瑠璃総引越短期興行
芸術院会員豊竹山城少掾　芸術院会員吉田文五郎　他全員総出演
十一月二十六日より十二月三日
主催東京文楽会

お目見得狂言　十一月二十六日より二十九日

昼の部　十一時開演

姉は宮城野
妹はおのふ　碁太平記白石噺

浅草雷門の段
手品師豆蔵 実は どじょう　竹本静大夫
大黒屋宗六　竹本長子大夫
娘おのぶ　竹本南部大夫
茶店の亭主　豊竹弘大夫
見物人　竹本相次大夫
勘九郎　竹本雛大夫
三味線　豊澤広助
―
どじょう　吉田光次
娘おのぶ　吉田文昇
茶店亭主　吉田常次
悪者勘九郎　吉田玉男
大黒屋宗六　吉田玉市
傾城宮城野　桐竹亀松
女郎宮柴　吉田常次
女郎宮里　吉田小玉
やり手　吉田玉之助

吉原揚屋の段

豊竹松大夫
三味線　鶴澤清六
― 見物人　大ぜい

奥州安達原

袖萩祭文の段
竹本伊達大夫
野澤八造
―
娘袖萩　吉田栄三
謙仗直方　吉田淳造
母浜夕　吉田兵次
安部貞任　吉田玉助
安部宗任　吉田玉男
八幡太郎　吉田光次
娘おきみ　吉田玉幸
仕丁　大ぜい

安部貞任物語の段
竹本津大夫
三味線　鶴澤寛治郎

天網島時雨炬燵

紙屋内の段
切　竹本綱大夫
竹澤弥七
―
紙屋治兵衛　吉田栄三
女房おさん　吉田文五郎
紀の国屋小春　吉田玉五郎
舅五左衛門　吉田兵次
丁稚三五郎　吉田小玉
倅勘太郎　吉田玉幸
娘お末　吉田玉丸
江戸屋太兵衛　吉田常次
五貫屋善六　吉田玉昇

西亭作詞作曲　藤間良輔振付
新曲　面売
面売娘　竹本相生大夫
おしゃべり案山子　竹本和佐大夫
ツ　竹本織部大夫
―
面売娘　吉田玉五郎
おしゃべり案山子　吉田文雀

竹本織の大夫
レ　竹本相子大夫
野澤吉三郎
鶴澤清友
豊澤新三郎
竹澤団二郎
豊澤豊助

夜の部　四時半開演

桂川連理柵　六角堂の段より道行桂川の段まで

六角堂の段
竹本雛大夫
三味線　鶴澤清八

帯屋の段
前　竹本相生大夫
野澤松之輔
後　竹本津大夫
三味線　鶴澤寛治郎

道行桂川の段
おはん　竹本南部大夫
長右衛門　竹本織の大夫
豊竹弘大夫
竹本津の子大夫
竹本相子大夫
豊澤猿糸
野澤錦糸
鶴澤寛弘
竹澤団二郎
鶴澤藤二郎
野澤喜八郎

弟儀平　吉田玉助
女房おきぬ　吉田玉五郎
丁稚長吉　吉田玉昇
兄長右衛門　吉田玉男
親半斉　吉田淳造
娘おはん　桐竹亀松
母おとせ　吉田兵次

鵜山古跡松

中将姫雪責の段
竹本伊達大夫
三味線　鶴澤清六
胡弓　鶴澤清好

中将姫　吉田玉五郎
岩根御前　吉田玉男
腰元桐ヶ谷　吉田光次
大弐広嗣　吉田淳造
腰元浮舟　吉田文雀
豊成公　吉田玉市
下部　吉田玉之助
下部　大ぜい

艶容女舞衣

酒屋の段
切　豊竹山城少掾
鶴澤藤蔵
琴　鶴澤寛弘

親宗岸　吉田玉助
嫁おその　吉田文五郎
茜屋半兵衛　吉田兵次
半兵衛女房　吉田淳造
娘おつう　吉田玉幸
美濃屋三勝　吉田文昇
茜屋半七　吉田玉昇

夕霧伊左衛門　曲輪𨏍

吉田屋の段
夕ぎり　豊竹松大夫
伊左衛門　竹本綱大夫
喜左衛門　竹本静大夫
おきさ　竹本織部大夫
若い者　竹本伊達路大夫
若い者　豊竹弘大夫
三味線　鶴澤清六
ツ　鶴澤清友

藤屋伊左衛門　桐竹亀松
扇屋夕霧　吉田栄三
喜左衛門　吉田兵次
女房おきさ　吉田常次
若い者　吉田万次郎
若い者　吉田玉之助
幇間、末社、やり手、禿　大ぜい

レ　鶴澤清好一

◇十一月二十八日　午後一時　ヴイデオホール　近松講座
講演　高野正巳、宇野信夫、河竹繁俊　素浄瑠璃「紙治」の実演（「東京新聞」11・26）

新橋演舞場　東京②［BC］

お名残り狂言　十一月三十日より十二月三日

昼の部　十一時開演

西亭作曲指揮
文楽絃奏曲　**秋**

鶴澤藤蔵
野澤八造
豊澤猿糸
鶴澤清友
鶴澤寛弘
鶴澤藤二郎
鶴澤藤之助

竹澤弥七
野澤吉三郎
野澤錦糸
豊澤新三郎
鶴澤清好
竹澤団二郎
野澤松之輔

近江源氏先陣館

小四郎恩愛の段
竹本相生大夫
野澤松之輔

盛綱首実検の段
竹本津大夫
三味線　鶴澤寛治郎

佐々木盛綱　吉田玉助
妻篝火　吉田玉五郎
盛綱妻早瀬　吉田文雀
北条時政　吉田兵次
和田兵衛　吉田玉男
母微妙　吉田玉市
注進　吉田淳造
二度の注進　吉田玉昇
古郡新左衛門　吉田万次郎
竹下孫八　吉田常次
一子小三郎　吉田玉之助
一子小四郎　吉田小玉
榛谷十郎　吉田玉米
軍兵　大ぜい

傾城阿波の鳴戸

順礼歌の段
豊竹松大夫
三味線　鶴澤清六

女房お弓　吉田栄三
娘おつる　吉田玉昇

お俊伝兵衛　近頃河原の達引

堀川猿廻しの段
切　竹本綱大夫
竹澤弥七
ツレ　野澤錦糸

兄与次郎　吉田玉市
娘お俊　吉田文五郎
井筒屋伝兵衛　吉田玉男
稽古娘おつる　吉田文昇
与次郎の母　吉田淳造

妹背山婦女庭訓

道行恋の小田巻
おみわ　竹本伊達大夫
橘姫　竹本和佐大夫
求女　竹本長子大夫
豊竹弘大夫
竹本伊達路大夫
三味線　豊澤広助
野澤吉三郎
鶴澤清友
豊澤新三郎

娘お三輪　桐竹亀松
橘姫　吉田文雀
求女　吉田光次

鶴澤清好
豊澤豊助

夜の部　四時半開演

伊達娘恋緋鹿子

火見櫓の段

娘お七
竹本南部大夫
竹本織部大夫
竹本津の子大夫
竹本相子大夫
豊澤猿糸
竹澤団二郎
鶴澤藤二郎
鶴澤藤之助
野澤喜八郎

八百屋お七　吉田玉五郎

恋女房染分手綱

重の井子別の段

竹本伊達大夫
三味線　鶴澤清六

乳人重の井　桐竹亀松
馬方三吉　吉田文昇
本田弥惣左衛門　吉田兵次
調姫　吉田玉幸
腰元おふく　吉田光次
宰領　吉田万次郎
宰領　吉田常次

菅原伝授手習鑑　寺子屋の段

松王首実検の段

竹本津大夫
三味線　鶴澤寛治郎

武部源蔵　吉田玉市
女房戸浪　吉田玉五郎
舎人松王丸　吉田玉助

いろは送りの段

竹本綱大夫
竹澤弥七

女房千代　吉田栄三
春藤玄蕃　吉田兵次
菅秀才　吉田玉幸
小太郎　吉田玉之助
涎くり　吉田小玉
手習子、百姓　大ぜい

絵本太功記

尼ヶ崎の段

豊竹松大夫
三味線　鶴澤清六
切　豊竹山城少掾
鶴澤藤蔵

武智光秀　吉田玉助
妻操　吉田文五郎
武智十次郎　桐竹亀松
嫁初菊　吉田文雀
真柴久吉　吉田玉男
母皐月　吉田兵次
軍兵　大ぜい

増補大江山

戻り橋の段

渡辺源吾綱　竹本相生大夫
扇折若菜 実は 鬼女　竹本雛大夫
郎党右源太　竹本静大夫
郎党左源太　竹本織の大夫
三味線　鶴澤清八
野澤八造
豊澤新三郎
鶴澤寛弘

若菜 実は 鬼女　吉田栄三
渡辺綱　吉田玉男
郎党右源太　吉田淳造
郎党左源太　吉田玉昇

＊　＊　＊

はやし　中村新三郎
頭取　吉田玉市
衣裳　八田
人形細工人　由良亀

床山　佐藤為次郎＝

◇十二月三日　鶴澤清六休演　鶴澤清友代役（『昭和の名人　豊竹山城少掾』）

◇十一月三十日　三和会　東京日本橋三越劇場　午後二時　午後四時開演
花友会主催　三和会協賛
瓜子姫とあまんじゃく
アマンジャク　桐竹紋十郎　瓜子姫　桐竹紋之助

〔典拠〕『文楽因会三和会興行記録』、『三和会公演控』「東京新聞」（11・28／12・01）

30・12・01　三和会

日本橋　三越劇場　東京　①　［ＢＣＤ］

重要無形文化財国家指定記念　文部省第十回芸術祭参加
文楽人形浄瑠璃芝居　文楽三和会第十三回東京公演
昭和三十年十二月一日より十七日　毎日十二時半開演一回興行（月曜日休演）

第一回番組　十二月一日より八日まで

日高川入相花王

清姫狂乱の段

清姫　豊竹古住大夫
船頭　豊竹小松大夫
ツレ　竹本常子大夫
鶴澤燕三

清姫　桐竹紋十郎
船頭　桐竹勘十郎

豊澤仙二郎
竹澤団作
野澤八助
鶴澤友若
豊澤猿二郎

恋飛脚大和往来

新口村の段

豊竹つばめ大夫
野澤喜左衛門

忠兵衛　桐竹紋二郎
梅川　桐竹紋之助
忠三女房　吉田作十郎
水右衛門　桐竹小紋
伝ヶ婆　桐竹紋七
藤次兵衛　桐竹紋四郎
置頭巾　桐竹紋之丞
道庵　桐竹紋市
孫右衛門　吉田辰五郎
捕手小頭　一日替り（桐竹紋寿／桐竹紋弥）
捕手　大ぜい

日吉丸稚桜

小牧山城中の段

切　竹本住大夫
野澤勝太郎

堀尾茂助　吉田作十郎
お政　桐竹紋之助
母親　吉田国秀
五郎助実は加藤忠左衛門　吉田辰五郎
竹松　一日替り（桐竹紋七／桐竹紋四郎）
久吉　桐竹勘十郎
永井早太　桐竹紋市

天網島時雨炬燵

紙治内の段

切　豊竹若大夫　鶴澤綱造

治兵衛　桐竹紋十郎
おさん　桐竹勘十郎
三五郎　（一日替り）桐竹紋寿／桐竹紋弥
五左衛門　吉田辰五郎
勘太郎　桐竹紋若
小春　桐竹紋二郎
お末　桐竹勘之助
太兵衛　桐竹紋之丞
善六　桐竹紋市

壇浦兜軍記

阿古屋琴責の段

阿古屋　竹本源大夫
重忠　豊竹古住大夫
岩永　豊竹松島大夫
榛沢　豊竹若子大夫
鶴澤叶太郎
ツレ　野澤勝平
三曲　野澤勝太郎

重忠　吉田国秀
岩永　吉田作十郎
榛沢　（一日替り）桐竹紋七／桐竹紋四郎
阿古屋　桐竹紋十郎
水奴　大ぜい

＊　＊　＊

はやし　阪東弥三郎
はやし　芳村喜代次
人形細工師　藤本由良亀
舞台製作　長谷川音次郎
舞台装置　服部和男
舞台装置　鈴木幸次郎
舞台装置　山森定次郎
小道具　畑天海
床山　背戸百太郎

入場券（全階指定席）A席三百円　B席二百五十円

〇三和会はこの公演から東京でも太夫名は大夫の字になっている
◇豊竹つばめ大夫門弟　豊竹貴代大夫出座（『三和会公演控』、『文楽因会三和会興行記録』）

◎十二月一日より十七日　学生の文楽教室　［BC］

学生の文楽教室
主催読売新聞社　後援文化財保護委員会　東京都教育委員会
昭和三十年十二月一日より十七日　午前十時三十分より十二時

菅原伝授手習鑑

寺子屋の段

1 3 6 8 11 14 16日

菅秀才　桐竹紋若
戸浪　桐竹紋弥
小太郎　桐竹紋之助
武部源蔵　吉田作十郎
春藤玄蕃　桐竹小紋
松王丸　桐竹紋七
女房千代　桐竹紋二郎
御台所　桐竹勘之助
手習子、百姓、捕方　大勢

2 4 7 10 13 15 17日

菅秀才　桐竹紋若
戸浪　桐竹紋寿
小太郎　桐竹勘十郎
武部源蔵　吉田作十郎
春藤玄蕃　桐竹小紋
松王丸　桐竹紋四郎
女房千代　桐竹紋二郎
御台所　桐竹勘之助
手習子、百姓、捕方　大勢

新曲　面売り

面売娘　桐竹紋十郎

太夫三味線は毎日交替で出演
竹本源大夫　豊竹つばめ大夫　豊竹松島大夫
鶴澤叶太郎　野澤勝太郎　鶴澤燕三

豊竹古住大夫
豊竹小松大夫
竹本常子大夫

豊澤仙二郎
竹澤団作
野澤勝平
野澤八助
鶴澤友若
豊澤猿二郎

日本橋　三越劇場　東京　②　［ＢＣＤ］

第二回番組　十二月九日より十七日まで

加賀見山旧錦絵

草履打の段

岩藤　豊竹松島大夫
尾上　豊竹古住大夫
善六　豊竹若子大夫
腰元　豊竹小松大夫
腰元　竹本常子大夫
豊澤猿二郎
鶴澤友若
竹澤団作
野澤勝平

岩藤　吉田辰五郎
腰元　大ぜい
尾上　桐竹紋之助
腰元　大ぜい
善六　（一日替り）桐竹紋寿／桐竹紋七／桐竹紋四郎／桐竹紋弥

加賀見山旧錦絵

長局の段

前　豊竹つばめ大夫
野澤喜左衛門
後　竹本源大夫
鶴澤叶太郎

お初　桐竹勘十郎
尾上　桐竹紋十郎

御所桜堀川夜討

弁慶上使の段

切　豊竹若大夫
鶴澤綱造

卿の君　桐竹勘之助
侍従太郎　吉田作十郎
花の井　吉田国秀
弁慶　吉田辰五郎
おわさ　桐竹紋十郎
しのぶ　桐竹紋二郎
腰元　大ぜい

桂川連理柵

帯屋の段

切　竹本住大夫
野澤勝太郎

おきぬ　桐竹紋之助
おとせ　桐竹紋之丞
半斉　桐竹紋市
儀兵衛　桐竹勘十郎
長右衛門　吉田作十郎
長吉　（一日替り）桐竹紋寿／桐竹紋七／桐竹紋四郎／桐竹紋弥
お半　桐竹紋二郎

新曲　面売り

面売娘　豊竹古住大夫
おしゃべり案山子　豊竹小松大夫
ツレ※1　豊竹若子大夫
竹本常子大夫
豊竹貴代大夫
鶴澤燕三
豊澤仙二郎

面売娘　桐竹紋十郎
おしゃべり案山子　桐竹紋之助

野澤八助
竹澤団作
野澤勝平

＊　＊　＊

はやし	阪東弥三郎	舞台装置	鈴木幸次郎
はやし	芳村喜代次	舞台装置	山森定次郎
人形細工師	藤本由良亀	小道具	畑天海
舞台製作	長谷川音次郎	床山	背戸百太郎
舞台装置	服部和男		

※1　Dはなし

30・12・18　三和会　茨城県龍ヶ崎市立龍ヶ崎小学校講堂　[BC]

龍ヶ崎市小学校講堂
文楽　昭和三十年十二月十八日午後五時開演
主催文楽三和会　龍ヶ崎市観光協会・龍ヶ崎市文楽観賞会
協賛文部省文化財保護委員会　龍ヶ崎市・龍ヶ崎市教育委員会　龍ヶ崎市商工会
龍ヶ崎市婦人会

寿二人三番叟

豊竹松島大夫
豊竹小松大夫
竹本常子大夫
豊竹貴代大夫
鶴澤友若
竹澤団作
野澤勝平
豊澤猿二郎

三番叟　桐竹紋二郎
三番叟　桐竹紋七

菅原伝授手習鑑
寺子屋の段

前　豊竹若大夫
　　野澤喜左衛門
後　竹本住大夫
　　野澤勝太郎

菅秀才　桐竹紋若
小太郎　桐竹勘之助
戸浪　桐竹紋之助
武部源蔵　桐竹勘十郎
春藤玄蕃　吉田作十郎
松王丸　吉田辰五郎
千代　桐竹紋十郎
御台所　桐竹紋之丞
手習子、捕手、百姓　大勢

壇浦兜軍記
阿古屋琴責の段

阿古屋　竹本源大夫
重忠　豊竹つばめ大夫
岩永　豊竹松島大夫
榛沢　豊竹貴代大夫
　　鶴澤叶太郎
ツレ　豊澤仙二郎
三曲　野澤勝平

重忠　吉田辰五郎
岩永　吉田作十郎
榛沢　桐竹紋弥
阿古屋　桐竹紋十郎
水奴　大勢

義経千本桜
初音旅路道行の段

静御前　豊竹古住大夫
忠信　豊竹小松大夫
　　竹本常子大夫
　　豊竹貴代大夫
　　鶴澤燕三
　　豊澤仙二郎
　　竹澤団作
　　野澤勝平

静御前　桐竹紋之助
忠信　桐竹勘十郎

◇十二月十八日　学生の文楽教室　［BC］

学生の文楽教室
昭和三十年十二月十八日　龍ヶ崎市小学校講堂
主催文楽三和会　龍ヶ崎市観光協会・龍ヶ崎市文楽観賞会
協賛文部省文化財保護委員会　龍ヶ崎市・龍ヶ崎市教育委員会　龍ヶ崎市商工会
龍ヶ崎市婦人会

伽羅先代萩
政岡忠義の段

第一回
豊竹つばめ大夫
野澤喜左衛門

鶴喜代君	桐竹勘之助
千松	桐竹紋七
政岡	桐竹紋十郎
八汐	吉田辰五郎
沖ノ井	吉田国秀
栄御前	桐竹紋之助
腰元	多勢い

第二回
竹本源大夫
鶴澤叶太郎

鶴喜代君	桐竹勘之助
千松	桐竹紋寿
政岡	桐竹紋十郎
八汐	吉田辰五郎
沖ノ井	桐竹紋市
栄御前	桐竹勘十郎
腰元	多勢い

寿二人三番叟

第一回
豊竹古住大夫
豊竹松島大夫
竹本常子大夫
豊竹貴代大夫
鶴澤友若
豊澤仙二郎
竹澤団作
野澤勝平
豊澤猿二郎

三番叟	桐竹紋四郎
三番叟	桐竹紋弥

第二回
豊竹古住大夫
豊竹松島大夫
竹本常子大夫
豊竹貴代大夫
鶴澤友若
豊澤仙二郎
竹澤団作
野澤勝平
豊澤猿二郎

三番叟	吉田作十郎
三番叟	桐竹紋二郎

◎十二月十九日　神奈川県横浜市県立音楽堂　午後五時開演

入場料　三百五十円　二百円

〔典拠〕「神奈川新聞」（12・17）

◎十二月二十日　東京都品川区八潮高等学校　昼の部十二時　夜の部午後六時開演
文化人クラブ主催
※『三和会公演控』、『文楽因会三和会興行記録』は神奈川県横浜市品川講堂とする

〔典拠〕「毎日新聞（関東版）」（12・20）

…………………………………………

◇十二月五日

『口語体』での革命運動

ここ一週間に、偶然ながら『新しい義太夫』が三種類も東京で試みられたことは珍らしい現象だ。その一つは大阪での試演成功をそのまま持越した文楽因会派の『文楽弦奏曲』と称する野沢松之輔作曲「秋」で、三味線弾きばかりが菊を象徴した装置の中に十三人も二段に座り、胡弓、琴、太鼓、笛、鉦。それに昼から夜明けまでの照明方の力も借りるとはいうものの、主としては無論太三味線の節譜で『平和、豊作、農村の一日』を描写したもので演奏約二十分。これを客の着席の忙しい新橋演舞場の開幕劇同様に扱ったのには一部に非難も起るほどの力作だった。

もう一つは、武智鉄二指導、木下順二作の民話『瓜子姫とあまんじゃく』を、口語体のまま義太夫の節譜に乗せたもので（去る三十日、つばめ太夫、喜左衛門以下、三越劇場）これには桐竹紋十郎以下の人形も付いた。何しろ『あまんじゃくは困った、どうしようかと思った』という調子なので、耳慣れないこだわりはあったが、この賞すべき芽生えを、その理由だけでしりぞけるにはもったいない義太夫革命運動だった。人形遣いが黒衣づくめの昔型であったのはさすがで、この先『口語体』の台本さえ練れて来れば革命は本物となろう。

さらにもう一つは去る二日銀座山葉ホールで行われた『大野恵造作詞・邦楽新曲発表会』での綱大夫、松之輔の義太夫『城』で、これは詩でうたった城郭の力感を義太夫で語ったものだった。詩への節付けだから筋はない。これは初めの『秋』と共に成功。義太夫もいつまでも『今ごろは半七つぁん』ばかりではいられない兆候か」（「朝日新聞（東京）」12・05）

30・12・20 因会　神戸　繊維会館　［BC］

無形文化財指定公演　大阪文楽座人形浄瑠璃引越興行
芸術院会員豊竹山城少掾　芸術院会員吉田文五郎　他総出演
主催神戸文楽後援会　後援神戸新聞社・松竹株式会社　協賛文化財保護委員会
十二月二十日・二十一日　繊維会館

昼の部　十一時開演

鶊山古跡松

中将姫雪責の段

岩根御前　竹本雛大夫
中将姫　竹本南部大夫
大弐広次　豊竹弘大夫
桐の谷　竹本織の大夫
浮舟　竹本織部大夫
下僕　竹本伊達路大夫
下僕　竹本津の子大夫
豊成公　竹本和佐大夫
　野澤吉三郎
胡弓　竹澤団二郎

岩根御前　吉田玉男
中将姫　吉田玉五郎
大弐広次　吉田淳造
桐の谷　吉田文雀
浮舟　吉田玉昇
豊成公　桐竹亀松
下部　吉田玉之助
下部　大ぜい

お千代 半兵衛 八百屋献立

新靫の段

竹本津大夫
鶴澤寛治郎

八百屋の婆　吉田玉助
お千代　桐竹亀松
半兵衛　吉田栄三
太郎兵衛　吉田兵次
丁稚　吉田玉幸
嘉十郎　吉田常次

太平記忠臣講釈

喜内住家の段

中　竹本静大夫
　豊澤豊助
切　豊竹山城少掾
　鶴澤藤蔵

矢間重太郎　吉田栄三
女房おりゑ　吉田文五郎
父喜内　吉田玉助
喜内女房　吉田玉市
傾城浮橋　吉田玉五郎

倅太市　吉田小玉
奴関内　吉田玉昇

仮名手本忠臣蔵

祇園一力茶屋の段

由良之助　竹本綱大夫
力弥　竹本綱子大夫
重太郎　竹本織の大夫
喜太八　竹本織部大夫
弥五郎　竹本伊達路大夫
仲居　豊竹弘大夫
おかる　竹本伊達大夫
仲居　竹本津の子大夫
仲居　竹本相子大夫
亭主　竹本相次大夫
伴内　竹本和佐大夫
九太夫　竹本静大夫
平右衛門　竹本相生大夫
竹澤弥七
野澤八造

大星由良之助　吉田玉助
斧九太夫　吉田兵次
鷺坂伴内　吉田玉五郎
遊女おかる　吉田栄三
大星力弥　吉田小玉
矢間重太郎　吉田淳造
千崎弥五郎　吉田文昇
竹森喜多八　吉田常次
一力亭主　吉田玉昇
仲居　吉田玉之助
仲居　吉田玉幸
寺岡平右衛門　桐竹亀松
仲居　大ぜい

夜の部　四時半開演
西亭作詞作曲　藤間良輔振付

所作事　新曲　面売

面売娘　竹本雛大夫
おしゃべり案山子　竹本南部大夫
竹本織部大夫
豊竹弘大夫
竹本伊達路大夫
豊澤猿糸
鶴澤清友
豊澤新三郎

面売娘　吉田玉五郎
おしゃべり案山子　吉田文雀

鶴澤寛弘
鶴澤藤二郎
鶴澤藤之助

近江源氏先陣館

小四郎恩愛の段
盛綱首実検の段

前　竹本相生大夫
豊澤広助
後　竹本津大夫
鶴澤寛治郎

佐々木盛綱　吉田玉助
妻早瀬　吉田文雀
高綱妻篝火　吉田玉五郎
北条時政　吉田兵次
和田兵衛　吉田玉男
母微妙　吉田玉市
注進　吉田淳造
二度の注進　吉田玉昇
古郡新左衛門　吉田万次郎
竹下孫八　吉田常次
一子小三郎　吉田玉之助
一子小四郎　吉田小玉
榛谷十郎　吉田玉米
軍兵　大ぜい

恋飛脚大和往来

新口村の段

切　竹本綱大夫
竹澤弥七

忠兵衛　吉田玉男
遊女梅川（前）　吉田栄三
遊女梅川（後）　吉田文五郎
親孫右衛門　吉田玉市
忠三女房　吉田玉昇
針立道庵　吉田兵次
水右衛門　吉田文昇
伝が婆　吉田常次

置頭巾　吉田淳造
藤次兵衛　吉田玉米
八右衛門　吉田玉之助
捕手の小頭　吉田玉幸
捕手　大ぜい

壇浦兜軍記

阿古屋琴責の段

阿古屋　竹本伊達大夫
重忠　竹本相生大夫
岩永　竹本静大夫
榛沢　竹本織の大夫
　野澤八造
ツレ　野澤錦糸
琴胡弓　鶴澤寛弘

遊君阿古屋　桐竹亀松
秩父重忠　吉田玉市
岩永左衛門　吉田玉男
榛沢六郎　吉田文昇
水奴　大ぜい

＊　＊　＊

はやし　中村新三郎
はやし　中村与三郎
衣裳　森田信二

床山　佐藤為次郎
床山　名越
人形細工人　由良亀

30・12・24　三和会　日和佐町　弁天座　徳島　［BC］

文部省文化財保護委員会
重要無形文化財指定　文楽人形浄瑠璃芝居
大阪文楽三つ和会日和佐町大公演
昭和三十年十二月二十四日　昼正午　夜午後六時　日和佐町弁天座
昼の部　正午開演　五時終了
御所桜堀川夜討

弁慶上使の段

弁慶　豊竹松島太夫
おわさ　豊竹古住太夫
しのぶ　豊竹小松太夫
侍従太郎　竹本常子太夫
花の井　豊竹貴世太夫
　鶴澤燕三

弁慶　吉田辰五郎
おわさ　桐竹紋之助
しのぶ　桐竹紋寿
侍従太郎　桐竹紋市
花の井　桐竹紋之丞
卿の君　桐竹勘之助

おしゅん伝兵衛　近頃河原達引

堀川猿廻しの段

　豊竹つばめ太夫
　野澤喜左衛門
ツレ　前　野澤勝平
　後　鶴澤友若

おつる　桐竹紋四郎
母親　吉田国秀
兄与次郎　桐竹勘十郎
お俊　桐竹紋十郎
伝兵衛　桐竹紋四郎

生写朝顔話

宿屋の段

　竹本源太夫
　鶴澤叶太郎
※1ツレ　野澤勝平

駒沢次郎左衛門　吉田辰五郎
徳右衛門　吉田国秀
下女おなべ　桐竹小紋
朝顔　桐竹紋十郎
供人、近習、人夫　大勢

東海道五十三次道中膝栗毛
弥次郎兵衛喜多八　赤坂並木より古寺まで

弥次郎兵衛　竹本住太夫
喜多八　豊竹古住太夫
和尚　豊竹松島太夫
親父　豊竹小松太夫
千松　竹本常子太夫
　野澤勝太郎
　豊澤仙二郎
　竹澤団作

弥次郎兵衛　桐竹勘十郎
喜多八　桐竹紋之助
和尚　吉田作十郎
親父　桐竹紋之丞
千松　桐竹紋若

	豊澤猿二郎		
夜の部　午後六時開演　午後十一時終了			
玉藻の前旭袂			
道春館の段			
金藤次	豊竹松島太夫	金藤次	吉田辰五郎
萩の方	豊竹古住太夫	萩の方	吉田作十郎
桂姫	竹本源太夫	桂姫	桐竹紋之助
初花姫	豊竹小松太夫	初花姫	桐竹紋二郎
采女之助	豊竹貴世太夫	采女之助	桐竹紋七
	鶴澤燕三	腰元	大勢
三十三所観音霊験記壺坂寺			
沢市内の段			
前	竹本源太夫	お里	桐竹紋十郎
	鶴澤友若	沢市	吉田辰五郎
後	豊竹つばめ太夫	観世音	桐竹小紋
	野澤喜左衛門		
伊賀越道中双六			
沼津の段	竹本住太夫	重兵衛	桐竹勘十郎
	野澤勝太郎	平作	吉田辰五郎
		お米	桐竹紋十郎
		安兵衛	桐竹紋弥
		池添孫八	吉田作十郎
義経千本桜			
初音の旅路	豊竹古住太夫		
静御前	豊竹松島太夫	静御前	桐竹紋之助
狐忠信	豊竹小松太夫	狐忠信	桐竹勘十郎
ツレ	竹本常子太夫		
	豊竹貴世太夫		

鶴澤叶太郎
豊澤仙二郎
竹澤団作
野澤勝平
豊澤猿二郎

＊　＊　＊

はやし　芳村喜代次
床山　背戸百太郎
小道具　山森
大道具　服部
舞台係　鈴木

※1　C琴

◎十二月二十五日・二十六日　三和会　徳島市歌舞伎座　大入
徳島市遺族連合会主催　徳島新聞社後援

昼の部　午前十一時
御所桜堀川夜討
弁慶上使の段　竹本住太夫
近頃河原達引
堀川猿廻しの段　豊竹つばめ太夫
生写朝顔日記
宿屋より大井川の段
東海道膝栗毛
弥次喜多道中の段　豊竹若太夫
竹本源太夫

夜の部　午後四時
玉藻前旭袂
道春館の段
三十三所花の山　壺坂霊験記
沢市内よりお寺まで
伊賀越道中双六
沼津里より千本松原の段
義経千本桜
初音の旅路道行の段　豊竹司太夫
豊竹松島太夫

豊竹古住太夫
豊竹呂　太夫
竹本三和太夫
豊竹小松太夫

竹本常子太夫
鶴澤清二郎
吉田国　秀

入場料　前売百五十円　当日二百円

〔典拠〕「徳島新聞」広告（12・20）
『三和会公演控』、『文楽因会三和会興行記録』

30・12・28　因会　道頓堀　文楽座　大阪　［ＢＣ］

文楽座開場記念狂言
昭和三十年十二月二十八日

午後二時
御祝儀　**寿式三番叟**

竹本長子大夫
竹本津の子大夫
竹本伊達路大夫
竹本相次大夫
竹本織部大夫
竹本和佐大夫
竹本雛　大夫
竹本伊達大夫
竹本相生大夫
豊竹山城少掾
竹本綱　大夫
竹本津　大夫
豊竹松　大夫
竹本静　大夫

竹本織の大夫
豊竹弘　大夫
竹本綱子大夫
竹本相子大夫
竹本南部大夫
鶴澤清　八
豊澤豊　助
鶴澤清　治
鶴澤藤之助
鶴澤清　好
豊澤新三郎
（清友改め）鶴澤徳太郎
野澤吉三郎
野澤八　造

野澤松之輔
鶴澤藤　蔵
竹澤弥　七
（寛治郎改め）鶴澤寛　治
鶴澤清　六
豊澤猿　糸
野澤錦　糸
（寛弘改め）竹澤団　六
竹澤団二郎

鶴澤藤二郎
野澤喜八郎
豊澤広　助

千歳　吉田玉　男
翁　吉田文五郎
三番叟　桐竹亀　松
三番叟　吉田玉五郎

本朝廿四孝

十種香の段
切　豊竹山城少掾
鶴澤藤　蔵

狐火の段
竹本綱　大夫
竹澤弥　七
ツレ　竹澤団　六
琴　鶴澤清　治

武田勝頼　吉田玉　男
八重垣姫　吉田文五郎
腰元濡衣　吉田玉五郎
謙信　吉田兵　次
白須賀六郎　吉田玉　昇
原小文治　吉田文　昇
八重垣姫　桐竹亀　松

午後五時
御祝儀　**寿式三番叟**
開場記念狂言
平田都作　鶴澤清六作曲
井上八千代振付　前田青邨美術考証並に装置

延　喜　帝

翁 実は 醍醐天皇
姫 実は 梨壺女御
竜神
従者
藤原師長

豊竹松大夫
竹本和佐大夫
竹本織の大夫
竹本雛大夫
竹本伊達大夫
鶴澤清六
野澤吉三郎
（清友改め）鶴澤徳太郎
豊澤新三郎
鶴澤清好
野澤錦糸

藤原師長	吉田玉男
従者	吉田玉五郎
翁 実は 醍醐天皇	吉田栄三
姫 実は 梨壺の女神（御カ）	吉田玉市
竜神	吉田玉助

◇十二月二十六日　午前十時　新文楽座で舞台稽古（「毎日新聞（大阪）」12・26）

◇十二月二十八日　文楽会館（文楽座）開場式　午後一時（『文楽因会三和会興行記録』、『演劇雑誌幕間』第十巻第十二号）

◇南区東櫓町一番地　建坪四一七・七七　延坪一二三七・二三　一階六百六十名　二階三百二十名　舞台間口十間　奥行五間　大セリ（五間×十尺）一　小セリ三　花道付　座主　株式会社文楽座（『文楽因会三和会興行記録』）

◇十二月二十八日　寿式三番叟　テレビ放送　NHK　午後五時十分（「朝日新聞（大阪）」、「毎日新聞（大阪）」、「読売新聞（大阪）」12・28）

◇十二月二十九日　寿式三番叟　ラジオ放送　NHK第二　午後五時（「朝日新聞（大阪）」、「毎日新聞（大阪）」、「読売新聞（大阪）」12・29）

◇十二月二十九日　因会　秩父宮記念病棟建設基金募集の特別興行　道頓堀文楽座
午後一時
本朝廿四孝
信玄館の段より奥庭狐火の段まで
他二狂言を上演

〔典拠〕『文楽因会三和会興行記録』
「毎日新聞（大阪）」（12・30）

◇十二月　昭和三十年度大阪市民文化祭芸術賞
新作奨励賞
野澤喜左衛門　「瓜子姫とあまんじゃく」の作曲
野澤松之輔　弦奏曲「秋」の作曲

〔典拠〕『文楽因会三和会興行記録』

▼昭和三十年の訃音
・三月二十九日　鶴澤一郎右衛門没
・六月十九日　四代豊竹司太夫没

昭和三十年　放送一覧

ラジオ

◇一月三日　午後九時
NHK②
傾城恋飛脚　新口村の段
豊竹山城少掾　鶴澤藤蔵
〔典拠〕朝　毎　読

◇一月二十七日　午後十一時
朝日
双蝶々曲輪日記
竹本住大夫
〔典拠〕朝　毎

◇二月九日　午後二時五分
NHK①
本朝廿四孝　十種香の段
竹本伊達大夫　野澤八造
〔典拠〕朝　毎

◇二月十四日　午後四時
朝日
野崎村
綱義会連中
〔典拠〕朝　毎　読

◇二月二十四日　午後五時
NHK②
一谷嫩軍記
豊竹十九大夫　竹本織部大夫
野澤錦糸
〔典拠〕朝　毎　読

◇二月二十七日　午後九時
NHK②
新版歌祭文　野崎村の段
竹本綱大夫　竹澤弥七　鶴澤寛弘
〔典拠〕朝　毎　読

◇三月二日　午後二時五分
NHK①
絵本太功記　尼ヶ崎の段
豊竹つばめ大夫
〔典拠〕朝　毎

◇三月十三日　午後三時五分
NHK①
京都南座　三月公演
彦山権現誓助剣
〔典拠〕朝　毎　読

◇三月十六日　午後二時五分
NHK①
天網島時雨炬燵　紙屋内の段
竹本雛大夫
〔典拠〕朝　毎

◇三月二十日　午後九時
NHK②
伊賀越道中双六　沼津の段
豊竹山城少掾　鶴澤藤蔵　ツレ
野澤錦糸
〔典拠〕朝　毎　読

◇三月二十七日　午後九時
NHK②
桂川連理柵　帯屋の段
竹本住大夫　野澤勝太郎
〔典拠〕朝　毎　読

◇三月三十日　午後一時二十分
朝日
心中天の網島
豊竹つばめ大夫　野澤喜左衛門
〔典拠〕朝　毎　読

◇四月六日　午後二時五分
NHK①
菅原伝授手習鑑　寺子屋の段
豊竹松大夫
〔典拠〕朝　毎

◇四月十二日　午後五時
NHK②
天網島時雨炬燵　ちょんがれの段
竹本静大夫　野澤吉三郎
＊「毎日新聞（大阪）」「読売新聞（大阪）」朝刊には、菅原伝授手習鑑　松王首実検の段
〔典拠〕朝　毎　読

◇四月十七日　午後九時
NHK②
東京歌舞伎座　三月二十九日
国家指定芸能特別鑑賞会
〔典拠〕朝　毎　読

◇四月十八日　午後四時
朝日
義経千本桜　道行初音の段
豊竹呂大夫　豊竹古住大夫
〔典拠〕朝　毎　読

◇四月二十六日　午後五時

NHK②
菅原伝授手習鑑　松王首実検の段
豊竹古住大夫　野澤勝太郎
〔典拠〕朝　毎　読

◇五月四日　午後二時五分
NHK①
ひらかな盛衰記　逆艪の段
竹本津大夫　鶴澤寛治
〔典拠〕朝（05・03）毎（05・03）
N（05・01）

◇五月十日　午後五時
NHK②
菅原伝授手習鑑　寺子屋の段
豊竹古住大夫　野澤勝太郎
〔典拠〕朝　毎　読

◇五月二十九日　午後九時
NHK②
鬼一法眼三略巻　五条橋の段
竹本綱大夫　竹本綱子大夫
日本振袖始　大蛇退治の段
竹本織の大夫　竹澤弥七
＊「読売新聞（大阪）」夕刊には、竹本織部大夫　鶴澤寛弘の記載もあり

〔典拠〕朝　毎　読

◇六月五日　午後三時五分
NHK①
大阪産経会館　五月二十四日
近頃河原の達引　堀川猿廻しの段
〔典拠〕朝　毎　読

◇六月八日　午後二時五分
NHK①
鎌倉三代記　三浦別れ
豊竹若大夫　鶴澤燕三
〔典拠〕朝　毎

◇六月十四日　午後五時
NHK②
恋娘昔八丈　鈴ヶ森
竹本南部大夫　野澤錦糸
〔典拠〕朝　毎　読

◇六月二十一日　午後五時
NHK②
義太夫
竹本雛大夫
〔典拠〕朝　毎

◇六月二十二日　午後二時五分
NHK①
碁太平記白石噺　新吉原揚屋の段
豊竹松大夫　鶴澤清六
〔典拠〕朝　毎　N（06・19）

◇七月六日　午後二時五分
NHK①
妹背山婦女庭訓　鱶七上使
竹本津大夫　鶴澤寛治郎
〔典拠〕朝　毎

◇七月十二日　午後五時
NHK②
夏祭浪花鑑　長町裏の段
竹本雛大夫
〔典拠〕朝　毎　読

◇七月三十一日　午後九時
NHK②
生写朝顔話　宿屋より大井川まで
竹本綱大夫　竹本伊達大夫　竹澤弥七　野澤八造　鶴澤寛弘
〔典拠〕朝　毎　読

◇八月十日　午後二時五分
NHK①
伊勢音頭恋寝刃　油屋の段
豊竹つばめ大夫
〔典拠〕朝　毎

◇八月十八日　午後五時
NHK②
仮名手本忠臣蔵　身売りの段
竹本和佐大夫
〔典拠〕朝　毎　読

◇八月三十一日　午後二時五分
NHK①
宿無団七時雨傘
竹本相生大夫
〔典拠〕朝　毎　読

◇九月一日　午後五時
NHK②
忠臣蔵　身売りの段
竹本和佐大夫　鶴澤清八
〔典拠〕朝　毎　読

◇九月十四日　午後四時
朝日
増補忠臣蔵

竹本源大夫　鶴澤燕三
〔典拠〕朝　毎

◇九月十五日　午後五時
NHK②
恋娘昔八丈　鈴ヶ森
竹本南部大夫　野澤錦糸
〔典拠〕朝　毎　読

◇九月二十八日　午後二時五分
NHK①
桜鍔恨鮫鞘　鰻谷の段
竹本雛大夫　野澤八造
〔典拠〕朝　毎

◇九月二十九日　午後五時
NHK②
傾城阿波の鳴門　巡礼歌の段
竹本源大夫　鶴澤叶太郎
〔典拠〕朝　毎　読

◇十月九日　午後九時
NHK②
壺坂霊験記
豊竹若大夫
〔典拠〕朝　毎　読

◇十月十二日　午後二時五分
NHK①
双蝶々曲輪日記　引窓の段
竹本住大夫　野澤勝太郎
〔典拠〕毎　読　N（10・09）

◇十月十三日　午後五時
NHK②
菅原伝授手習鑑　茶筅酒の段
竹本静大夫　鶴澤清八
〔典拠〕朝　毎　読

◇十月二十七日　午後五時
NHK②
一の谷嫩軍記　組打の段
豊竹古住大夫　鶴澤燕三
〔典拠〕朝　毎　読

◇十月二十九日　午後八時五分
NHK②
菅原伝授手習鑑　寺子屋の段
豊竹山城少掾　鶴澤藤蔵
〔典拠〕朝　毎　読

◇十一月七日　午後四時
朝日
花上野誉石碑　志渡寺の段
豊竹若大夫　鶴澤綱造
〔典拠〕朝　毎

◇十一月九日　午後二時五分
NHK①
天網島時雨炬燵
竹本伊達大夫　野澤吉三郎
〔典拠〕朝　毎

◇十一月十三日　午後二時
新日本
道頓堀文楽座　十一月公演
仮名手本忠臣蔵　祇園一力茶屋の段
〔典拠〕朝　毎　読

◇十一月十九日　午後九時
NHK②
恋飛脚大和往来　新口村
竹本綱大夫　竹澤弥七
〔典拠〕朝　毎　読

◇十一月二十日　午後三時五分
NHK①
道頓堀文楽座　十一月公演
源平布引滝　実盛物語　綿繰馬
〔典拠〕朝　毎　読

◇十二月十日　午後九時
NHK②
恋娘昔八丈　城木屋の段
竹本住大夫　野澤勝太郎
高音　野澤勝平
〔典拠〕朝　毎　読　N（12・04）

◇十二月十四日　午後二時五分
NHK①
摂州合邦辻　合邦庵室
豊竹若大夫　鶴澤燕三
〔典拠〕朝　毎

◇十二月十五日　午後五時
NHK②
妹背山婦女庭訓　万歳の段
竹本織の大夫　野澤錦糸　鶴澤寛弘
〔典拠〕朝　毎　読

◇十二月十七日　午後三時
NHK②
伽羅先代萩　御殿の段

豊竹山城少掾　鶴澤藤蔵

〔典拠〕朝　毎　読

◇十二月二十四日　午後三時

ＮＨＫ②

日高川

竹本伊達大夫

〔典拠〕朝　毎　読

◇十二月二十九日　午後五時

ＮＨＫ②

道頓堀文楽座　十二月二十八日

寿式三番叟

〔典拠〕朝　毎　読

テレビ

◇一月一日　午後九時十分

ＮＨＫ

「お遊び教室」

万代峯子　桐竹紋十郎　浪花千栄子

〔典拠〕毎　読

◇五月二十四日　午後八時

ＮＨＫ

大阪産経会館　五月二十四日

勧進帳

〔典拠〕朝　毎　読

◇九月十四日　午後七時三十分

ＮＨＫ

艶容女舞衣　酒屋の段

豊竹つばめ大夫　野澤喜左衛門

桐竹紋十郎

〔典拠〕朝　毎　読

◇十一月七日　午後九時二十五分

ＮＨＫ

新橋演舞場　十一月七日文楽合同公演

仮名手本忠臣蔵　一力茶屋の段

〔典拠〕毎　読

◇十二月二十八日　午後五時十分

ＮＨＫ

道頓堀文楽座　十二月二十八日

寿式三番叟

〔典拠〕朝　毎　読

昭和三十一年

（一九五六　丙申）

因会・三和会の動き

因会

一月

・一日から二十五日　新装開場当る申歳柿葺落文楽座人形浄瑠璃初春興行　道頓堀文楽座
（文楽教室　道頓堀文楽座）
（十六日　芸術院会員吉田文五郎　祝米寿高齢者特別招待会　道頓堀文楽座）
・二十七日　第一回文楽若手勉強会　大阪中央放送局
・二十九日・三十日　奈良県天理市天理教館
・三十日　昭和三十一年度大丸会　道頓堀文楽座

二月

・一日から四日　人形浄瑠璃女義太夫大合同公演　道頓堀文楽座
・一日から十九日　市川少女歌舞伎　大夫三味線特別出演　京都南座
・七日　文楽座主催芸能まつり　大夫三味線特別出演　道頓堀文楽座
・八日から二十七日　東西花形歌舞伎二月興行　大夫三味線特別出演　道頓堀文楽座
・十四日　京都文楽会第十回記念公演文楽祭　京都祇園甲部歌舞練場
・十四日から十九日　京都文楽会第十回記念公演　大阪文楽座人形浄瑠璃引越興行　お目見得　京都祇園甲部歌舞練場
・二十日から二十五日　同　二の替り　京都祇園甲部歌舞練場

三月

・二日から二十七日　文楽座人形浄瑠璃三月興行　道頓堀文楽座
（文楽教室　道頓堀文楽座）
・二十七日　第六回文楽座因会若手勉強会　道頓堀文楽座

三和会

一月

・一月十九日　大阪市立船場中学校
・二十一日から二十六日　第二十回郷土公演　大阪三越劇場
・二十七日　第一回文楽若手勉強会　大阪中央放送局

二月

・十四日から十九日　第三回若手勉強会　東京三越劇場
・二十五日・二十六日　兵庫県姫路市公会堂

三月

中国、九州、東海巡業
・三日　和歌山県御坊市グランド劇場
・七日　岡山市葦川会館
・九日　大分県別府松濤館
・十日から十二日　福岡市大博劇場
・十三日　福岡県八女市

四月

中国、四国、九州、北陸巡業

・十一日　福岡電気ホール
・十二日　福岡県小倉豊前座
・十四日　福岡県久留米市公会堂
・十五日　長崎県佐世保市公会堂
・十六日　熊本市歌舞伎座
・十七日　大分
・十八日から二十二日の間　広島児童文化会館
・二十三日　富山市公会堂
・二十四日　福井市公会堂
・二十四日・二十五日　豊澤仙八披露浄瑠璃大会　山中温泉温泉会館
・二十九日　吉田文五郎が難波掾を受領

・十四日　熊本市歌舞伎座
・十五日　熊本県隈府町
・十六日　熊本県玉名市
・十七日　熊本県人吉映画劇場
・十八日　熊本県八代市
・十九日　熊本県多良木町
・二十日・二十一日　宮崎市橘百貨店
・二十四日　福岡県椎田劇場
・二十五日　福岡県直方市多賀映劇
・二十六日　福岡県小倉市豊前座
・二十七日　福岡県八幡市八幡製鉄労働会館
・二十八日　山口県周南市富田町
・二十九日　山口県柳井座

四月

・一日　広島県呉市中央公民館
・二日　広島県福山市公会堂
・三日　兵庫県竜野市立竜野小学校講堂
・十二日から十四日　神戸海員会館
・十五日　京都府綾部市みろく殿
・十六日　兵庫県上郡
・二十一日　三重県伊勢市伊勢会館
・二十二日　三重県四日市市立中部西小学校講堂
・二十三日　愛知県豊橋市公会堂
・二十四日　静岡県浜松座
・二十五日　静岡県藤枝市立藤枝小学校講堂
・二十六日　静岡県沼津市公会堂
・二十七日　静岡県伊東市伊東劇場
・二十九日から五月三日　毎日ホール開館記念文楽三和会公演　名古屋毎日ホール
（二十九日から五月三日　文楽学生教室　名古屋毎日ホール）

昭和三十一年（丙申）

五月

・二日から二十六日　文楽座人形浄瑠璃五月興行　道頓堀文楽座
（文楽教室　道頓堀文楽座）

六月

・三日から二十二日　吉例六月大歌舞伎　大夫三味線特別出演　京都南座
・七日から十一日　大阪文楽座人形浄瑠璃総引越興行　お目見得　東京東横ホール
・十二日から十六日　同　二の替り　東京東横ホール
・十七日から二十一日　同　御名残り　東京東横ホール
（九日から十三日　子供のための文楽教室　東京東横ホール）
・二十九日・三十日　浄瑠璃神社復興資金募集文楽共同公演　大阪市中央公会堂

七月

・五日から二十九日　文楽座人形浄瑠璃七月興行　道頓堀文楽座
（文楽教室　道頓堀文楽座）
・七月　大阪市議会副議長次田虎雄氏就任祝賀会

八月

・十日から二十四日　文楽座人形浄瑠璃八月興行　道頓堀文楽座
（文楽教室　道頓堀文楽座）

五月

関東、東北巡業
・四日　静岡市公会堂
・七日　神奈川県横須賀市
・八日　神奈川県川崎市公民館
・九日　神奈川県横浜市県立音楽堂
・十日　東京都豊島区公会堂
・十一日　宮城県仙台市労働会館
・十三日　宮城県角田町映画劇場
・十四日　福島県坂下町公会堂
・十五日　福島県会津若松市公会堂
・十六日　福島県田島町栄楽座
・十七日　福島県須賀川市立第一小学校講堂
・十八日　栃木県大田原市朝日座
・十九日　東京都品川児童会館
・二十一日　静岡県焼津市公会堂

六月

・一日から八日　第十四回東京公演　第一回　東京三越劇場
・九日から十六日　同　第二回　東京三越劇場
（二日から十六日　学生の文楽教室　東京三越劇場）
・十八日　宇都宮市栃木会館ホール
・十九日　栃木県
・二十四日　和歌山市
・二十九日・三十日　浄瑠璃神社復興資金募集文楽共同公演　大阪市中央公会堂

七月

・七月　三和会休み

八月

・十九日　大阪府貝塚市公会堂
・二十五日から三十日　第二十一回大阪公演　大阪三越劇場

九月

・二日から二十六日　文楽座人形浄瑠璃九月興行　道頓堀文楽座
　（文楽教室　道頓堀文楽座）
・二十九日　国家指定芸能特別観賞会　京都南座
・三十日　第七回邦楽名人大会　名古屋御園座

十月

・一日から二十五日　十月興行大歌舞伎　大夫三味線特別出演　大阪歌舞伎座

北海道、東北巡業
・三日・四日　札幌新東宝劇場
・五日　小樽松竹（松竹映劇カ）
・六日　旭川市国民劇場
・七日　帯広（帯広劇場カ）
・八日　釧路劇場
・十日　室蘭（東宝公映カ）
・十二日　函館ＨＢＣラジオ劇場
・十三日　青森県黒石市黒石劇場
・十四日　秋田県立大館桂高等学校
・十五日カ　秋田県尾去沢協和会館
・十六日カ　秋田県立由利高等学校
・十七日　秋田市山王体育館
・十八日　山形県鶴岡座
・十九日　山形中央公民館
・二十日　秋田県立大曲高等学校体育館
・二十一日カ　宮城県組倉鉱山文化会館
・二十二日　宮城県仙台市公会堂
・二十三日　岩手県釜石錦館
・二十四日　神奈川県横浜市

九月

・四日から七日　文楽三和会京都公演　京都祇園会館
・十八日　九州巡業（十八日から二十二日）　学校巡業　甘木、福岡、久留米、八女他
　福岡県大牟田市立甘木中学校
・二十日　福岡県立伝習館高等学校北校舎講堂
・二十三日　福岡県飯塚市嘉穂劇場
・二十四日　福岡県芦屋
・二十五日　福岡県八幡製鉄労働会館
・二十七日　愛媛県宇和島
・二十八日　山口県下関東宝劇場
・二十九日　山口県防府市三洋会館

十月

北陸巡業
・六日　石川県金沢市藤花学園高等学校講堂
・七日　富山座
・八日　富山県高岡市公会堂
・九日　富山県井波町井波劇場
・十日　富山県滑川市第一劇場
・十一日　新潟県高田市立城南中学校講堂
・十二日　長野市第一市民会館
・十三日　長野県小諸中央映画劇場
・十四日　長野県南佐久郡野沢町立野沢中学校
・十五日　長野県諏訪市民会館

・二十六日・二十七日　芸術祭第三回文楽合同公演　東京三越劇場
・二十八日　芸術祭第三回文楽合同公演　東京新橋演舞場
・二十九日　第二回国家指定芸能特別鑑賞会　東京歌舞伎座
・三十日　林又一郎五色座公演　大夫三味線特別出演　道頓堀文楽座

十一月

・三日から二十七日　文楽座人形浄瑠璃十一月興行　道頓堀文楽座
（文楽教室　道頓堀文楽座）
・四日　花柳寿々絹舞踊会　大阪産経会館
・九日　初代吉田栄三建碑式　大阪市超心寺
・二十二日　奉納演奏　兵庫県尼崎市広済寺
・二十八日　芸術祭文楽合同公演　大阪産経会館

十二月

・五日から十日　大阪文楽座人形浄瑠璃総引越興行　お目見得　東京東横ホール
・十一日から十六日　同　二の替り　東京東横ホール
・十七日から二十三日　同　お名残り　東京東横ホール
・十二月　豊竹山城少掾引退が報道される

昭和三十一年（丙申）

・二十日　第八十二回三越名人会　東京三越劇場
・二十六日・二十七日　芸術祭第三回文楽合同公演　東京三越劇場
・二十八日　芸術祭第三回文楽合同公演　東京新橋演舞場
・二十九日　第二回国家指定芸能特別鑑賞会　東京歌舞伎座

十一月

・三日　富崎春昇喜寿祝賀演奏会　東京第一生命ホール
・四日　十一月巡業　埼玉県秩父市
・五日　東京都青梅
・六日　横浜市神奈川県立音楽堂
・七日　東京都豊島区
・九日　静岡市公会堂
・十一日　静岡県庵原郡興津町興津中学校講堂
・十三日　昼　新潟県立直江津高等学校
夜　新潟県直江津市立直江津南小学校
・十四日　新潟県柏崎
・十五日　新潟県佐渡新穂村
・十六日　新潟県両津
・十七日　新潟県河原田
・十八日　新潟県長岡市
・二十一日　兵庫県洲本市人形会館
・二十八日　芸術祭文楽合同公演　大阪産経会館

十二月

・一日から九日　第十五回東京公演　第一回　東京三越劇場
・十一日から十六日　同　第二回　東京三越劇場
（一日から十六日　学生の文楽教室　東京三越劇場）
・十七日　舞踊と人形による発表会　東京三越劇場

31・01・01 因会 道頓堀 文楽座 大阪 [ABC]

新装開場 当る申歳柿葺落 文楽座人形浄瑠璃初春興行
昭和三十一年元旦初日 昼の部正午 夜の部午後五時開幕
十三日より昼夜の狂言入替 道頓堀文楽座

昼の部 正午開幕

御祝儀 **寿式三番叟**

竹本長子大夫
竹本津の子大夫
竹本伊達路大夫
竹本相次大夫
竹本織部大夫
竹本和佐大夫
竹本雛大夫
竹本伊達大夫
竹本相生大夫
豊竹山城少掾
竹本綱大夫
竹本津大夫
豊竹松大夫
竹本静大夫
竹本織の大夫
豊竹弘大夫
竹本綱子大夫
竹本相子大夫
竹本南部大夫
鶴澤清八
豊澤豊助
鶴沢清治
鶴沢藤之助

鶴澤清好
豊澤新三郎
鶴澤徳太郎
野澤吉三郎
野澤八造
野澤松之輔
鶴澤藤蔵
竹澤弥七
鶴澤寛治
鶴澤清六
豊澤猿糸
野澤錦糸
竹澤団六
竹沢団二郎
鶴沢藤二郎
野澤喜八郎
豊澤広助

千歳 吉田玉男
翁 吉田文五郎
三番叟 桐竹亀松
三番叟 吉田玉五郎

米寿襲名 **披露口上**
米寿御挨拶

吉田文五郎
鶴澤徳太郎（清友改め）
竹本綱大夫（寛治郎改め）
鶴澤寛治（寛弘改め）
竹澤団六
竹澤弥七
竹本津大夫

絵本太功記

尼ヶ崎の段

前 豊竹松大夫
鶴澤徳太郎（清友改め）
後 竹本津大夫
三味線 鶴澤寛治（寛治郎改め）

武智重次郎 吉田玉男
嫁初菊 吉田文雀
妻操 吉田玉五郎
母さつき 吉田兵次
武智光秀 吉田玉助
真柴久吉 吉田淳造
加藤虎之助 吉田小玉
軍兵 大ぜい

西亭脚色補曲 松田種次装置
吉田文五郎翁の米寿を祝して

還春三彩絵模様

竹本相生大夫
竹本南部大夫
竹本織部大夫
竹本織の大夫
竹本相子大夫
野澤松之輔
野澤吉三郎
竹澤団六

娘お染 吉田文五郎
禿 吉田文五郎
住吉踊 吉田文五郎
坊主 吉田淳造
坊主 吉田常次
坊主 吉田文昇
坊主 吉田玉之助
坊主 吉田玉昇

鶴沢清好
竹沢団二郎
豊澤豊助

坊主　吉田玉幸

三勝
半七
艶容女舞衣

酒屋の段
切　竹本綱大夫
竹澤弥七

親宗岸　吉田玉市
嫁お園　吉田栄三
半兵衛女房　吉田常次
舅半兵衛　吉田兵次
娘おつう　吉田玉丸
三濃屋三勝　吉田文昇
茜屋半七　吉田玉昇

懸賞募集当選脚本
土岐松平作　西亭作曲
楳茂都陸平振付　大塚克三装置

初旅夫婦猿

竹本伊達大夫
竹本雛大夫
竹本和佐大夫
竹本長子大夫
竹本伊達路大夫
野澤八造
豊澤猿糸
野澤錦糸
豊澤新三郎
鶴沢藤二郎
鶴沢藤之助

雄猿　吉田玉助
雌猿　桐竹亀松

夜の部　午後五時開幕

武田信玄
長尾謙信
本朝廿四孝

武田信玄館の段より長尾謙信館奥庭狐火の段

武田信玄館村上上使の段
中　竹本長子大夫
豊澤豊助

村上上使の段
腰元濡衣　吉田玉五郎
常盤井御前　吉田常次
村上義晴　吉田淳造

盲勝頼切腹の段
次　竹本雛大夫
三味線　鶴澤清八

盲勝頼切腹の段
腰元濡衣　吉田玉五郎
盲勝頼　吉田文雀
常盤井御前　吉田常次
村上義晴　吉田淳造

武田信玄物語の段
切　竹本相生大夫
野澤松之輔

信玄物語の段
板垣兵部　吉田玉市
常盤井御前　吉田常次
蓑作実は武田勝頼　吉田玉男
腰元濡衣　吉田玉五郎
武田信玄大僧正　吉田玉助
駕屋　吉田玉之助
駕屋　吉田万次郎

十種香の段
切　豊竹山城少掾
鶴澤藤蔵

十種香の段
武田勝頼　吉田玉男
娘八重垣姫　吉田文五郎
腰元濡衣　吉田玉五郎
長尾謙信　吉田兵次
白須賀六郎　吉田玉昇
原小文治　吉田文昇

奥庭狐火の段
竹本綱大夫
竹澤弥七
寛弘改め竹澤団六

狐火の段
八重垣姫　桐竹亀松
白狐　大ぜい

琴　鶴沢清治

開場記念狂言
平田都作　鶴澤清六作曲
井上八千代振付　前田青邨美術考証並装置

延喜帝

翁実は醍醐天皇	豊竹松大夫
嫗実は梨壺女御	竹本和佐大夫
竜神	竹本織の大夫
従者	竹本雛大夫
藤原師長	竹本伊達大夫
三味線	鶴澤清六
	清友改め野澤吉三郎
	鶴澤徳太郎
	豊澤新三郎
	鶴澤清好
	野澤錦糸

藤原師長	吉田玉男
従者	吉田玉五郎
翁実は醍醐天皇	吉田栄三
嫗実は梨壺女神	吉田玉市
竜神	吉田玉助

夕霧伊左衛門　曲輪𤏐

吉田屋の段

扇屋夕霧	竹本伊達大夫
藤屋伊左衛門	竹本津大夫
吉田屋喜左衛門	竹本静大夫
女房おきさ	竹本織部大夫
吉田屋若い者	豊竹弘大夫
吉田屋若い者	竹本伊達路大夫
三味線	寛治郎改め鶴澤寛治
ツレ	豊澤猿糸

藤屋伊左衛門	桐竹亀松
扇屋夕霧	吉田栄三
吉田屋喜左衛門	吉田兵次
女房おきさ	吉田常次
若い者	吉田玉之助
遣り手	吉田小玉
禿	吉田玉幸
若い者	吉田玉米
末社	桐竹亀五郎
幇間	桐竹亀之助
仲居	吉田玉丸

＊　＊　＊

〔人形〕吉田光次＝桐竹紋太郎

＊　＊　＊

紋下	豊竹山城少掾	人形細工人	由良亀
三味線紋下	鶴澤清八	床山	佐藤為治郎
人形座頭	吉田玉助	座主	株式会社文楽座
頭取	吉田玉市		
はやし	中村新三郎		
衣裳	森田		

千秋万歳楽大入叶吉祥日

一部御観劇料　一等席四百円　二等席二百五十円　三等席百五十円※1
学生券A二百円　B百円
初日に限り一部料金にて昼夜通し御覧に入れます

※1　B百円

○一月二十五日まで（「朝日新聞（大阪）」広告 01・25）
◇「新『文楽座』の一月興行は、この二十五日の楽までほとんど切符を売りつくし〝赤字の文楽〟もやっと〝黒字〟となり、めでたい春を迎えているが、そのかげには松竹から独立して『株式会社文楽座』となった劇場経営者、座員たちの苦労が秘められている。元日以来定員千名の同座の入りが平均九〇㌫、正月三カ日と土曜、日曜には補助イスを出す盛況で、元の四ツ橋時代から比べて四倍の入りである」（「毎日新聞（東京）」01・23）
◎初旅夫婦猿　新築記念脚本募集作品
時代世話　賞金一席十万円　佳作五万円　応募八十五　入選なし
所作　賞金一席三万円　佳作二万円　応募五十一　一席入選なし　佳作入選「夫婦猿」
二つのセリを使って新文楽座の模型をセリ上げる（『演劇雑誌幕間』第十一巻第二号）
◇吉田文五郎　過労のため途中から休演（『文楽因会三和会興行記録』）
◇一月十六日　午前九時　吉田文五郎祝米寿高齢者特別招待会として　絵本太功記　尼ヶ崎の段　還春三彩絵模様（プログラム、「大阪日日新聞」

01・17）
◇一月八日　絵本太功記　尼ヶ崎の段　ラジオ放送　新日本　午後二時
（「毎日新聞（大阪）」、「読売新聞（大阪）」01・08）
◇一月十五日　延喜帝　ラジオ放送　ＮＨＫ第一　午後三時五分（「朝日新聞（大阪）」、「毎日新聞（大阪）」、「読売新聞（大阪）」01・15）

◇文楽教室　［B］

第一回文楽教室　文楽座人形浄瑠璃
昭和三十一年一月　公演中　二十五日まで　午前九時半より十一時　道頓堀文楽座

絵本太功記

尼ヶ崎の段

前　竹本織部大夫
　　鶴澤清好
後　竹本織の大夫
　　野澤錦糸

武智光秀　吉田光次
武智重次郎　吉田文昇
妻操　吉田玉五郎
嫁初菊　吉田小玉
羽柴秀吉（ママ）　吉田玉幸
母さつき　吉田兵次
加藤虎之助　吉田玉之助
軍兵　大ぜい

初旅夫婦猿

懸賞募集当選脚本
土岐松平作　西亭作曲
楳茂都陸平振付　大塚克三装置

竹本和佐大夫
竹本長子大夫
竹本伊達路大夫
豊澤猿糸

雄猿　吉田文雀
雌猿　吉田玉昇

豊澤新三郎
鶴澤藤二郎
鶴澤藤之助

特別料金　三十円（在学中の学生・生徒）

〇一月十九日　三和会　大阪市立船場中学校

31・01・21　三和会　三越劇場　大阪　［ＢＣＤ］

重要無形文化財・大阪府民劇場指定
文楽三和会第二十回郷土公演
昭和三十一年一月二十一日より二十六日　毎日正午開演　大阪高麗橋　三越劇場

新曲 **小《こ》鍛《か》冶《じ》**

稲荷山の段

稲荷明神　豊竹松島大夫
三条小鍛冶宗近　豊竹小松大夫
道成　竹本常子大夫
ツレ　豊竹貴代大夫
豊澤仙二郎
（鶴澤友若
竹澤団作
野澤八助
野澤勝平
豊澤猿二郎

稲荷明神　桐竹紋二郎
三条小鍛冶宗近　桐竹紋七
（桐竹紋四郎
道成　桐竹紋寿
（桐竹紋弥

木下順二作　武智鉄二演出　野澤喜左衛門作曲

瓜《うり》子《こ》姫《ひめ》とあまんじゃく

豊竹つばめ大夫
野澤喜左衛門
野澤勝太郎
野澤勝平

瓜子姫	桐竹紋之助
じつさ	吉田辰五郎
ばつさ	吉田国秀
杣の権六	吉田作十郎
山父	桐竹勘十郎
あまんじゃく	桐竹紋十郎

桂《かつら》川《がわ》連《れん》理《りの》柵《しがらみ》

帯屋の段　切
竹本住大夫
野澤勝太郎

女房おきぬ	桐竹紋之助
母おとせ	桐竹紋之丞
舅半斎	桐竹紋市
弟儀兵衛	吉田辰五郎
兄長右衛門	吉田作十郎
丁稚長吉 お半	桐竹紋十郎

一《いちの》谷《たに》嫩《ふたば》軍《ぐん》記《き》

熊谷陣屋の段　切
豊竹若大夫
鶴澤綱造

妻相模	桐竹紋十郎
熊谷次郎直実	吉田辰五郎
堤軍次	桐竹紋七 / 桐竹紋四郎
藤の局	桐竹紋二郎
源義経	吉田作十郎
梶原平次景高	桐竹紋之丞
石屋弥陀六 実は 弥平兵衛宗清	桐竹勘十郎

夕ぎり伊左衛門 廓《くるわ》文《ぶん》章《しょう》

吉田屋の段
前　豊竹古住大夫
　　鶴澤燕三
後　竹本源大夫
　　鶴澤叶太郎
　　竹澤団作
ツレ　野澤八助

藤屋伊左衛門	桐竹勘十郎
吉田屋喜左衛門	吉田国秀
女房おきさ	桐竹紋寿 / 桐竹紋弥
夕霧	桐竹紋之助
禿	桐竹紋若
太鼓持	桐竹勘之助
下女、下男、若い衆	大ぜい

＊　＊　＊

鳴物	芳村喜代次
人形細工師	藤本由良亀
舞台装置	服部和夫
舞台装置	鈴木幸次郎
舞台装置	山森定次郎
背景製作	数宝光之助
床山	背戸百太郎
小道具	畑天海

○一等三百五十円（学生百五十円）二等二百五十円（百円）
○瓜子姫　木下順二作　武智鉄二演出　野澤喜左衛門作曲　桐竹紋十郎振付
豊竹つばめ大夫は語り手と称す
◇豊竹貴代大夫　竹本真砂大夫初舞台（『演劇雑誌幕間』第十一巻第三号）
◇一月二十二日　瓜子姫とアマンジャク　ラジオ放送　NHK第一　午後三時五分（「朝日新聞（大阪）」、「毎日新聞（大阪）」、「読売新聞（大阪）」01・22）

31・01・27　因会・三和会　大阪中央放送局［BC］

第一回文楽若手勉強会
昭和三十一年一月二十七日　BK第一スタジオ　午後三時半開場
主催　大阪中央放送局

第一部（素浄瑠璃）

一谷嫩軍記
須磨浦の段
竹本津の子大夫
竹本相子大夫
野澤松之輔

鎌倉三代記
三浦別の段
竹本綱子大夫
竹澤弥七

梅川忠兵衛 冥途の飛脚
淡路町の段
竹本織の大夫
鶴澤藤蔵

第二部（人形入り）

仮名手本忠臣蔵
裏門の段
豊竹若子大夫
鶴澤燕三

勘平	桐竹紋寿
おかる	桐竹勘之助
伴内	桐竹紋二郎

加賀見山旧錦絵
草履打の段
豊竹小松大夫
野澤勝平

岩藤	桐竹紋四郎
尾上	桐竹紋二郎
善六	桐竹勘之助
腰元	大ぜい

日吉丸稚桜
小牧山城中の段
竹本伊達路大夫
野澤吉三郎

お政	吉田文雀
茂助	吉田小玉
五郎助	吉田光次
女房	吉田常次
竹松	吉田玉之助
久吉	吉田玉昇

増補忠臣蔵
本蔵下屋敷の段
本蔵 竹本常子大夫
伴左衛門 豊竹貴代大夫
姫 下部 竹本真砂大夫
野澤喜左衛門
奥 豊竹古住大夫
野澤勝太郎
琴 野澤勝平

伴左衛門	桐竹小紋
三千歳姫	桐竹紋若
本蔵	桐竹紋七
若狭之助	桐竹紋弥
小姓	桐竹紋次
奴	大ぜい

傾城阿波の鳴門
順礼歌の段
竹本織部大夫
竹澤弥七

お弓	吉田光次
おつる	吉田玉幸

鬼一法眼三略巻
五条橋の段
牛若丸 竹本綱子大夫
弁慶 竹本織の大夫
竹澤団二郎

牛若丸	吉田文昇
弁慶	吉田玉昇

鶴澤藤二郎	
鶴澤藤之助	
竹澤弥七	

◇一月二十七日　昭和三十年度人形浄瑠璃因協会賞表彰式
特賞　豊竹山城少掾「忠臣講釈」喜内住家
竹本相生大夫「名筆吃又平」
豊竹つばめ大夫　野澤喜左衛門「嫗山姥」
野澤松之輔「曽根崎心中」等作曲
吉田栄三　近松作品の諸役
奨励賞　野澤勝太郎「近頃河原達引」堀川
桐竹勘十郎「毛谷村」の六助
〔典拠〕「大阪日日新聞」（01・28）
『文楽因会三和会興行記録』

31・01・29　因会　天理市　天理教館　奈良　［BCD］

重要無形文化財指定　文楽座人形浄瑠璃引越興行
一月二十九日・三十日公演　昼の部午後二時　夜の部午後六時
芸術院会員吉田文五郎出演
主催大阪文楽会　後援　天理教にをいかけ委員会　天理教道友社　天理市　天理教館

寿式三番叟

千歳	竹本南部大夫	千歳	吉田文雀
翁	竹本綱大夫	翁	吉田玉市
三番叟	竹本静大夫	三番叟	吉田玉助
三番叟	竹本織の大夫	三番叟	吉田玉男
	竹澤弥七		
	野澤吉三郎		

野澤錦糸	
竹澤団六	
鶴澤藤二郎	

仮名手本忠臣蔵
一力茶屋の段

大星由良之助	竹本綱大夫	由良之助	吉田玉助
大星力弥	竹本織部大夫	九太夫	吉田兵次
矢間重太郎	竹本織部大夫	伴内	吉田玉市
竹森喜多八	竹本織の大夫	亭主	吉田玉之助
千崎弥五郎	竹本伊達路大夫	重太郎	吉田淳造
遊女おかる	竹本伊達大夫	喜多八	吉田兵次
亭主	竹本相次大夫	弥五郎	吉田玉市
鷺坂伴内	竹本和佐大夫	おかる	桐竹亀松
斧九太夫	竹本静大夫	力弥	吉田玉昇
寺坂（岡カ）平右衛門	竹本津大夫	平右衛門	吉田玉男
前	竹澤弥七	仲居	大ぜい
後	鶴澤寛治		

大西利夫作演出　野澤松之輔作曲　大塚克三装置
天理教祖七十年祭記念
梅薫教祖俤　第三編
中山家内の段

		中山家内の段	
中山真之亮	※1竹本相生大夫	中山真之亮	吉田栄三
山田伊八郎	竹本南部大夫	山田伊八郎	吉田常次
上村吉三郎	竹本和佐大夫	上村吉三郎	吉田淳造
こつての丑	竹本静大夫	こつての丑	吉田玉昇
梶本ひさ女	竹本伊達大夫	梶本ひさ女	吉田玉五郎
木村巡査	竹本伊達路大夫	木村巡査	吉田玉助
太田巡査	竹本織の大夫	太田巡査	桐竹亀松
教祖さま	※2竹本津大夫	教祖さま	（吉田文五郎 吉田玉市
	鶴澤寛治		

櫟本警察分署の段

梶本ひさ女　竹本伊達大夫
こつての丑　竹本静大夫
内儀　竹本織部大夫
巡査　竹本伊達路大夫
信者　竹本和佐大夫
教祖さま　※3竹本津大夫
野澤吉三郎

七十年後のお地場の段
竹本和佐大夫
竹本南部大夫
竹本織部大夫
野澤八造
野澤錦糸
竹澤団六
竹澤団二郎
鶴澤藤二郎

梶本ひさ女　吉田玉五郎
こつての丑　吉田玉昇
内儀　吉田文昇
巡査　桐竹亀松
教祖さま　（吉田文五郎／吉田玉市
信者　大ぜい

※1　D竹本津大夫　※2　D竹本相生大夫　※3　D竹本相生大夫

◇一月三十日　因会　昭和三十一年度大丸会　道頓堀文楽座
義経千本桜道行の段
道行初音旅
豊竹松大夫
竹本雛大夫
竹本長子大夫
竹本相子大夫
鶴澤清六
鶴澤徳太郎
豊澤新三郎
鶴澤清好
鶴澤藤之助
豊澤猿糸一

静御前　吉田玉五郎
忠信　吉田栄三

〔典拠〕プログラム

◎二月一日から四日　因会　人形浄瑠璃女義太夫大合同公演　道頓堀文楽座
芸術院会員吉田文五郎特別出演
二日、四日昼夜入替
昼の部　午前十一時開演
鶴澤道八作曲　楳茂都陸平振付
釣女
太郎冠者　吉田玉市
大名　吉田玉男
美女　吉田文雀
醜女　吉田玉五郎

摂州合邦辻（二日・四日第四）
合邦住家の段
合邦　吉田玉助
玉手御前　桐竹亀松
奴入平　吉田兵次
俊徳丸　吉田光次
浅香姫　吉田文昇
合邦女房　吉田常次

伽羅先代萩
御殿　政岡忠義の段
乳人政岡（前）吉田栄三
乳人政岡（後）吉田文五郎
鶴千代君　吉田玉之助

夜の部　午後四時三十分開演
お染久松　新版歌祭文
野崎村の段

倅千松　吉田玉幸
栄御前　吉田玉五郎
妻八汐　吉田玉助
沖の井　吉田常次

生写朝顔話（二日・四日第二）
宿屋奥座敷の段
大井川の段
駒沢次郎左衛門　吉田玉男
岩代多喜太　吉田兵次
朝顔実は深雪　吉田栄三
亭主徳右衛門　吉田淳造
下女おなべ　吉田文昇
川越人足　吉田万次郎
人足　大ぜい

仮名手本忠臣蔵
祇園一力茶屋の段
大星由良之助　吉田玉助
遊女おかる　吉田玉五郎
寺岡平右衛門　吉田玉男

親久作　吉田玉市
娘お光　桐竹亀松

娘お染　吉田玉男
丁稚久松　吉田光次
下女およし　吉田玉昇
母親おかつ　吉田常次

桜鍔恨鮫鞘
　鰻谷の段
古手屋八郎兵衛　吉田玉助
女房おつま（前）　吉田文五郎
女房おつま（後）　吉田玉五郎
香具屋弥兵衛　吉田兵次
娘おはん　吉田小玉
おつまの母　吉田淳造
仲仕銀八　吉田玉市
捕手　吉田玉米
捕手　吉田常次

加賀見山旧錦絵
　長局の段
中老尾上　吉田栄三

〔典拠〕プログラム

◇二月一日から十九日　因会　市川少女歌舞伎　京都四条南座
文楽座大夫三味線特別出演
昼の部
　寿三人三番叟
新曲　小鍛冶
夜の部
　伊達娘恋緋鹿子
　お七火の見櫓の場

竹本和佐大夫　野澤吉三郎
竹本静大夫　鶴澤藤之助
竹本長子大夫　豊澤豊助

召使お初　吉田玉五郎
町人　吉田文昇
町人　吉田常次

夕霧伊左衛門　曲輪嫜
　吉田屋の段
藤屋伊左衛門　桐竹亀松
扇屋夕霧　吉田栄三
吉田屋喜左衛門　吉田兵次
女房おきさ　吉田文雀
若い者　吉田玉之助
若い者　吉田玉米
遣り手 禿　大ぜい

妹背山婦女庭訓
　道行恋の小田巻
娘お三輪　桐竹亀松
橘姫　吉田文雀
求女　吉田文昇

〔典拠〕プログラム

◇二月七日　因会　道頓堀文楽座　午後三時開演
大阪日日新聞社・文楽座主催芸能まつりの「おもひで曽我」に文楽座大夫三味線が特別出演
〔典拠〕「大阪日日新聞」広告（02・01）

◇二月八日から二十七日　因会　東西花形歌舞伎二月興行　道頓堀文楽座
文楽座大夫三味線特別出演
団子売　おもひで曽我
竹本相生大夫　野澤松之輔
竹本雛大夫　豊澤猿糸
竹本南部大夫　野澤錦糸
竹本相次大夫　豊澤新三郎
　野澤喜八郎
〔典拠〕歌舞伎筋書

31・02・14　因会

祇園甲部歌舞練場　京都　①　［ＢＣＤ］

京都文楽会第十回記念公演　大阪文楽座人形浄瑠璃引越興行
芸術院会員豊竹山城少掾　芸術院会員吉田文五郎　他全員総出演
二月十四日初日　二十五日まで　昼夜狂言入替なし
お目見得狂言　十四日より十九日
昼の部　午前十一時開演

仮名手本忠臣蔵

道行旅路の嫁入

娘小浪
母戸無瀬

竹本織部大夫
竹本織の大夫
竹本伊達路大夫
竹本相子大夫
豊澤広助
（清友改め）鶴澤徳太郎
鶴澤清好
鶴澤藤二郎
竹澤団二郎

母戸無瀬　吉田玉男
娘小浪　吉田玉五郎

ツレ　竹澤団六

米寿襲名 披露口上

吉田文五郎
（清友改め）鶴澤徳太郎
竹本綱大夫
（寛治郎改め）鶴澤寛治
（寛弘改め）竹澤団六
竹澤弥七
竹本津大夫

お俊伝兵衛 近頃河原の達引

四条河原の段

豊竹十九大夫
野澤八造

四条河原の段

井筒屋伝兵衛　吉田玉男
仲買勘蔵　吉田玉昇
廻しの久八　吉田淳造
横淵官左衛門　吉田光次

堀川猿廻しの段

竹本綱大夫
竹澤弥七

堀川猿廻しの段

猿廻し与次郎　吉田玉市
娘おしゅん（前）　吉田玉五郎
娘おしゅん（後）　吉田文五郎
井筒屋伝兵衛　吉田玉男
弟子娘おつる　吉田文昇
与次郎の母　吉田常次

御所桜堀川夜討

弁慶上使の段

竹本津大夫
鶴澤寛治

武蔵坊弁慶　吉田玉助
針妙おわさ　桐竹亀松
妻花の井　吉田淳造
娘しのぶ　吉田光次
侍従太郎　吉田兵次
卿の君　吉田小玉

夕霧伊左衛門 廓文章

吉田屋の段

夕霧
伊左衛門
喜左衛門
おきさ
若い者

竹本伊達大夫
豊竹松大夫
竹本織の大夫
竹本織部大夫
竹本相子大夫
鶴澤清六
※1ツレ　鶴澤清好

藤屋伊左衛門　桐竹亀松
扇屋夕霧　吉田栄三
吉田屋喜左衛門　吉田兵次
女房おきさ　吉田文雀
若い者　吉田玉之助
若い者　吉田玉米
末社　吉田小玉
末社　桐竹一暢
禿　吉田玉幸
幇間　桐竹亀之助

夜の部　午後四時半開演

伊達娘恋緋鹿子

八百屋お七火見櫓の段

竹本織部大夫

八百屋お七　吉田玉五郎

豊澤広助
ツレ 竹澤団二郎
鶴澤藤二郎

伽羅先代萩

御殿の段
竹本伊達大夫
野澤八造

乳人政岡 吉田栄三
鶴喜代君 吉田玉之助
倅千松 吉田小玉

政岡忠義の段
豊竹松大夫
鶴澤清六

沖の井 吉田常次
女医小槙 吉田文昇
栄御前 吉田玉男
妻八汐 吉田玉市

梅川忠兵衛 冥途の飛脚

亀屋内より羽織落しの段
竹本綱大夫
竹澤弥七

亀屋忠兵衛 吉田栄三
国侍 吉田淳造
下女まん 吉田玉昇
丹波屋八右衛門 吉田玉市
宰領 吉田万次郎
宰領 吉田玉米
母妙閑 吉田常次

摂州合邦辻

合邦住家の段
中 豊竹十九大夫
豊澤広助
切 豊竹山城少掾
鶴澤藤蔵
後 竹本津大夫

親合邦 吉田玉助
玉手御前（前） 吉田文五郎
玉手御前（後） 吉田玉五郎
俊徳丸 吉田光次
浅香姫 吉田文雀

鶴澤寛治

奴入平 吉田兵次
合邦女房 吉田常次
講中 大ぜい

初旅夫婦猿

土岐松平作　西亭作曲
楳茂都陸平振付　大塚克三装置

竹本伊達大夫
竹本織の大夫
竹本伊達路大夫
竹本相子大夫
鶴澤徳太郎
竹澤団六
鶴澤清好
竹澤団二郎
鶴澤藤二郎

雄猿 吉田玉助
雌猿 桐竹亀松

* * *

人形頭取 吉田玉市
はやし方 中村新三郎
床山 佐藤為次郎
衣裳 森田信一
人形師 藤本由良亀
大道具 川辺

一部料金　一等三百五十円　二等百五十円　学生百円
初日のみ一部料金にて昼夜通し

※1　Cにあり
◇文楽教室　十九日午前九時　講師　竹本津大夫　吉田玉男　入場料一般五十円　高校生四十円　小中学生三十円（「京都新聞」02・15）
◇米寿の吉田文五郎に因み喜寿以上の高齢者を無料招待（多数の場合抽選）（「京都新聞」02・15）
◇京都新聞社席　三百五十円を百三十円に割引（「京都新聞」02・11）

祇園甲部歌舞練場　京都　②　〔BCD〕

二の替り狂言　二十日より二十五日

昼の部　午前十一時開演

恋女房染分手綱

重の井子別れの段

乳母重の井　竹本織の大夫
馬方三吉　竹本相子大夫
竹本伊達路大夫
鶴澤徳太郎

乳人重の井　吉田玉五郎
馬方三吉　吉田光次
調姫　吉田玉丸
腰元おふく　吉田玉昇
本田弥惣左衛門　吉田兵次
宰領　吉田淳造
宰領　吉田常次

壺坂観音霊験記

沢市内より壺坂寺まで

竹本津大夫
鶴澤寛治
ツレ　竹澤団二郎

座頭沢市　吉田玉市
観世音　吉田文昇
女房おさと　桐竹亀松

延喜帝

平田都作　鶴澤清六作曲
井上八千代振付　前田青邨美術考証装置

翁実は醍醐天皇　豊竹松大夫
嫗実は梨壺女御　竹本和佐大夫
竜神　竹本長子大夫
従者　竹本織の大夫
藤原師長　竹本伊達大夫
鶴澤清六
野澤吉三郎

翁実は醍醐天皇　吉田栄三
嫗実は梨壺女御　吉田玉市
藤原師長　吉田玉男
従者　吉田玉五郎
竜神　吉田玉助

鶴澤徳太郎
竹澤団六
鶴澤清好

伊賀越道中双六

沼津里の段

竹本綱大夫
竹澤弥七
ツレ　竹澤団六

平作内より千本松原まで

切　豊竹山城少掾
鶴澤藤蔵
胡弓　鶴澤清好

呉服屋重兵衛　吉田栄三
雲助平作　吉田玉助
娘およね（前）　吉田玉五郎
娘およね（後）　吉田文五郎
荷持安兵衛　吉田淳造
池添孫八　吉田兵次

本朝廿四孝

狐火の段

竹本織部大夫
竹澤団六
ツレ　竹澤弥七
琴　鶴澤清治

八重垣姫　桐竹亀松
白狐　大ぜい

夜の部　午後四時半開演

義経千本桜

道行初音旅

静御前　竹本織部大夫
忠信　豊竹十九大夫
竹本伊達路大夫
竹本相子大夫
豊澤広助
鶴澤徳太郎

静御前　吉田玉五郎
狐忠信　吉田玉男

鶴澤清好
竹澤団二郎
鶴澤藤二郎

米寿襲名 **披露口上**

米寿御挨拶　吉田文五郎
清友改め　鶴澤徳太郎
竹本綱大夫
寛治郎改め　鶴澤寛治
寛弘改め　竹澤団六
竹澤弥七
竹本津大夫

奥州安達原

袖萩祭文の段
豊竹松大夫
鶴澤清六

貞任物語の段
竹本津大夫
鶴澤寛治

謙仗直方　吉田淳造
浜夕　吉田兵次
娘袖萩　桐竹亀松
おきみ　吉田小玉
安倍貞任　吉田玉助
安倍宗任　吉田玉男
八幡太郎　吉田光次
腰元、組子　大ぜい

西亭脚色作曲　松田種次装置
文五郎翁の米寿を祝ふて

還春三彩絵模様

竹本伊達大夫
竹本和佐大夫
竹本織部大夫
豊竹十九大夫

蔵前のお染　吉田文五郎
禿　吉田文五郎
住吉踊　吉田文五郎
坊主　吉田淳造

竹本伊達路大夫
野澤八造
竹澤団六
鶴澤清好
竹澤団二郎
鶴澤藤二郎

坊主　吉田文昇
坊主　吉田玉之助
坊主　吉田玉昇
坊主　吉田玉幸
坊主　吉田常次

恋飛脚大和往来

新口村の段
切　竹本綱大夫
竹澤弥七

亀屋忠兵衛　吉田玉男
傾城梅川　吉田玉五郎
親孫右衛門　吉田玉市
針立道庵　吉田兵次
藤次兵衛　吉田万次郎
忠三女房　吉田文雀
水右衛門　吉田文昇
八右衛門　吉田玉之助
伝が婆　吉田常次
捕手小頭　吉田玉幸
捕手　大ぜい

壇浦兜軍記

阿古屋琴責の段
阿古屋　竹本伊達大夫
重忠　竹本津大夫
岩永　竹本織の大夫
榛沢　竹本伊達路大夫
鶴澤寛治
ツレ　野澤八造
三曲　竹澤団六

秩父重忠　吉田玉助
遊君阿古屋　吉田栄三
岩永左衛門　吉田兵次
榛沢六郎　吉田玉昇
水奴　大ぜい

31・02・14　因会　祇園甲部歌舞練場　京都　［B］

京都文楽会第十回記念公演　文楽祭
共催京都文楽会　松竹株式会社　後援京都新聞社
二月十四日六時半開場　祇園甲部歌舞練場

素義の素浄瑠璃
挨拶　芸術院会員 豊竹山城少掾
　　　芸術院会員 吉田文五郎

文楽座人形浄瑠璃一座
御所桜堀川夜討
弁慶上使の段
弁慶　鶴澤藤蔵
侍従太郎　吉田玉男
花の井　吉田玉五郎
信夫　竹澤団六
おわさ　鶴澤寛治
三味線　豊竹松大夫

人形
竹本津大夫
竹本織の大夫
竹本織部大夫
鶴澤徳太郎
野澤八造
竹澤弥七
竹本綱大夫
竹本伊達大夫

◇吉田文五郎　御祝儀の手踊り（「京都新聞」02・15）

31・02・14　三和会　日本橋　三越劇場　東京　［BCD］

文楽三和会第三回若手勉強会
重要無形文化財国家指定
昭和三十一年二月十四日より十九日まで　毎日一時開演　三越劇場

増補忠臣蔵

本蔵下邸の段
加古川本蔵　竹本常子大夫
三千歳姫　竹本真砂大夫
下部　豊竹小松大夫
伊波伴左衛門　豊竹貴代大夫
※1桃井若狭之助　豊竹古住大夫
　野澤勝太郎

奥庭の段
豊竹松島大夫
鶴澤燕三

伊波伴左衛門　桐竹紋四郎
三千歳姫　桐竹紋若
加古川本蔵　桐竹紋七
下部　桐竹紋次
桃井若狭之助　桐竹紋弥
奴　大ぜい

絵本太功記

夕顔棚の段
豊竹若子大夫
野澤勝平

尼ヶ崎の段
豊竹古住大夫
鶴澤叶太郎

母さつき　桐竹紋二郎
妻みさを　桐竹紋寿
初菊　桐竹勘之助
旅僧実は真柴久吉　桐竹小紋
武智重次郎　桐竹紋七
武智光秀　桐竹紋四郎
軍兵、講中　大ぜい

生写朝顔日記

宿屋より大井川まで
豊竹つばめ大夫
野澤勝太郎
琴　野澤勝平

駒沢次郎左衛門　桐竹紋弥
戎屋徳右衛門　桐竹紋寿
岩代多喜太　桐竹小紋
下女おなべ　桐竹紋次
朝顔　桐竹紋二郎
供人、近習、人足　大ぜい

妹背山婦女庭訓
道行恋小田巻
お三輪　豊竹小松大夫
橘姫　豊竹貴代大夫
求女　竹本常子大夫
ツレ　豊竹若子大夫
ツレ　竹本真砂大夫
三味線　野澤喜左衛門
ツレ　鶴澤燕三
竹澤団作
野澤勝平
豊澤猿二郎
橘姫　桐竹紋弥
求女　桐竹紋寿
お三輪　桐竹紋二郎
＊　＊　＊
人形部特別出演　桐竹紋十郎　桐竹勘十郎
桐竹紋之助　吉田作十郎
吉田辰五郎
入場料　二百円　学生割引（日曜日を除く）百円
※1　Dにあり
◇二月十六日　第八回毎日演劇賞決定
劇団賞　文楽座（因会）　文楽座の「曽根崎心中」「長町女腹切」「鑓の権三重帷子」において近松物復活に努力した功績
〔典拠〕「毎日新聞（東京）」（02・19）

31・02・25　三和会　姫路市公会堂　［BC］
大阪文楽人形浄瑠璃大一座
無形文化財指定人間国宝出演　慰霊塔協会協賛
昭和三十一年二月二十五日　二十六日　昼の部午前十一時　夜の部午後四時半開演　姫路市公会堂
主催　古典芸術鑑賞会　姫路素義会　姫路文化協会　後援　姫路市教育委員会　姫路市連合婦人会
二月二十五日　①
昼の部　午前十一時開演
絵本太功記
尼ヶ崎の段
前　豊竹古住大夫
豊澤仙二郎
後　豊竹つばめ大夫
鶴澤燕三
重次郎　桐竹勘十郎
初菊　桐竹紋二郎
さつき　桐竹紋之丞
みさを　桐竹紋十郎
久吉　吉田作十郎
光秀　吉田辰五郎
桂川連理柵
帯屋の段
前　竹本源大夫
鶴澤叶太郎
切　竹本住大夫
野澤勝太郎
おきぬ　桐竹紋之助
おとせ　桐竹紋之丞
半才　桐竹紋市
儀兵衛　桐竹勘十郎
長右衛門　吉田作十郎
長吉　桐竹紋七
お半　桐竹紋二郎
一の谷嫩軍記
熊谷陣屋の段
切　豊竹若大夫
相模　桐竹紋十郎

野澤　喜左衛門

熊谷直実　吉田辰五郎
堤軍次　桐竹紋四郎
藤ノ局　桐竹紋之助
源義経　吉田作十郎
梶原景高　桐竹紋市
弥陀六　桐竹勘十郎

本朝廿四孝
狐火の段

豊竹小松大夫
鶴澤友若
ツレ　野澤勝平

八重垣姫　桐竹紋之助
白狐　大勢

夜の部　午後四時半開演

玉藻前
道春館の段
金藤治
桂姫
初花姫
采女の助
萩の方

豊竹松島大夫
豊竹小松大夫
竹本真砂大夫
竹本常子大夫
豊竹古住大夫
鶴澤友若

金藤次　吉田辰五郎
萩ノ方　桐竹紋之丞
桂姫　桐竹紋之助
初花姫　桐竹紋二郎
采女之助　桐竹紋弥
腰元　大勢

伽羅先代萩
政岡忠義の段

豊竹若大夫
鶴澤綱造
豊竹つばめ大夫
野澤喜左衛門

鶴喜代　桐竹勘之助
千松　桐竹紋寿
政岡　桐竹紋十郎
八汐　桐竹勘十郎
沖ノ井　桐竹紋市
栄御前　吉田作十郎
腰元　大勢

伊賀越道中双六

沼津里より千本松まで

竹本住大夫
野澤勝太郎
ツレ　竹澤団作

重兵衛　桐竹勘十郎
安兵衛　桐竹紋四郎
平作　吉田辰五郎
お米　桐竹紋之助
孫八　桐竹紋二郎

壇ノ浦兜軍記
あこや琴責の段

あこや　竹本源大夫
重忠　豊竹古住大夫
岩永　豊竹松島大夫
榛沢　豊竹貴代大夫
鶴澤叶太郎
ツレ　豊澤仙二郎
三曲　野澤勝平

庄司重忠　桐竹紋市
岩永左衛門　吉田作十郎
榛沢六郎　桐竹紋弥
阿古屋　桐竹紋十郎
水奴　大勢

二月二十六日　②

昼の部　午前十一時開演

碁太平記白石噺
新吉原揚屋の段

竹本源大夫
鶴澤叶太郎

宮城野　桐竹紋之助
禿しげり　桐竹紋若
宮里　桐竹紋寿
宮柴　桐竹紋四郎
信夫　桐竹紋二郎
宗六　吉田作十郎

艶姿女舞衣
酒屋の段

豊竹つばめ大夫
野澤喜左衛門

宗岸　吉田辰五郎
おその　桐竹紋十郎
半兵衛女房　桐竹紋之丞

半兵衛　桐竹紋市
おつう　桐竹紋若
半七　桐竹紋七
三勝　桐竹紋寿

義経千本桜
すしやの段
豊竹若大夫
鶴澤綱造

お里　桐竹紋十郎
母親　桐竹紋之丞
弥助実は平惟盛　桐竹紋之助
権太　桐竹勘十郎
弥左衛門　桐竹紋市
若葉ノ内侍　桐竹紋四郎
六代君　桐竹勘之助
梶原平三　吉田作十郎
小仙　桐竹紋弥
善太　桐竹紋若

新版歌祭文
野崎村の段
竹本住大夫
野澤勝太郎
豊澤仙二郎
ツレ　竹澤団作
鶴澤友若
野澤勝平

お光　桐竹勘十郎
お染　桐竹紋二郎
下女およし　桐竹小紋
久作　吉田辰五郎
久松　桐竹紋弥
お勝　桐竹紋之丞
船頭　桐竹紋七

夜の部　午後四時半開演

傾城阿波ノ鳴戸
順礼歌の段
お弓
おつる
竹本源大夫
豊竹小松大夫
鶴澤叶太郎

お弓　桐竹紋之助
おつる　桐竹勘之助

恋飛脚大和往来
新口村の段
豊竹つばめ大夫
野澤喜左衛門
竹本住大夫
野澤勝太郎

忠兵衛　桐竹紋二郎
梅川　桐竹紋十郎
忠三ノ女房　吉田作十郎
水右衛門　桐竹小紋
伝が婆　桐竹勘之助
置頭巾　桐竹紋市
孫右衛門　吉田辰五郎
捕手小頭　桐竹紋七
捕手　大勢

摂州合邦ヶ辻
合邦内の段
豊竹若大夫
鶴澤燕三

合邦　桐竹勘十郎
母親　桐竹紋之丞
玉手御前　桐竹紋十郎
奴入平　桐竹紋市
俊徳丸　吉田作十郎
浅香姫　桐竹紋二郎

仮名手本忠臣蔵
一力茶屋の段
由良之助　豊竹つばめ大夫
重太郎　豊竹松島大夫
弥五郎　竹本常子大夫
喜多八　竹本真砂大夫
おかる　竹本源大夫
仲居 九太夫　豊竹小松大夫
力弥　豊竹貴代大夫
平右衛門　豊竹古住大夫
前　豊澤猿二郎
後　鶴澤叶太郎

矢間重太郎　桐竹紋寿
竹森喜太八　桐竹紋四郎
千崎弥五郎　桐竹紋七
大星由良之助　吉田辰五郎
寺岡平右衛門　桐竹勘十郎
大星力弥　桐竹紋弥
斧九太夫　桐竹小紋
おかる　桐竹紋之助
仲居　大勢

入場料金　当日売二百八十円（御一人一部限り）

◇碁太平記白石噺　信夫　桐竹紋二郎休演のため桐竹紋寿代役（『文楽・女方ひとすじ』）

31・03・02　因会　道頓堀　文楽座　大阪　［ABCD］

文楽座人形浄瑠璃三月興行

昭和三十一年三月二日初日　十五日より昼夜の狂言入替

府民劇場指定　重要無形文化財指定　道頓堀文楽座

昼の部　正午開演

大西利夫脚色　西亭作曲　田村孝之介美術考証並装置

お蝶夫人　三景

第一景

野澤吉三郎
豊澤猿糸
豊澤新三郎
鶴沢藤二郎
鶴沢藤之助

お蝶夫人　吉田栄三
ピンカートン　吉田玉男
同夫人　吉田文雀
ならず者山鳥　吉田玉市
召使鈴木　吉田玉五郎
五郎　吉田玉昇
子供　吉田小玉

第二景

竹本相生大夫
ツレ　竹本織部大夫
竹本織の大夫
野澤八造
ツレ　豊澤猿糸
竹澤団六

第三景

竹本綱大夫
竹澤弥七
ツレ　野澤錦糸

義経千本桜

道行初音の旅

竹本長子大夫
竹本津の子大夫
竹本伊達路大夫
豊竹十九大夫
竹本相次大夫
竹本織部大夫
竹本和佐大夫
竹本雛大夫
竹本伊達大夫
竹本相生大夫
豊竹山城少掾
竹本綱大夫
竹本津大夫
豊竹松大夫
竹本静大夫
竹本織の大夫
豊竹弘大夫
竹本綱子大夫
竹本相子大夫
竹本南部大夫
鶴澤清八
豊澤豊助

鶴沢清治
鶴沢藤之助
鶴澤清好
豊澤新三郎
鶴澤徳太郎
野澤吉三郎
野澤八造
野澤松之輔
鶴澤藤蔵
竹澤弥七
鶴澤寛治
鶴澤清六
豊澤猿糸
野澤錦糸
竹澤団六
竹沢団二郎
鶴沢藤二郎
野澤喜八郎
豊澤広助

静御前　桐竹亀松
狐忠信　吉田玉助

摂州合邦辻

合邦住家の段

前　竹本津大夫

親合邦　吉田玉助

後　竹本綱大夫
三味線　鶴澤寛治
竹澤弥七

玉手御前（前）　吉田文五郎
玉手御前（後）　吉田玉五郎
奴入平　吉田淳造
俊徳丸　吉田光次
浅香姫　吉田文昇
合邦女房　吉田常次

壇浦兜軍記

阿古屋琴責の段

阿古屋　竹本伊達大夫
重忠　豊竹松大夫
岩永　竹本雛大夫
榛沢　竹本織部大夫
三味線　鶴澤清六
ツレ　鶴澤徳太郎
琴胡弓　竹澤団六

遊君阿古屋　吉田栄三
秩父重忠　吉田玉市
岩永左衛門　吉田兵次
榛沢六郎　吉田玉昇
水奴　大ぜい

夜の部　五時開演

九条武子原作　西亭補綴並作曲
藤間勘十郎振付　藤間勘五郎振付補　堂本印象美術考証並装置

四季の曲

春の巻（雛まつり）

竹本津大夫
竹本雛大夫
竹本南部大夫
三味線　鶴澤寛治
野澤吉三郎
竹澤団六
鶴沢藤二郎
鶴沢藤之助

第一景
女雛　吉田玉五郎
男雛　吉田玉男
仕丁　吉田玉助
仕丁　桐竹亀松
仕丁　吉田栄三

夏の巻（京の大文字）

竹本織の大夫
竹本織部大夫
野澤松之輔
豊澤猿糸
豊澤新三郎

第二景
舞妓　吉田光次
舞妓　吉田文雀

秋の巻（想夫恋）

竹本伊達大夫
野澤八造
鶴沢清好

第三景
支那夫人　吉田玉市

冬の巻（落飾）

鶴澤藤蔵
豊澤猿糸
野澤錦糸
竹澤団六
鶴沢藤之助
三味線　豊澤広助
野澤喜八郎
野澤吉三郎
鶴澤徳太郎
豊澤新三郎
鶴沢藤二郎
竹沢団二郎
鶴沢清治
豊澤豊助

第四景
旅僧　吉田玉市

二郎兵衛 おきさ 今宮心中

近松門左衛門原作　鷲谷樗風脚色
竹本綱大夫　竹澤弥七作曲　大塚克三装置

瓦町橋浜際の段

菱屋隠居貞法　竹本和佐大夫
由兵衛　竹本静大夫

二郎兵衛　※1吉田玉男
おきさ　桐竹亀松

四郎右衛門内儀　竹本織部大夫
針女おきさ　竹本南部大夫
手代二郎兵衛　竹本織の大夫
久三　竹本相子大夫
親太郎三郎　竹本長子大夫
　鶴澤徳太郎

本町菱屋内の段

前　竹本伊達大夫
　野澤八造
後　竹本綱大夫
　竹澤弥七

道行戎の森の段

林扇矢振付
針女おきさ　竹本雛大夫
二郎兵衛　竹本織の大夫
今宮神主　豊竹十九大夫
村長　竹本伊達路大夫
三味線　豊澤広助
　豊澤豊助
　野澤錦糸
　豊澤新三郎
　野澤喜八郎

菅原伝授手習鑑

松王首実検の段

切　豊竹山城少掾
　鶴澤藤蔵

いろは送りの段

　豊竹松大夫
三味線　鶴澤清六

隠居貞法　吉田玉市
親太郎三郎　吉田兵次
医者卜庵　吉田淳造
下女お竹　吉田文雀
由兵衛　吉田玉助
四郎右衛門　吉田常次
久三　吉田玉昇
菱屋内儀　吉田文雀
※2神主　吉田淳造
※3村長　吉田常次

武部源蔵　吉田玉市
女房戸浪　吉田玉五郎
松王丸　※4吉田玉助
女房千代（前）　桐竹亀松
女房千代（後）　吉田文五郎
春藤玄蕃　吉田兵次

菅秀才　吉田玉丸
一子小太郎　吉田玉幸
よだれくり　吉田玉之助
御台所　吉田常次
手習子、百姓　大ぜい

竜虎

大野恵造作　西亭作曲
林扇矢振付　高根宏浩装置

竜　吉田栄三
虎　吉田玉男

竹本相生大夫
竹本津大夫
竹本和佐大夫
竹本静大夫
竹本長子大夫
野澤松之輔
野澤吉三郎
鶴澤徳太郎
竹澤団六
鶴澤清好
竹沢団二郎

＊　＊　＊

〔人形〕
吉田万次郎
桐竹亀之助
桐竹紋太郎
桐竹一暢
吉田玉米

＊　＊　＊

紋下　豊竹山城少掾
三味線紋下　鶴澤清八
人形座頭　吉田玉助
頭取　吉田玉市
はやし　中村新三郎
衣裳　森田
人形細工人　由良亀
床山　佐藤為次郎

大道具　川辺繁太郎 ＝ 座主　株式会社文楽座
照明　竹本文蔵
舞台監督　鷲谷樗風 ＝ 千秋万歳楽大入叶吉祥日
一部御観劇料　一等席四百円　二等席二百五十円　三等席百五十円※5
学生券二百円
初日に限り一部料金にて昼夜通し御覧に入れます

※1　B（高木蔵）吉田玉助　※2　Aはなし　※3　Aはなし
※4　B（吉田文雀氏・高木蔵）D吉田玉市　B（文楽劇場蔵）は吉田玉助
※5　B百円

○三月二十七日まで（「朝日新聞（大阪）」広告 03・27）
◎三月十二日から　豊竹山城少掾病気休演（『文楽因会三和会興行記録』）
◎お蝶婦人　大西利夫脚色　西亭作曲　田村孝之介考証並に装置
二月二十九日　午後　舞台稽古（「朝日新聞（大阪）」03・01）
オペラ浄曲化の嚆矢　文楽初のキスシーンや口語体での会話、バイオリンの演奏も取り入れられた　バイオリンでは「蛍の光」「さくらさくら」「ホーム・スイートホーム」「天然の美」などを演奏（「毎日新聞（大阪）」03・08、「新大阪」03・10、「朝日新聞（大阪）」03・01／03・13）
蝶々、ピンカートン、その子供、ケートを人形師二代目藤本由良亀が製作目から鼻筋の線やリアルさを出すための細い眉、水白粉を用いずドーラン化粧をする等の工夫が施される　新作ものの人形の新調は戦後初めてで、紅毛碧眼の人形の登場も初めてのこと（「読売新聞（大阪）」02・25）
◎四季の曲　九条武子原作　西亭補綴作曲　藤間勘十郎振付　藤間勘五郎振付補　堂本印象考証装置
〝春〟をパントマイム、三味線だけで人形を使うことと、最後の〝冬〟の場面は曲だけで、人形は登場せず幕切れに雲水坊主が一人舞台を横切っていくという演出」（「大阪日日新聞」01・25）
○今宮心中　近松原作　鷲谷樗風脚色　竹本綱大夫・竹澤弥七作曲　大塚克三装置
○竜虎　大野恵造作　西亭作曲　林扇矢振付　高根宏浩装置
○千秋楽の一部　第六回若手勉強会
◇三月一日　人形祭（「毎日新聞（大阪版）」03・01）
◇三月四日　近松会の観劇会に先立ち、竹本綱大夫　竹澤弥七が今宮の心中について解説講演（『演劇雑誌幕間』第十一巻第四号）
◇三月五日　夜の部　ロータリークラブ　商工会議所　御招待の夕（プログラム）
◇三月二十七日　第一回文楽秀曲十八番に「曽根崎心中」「長町女腹切」「鑓権三重帷子」「延喜帝」「お蝶夫人」を選定（「毎日新聞（大阪）」03・28）
◇三月二十五日　壇浦兜軍記　阿古屋琴責めの段　ラジオ放送　NHK第一　午後三時五分（「朝日新聞（大阪）」、「毎日新聞（大阪）」、「読売新聞（大阪）」03・25）

◎文楽教室　［BC］

第二回文楽教室　文楽座人形浄瑠璃
昭和三十一年三月　公演中　二十七日まで　午前九時半より十一時まで
道頓堀文楽座

菅原伝授手習鑑

寺子屋の段

竹本静大夫
野澤吉三郎

武部源蔵　吉田玉市
女房戸浪　吉田玉五郎
松王丸　吉田玉助
女房千代　桐竹亀松
春藤玄蕃　吉田兵次
菅秀才　吉田玉丸
一子小太郎　吉田玉幸
よだれくり　吉田玉之助
御台所　吉田常次
手習子、百姓　大ぜい

義経千本桜

道行初音の旅

静御前　竹本織部大夫
忠信　竹本織の大夫

静御前　桐竹亀松
狐忠信　吉田玉助

竹本相子大夫
野澤錦糸
豊澤新三郎
鶴澤藤二郎
鶴澤藤之助

特別料金　三十円（在学中の学生・生徒）

◇三月二十六日　昭和三十年度第六回芸術選奨授賞式　文部省
野澤喜左衛門が芸術選奨文部大臣賞（古典芸術部門）を受賞
〔典拠〕「日本経済新聞（東京）」（03・03／03・26）

31・03・27　因会　道頓堀　文楽座　大阪　［BC］

第六回文楽座因会若手勉強会
昭和三十一年三月二十七日
主催　文楽座因会　後援　株式会社文楽座　道頓堀文楽座

昼の部　正午

四季の曲

配役は本公演と同じ

今宮心中

二郎兵衛
おきさ
配役は本公演と同じ

菅原伝授手習鑑　寺子屋の段

源蔵戻りの段
豊竹山城少掾
鶴澤藤蔵

（勉強芸題）
松王首実検の段
松王丸　豊竹十九大夫
玄蕃　竹本雛大夫
源蔵　竹本津大夫
戸浪　竹本南部大夫
百姓 寺子　竹本静大夫
千代　豊竹弘大夫
御台 菅秀才　竹本長子大夫
鶴澤寛治

いろは送りの段
豊竹松大夫
鶴澤清六

源蔵　吉田玉昇
戸浪　吉田小玉
松王丸　吉田光次
玄蕃　吉田玉幸
千代（前）　吉田文雀
よだれくり　吉田玉丸
小太郎　桐竹亀之助
菅秀才　吉田栄弘
御台所　吉田常次
千代（後）　吉田文五郎

竜虎

配役は本公演と同じ

夜の部　五時

お蝶夫人

配役は本公演と同じ

（勉強芸題）

義経千本桜

道行初音の旅
大夫三味線は本公演と同じ

静御前※1　吉田小玉
忠信※2　吉田玉昇

（勉強芸題）

摂州合邦辻

合邦住家の段

前	竹本津大夫	
	竹澤団六	
後	竹本織の大夫	
	竹澤弥七	

玉手御前（前）	吉田文五郎
合邦	吉田文昇
女房	吉田常次
玉手御前（後）	吉田文雀
入平	吉田淳造
俊徳丸	吉田玉之助
浅香姫	桐竹一暢

（勉強芸題）

壇浦兜軍記

阿古屋琴責の段

阿古屋	竹本織部大夫
重忠	竹本綱大夫
岩永	竹本伊達路大夫
榛沢	豊竹松大夫
	鶴澤清好
ツレ	鶴澤清六
琴	竹澤弥七
胡弓	鶴澤徳太郎

阿古屋	吉田光次
岩永	吉田玉幸
榛沢	吉田玉之助
重忠	吉田文昇
水奴	大ぜい

※1 C左 桐竹亀松 足 吉田玉五郎 ※2 C左 吉田玉市 足 吉田玉男

31・03・03 三和会

◎中国・九州・東海巡業

◇中国・九州巡業 竜野までの二十三日間とするカ（『三和会公演控』）

巡業 ［BC］

重要無形文化財国家指定記念 文楽人形浄瑠璃芝居 文楽三和会地方公演

昼の部

新曲 **小鍛冶**

稲荷山の段

稲荷明神	豊竹古住大夫
三条宗近	豊竹小松大夫
勅使道成	豊竹貴代大夫
	鶴澤燕三
	竹澤団作
	野澤勝平
	豊澤猿二郎

三条小鍛冶宗近	桐竹紋之助
老翁実は稲荷明神	桐竹勘十郎
勅使道成	桐竹紋弥

御所桜堀川夜討

弁慶上使の段

前	豊竹松島大夫
	豊澤仙二郎
後	豊竹つばめ大夫
	野澤勝太郎

卿ノ君	桐竹勘之助
侍従太郎	吉田作十郎
花ノ井	桐竹紋之丞
武蔵坊弁慶	吉田辰五郎
腰元しのぶ	桐竹紋寿
おわさ	桐竹紋之助
腰元	大勢い

艶姿女舞衣

酒屋の段

切	豊竹若大夫
	野澤喜左衛門

親宗岸	吉田辰五郎
嫁おその	桐竹紋十郎
半兵衛女房	桐竹紋之丞
舅半兵衛	桐竹紋市

おつう　桐竹紋若
茜屋半七　桐竹紋七
美濃屋三勝　桐竹紋二郎

壇浦兜軍記

あこや琴責の段

阿古屋　竹本源大夫
重忠　豊竹古住大夫
岩永　竹本住大夫
榛沢　竹本常子大夫
　　鶴澤叶太郎
ツレ　鶴澤友若
三曲　野澤勝平

秩父庄司重忠　桐竹勘十郎
岩永左衛門　吉田作十郎
榛沢六郎　桐竹紋十弥
遊君阿古屋　桐竹紋十郎
水奴　大勢い

夜の部

増補忠臣蔵

本蔵下屋敷の段

本蔵　竹本常子大夫
伴左衛門　豊竹貴代大夫
下部　豊竹小松大夫
三千歳姫　竹本真砂大夫
　　竹澤団作

伊波伴左衛門　吉田作十郎
三千歳姫　桐竹紋二郎
加古川本蔵　吉田辰五郎
小姓　桐竹勘之助
桃井若狭之助　桐竹勘十郎
奴　大勢い

奥庭の段

豊竹つばめ大夫
野澤喜左衛門

生写朝顔日記

宿屋の段

切　豊竹若大夫
　　鶴澤燕三

駒沢次郎左衛門　吉田辰五郎
岩代多喜太　吉田作十郎

大井川の段

琴　野澤勝平
　　竹本源大夫
　　鶴澤叶太郎

戎屋徳右衛門　桐竹紋市
下女おなべ　桐竹小紋
朝顔　桐竹紋十郎
近習、供人、川越人足　大勢い

名筆吃又平

将監館の段

切　竹本住大夫
　　野澤勝太郎
ツレ　野澤勝平

土佐将監　桐竹紋市
奥方　桐竹紋之丞
修理之助　桐竹紋四郎
吃又平　桐竹紋十郎
女房おとく　桐竹紋之助
雅楽之介　桐竹紋二郎

増補大江山

一条戻橋の段

若菜姫　豊竹古住大夫
渡辺綱　豊竹松島大夫
ツレ　豊竹小松大夫
　　鶴澤友若
　　豊澤仙二郎
　　野澤勝平

渡辺綱　桐竹紋之助
若菜 実は 悪鬼　桐竹勘十郎

＊　＊　＊

はやし　芳村喜代治
はやし　小川音松
舞台装置　服部和男

舞台装置　鈴木幸次郎
小道具　山森定次郎
床山　背戸百太郎

◇学生の文楽教室［B］

阿波の鳴戸

順礼歌の段

お弓　豊竹古住大夫
おつる　竹本真砂大夫
豊澤仙二郎
野澤勝平

お弓　桐竹紋之助　桐竹紋二郎
おつる　桐竹勘之助　桐竹紋若

五条橋

弁慶　豊竹松島大夫
牛若丸　竹本常子大夫
豊竹小松大夫
豊竹貴代大夫
鶴澤友若
野澤勝平
竹澤団作

牛若丸　桐竹紋寿　桐竹紋七　桐竹紋弥
弁慶　吉田作十郎　桐竹勘十郎

◎三月三日　和歌山県御坊市グランド劇場　［BC］

昭和三十一年三月三日　一日限
昼午前十時より二時半　夜午後二時半より六時※1
文部省文化財保護委員会選定　重要無形文化財国家指定
大阪文楽人形浄瑠璃　三和会御坊市大公演　御坊市松原通グランド劇場
主催　文楽三和会　後援　御坊市公民館　日高素義会　郡市傷痍軍人会

第一部
御所桜堀川夜討
弁慶上使の段
弁慶　豊竹松島大夫
おわさ　豊竹古住大夫
信夫　豊竹小松大夫

侍従太郎　竹本常子大夫
花の井　豊竹貴代大夫
鶴澤燕三

おしゅん伝兵衛　近頃河原達引
堀川猿廻しの段
前　豊竹つばめ大夫
奥　竹本住大夫
野澤喜左衛門
ツレ（前）　野澤勝平
（後）　鶴澤友若

生写朝顔話
宿屋の段　竹本源大夫
鶴澤叶太郎
※2ツレ　野澤勝平

東海道五十三次　道中膝栗毛
弥次郎兵衛喜多八　赤坂並木より古寺まで
弥次郎兵衛　豊竹つばめ大夫
喜多八　豊竹古住大夫
和尚　豊竹松島大夫
親父　豊竹小松大夫
子供　竹本常子大夫
野澤勝太郎
豊澤仙二郎
竹澤団作
豊澤猿二郎

*　*　*

はやし　芳村喜代次
床山　背戸百太郎
小道具　山森

大道具　服部
舞台係　鈴木

前売入場券　二百円

※1　B手書で訂正　※2　C琴
○人形役割不明　桐竹紋十郎　吉田辰五郎　桐竹勘十郎　桐竹紋之助　吉田作十郎　桐竹紋二郎　桐竹小紋　桐竹紋寿　桐竹紋七　桐竹勘之助　桐竹紋之丞　桐竹紋若

◎三月七日　岡山市葦川会館　昼の部十二時半　夜の部午後六時開演
演目は巡業プログラムの通り　但し増補忠臣蔵　奥庭の段の記載なし
夜の部は芸能友の会例会
入場料　昼の部当日三百五十円
〔典拠〕「山陽新聞」（03・07）

◎三月九日　大分県別府松濤館　昼の部午後一時　夜の部午後六時開演
演目は巡業プログラムの通り

入場料　前売三百円　当日三百五十円

〔典拠〕「大分合同新聞」（03・08）、広告（03・09）

◎**三月十日　福岡市大博劇場**　［BC］

重要無形文化財国家指定記念
文楽人形浄瑠璃芝居　文楽三和会地方公演
昭和三十一年三月十日より十二日　大博劇場

第一日　①

昼の部
一谷嫩軍記
須磨浦組討の段

熊谷　豊竹松島大夫
平山　竹本常子大夫
玉織姫　竹本真砂大夫
敦盛　豊竹小松大夫
野澤勝平

平敦盛　吉田作十郎
熊谷次郎直実　吉田辰五郎
平山武者所　桐竹小紋

桜鍔恨鮫鞘
八郎兵衛内の段

前　竹本源大夫
鶴澤叶太郎
切　竹本住大夫
野澤勝太郎

女房おつま　桐竹紋之助
母親　桐竹紋市
娘お半　桐竹紋寿
八郎兵衛　桐竹紋十郎
香具屋弥兵衛　吉田作十郎
天保ノ十兵衛　桐竹紋弥
仲仕銀八　桐竹勘十郎
捕手　大ぜい

玉藻前曦袂
道春館の段

切　豊竹若大夫
野澤喜左衛門

萩ノ方　桐竹紋之丞
鷲塚金藤次　吉田辰五郎
桂姫　桐竹勘十郎
初花姫　桐竹紋二郎
采女之助　桐竹勘之助
腰元　大ぜい

藤間紋寿郎振付
紋十郎好十二月の内 鏡獅子

シテ　豊竹つばめ大夫
ワキ　豊竹古住大夫
ツレ　豊竹小松大夫
豊竹貴代大夫
野澤勝太郎
鶴澤燕三
豊澤仙二郎
鶴澤友若
野澤勝平

弥生後に獅子ノ精　桐竹紋十郎
胡蝶　桐竹紋之助
胡蝶　桐竹紋二郎

博多旧券芸妓御連中特別出演※1

夜の部
音冴春臼月
団子売の段

杵造　豊竹松島大夫
お臼　豊竹小松大夫
ツレ　竹本常子大夫
竹本真砂大夫

杵造　桐竹勘十郎
お臼　桐竹紋二郎

豊澤仙二郎
鶴澤友若
竹澤団作
野澤勝平

奥州安達原
袖萩祭文の段
切　豊竹若大夫　野澤喜左衛門
後　豊竹つばめ大夫　野澤喜左衛門

袖萩　桐竹紋十郎
娘お君　桐竹紋四郎
父謙仗直方　桐竹紋市
母浜夕　桐竹紋之丞
安部宗任　桐竹紋之助
八幡太郎義家　吉田作十郎
安部貞任　吉田辰五郎
仕丁、腰元　大ぜい

お半長右衛門　桂川連理柵
帯屋の段
切　竹本住大夫　野澤勝太郎

女房お絹　桐竹紋之助
母おとせ　桐竹紋之丞
親半斎　桐竹紋市
弟儀兵衛　桐竹勘十郎
長右衛門　吉田作十郎
丁稚長吉　桐竹紋七
お半　桐竹紋二郎

仮名手本忠臣蔵
一力茶屋の段
由良之助　豊竹つばめ大夫
重太郎　豊竹松島大夫
弥五郎　竹本常子大夫
喜多八　竹本真砂大夫
おかる　竹本源大夫
九太夫 仲居　豊竹小松大夫

大星由良之助　吉田辰五郎
大星力弥　桐竹紋弥
おかる　桐竹紋十郎
斧九太夫　桐竹小紋
寺岡平右衛門　桐竹勘十郎

力弥　豊竹貴代大夫
平右衛門　豊竹古住大夫
前　豊澤猿二郎
後　鶴澤叶太郎

＊　＊　＊

はやし　芳村喜代次
はやし　小川音松
舞台装置　服部和男

舞台装置　鈴木幸次郎
小道具　山森定次郎
床山　背戸百太郎

※1　C笛・小鼓・太鼓
◇「西日本新聞」広告（03・09）では奥州安達原と桂川連理柵の順序が逆
◇昼の部十二時半　夜の部午後五時半（「西日本新聞」広告　03・09）
◇入場料　一等指定席四百円　乙一等指定席三百円　当日（階上）二百円（「西日本新聞」広告　03・09）
◇三月十日　桐竹紋十郎、野澤喜左衛門、豊澤猿二郎が西日本新聞社、朝日新聞福岡総局を訪問（「西日本新聞」、「朝日新聞（福博版）」03・11）
○「鏡獅子」に博多旧券芸妓連中が特別出演（「西日本新聞」広告　03・09）

第二日　②

昼の部
西亭作曲
新曲　面売り
面売娘　豊竹古住大夫
おしゃべり　豊竹小松大夫
ツレ　竹本常子大夫
竹本真砂大夫
鶴澤友若
竹澤団作
野澤勝平

面売娘　桐竹紋十郎

豊澤猿二郎

忠臣義士伝
赤垣源蔵出立の段
切 竹本住大夫
野澤勝太郎

赤垣源蔵 吉田辰五郎
奴牝平太 桐竹紋七
妻お継 桐竹紋之助
兄源左衛門 桐竹勘十郎
母親 桐竹紋之丞

生写朝顔日記
宿屋より大井川まで
切 豊竹若大夫
野澤喜左衛門
琴 野澤勝平
竹本源大夫
鶴澤叶太郎

駒沢次郎左衛門 吉田辰五郎
戎屋徳右衛門 桐竹紋市
岩代多喜多 吉田作十郎
下女おなべ 桐竹小紋
朝顔 実は 深雪 桐竹紋十郎
近習、供人、川越人足 大ぜい

藤間紋寿郎振付
紋十郎好十二月の内 鏡獅子
配役は第一日と同じ

夜の部
薫樹累物語
絹川土橋の段
与右衛門 豊竹松島大夫
歌潟姫 豊竹小松大夫
かさね 豊竹古住大夫
豊澤仙二郎

歌潟姫 桐竹紋弥
与右衛門 吉田辰五郎
かさね 桐竹紋之助

義経千本桜
すし屋の段
切 豊竹若大夫
野澤勝太郎

娘お里 桐竹紋十郎
母親 桐竹紋之丞
弥助 実は 平惟盛 桐竹紋二郎
いがみの権太 桐竹勘十郎
親弥左衛門 吉田辰五郎
若葉の内侍 桐竹紋四郎
六代君 桐竹勘之助
梶原平三景時 吉田作十郎
小仙 桐竹紋市
善太 桐竹紋若
捕巻、寿し買 大ぜい

小春治兵衛 天網島時雨炬燵
紙治内の段
前 豊竹つばめ大夫
野澤喜左衛門
切 竹本住大夫
野澤勝太郎

紙屋治兵衛 桐竹紋十郎
女房おさん 桐竹勘十郎
丁稚三五郎 桐竹紋寿
舅五左衛門 桐竹紋市
小春 桐竹紋二郎
勘太郎 桐竹紋若
お末 桐竹勘之助
江戸屋太兵衛 桐竹紋弥
五貫屋善六 桐竹紋之丞

増補大江山
一条戻橋の段
若菜 実は 悪鬼 竹本源大夫
渡辺の綱 豊竹古住大夫
ツレ 竹本常子大夫
竹本真砂大夫
鶴澤叶太郎
竹澤団作
豊澤仙二郎
野澤勝平

渡辺綱 桐竹紋之助
若菜 実は 悪鬼 桐竹勘十郎

◇「西日本新聞」広告（03・09）では義経千本桜と天網島時雨炬燵の順序が逆

第三日　③

昼の部

三十三間堂棟由来
平太郎住家より熊野浦まで

竹本源大夫
鶴澤叶太郎
平太郎　豊竹小松大夫
緑丸　竹本真砂大夫
進野蔵人　竹本常子大夫
木樵　豊竹貴代大夫
豊澤猿二郎
竹澤団作
豊澤仙二郎
鶴澤友若

お柳　桐竹紋之助
横曽根平太郎　吉田辰五郎
母親　桐竹紋之丞
みどり丸　桐竹紋四郎
進野蔵人　桐竹紋七
木遣人足　大ぜい

源平布引滝
松波検校琵琶の段

前　豊竹つばめ大夫
野澤喜左衛門
切　豊竹若大夫
野澤喜左衛門

紅葉の局　桐竹小紋
楓の局　桐竹紋若
松波検行 実は 多田蔵人行綱　桐竹紋十郎
小桜　桐竹紋弥
藤作　桐竹勘十郎
又五郎　吉田作十郎
平治　吉田辰五郎

名筆吃又平
将監館の段

切　竹本住大夫
野澤勝太郎
ツレ　野澤勝平

土佐将監　桐竹紋市
奥方　桐竹紋之丞
修理之助　桐竹紋寿
吃又平　桐竹勘十郎
女房おとく　桐竹紋之助
雅楽之介　桐竹紋二郎

藤間紋寿郎振付
紋十郎好十二月の内　鏡獅子
配役は第一日と同じ

夜の部

八陣守護城
加藤政清本城の段

政清　豊竹松島大夫
玄蕃　竹本常子大夫
雛絹　豊竹古住大夫
柵　豊竹貴代大夫
葉末　竹本真砂大夫
主計之助　豊竹小松大夫
鶴澤友若

加藤主計之助　桐竹紋二郎
雛絹　桐竹紋之助
母梢　桐竹紋市
鞠川玄蕃　桐竹紋四郎
加藤政清　吉田辰五郎

恋飛脚大和往来
新口村の段

前　竹本源大夫
鶴澤叶太郎
切　竹本住大夫
野澤勝太郎

亀屋忠兵衛　桐竹紋二郎
梅川　桐竹紋十郎
忠三の女房　桐竹勘十郎
樋口の水右衛門　桐竹紋若
伝ヶ婆　桐竹紋寿
釣掛の藤次兵衛　桐竹小紋
置頭巾　桐竹紋之丞
針立の道庵　桐竹紋市
親孫右衛門　吉田辰五郎
捕手の小頭　桐竹勘之助
捕手　大ぜい

一谷嫩軍記

熊谷陣屋の段

切　豊竹若大夫
　　鶴澤叶太郎

妻相模	桐竹紋十郎
熊谷次郎直実	吉田辰五郎
堤軍次	桐竹紋七
藤の局	桐竹紋之助
源義経	吉田作十郎
梶原平次景高	桐竹紋弥
石屋弥陀六実は弥平兵衛宗清	桐竹勘十郎

嫗山姥

廓噺の段

豊竹つばめ大夫
野澤喜左衛門
豊澤仙二郎
ツレ　野澤勝平

沢瀉姫	桐竹紋若
局藤浪	桐竹紋之丞
腰元桔梗	桐竹紋若
腰元更科	桐竹勘之助
煙草売源七実は坂田蔵人時行	吉田作十郎
八重桐	桐竹勘十郎
大田太郎	桐竹紋市
花四天	大ぜい

○**三月十三日**　福岡県八女市

◎**三月十四日**　熊本市歌舞伎座　昼夜二回公演
熊本県教育委員会・熊本市教育委員会・熊本日日新聞社後援
演目は巡業プログラムの通り
入場料　指定席三百円　大衆席二百円
〔典拠〕「西日本新聞（熊本版）」広告（03・09）、「熊本日日新聞」（03・10）

◇**三月十五日**　熊本県隈府町
◇**三月十六日**　熊本県玉名市
演目は巡業プログラムの通り
〔典拠〕「熊本日日新聞」（03・10）

◎**三月十七日**　熊本県人吉映画劇場　昼の部午後一時　夜の部午後六時開演
文楽人吉後援会主催　熊本日日新聞社・人吉教育委員会後援
演目は巡業プログラムの通り
但し　昼の部小鍛冶を本朝廿四孝　狐火の段に、夜の部増補忠臣蔵を伽羅先代萩　政岡忠義の段に、生写朝顔日記を壺坂霊験記　沢市内より壺坂寺の段に変更
入場料　前売二百五十円
〔典拠〕「熊本日日新聞」広告（03・14）

◇**三月十八日**　熊本県八代市
◎**三月十九日**　熊本県多良木町
演目は巡業プログラムの通り
〔典拠〕「熊本日日新聞」（03・10）

◎**三月二十日・二十一日**　宮崎市橘百貨店五階ホール　昼の部十二時　夜の部午後五時開演
二十日夜の部のみ
演目は巡業プログラムの通り　但し増補忠臣蔵　奥庭の段の記載なし
他に　竹本三和大夫　吉田国秀　桐竹紋次
入場料　前売二百五十円　当日三百円　タチバナ会会員二百円　指定席券百円

〔典拠〕「日向日日新聞」広告（03・19）

○三月二十四日　福岡県椎田劇場

〔典拠〕『三和会公演控』、『文楽因会三和会興行記録』

◎三月二十五日　福岡県直方市多賀映劇　昼の部十二時半　夜の部午後五時半

〔典拠〕「西日本新聞」広告（03・24）

◎三月二十六日　福岡県小倉市豊前座　昼の部十二時　夜の部午後五時
演目は巡業プログラムの通り

入場料　一等三百円　二等当日売二百円

〔典拠〕「朝日新聞（福岡県版）」広告（03・12）

◎三月二十七日　福岡県八幡市八幡製鉄労働会館　昼の部午後一時　夜の部午後六時開演
演目は巡業プログラムの通り　但し増補忠臣蔵　奥庭の段の記載なし
他に　竹本三和大夫　吉田国秀　桐竹紋次

入場料　前売二百五十円　当日三百円　指定席券百円

〔典拠〕「西日本新聞（八幡（遠賀）版）」広告（03・23）

○三月二十八日　山口県周南市富田町

○三月二十九日　山口県柳井座

〔典拠〕『三和会公演控』、『文楽因会三和会興行記録』

◎四月一日　広島県呉市中央公民館　昼の部十二時　夜の部午後五時
演目は巡業プログラムの通り

入場料　指定A三百円　B二百円　一般百円

〔典拠〕「中国新聞（呉版）」（03・30）

◎四月二日　**広島県福山市公会堂**　［BC］
文楽人形浄瑠璃福山市陽春公演
昭和三十一年四月二日　昼の部一時　夜の部六時開演　福山市公会堂
主催　全国戦災都市連盟　福山市　福山市婦人連合会　福山市教育委員会
後援　福山市　文化連盟
演目・配役は巡業プログラムの通り
但し　小鍛冶　ツレ　竹本真砂大夫　小鍛冶宗近　桐竹勘十郎　稲荷明神　桐竹紋之助、増補大江山　渡辺綱　桐竹勘十郎　若菜　桐竹紋之助
他に　鳴物　小川三次郎　人形細工　藤本由良亀　鳴物提供　牧本楽器株式会社
指定席券三百円（二百人限り）　前売券二百円　当日二百五十円

◎四月三日　兵庫県竜野市立竜野小学校講堂
竜野実業高校主催
学生　午前八時半開演　一般　午前十時　午後三時開演

入場料　高校生二十円　中学生十円　一般二百円

〔典拠〕「神戸新聞（西播版）」（04・01）

◎四月十二日から十四日　神戸海員会館　［ＢＣ］
大阪文楽人形浄瑠璃大一座　無形文化財指定人間国宝出演　慰霊塔協会協賛
昭和三十一年四月十二日より十四日　昼の部午前十一時　夜の部午後四時半開演
主催　全国戦災都市連盟　太平洋全国戦災都市空爆犠牲者慰霊塔協会促進会
後援　神戸市　神戸新聞社　神戸浄瑠璃協会
大夫三味線の配役は巡業プログラムの通り　人形配役不詳
但し　小鍛冶　ツレ　竹本真砂大夫、増補大江山　野澤八助が加わる
他に　吉田国秀　桐竹紋次
特別席　当日三百五十円　前売三百円　一般席当日三百円　前売二百五十円

◎四月十五日　大本みろく大祭奉納文楽　京都府綾部市みろく殿　午後二時開演
朝顔日記　義経千本桜
〔典拠〕「朝日新聞（播州版）」（04・13）

○四月十六日　兵庫県上郡

◎四月二十一日　三重県伊勢市伊勢会館　昼の部午後一時　夜の部午後六時開演
中部日本新聞社後援
小鍛冶　本蔵下屋敷　他
〔典拠〕「中部日本新聞（三重版）」（04・21）、「伊勢新聞」（04・01）

◎四月二十二日　三重県四日市市立中部西小学校講堂　昼の部十二時　夜の部
午後六時開演
中部日本新聞社後援
演目は巡業プログラムの通り
〔典拠〕「中部日本新聞（三重版）」（04・21）

◎四月二十三日　愛知県豊橋市公会堂　［ＢＣ］
文部省無形文化財保護委員会選定　三和会
文楽人形浄瑠璃芝居
昭和三十一年四月二十三日　豊橋市公会堂　主催　文楽同好会
演目・配役は巡業プログラムの通り
但し　壇浦兜軍記を壺坂霊験記に変更
三十三所花山壺坂霊験記
沢市住家より御山の段
前　竹本源大夫
　　鶴澤叶太郎
後　竹本住大夫
　　野澤勝太郎
ツレ　野澤勝平
女房おさと　桐竹紋十郎
夫沢市　桐竹勘十郎
観世様　桐竹紋弥

○四月二十四日　静岡県浜松座
〔典拠〕『三和会公演控』、『文楽因会三和会興行記録』

◎四月二十五日　静岡県藤枝市立藤枝小学校講堂　昼夜二回公演　昼の部十二時開演
藤鳳会主催
〔典拠〕「静岡新聞」（04・25）

◎四月二十六日　静岡県沼津市公会堂　昼夜二回公演
入場料　前売二百五十円　当日三百円

〔典拠〕「静岡日日新聞」（04・22）

○四月二十七日　静岡県伊東市伊東劇場

〔典拠〕『三和会公演控』、『文楽因会三和会興行記録』

・・・・・・・・・・・・・・・・・・・・・・・・・・

◇三月八日

文化財保護委員会の諮問機関である芸能施設調査研究協議会が〝国立劇場〟の設立についての最終答申案を総会で決定、報告した　事業内容とする芸能の範囲は、歌舞伎、雅楽、能楽、文楽、邦楽、古典、現代舞踊、洋楽、オペラ、郷土芸能、その他の十一種で、伝統芸能を正しく保存するセンターとし、低料金で一般公開、国際的な芸術交換の任にあたるとした

〔典拠〕「読売新聞（東京）」（03・09）

◇三月三十日　昭和三十年度大阪府民劇場賞

豊竹山城少掾　十一月公演の「太平記忠臣講釈　喜内住家の段」

文楽三和会　一月公演の「瓜子姫とアマンジャク」

〔典拠〕『演劇雑誌幕間』第十一巻第五号

31・04・11　因会

◎中国・四国・九州・北陸巡業（『文楽因会三和会興行記録』）

◇四月十一日から二十四日（『松竹百年史』）

巡業　［BC］

毎日演劇賞受賞に輝く！　重要無形文化財指定　プロデュース中坪英雄

大阪文楽座人形浄瑠璃特別公演

芸術院会員　八十八翁吉田文五郎　無形文化財「人間国宝」竹本綱大夫

他大夫・三味線・人形総出演

第一部

義経千本桜

道行初音の旅

静御前
忠信

竹本和佐大夫
竹本静大夫
竹本相子大夫
竹本伊達路大夫
鶴澤《清友改め》徳太郎
竹澤《寛弘改め》団六
竹澤団二郎
鶴澤藤二郎
鶴澤藤之助

静御前　吉田玉五郎
狐忠信　吉田玉男

勧進帳

安宅関の段

弁慶
富樫
義経
伊勢
片岡
駿河
常陸坊
番卒

竹本相生大夫
竹本雛大夫
竹本織部大夫
竹本静大夫
豊竹弘大夫
竹本相子大夫
野澤吉三郎
鶴澤《清友改め》徳太郎
豊澤新三郎
竹澤団二郎
鶴澤藤二郎

武蔵坊弁慶　吉田玉助
富樫左衛門　吉田玉市
源判官義経　吉田玉五郎
伊勢三郎　吉田光次
駿河次郎　吉田文昇
片岡八郎　吉田常次
常陸坊　吉田兵次
番卒　吉田万次郎

近松門左衛門原作　西亭脚色並作曲　林扇矢振付
鷲谷樗風演出　大塚克三装置
中村貞以衣裳考証　近松学会賛助

曽根崎心中
お初
徳兵衛

生玉社前の段
竹本津大夫
(寛弘改め)竹澤団六

天満屋の段
切　竹本綱大夫
竹澤弥七

天神の森の段
お初　竹本南部大夫
徳兵衛　竹本織の大夫
竹本織部大夫
豊澤猿糸
野澤錦糸
豊澤新三郎
竹澤団二郎

平野屋徳兵衛　吉田玉男
天満屋お初　吉田栄三
油屋九平次　吉田玉市
田舎客 天満屋惣兵衛　吉田常次
丁稚長蔵　吉田玉之助
天満屋下女　吉田玉昇
町の衆　吉田万次郎
よね衆　吉田兵次
よね衆　吉田淳造
町の衆　大ぜい
よね衆　大ぜい

壇浦兜軍記
阿古屋琴責の段
阿古屋　竹本伊達大夫
重忠　竹本津大夫
岩永　竹本織の大夫
榛沢　豊竹十九大夫
鶴澤藤蔵
ツレ　野澤八造
琴胡弓　(寛弘改め)竹澤団六

秩父重忠　吉田玉助
遊君阿古屋　桐竹亀松
岩永左衛門　吉田兵次
榛沢六郎　吉田玉昇
水奴　大ぜい

第二部
寿二人三番
三番叟
三番叟
竹本和佐大夫
竹本静大夫
竹本相次大夫
竹本伊達路大夫
竹本相子大夫
(清友改め)豊澤猿糸
鶴澤徳太郎
※1鶴澤藤蔵
鶴澤藤之助
野澤錦糸

三番叟　吉田栄三
三番叟　吉田玉五郎

奥州安達原
袖萩祭文の段
竹本伊達大夫
野澤八造

貞任物語の段
竹本津大夫
野澤吉三郎

娘袖萩　桐竹亀松
おきみ　吉田文昇
謙仗直方　吉田常次
浜夕　吉田淳造
安倍貞任　吉田玉助
安倍宗任　吉田玉男
八幡太郎　吉田光次
こし元　吉田小玉
こし元、捕手　大ぜい

お蝶夫人　三景
大西利夫脚色　西亭作曲　田村孝之介美術考証並装置

第一景
野澤吉三郎
豊澤猿糸
豊澤新三郎

お蝶夫人　吉田栄三
ピンカートン　吉田玉男
同夫人　吉田文雀

第二景

竹本相生大夫
竹本織の大夫
竹本織部大夫
野澤八造
ツレ 寛弘改め 豊澤新三郎
竹澤団六
鶴澤藤二郎
鶴澤藤之助

ならず者山鳥 吉田玉市
召使鈴木 吉田玉五郎
五郎 吉田玉昇
子供 吉田小玉

第三景

竹本綱大夫
竹澤弥七
ツレ 野澤錦糸

西亭脚色補曲
吉田文五郎翁の米寿を祝して
還春三彩絵模様《かえるはるみつのえもよう》

竹本相生大夫
竹本南部大夫
竹本織部大夫
竹本織の大夫
野澤錦糸
寛弘改め 豊澤新三郎
竹澤団六
竹澤団二郎
清友改め 鶴澤徳太郎

蔵場のお染 吉田文五郎
羽根の禿 吉田文五郎
住吉踊 吉田文五郎
住吉踊 吉田淳造
住吉踊 吉田文昇
住吉踊 吉田玉之助
住吉踊 吉田玉昇
住吉踊 吉田玉幸
住吉踊 吉田常次

夕霧伊左衛門 廓文章
吉田屋の段

夕霧 竹本雛大夫
伊左衛門 桐竹亀松

伊左衛門 竹本織の大夫
喜左衛門 豊竹弘大夫
おきさ 豊竹十九大夫
若い者 末社 竹本伊達路大夫
若い者 末社 竹本相子大夫
鶴澤藤蔵
ツレ 鶴澤藤之助

夕霧 吉田栄三
喜左衛門 吉田兵次
女房おきさ 吉田文雀
若い者 吉田玉之助
若い者 吉田玉米
幇間 吉田小玉
末社 桐竹一暢
禿 吉田玉幸

※1 C鶴澤藤二郎

◎四月十一日 福岡電気ホール ［BC］

重要無形文化財指定大阪文楽座人形浄瑠璃特別公演
一九五六年四月十一日 十二時 五時半 福岡電気ホール
芸術院会員 八十八翁吉田文五郎 無形文化財「人間国宝」竹本綱大夫
他大夫・三味線・人形総出演
主催 西日本音楽協会 後援 西日本新聞社
演目・配役は巡業プログラムの通り 但し「西日本新聞」（04・03）、広告（03・22）では奥州安達原が一谷嫩軍記となっている
◇入場料 A券（指定）六百円 B券（指定）四百円（「西日本新聞」広告03・22）
◇福岡公演（米寿で最後となる地方公演）を記念し、主催の西日本音楽協会より吉田文五郎に博多織の肖像画が贈られた（「西日本新聞」04・10）

◎四月十二日 福岡県小倉豊前座 ［BC］

文楽座人形浄瑠璃 吉田文五郎地方巡業引退公演
四月十二日昼夜 小倉豊前座
主催 新九州新聞社 協賛 小倉芸術連合
演目・大夫三味線の配役及び奥州安達原 還春三彩絵模様の人形は巡業プログ

二人寿三番叟
絵本太功記
　尼ヶ崎の段
勧進帳
毎日演劇賞受賞（近松門左衛門作）
お初徳兵衛 曽根崎心中
　生玉神社より天神の森まで
壇浦兜軍記
　阿古屋琴責の段

義経千本桜
　道行初音旅
熊谷陣屋
吉田文五郎米寿の祝
還春三彩絵模様
外国オペラの人形劇記
お蝶夫人
夕霧伊左衛門 曲輪嬞

※「熊本日日新聞」（04・16）では演目は巡業プログラムの通り

　入場料　前売三百円　当日四百円

〔典拠〕「西日本新聞（熊本版）」広告（04・05）

◇**四月十七日**　大分
演目は巡業プログラムの通り
但し　奥州安達原が一谷嫩軍記に変更

〔典拠〕「西日本新聞」（04・03）

◇**四月十八日から二十二日の間　広島児童文化会館**

〔典拠〕『松竹百年史』

◇**四月二十三日**　富山市公会堂　昼の部午後一時　夜の部午後六時開演
義経千本桜　寿二人三番ほか

　入場料　指定五百円　一般三百円　学生百円

ラムの通り
但し　義経千本桜　竹本相子大夫が竹本相次大夫に変わる　勧進帳　豊澤猿糸が加わる
豊前座プログラムには寿二人三番がないが、「新九州」広告（04・11）にある
◇第一部十一時　第二部午後五時開演（「新九州」広告 04・11）
◇入場料　指定A前売五百五十円　当日六百円　指定B三百五十円　当日四百円　一般当日二百円（「新九州」広告 04・11）

◇**四月十四日**　福岡県久留米市公会堂　昼の部午後一時　夜の部午後五時半開演
久留米連合文化会・久留米市教職員組合主催　久留米市教育委員会・久留米地区労働評議会・西日本新聞社後援
演目は巡業プログラムの通り

　入場料　前売指定五百円　一般三百円

〔典拠〕「西日本新聞（筑後版A）」（04・14）、広告（04・07）

◎**四月十五日　長崎県佐世保市公会堂**　［BC］
大阪文楽座人形浄瑠璃引越興行
芸術院会員吉田文五郎　無形文化財竹本綱大夫　他一行七十余名総出演　地方最後の公演
四月十五日昼正午　夜午後五時　佐世保市公会堂
主催　虎屋百貨店　後援　九州時事新聞社
演目・配役は巡業プログラムの通り
但し　義経千本桜　竹本相子大夫が竹本相次大夫に変わる

◇**四月十六日**　熊本市歌舞伎座　昼の部午後一時　夜の部午後六時開演
熊本市教育委員会・熊本演劇協会・西日本新聞社主催　熊本県教育委員会後援
昼の部　　—　　夜の部

〔典拠〕「朝日新聞（富山版）」（04・18）

◇**四月二十四日**　福井市公会堂　昼の部十二時　夜の部午後五時半開演
演目は巡業プログラムの通り

〔典拠〕「福井新聞」（04・20／04・24）

・・・・・・・・・・・・・・・・・・・・・・・・・・・・・・・・・

◇**四月二十四日・二十五日**　**因会**　豊澤仙八披露浄瑠璃大会　山中温泉温泉会館
午後二時開演
大阪文楽座特別応援出演

初日
寿二人三番叟
三番叟　吉田玉市
三番叟　毎日替り（吉田文雀／吉田玉昇）

音冴春臼月
団子売りの段
お福　竹本雛大夫
杵造　竹本長子大夫
豊澤広助
豊澤猿糸
鶴澤藤之助
お福　吉田玉五郎
杵造　吉田玉男

生写朝顔日記
宿屋の段
朝顔　吉田玉五郎

菅原伝授手習鑑
寺子屋の段
竹本長子大夫
豊澤猿糸

双蝶々曲輪日記
橋本の段
竹本雛大夫
豊澤広助

二日目
寿二人三番叟
配役は初日と同じ

音冴春臼月
団子売りの段
配役は初日と同じ

義経千本桜
酢屋の段
お里　吉田玉五郎

伊賀越道中双六
沼津里の段
口　竹本長子大夫
豊澤猿糸
ツレ　鶴澤藤之助

伊賀越道中双六
沼津里の段
奥　竹本雛大夫
豊澤広助
胡弓　鶴澤藤之助

他に　吉田小玉　吉田玉之助　吉田玉丸　吉田玉幸

〔典拠〕プログラム

○四月二十九日　難波掾授与式　東京芝東久邇家
吉田文五郎が東久邇家から難波掾を受領

〔典拠〕「毎日新聞（大阪）」（04・26）

31・04・29　**三和会**　**名古屋**　**毎日ホール**　**［ＢＣＤ］**

毎日ホール開館記念　文楽三和会公演
重要無形文化財　文楽人形浄瑠璃芝居
四月二十九日より五月三日　毎日名古屋会館四階　毎日ホール
主催　文楽三和会　後援　東海素義葵会　名古屋市教育委員会　毎日新聞社

昼の部　午前十一時半

御所桜堀川夜討

弁慶上使の段
前　豊竹松島大夫
豊澤猿二郎
卿ノ君　桐竹勘之助
侍従太郎　桐竹紋市

切　竹本源大夫
鶴澤叶太郎

花ノ井　桐竹紋之丞
腰元しのぶ　桐竹紋二郎
おわさ　桐竹紋之助
武蔵坊弁慶　桐竹勘十郎

瓜子姫とあまんじゃく

木下順二作　武智鉄二演出
野澤喜左衛門作曲　桐竹紋十郎振付

語り人　豊竹つばめ大夫
野澤喜左衛門
野澤勝太郎
野澤勝平

瓜子姫　桐竹紋之助
ぢっさ　吉田辰五郎
ばっさ　吉田国秀
杣ノ権六　吉田作十郎
山父　桐竹勘十郎
あまんじゃく　桐竹紋十郎

お俊伝兵衛　近頃河原達引

堀川猿廻しの段

切　豊竹若大夫
鶴澤綱造
ツレ　鶴澤燕三

弟子おつる　（一日交替）桐竹紋寿／桐竹紋弥
与次郎の母　吉田国秀
兄与次郎　吉田辰五郎
お俊　桐竹紋之助
伝兵衛　吉田作十郎

紋十郎好み 十二月の内　月雪花

月の段

シテ　豊竹古住大夫
ワキ　竹本真砂大夫
ツレ　竹本常子大夫
鶴澤友若
竹澤団作
野澤勝平
豊澤猿二郎

月
杵造　桐竹勘十郎
お臼　桐竹紋二郎

雪の段

豊竹古住大夫
鶴澤燕三

雪
お染　桐竹紋十郎

花の段

シテ　豊竹つばめ大夫
ワキ　豊竹小松大夫
ツレ　豊竹貴代大夫
野澤勝太郎
豊澤仙二郎
竹澤団作
野澤勝平

花
白拍子花子　桐竹紋十郎

夜の部　午後四時半

日吉丸稚桜

小牧山城中の段

五郎助　豊竹松島大夫
お政　豊竹古住大夫
母親　竹本真砂大夫
堀尾茂助　竹本常子大夫
竹松 永井早太　豊竹小松大夫
真柴久吉　豊竹貴代大夫
鶴澤燕三

堀尾茂助　（一日交替）桐竹紋寿／桐竹紋弥
女房お政　桐竹紋之助
母親　吉田国秀
茶碗屋五郎助 実は 加藤忠左衛門清忠　吉田辰五郎
竹松　（一日交替）桐竹紋七／桐竹紋四郎
木下藤吉郎久吉　桐竹勘十郎
永井早太　桐竹紋之丞

生写朝顔日記　宿屋より大井川まで

宿屋の段

前　豊竹つばめ大夫

駒沢次郎左衛門　吉田辰五郎

大井川の段

後

野澤喜左衛門
琴 野澤勝平
竹本源大夫
鶴澤叶太郎

戎屋徳右衛門 桐竹紋市
岩代多喜太 桐竹紋二郎
下女おなべ 桐竹小紋
朝顔 実は 深雪 桐竹紋十郎
近習、供人、川越人足 大勢い

お半長右衛門 桂川連理の柵

帯屋長右衛門内の段

切 竹本住大夫
野澤勝太郎

女房おきぬ 桐竹紋之助
母おとせ 桐竹紋之丞
親半斎 桐竹紋市
弟儀兵衛 桐竹勘十郎
兄長右衛門 ※1吉田作十郎
丁稚長吉 （桐竹紋七
桐竹紋四郎
娘お半 桐竹紋二郎

近松門左衛門原作

村雨松風（ママ）束帯鑑

靭猿の段

大名 豊竹小松大夫
太郎冠者 竹本常子大夫
猿曳 豊竹古住大夫
野澤喜左衛門
豊澤仙二郎
野澤勝平
竹澤団作
鶴澤友若

大名 吉田辰五郎
太郎冠者 吉田作十郎
猿曳 桐竹紋十郎
猿 桐竹勘十郎

A三百円 B二百円

※1 B吉田紋十郎 D吉田竹十郎

◎四月二十九日から五月三日 文楽教室 ［BCD］

重要無形文化財 文楽人形浄瑠璃芝居 文楽三和会公演
文楽学生教室
四月二十九日より五月三日 午前九時半
主催 文楽三和会 後援 東海素義葵会 名古屋市教育委員会 毎日新聞社

狂言解説 豊澤猿二郎
人形解説 桐竹勘十郎

木下順二作 武智鉄二演出
野澤喜左衛門作曲 桐竹紋十郎振付

瓜子姫とあまんじゃく

語り人 豊竹つばめ大夫
野澤喜左衛門
野澤勝太郎
野澤勝平

瓜子姫 桐竹紋之助
ぢっさ 吉田辰五郎
ばっさ 桐竹紋之丞
杣ノ権六 吉田作十郎
山父 桐竹勘十郎
あまんじゃく 桐竹紋十郎

生写朝顔日記

大井川の段

豊竹小松大夫
鶴澤友若

朝顔 桐竹紋十郎
川越人足 大勢い

小・中学生三十円 高校生五十円

31・05・04　三和会

○関東・東北巡業（『文楽因会三和会興行記録』）

◎五月四日　静岡市公会堂　昼の部午後一時　夜の部午後六時開演
静岡市立城内小学校ＰＴＡ主催　静岡新聞社後援
演目は三月巡業プログラムの通り（一六一頁参照）
〔典拠〕「静岡新聞」（04・24）

○五月七日　神奈川県横須賀市
〔典拠〕『三和会公演控』、『文楽因会三和会興行記録』

◎五月八日　神奈川県川崎市公民館　昼の部午後一時　夜の部午後六時開演
川崎市義太夫連盟主催
〔典拠〕「東京新聞」（神奈川版）」（05・08）

◎五月九日　神奈川県横浜市県立音楽堂　昼の部午後一時　夜の部午後六時開演
竹本住大夫　桐竹紋十郎　野澤喜左衛門
入場料　前売普通二百円　指定三百円　当日普通三百円　指定四百円
〔典拠〕「神奈川新聞」（05・09）、「朝日新聞（神奈川版）」（05・06）

◎五月十日　東京都豊島区公会堂　午前九時開演
〔典拠〕「毎日新聞（都内城北版）」（05・10）

○五月十一日　宮城県仙台市労働会館
○五月十三日　宮城県角田町映画劇場
○五月十四日　福島県坂下町公会堂
〔典拠〕『三和会公演控』、『文楽因会三和会興行記録』

○五月十五日　福島県会津若松市公会堂
〔典拠〕「読売新聞（福島版）」（05・01）

◎五月十六日　福島県田島町栄楽座　昼夜二回公演
田島町観光協会主催　田島町公民館・田島町教育委員会後援
豊竹若大夫　桐竹紋十郎
〔典拠〕「毎日新聞（福島版）」（05・16）

◎五月十七日　福島県須賀川市立第一小学校講堂
福島市・商工会議所・観光協会後援
〔典拠〕「朝日新聞（福島版）」（05・16）

○五月十八日　栃木県大田原市朝日座
○五月十九日　東京都品川児童会館
〔典拠〕『三和会公演控』、『文楽因会三和会興行記録』

○五月二十一日　静岡県焼津市公会堂

31・05・02　因会　道頓堀　文楽座　大阪　［ABC］

文楽座人形浄瑠璃五月興行
昭和三十一年五月二日初日　十五日より昼夜の狂言入替
府民劇場指定　重要無形文化財指定　道頓堀文楽座

昼の部　正午開演
大西利夫作　西亭作曲　大塚克三装置
六十年忌に因みて

名人豊澤団平

丸亀宿屋御難の段
（劇中劇志渡寺の段）

竹本津大夫
三味線　鶴澤寛治
竹本綱大夫
竹澤弥七

丸亀宿屋御難の段

豊澤団平　吉田玉助
女房おちか　桐竹亀松
竹本大隅太夫　吉田玉市

志渡寺の段（劇中劇）

竹本大隅太夫　吉田玉市
豊澤団平　吉田玉助
門弟　大ぜい
田宮坊太郎　吉田小玉
乳母お辻　吉田玉五郎

幕外より団平臨終まで

竹本静大夫
竹本織の大夫
豊竹弘大夫
竹本伊達路大夫
竹本相子大夫
豊澤猿糸
豊澤新三郎
竹沢団二郎
鶴沢藤二郎
鶴沢藤之助

幕外の段

竹本大隅太夫　吉田玉市
竹本組太夫　吉田兵次
女房おちか　桐竹亀松
頭取　吉田淳造

豊澤団平臨終の段

豊澤団平　吉田玉助
豊澤竜助　吉田光次
竹本組太夫　吉田兵次
竹本大隅太夫　吉田玉市

女房おちか　桐竹亀松
門弟　大ぜい

仮名手本忠臣蔵

道行旅路の嫁入

竹本相子大夫
豊竹十九大夫
竹本相次大夫
竹本南部大夫
竹本長子大夫
竹本雛大夫
竹本伊達大夫
竹本和佐大夫
竹本静大夫
竹本織部大夫
豊竹弘大夫
竹本伊達路大夫
竹沢団二郎
竹澤団六

鶴澤徳太郎
野澤吉三郎
豊澤豊助
三味線　鶴澤清八
三味線　豊澤広助
野澤八造
豊澤猿糸
野澤錦糸
鶴澤清好
鶴沢藤二郎

娘小浪　吉田文五郎
母戸無瀬　吉田栄三

伽羅先代萩　御殿より床下の段

御殿の段

前　竹本伊達大夫
野澤八造

政岡忠義の段

後　豊竹松大夫
三味線　鶴澤清六

床下の段

豊竹十九大夫
野澤吉三郎

乳母政岡　桐竹亀松
鶴喜代君　吉田玉丸
一子千松　吉田玉幸
栄御前　吉田玉五郎
妻沖の井　吉田常次
妻八汐　吉田玉市
女医小牧　吉田淳造
腰元　大ぜい
松ヶ枝節之助　吉田玉男
仁木弾正　吉田玉助

野澤錦糸
野澤喜八郎

西亭脚色並作曲　楳茂都陸平振付　中村貞以美術考証

上の巻　新曲　**羽衣**
下の巻　**端午の節句**

新曲　羽衣

竹本雛大夫	浜の童女小磯	吉田文雀
竹本織の大夫	浜の童男浜吉	吉田文昇
竹本織部大夫	漁夫伯竜	吉田玉市
鶴澤藤蔵	天人天津乙女	吉田玉男
野澤錦糸		
豊澤新三郎		
鶴浮清好		
鶴沢清治		
三味線　豊澤広助		

端午の節句

竹本相生大夫	鍾馗	吉田玉助
竹本南部大夫	桃太郎	吉田栄三
豊竹弘大夫	金太郎	桐竹亀松
豊竹十九大夫	鬼	吉田玉五郎
竹本伊達路大夫	熊	吉田文雀
竹本津の子大夫	猿	吉田文昇
竹本相子大夫	犬	吉田常次
野澤松之輔	雉	吉田万次郎
野澤吉三郎		
鶴澤徳太郎		
竹澤団六		
鶴沢藤之助		
野澤喜八郎		
豊澤豊助		

夜の部　五時開演
平田都原作　丁東詞庵脚色　鶴澤清六作曲
山村若振付　吉川観方美術考証　松田種次装置
源氏物語より

葵の祭

加茂川原より六条御息所寝殿の段まで

六条御息所　竹本相生大夫
侍女浅茅　竹本織部大夫
侍女紅梅　竹本織の大夫
侍女　豊竹弘大夫
野澤八造

葵の上寝所より藤原家御墓所の段

豊竹松大夫
三味線　鶴澤清六
ツレ　野澤吉三郎

加茂川原の段

六条御息所	吉田栄三
女房浅茅	吉田文雀
女房紅梅	吉田文昇
女房桔梗	吉田常次
女房小菊	吉田玉米

六条御息所寝殿の段

六条御息所	吉田栄三
女房浅茅	吉田文雀
女房紅梅	吉田文昇
女房桔梗	吉田常次
女房小菊	吉田玉米
六条御息所（生霊）	吉田栄三

葵の上寝所の段

光の君	吉田玉男
葵の上	吉田玉五郎
横川の小聖	吉田淳造
女房梅野	吉田小玉
女房楓	吉田玉幸
六条御息所（生霊）	吉田栄三

藤原家御墓所の段

六条御息所	吉田栄三
墓守	吉田玉市
秋好の宮	吉田玉昇

侍女　吉田小玉
童　吉田玉之助
女房中将　吉田玉男

お俊伝兵衛 **近頃河原の達引**

堀川猿廻しの段

前　竹本津大夫
三味線　鶴澤寛治
ツレ　豊澤猿糸
後　竹本綱大夫
竹澤弥七
ツレ　野澤錦糸

与次郎の母　吉田兵次
弟子おつる　吉田玉之助
兄与次郎　吉田玉助
娘お俊（前）　吉田玉五郎
娘お俊（後）　吉田文五郎
井筒屋伝兵衛　※1吉田栄三

木村富子作　鶴澤道八作曲
山村若振付　松田種次装置
新曲 **小鍛冶**

老翁実は稲荷明神
小鍛冶宗近
勅使道成

竹本相生大夫
竹本雛大夫
（竹本和佐大夫
竹本長子大夫）
竹本相次大夫
（竹本和佐大夫
竹本長子大夫）
野澤松之輔
鶴澤徳太郎
豊澤新三郎
竹澤団六
鶴澤清好
鶴沢藤之助

小鍛冶宗近　吉田玉五郎
老翁実は稲荷明神　吉田栄三
勅使道成　桐竹亀松

お染久松 **新版歌祭文**

野崎村の段

竹本伊達大夫
鶴澤藤蔵
ツレ　竹沢団二郎

娘お光　桐竹亀松
娘お染　吉田玉男
親久作　吉田玉市
丁稚久松　吉田玉昇
母親お勝　吉田常次
下女およし　桐竹一暢
船頭竹松　吉田玉五郎
駕屋　吉田玉助
駕屋　吉田栄三

*　*　*

〔人形〕桐竹亀之助
吉田栄弘

桐竹紋太郎
桐竹亀次郎

*　*　*

紋下　豊竹山城少掾
三味線紋下　鶴澤清八
人形座頭　吉田玉助
頭取　吉田玉市
はやし　中村新三郎
衣裳　森田信二
人形細工人　藤本由良亀
人形細工人　菱田由良宏
人形師　大江巳之助

鬘床山　佐藤為次郎
鬘床山　名越健二
大道具　川辺繁太郎
照明　竹本文蔵
舞台監督　鷲谷樗風
座主　株式会社文楽座

千秋万歳楽大入叶吉祥日

一部御観劇料　一等席四百円　二等席二百五十円　三等席百円　学生券二百円
初日に限り一部料金にて昼夜通し御覧に入れます

※1　AB（吉田文雀氏蔵）吉田光次
○五月二十六日まで（「朝日新聞」（大阪）」05・25）
○豊澤団平（六十年忌）大西利夫作　西亭作曲　大塚克三装置

○羽衣　端午の節句　西亭脚色作曲　楳茂都陸平振付　中村貞以美術考証
○葵の祭（源氏物語より）　平田都原作　丁東詞庵脚色　鶴澤清六作曲　山村若振付　吉川観方美術考証　松田種次装置
◇豊竹山城少掾休演（『文楽因会三和会興行記録』）
◇五月二十日　伽羅先代萩　御殿の段　床下の段　ラジオ放送　NHK第一　午後三時五分（「朝日新聞（大阪）」、「毎日新聞（大阪）」、「読売新聞（大阪）」05・20）

◇文楽教室［B］

第三回文楽教室　文楽座人形浄瑠璃
昭和三十一年五月　公演中　二十六日まで　午前九時半より十一時まで
道頓堀文楽座

近頃河原の達引

堀川猿廻しの段

竹本南部大夫
野澤錦糸
ツレ　鶴澤藤之助

与次郎の母　吉田兵次
弟子おつる　吉田玉之助
兄与次郎　吉田玉助
娘お俊　桐竹亀松
井筒屋伝兵衛　吉田光次

仮名手本忠臣蔵

道行旅路の嫁入

娘小浪
母戸無瀬
竹本織部大夫
竹本織の大夫
豊澤猿糸
豊澤新三郎
鶴澤藤之助

娘小浪　吉田玉五郎
母戸無瀬　吉田栄三

特別料金　三十円（在学中の学生・生徒）

31・06・01　**三和会**

三越劇場　東京　①　［BCD］

重要無形文化財国家指定
文楽人形浄瑠璃芝居　文楽三和会第十四回東京公演
昭和三十一年六月一日より十六日　毎日十二時半開演一回興行（月曜休演）　東京日本橋三越劇場

第一回　六月一日より八日まで

碁太平記白石噺

新吉原揚屋の段

宮城野　竹本源大夫
しのぶ　竹本真砂大夫
宮里　竹本三和大夫
宮柴　豊竹若子大夫
やり手　竹本常子大夫
宗六　豊竹松島大夫
鶴澤叶太郎

宮城野　桐竹紋之助
禿しげり　桐竹紋若
宮里　桐竹紋弥
宮柴　桐竹紋四郎
しのぶ　桐竹紋二郎
宗六　桐竹勘十郎

瓜子姫とあまんじゃく

木下順二作　武智鉄二演出
野澤喜左衛門作曲　桐竹紋十郎振付

語り手　豊竹つばめ大夫
野澤喜左衛門
鶴澤友若
野澤勝平

瓜子姫　桐竹紋之助
ヂッサ　吉田辰五郎
バッサ　吉田国秀
杣ノ権六　吉田作十郎
山父　桐竹勘十郎
アマンジャク　桐竹紋十郎

恋娘昔八丈

城木屋の段

前	竹本七五三大夫	手代丈八　桐竹勘十郎
	鶴澤燕三	丁稚　桐竹勘之助
切	竹本住大夫	おこま　桐竹紋之助
	野澤勝太郎	才三郎　桐竹紋二郎
		下女　桐竹紋寿
		庄兵衛　※1桐竹紋市
		佃屋喜蔵　吉田作十郎

摂州合邦ヶ辻

合邦庵室の段

切	豊竹若大夫	合邦　吉田辰五郎
	鶴澤綱造	女房　吉田国秀
		玉手御前　桐竹紋十郎
		入平　桐竹紋七
		浅香姫　桐竹紋二郎
		俊徳丸　吉田作十郎

京鹿子娘道成寺

鐘供養の段

豊竹古住大夫	白拍子花子　桐竹紋十郎
豊竹小松大夫	所化　桐竹紋寿
豊竹貴代大夫	所化　桐竹紋七
豊竹若子大夫	所化　桐竹紋四郎
野澤勝太郎	所化　桐竹紋弥
豊澤仙二郎	
野澤八助	
野澤勝平	
豊澤猿二郎	

入場券　全階指定席A席三百五十円　B席二百五十円　学生割引B席に限り百五十円（日曜日を除く当日売り）

※1　D吉田辰五郎

◎六月三日　夜　野澤喜左衛門左手骨折　二の替りまで全役を野澤勝太郎が代役（「読売新聞（東京）」06・04）

三越劇場　東京　②

第二回　九日より十六日まで

新曲
小鍛冶

明神	豊竹松島大夫	稲荷明神　桐竹紋二郎
宗近	豊竹貴代大夫	小鍛冶宗近　桐竹紋七
道成	豊竹若子大夫	道成　桐竹小紋
	竹本三和大夫	
ツレ	竹本真砂大夫	
	鶴澤燕三	
	鶴澤友若	
	竹澤団作	
	野澤八助	
	豊澤猿二郎	

伽羅先代萩

御殿の段

豊竹つばめ大夫	鶴喜代君　桐竹勘之助
野澤喜左衛門	千松　桐竹紋寿
	政岡　桐竹紋十郎

政岡忠義の段

竹本源大夫	八汐　吉田辰五郎
鶴澤叶太郎	沖の井　桐竹紋四郎
	栄御前　桐竹勘十郎

一　腰元　大ぜい

艶容女舞衣

酒屋の段

切　豊竹若大夫
　　鶴澤綱造

宗岸　吉田辰五郎
おその　桐竹紋十郎
女房　吉田国秀
半兵衛　桐竹紋市
おつう　桐竹紋若
半七　桐竹紋弥
三勝　桐竹紋二郎

名筆吃又平

将監館の段

切　竹本住大夫
　　野澤勝太郎
ツレ　野澤勝平

土佐将監　桐竹紋市
奥方　桐竹紋之丞
修理之助　桐竹紋四郎
又平　桐竹勘十郎
お徳　桐竹紋之助
雅楽之助　吉田作十郎

近松門左衛門原作　野澤喜左衛門補曲　藤間紋寿郎振付

松風村雨束帯鑑

靭猿の段

大名　豊竹小松大夫
太郎冠者　竹本常子大夫
猿曳　豊竹古住大夫
ツレ　豊竹貴代大夫
　　野澤喜左衛門
　　豊澤仙二郎
　　野澤勝平

大名　桐竹紋之助
太郎冠者　吉田作十郎
猿曳　桐竹紋十郎
猿　桐竹勘十郎

竹澤団作
鶴澤友若

＊　＊　＊

はやし　芳村喜代次
人形細工師　藤本由良亀
舞台製作　長谷川音次郎
舞台装置　服部和男
舞台装置　鈴木幸次郎
小道具　山森定次郎
床山　背戸百太郎

○靭猿　近松門左衛門原作　野澤喜左衛門補曲　藤間紋寿郎振付

◎六月二日から十六日　学生の文楽教室［BC］

学生の文楽教室
昭和三十一年六月二日より十六日　日本橋三越劇場
主催　読売新聞社　後援　文化財保護委員会　東京都教育委員会

人形浄瑠璃芝居の話　豊澤猿二郎
人形解説　桐竹紋十郎

新曲　**小《こ》鍛《か》冶《ぢ》**　一幕

豊竹松島大夫
豊竹小松大夫
竹本常子大夫
豊竹貴代大夫
竹本真砂大夫
竹本三和大夫
豊澤仙二郎
竹澤団作
野澤勝平
野澤八助

稲荷明神　桐竹紋二郎
三条小鍛冶宗近　（交替出演）桐竹紋七／桐竹紋寿／桐竹紋四郎／桐竹紋弥
勅使道成　桐竹小紋

豊澤　猿　二　郎
（大夫・三味線は交替出演）

瓜子姫《うりこひめ》とアマンジヤク　三幕四場

床	役	人形
豊竹つばめ大夫	瓜子姫	桐竹紋之助
豊竹古住大夫	ヂッサ	吉田辰五郎
野澤喜左衛門	バッサ	吉田国秀
野澤勝太郎	杣の権六	吉田作十郎
鶴澤友若	山父	桐竹勘十郎
野澤勝平	アマンジヤク	桐竹紋十郎

◇午前十時半から　中、高校生対象（『演劇雑誌幕間』第十一巻第七号）

◇六月十八日　三和会　宇都宮市栃木会館ホール　昼の部十二時　夜の部午後六時開演
下野新聞社主催　栃木県教育委員会・栃木会館後援
演目は三月巡業プログラムの通り（一六一頁参照）
竹本住大夫　豊竹若大夫　豊竹つばめ大夫　野澤喜左衛門　鶴澤叶太郎　野澤勝太郎　桐竹紋十郎　吉田辰五郎　桐竹紋之助　桐竹勘十郎　松大夫（豊竹小松大夫カ）
演目に追加された「京鹿子娘道成寺」の長唄に地元芸妓連が賛助出演
公演に先立ち午前中宇都宮地方検察庁訪問、人形解説等を行った
　入場料　特別指定席四百円　一般指定席三百円
〔典拠〕「下野新聞」（06・17～19）、広告（06・16）

◇六月十九日　栃木県
足利桐紋会主催

〔典拠〕「下野新聞」（06・19）

…………………………………………

◇六月三日から二十二日　因会　吉例六月大歌舞伎　京都四条南座
文楽座大夫三味線特別出演
無間鐘

大夫	三味線
竹本相生大夫	豊澤広助
竹本和佐大夫	豊澤猿糸
竹本長子大夫	豊澤新三郎
竹本相次大夫	鶴澤藤之助
竹本相子大夫	野澤喜八郎

〔典拠〕歌舞伎筋書

31・06・07　因会
渋谷　東横ホール　①　［BCD］

大阪文楽座人形浄瑠璃総引越興行
芸術院会員吉田文五郎　他全員総出演
主催東京文楽会　渋谷東横新館九階東横ホール
お目見得狂言　六月七日より十一日まで

昼の部　十一時半開演

寿式三番叟

役	床	役	人形
千歳	竹本織の大夫	千歳	吉田玉市
翁	竹本雛大夫	翁	吉田玉助
三番叟	竹本静大夫	三番叟	吉田玉五郎
三番叟	豊竹弘大夫	三番叟	吉田玉男

豊澤豊助
野澤錦糸
鶴澤清好
鶴澤藤二郎
清友改め 鶴澤徳太郎

米寿襲名 披露口上

吉田文五郎
清友改め 鶴澤徳太郎
竹本綱大夫
寛治郎改め 鶴澤寛治
寛弘改め 竹澤団六
竹澤弥七
竹本津大夫

傾城阿波の鳴門

順礼歌の段

竹本伊達大夫
鶴澤藤蔵

女房お弓　吉田栄三
娘おつる　吉田文昇

西亭脚色補曲　松田種次装置
吉田文五郎翁の米寿を祝いて

還春三彩絵模様

竹本伊達大夫
竹本南部大夫
竹本織部大夫
竹本伊達路大夫
野澤松之輔
野澤八造
寛弘改め 竹澤団六
鶴澤清好

お染 禿　吉田文五郎
住吉踊坊主　吉田淳造
坊主　吉田文昇
坊主　吉田玉之助
坊主　吉田玉昇
坊主　吉田玉幸
坊主　吉田常次

竹澤団二郎

菅原伝授手習鑑　寺子屋の段

松王首実検の段

切　竹本綱大夫
竹澤弥七

いろは送りの段

豊竹松大夫
三味線　鶴澤清六

武部源蔵　吉田玉市
女房戸浪　吉田玉五郎
小太郎　吉田小玉
春藤玄蕃　吉田兵次
松王丸　吉田玉助
女房千代　桐竹亀松
菅秀才　桐竹一暢
涎くり　吉田万次郎
御台所　吉田常次
手習子、百姓、捕手　大ぜい

増補忠臣蔵

本蔵下邸の段

竹本津大夫
三味線　寛治郎改め 鶴澤寛治
琴　寛弘改め 竹澤団六

若狭之助　桐竹亀松
本蔵　吉田兵次
三千歳姫　吉田文雀
伴左衛門　吉田淳造
近習　大ぜい

夜の部　五時開演
鶴澤道八作曲　楳茂都陸平振付

新曲 三人片輪

躄　竹本雛大夫
唖　竹本織部大夫
盲　竹本織の大夫
　　豊竹十九大夫
有徳　野澤吉三郎

躄　吉田栄三
有徳人　吉田玉男
唖　吉田玉五郎
盲目　吉田玉昇

鶴澤《清友改め》徳太郎
野澤錦糸
竹澤団二郎
鶴澤藤二郎

大西利夫作　西亭作曲　大塚克三舞台装置
六十年忌に因みて

名人豊澤団平　丸亀宿屋御難の段より団平臨終まで

劇中劇「志渡寺」

丸亀宿屋御難の段
団平臨終の段まで

三味線

竹本津大夫
鶴澤《寛治郎改め》寛治
竹本綱大夫
竹澤団二郎
豊澤豊助
竹澤《寛弘改め》団六
竹澤弥七
鶴澤藤二郎
野澤吉三郎
鶴澤《清友改め》徳太郎
鶴澤清好

豊澤団平　吉田玉助
女房おちか　桐竹亀松
大隅大夫　吉田玉市
田宮坊太郎　吉田小玉
乳母お辻　吉田玉五郎
組大夫　吉田兵次
頭取　吉田淳造
豊澤竜助　吉田光次
門弟　大ぜい

伽羅先代萩　御殿の段より床下の段

御殿の段

竹本伊達大夫
野澤八造

政岡忠義の段

豊竹松大夫
三味線　鶴澤清六

御殿、政岡忠義の段

乳母政岡　吉田栄三
鶴喜代君　吉田玉丸
一子千松　吉田玉幸
栄御前　吉田文五郎
妻八汐　吉田玉男
腰元　大ぜい

床下の段

豊竹十九大夫
野澤吉三郎
野澤錦糸

床下の段

松ヶ枝節之助　吉田玉男
仁木弾正　吉田玉助

伊達娘恋緋鹿子

八百屋お七火見櫓の段

竹本南部大夫
三味線　鶴澤清八
竹澤団二郎
鶴澤藤二郎

八百屋お七　吉田玉五郎

○四百円　三百円　百八十円（「読売新聞（東京）」広告 06・06）

◇「舞台は、団平が四国丸亀で旅興行に失敗、宿屋に一人で『壺坂』の節付けをしているところから始まるが、何しろ『文楽』が『文楽』の内輪のことを演って見せるので、劇中劇の『志渡寺』などを見せる場は、黒衣の口上もややこしく『大隅大夫…竹本綱大夫。三味線豊沢団平…竹沢弥七』などとやってる。つまり筋で大隅大夫が、実は綱大夫。三味線団平が実は弥七というわけで、この『志渡寺』の開幕中、三味線の団平が脳出血で倒れるという筋なので、その時は別に舞台に小さな床が出来、大隅大夫と団平の人形がさかんに志渡寺を弾き、語りながら倒れるところが出、大隅が驚いて「幕やッ幕やッ」と叫ぶと、本当の幕を引くように出来ている。幕外の混乱なども花道を使って見せる」（「朝日新聞（東京）」06・10）

◇豊竹山城少掾休演「「山城休演のためか十五日間三回の興行にいずれも新作を出し、新空気の流通を考えている」（「毎日新聞（東京）」06・09）

渋谷　東横ホール　②　［BC］

二の替り狂言　六月十二日より十六日まで

昼の部　十一時半開演

義経千本桜

道行初音旅

静御前
忠信

竹本南部大夫
竹本静大夫
豊竹弘大夫
豊竹十九大夫
竹本伊達路大夫
鶴澤藤蔵
（清友改め）鶴澤徳太郎
（寛弘改め）竹澤団六
野澤錦糸
豊澤豊助

静御前　吉田玉五郎
狐忠信　吉田玉男

米寿襲名 披露口上

お目見得と同じ

お蝶夫人

大西利夫脚色　西亭作曲　田村孝之介美術考証
文楽秀曲十八番の内

第一景

野澤吉三郎
野澤錦糸
鶴澤清好
竹澤団二郎
鶴澤藤二郎

お蝶夫人　吉田栄三
ピンカートン　吉田玉男
同夫人　吉田文雀
ならず者山鳥　吉田玉市
五郎　吉田玉昇
召使鈴木　吉田玉五郎
子供　吉田小玉

第二景

竹本雛大夫
竹本織の大夫
竹本織部大夫
野澤松之輔
鶴澤清好
竹澤団二郎

第三景

竹本綱大夫
竹澤弥七
ツレ　野澤錦糸

絵本太功記

尼ヶ崎の段

前　竹本雛大夫
三味線　鶴澤清八
後　竹本津大夫
三味線　鶴澤寛治

武智光秀　吉田玉助
妻操　吉田文五郎
武智重次郎　桐竹亀松
嫁初菊　吉田文昇
真柴久吉　吉田淳造
母さつき　吉田兵次
軍兵　大ぜい

壺坂観音霊験記

沢市内より御寺まで

お里　竹本伊達大夫
沢市　豊竹松大夫
観世音　竹本織部大夫
三味線　鶴澤清六
ツレ　鶴澤清好

座頭沢市　吉田玉市
女房お里　吉田栄三
観世音　吉田玉幸

夜の部　五時開演

本朝廿四孝

景勝上使より狐火の段

景勝上使の段

竹本織の大夫
豊澤豊助

長尾景勝　吉田光次
花造り蓑作　吉田玉男

十種香の段

竹本伊達大夫
野澤八造

狐火の段

竹本南部大夫
ツレ 野澤松之輔（寛弘改め）
竹澤団六
琴 鶴澤清好

関兵衛 吉田常次
長尾謙信 吉田兵次
娘八重垣姫 桐竹亀松
武田勝頼 吉田玉男
腰元濡衣 吉田玉五郎
白須賀六郎 吉田玉昇
原小文治 吉田文昇
白狐 実は八重垣姫 桐竹亀松

恋飛脚大和往来

新口村の段

豊竹松大夫
三味線 鶴澤清六

亀屋忠兵衛 吉田玉男
傾城梅川（前） 吉田玉五郎
傾城梅川（後） 吉田文五郎
忠三女房 吉田光次
鶴掛藤次兵衛 吉田万次郎
伝が婆 吉田常次
置頭巾 吉田小玉
樋の口水右衛門 吉田玉米
針立の道庵 吉田兵次
八右衛門 吉田玉之助
捕手小頭 吉田玉幸
親孫右衛門 吉田玉助

お染久松 新版歌祭文

野崎村の段

切 竹本綱大夫
竹澤弥七
ツレ 野澤錦糸
竹澤団二郎

娘お光 桐竹亀松
娘お染 吉田文雀
丁稚久松 吉田玉昇
親久作 吉田玉市

母お勝 吉田常次
下女およし 吉田玉之助
船頭竹松 吉田玉五郎
駕屋 吉田玉助
駕屋 吉田栄三

東海道中膝栗毛

赤坂並木より古寺まで

弥次郎兵衛 竹本津大夫
喜多八 竹本雛大夫
和尚 竹本静大夫
親父 豊竹弘大夫
倅千松 竹本織部大夫
鶴澤寛治（寛治郎改め）
野澤八造
野澤吉三郎
鶴澤徳太郎（清友改め）

弥次郎兵衛 吉田玉助
喜多八 吉田栄三
和尚 吉田玉市
親父 桐竹亀松
倅千松 桐竹一暢

渋谷 東横ホール ③ [BC]

御名残り狂言 六月十七日より二十一日まで

昼の部 十一時半開演
平田都原作 丁東詞庵脚色 鶴澤清六作曲
山村若振付 吉川観方美術考証 松田種次舞台装置

源氏物語より
葵の祭 四景

加茂川原より六条御息所寝殿の段まで

六条御息所 竹本雛大夫
侍女浅茅 竹本織部大夫
侍女紅梅 竹本織の大夫

六条御息所 吉田栄三
女房浅茅 吉田文雀
女房紅梅 吉田文昇

侍女 豊竹弘大夫
野澤八造

葵の上寝所より藤原家御墓所まで

豊竹松大夫
三味線 鶴澤清六
野澤吉三郎

女房桔梗	吉田常次
女房小菊	吉田玉米
六条御息所（生霊）	吉田栄三
光の君	吉田玉男
葵の上	吉田玉五郎
横川の小聖	吉田淳造
女房梅野	吉田小玉
女房楓	吉田玉幸
墓守	吉田玉市
秋好の宮	吉田玉昇
侍女	吉田小玉
童	吉田玉之助
女房中将	吉田玉男

米寿襲名 **披露口上**※1

清友改め 鶴澤徳太郎
竹本綱大夫
寛治郎改め 鶴澤寛治
寛弘改め 竹澤団六
竹澤弥七
竹本津大夫

御所桜堀川夜討

弁慶上使の段

竹本伊達大夫
野澤八造

武蔵坊弁慶	吉田玉助
針妙おわさ	桐竹亀松
卿の君	吉田小玉
侍従太郎	吉田兵次
腰元信夫	吉田文昇
妻花の井	吉田常次

艶容女舞衣

酒屋の段

切 竹本綱大夫
竹澤弥七
竹澤団二郎

親宗岸	吉田玉市
娘お園	吉田文五郎
舅半兵衛	吉田淳造
三勝	吉田文雀
半七	吉田玉昇
娘おつう	吉田玉幸
半兵衛女房	吉田常次

名筆吃又平

土佐将監閑居の段

竹本津大夫
三味線 寛治郎改め 鶴澤寛治
ツレ 寛弘改め 竹澤団六

土佐将監	吉田兵次
吃又平	吉田玉助
女房おとく	桐竹亀松
将監奥方	吉田常次
雅楽之助	吉田玉男
修理之助	吉田文昇

夜の部 五時開演

仮名手本忠臣蔵

道行旅路の嫁入

娘小浪 竹本南部大夫
母戸無瀬 竹本織の大夫
豊竹弘大夫
豊竹十九大夫
竹本伊達路大夫
鶴澤藤蔵
野澤錦糸
鶴澤清好
鶴澤藤二郎

母戸無瀬	吉田栄三
娘小浪	吉田玉五郎

豊澤豊助

お蝶夫人

配役は二の替りと同じ

摂州合邦辻

合邦住家の段

前　竹本雛大夫
　三味線　鶴澤清八
後　竹本津大夫
　三味線　寛治郎改め　鶴澤寛治

親合邦　吉田玉助
玉手御前（前）　吉田文五郎
玉手御前（後）　吉田玉五郎
奴入平　吉田兵次
俊徳丸　吉田光次
浅香姫　吉田文昇
合邦女房　吉田常次

壇浦兜軍記

阿古屋琴責の段

阿古屋　竹本伊達大夫
重忠　豊竹松大夫
岩永　竹本静大夫
榛沢　竹本伊達路大夫
三味線　清友改め　鶴澤清六
ツレ　鶴澤徳太郎
琴胡弓　寛弘改め　竹澤団六

秩父重忠　吉田玉市
遊君阿古屋　桐竹亀松
岩永左衛門　吉田玉昇
榛沢六郎　吉田玉男
水奴　大ぜい

六月二十一日に限り、昼の部「弁慶上使」夜の部「合邦」をカット
昼夜共最後に「梅薫教祖俤」第三編を上演※2

梅薫《うめかおる》教祖《みおやの》俤《おもかげ》　第三編

中山家内の段

中山真之亮　竹本雛大夫

中山真之亮　吉田栄三

山田伊八郎　竹本南部大夫
上村吉三郎　竹本織部大夫
こつての丑　竹本静大夫
梶本ひさ女　竹本伊達大夫
木村巡査　竹本伊達路大夫
太田巡査　竹本織の大夫
教祖さま　竹本津大夫
三味線　寛治郎改め　鶴澤寛治

山田伊八郎　吉田常次
上村吉三郎　吉田淳造
こつての丑　吉田玉昇
梶本ひさ女　吉田玉五郎
木村巡査　吉田玉助
太田巡査　桐竹亀松
教祖さま　（吉田文五郎／吉田玉市）

櫟本警察分署の段

梶本ひさ女　竹本伊達大夫
こつての丑　竹本静大夫
内儀　竹本織部大夫
巡査　竹本伊達路大夫
信者　豊竹十九大夫
教祖さま　竹本津大夫
野澤吉三郎

梶本ひさ女　吉田玉五郎
こつての丑　吉田玉昇
内儀　吉田文昇
巡査　桐竹亀松
教祖さま　（吉田文五郎／吉田玉市）
信者　大ぜい

扉ひらいての段

梅谷四郎兵衛　豊竹弘大夫
増野正兵衛　豊竹十九大夫
梶本松治郎／中山真之亮　竹本雛大夫
平野楢蔵　竹本静大夫
伊崎伊蔵　竹本津大夫
野澤八造
野澤錦糸
竹澤団六
竹澤団二郎
鶴澤藤二郎

梅谷四郎兵衛　吉田玉五郎
増野正兵衛　吉田玉男
梶本松治郎　吉田玉市
中山真之亮　吉田栄三
平野楢蔵　桐竹亀松
伊崎伊蔵　吉田玉助

※1　配役表は演目の最初にあり　中表紙演目一覧では葵の祭の後にある
※2　プログラムにはないが、ガリ版摺りの配役表が残されている
◇葵の祭「文楽人形に王朝物の衣装があらわれるのはこれが最初」（「読売新聞（東京）」05・29）

◎六月九日から十三日　文楽教室　［BC］

子供のための文楽教室
昭和三十一年六月九日より十三日まで　午前九時半より十一時まで　渋谷東横ホール
主催　毎日新聞社
後援　東京都教育委員会　文化財保護委員会　東京文楽会　文楽座因会
協賛　電気化学工業株式会社　東横百貨店　松竹株式会社　東宝舞台株式会社

お話　日大教授 内海繁太郎
映画「文楽」三巻
人形解説　吉田玉五郎

傾城阿波の鳴門
順礼歌の段
竹本南部大夫
野澤錦糸
―
女房お弓　吉田玉五郎
娘おつる　吉田文昇

◇入場料三十円（「毎日新聞（東京）」広告 05・24）

◇六月二十二日　文楽因会三和会合同公演第一回打合せ　東京歌舞伎座貴賓室　因会から竹本綱大夫、竹本津大夫、三和会から野澤勝太郎が出席し、松竹高橋常務、文部省関係者を加えて打合せが行われ、今秋の芸術祭に三越劇場で昼夜二回二日間、新橋演舞場で昼夜二回一日の合同公演が決定した

［典拠］『演劇雑誌幕間』第十一巻第八号

○六月二十四日　三和会　和歌山市

31・06・29　因会・三和会　大阪市中央公会堂　［BCD］

浄瑠璃神社（生玉魂神社内）復興資金募集
文楽共同公演　因会、三和会総出演
昭和三十一年六月二十九日、三十日　一部十一時　二部四時半開演　大阪中央公会堂
主催　浄瑠璃神社復興会

二十九日　①

昼の部　十一時開演

双蝶々曲輪日記
引窓の段
前　豊竹古住大夫
　　鶴澤燕三
後　豊竹つばめ大夫
　　※1 野澤喜左衛門
―
濡髪長五郎　桐竹勘十郎
母　吉田国秀
女房お早　桐竹紋之助
南方十次兵衛　桐竹紋十郎
三原伝造　桐竹紋寿／桐竹紋弥
平岡丹平　桐竹紋七／桐竹紋四郎

鶊山古跡松
中将姫雪責の段
中将姫　竹本雛大夫
岩根御前　竹本長子大夫
桐の谷　竹本南部大夫
浮舟　竹本織の大夫
下部　竹本伊達路大夫
大弐広次　豊竹弘大夫
豊成　竹本相生大夫
　　鶴澤徳太郎
―
中将姫　吉田文雀
岩根御前　吉田玉男
大弐広次　吉田玉助
桐の谷　吉田小玉
浮舟　桐竹亀松
豊成公　吉田玉市
下部　吉田万次郎
下部　吉田玉米

胡弓　野澤松之輔
　　　鶴澤藤之助

絵本太功記

尼ヶ崎の段

前　竹本源大夫
　　鶴澤叶太郎
後　豊竹若大夫
　　鶴澤綱造

武智重次郎　吉田作十郎
嫁初菊　桐竹紋二郎
妻操　桐竹紋十郎
母さつき　桐竹紋之丞
旅僧 実は 真柴久吉　桐竹紋市
武智光秀　吉田辰五郎
加藤正清　桐竹小紋
軍兵　大ぜい

妹背山婦女庭訓

道行恋の小田巻

お三輪　豊竹松大夫
橘姫　竹本南部大夫
求女　竹本津大夫
　　野澤吉三郎
　　豊澤新三郎
　　竹澤団六
　　鶴澤藤之助
　　野澤喜八郎

お三輪　吉田栄三
橘姫　吉田玉五郎
求女　吉田文昇

夜の部　四時半開演

関取千両幟

猪名川内の段

おとわ　竹本雛大夫
猪名川　竹本織の大夫
鉄ヶ嶽　竹本静大夫

おとわ　桐竹亀松
猪名川　吉田玉男
鉄ヶ嶽　吉田兵次

大阪屋
呼遣い　竹本津の子大夫
　　鶴澤藤蔵
胡弓　鶴澤清治

大阪屋　吉田淳造
呼遣い　吉田常次

恋女房染分手綱

沓掛村より坂の下まで

沓掛村の段

竹本住大夫
野澤勝太郎

坂の下の段

竹本七五三大夫
鶴澤叶太郎

馬方八造　吉田辰五郎
母親　吉田国秀
与之助　桐竹勘之助
古手屋　吉田作十郎
米屋　桐竹紋二郎
馬方次郎作　桐竹小紋
盗人　桐竹紋之丞
盗人　桐竹紋市
鷲塚八平次　桐竹紋之助
座頭慶政　桐竹勘十郎

仮名手本忠臣蔵

一力茶屋の段

大星由良之助　竹本綱大夫
大星力弥　竹本綱子大夫
矢間重太郎　竹本相生大夫
千崎弥五郎　豊竹十九大夫
竹森喜多八　豊竹松大夫
仲居　竹本相子大夫
おかる　竹本伊達大夫
仲居　竹本織部大夫
亭主　竹本相次大夫
伴内　豊竹弘大夫
九太夫　竹本長子大夫
平右衛門　竹本津大夫
　　豊澤広助

大星由良之助　吉田玉助
大星力弥　吉田玉幸
矢間重太郎　吉田兵次
竹森喜多八　吉田淳造
千崎弥五郎　吉田常次
おかる（前）　吉田文五郎
おかる（後）　吉田玉五郎
亭主　吉田玉之助
仲居　吉田光次
伴内　吉田栄三
九太夫　吉田玉市
平右衛門　吉田玉昇
仲居　吉田玉丸

鶴澤　寛　治

仲居　桐竹一暢
仲居　桐竹亀之助
仲居　吉田栄弘

紋十郎
十二月の内 **道　成　寺**

豊竹つばめ大夫
豊竹古住大夫
豊竹小松大夫
竹本常子大夫
豊竹貴代大夫
竹本真砂大夫
野澤勝太郎
豊澤仙二郎
鶴澤友　若
竹澤団　作
野澤勝　平
野澤八　助
豊澤猿二郎

白拍子花子　桐竹紋十郎
所化　桐竹紋　寿
所化　桐竹紋　七
所化　桐竹紋四郎
所化　桐竹紋　弥

入場料　一部四百円

※1　C代役野澤勝太郎

◇六月二十九日　妹背山婦女庭訓　テレビ放送　NHK　午後三時三十分
（「朝日新聞（大阪）」、「毎日新聞（大阪）」06・29）

三十日　②

昼の部　十一時開演

関　取　千　両　幟

猪名川内の段

おとわ　竹本　和佐大夫

人形は二十九日と同じ

猪名川　竹本織の大夫
鉄ヶ嶽　豊竹十九大夫
大阪屋呼遣い　竹本津の子大夫
豊澤豊　助
胡弓　鶴澤清　治

恋女房染分手綱　沓掛村より坂の下まで

配役は二十九日と同じ

仮名手本忠臣蔵

一力茶屋の段

大星由良之助　竹本相生大夫
大星力弥　竹本相子大夫
矢間重太郎　竹本綱　大夫
千崎弥五郎　竹本織の大夫
竹森喜多八　竹本津　大夫
仲居　豊竹十九大夫
おかる　豊竹松　大夫
仲居　豊竹弘　大夫
亭主　竹本伊達路大夫
伴内　竹本和佐大夫
九太夫　竹本静　大夫
平右衛門　竹本雛　大夫
鶴澤清　八
鶴澤清　六

人形は二十九日と同じ

紋十郎
十二月の内 **道　成　寺**

配役は二十九日と同じ

夜の部　四時半開演

双蝶々曲輪日記
配役は二十九日と同じ

鶊山古跡松
中将姫雪責の段
中将姫　竹本南部大夫
岩根御前　竹本静　大夫
桐の谷　竹本和佐大夫
浮舟　竹本織部大夫
下部　竹本相次大夫
大弐広次　竹本伊達路大夫
豊成　竹本綱　大夫
　野澤錦　糸
　竹澤弥　七
胡弓　竹澤団二郎

人形は二十九日と同じ

絵本太功記
配役は二十九日と同じ

妹背山婦女庭訓
道行恋の小田巻
お三輪　竹本伊達大夫
橘姫　竹本織部大夫
求女　豊竹弘　大夫
　野澤八　造
　豊澤猿　糸
　鶴澤清　好
　竹澤団二郎
　鶴澤藤二郎

人形は二十九日と同じ

◇七月　三和会休み
〔典拠〕『三和会公演控』

31・07・05　**因会　道頓堀　文楽座　大阪　［ABC］**
文楽座人形浄瑠璃七月興行
昭和三十一年七月五日初日　二十九日まで　十八日より昼夜の狂言入替
府民劇場指定　重要無形文化財指定　道頓堀文楽座

昼の部　正午開演
大西利夫脚色　西亭作曲
田村孝之介美術考証　楳茂都陸平振付

ハムレット　三幕六場

ポロニアス邸の一室
（別奏）　野澤吉三郎
　鶴澤徳太郎
　野澤錦　糸
　竹澤団　六
　鶴𣳾清　好
　竹本相生大夫
三味線　豊澤広　助

城の露台
　竹本津　大夫
　鶴澤藤　蔵
ツ　豊澤新三郎
レ　鶴沢藤二郎

第一幕　ポロニアス邸の一室
レアティーズ　桐竹亀　松
オフェリア　吉田玉五郎
ポロニアス　吉田玉　市

同　城の露台
ハムレット　吉田玉　男
ホレイシオ　吉田玉　昇
先王の亡霊　※1吉田光　次

城内の廊下より王妃の部屋まで

竹本綱大夫
ツ　竹澤弥七
豊澤猿糸
レ　竹澤団六
二絃琴　竹沢団二郎

第二幕　城内の廊下

ポロニアス　吉田玉市
オフェリア　吉田玉五郎
ハムレット　吉田玉男

同　王妃の部屋

王妃ガートルード　吉田栄三
ポロニアス　吉田玉市
ハムレット　吉田玉男
先王の亡霊　※1吉田光次

城内一室より城内花園まで

竹本津大夫
ツ　竹本織部大夫
レ　竹本相子大夫
三味線　鶴澤寛治
ツ　竹澤団六
レ　鶴沢藤之助

第三幕　城内の一室より花園まで

ハムレット　吉田玉男
レアティーズ　桐竹亀松
王妃ガートルード　吉田栄三
ホレイシオ　吉田玉昇
オフェリア　吉田玉五郎
国王クローディアス　吉田玉助

壺坂観音霊験記

沢市内より御寺まで

豊竹松大夫
観世音　竹本綱子大夫
三味線　鶴澤清六
ツ　鶴澤清好
レ　鶴沢清治

座頭沢市　桐竹亀松
女房お里（前）　吉田文五郎
女房お里（後）　吉田栄三
観世音　吉田玉之助

生写朝顔話

宿屋奥座敷の段

朝顔 実は 深雪　竹本伊達大夫
宮城阿曽次郎 後に 駒沢次郎左衛門　竹本雛大夫

朝顔 実は 娘深雪　桐竹亀松
駒沢次郎左衛門　吉田玉助

岩代多喜太　（竹本織の大夫／豊竹十九大夫）
下女おなべ　（竹本津の子大夫／竹本相子大夫）
戎屋徳右衛門　（竹本静大夫／竹本長子大夫）
野澤八造
琴　鶴沢清治

大井川の段

竹本南部大夫
（野澤吉三郎／野澤錦糸）

岩代多喜太　吉田兵次
戎屋徳右衛門　吉田玉市
下女おなべ　吉田玉幸
奴関助　吉田文昇
川越人足　吉田万次郎
川越人足　吉田淳造
川越人足　吉田常次

四谷怪談　五場

夜の部　五時開演
鶴屋南北原作　鷲谷樗風脚色　西亭作曲
瀬川如皐演出　大塚克三装置

伊右衛門浪宅の段

民谷伊右衛門　竹本雛大夫
妻お岩　竹本和佐大夫
按摩宅悦　竹本静大夫
秋山長兵衛　竹本長子大夫
伊藤の乳母おまき　（豊竹弘大夫／竹本伊達路大夫）
三味線　鶴澤清八

伊藤喜兵衛屋敷の段

竹本相生大夫
野澤松之輔

第一　伊右衛門浪宅の段

民谷伊右衛門　桐竹亀松
按摩宅悦　吉田玉市
乳母おまき　吉田常次
秋山長兵衛　吉田玉男
仲間団助　※2吉田光次
女房お岩　吉田栄三

第二　伊藤奥座敷の段

伊藤喜兵衛　吉田兵次
秋山長兵衛　吉田玉男
乳母おまき　吉田常次
民谷伊右衛門　桐竹亀松
後家お弓　吉田淳造

元の伊右衛門浪宅の段
竹本伊達大夫
鶴澤藤蔵

砂村隠亡堀の段
民谷伊右衛門　竹本雛大夫
秋山長兵衛　竹本長子大夫
お岩の亡霊　豊竹十九大夫
豊澤豊助
豊澤新三郎
ツレ　鶴沢藤之助

月の海原の段
竹本南部大夫
竹本織部大夫
竹本織の大夫
竹本相次大夫
野澤八造
豊澤猿糸
野澤錦糸
竹澤団六
野澤喜八郎

伊賀越道中双六
沼津里の段
竹本相生大夫

娘お梅　吉田文雀
按摩宅悦　吉田玉市

第三　元の伊右衛門浪宅の段
女房お岩　吉田栄三
民谷伊右衛門　桐竹亀松
按摩宅悦　吉田玉市
下郎小助　吉田玉昇
秋山長兵衛　吉田玉男
仲間団助　※2吉田光次

第四　隠亡堀の段
民谷伊右衛門　桐竹亀松
女房お岩の亡霊　吉田栄三
下郎小助の亡霊　吉田玉昇
秋山長兵衛　吉田玉男

呉服屋重兵衛　吉田栄三

ツレ　野澤松之輔
鶴澤徳太郎

平作内より千本松原まで
竹本綱大夫
竹澤弥七
胡弓　竹沢団二郎

鎌倉三代記
三浦之助母別れの段
豊竹松大夫
三味線　鶴澤清六

佐々木高綱物語の段
竹本津大夫
三味線　鶴澤寛治

＊　＊　＊

〔人形〕
吉田玉丸
桐竹亀之助
吉田栄弘
桐竹紋太郎

＊　＊　＊

紋下　豊竹山城少掾
三味線紋下　鶴澤清八
人形座頭　吉田玉助
頭取　吉田玉市
はやし　中村新三郎

親平作　吉田玉助
娘お米（前）　吉田玉五郎
娘お米（後）　吉田文五郎
池添孫八　※3吉田光次
荷持安兵衛　吉田淳造

三浦之助義村　吉田玉男
息女時姫　吉田玉五郎
藤三実は佐々木高綱　吉田玉助
女房おくる　吉田常次
富田六郎　吉田玉昇
阿波の局　吉田小玉
讃岐の局　吉田文雀
三浦の母　吉田兵次

桐竹亀次郎
桐竹一暢
吉田玉米

衣裳　森田信二
人形細工人　藤本由良亀
人形細工人　菱田由良宏
人形師　大江巳之助
鬘床山　佐藤為治郎

昭和三十一年（一九五六）

鬘床山	名越健二	座主　株式会社文楽座
大道具	川辺繁太郎	
照明	竹本文蔵	千秋万歳楽大入叶吉祥日
舞台監督	鷲谷樗風	

一部御観劇料　一等席四百円　二等席二百五十円　三等席百円　学生券二百円
初日に限り一部料金にて昼夜通し御覧に入れます

※1　A吉田万次郎　※2　A吉田万次郎　※3　A吉田万次郎

◎ハムレット　大西利夫脚色　西亭作曲　田村孝之介考証　楳茂都陸平振付　人形師大江巳之助が首六個を制作　ハムレットの首は、気品と憂愁、憎しみの心を表現することや、特徴のある顔の色、日本人と違った首の長さと傾斜に苦心した。オフェリアの首は、十寸髪を参考にして、嫉妬に燃え狂乱した表情を出すため、額と口元のくぼみを強調している。顔は文楽人形より一割程度大きくし男四寸五分、女四寸二分（「毎日新聞（大阪）」06・21）

○四谷怪談　鶴屋南北原作　鷲谷樗風脚色　瀬川如皐演出　西亭作曲　大塚克三装置

◎七月二日　船乗込み　午後三時半　毎日演劇賞受賞と文楽座道頓堀復帰を記念し、道頓堀から東横堀、土佐堀川へ　船首に口上人形を持つ吉田文五郎等をはじめとして百石船三艘に分乗した（「毎日新聞（大阪）」07・01／07・03）

◇七月八日　四谷怪談　ラジオ放送　NHK第一　午後三時五分（「朝日新聞（大阪）」、「毎日新聞（大阪）」、「読売新聞（大阪）」07・08）

◎文楽教室　［BC］

第四回文楽教室　文楽座人形浄瑠璃
昭和三十一年七月　公演中　二十九日まで　午前九時半から十一時まで
道頓堀文楽座

文楽解説　鷲谷樗風
人形解説　吉田玉五郎

壺坂観音霊験記《つぼさかかんのんれいげんき》

女房お里	竹本織部大夫	女房お里	吉田玉五郎
座頭沢市	竹本織の大夫	座頭沢市	吉田玉男
観世音	（竹本織部大夫／竹本織の大夫）	観世音	吉田玉之助
	野澤錦糸		
ツレ	鶴澤藤之助		

特別料金　三十円（在学中の学生・生徒）

◇七月　因会　大阪市議会副議長次田虎雄氏就任祝賀会

壺坂観音霊験記
沢市内より壺坂寺まで

	豊竹松大夫	座頭沢市	桐竹亀松
観世音	竹本綱子大夫	女房お里（前）	吉田文五郎
三味線	鶴澤清六	（後）	吉田栄三
ツ	鶴澤清好	観世音	吉田玉之助
レ	鶴澤清治		

〔典拠〕プログラム

31・08・10　因会　道頓堀　文楽座　大阪　［ABC］

文楽座人形浄瑠璃八月興行
昭和三十一年八月十日初日　二十四日まで　昼夜の狂言入替なし
府民劇場指定　重要無形文化財指定　道頓堀文楽座

昼の部　正午開演

昭和三十一年（一九五六）

通し狂言
高尾の一念
累の一心
薫樹累物語
豆腐屋の段より土橋の段まで

豆腐屋の段

娘累　竹本織の大夫
絹川谷蔵　竹本織部大夫
兄三婦　竹本静大夫
高尾の亡霊　竹本相子大夫
講中　豊竹弘大夫
鶴澤藤蔵
ツレ　豊澤新三郎
鶴沢藤二郎

埴生村の段

中　竹本和佐大夫
豊澤猿糸
切　竹本綱大夫
竹澤弥七

土橋の段

中　豊竹十九大夫
竹澤団六
後　豊竹松大夫
三味線　鶴澤清六

豆腐屋の段

娘累　桐竹亀松
兄三婦　吉田玉市
絹川谷蔵　吉田栄三
講中　大ぜい
高尾の亡霊　吉田文雀

埴生村の段

女房累（前）　吉田文五郎
女房累（後）　桐竹亀松
与右衛門 実は 絹川谷蔵　吉田栄三
金五郎　吉田淳造
亭主才兵衛　吉田玉五郎
村の歩き　吉田万次郎

土橋の段

与右衛門　吉田栄三
女房累　桐竹亀松
歌潟姫　吉田玉昇
金五郎　吉田淳造

妹背山婦女庭訓

道行恋の小田巻

お三輪　竹本伊達大夫
求女　竹本雛大夫
橘姫　竹本南部大夫
ツ　竹本相次大夫
レ　竹本伊達路大夫
野澤八造
鶴澤徳太郎
野澤錦糸
竹沢団二郎
鶴沢藤之助
豊澤豊助

娘お三輪　吉田玉五郎
求女　吉田玉男
橘姫　吉田文雀

錦繍織西陣物語

鷲谷樗風作　西亭作曲　大塚克三装置

丸屋勘次郎家の段

竹本津大夫
三味線　鶴澤寛治

伊丹屋友三郎家の段

伊丹屋友三郎　竹本雛大夫
妻おすゞ　豊竹弘大夫
息子勇吉　竹本織の大夫
丸屋勘次郎　竹本静大夫
妻お千代　豊竹十九大夫
娘おつる　竹本織部大夫
正太郎　竹本相子大夫
野澤八造

丸屋勘次郎内の段

丸屋勘次郎　吉田玉助
女房お千代　吉田玉男
伊丹屋友三郎　吉田栄三
娘おつる　吉田文雀
息子勇吉　吉田玉昇
車夫　吉田玉幸
世話方杉田　吉田玉市
※1伊丹屋の使い　吉田玉之助
義母お時　吉田常次
市太郎 実は 正太郎　吉田小玉
弟子升造※2　吉田淳造
弟子多助　吉田兵次

伊丹屋友三郎内の段

伊丹屋友三郎　吉田栄三
女房おすゞ　吉田玉五郎
息子勇吉　吉田玉昇
丸屋勘次郎　吉田玉助
女房お千代　吉田玉男
娘おつる　吉田文雀
市太郎 実は 正太郎　吉田小玉

ツ　鶴𣿬清好
　　鶴沢藤之助
レ　野澤喜八郎

夜の部　五時開演
通し狂言

義経千本桜　椎の木の段より寿司屋の段まで

椎の木の段

口　豊竹弘大夫
　　豊澤猿糸
　　豊竹十九大夫
　　野澤錦糸
奥　竹本相生大夫
　　野澤松之輔

椎の木の段

いがみの権太　吉田玉助
主馬野小金吾　桐竹亀松
若葉の内侍　吉田玉五郎
六代君　桐竹一暢
女房小仙　吉田小玉
倅善太　吉田玉丸

小金吾討死の段

主馬野小金吾　竹本雛大夫
若葉の内侍　竹本南部大夫
六代君　竹本津の子大夫
猪熊大之進　豊竹弘大夫
　　　　　　豊竹十九大夫
庄屋作　竹本伊達路大夫
鮓屋弥左衛門　竹本静大夫
三味線　鶴澤清八

小金吾討死の段

主馬野小金吾　桐竹亀松
若葉の内侍　吉田玉五郎
六代君　桐竹一暢
鮓屋弥左衛門　吉田玉市
猪熊大之進　吉田淳造
庄屋作　吉田常次
組子　大ぜい

釣瓶寿し屋の段

前　竹本綱大夫
　　竹澤弥七
後　竹本津大夫
三味線　鶴澤寛治

釣瓶寿し屋の段

いがみの権太　吉田玉助
弥助 実は 維盛　吉田栄三
娘お里　吉田文五郎
若葉の内侍　吉田玉五郎
六代君　桐竹一暢
梶原景時　吉田兵次
親弥左衛門　吉田玉市

弥左衛門女房　吉田常次
女房小仙　吉田小玉
倅善太　吉田玉丸

高見順原作　有吉佐和子脚色演出　鶴澤清六作曲
西川鯉三郎振付　大塚克三装置
「湖の火」より

雪狐々姿湖

崑山の秋

白百合（女白狐）　竹本南部大夫
白蘭尼（白百合の祖母狐）　竹本静大夫
コン平（若い男狐）　竹本和佐大夫
右コン（白百合の弟狐）　竹本綱子大夫
左コン（白百合の弟狐）　竹本津の子大夫
コン蔵（爺狐）　竹本織の大夫
　　野澤吉三郎
　　鶴澤徳太郎
琴　竹澤団六
　　竹沢団二郎
　　野澤錦糸

崑山の秋

白百合　吉田栄三
白蘭尼　吉田玉五郎
コン平狐　吉田玉男
コン蔵狐　吉田玉市
左コン　吉田玉昇
右コン　吉田文雀
猟師源左　桐竹亀松

猟師源左の家より冬の湖畔まで

豊竹松大夫
ツ　竹本和佐大夫
レ　竹本織部大夫
三味線　鶴澤清六
ツ　野澤吉三郎
　　豊澤新三郎
レ　鶴𣿬清好
胡弓　鶴沢清治

猟師源左の家

源左の母　吉田玉助
猟師源左　桐竹亀松
白百合　吉田栄三
右コン　吉田文雀
左コン　吉田玉昇

冬の湖畔

白蘭尼　吉田玉五郎
コン蔵狐　吉田玉市
コン平狐　吉田玉男
左コン　吉田玉昇

梅川
忠兵衛　**恋飛脚大和往来**

新口村の段

竹本伊達大夫
鶴澤藤蔵

猟師源左　桐竹亀松
白百合　吉田栄三
源左の母　吉田玉助

亀屋忠兵衛　吉田玉男
遊女梅川　桐竹亀松
忠三女房　吉田文雀
※3八右衛門　吉田玉之助
親孫右衛門　吉田玉助
捕手小頭　吉田玉幸
道場参り　大ぜい

＊　＊　＊

〔三味線〕豊澤広助
〔人形〕吉田好太郎
吉田文昇
桐竹亀之助
吉田栄弘

吉田栄之助
桐竹紋太郎
吉田玉新
桐竹亀次郎
吉田玉米

＊　＊　＊

紋下　豊竹山城少掾
三味線紋下　鶴澤清八
人形座頭　吉田玉助
頭取　吉田玉市
はやし　中村新三郎
衣裳　森田信二
人形細工人　藤本由良亀
人形細工人　菱田由良宏

人形師　大江巳之助
鬘床山　佐藤為治郎
鬘床山　名越健二
大道具　川辺繁太郎
照明　竹本文蔵
舞台監督　鷲谷樗風
座主　株式会社文楽座

千秋万歳楽大入叶吉祥日　＝

一部御観劇料　一等席四百円　二等席二百五十円　三等席百円　学生券二百円
初日に限り一部料金にて昼夜通し御覧に入れます

※1　Aなし　※2　B弁造　※3　Aなし

◎文楽教室　公演中二十四日まで　午前九時半から十一時　特別料金三十円（プログラム）
◇薫樹累物語　土橋の段　後　鶴澤清六休演のため野澤松之輔代役（『演劇雑誌幕間』第十一巻第九号）
◎妹背山婦女庭訓　道行の求女、橘姫、お三輪の人形三体を大型化　求女三尺七寸から四尺六寸へ　重さ約一貫目増加　文楽座アンケートでは六対一で賛成が多数だったが、演者、批評家とも不評（『読売新聞（東京）』08・06、『演劇雑誌幕間』第十一巻第九号、第十号）
○西陣物語　鷲谷樗風作　西亭作曲　大塚克三装置　この作品の上演により、天理教信者一万人を動員
○雪狐々姿湖　高見順原作「湖の火」より　有吉佐和子脚色演出　鶴澤清六作曲　西川鯉三郎振付　大塚克三装置　鶴澤清六の代役野澤吉三郎（『演劇雑誌幕間』第十一巻第九号）

31・08・19　三和会　貝塚市公会堂　大阪　［BC］

重要無形文化財　大阪文楽人形浄瑠璃　三和会貝塚公演　貝塚市公会堂
昭和三十一年八月十九日
主催　貝塚市立公民館　貝塚市文化協会　後援　貝塚市婦人連絡協議会　貝塚市青年連合会

昼の部　正午開演

御所桜堀川夜討
弁慶上使の段

弁慶　豊竹松島大夫
おわさ　豊竹古住大夫

弁慶　吉田辰五郎
おわさ　桐竹紋之助

しのぶ　豊竹小松大夫
侍従太郎　竹本常子大夫
花の井　豊竹貴代大夫
鶴澤友若

しのぶ　桐竹紋寿
侍従太郎　桐竹紋市
花の井　桐竹紋之丞
卿之君　桐竹勘之助

おしゅん伝兵衛 近頃河原達引
堀川猿廻しの段
豊竹つばめ大夫
野澤勝太郎
ツレ　野澤勝平

おつる　桐竹紋四郎
母親　吉田国秀
兄与次郎　桐竹勘十郎
お俊　桐竹紋十郎
伝兵衛　桐竹紋四郎

生写朝顔話
宿屋の段
竹本源大夫
鶴澤叶太郎
ツレ　野澤勝平

駒沢次郎左衛門　吉田辰五郎
徳右衛門　吉田国秀
下女おなべ　桐竹小紋
朝顔　桐竹紋十郎
供人、近習、人夫　大勢

新曲 釣女
太郎冠者　豊竹松島大夫
大名　豊竹古住大夫
美女　竹本真砂大夫
醜女　竹本三和大夫
野澤市治郎
豊澤仙二郎
竹澤団作
豊澤猿二郎

配役不詳
桐竹勘十郎
桐竹紋之助
吉田作十郎
桐竹紋之丞
桐竹紋若

夜の部　午後五時半開演
玉藻の前旭袂
道春館の段

金藤次
萩の方
桂姫
初花姫
采女之助
豊竹松島大夫
豊竹古住大夫
竹本源大夫
豊竹小松大夫
豊竹貴代大夫
鶴澤叶太郎

金藤次　吉田辰五郎
萩の方　吉田作十郎
桂姫　桐竹紋之助
初花姫　桐竹紋二郎
采女之助　桐竹紋七
腰元　大勢

三十三所観音霊験記壺坂寺
沢市内の段
前　竹本源大夫
鶴澤友若
後　豊竹つばめ大夫
野澤勝太郎
ツレ　豊澤仙二郎

お里　桐竹紋十郎
沢市　吉田辰五郎
観世音　桐竹小紋

伊賀越道中双六
沼津の段
豊竹若大夫
野澤市治郎
ツレ　野澤勝平

重兵衛　桐竹勘十郎
平作　吉田辰五郎
お米　桐竹紋十郎
安兵衛　桐竹紋弥
池添孫八　吉田作十郎

義経千本桜
初音の旅路
静御前　豊竹古住大夫
狐忠信　豊竹松島大夫
ツレ　竹本三和大夫
竹本常子大夫
竹本真砂大夫
鶴澤叶太郎
豊澤仙二郎
竹澤団作
野澤勝平

静御前　桐竹紋之助
狐忠信　桐竹勘十郎

豊澤猿二郎

31・08・25 三和会　三越劇場　大阪　［BCD］

重要無形文化財指定
文楽三和会第二十一回大阪公演　大阪三越劇場
昭和三十一年八月二十五日より三十日　毎日午後一時開演

碁太平記白石噺

新吉原揚屋の段

宮城野　豊竹小松大夫
信夫　竹本真砂大夫
宮里　竹本常子大夫
宮柴　豊竹若子大夫
やり手　豊竹貴代大夫
宗六　豊竹松島大夫
鶴澤叶太郎

宮城野　桐竹紋之助
信夫　桐竹紋二郎
宮里　桐竹紋七
宮柴　桐竹紋四郎
禿しげり　桐竹紋次
宗六　吉田辰五郎

伽羅先代萩

御殿の段

豊竹つばめ大夫
野澤市治郎

政岡忠義の段

竹本源大夫
鶴澤叶太郎

鶴喜代　桐竹勘之助
千松　桐竹紋七
政岡　桐竹紋十郎
八汐　桐竹勘十郎
沖の井　桐竹紋之丞
栄御前　桐竹紋之助
腰元　大ぜい

伊勢音頭恋寝刃

古市油屋の段

竹本住大夫
野澤勝太郎

奥庭の段

豊竹古住大夫
鶴澤友若

お紺　桐竹紋二郎
万野　吉田辰五郎
福岡貢　桐竹勘十郎
喜助　吉田作十郎
岩次　桐竹紋市
喜多六　桐竹紋四郎
お鹿　桐竹紋寿
女郎　桐竹紋若

花上野誉の石碑

志渡寺の段

豊竹若大夫
鶴澤綱造

森口源太左衛門　吉田辰五郎
槌谷内記　吉田作十郎
菅の谷　桐竹紋之丞
門弟　桐竹紋四郎
門弟　桐竹紋寿
団右衛門　桐竹紋市
方丈　吉田国秀
民谷坊太郎　桐竹紋弥
お辻　桐竹紋十郎
※1腰元　大勢

松風村雨束帯鑑

近松門左衛門原作　野澤喜左衛門補曲　藤間紋寿郎振付

靫猿の段

大名　竹本三和大夫
太郎冠者　豊竹貴代大夫
猿曳　豊竹古住大夫
野澤勝太郎
豊澤仙二郎
野澤勝平

大名　桐竹紋之助
太郎冠者　吉田作十郎
猿曳　桐竹紋十郎
猿　桐竹勘十郎

竹澤団作
野澤八助
豊澤猿二郎

＊　＊　＊

はやし　芳村喜代次
人形細工師　藤本由良亀
舞台製作　長谷川音次郎
舞台装置　服部和男
舞台装置　鈴木幸次郎
小道具　山森定次郎
床山　背戸百太郎

入場料（指定席）一等三百五十円　二等二百円　学生百円

※1　Dにあり

◇八月二十六日　花上野誉碑　志渡寺の段　ラジオ放送　NHK第一　午後三時五分（「朝日新聞（大阪）」、「毎日新聞（大阪）」、「読売新聞（大阪）」08・26）

31・09・02　因会　道頓堀　文楽座　大阪　［ABC］

文楽座人形浄瑠璃九月興行
昭和三十一年九月二日初日　二十六日まで　十五日より昼夜の狂言入替
府民劇場指定　重要無形文化財指定　道頓堀文楽座

昼の部　正午開演
西亭補綴作曲　楳茂都陸平振付

鞍馬育の御曹子は源の牛若丸　書写育の荒法師西塔の武蔵坊　**五条橋誉鑑**

五条橋の段

武蔵坊弁慶　竹本相生大夫
牛若丸　竹本南部大夫
豊竹十九大夫

源牛若丸　吉田玉五郎
武蔵坊弁慶　吉田玉男

竹本伊達路大夫
竹本相子大夫
竹本相次大夫
鶴澤藤蔵
鶴澤徳太郎
豊澤新三郎
鶴沢藤二郎
鶴沢藤之助
豊澤豊助

天網島時雨炬燵

紙屋内の段

前　竹本伊達大夫
　　鶴澤藤蔵
後　豊竹松大夫
三味線　鶴澤清六

紙屋治兵衛　吉田栄三
女房おさん　吉田文五郎
紀の国屋小春　吉田玉五郎
舅五左衛門　吉田玉市
丁稚三五郎　吉田玉昇
倅勘太郎　桐竹一暢
娘お米　吉田玉之助
江戸屋太兵衛　吉田常次
五貫屋善六　吉田淳造

一谷嫩軍記

熊谷陣屋の段

竹本相生大夫
野澤松之輔
切　竹本綱大夫
竹澤弥七

熊谷直実　吉田玉助
妻相模　桐竹亀松
堤軍次　吉田玉昇
藤の局　吉田玉五郎
弥陀六実は弥平兵衛宗清　吉田玉市
源義経　吉田栄三
梶原景高　吉田兵次

織田作之助原作　大西利夫脚色
西亭作曲　大塚克三装置

夫婦善哉　二幕三場

竹本津大夫
三味線　鶴澤寛治
ツレ　竹澤団六
　　竹沢団二郎

柳吉　吉田玉男
女房お蝶　桐竹亀松
お蝶の父　吉田玉助
芸妓金八　吉田文雀
客 新聞記者　吉田好太郎

夜の部　五時開演

妹背山婦女庭訓

西亭補綴並作曲

春日野小松原の段

久我之助清舟　竹本織の大夫
息女雛鳥　竹本織部大夫
宮越玄蕃　竹本静大夫
家来早太　竹本綱子大夫
采女の局 腰元　豊竹弘大夫
野澤八造

背山の段

大判事　竹本津大夫
三味線　鶴澤寛治
久我之助　竹本南部大夫
野澤吉三郎

妹山の段

定高　豊竹松大夫
三味線　鶴澤清六
琴　鶴沢清治
雛鳥　竹本伊達大夫
鶴澤藤蔵

小松原の段

久我之助清舟　吉田玉男
息女雛鳥　吉田玉五郎
采女の局　吉田文雀
宮越玄蕃　吉田好太郎
家来早太　吉田玉幸

山の段

大判事清澄　吉田玉助
久我之助清舟　吉田玉男
後室定高（前）　吉田文五郎
後室定高（後）　桐竹亀松
娘雛鳥　吉田玉五郎
腰元　吉田淳造
腰元　吉田常次

文楽秀曲十八番の内　毎日演劇賞受賞
近松門左衛門原作　西亭脚色並作曲　鷲谷樗風演出
中村貞以衣裳考証　大塚克三装置　近松学会賛助

曽根崎心中

生玉の段

お初 徳兵衛　竹本相生大夫
野澤松之輔

天満屋の段

切　竹本綱大夫
竹澤弥七

林扇矢振付

天神の森の段

お初　竹本雛大夫
徳兵衛　竹本和佐大夫
竹本織部大夫
竹本津の子大夫
豊澤猿糸
野澤錦糸

生玉の段

天満屋お初　吉田栄三
平野屋徳兵衛　吉田玉男
丁稚長蔵　吉田小玉
油屋九平次　吉田玉市
田舎客　吉田常次
町の衆　吉田兵次
町の衆　吉田万次郎
近所の人　大ぜい

天満屋の段

平野屋徳兵衛　吉田玉男
天満屋お初　吉田栄三
油屋九平次　吉田玉市
天満屋下女　吉田玉昇
亭主惣兵衛　吉田常次
よね衆　吉田淳造
よね衆　吉田兵次
よね衆　大ぜい

天神の森の段

天満屋お初　吉田栄三
平野屋徳兵衛　吉田玉男

竹澤団六
鶴澤清好

＊　＊　＊

〔三味線〕豊澤広助　　吉田栄弘
野澤喜八郎　　吉田栄之助
　　桐竹紋太郎
〔人形〕吉田文昇　　吉田玉新
吉田玉丸　　桐竹亀次郎
桐竹亀之助　　吉田玉米

＊　＊　＊

紋下　豊竹山城少掾　　鬘床山　佐藤為治郎
三味線紋下　鶴澤清八　　鬘床山　名越健二
人形座頭　吉田玉助　　大道具　川辺繁太郎
頭取　吉田玉市　　照明　竹本文蔵
はやし　中村新三郎　　舞台監督　鷲谷樗風
衣裳　森田信二　　人形指導　吉田文五郎
人形細工人　藤本由良亀　　座主　株式会社文楽座
人形細工人　菱田由良宏
人形師　大江巳之助　　千秋万歳大入叶吉祥日

一部御観劇料　一等席四百円　二等席二百五十円　三等席百円　学生券二百円
初日に限り一部料金にて昼夜通し御覧に入れます
○五条橋　鬼一法眼三略巻の五段目　西亭補綴作曲　楳茂都陸平振付
○夫婦善哉　織田作之助原作　大西利夫脚色　西亭作曲　大塚克三装置　昭和三十年東宝映画のヒットによる上演
はじめて電話を小道具として使い相手の声をマイクで聞かせる演出あり
（『演劇雑誌幕間』第十一巻第十号）
◇九月六日　曽根崎心中　生玉の段　天満屋の段　ラジオ放送　ＮＨＫ第二
午後九時（「朝日新聞（大阪）」、「毎日新聞（大阪）」、「読売新聞（大阪）」）

09・06）
◎文楽教室［ＢＣ］

文楽教室　文楽座人形浄瑠璃
昭和三十一年九月　公演中　二十六日まで　午前九時半より十一時まで
道頓堀文楽座

文楽解説　鷲谷樗風
人形解説　吉田玉五郎

壺坂観音霊験記

沢市内より壺坂寺の段

女房お里　竹本織部大夫　　女房お里　吉田玉五郎
座頭沢市　竹本織の大夫　　座頭沢市　吉田玉男
観世音　（竹本織部大夫／竹本織の大夫）　　観世音　吉田玉之助
野澤錦糸
ツレ　鶴澤藤之助

特別料金　三十円（在学中の学生・生徒）

31・09・04　三和会　祇園会館　京都［ＢＣＤ］

重要無形文化財国家指定　文楽人形浄瑠璃　文楽三和会京都公演
昭和三十一年九月四日より七日　毎日午後三時開演　祇園石段下祇園会館

御所桜堀川夜討

弁慶上使の段

—

前　豊竹松島大夫
　　竹澤団作
後　竹本源大夫
　　鶴澤叶太郎

卿ノ君　桐竹勘之助
侍従太郎　桐竹紋市
花ノ井　桐竹紋之丞
腰元しのぶ　（桐竹紋寿／桐竹紋弥）
おわさ　桐竹紋之助
弁慶　吉田辰五郎
腰元　大ぜい

瓜子姫とあまんじゃく

木下順二作　武智鉄二演出
野澤喜左衛門作曲　桐竹紋十郎振付

語り手　豊竹つばめ大夫
　　　　野澤勝太郎
　　　　鶴澤友若
　　　　野澤勝平

瓜子姫　桐竹紋之助
ヂッサ　吉田辰五郎
バッサ　吉田国秀
杣ノ権六　吉田作十郎
山父　桐竹勘十郎
アマンジャク　桐竹紋十郎

恋娘昔八丈

城木屋の段

前　豊竹古住大夫
　　野澤市治郎
切　竹本住大夫
　　野澤勝太郎

手代丈八　桐竹勘十郎
丁稚　桐竹紋若
おこま　桐竹紋十郎
才三郎　桐竹紋二郎
下女　桐竹勘之助
庄兵衛　吉田国秀
佃屋喜蔵　吉田作十郎

生写朝顔日記

宿屋より大井川まで

切　豊竹若大夫
　　鶴澤綱造
琴　野澤勝平

駒沢　吉田辰五郎
徳右衛門　桐竹紋市
下女　桐竹小紋
岩代　吉田作十郎
深雪　桐竹紋十郎
関助　（桐竹紋七／桐竹紋四郎）

妹背山道行

恋の小田巻

お三輪　豊竹小松大夫
橘姫　豊竹貴代大夫
求女　竹本常子大夫
ツレ　豊竹若子大夫
　　　竹本真砂大夫
　　　竹本三和大夫
　　　野澤市治郎
　　　豊澤仙二郎
　　　野澤八助
　　　野澤勝平
　　　豊澤猿二郎

橘姫　桐竹紋二郎
求女　桐竹紋之助
お三輪　桐竹勘十郎

＊　＊　＊

はやし　芳村喜代次
人形細工師　藤本由良亀
舞台装置　服部和男
舞台装置　鈴木幸次郎
小道具　山森定次郎
床山　背戸百太郎

入場料　指定席三百円　学生券百円

昭和三十一年（一九五六）

31・09・18 三和会

◎九州巡業　十一日間（『三和会公演控』）

○九月十八日から二十二日　学校巡業　甘木　福岡　久留米　八女　他

◎九月十八日　福岡県大牟田市立甘木中学校　午前九時　十時四十分開演
文楽鑑賞会

〔典拠〕「西日本新聞（福岡一版）」（09・16）

◇九月二十日　福岡県立伝習館高等学校北校舎講堂
柳川商業高校・杉森女子学園・伝習館高校主催
午前九時から午後五時まで四回公演　第四回午後三時四十分開演　一般公開

〔典拠〕「西日本新聞（筑後版A）」（09・16）

◎九月二十三日　福岡県飯塚市嘉穂劇場　昼の部十二時　夜の部午後五時開演
演目は二十五日八幡製鉄労働会館と同じ　但し昼夜ともに所作事釣女も上演
人形解説　狂言説明の記載なし

入場料　指定前売三百円　当日四百円

〔典拠〕「朝日新聞（筑豊版）」広告（09・22）

○九月二十四日　福岡県芦屋

◎九月二十五日　福岡県八幡製鉄労働会館
西日本新聞社八幡支局後援

昼の部　十二時開演
人形解説　狂言説明

義経千本桜
道行初音旅路
菅原伝授手習鑑
寺子屋の段
本朝廿四孝
十種香より狐火まで

竹本源大夫
豊竹つばめ大夫
豊竹松島大夫
豊竹古住大夫
竹本常子大夫
豊竹小松大夫
豊竹若大夫
野澤喜左衛門
鶴澤叶太郎
野澤勝太郎
鶴澤燕三
豊澤仙二郎
竹澤団作
野澤勝平
豊澤猿二郎

夜の部　午後六時開演
人形解説　狂言説明

新曲 小鍛冶
稲荷山の段
伽羅先代萩
御殿の段
三十三所観音記
沢市内より壺坂寺まで

桐竹紋十郎
桐竹紋之助
吉田作十郎
桐竹紋二郎
桐竹小紋
桐竹紋寿
桐竹紋七
桐竹紋四郎
桐竹紋之丞
桐竹紋市
吉田国秀
桐竹紋次
桐竹勘十郎

入場料　前売二百五十円　当日三百円　指定席券百円

〔典拠〕「西日本新聞（小倉版）」広告（09・15）

○九月二十七日　愛媛県宇和島

◎九月二十八日　山口県下関東宝劇場　［BC］
重要無形文化財国家指定　文楽人形浄瑠璃　文楽三和会下関公演

昭和三十一年九月二十八日　一時　六時　下関東宝劇場
主催　下関保護観察協会　後援　下関市　関門民芸会　朝日新聞関門支局

昼の部

碁太平記白石噺
新吉原揚屋の段

宮城野　豊竹小松大夫
しのぶ　竹本常子大夫
宗六　豊竹松島大夫
　　　豊澤仙二郎

傾城宮城野　桐竹紋之助
しげり　桐竹紋若
女郎宮里　桐竹紋弥
女郎宮柴　桐竹勘之助
妹しのぶ　桐竹紋二郎
大黒屋宗六　桐竹勘十郎

艶容女舞衣
三勝半七　酒屋の段
切　竹本源大夫
　　鶴澤叶太郎

宗岸　吉田辰五郎
おその　桐竹紋之助
半兵衛女房　吉田国秀
半兵衛　吉田作十郎
おつう　桐竹紋若
半七　桐竹勘十郎
三勝　桐竹紋寿

摂州合邦ヶ辻
合邦庵室の段
切　豊竹つばめ大夫
　　野澤勝太郎

合邦　吉田辰五郎
母親　吉田国秀
玉手御前　桐竹紋十郎
奴入平　桐竹紋四郎
浅香姫　桐竹紋二郎
俊徳丸　吉田作十郎

京鹿子娘道成寺
鐘供養の段
—

シテ　豊竹古住大夫
ワキ　豊竹小松大夫
ツレ　竹本常子大夫
　　　野澤勝太郎
　　　豊澤仙二郎
　　　竹澤団作
　　　野澤勝平
　　　豊澤猿二郎

白拍子花子　桐竹紋十郎
所化　桐竹紋寿
所化　桐竹紋七
所化　桐竹紋四郎
所化　桐竹紋弥

夜の部

新曲　小鍛冶
稲荷山の段

稲荷明神　豊竹松島大夫
三条宗近　豊竹小松大夫
勅使道成　竹本常子大夫
　　　豊澤仙二郎
　　　竹澤団作
　　　野澤勝平
　　　豊澤猿二郎

三条宗近　桐竹紋二郎
勅使道成　桐竹紋弥
稲荷明神　桐竹紋之助

伽羅先代萩
御殿の段
切　豊竹つばめ大夫
　　野澤勝太郎
後　豊竹古住大夫
　　野澤勝太郎

鶴喜代　桐竹勘之助
千松　桐竹紋七
政岡　桐竹紋十郎
八汐　吉田辰五郎
沖ノ井　桐竹紋之丞
栄御前　吉田作十郎
腰元　大ぜい

生写朝顔日記
宿屋より大井川まで
切　竹本源大夫
　　鶴澤叶太郎

駒沢次郎左衛門　吉田辰五郎
戎屋徳右衛門　桐竹紋市

琴　野澤勝平

岩代多喜太　桐竹紋二郎
下女おなべ　桐竹小紋
朝顔 実は 深雪　桐竹勘十郎
その他　大ぜい

近松門左衛門原作　野澤喜左衛門補曲　藤間紋寿郎振付
松風村雨束帯鑑
靱猿の段
大名
太郎冠者
猿曳

豊竹小松大夫
竹本常子大夫
豊竹古住大夫
野澤勝太郎
豊澤仙二郎
野澤勝平
竹澤団作

大名　桐竹紋之助
太郎冠者　吉田作十郎
猿曳　桐竹紋十郎
猿　桐竹勘十郎

* * *

鳴物　芳村喜代次
大道具　服部和男
大道具　鈴木幸次郎

小道具　山森定次郎
床山　背戸百太郎

会員券　前売券二百五十円　当日三百円　指定席券五十円　学生券五十円

◎九月二十九日　山口県防府市三洋会館［BC］
無形文化財指定　文楽人形浄瑠璃
学生教室　第一回午前九時　第二回正午　第三回午後二時半開演
一般公演　午後五時開演
防府市市庁通り三洋会館
主催　文楽三和会　後援　防府市教育委員会　防府市放送局　防府市義太夫会
防府市三洋会館

学生教室
人形解説　交代（桐竹勘十郎 / 桐竹紋之助
狂言説明　豊澤猿二郎
伽羅先代萩
御殿の段
交代（竹本源大夫 / 豊竹つばめ大夫
鶴澤叶太郎

人形は二十八日下関東宝劇場夜の部と同じ

桐竹紋十郎好ミ十二月の内
京鹿子娘道成寺
配役は二十八日下関東宝劇場昼の部と同じ
一般公演
演目・配役は二十八日下関東宝劇場夜の部と同じ
一般公演入場料　二百五十円
・・・・・・・・・・・・・・・・・・・・・・・・・・・・・・

◎九月二十九日　因会　国家指定芸能特別観賞会　京都四条南座
第一部
日本振袖始
大蛇退治の段
竹本綱大夫
竹本南部大夫
竹本織の大夫
竹本織部大夫
竹澤弥七
野澤錦糸

竹澤団六
竹澤団二郎
笛　藤舎秀峰
小鼓　藤舎呂船

第二部

寿式三番叟

竹本綱大夫
竹本南部大夫
竹本織部大夫
竹本織の大夫
鶴澤清六
竹澤弥七
竹澤団六
鶴澤清好

竹澤団二郎
野澤錦糸
笛 藤舎秀峰
脇 藤舎狐舟
頭取 藤舎呂船
手先 望月太津市郎
大鼓 藤舎呂秀

鶴澤清六 病気休演（『文楽因会三和会興行記録』）

〔典拠〕プログラム

◇九月三十日 因会 第七回邦楽名人大会 名古屋御園座

昼の部 午前十一時開演

日本振袖始

大蛇退治の段

竹本綱大夫
竹本織の大夫
竹本織部大夫
竹澤弥七
野澤錦糸

竹澤団六
竹澤団二郎
笛 藤舎秀峰
小鼓 藤舎呂船

夜の部 午後四時三十分開演

艶姿女舞衣

酒屋の段

竹本綱大夫
竹澤弥七

〔典拠〕プログラム

◇十月一日より二十五日 因会 十月興行大歌舞伎 大阪歌舞伎座

文楽座大夫三味線特別出演

阿波狸

竹本相生大夫
竹本雛大夫
竹本和佐大夫
竹本相次大夫

野澤松之輔
野澤吉三郎
豊澤猿糸
豊澤新三郎
野澤喜八郎

〔典拠〕歌舞伎筋書

31・10・03 因会

○北海道・東北巡業（『文楽因会三和会興行記録』）
○北海道巡業 十月三日札幌初日から十二日まで
○東北巡業 十月十三日黒石劇場から
○十月二十四日横浜まで

巡業［BC］

重要無形文化財指定 大阪文楽座人形浄瑠璃 特別公演
芸術院会員吉田文五郎 無形文化財竹本綱大夫 他大夫、三味線、人形総出演
松竹株式会社演劇部提供

昼の部

寿二人三番

三番叟 竹本静大夫
三番叟 豊竹弘大夫
竹本相子大夫
清友改め豊澤豊助
鶴澤徳太郎

三番叟 吉田玉五郎
三番叟 吉田玉男

鶴澤藤二郎
鶴澤藤之助

摂州合邦辻

合邦住家の段

竹本津大夫
三味線 寛治郎改め 鶴澤寛治

親合邦 吉田玉助
玉手御前 吉田栄三
奴入平 吉田淳造
俊徳丸 吉田好太郎
浅香姫 吉田小玉
合邦女房 吉田常次

西亭脚色補曲
色模様文五郎好

竹本南部大夫
竹本織の大夫
竹本織部大夫
豊竹十九大夫
野澤八造
野澤錦糸
竹澤団二郎
鶴澤藤二郎
鶴澤藤之助

禿 吉田文五郎
百姓かぼちゃ 吉田玉五郎
かぼちゃ 吉田玉男

お染久松
新版歌祭文

野崎村の段

切 竹本綱大夫
竹澤弥七
※1ツレ 竹澤団二郎

親久作 吉田玉市
娘お光 桐竹亀松
娘お染 吉田玉五郎
丁稚久松 吉田文雀
母おかつ 吉田兵次

下女およし 吉田玉之助
船頭 吉田好太郎
駕屋 吉田淳造
駕屋 吉田常次

壇浦兜軍記

阿古屋琴責の段

阿古屋 竹本伊達大夫
重忠 竹本津大夫
岩永 竹本静大夫
榛沢 竹本伊達路大夫
三曲 鶴澤藤蔵
寛弘改め 竹澤団六

重忠 吉田玉助
阿古屋 桐竹亀松
岩永 吉田玉男
榛沢 吉田玉昇
水奴 吉田万次郎
水奴 吉田常次
水奴 大ぜい

夜の部
恋女房染分手綱

道中双六の段

竹本南部大夫
ツレ 竹本相子大夫
野澤八造
ツレ 鶴澤藤之助

重の井子別れの段

竹本伊達大夫
鶴澤藤蔵

調姫 吉田玉丸
重の井 桐竹亀松
踊子 吉田玉米
踊子 吉田常次
本田弥三右衛門 吉田兵次
腰元おふく 吉田玉昇
馬士三吉 吉田小玉
宰領 吉田淳造
宰領 吉田万次郎
腰元 大ぜい

大西利夫脚色　西亭作曲
田村孝之介美術考証並に装置

お蝶夫人　三景

第一景
野澤錦糸
竹澤団六（寛弘改め）
鶴澤藤二郎

第二景
竹本織の大夫
竹本織部大夫
豊竹弘大夫
野澤八造
竹澤団二郎
鶴澤藤二郎

第三景
竹本綱大夫
竹澤弥七
ツレ　野澤錦糸

お蝶夫人　吉田栄三
ピンカートン　吉田玉男
同夫人　吉田文雀
ならず者山鳥　吉田玉市
五郎　吉田玉昇
召使鈴木　吉田玉五郎
子供　吉田小玉

西亭脚色補曲
還春双草紙※2

竹本伊達大夫
竹本南部大夫
豊竹弘大夫
竹本相子大夫
鶴澤藤蔵
鶴澤徳太郎（清友改め）
竹澤団六（寛弘改め）
鶴澤藤之助
豊澤豊助

お染　吉田文五郎
住吉踊坊主　吉田淳造
坊主　吉田玉之助
坊主　吉田玉昇
坊主　吉田玉幸

安宅関

勧進帳の段
弁慶　竹本津大夫
富樫　竹本織の大夫
義経　竹本織部大夫
伊勢 駿河 片岡 常陸坊　竹本静大夫
番卒　豊竹十九大夫
竹本伊達路大夫
三味線　鶴澤寛治（寛治郎改め）
野澤錦糸
竹澤団六（寛弘改め）
鶴澤徳太郎（清友改め）
豊澤豊助

武蔵坊弁慶　吉田玉助
富樫左衛門　吉田栄三
源義経　吉田玉五郎
伊勢三郎　吉田兵次
駿河次郎　吉田常次
常陸坊　吉田淳造
片岡八郎　吉田好太郎
番卒　吉田万次郎
番卒　吉田玉米

※1　Cにあり
※2　「還春三彩絵模様」の吉田文五郎の三役のうち羽根の禿を除き二役とした作品

◇北海道巡業は主催北海道新聞社文化厚生事業団　三・四日札幌新東宝　小樽　旭川　帯広　釧路　室蘭　函館を巡業（「北海道新聞」10・03）
◇豊竹山城少掾病気のため不参加（「北海道新聞」09・30）
◇新聞記事や広告では「還春双草紙」を「還春三彩絵模様」とするものが多いが、実際は「還春双草紙」が上演されたと考えられる（「北海道新聞（札幌版）」10・01、「山形新聞」10・20、広告 10・17）

◎**十月三日・四日**　札幌新東宝劇場　昼の部午後一時　夜の部午後六時開演
二日午後三時半　公演に先立ち、人形とともに札幌市中を人力車でパレードした
〔典拠〕「北海道新聞（札幌版）」（10・03）、広告（10・03）

◎**十月五日**　小樽松竹（松竹映劇カ）

〔典拠〕「北海タイムス」広告（10・05）、「北海道新聞（旭川版）」（10・07）

◎**十月六日**　旭川市国民劇場　昼の部午後一時半　夜の部午後六時半開演
演目は巡業プログラムの通り　但し色模様文五郎好　恋女房染分手綱　道中双六の段の記載なし
他に　竹本長子大夫　桐竹亀次郎　吉田栄松（弘カ）　桐竹一暢　吉田栄之助　桐竹亀之助
入場料　特別席七百円　前売特別席六百円　普通席五百円　前売普通席四百五十円
〔典拠〕「北海道新聞（旭川版）」（09・25／10・07）、広告（10・04～06）

◎**十月七日**　帯広（帯広劇場カ）
〔典拠〕「北海道新聞（函館版）」（10・01）、「北海道新聞（釧路版）」（10・09）

◎**十月八日**　釧路劇場　昼の部午後一時　夜の部午後六時開場
演目は巡業プログラムの通り
終演後舞台上で釧路市長より吉田文五郎に記念品が贈呈された（「北海道新聞（釧路版）」10・09）
入場料　特別指定席前売六百円　指定席前売四百五十円　当日普通指定席五百円　立見席三百円
〔典拠〕「北海道新聞（釧路版）」広告（10・07～08）

◎**十月十日**　室蘭（東宝公映カ）
〔典拠〕「北海道新聞（函館版）」（10・01）、「北海道新聞（釧路版）」（10・09）

◎**十月十二日**　函館HBCラジオ劇場　昼の部十二時半　夜の部午後六時開演
演目は巡業プログラムの通り
入場料　前売限定特別指定六百円　限定指定四百五十円　当日七百円　五百円
〔典拠〕「北海道新聞（函館版）」広告（10・12）

◎**十月十三日**　青森県黒石市黒石劇場　昼の部十二時　夜の部午後六時
黒石専門店会主催　黒石市・黒石市教育委員会・黒石商工会議所・南黒婦人会後援
演目は巡業プログラムの通り
入場料　前売三百五十円　当日四百円
〔典拠〕「黒石民報」広告（10・12）、「陸奥新報」（10・13）

◇**十月十四日**　秋田県立大館桂高等学校講堂　昼夜二回公演
大館市芸術鑑賞協会主催
還春三彩絵模様の太夫を竹本綱大夫とする
二千人
〔典拠〕「毎日新聞（秋田版）」（10・16）

◇**十月十五日カ**　秋田県尾去沢協和会館
◇**十月十六日カ**　秋田県立由利高等学校
〔典拠〕『松竹百年史』

◇**十月十七日**　秋田市山王体育館　昼の部午後一時　夜の部午後六時開演
秋田専門店会主催
演目は巡業プログラムの通り　但し色模様文五郎好の記載なし

〔典拠〕「秋田魁新報」（10・16）

◇十月十八日　山形県鶴岡座　昼の部午後一時　夜の部午後六時開演
文楽市民鑑賞会主催
演目は巡業プログラムの通り
午前十時半　山形県立山形北高等学校講堂　山形北高等学校、山形南高等学校、鶴岡家政高等学校生徒対象文楽教室　解説と壺坂霊験記

入場料　前売指定五百円　前売三百円

〔典拠〕「山形新聞」（10・18）、広告（10・17）、「荘内日報」広告（10・14）

◇十月十九日　山形中央公民館　昼の部午後一時　夜の部午後六時開演
演目は巡業プログラムの通り

入場料　前売指定五百円　前売三百円

〔典拠〕「山形新聞」（10・20）、広告（10・17）

◎十月二十日　秋田県立大曲高等学校体育館　［ＢＣ］
大阪文楽座人形浄瑠璃　吉田文五郎米寿記念特別公演
昭和三十一年十月二十日　十二時半　午後六時　大曲高等学校体育館
主催　大曲公民館　大曲専門店会文化部　後援　湯沢・横手・角館各公民館
演目・配役は巡業プログラムの通り　但し踊子の配役なし

◇十月二十一日カ　宮城県組倉鉱山文化会館

〔典拠〕『松竹百年史』

◇十月二十二日　宮城県仙台市公会堂　昼の部十二時　夜の部午後五時開演

〔典拠〕「東北日報」（10・18）

◇十月二十三日　岩手県釜石錦館
釜鉄真道会主催

〔典拠〕「河北新報（岩手版）」（10・17）

○十月二十四日　神奈川県横浜市
・・・・・・・・・・・・・・・・・・・・・・・・・・・・・・・・・

31・10・06　三和会

○北陸巡業

北陸巡業　［ＢＣ］

文部省文化財保護委員会選定
国宝重要無形文化財　大阪文楽人形浄瑠璃芝居　三和会公演

昼の部

寿二人三番叟

シテ	豊竹松島大夫	三番叟	桐竹紋之助
ワキ	豊竹小松大夫	三番叟	桐竹紋二郎
ツレ	竹本常子大夫		
	豊竹貴代大夫		
	豊澤仙二郎		

竹澤団作
野澤勝平
豊澤猿二郎

三十三所観音霊験記
沢市内より御寺まで
切　竹本源大夫
　　鶴澤叶太郎
ツレ　野澤勝平

お里　桐竹勘十郎
沢市　吉田辰五郎
観世音　桐竹紋若

桐竹紋十郎文部大臣賞受賞
伽羅先代萩
御殿の段
政岡忠義の段
切　豊竹つばめ大夫
　　野澤市治郎

鶴喜代君　桐竹勘之助
千松　桐竹紋弥
政岡　桐竹紋十郎
八汐　吉田辰五郎
沖ノ井　桐竹紋之丞
栄御前　吉田作十郎
腰元　大ぜい

桐竹紋十郎
十二月ノ内
京鹿子娘道成寺
鐘供養の段
シテ　豊竹古住大夫
ワキ　豊竹小松大夫
ツレ　竹本真砂大夫
　　野澤勝太郎
　　豊澤仙二郎
　　野澤勝平
　　鶴澤友若

白拍子花子　桐竹紋十郎
所化　桐竹紋寿
所化　桐竹紋七
所化　桐竹紋四郎
所化　桐竹紋弥

夜の部
新曲
小鍛冶
稲荷山の段
稲荷明神　豊竹松島大夫
三条宗近　豊竹小松大夫
勅使道成　竹本真砂大夫
　　鶴澤友若
　　竹澤団作
　　野澤勝平
　　豊澤仙二郎

小鍛冶宗近　桐竹紋之助
勅使道成　桐竹小紋
稲荷明神　桐竹勘十郎

桐竹紋十郎極付
艶容女舞衣
酒屋の段
切　豊竹つばめ大夫
　　野澤勝太郎

親宗岸　吉田辰五郎
嫁おその　桐竹紋十郎
半兵衛女房　桐竹紋之丞
舅半兵衛　桐竹紋市
おつう　桐竹紋若
半七　桐竹紋七
三勝　桐竹紋寿

絵本太功記
尼ヶ崎の段
切　竹本源大夫
　　鶴澤叶太郎

武智重次郎　吉田作十郎
嫁初菊　桐竹紋二郎
妻みさを　桐竹紋之助
母さつき　吉田国秀
武智光秀　吉田辰五郎
旅僧 実は 真柴久吉　桐竹紋四郎

軍兵　大ぜい

桐竹紋十郎
十二月ノ内　**紅葉狩**

戸隠山の段

更科姫	豊竹古住大夫	平維茂	桐竹勘十郎
平維茂	豊竹小松大夫	更科姫 実は 悪鬼	桐竹紋十郎
こし元	竹本常子大夫	腰元桔梗	桐竹小紋
こし元	豊竹貴代大夫	腰元楓	桐竹勘十郎
山神	竹本三和大夫	山神	桐竹紋十郎
	野澤市治郎		
	豊澤仙二郎		
	竹澤団作		
	野澤勝平		

＊　＊　＊

はやし	芳村喜代次	舞台装置	鈴木幸次郎
人形細工師	藤本由良亀	小道具	山森定次郎
舞台製作	長谷川音次郎	床山	背戸百太郎
舞台装置	服部和男		

◎**十月六日**　金沢市藤花学園高等学校講堂　昼の部午後一時　夜の部午後六時開演
金沢青年会議所主催　北国新聞社後援
演目は巡業プログラムの通り
〔典拠〕「北陸新聞」（10・02）、「北国新聞」（10・05）

◎**十月七日**　富山座

◎**十月八日**　富山県高岡市公会堂
富山新聞社・富山県芸術祭委員会主催　富山県教育委員会・富山市教育委員会後援
昼の部十二時　夜の部午後五時開演

演目は巡業プログラムの通り

壺坂霊験記

	豊竹呂（ママ）大夫	お里	桐竹紋十郎
	鶴澤叶太郎	沢市	桐竹勘十郎
	竹澤団作	観世音	桐竹紋七

艶容女舞衣

前	豊竹つばめ大夫	宗岸	吉田辰五郎
	野澤喜左衛門	お園	桐竹紋之助
後	竹本源大夫	女房	桐竹紋之丞
	鶴澤燕三	半兵衛	桐竹紋市

入場料　A席五百円　B席三百五十円　一般二百五十円
富山座　大学生二百円　高校生百五十円　当日三百円
〔典拠〕「富山新聞」（10・05／10・07）、広告（10・03／10・07）

◎**十月九日**　富山県井波町井波劇場　昼の部午後一時　夜の部午後六時開演
演目は巡業プログラムの通り
入場料　五百円　前売四百円
〔典拠〕「北日本新聞」（10・08）

○**十月十日**　富山県滑川市第一劇場
〔典拠〕『三和会公演控』、『文楽因会三和会興行記録』

◎**十月十一日**　**新潟県高田市立城南中学校講堂**　［BC］
学生の文楽教室

昭和三十一年十月十一日　午前十時　午後一時　三時開演　高田市城南中学校講堂
主催　大阪文楽座三和会　上越後援会　後援　高田市教育委員会　高田地区労働組合　上越労働組合連合会　文部省文化財保護委員会

午前
二人三番叟
文部大臣賞受賞
伽羅先代萩
　御殿の場

午後
第一部
二人三番叟
壺坂霊験記
　沢市宅より御寺まで

第二部
文部大臣賞授く
伽羅先代萩
　御殿の場
道成寺

◎十月十二日　長野市第一市民会館　昼夜二回公演
〔典拠〕「信濃毎日新聞」（10・10）

○十月十三日　長野県小諸中央映画劇場
〔典拠〕「信濃毎日新聞」広告（10・13）

○十月十四日　長野県南佐久郡野沢町立野沢中学校
〔典拠〕『三和会公演控』、『文楽因会三和会興行記録』

◎十月十五日　長野県諏訪市民会館　［BC］

毎夕新聞創刊三周年記念　文部省文化財保護委員会選定　重要無形文化財
桐竹紋十郎一行四十名来演　世界に誇る国宝的芸術！
文楽人形浄瑠璃　秋の文楽芸術祭参加公演
十月十五日　昼一時　夜六時　諏訪市民会館
主催　毎夕新聞社
後援　諏訪市教育委員会　諏訪市公民館　諏訪商工会議所　諏訪市連合婦人会
演目は巡業プログラムの通り
他に　鶴澤燕三

入場料　指定席三百円　当日券三百五十円　一般券二百五十円　昼夜券五百円
読者券二百円　学生券百円
・・・・・・・・・・・・・・・・・・・・・・・・・・

◇十月二十日　三和会　第八十二回三越名人会　東京日本橋三越劇場　午後五時開演
天網島時雨炬燵
　紙治内の段
　　豊竹つばめ大夫
　　野澤勝太郎
〔典拠〕プログラム

31・10・26　因会・三和会　日本橋　三越劇場　東京　［BCD］
芸術祭第三回文楽合同公演　因会三和会合同出演
十月二十六日・二十七日　二十七日昼夜入替
昼の部　十一時半開演

二人禿
豊竹松島大夫　一　禿　桐竹紋之助

豊竹古住大夫
豊竹小松大夫
豊竹若子大夫
竹本常子大夫
豊竹貴代大夫
竹本三和大夫
野澤市治郎
豊澤仙二郎
野澤勝平
竹澤団作
野澤勝太郎
鶴澤叶太郎
豊澤猿二郎

禿　桐竹紋二郎

奥州安達原

袖萩祭文の段

前　豊竹つばめ大夫
三味線　野澤喜左衛門
奥　竹本津大夫
三味線　鶴澤寛治

袖萩　桐竹亀松
娘お君　吉田小玉
謙仗直方　吉田兵次
浜夕　吉田常次
安倍宗任　吉田玉男
安倍貞任　吉田玉助
八幡太郎　吉田好太郎
腰元、仕丁　大ぜい

恋女房染分手綱

沓掛村の段

竹本住大夫
野澤勝太郎

馬方八造　吉田辰五郎
米屋　吉田作十郎
古手屋　桐竹紋寿
母親　吉田国秀
与之助　桐竹勘之助

馬方次郎作　桐竹紋四郎
座頭慶政　桐竹紋十郎
盗人　桐竹紋之丞
盗人　桐竹紋市

坂ノ下の段

竹本源大夫
鶴澤叶太郎

座頭慶政　桐竹紋十郎
八平次　桐竹勘十郎
八造　吉田辰五郎

ひらかな盛衰記

神崎揚屋の段

竹本伊達大夫
鶴澤藤蔵

梅ヶ枝　吉田栄三
お筆　吉田玉五郎
亭主　吉田玉幸
梶原源太　吉田玉昇
母延寿　吉田常次

夜の部　四時開演

冥途の飛脚

淡路町の段

竹本相生大夫
野澤松之輔

封印切の段

竹本綱大夫
竹澤弥七

手代伊兵衛　吉田淳造
母妙閑　吉田兵次
甚内　吉田小玉
忠兵衛　桐竹亀松
下女まん　吉田文雀
丹波屋八右衛門　吉田玉市
八右衛門の使　吉田万次郎
宰領　吉田玉米
梅川（前）　吉田玉五郎
梅川（後）　吉田文五郎
鳴戸瀬　吉田淳造

千代戸瀬　桐竹一暢
禿　吉田栄弘
花車　吉田常次
五兵衛　吉田玉米

源平布引滝

松並琵琶の段

豊竹若大夫
三味線　鶴澤綱造

紅葉の局　桐竹小紋
若葉の局　桐竹紋若
官人　桐竹紋之助[※1]
松並検校実は多田蔵人行綱　桐竹紋十郎
娘小桜　桐竹紋弥
仕丁平治　桐竹勘十郎
仕丁藤作　桐竹紋之助
仕丁又五郎　吉田作十郎

新版歌祭文

野崎村の段

豊竹松大夫
三味線　鶴澤清六
ツレ　鶴澤徳太郎
鶴澤清好

娘お光　桐竹紋十郎
娘お染　桐竹紋二郎
下女およし　桐竹勘之助
親久作　吉田辰五郎
丁稚久松　桐竹紋七
母お勝　桐竹紋市
駕屋　桐竹小紋
駕屋　桐竹紋若
船頭　桐竹紋四郎

御観劇料　五百円　三百円　二百円

※1　C桐竹紋之丞

○両派同一狂言に入り混じっての競演は分裂後初めて（『松竹百年史』）

◇人形は別々の狂言に出演（『文楽因会三和会興行記録』）

◇野澤喜左衛門　左手首の負傷後五ヶ月ぶりの出演（「読売新聞（東京）」10・29）

◇十月二十七日　新版歌祭文　野崎村の段　テレビ放送　NHK　午後七時三十五分　但し、「朝日新聞（大阪）」夕刊には、午後七時四十五分とあり（「朝日新聞（大阪）」、「毎日新聞（大阪）」、「読売新聞（大阪）」10・27）

◇十月二十八日　奥州安達原　袖萩祭文の段　ラジオ放送　NHK第一　午後三時五分（「朝日新聞（大阪）」、「毎日新聞（大阪）」、「読売新聞（大阪）」10・28）

31・10・28　因会・三和会　新橋演舞場　東京　［BCD］

芸術祭第三回文楽合同公演　因会三和会合同出演　新橋演舞場

昼の部　十一時半開演

桂川連理柵

六角堂の段

豊竹松島大夫
豊竹古住大夫
竹本常子大夫
野澤市治郎

おきぬ　桐竹紋之助
儀兵衛　吉田辰五郎
丁稚長吉　吉田作十郎

帯屋の段

竹本住大夫
野澤勝太郎

おきぬ　桐竹紋之助
おとせ　桐竹紋之助[※1]
半斎　桐竹紋市
儀兵衛　吉田辰五郎
長右衛門　桐竹勘十郎
丁稚長吉　吉田作十郎
お半　桐竹紋二郎

道行朧の桂川

竹本南部大夫
竹本織部大夫
竹本織の大夫
竹本伊達路大夫
竹本津の子大夫
竹本相子大夫
野澤吉三郎
鶴澤徳太郎
竹澤団六
鶴澤清好
竹澤団二郎
鶴澤藤二郎

下男　桐竹紋次
お半　吉田栄三
長右衛門　吉田好太郎

妹背山婦女庭訓　吉野川の段

背山の段

大判事　豊竹若大夫
三味線　鶴澤綱造
久我之助　豊竹つばめ大夫
三味線　野澤喜左衛門

大判事　吉田玉助
久我之助　吉田玉男

妹山の段

定高　竹本綱大夫
竹澤弥七
琴　竹澤団六
雛鳥　竹本伊達大夫
鶴澤藤蔵

娘雛鳥　桐竹紋之助
腰元小菊　桐竹紋寿
腰元桔梗　桐竹紋弥
後室定高　桐竹紋十郎

夜の部　四時半開演

傾城阿波の鳴戸

巡礼歌の段

竹本源大夫
鶴澤叶太郎

お弓　桐竹紋之助
おつる　桐竹紋七

本朝廿四孝

勘助内の段

竹本相生大夫
野澤松之輔

筍堀りの段

竹本津大夫
三味線　鶴澤寛治

慈悲蔵 後に 直江山城守　吉田栄三
女房お種　桐竹亀松
倅峰松　桐竹一暢
勘助の母　吉田兵次
横蔵 後に 山本勘助　吉田玉助
次良吉　吉田玉丸
妻唐織　吉田玉五郎

けいせい恋飛脚

新口村の段

豊竹松大夫
三味線　鶴澤清六

亀屋忠兵衛　吉田玉男
傾城梅川（前）　吉田玉五郎
傾城梅川（後）　吉田文五郎
忠三の女房　吉田文雀
樋の口水右衛門　吉田万次郎
伝ガ婆　吉田常次
鶴掛藤次兵衛　吉田玉昇
置頭巾　吉田淳造
針立の道庵　吉田兵次
八右衛門　吉田玉之助
捕手小頭　吉田玉幸
親孫右衛門　吉田玉市
捕巻　大ぜい

安宅関

勧進帳の段

弁慶 豊竹つばめ大夫
富樫 豊竹古住大夫
義経 豊竹小松大夫
　豊竹松島大夫
　竹本常子大夫
　豊竹貴代大夫
　竹本三和大夫
　野澤勝太郎
　野澤市治郎
　豊澤仙二郎
　竹澤団作
　野澤勝平
　鶴澤叶太郎

富樫左衛門尉 桐竹勘十郎
源義経 吉田作十郎
伊勢三郎 桐竹紋四郎
駿河次郎 桐竹勘之助
片岡八郎 桐竹小紋
常陸坊海尊 吉田国秀
武蔵坊弁慶 桐竹紋十郎
番卒 大ぜい

御観劇料　五百円　三百円　百円

※1　C桐竹紋之丞

◇因会・三和会の両派が一つ舞台に競演したのが、この狂言をもって最初とする　大好評（『文楽因会三和会興行記録』）

◇安宅関　勧進帳の段　弁慶 左遣い　桐竹紋之助　足遣い　桐竹紋二郎（「朝日新聞（東京）」10・30）

◎十月二十九日　**因会・三和会**　第二回国家指定芸能特別鑑賞会　東京歌舞伎座　正午　午後五時開演

昼の部
伊賀越道中双六
沼津
　竹本住大夫
　野澤勝太郎
　ツレ 野澤勝平

良弁杉の由来
二月堂
　豊竹松大夫
　鶴澤清六

夜の部
心中天網島

大和屋の段
　竹本綱大夫
　竹澤弥七

十一月二十二日　心中天網島　大和屋の段　ラジオ放送　NHK第一　午後十時三十五分（「朝日新聞（大阪）」、「毎日新聞（大阪）」、「読売新聞（大阪）」11・22）

〔典拠〕プログラム

◎十月三十日　因会　林又一郎五色座公演　道頓堀文楽座
文楽座大夫三味線特別出演
道行初音旅
忠信 林又一郎
静御前 吉田文五郎

〔典拠〕プログラム

31・11・03　因会　道頓堀　文楽座　大阪　【ABCD】

芸術祭参加　大阪市民文化祭参加　文楽座人形浄瑠璃十一月興行
昭和三十一年十一月三日初日　二十七日まで　昼夜の狂言入替なし
初代吉田栄三　十三回忌追善
府民劇場指定　重要無形文化財指定　道頓堀文楽座

通し狂言　**仮名手本忠臣蔵**　大序兜改めの段より義士引揚の段まで

昼の部　十一時半開演※1
大序兜改めより恋歌の段まで
足利直義公 竹本伊達大夫
高師直 竹本津大夫
顔世御前 豊竹松大夫

足利直義公 吉田栄三
塩谷判官 桐竹亀松
桃井若狭助 吉田玉男

桃井若狭助　竹本相生大夫
塩谷判官　竹本綱大夫
三味線　鶴澤清八

松切の段
竹本相生大夫
野澤松之輔

殿中刃傷の段
竹本津大夫
三味線　鶴澤寛治

裏門の段
早野勘平　竹本南部大夫
腰元おかる　竹本織部大夫
鷺坂伴内　竹本長子大夫
※2野澤八造

塩谷判官切腹の段
竹本綱大夫
竹澤弥七

高師直　吉田玉助
顔世御前　吉田玉五郎
大名、仕丁　大ぜい

娘小浪　吉田玉五郎
妻戸無瀬　吉田栄三
加古川本蔵　吉田玉市
桃井若狭助　吉田玉男
家来　大ぜい

桃井若狭助　吉田玉男
高師直　吉田玉助
茶道珍斉　吉田小玉
塩谷判官　桐竹亀松
加古川本蔵　吉田玉市
大名　大ぜい

早野勘平　吉田栄三
おかる　吉田文五郎
鷺坂伴内　吉田東太郎
取巻　大ぜい

塩谷判官　桐竹亀松
顔世御前　吉田玉五郎
大星力弥　吉田玉昇
原郷右衛門　吉田玉市
石堂右馬之丞　吉田玉男
薬師寺次郎左衛門　吉田淳造
大星由良助　吉田玉助
諸士　大ぜい

霞ヶ関城明渡しの段
竹本静大夫
野澤喜八郎
ツレ　鶴沢藤二郎
鶴沢藤之助

二ツ玉の段
早野勘平　竹本雛大夫
斧定九郎　竹本織の大夫
百姓与市兵衛　竹本静大夫
三味線　豊澤広助
胡弓　竹沢団二郎

身売の段
毎日替り（竹本伊達大夫／豊竹松大夫）
野澤吉三郎

早野勘平切腹の段
毎日替り（竹本伊達大夫／豊竹松大夫）
三味線　鶴澤清六

夜の部　四時半開演

祇園一力茶屋の段
大星由良助　豊竹山城少掾
大星力弥　竹本綱子大夫
矢間重太郎　竹本静大夫

大星由良助　吉田玉助

早野勘平　吉田栄三
斧定九郎　吉田玉男
百姓与市兵衛　吉田兵次

娘おかる　吉田文五郎
与市兵衛女房　吉田常次
一文字屋才兵衛　吉田文昇
早野勘平　吉田栄三

与市兵衛女房　吉田常次
早野勘平　吉田栄三
めっぽう弥八　吉田玉昇
種ヶ島の六　桐竹一暢
狸の角兵衛　吉田万次郎
原郷右衛門　吉田玉市
千崎弥五郎　吉田文雀

大星由良助　吉田玉助
大星力弥　吉田玉昇
矢間重太郎　吉田淳造

竹森喜太八　竹本織の大夫
千崎弥五郎　竹本長子大夫
仲居　竹本伊達路大夫
おかる　竹本伊達大夫
仲居　竹本相次大夫
仲居　竹本津の子大夫
仲居　竹本相子大夫
鷺坂伴内　竹本和佐大夫
斧九太夫　竹本雛大夫
寺岡平右衛門　竹本津大夫
前　三味線　鶴澤清八
後　鶴澤藤蔵

道行旅路の嫁入
豊竹松大夫
竹本雛大夫
竹本南部大夫
竹本織部大夫
豊竹弘大夫
三味線　鶴澤清六
野澤吉三郎
鶴澤徳太郎
※3野澤錦糸
豊澤新三郎
鶴澤清好
鶴沢清治

引抜き「三人座頭」
座頭福の市　竹本相生大夫
座頭徳の市　竹本静大夫
座頭玉の市　竹本織の大夫
三味線　豊澤広助
豊澤猿糸
野澤錦糸

竹森喜太八　吉田常次
千崎弥五郎　吉田文雀
おかる（前）　吉田文五郎
おかる（後）　吉田玉五郎
鷺坂伴内　吉田東太郎
斧九太夫　吉田兵次
寺岡平右衛門　桐竹亀松
仲居　大ぜい

妻戸無瀬　吉田栄三
娘小浪　吉田玉五郎
座頭福の市　吉田栄三
座頭徳の市　吉田玉五郎
座頭玉の市　吉田文雀

※4竹澤団六

山科閑居の段
中　竹本和佐大夫
豊澤猿糸
前　竹本綱大夫
竹澤弥七
後　竹本津大夫
三味線　鶴澤寛治

天河屋の段
竹本伊達大夫
野澤松之輔
ツレ　竹澤団六

義士引揚の段
大星由良助　竹本長子大夫
桃井若狭助　竹本織の大夫
大星力弥　竹本津の子大夫
原郷右衛門　豊竹弘大夫
千崎弥五郎　豊竹十九大夫
矢間重太郎　竹本伊達路大夫
諸士　竹本相次大夫
豊澤豊助

*

大星由良助　吉田玉助
妻お石　吉田玉男
妻戸無瀬　吉田栄三
娘小浪　吉田玉五郎
大星力弥　吉田玉昇
太鼓持　吉田文昇
仲居　吉田玉幸
下女りん　吉田文雀
加古川本蔵　吉田玉市

天河屋義平　桐竹亀松
倅芳松　吉田玉之助
女房おその　吉田常次
矢間重太郎　吉田淳造
大鷲源吾　吉田玉米
堀尾　吉田兵次
片山　吉田小玉
大星由良助　吉田玉助

*

大星由良助　吉田玉助
大星力弥　吉田玉昇
原郷右衛門　吉田玉市
千崎弥五郎　吉田文雀
矢間重太郎　吉田淳造
桃井若狭助　吉田玉男
諸士　大ぜい

*

〔人形〕

吉田玉丸	桐竹紋太郎
桐竹亀之助	吉田玉新
吉田栄弘	桐竹亀次郎
吉田栄之助	

＊　＊　＊

紋下	豊竹山城少掾	鬘床山	佐藤為治郎
三味線紋下	鶴澤清八	鬘床山	名越健二
人形座頭	吉田玉助	大道具	川辺繁太郎
頭取	吉田玉市	照明	竹本文蔵
はやし	中村新三郎	舞台監督	鷲谷樗風
衣裳	森田信二	人形指導	吉田文五郎
人形細工人	藤本由良亀	座主	株式会社文楽座
人形細工人	菱田由良宏		
人形師	大江巳之助		千秋万歳楽大入叶吉祥日

一部御観劇料　一等席四百円　二等席二百五十円　三等席百円
　学生券二百円　昼夜通し（一等席）六百円
初日に限り一部料金にて昼夜通し御覧に入れます

※1　D十一時開演
※2　B（吉田文雀氏蔵）はこの前にツレ 竹本相子大夫
※3　B（吉田文雀氏蔵）なし　※4　B（吉田文雀氏蔵）なし

◎文楽教室　公演中二十七日まで　午前九時半から十一時　特別料金三十円
（プログラム）

◎豊竹山城少掾　三月の入院以来の出演「面ない千鳥」から　数日後健康を考慮して、「おかるの出」から竹本相生大夫代役（「大阪新聞」10・18、『文楽因会三和会興行記録』）

◇天河屋の段は大正八年以来（「大阪新聞」10・25）

◎十一月九日　午前九時　初代吉田栄三の墓碑建立式が大阪超心寺で行われ、豊竹山城少掾　竹本綱大夫　竹本津大夫等が列席（「大阪新聞」11・11）

◇**十一月三日**　第八回大阪市民文化賞贈呈式　大阪中央公会堂
吉田文五郎が大阪市民文化賞を受賞

〔典拠〕「大阪新聞」（11・04）

◇**十一月三日　三和会**　富崎春昇喜寿祝賀演奏会　東京第一生命ホール　午後十二時半　午後四時半開演

昼の部
梅川忠兵衛　冥途の飛脚
羽織落しの段

豊竹つばめ大夫	忠兵衛	桐竹紋十郎
野澤喜左衛門	左	桐竹勘十郎
	足	桐竹紋二郎

夜の部
嫗山姥
廓噺しの段

豊竹つばめ大夫	八重桐	桐竹紋十郎
野澤喜左衛門	左	桐竹勘十郎
野澤勝太郎	足	桐竹紋二郎
	花四天	桐竹紋弥
	花四天	桐竹紋寿

〔典拠〕プログラム

◇**十一月四日　因会**　花柳寿々絹舞踊会　大阪産経会館　十二時開演
第二部「櫓お七」に竹本津大夫　竹本織部大夫　豊澤猿糸　竹澤団六　竹澤団二郎が出演

〔典拠〕プログラム

31・11・04　三和会

◎十一月巡業

◎東海道巡業　六日間（『三和会公演控』）

○十一月四日　埼玉県秩父市

○十一月五日　東京都青梅

◎十一月六日　横浜市神奈川県立音楽堂

横浜古典芸術鑑賞会主催　神奈川県教育委員会・横浜市教育委員会・朝日新聞横浜支局後援　青葉芸能社提供

昼の部　午後一時開演
　音冴春臼月
　　団子売の段
　伽羅先代萩
　　御殿の段
　天網島時雨炬燵
　　紙治内の段
　本朝二十四孝
　　狐火の段

夜の部　午後六時開演
　新曲 面売り
　奥州安達原
　　袖萩祭文の段
　義経千本桜
　　すしやの段
　仮名手本忠臣蔵
　　道行旅路の嫁入

豊竹若大夫　竹本源大夫　野澤喜左衛門　桐竹紋十郎　吉田辰五郎

入場料　前売三百五十円　三百円　二百円　当日四百五十円　四百円　三百円

朝日新聞横浜支局が二百人を無料招待

〔典拠〕「神奈川新聞」（10・28）
「朝日新聞（神奈川版）」（10・23／11・04）

○十一月七日　東京都豊島区

◎十一月九日　静岡市公会堂　昼夜二回公演　昼の部十二時開演

静岡県未亡人会主催

〔典拠〕「静岡日日新聞」（11・07）、「東京新聞（静岡版）」（11・04）

◎十一月十一日　静岡県庵原郡興津町立興津中学校講堂　昼の部午後一時　夜の部午後六時開演

庵原郡未亡人会主催

〔典拠〕「東京新聞（静岡版）」（11・10）

◎十一月十三日　新潟県立直江津高等学校　直江津市立直江津南小学校

直江津市教育委員会・地区労主催　直江津市公民館後援

午後一時　直江津高等学校（学生）　午後六時　直江津南小学校（一般）

二人三番叟　伽羅先代萩　京鹿子娘道成寺　絵本太功記　他

入場料　前売百八十円　当日二百五十円

〔典拠〕「朝日新聞（新潟版）」（11・09）
「毎日新聞（新潟版）」（11・15）

○十一月十四日　新潟県柏崎

◎十一月十五日　新潟県佐渡新穂村

昼の部
　寿二人三番叟
　壺坂霊験記
　伽羅先代萩
　京鹿子娘道成寺
　豊竹若大夫

夜の部
　小鍛冶
　艶容女舞衣
　絵本太功記
　紅葉狩

〔典拠〕「佐渡新報」（11・14〜15）

○十一月十六日　新潟県両津
○十一月十七日　新潟県河原田
○十一月十八日　新潟県長岡市

◎十一月二十一日　兵庫県洲本市人形会館　午後七時開演
三勝半七　梅川忠兵衛　新口村　他
豊竹つばめ大夫　野澤勝太郎　桐竹紋十郎

〔典拠〕「産経新聞（淡路版）」（11・20／11・23）

…………………………………………

◇十一月二十二日　因会　大近松二百三十三年祭　兵庫県尼崎市広済寺　午後一時
「名筆吃又平」土佐将監閑居の場を竹本相生大夫　野澤松之輔　ツレ豊澤（新三郎カ）新太郎が奉納

〔典拠〕プログラム

31・11・28　因会・三和会　産経会館　大阪　［ABCD］

芸術祭　文楽合同公演
当る昭和三十一年十一月二十八日　大阪桜橋産経会館　十一時　五時

昼の部

浦里 時次郎 **明烏六花曙**　三和会

山名屋の段　—　**山名屋の段**

竹本源大夫
鶴澤叶太郎

傾城浦里　桐竹紋之助
禿みどり　桐竹勘之助
時次郎　桐竹紋二郎
髪結お辰　桐竹勘十郎
やり手おかや　桐竹紋之丞
山名屋勘兵衛　桐竹紋市
手代彦六　吉田辰五郎

本朝廿四孝　因会

勘助内の段

竹本相生大夫
野澤松之輔

筍掘りの段

竹本津大夫
三味線　鶴澤寛治

勘助住家の段

慈悲蔵 後に 直江山城守　桐竹亀松
女房お種　吉田栄三
倅峰松　桐竹一暢
勘助の母　吉田兵次
横蔵 後に 山本勘助　吉田玉助
高坂弾正妻唐織　吉田玉五郎
次郎吉 実は 松寿君　吉田玉丸

京鹿子娘道成寺　三和会

鐘供養の段

豊竹つばめ大夫
豊竹古住大夫
豊竹小松大夫
竹本常子大夫
豊竹貴代大夫
野澤勝太郎
鶴澤燕三
豊澤仙二郎
竹澤団作
野澤勝平
野澤八助
豊澤猿二郎

白拍子花子　桐竹紋十郎
所化　桐竹紋寿
所化　桐竹紋七
所化　桐竹紋四郎
所化　桐竹紋弥

梅川忠兵衛
けいせい恋飛脚　因会

新口村の段

口　竹本静大夫
　　豊澤猿糸
奥　豊竹松大夫
　三味線　鶴澤清六

新口村の段

忠兵衛	吉田玉男
梅川（前）	吉田玉五郎
梅川（後）	吉田文五郎
忠三の女房	吉田玉昇
水右衛門	吉田万次郎
伝がばゞ	吉田常次
藤次兵衛	吉田小玉
置頭巾	吉田淳造
針立道庵	吉田兵次
捕手小頭	吉田玉幸
八右衛門	吉田玉之助
親孫右衛門	吉田玉市

小鍛冶※1　因会

翁稲荷明神
小鍛冶宗近
勅使道成

竹本南部大夫
竹本織の大夫
竹本織部大夫
豊竹十九大夫
ツレ
豊竹弘大夫
竹本相子大夫
竹本津の子大夫
野澤八造
鶴澤徳太郎
野澤錦糸
竹澤団六
鶴澤清好
竹澤団二郎
鶴澤藤二郎

翁実は稲荷明神	吉田栄三
小鍛冶三条宗近	吉田玉五郎
勅使橘道成	吉田玉昇

夜の部

十三鐘由来 絹掛柳古跡
妹背山婦女庭訓　三段目より道行まで

花渡しの段　三和会

入鹿　豊竹松島大夫
大判事　竹本常子大夫
定高　竹本三和大夫
注進　豊竹貴代大夫
　野澤勝平

吉野川の段

背山　三和会

大判事　豊竹若大夫
　三味線　鶴澤綱造
久我之助　豊竹つばめ大夫
　三味線　野澤喜左衛門

妹山　因会

定高　竹本綱大夫
　竹澤弥七
　琴　鶴澤清治
雛鳥　竹本伊達大夫
　鶴澤藤蔵

井戸替の段　三和会

竹本住大夫
野澤勝太郎

杉酒屋の段　三和会

豊竹古住大夫
野澤市治郎

花渡しの段

太宰後室定高	桐竹紋十郎
大判事清澄	桐竹勘十郎
入鹿大臣	吉田辰五郎
注進	吉田作十郎
官女	桐竹小紋
官女	桐竹紋若
村人	大ぜい

背山の段　因会

大判事清澄	吉田玉助
久我之助	吉田玉男

妹山の段　三和会

雛鳥	桐竹紋之助
腰元小菊	桐竹紋寿
腰元桔梗	桐竹紋弥
後室定高	桐竹紋十郎

井戸替より杉酒屋まで

家主	吉田辰五郎
子太郎	桐竹勘十郎
母親	吉田国秀
お三輪	桐竹紋二郎
求女	吉田作十郎
橘姫	桐竹紋四郎
村人	大ぜい

道行恋の小田巻　因会

お三輪　竹本雛大夫
求女　竹本和佐大夫
橘姫　竹本南部大夫
　竹本伊達路大夫
　竹本相次大夫
三味線　鶴澤清八
三味線　豊澤広助
　鶴澤徳太郎
　豊澤新三郎
　豊澤猿糸
　鶴澤清好
　豊澤豊助

道行恋の小田巻

お三輪　桐竹亀松
求女　吉田好太郎
橘姫　吉田文雀

＊　＊　＊

千秋万歳楽大大大入叶吉日

はやし　望月太明蔵社中
はやし　中村新三郎社中
はやし　芳村喜代次社中

A五百円　B三百円　C百円

※1　B連獅子を変更する旨のおわびあり

◇十一月二十八日　妹背山婦女庭訓　吉野川の段　テレビ放送　NHK　午後七時十分（「朝日新聞（大阪）」、「毎日新聞（大阪）」、「読売新聞（大阪）」11・28）
◇十一月二十九日　小鍛冶　ラジオ放送　NHK第二　午後五時（「朝日新聞（大阪）」、「毎日新聞（大阪）」、「読売新聞（大阪）」11・29）
◇十二月二十日　妹背山婦女庭訓　山の段　ラジオ放送　NHK第二　午後九時（「朝日新聞（大阪）」、「毎日新聞（大阪）」、「読売新聞（大阪）」12・20）
◇十二月二十一日　妹背山婦女庭訓　山の段　ラジオ放送　NHK第二　午後九時（「朝日新聞（大阪）」、「毎日新聞（大阪）」、「読売新聞（大阪）」12・21）

31・12・01　三和会

日本橋　三越劇場　東京　①　［BCD］

重要無形文化財　文楽三和会　文楽人形浄瑠璃芝居
第十五回東京公演　第十一回芸術祭参加
昭和三十一年十二月一日より十六日まで
毎日十二時半開演一回興行（月曜日休演）　東京　日本橋三越劇場

第一回　一日より九日まで

伊達娘恋緋鹿子

お七火の見櫓の段

豊竹小松大夫
豊竹若子大夫
鶴澤燕三
豊澤仙二郎
竹澤団作
野澤八助
豊澤猿二郎

お七　桐竹紋之助

源氏烏帽子折

伏見里の段

前　豊竹つばめ大夫
三味線　野澤喜左衛門
後　竹本源大夫
　鶴澤叶太郎

常盤御前　桐竹紋十郎
今若丸　桐竹紋弥
乙若丸　桐竹勘之助
牛若丸　桐竹紋次
白妙　桐竹紋二郎

藤九郎盛長　吉田作十郎
弥平兵衛宗清　桐竹勘十郎

豊澤仙二郎
野澤勝平
野澤八助
豊澤猿二郎

入場券　全階指定席　A席三百五十円　B席二百五十円
学生割引　B席に限り百円（土日除く当日売り）

◇源氏烏帽子折 伏見の里の段 東京では四代目竹本南部太夫が新義座で語って以来（「読売新聞（東京）」12・04）

日本橋　三越劇場　東京　②　［ＢＣＤ］

第二回　十一日より十六日まで

菅原伝授手習鑑　寺子屋の段

寺入の段
豊竹若子大夫
野澤勝平

寺子屋の段
切　竹本住大夫
野澤勝太郎

菅秀才　桐竹紋若
戸浪　桐竹紋之助
小太郎　桐竹紋寿
よだれくり　桐竹小紋
三助　桐竹紋之丞
武部源蔵　桐竹勘十郎
春藤玄蕃　吉田作十郎
松王丸　吉田辰五郎
千代　桐竹紋十郎
御台所　桐竹紋四郎
手習子、百姓、捕巻　大ぜい

音冴春臼月

団子売の段
杵造
お臼
豊竹松島大夫
豊竹小松大夫
豊竹若子大夫
竹本常子大夫
豊竹貴代大夫
竹本三和大夫
鶴澤燕三
豊澤仙二郎
竹澤団作
野澤勝平
豊澤猿二郎

杵造　桐竹紋之助
お臼　桐竹紋二郎

壺坂霊験記

沢市内より御寺まで
切　豊竹若大夫
三味線　鶴澤綱造
ツレ　野澤勝平

お里　桐竹紋十郎
沢市　吉田辰五郎
観世音　桐竹紋七

戻駕色相肩

廓噺の段
次郎作　豊竹松島大夫
禿　豊竹古住大夫
与四郎　（竹本常子大夫／豊竹貴代大夫）一日替
竹本三和大夫
野澤市治郎

次郎作　桐竹勘十郎
与四郎　桐竹紋之助
禿　桐竹紋二郎

明烏六花曙

山名屋の段

前　竹本源大夫
　　鶴澤叶太郎
後　豊竹古住大夫
　　野澤市治郎

浦里	桐竹紋之助
みどり	桐竹勘之助
時次郎	（一日替）桐竹紋七／桐竹紋弥
お辰	桐竹紋十郎
おかや	桐竹紋之丞
勘兵衛	桐竹紋市
彦六	吉田辰五郎

一谷嫩軍記

熊谷陣屋の段

切　豊竹若大夫
三味線　鶴澤綱造

相模	桐竹紋十郎
熊谷	吉田辰五郎
軍次	桐竹紋弥
藤の局	桐竹紋二郎
義経	吉田作十郎
梶原	桐竹紋四郎
弥陀六実は弥平兵衛宗清	桐竹勘十郎

紙子仕立両面鑑

大文字屋の段

切　竹本住大夫
　　野澤勝太郎

栄三郎	桐竹紋二郎
母	吉田国秀
助右衛門	吉田辰五郎
おまつ	桐竹紋十郎
忠兵衛	桐竹紋七
下女	桐竹紋寿
丁稚	桐竹紋若
権八	桐竹勘十郎
伝九郎	吉田作十郎

夕霧伊左衛門 廓文章

吉田屋の段

豊竹つばめ大夫
三味線　野澤喜左衛門
ツレ　野澤勝平

伊左衛門	桐竹勘十郎
若い衆	桐竹紋市
若い衆	桐竹紋之丞
喜左衛門	吉田作十郎
おきさ	（一日替）桐竹紋寿／桐竹紋四郎
禿	桐竹紋次
太鼓持	桐竹紋若
仲居	桐竹勘之助
夕霧	桐竹紋之助

*　*　*

はやし	芳村喜代次
人形細工師	藤本由良亀
舞台製作	長谷川音次郎
舞台装置	服部和男
舞台装置	鈴木幸次郎
小道具	山森定次郎
床山	背戸百太郎

◇紙子仕立両面鑑　大文字屋「先代津太夫以来、語る太夫がない珍しい世話物」（「毎日新聞（東京）」12・14）

◎十二月一日から十六日　学生の文楽教室　［BC］

学生の文楽教室
昭和三十一年十二月一日より十六日　日本橋　三越劇場
主催　読売新聞社　後援　文化財保護委員会　東京都教育委員会

人形浄瑠璃芝居の話　中西敬二郎
　　　　　　　　　　豊澤猿二郎

人形解説　桐竹勘十郎
吉田作十郎
桐竹紋之助
桐竹紋二郎

源《げん》氏《じ》烏《え》帽《ぼ》子《し》折《おり》

伏見里の段

竹本源大夫
豊竹つばめ大夫
豊竹古住大夫
鶴澤叶太郎
野澤喜左衛門
野澤勝太郎
（大夫・三味線毎日交替出演）

常盤御前　桐竹紋十郎／桐竹勘十郎／桐竹紋之助（毎日交替）
今若丸　桐竹勘之助
乙若丸　桐竹紋若
牛若丸　桐竹紋次
弥平兵衛宗清　吉田辰五郎／桐竹勘十郎／桐竹紋之助（毎日交替）
藤九郎盛長　吉田作十郎
白妙　桐竹紋二郎

音《ねも》冴《さゆる》春《はるの》臼《うす》月《づき》

団子売の段

豊竹松島大夫
豊竹小松大夫
竹本常子大夫
豊竹貴代大夫
竹本三和大夫
野澤市治郎
豊澤仙二郎
竹澤団作
野澤八助
野澤勝平
豊澤猿二郎

杵造　桐竹紋七／桐竹紋四郎
お臼　桐竹紋弥／桐竹紋寿
（大夫・三味線・人形毎日交替出演）

◇十時十五分開演（「読売新聞（東京）」11・09）

◎十二月十七日　三和会　第一回今井栄子、藤間紋寿郎、桐竹紋十郎舞踊と人形による発表会　東京三越劇場　午後一時三十分開演

義経千本桜道行
豊竹つばめ大夫　野澤勝太郎
豊竹古住大夫　野澤市治郎
豊竹小松大夫　野澤勝平

桐竹紋十郎が「義経千本桜道行」「長唄時雨西行」「箏曲漁火」「地唄八島」に出演

〔典拠〕プログラム

31・12・05　因会

渋谷　東横ホール　東京　①　［BCD］

大阪文楽座人形浄瑠璃総引越興行　渋谷東横新館九階　東横ホール
芸術院会員吉田文五郎　他全員総出演
主催　東京文楽会

お目見得狂言　十二月五日より十日まで

昼の部　十一時半開演

鶊山古跡松

中将姫雪責の段

岩根御前　竹本雛大夫　中将姫　吉田玉五郎

中将姫　竹本南部大夫
大弐広嗣　竹本静大夫
桐の谷　竹本織の大夫
浮舟　竹本織部大夫
※1下僕　豊竹弘大夫
豊成卿　竹本相生大夫
　豊澤豊助
胡弓　鶴澤藤之助

岩根御前　吉田玉男
大弐広嗣　吉田淳造
桐の谷　吉田東太郎
浮舟　吉田文雀
豊成卿　吉田玉市
※2下部　吉田玉之助

近松門左衛門原作　西亭脚色並に作曲　鷲谷樗風演出
中村貞以衣裳考証　大塚克三装置　近松学会賛助
文楽秀曲十八番の内
毎日演劇賞受賞

お初 徳兵衛 曽根崎心中　生玉神前より天神森まで

生玉の段
竹本相生大夫
野澤松之輔

天満屋の段
竹本綱大夫
竹澤弥七

道行天神の森の段
お初　竹本和佐大夫
徳兵衛　竹本織の大夫
　竹本織部大夫
　豊澤猿糸
　野澤錦糸
　竹澤団六
　鶴澤清好

平野屋徳兵衛　吉田玉男
天満屋お初　吉田栄三
油屋九平次　吉田玉市
田舎客　吉田常次
亭主惣兵衛　吉田常次
丁稚長蔵　吉田小玉
天満屋下女　吉田玉昇
町の衆　吉田万次郎
よね衆　吉田兵次
よね衆　吉田淳造
町の衆　大ぜい
よね衆　大ぜい

恋女房染分手綱

重の井子別れの段
竹本伊達大夫
鶴澤藤蔵

乳の人重の井　桐竹亀松
馬方三吉　吉田文昇
調姫　吉田玉幸
腰元お福　吉田玉昇
本田弥三左衛門　吉田兵次
宰領　吉田万次郎
宰領　吉田常次

お俊 伝兵衛 近頃河原の達引

堀川猿廻しの段
前　竹本津大夫
三味線　鶴澤寛治
ツレ　竹澤団六
後　豊竹松大夫
三味線　鶴澤清六
ツレ　鶴澤徳太郎

猿廻し与次郎　吉田玉助
伝兵衛　吉田東太郎
遊女お俊（前）　吉田玉五郎
遊女お俊（後）　吉田文五郎
与次郎の母　吉田兵次
娘おつる　吉田玉之助

夜の部　五時開演

通し狂言 義経千本桜

椎の木の段
豊竹弘大夫
豊澤猿糸
竹本相生大夫
野澤松之輔

小金吾討死の段
小金吾　竹本織の大夫
若葉の内侍　竹本織部大夫
六代君　竹本相子大夫
猪熊大之進　豊竹弘大夫
弥左衛門　竹本静大夫

主馬の小金吾　桐竹亀松
若葉の内侍　吉田玉五郎
六代君　桐竹一暢
女房小せん　吉田小玉
倅善太　吉田玉丸
いがみの権太　吉田玉助
猪熊大之進　吉田淳造
親弥左衛門　吉田兵次
五人組　吉田万次郎
五人組　桐竹亀次郎
娘お里　吉田文五郎

五人組　竹本伊達路大夫
　　　　野澤八造

釣瓶寿し屋の段

前　竹本綱大夫
　　竹澤弥七
後　竹本津大夫
三味線　鶴澤寛治

弥左衛門女房	吉田常次
下男弥助 実は 維盛	吉田栄三
梶原景時	吉田玉男
取巻	大ぜい
村人	大ぜい

高見順原作　有吉佐和子脚色演出　鶴澤清六作曲
西川鯉三郎振付　大塚克三装置
「湖の火」より

雪狐々姿湖

崑山の秋

白百合　竹本南部大夫
白蘭尼　竹本静大夫
コン平　竹本和佐大夫
右コン　竹本織部大夫
左コン　竹本相子大夫
コン蔵　竹本織の大夫
　　　　野澤吉三郎
　　　　鶴澤徳太郎
　　　　竹澤団六
　　　　竹澤団二郎
　　　　野澤錦糸

猟師源左の家より冬の湖畔まで

　　　　豊竹松大夫
ツ　　　竹本和佐大夫
レ　　　竹本織部大夫
三味線　鶴澤清六
ツ　　　野澤吉三郎
　　　　豊澤新三郎

白百合	吉田栄三
白蘭尼	吉田玉五郎
コン平狐	吉田玉男
コン蔵狐	吉田玉市
右コン	吉田文雀
左コン	吉田玉昇
猟師源左	桐竹亀松
源左の母	吉田玉助

レ　鶴澤清好
胡弓　鶴澤清治

夕霧伊左衛門

曲輪文章

吉田屋の段

夕霧　竹本伊達大夫
伊左衛門　竹本雛大夫
喜左衛門　竹本静大夫
おきさ　豊竹弘大夫
若い者　竹本伊達路大夫
若い者　竹本相次大夫
　　　　鶴澤藤蔵
ツレ　鶴澤藤二郎

藤屋伊左衛門	桐竹亀松
扇屋夕霧	吉田栄三
喜左衛門	吉田淳造
女房おきさ	吉田文雀
若い者	吉田万次郎
若い者	吉田玉之助
禿	吉田玉幸
太鼓持	吉田玉米

一等A四百円　B三百円　二等百八十円

※1　D次に下僕　豊竹十九大夫　※2　D次に下部　吉田玉米

渋谷　東横ホール　東京　②　［BCD］

二の替り狂言　十二月十一日より十六日

昼の部　十一時半開演

通し狂言　**菅原伝授手習鑑**

車曳の段

松王丸　竹本和佐大夫
梅王丸　竹本織の大夫
桜丸　竹本織部大夫
杉王丸　豊竹弘大夫
時平公　※1竹本静大夫
　　　　豊澤豊助

舎人松王丸	吉田玉助
舎人梅王丸	吉田栄三
舎人桜丸	桐竹亀松
杉王丸	吉田小玉
時平公	吉田兵次
仕丁	吉田玉之助

茶筅酒の段
竹本雛大夫
豊澤猿糸

喧嘩の段
竹本静大夫
野澤錦糸

訴訟の段
竹本相生大夫
野澤松之輔

桜丸切腹の段
竹本綱大夫
竹澤弥七

仕丁　吉田玉米
親白太夫　吉田玉助
百姓十作　吉田文雀
女房千代　吉田東太郎
女房はる　吉田常次
女房八重　吉田玉五郎

三勝 半七 艶容女舞衣

酒屋の段
前　竹本津大夫
三味線　鶴澤寛治
後　豊竹松大夫
三味線　鶴澤清六
琴　鶴澤清好

親宗岸　吉田玉市
茜屋半兵衛　吉田兵次
嫁お園　吉田文五郎
半兵衛女房　吉田常次
半七　吉田玉昇
三勝　吉田文雀
おつう　吉田玉丸

お駒 才三 恋娘昔八丈

鈴ヶ森の段
竹本伊達大夫
鶴澤藤蔵

親庄兵衛　吉田淳造
庄兵衛女房　吉田常次
娘お駒　桐竹亀松

五条橋誉鑑

五条橋の段
牛若丸
弁慶
竹本南部大夫
竹本静大夫
豊竹弘大夫
竹本相子大夫
野澤吉三郎
鶴澤徳太郎
竹澤団六
鶴澤藤二郎
鶴澤藤之助

堤弥平次　吉田玉昇
役人、見物人　大ぜい
牛若丸　吉田玉五郎
武蔵坊弁慶　吉田玉男

夜の部　五時開演
西亭作詞作曲

二人禿

禿
禿
竹本南部大夫
竹本織部大夫
豊竹弘大夫
竹本伊達路大夫
竹本相子大夫
野澤八造
豊澤猿糸
竹澤団二郎
鶴澤藤二郎
鶴澤藤之助

禿　吉田玉五郎
禿　吉田文雀

南都 二月堂 良弁杉由来

二月堂の段

良弁僧正　竹本伊達大夫
渚の方　豊竹松大夫
近習　竹本織の大夫
三味線　鶴澤清六

良弁僧正　吉田玉助
渚の方　吉田玉市
寺侍　吉田玉米
弟子僧　吉田文昇
弟子僧　吉田玉之助

玉藻前曦袂

右大臣道春館の段

竹本綱大夫
竹澤弥七

鷲塚金藤次　吉田玉助
後室萩の方　吉田栄三
姉娘桂姫　吉田文五郎
妹娘初花姫　吉田玉五郎
采女之助　吉田東太郎
腰元　大ぜい

お千代半兵衛　八百屋献立

新靱の段

竹本津大夫
三味線　鶴澤寛治

八百屋半兵衛　吉田玉男
女房お千代　桐竹亀松
甥太兵衛　吉田玉市
嘉十郎　吉田兵次
兄十蔵　吉田常次
丁稚　吉田玉幸
八百屋の母おくま　吉田玉助

増補大江山

戻り橋の段

渡辺綱　竹本相生大夫
扇折り若菜　実は鬼女　竹本雛大夫
竹本和佐大夫
竹本相次大夫

若菜　実は鬼女　吉田栄三
渡辺綱　吉田玉男
郎党　吉田東太郎
郎党　吉田玉昇

竹本相子大夫
野澤松之輔
野澤錦糸
豊澤新三郎
竹澤団六
鶴澤清好

※1　D豊竹十九大夫

渋谷　東横ホール　東京　③　［BCD］

お名残り狂言　十二月十七日より二十三日

昼の部　十一時半開演

通し狂言　仮名手本忠臣蔵　大序より六段目まで

鶴ヶ岡兜改めより恋歌の段まで

足利直義　竹本伊達大夫
高師直　竹本津大夫
顔世御前　豊竹松大夫
桃井若狭之助　竹本相生大夫
塩谷判官　竹本綱大夫
鶴澤藤蔵

足利直義公　吉田栄三
塩谷判官　桐竹亀松
桃井若狭之助　吉田玉男
高師直　吉田玉助
顔世御前　吉田玉五郎
大名、仕丁　大ぜい

松切りの段

竹本相生大夫
野澤松之輔

娘小浪　吉田玉五郎
妻戸無瀬　吉田栄三
加古川本蔵　吉田玉市
桃井若狭之助　吉田玉男
家来　大ぜい

殿中刃傷の段

竹本津大夫

桃井若狭之助　吉田玉男

三味線　鶴澤寛治

裏門の段

早野勘平　竹本南部大夫
腰元おかる　竹本織部大夫
鷺坂伴内　竹本和佐大夫
家来　竹本相子大夫
野澤八造

塩谷判官切腹の段

竹本綱大夫
竹澤弥七

霞ヶ関城明渡しの段

竹本静大夫
野澤錦糸
鶴澤藤二郎
ツレ　鶴澤藤之助

二つ玉の段

早野勘平　竹本雛大夫
斧定九郎　竹本織の大夫
与市兵衛　竹本静大夫
豊澤豊助

高師直　吉田玉助
茶道珍才　吉田小玉
塩谷判官　桐竹亀松
加古川本蔵　吉田玉市
大名　大ぜい

早野勘平　吉田栄三
腰元おかる　吉田文五郎
鷺坂伴内　吉田東太郎
取巻　大ぜい

塩谷判官　桐竹亀松
顔世御前　吉田玉五郎
大星力弥　吉田玉昇
原郷右衛門　吉田玉市
石堂右馬之丞　吉田玉男
薬師寺次郎左衛門　吉田淳造
大星由良之助　吉田玉助
諸士　大ぜい

大星由良之助　吉田玉助

早野勘平　吉田栄三
斧定九郎　吉田玉男
百姓与市兵衛　吉田兵次

胡弓　竹澤団二郎

身売りの段

毎日替り（竹本伊達大夫／豊竹松大夫）
野澤吉三郎

早野勘平切腹の段

毎日替り（竹本伊達大夫／豊竹松大夫）
三味線　鶴澤清六

娘おかる　吉田文五郎
与市兵衛女房　吉田常次
一文字屋才兵衛　吉田文昇
早野勘平　吉田栄三

与市兵衛女房　吉田常次
早野勘平　吉田栄三
めっぽう弥八　吉田玉昇
種ヶ島の六　桐竹一暢
狸の角兵衛　吉田万次郎
原郷右衛門　吉田玉市
千崎弥五郎　吉田文雀

夜の部　五時開演

通し狂言　**仮名手本忠臣蔵**

祇園一力茶屋の段

大星由良之助　竹本相生大夫
大星力弥　竹本綱子大夫
矢間重太郎　竹本静大夫
竹森喜多八　竹本織の大夫
千崎弥五郎　竹本織部大夫
仲居　竹本伊達路大夫
おかる　竹本伊達大夫
仲居　竹本相次大夫
仲居　竹本相子大夫
鷺坂伴内　竹本和佐大夫
斧九太夫　竹本雛大夫
寺岡平右衛門　竹本津大夫
前　野澤松之輔

大星由良之助　吉田玉助
大星力弥　吉田玉昇
矢間重太郎　吉田淳造
竹森喜太八　吉田常次
千崎弥五郎　吉田文雀
おかる（前）　吉田文五郎
おかる（後）　吉田玉五郎
鷺坂伴内　吉田東太郎
斧九太夫　吉田兵次
寺岡平右衛門　桐竹亀松
仲居　大ぜい

後　鶴澤藤蔵

道行旅路の嫁入

豊竹松大夫　　妻戸無瀬　吉田栄三
竹本雛大夫　　娘小浪　吉田玉五郎
竹本南部大夫
竹本織部大夫
豊竹弘大夫
三味線　鶴澤清六
野澤吉三郎
鶴澤徳太郎
豊澤新三郎
鶴澤清好

（引抜き三人座頭）
福の市　竹本相生大夫　　座頭福の市　吉田栄三
徳の市　竹本静大夫　　座頭徳の市　吉田玉五郎
玉の市　竹本織の大夫　　座頭玉の市　吉田文雀
豊澤猿糸
野澤錦糸
竹澤団六

山科大星隠家の段

中　竹本和佐大夫　　大星由良之助　吉田玉助
豊澤猿糸　　妻お石　吉田玉男
前　竹本綱大夫　　本蔵妻戸無瀬　吉田栄三
竹澤弥七　　娘小浪　吉田玉五郎
後　竹本津大夫　　大星力弥　吉田玉昇
三味線　鶴澤寛治　　太鼓持　吉田文昇
仲居　吉田玉幸
下女りん　吉田文雀
加古川本蔵　吉田玉市

天河屋の段

竹本伊達大夫　　天河屋義平　桐竹亀松
野澤松之輔　　倅芳松　吉田玉之助
ツレ　竹澤団六　　女房おその　吉田常次
矢間重太郎　吉田淳造
大鷲源吾　吉田玉米
堀尾　吉田兵次
片山　吉田小玉
大星由良之助　吉田玉助

義士勢揃ひの段

大星由良之助　竹本和佐大夫　　大星由良之助　吉田玉助
桃井若狭之助　竹本織の大夫　　大星力弥　吉田玉昇
大星力弥　竹本相子大夫　　原郷右衛門　吉田玉市
原郷右衛門　豊竹弘大夫　　千崎弥五郎　吉田文雀
千崎弥五郎　竹本織部大夫　　矢間重太郎　吉田淳造
矢間重太郎　竹本伊達路大夫　　桃井若狭之助　吉田玉男
諸士　竹本相次大夫　　諸士　大ぜい
豊澤豊助

◇十二月十四日　仮名手本忠臣蔵の公演に先立ち、竹本綱大夫等が人形とともに泉岳寺に参詣した（「読売新聞（東京）」12・14）

◇十二月八日　昭和三十一年度大阪市民文化祭芸術賞授賞式　市長公室
奨励賞　豊竹松大夫「仮名手本忠臣蔵　勘平切腹の段」の演技
吉田玉男「仮名手本忠臣蔵」若狭之助・お石の演技
〔典拠〕「大阪新聞」（12・09）
『文楽因会三和会興行記録』

◇十二月十一日　昭和三十一年度芸術祭奨励賞
野澤喜左衛門作曲の「近松門左衛門」（朝日放送）が芸術祭奨励賞を受賞

〔典拠〕『芸術祭十五年史　資料編』
「読売新聞（東京）」（12・12）

◇十二月二十一日
豊竹山城少掾が健康上一段が語れず紋下の資格がないと大谷会長に引退を伝達　竹本綱大夫らが慰留
〔典拠〕「毎日新聞（大阪）」（12・21～22）、「大阪新聞」（12・23）

▼昭和三十一年の訃音
・一月十三日　鶴澤勝若没
・二月二十六日　八代野澤吉弥没
・十二月十四日　桐竹紋太郎没

昭和三十一年　放送一覧

ラジオ

◇一月一日　午後十一時三十分
新日本
義経千本桜　道行初音の旅
竹本綱大夫
〔典拠〕毎

◇一月三日　午後六時二十分
朝日
寿式三番叟
豊竹若大夫　竹本住大夫　鶴澤綱造
〔典拠〕朝　毎

◇一月三日　午後八時四十五分
NHK②
近頃河原の達引　堀川猿廻しの段
豊竹山城少掾　鶴澤藤蔵
ツレ　野澤錦糸
〔典拠〕朝　毎　読

◇一月五日　午後五時
NHK②
酒屋　寺子屋　岡崎
竹本綱大夫　竹澤弥七
〔典拠〕朝　毎　読

◇一月八日　午後二時
新日本
道頓堀文楽座　一月公演
絵本太功記　尼ヶ崎の段
〔典拠〕毎　読

◇一月十一日　午後二時五分
NHK①
傾城反魂香　将監閑居
竹本津大夫　鶴澤寛治
〔典拠〕朝　毎

◇一月十五日　午後三時五分
NHK①
道頓堀文楽座　一月公演
延喜帝
〔典拠〕朝　毎　読

◇一月二十二日　午後三時五分
NHK①
大阪三越劇場　一月公演
瓜子姫とアマンジャク
〔典拠〕朝　毎　読

◇二月十六日　午後五時
NHK②
本蔵下屋敷　一谷嫩軍記
竹本常子大夫　竹本相子大夫
豊竹貴代大夫
〔典拠〕朝　読

◇二月十八日　午後九時
NHK②
心中天網島　大和屋
竹本綱大夫　竹澤弥七
〔典拠〕朝　毎　読

◇二月二十七日　午後四時
朝日
夏祭浪花鑑
豊竹若大夫　竹本住大夫　鶴澤燕三
〔典拠〕朝　毎

◇三月八日　午後五時
NHK②
仮名手本忠臣蔵　裏門の段
鬼一法眼三略巻　五条橋の段
豊竹若子大夫　竹本綱子大夫
鶴澤燕三　竹澤団二郎
〔典拠〕朝　毎　読

◇三月十四日　午後二時五分
NHK①
恋女房染分手綱　重の井子別れの段
豊竹松大夫　鶴澤清六
〔典拠〕朝　N（03・11）

◇三月二十五日　午後三時五分
NHK①
道頓堀文楽座　三月公演
壇浦兜軍記　阿古屋琴責めの段
〔典拠〕朝　毎　読

◇三月二十七日　午後九時三十分
京都
京の橋物語　時代から時代へ
竹本津大夫
〔典拠〕毎　読

◇四月七日　午後六時二十分
NHK②
傾城阿波鳴門
竹本織部大夫　竹澤弥七
〔典拠〕朝　毎　読

◇四月十二日　午後五時
NHK②

草履打
豊竹小松大夫

三浦別れ
竹本綱子大夫

〔典拠〕朝　毎　読

◇四月二十八日　午後九時
NHK②
伊賀越道中双六　沼津の段
竹本相生大夫　野澤喜左衛門
野澤松之輔
嫗山姥　廓噺の段
豊竹つばめ大夫　野澤喜左衛門

〔典拠〕朝　毎　読

◇五月十二日　午後六時二十分
NHK②
伊賀越道中双六　沼津の段
竹本雛大夫　野澤八造

〔典拠〕朝　毎　読

◇五月二十日　午後三時五分
NHK①
道頓堀文楽座　五月公演
伽羅先代萩　御殿の段　床下の段

〔典拠〕朝　毎　読

◇五月二十六日　午後六時二十分
NHK②
冥途の飛脚　淡路町の段
竹本織の大夫　鶴澤藤蔵

〔典拠〕朝　毎

◇六月四日　午後四時
朝日
近頃河原達引　堀川猿廻しの段
竹本住大夫　野澤勝太郎　野澤勝平

〔典拠〕朝　毎　読

◇六月二十八日　午後十時四十分
NHK①
沼津
竹本津大夫

〔典拠〕朝

◇六月三十日　午後六時二十分
NHK②
恋女房染分手綱　沓掛村の段
竹本住大夫　野澤勝太郎

〔典拠〕朝　毎　読

◇七月七日　午後九時
NHK②
絵本太功記　尼ヶ崎の段
竹本綱大夫　竹澤弥七

〔典拠〕朝　毎　読

◇七月八日　午後三時五分
NHK①
道頓堀文楽座　七月公演
四谷怪談

〔典拠〕朝　毎　読

◇七月十四日　午後九時
NHK②
絵本太功記　尼ヶ崎の段
竹本綱大夫

〔典拠〕朝　毎　読

◇八月十一日　午後六時二十分
NHK②
本蔵下屋敷
豊竹古住大夫

〔典拠〕朝　読

◇八月十八日　午後六時二十分
NHK②
妹背山婦女庭訓　芝六忠義の段
竹本綱大夫　竹澤弥七

〔典拠〕朝　毎　読

◇八月二十五日　午後六時二十分
NHK②
妹背山婦女庭訓　芝六住家の段
竹本綱大夫　竹澤弥七

〔典拠〕朝　毎　読

◇八月二十六日　午後三時五分
NHK①
大阪三越劇場　八月公演
花上野誉碑　志渡寺の段

〔典拠〕朝　毎　読

◇八月三十日　午後五時
NHK②
神崎揚屋
竹本和佐大夫　野澤錦糸

〔典拠〕朝　毎　読

◇九月一日　午後六時二十分
NHK②
靫猿
豊竹つばめ大夫

〔典拠〕朝　毎　読

◇九月一日　午後九時
NHK②
生写朝顔話　笑薬の段
豊竹古住大夫　竹本住大夫
〔典拠〕朝　毎　読

◇九月六日　午後九時
NHK②
道頓堀文楽座　九月公演
曽根崎心中　生玉の段　天満屋の段
〔典拠〕朝　毎　読

◇九月八日　午後六時二十分
NHK②
曽根崎心中　天神の森の段
竹本雛大夫
〔典拠〕朝　毎　読

◇九月二十四日　午後四時
朝日
壺坂観音霊験記
竹本住大夫　豊竹若大夫　鶴澤綱造
〔典拠〕朝（09・23）毎（09・23）
読（09・23）

◇九月二十四日　午後四時四十五分
NHK①
三番叟
豊竹山城少掾
〔典拠〕毎（09・23）

◇九月二十九日　午後九時
NHK②
双蝶々曲輪日記　引窓
竹本相生大夫　野澤松之輔
〔典拠〕朝　毎　読

◇十月二十八日　午後三時五分
NHK①
東京三越劇場　十月因会三和会合
同公演
奥州安達原　袖萩祭文の段
〔典拠〕朝　毎　読

◇十一月八日　午後五時
NHK②
小牧山城中
竹本伊達路大夫
〔典拠〕朝　読

◇十一月十八日　午後十一時三十五分
新日本
心中天網島
豊竹松大夫　鶴澤清六
〔典拠〕朝　毎　読

◇十一月二十二日　午後十時三十五分
NHK①
東京歌舞伎座　十月二十九日
第二回国家指定芸能特別鑑賞会
心中天網島　大和屋の段
〔典拠〕朝　毎　読

◇十一月二十五日　午後十一時三十分
朝日
芸術祭参加　近松門左衛門
豊竹つばめ大夫　野澤喜左衛門
〔典拠〕朝　毎　読

◇十一月二十九日　午後五時
NHK②
大阪産経会館　十一月因会三和会
合同公演
小鍛冶
〔典拠〕朝　毎　読

◇十二月一日　午後六時二十分
NHK②
傾城恋飛脚　新口村の段
豊竹松大夫　竹本静大夫　鶴澤清六
豊澤猿糸
〔典拠〕朝　毎　読

◇十二月七日　午後七時三十分
京都
仮名手本忠臣蔵　一力茶屋の場
豊竹山城少掾
〔典拠〕毎　読

◇十二月八日　午後六時二十分
NHK②
明烏六花曙　山名屋の段
竹本源大夫　鶴澤叶太郎
〔典拠〕朝　毎　読

◇十二月十四日　午後七時三十分
京都
仮名手本忠臣蔵　祇園一力茶屋
豊竹山城少掾
〔典拠〕朝　毎　読

◇十二月二十日　午後五時
NHK②

妹背山婦女庭訓　花渡しの段
豊竹松島大夫　竹本常子大夫
竹本三和大夫　野澤勝平
〔典拠〕朝　毎　読

◇十二月二十日　午後九時
ＮＨＫ②
大阪産経会館　十一月因会三和会
合同公演
妹背山婦女庭訓　山の段
〔典拠〕朝　毎　読

◇十二月二十一日　午後九時
ＮＨＫ②
大阪産経会館　十一月因会三和会
合同公演
妹背山婦女庭訓　山の段
〔典拠〕朝　毎　読

◇十二月二十二日　午後六時二十分
ＮＨＫ②
妹背山婦女庭訓　井戸替の段
杉酒屋の段
竹本住大夫　豊竹古住大夫　野澤
勝太郎
〔典拠〕朝

◇十二月二十五日　午後五時
ＮＨＫ②
妹背山婦女庭訓　道行恋の小田巻
竹本相生大夫　和住《ママ》大夫　鶴澤清八
〔典拠〕朝　毎　読

テレビ

◇六月十五日　午前十一時三十分
ＮＨＫ
増補大江山　戻り橋
竹本南部大夫
〔典拠〕朝　毎

◇六月二十九日　午後三時三十分
ＮＨＫ
中之島中央公会堂　六月二十九日
妹背山婦女庭訓
〔典拠〕朝　毎

◇七月三十一日　午後七時四十五分
ＮＨＫ
夏祭浪花鑑　長町裏の段
豊竹つばめ大夫　竹本住大夫
野澤勝太郎　桐竹紋十郎
〔典拠〕朝　毎　読

◇十月二十七日　午後七時三十五分
ＮＨＫ
東京三越劇場　十月因会三和会合
同公演
新版歌祭文　野崎村の段
＊「朝日新聞（大阪）」夕刊には、午後七時四十五分とあり
〔典拠〕朝　毎　読

◇十一月二十八日　午後七時十分
ＮＨＫ
大阪産経会館　十一月因会三和会
合同公演
妹背山婦女庭訓　吉野川の段
〔典拠〕朝　毎　読

◇十二月一日　午前十時二十分
大阪
寿式三番叟
竹本綱大夫　竹本津大夫　竹本南
部大夫　吉田文五郎　吉田玉市
〔典拠〕朝　毎　読

◇十二月十八日　午後九時三十分
ＮＨＫ
舞踊と人形による　義経千本桜　道行
豊竹つばめ大夫　野澤勝太郎
桐竹紋十郎　藤間紋寿郎　今井栄子
〔典拠〕朝　毎　読

昭和三十二年

（一九五七　丁酉）

昭和三十二年（丁酉）

因会・三和会の動き

因会

一月

・一日から二十五日　当る酉歳文楽座人形浄瑠璃初春興行　道頓堀文楽座

（文楽教室　道頓堀文楽座）

・十一日　豊竹山城少掾引退保留を発表

・二十六日から二十九日　人形浄瑠璃女義太夫大合同公演　道頓堀文楽座

二月

・九日から十四日　名古屋毎日ホール

・十六日・十七日　神戸新聞会館

・二十一日　豊澤猿二郎と大谷会長が懇談

・二十三日　豊澤猿二郎と白井千土地会長が懇談

・二十三日　奈良市友楽会館

・二十四日　和歌山市民会館

・二十七日　文楽座株主総会で三和会の文楽座出演を認める

・二十八日　京紫会十周年記念藤間勘五郎舞踊会　京都南座

三月

・一日から二十五日　文楽座人形浄瑠璃三月興行　道頓堀文楽座

（文楽教室　道頓堀文楽座）

・二十五日　第七回文楽座因会若手勉強会　道頓堀文楽座

四月

中国巡業

・十一日　山口県宇部市民館

・十二日　広島県尾道市立長江小学校講堂

三和会

一月

・十六日から十八日　初春京都公演　京都先斗町歌舞練場

（十六日から十八日　学生の文楽教室　京都先斗町歌舞練場）

・十八日　鶴澤綱造が引退を発表

・十九日から二十四日　第二十二回大阪公演　大阪三越劇場

二月

・二日・三日　映画『サヨナラ』の撮影　京都祇園歌舞練場

・十日　愛知県森町公民館

・十二日から十七日　文楽三和会　第四回若手勉強会　東京三越劇場

・二十一日　豊澤猿二郎と大谷会長が懇談

・二十三日　豊澤猿二郎と白井千土地会長が懇談

・二十七日　文楽座株主総会で三和会の文楽座出演を認める

三月

・五日から十四日　第二十三回郷土公演　大阪三越劇場

四月

中国、九州巡業

・十日　大阪府貝塚市立公民館

・十二日　広島県福山市公会堂

・十三日　岡山市天満屋葦川会館

・十八日から二十三日　吉田難波掾受領披露　文楽座人形浄瑠璃引越興行　京都南座

五月

・四日から二十八日　文楽座人形浄瑠璃五月興行　道頓堀文楽座
（文楽教室　道頓堀文楽座）

・二十八日　国家指定芸能特別鑑賞会　第一回大阪公演　大阪歌舞伎座

・十五日　山口県下関市民会館
・十六日　福岡県飯塚市嘉穂劇場
・十七日・十八日　福岡市大博劇場
・二十日　福岡県小倉市豊前座
・二十二日　宮崎県延岡市野口記念館
・二十三日　大分県臼杵市臼杵宝塚
・二十四日　大分県別府市別府松濤館
・二十五日　福岡県中津市東洋映劇
・二十六日　福岡県若松市稲荷座
・二十八日　兵庫県立加古川東高等学校
・四月　映画「生きている人形」に桐竹紋十郎等が出演

五月

・二日　三重県伊勢会館
東北、東海道巡業
・十日　長野市第一市民会館
・十一日　長野県篠ノ井町立通明中学校体育館
・十二日　長野県須坂市立須坂小学校
・十三日　長野県南佐久郡野沢町立野沢中学校
・十四日　昼　埼玉県熊谷市立女子高等学校
夜　群馬県伊勢崎市公民館
・十五日　茨城県下館市文化映画劇場
・十六日　宇都宮市栃木会館
・十七日　前橋市群馬会館
・十八日　栃木県桐生市織物会館
・十九日　神奈川県川崎市公民館
・二十日　茨城県石岡市立石岡小学校講堂
・二十一日　神奈川県横浜市県立音楽堂
・二十二日　静岡県沼津市産業会館
・二十六日　大津市滋賀会館
・二十七日　国家指定芸能特別鑑賞会第一回神戸公演　神戸国際会館

昭和三十二年（丁酉）

六月

・一日から二十三日　歌舞伎座開場二十五周年記念興行六月大歌舞伎　大夫三味線特別出演　大阪歌舞伎座

中国、九州巡業

・二十二日から二十四日　山口県山陽パルプ株式会社岩国工場
・二十五日　福岡県直方市国際劇場
・二十九日　第三回名流さつき会　大阪歌舞伎座

七月

・四日から二十一日　文楽座人形浄瑠璃七月興行　道頓堀文楽座
（文楽教室　道頓堀文楽座）
・二十五日　大阪天神祭奉納公演
・二十六日から二十八日　人形浄瑠璃女義太夫大合同公演　道頓堀文楽座
・二十九日・三十日　新日本放送邦楽鑑賞会　大阪ＮＪＢホール

六月

・一日から九日　第十六回東京公演　初代桐竹紋十郎五十回忌追善公演　第一回　東京三越劇場
・十一日から十六日　同　第二回　東京三越劇場
・十七日　静岡市公会堂
・二十日から二十三日　名古屋毎日ホール

北海道、東北巡業

・二十七日　小樽市中央座
・二十九日　釧路市釧路劇場
・三十日　帯広市十勝会館

七月

・一日　砂川町三井砂川中央会館
・二日　静内町文化劇場
・三日　苫小牧市王子娯楽場
・四日　札幌市内学校　二箇所
・五日　美唄市美唄互楽館
・六日　芦別市労働会館
・七日　夕張市北炭夕張会館
・八日　札幌市新東宝劇場
・九日　札幌　マチネー二回
・十一日　青森市青森映画劇場
・十二日　青森県弘前市柴田講堂
・十三日　秋田県大館市国際劇場
・十四日　秋田県能代市立第一小学校講堂
・十五日　秋田市第一劇場
・十六日　秋田県立湯沢北高等学校体育館
・十七日　山形市中央公民館
・十八日　宮城県仙台市公会堂
・二十日　静岡県熱海ヘルスセンター
・二十一日・二十二日　静岡県浜松市歌舞伎座
・二十三日　愛知県豊橋市公会堂

八月

・三日・四日　神戸新聞会館
・六日から十一日　文楽座人形浄瑠璃引越興行　名古屋御園座
・二十日から二十五日　文楽座人形浄瑠璃総引越興行　京都南座
・二十六日　映画「ニッポンの宝」撮影

九月

・一日から二十五日　文楽座人形浄瑠璃九月興行　因会・三和会大合同公演
　道頓堀文楽座
・二十六日　浄瑠璃神社復興正遷宮奉祝祭　大阪浄瑠璃神社
・二十八日　第二回名流舞踊観賞会　京都南座
・二十九日　第八回邦楽名人大会　名古屋御園座

十月

静岡、船橋巡業
・七日　静岡市公会堂
・八日　千葉県船橋中央公民館
・九日から十二日　東京都品川公会堂
・十六日　山梨県県民会館大ホール
・十七日　宇都宮市栃木会館ホール
・二十日　静岡県浜松座
・二十一日　大津滋賀会館
・二十六日　大阪学芸大学附属池田小学校講堂

八月

九月

・一日から二十五日　文楽座人形浄瑠璃九月興行　因会・三和会大合同公演
　道頓堀文楽座
・二十六日　浄瑠璃神社復興正遷宮奉祝祭　大阪浄瑠璃神社
・二十九日　第八回邦楽名人大会　名古屋御園座

十月

・五日　神戸ロータリークラブ
・十日　大阪市中央公会堂
中国巡業
・十三日　京都府福知山市公会堂
・十四日　鳥取県米子市朝日座
・十五日　鳥取市日ノ丸劇場
・十六日　島根県斐上町大劇
・十七日　島根県出雲市公会堂
・十八日　島根県大原郡木次劇場
・十九日　島根県松江市立白潟小学校講堂
・二十一日　岡山市天満屋葦川会館
・二十二日　岡山県高梁市スパル座

十一月
・一日から十七日　文楽座人形浄瑠璃十一月興行　道頓堀文楽座
（文楽教室　道頓堀文楽座）
・二十六日　芸術祭第四回文楽合同公演　東京三越劇場
・二十七日から二十九日　芸術祭第四回文楽合同公演　①　東京新橋演舞場
・三十日から十二月一日　同　②　東京新橋演舞場

十二月
・一日から二十六日　当る戌歳吉例顔見世興行　大夫三味線特別出演　京都南座
・三日　広駒会義太夫大会　静岡県浜松市大安寺
・二十四日・二十五日　第八回文楽座因会若手勉強会　道頓堀文楽座

十一月
・十日　大阪府豊中市立大池小学校講堂
・十二日・十三日　初代桐竹紋十郎五十年忌記念興行　文楽人形浄瑠璃　三和会京都公演　京都先斗町歌舞練場
・十九日　桐竹紋十郎が紫綬褒章を受章
・二十六日　芸術祭第四回文楽合同公演　東京三越劇場
・二十七日から二十九日　芸術祭第四回文楽合同公演　①　東京新橋演舞場
・三十日から十二月一日　同　②　東京新橋演舞場
・三十日　第九十五回三越名人会　東京三越劇場

十二月
・三日　広駒会義太夫大会　静岡県浜松市大安寺
東海巡業
・三日　千葉県野田市　高等学校　マチネー
・四日　千葉市教育会館
・五日　埼玉県秩父劇場
・七日　神奈川県横浜市国際劇場
・八日　東京都台東区浅草公会堂
・九日　埼玉県立越ヶ谷高等学校　マチネー
・十日　神奈川県小田原市中央公民館
・十一日　静岡県三島市産業物産会館
・十四日・十五日　神戸新聞会館

32・01・01　因会　道頓堀　文楽座　大阪　［ＡＢＣ］

当る酉歳文楽座人形浄瑠璃初春興行
昭和三十二年元旦初日　二十五日まで　十四日より昼夜狂言入替
府民劇場指定　重要無形文化財指定　道頓堀文楽座

昼の部　午前十一時半開演※1
谷崎潤一郎原作　鷲谷樗風脚色演出　西亭作曲
中村貞以美術考証　大塚克三舞台装置

春琴抄

天下茶屋聖天山梅見の段
竹本雛大夫
野澤八造

淀屋橋春琴住家の段
同稽古場の段まで
竹本津大夫
三味線　鶴澤寛治
琴　（竹澤団六
　　 鶴沢清好

春琴　吉田栄三
佐助　吉田玉男
幇間とん八　吉田常次
芸妓歌吉　吉田玉幸
お小夜　吉田文昇
利太郎　吉田文雀
安左衛門　吉田淳造
下女お松　吉田東太郎
下女お竹　吉田玉昇

同じく塀外の段
安左衛門　竹本和佐大夫
お小夜　竹本織部大夫
鶴澤徳太郎
琴三絃　（野澤錦糸
　　　　 豊澤新三郎
竹澤団六
鶴沢清好
鶴沢清治

吉田難波掾受領

披露口上

吉田玉男
吉田玉市
吉田栄三
吉田玉助
竹本綱大夫
文五郎事 吉田難波掾
竹本津大夫
桐竹亀松
吉田玉五郎
吉田文昇
吉田文雀

南都二月堂

良弁杉由来

二月堂の段
良弁僧正
渚の方
近習
（竹本伊達大夫
　豊竹松大夫
竹本織の大夫
三味線　鶴澤清六

良弁僧正　吉田玉助
渚の方　文五郎事 吉田難波掾
寺侍　吉田玉米
弟子僧　吉田文昇
弟子僧　吉田玉之助

お染久松

染模様妹背門松

油屋の段
切　竹本綱大夫
　　竹澤弥七

油店の段
源右衛門　吉田玉助
山家屋清兵衛　吉田玉男
番頭善六　吉田玉市
娘お染　桐竹亀松
下女おりん　吉田兵次
小道具屋利兵衛　吉田淳造
母親おかつ　吉田文雀
丁稚久松　吉田玉五郎
倅多三郎　吉田玉昇
遊女おいと　吉田小玉

蔵前の段
お染　竹本南部大夫
久松　豊竹十九大夫
善六　竹本静大夫
野澤吉三郎
鶴澤徳太郎
野澤錦糸
竹澤団六
竹沢団二郎

夜の部　午後四時半開演

加賀見山旧錦絵

草履打の段
岩藤　竹本相生大夫
尾上　竹本雛大夫
善六　竹本長子大夫
腰元　豊竹弘大夫
腰元　竹本伊達路大夫
野澤松之輔

長局の段
前　豊竹松大夫
三味線　鶴澤清六
後　竹本津大夫
三味線　鶴澤寛治

奥庭の段
岩藤　竹本相生大夫
お初　竹本南部大夫
庄司　竹本織の大夫
腰元　豊竹十九大夫

女中　大ぜい

蔵前の段
娘お染　桐竹亀松
丁稚久松　吉田玉五郎
番頭善六　吉田玉市

草履打の段
岩藤　吉田玉助
尾上　吉田栄三
善六　吉田淳造
腰元　吉田文雀
腰元　吉田常次
腰元　大ぜい

長局の段
中老尾上　吉田栄三
お初（前）　桐竹亀松
お初（後）　（文五郎事）吉田難波掾
町人　大ぜい

奥庭の段
岩藤　吉田玉助
お初　桐竹亀松
庄司　吉田淳造
腰元　吉田文昇

野澤八造
ツレ　竹沢団二郎
鶴沢藤二郎
鶴沢藤之助

腰元　吉田玉昇

寿式三番叟

竹本長子大夫
竹本伊達路大夫
豊竹弘大夫
竹本織の大夫
竹本和佐大夫
豊竹松大夫
竹本雛大夫
竹本伊達大夫
竹本相生大夫
豊竹山城少掾
竹本綱大夫
竹本津大夫
竹本南部大夫
竹本織部大夫
竹本相次大夫
豊竹十九大夫
竹本綱子大夫
竹本津の子大夫
竹本相子大夫
竹本静大夫
鶴澤清八
竹沢団二郎
鶴沢清治

竹澤団六
鶴澤徳太郎
鶴澤清六
野澤吉三郎
豊澤豊助
野澤松之輔
鶴澤藤蔵
竹澤弥七
鶴澤寛治
野澤八造
野澤錦糸
豊澤新三郎
鶴澤清好
鶴沢藤二郎
鶴沢藤之助
野澤喜八郎
豊澤広助

千歳　吉田玉市
翁　吉田玉助
三番叟　吉田玉五郎
三番叟　吉田玉男

平家女護島

鬼界ヶ島の段

切　竹本綱大夫
　　竹澤弥七

俊寛僧都	吉田玉助
丹羽少将	吉田東太郎
蜑千鳥	吉田玉五郎
丹左衛門尉	吉田玉男
瀬尾太郎	吉田玉市
平康頼	吉田文雀

夕霧伊左衛門 曲輪⿰火章

吉田屋の段

竹本伊達大夫
ツレ 豊竹弘大夫
竹本伊達路大夫
鶴澤藤蔵
ツレ 豊澤新三郎
鶴澤清好
鶴沢藤二郎
鶴沢藤之助
野澤喜八郎

藤屋伊左衛門	桐竹亀松
扇屋夕霧	吉田栄三
喜左衛門	吉田兵次
女房おきさ	吉田常次
若い者	吉田万次郎
若い者	吉田玉米
幇間、末社	大ぜい

＊　＊　＊

〔人形〕吉田玉丸　桐竹紋玉
桐竹亀之助　吉田玉新
吉田栄弘　桐竹亀次郎
吉田栄之助　桐竹一暢

＊　＊　＊

紋下	豊竹山城少掾	衣裳	森田信二
三味線紋下	鶴澤清八	人形細工人	藤本由良亀
人形座頭	吉田玉助	人形細工人	菱田由良宏
頭取	吉田玉市	人形師	大江巳之助
はやし	中村新三郎	鬘床山	佐藤為治郎

鬘床山	名越健二	人形指導	文五郎事 吉田難波掾
大道具	川辺繁太郎	座主	株式会社文楽座
照明	竹本文蔵		
舞台監督	鷲谷樗風	千秋万歳楽大入叶吉祥日	

一部御観劇料　一等席四百五十円　二等席二百五十円　三等席百五十円
学生券A二百五十円　学生券B百五十円　通し券七百円
初日に限り一部料金にて昼夜通し御覧に入れます

※1　A十一時開演

○春琴抄　谷崎潤一郎原作　西亭作曲　鷲谷樗風脚色演出　中村貞以美術考証　大塚克三装置

◇三十一年十二月二十九日　午後「春琴抄」の舞台稽古とともに、受領披露口上の予行（「日本経済新聞（大阪）」31年12・30）

◎吉田文五郎受領　難波掾披露　豊竹山城少掾の口上代理を竹本綱大夫がつとめる（「東京新聞」01・04）

◎一月三日から千秋楽　平家女護島　鬼界ヶ島の段「康頼沖を」から竹本織の大夫代役（『織大夫夜話』）

◎一月四日から　豊澤広助休演、二十二日没（「産経新聞（大阪）」01・23）（七日まで出勤「毎日新聞（大阪）」01・23）

◇染模様妹背門松　油屋の場　明治三十三年御霊文楽座上演以来五十八年ぶりの上演（「東京新聞」01・06）

◇「夜の部は『加賀見山』の草履打から奥庭仕返しまでを、巧みにアレンジしている。鶴ヶ岡八幡社頭の花見は背景が豪壮である。『忠臣蔵』の大名を局以下の奥女中に見立てた趣向である。四ツ橋時代と違い背景大道具に金をかけ、人形の衣装も全部新調なのは各狂言に明彩を加える。しかし一面に人形芝居という古色と鄙振りを賞でた味か、かく都会趣味的大舞台となったことは、功罪とりどりに観賞する人々によって相半した批判があろう」（「大阪日日新聞」01・10）

◇寿式三番叟　山城少掾以下、大夫三味線の総出演は文楽座開場式以来（「大阪日日新聞」01・10）

◇一月二日　口上　お染久松染模様妹背門松　油屋の段　蔵前の段　テレビ放送　大阪　午後二時五分（「朝日新聞（大阪）」、「毎日新聞（大阪）」、「読売新聞（大阪）」01・01）

◇一月十日　平家女護島　鬼界ヶ島の段　ラジオ放送　NHK第二　午後九時（「朝日新聞（大阪）」、「毎日新聞（大阪）」、「読売新聞（大阪）」01・10）

◎文楽教室［BC］

一月公演中　二十五日まで　午前九時より十時半まで

文楽解説　鷲谷樗風
人形解説　吉田玉五郎

加賀見山旧錦絵《かがみやまこきょうのにしきえ》

草履打の段
局岩藤 腰元 中老尾上 鷲の善六　豊竹十九大夫
　豊竹弘大夫
　鶴澤清好

奥庭の段
局岩藤 安田庄司 召使お初 腰元　竹本伊達路大夫
　竹本相子大夫
　竹澤団六

草履打の段
局岩藤　吉田東太郎
中老尾上　吉田文昇
鷲の善六　※1吉田玉米
腰元　吉田小玉
腰元　吉田玉幸

奥庭の段
局岩藤　吉田玉昇
召使お初　吉田文雀
安田庄司　※2吉田東太郎
腰元　※3吉田小玉
腰元　吉田玉幸

特別料金　三十円（在学中の学生・生徒）

※1　B（吉田文雀氏蔵）手書で吉田玉幸に訂正
※2　B（吉田文雀氏蔵）手書で吉田小玉に訂正
※3　B（吉田文雀氏蔵）手書で抹消

◇一月十一日
健康上の理由から三月興行を最後に引退の決意を表明していたとされる豊竹山城少掾が、八日、竹本綱大夫を通じて松竹大谷会長に引退を保留、延期する旨申し入れ、十一日正式に発表された
〔典拠〕「毎日新聞（大阪）」（01・10）、「朝日新聞（大阪）」（01・12）

32・01・16　三和会　先斗町歌舞練場　京都［BCD］

重要無形文化財国家指定　文楽人形浄瑠璃
文楽三和会初春京都公演
昭和三十二年一月十六日より十八日　午後三時開演
主催　文楽三和会　京都観光人クラブ　後援　京都市　京都観光連盟

寿式三番叟

千歳 翁 三番叟 三番叟　豊竹松島大夫
　豊竹古住大夫
　竹本三和大夫
　竹本常子大夫
　豊竹貴代大夫
　鶴澤燕三
　豊澤仙二郎
　竹澤団作
　野澤勝平
　豊澤猿二郎

千歳　桐竹紋二郎
翁　桐竹紋十郎
三番叟　桐竹紋之助
三番叟　桐竹勘十郎

摂州合邦辻

合邦内の段
豊竹若大夫

親合邦　吉田辰五郎

鶴澤綱造

お俊伝兵衛 近頃河原達引

堀川猿廻しの段

竹本源大夫
鶴澤叶太郎
ツレ 野澤八助
後 竹本住大夫
野澤喜左衛門
ツレ 野澤勝平

鳴響安宅新関

勧進帳の段

弁慶 豊竹つばめ大夫
富樫 豊竹古住大夫
義経 豊竹小松大夫
番卒 豊竹貴代大夫
四天王 竹本三和大夫
野澤勝太郎
野澤市治郎
豊澤仙二郎
竹澤団作
野澤八助

女房 吉田国秀
玉手御前 桐竹紋十郎
浅香姫 桐竹紋二郎
俊徳丸 吉田作十郎
奴入平 （一日交代）桐竹紋七／桐竹紋四郎／桐竹紋弥

弟子おつる （一日交代）桐竹紋七／桐竹紋四郎／桐竹紋弥
母親 吉田国秀
兄与次郎 吉田辰五郎
お俊 桐竹紋之助
井筒屋伝兵衛 （一日交代）桐竹紋七／桐竹紋四郎／桐竹紋弥

富樫左衛門尉正宏 桐竹勘十郎
源義経 吉田作十郎
伊勢三郎 桐竹小紋
駿河次郎 ※1桐竹紋弥
片岡八郎 桐竹勘之助
常陸坊 吉田国秀
武蔵坊弁慶 桐竹紋十郎
番卒 大ぜい

＊　＊　＊

はやし 芳村喜代次
人形細工師 藤本由良亀
舞台装置 服部和男

舞台装置 鈴木幸治郎
小道具 山森定治郎
床山 背戸百太郎

入場料 三百円

※1 Dは桐竹紋寿

◎一月十六日から十八日 学生の文楽教室［BC］

学生の文楽教室
昭和三十二年一月十六より十八日 午後一時開演
先斗町歌舞練場 文楽三和会 京都史蹟保存協会 京都観光人クラブ
協賛 みやこ新聞社

人形浄瑠璃芝居の話 豊澤猿二郎
人形解説 桐竹勘十郎
桐竹紋之助
吉田作十郎

傾城阿波鳴戸

十郎兵衛内の段

寿二人三番叟

豊竹松島大夫
豊竹古住大夫
豊竹小松大夫
竹本三和大夫

桐竹勘十郎
桐竹紋之助
吉田作十郎
桐竹紋二郎

竹本常子大夫
豊竹貴代大夫
野澤市治郎
豊澤仙二郎
竹澤団作
野澤勝平
野澤八助
豊澤猿二郎

桐竹小紋
桐竹紋寿
桐竹紋七
桐竹紋四郎
桐竹紋弥
桐竹勘之助
桐竹紋若
桐竹紋次
桐竹紋之丞
桐竹紋市
吉田国秀

32・01・19 三和会　高麗橋　三越劇場　大阪　［CD］

重要無形文化財　大阪府民劇場指定申請中
昭和三十二年一月　文楽三和会第二十二回大阪公演
一月十九日より二十四日　十二時半開演

戻《もどり》駕《かご》色《いろの》相《あい》肩《かた》

廓噺の段

浪花治郎作	豊竹松島大夫
禿	豊竹小松大夫
与四郎	竹本常子大夫
ツレ	豊竹貴代大夫
	竹本三和大夫
	野澤市治郎
	豊澤仙二郎
	竹澤団作
	野澤八助
	野澤勝平
	豊澤猿二郎

浪花治郎作	桐竹勘十郎
吾妻与四郎	桐竹紋之助
禿	桐竹紋二郎

小春治兵衛 天《てんの》網《あみ》島《じま》　河庄より紙屋内まで

口三味線の段
※1豊竹古住大夫
鶴澤燕三

河庄の段
前　豊竹つばめ大夫
　　野澤喜左衛門
後　竹本住大夫
　　野澤勝太郎

ちょんがれの段
竹本源大夫
鶴澤叶太郎

紙屋内の段
豊竹若大夫
鶴澤綱造

花車	吉田国秀
紀の国屋小春	桐竹紋之助
女郎	桐竹勘之助
江戸屋太兵衛	吉田作十郎
五貫屋善六	桐竹紋寿
	桐竹紋七
	桐竹紋四郎
	桐竹紋弥
粉屋孫右衛門	吉田辰五郎
下女	桐竹紋若
河庄亭主	桐竹紋市
紙屋治兵衛	桐竹紋十郎
通行人	大ぜい
治兵衛	桐竹紋十郎
女房おさん	桐竹勘十郎
江戸屋太兵衛	吉田作十郎
伝界坊	桐竹紋寿
	桐竹紋七
	桐竹紋四郎
	桐竹紋弥
お末	桐竹勘之助
母親	桐竹紋市
五左衛門	吉田国秀
勘太郎	桐竹紋次
小春	桐竹紋之助
三五郎	桐竹紋寿

五貫屋善六　桐竹紋七
　　　　　　桐竹紋四郎
　　　　　　桐竹紋弥

猪名川　吉田辰五郎
鉄ヶ嶽　吉田作十郎
おとわ　桐竹紋二郎
大阪屋　桐竹小紋
呼使ヒ　桐竹紋寿
　　　　桐竹紋七
　　　　桐竹紋四郎
　　　　桐竹紋弥

関取《せきとり》千《せん》両《りょう》幟《のぼり》

猪名川内の段

おとわ　豊竹つばめ大夫
猪名川　豊竹古住大夫
鉄ヶ嶽　竹本三和大夫
大阪屋　豊竹貴代大夫
呼使ヒ　豊竹小松大夫
　　　　野澤勝太郎
矢倉太鼓　野澤勝平
曲　野澤市治郎
　　鶴澤燕三
弾　野澤喜左衛門

入場料（指定席）Ａ三百五十円　Ｂ二百五十円　学生席百円

※１　Ｄ（文楽劇場蔵）「病につき代役豊竹小松大夫」の書き込みあり

◇打上げ日に鶴澤綱造が引退声明（「大阪新聞」02・09）

◇一月二十一日　昭和三十一年度人形浄瑠璃因協会賞贈呈式　大阪市長公室
豊竹若大夫「花上野誉石碑」志渡寺の演技
竹本綱大夫「お蝶夫人」第三景の演技
鶴澤綱造「花上野誉碑」志渡寺の演奏
鶴澤清六「雪狐々姿湖」の作曲
桐竹紋十郎「花上野誉碑」志渡寺のお辻の演技
吉田玉助「絵本太功記」十段目の光秀の演技

〔典拠〕『人形浄瑠璃因協会会報』第五号、『演劇雑誌幕間』第十二巻第二号

昭和三十二年（一九五七）

◎一月二十六日から二十九日　因会　人形浄瑠璃女義太夫大合同公演　道頓堀文楽座
芸術院会員吉田難波掾特別補導　二十七日・二十九日昼夜入替
女義太夫に人形参加
昼の部　十一時半開演
盲杖桜雪社
三人座頭の段
福の市　吉田文雀
徳の市　吉田文昇
玉の市　吉田小玉

絵本太功記
尼ヶ崎の段
武智光秀　吉田玉男
妻操　吉田玉五郎
倅重次郎　吉田東太郎
嫁初菊　吉田小玉
母さつき　吉田常次
真柴久吉　吉田淳造
軍兵　大ぜい

夕霧伊左衛門　曲輪竟
吉田屋の段
伊左衛門　吉田玉昇
夕霧　吉田文雀
喜左衛門　吉田常次
おきさ　桐竹一暢
若い者　吉田万次郎
若い者　吉田玉之助

菅原伝授手習鑑

夜の部　四時半開演

寺子屋の段
松王丸　吉田玉男
武部源蔵　吉田東太郎
女房戸浪　吉田文昇
春藤玄蕃　吉田淳造
女房千代　吉田玉五郎
涎くり　吉田玉米
小太郎　吉田栄弘
菅秀才　桐竹亀之助
御台所　吉田玉之助
百姓　大ぜい

梅川忠兵衛　恋飛脚大和往来
新口村の段
亀屋忠兵衛　吉田玉昇
傾城梅川　吉田文昇
親孫右衛門　吉田兵次
藤次兵衛　吉田万次郎
伝が婆　吉田淳造
水右衛門　吉田東太郎
針立道庵　吉田文雀
置頭巾　吉田玉米
八右衛門　吉田玉之助
忠三女房　吉田玉幸
捕手小頭　桐竹一暢

加賀見山旧錦絵
　草履打の段
局岩藤　吉田兵次
中老尾上　吉田玉男
鷲の善六　吉田常次
腰元　大ぜい
　長局の段
中老尾上　吉田玉男
召使お初　吉田文雀
町人　大ぜい
　奥庭の段
局岩藤　吉田兵次
召使お初　吉田文雀
安田庄司　吉田玉之助
曲者　吉田玉昇
傾城阿波の鳴戸
　順礼歌の段
女房お弓　吉田玉五郎
娘おつる　吉田玉幸
三勝半七　艶容女舞衣
　酒屋の段
親宗岸　吉田兵次
嫁おその　吉田玉五郎
舅半兵衛　吉田淳造
倅半七　吉田玉幸
美濃屋三勝　吉田小玉
娘おつう　吉田玉丸
半兵衛女房　吉田常次
鶴澤道八作曲　楳茂都陸平振付
釣女
太郎冠者　吉田東太郎
大名　吉田文昇
美女　吉田小玉
醜女　吉田玉昇

〔典拠〕プログラム

◇二月二日・三日
ジョシュア・ローガン監督　マーロン・ブランド主演の映画『サヨナラ』に文楽座の出演が決まり、一月十日に最終打合せ、三十日文楽座で撮影予定と報じられる　曽根崎心中道行に、竹本雛大夫、野澤八造、吉田栄三、吉田玉男等が出演予定だったが、その後、歌舞伎座も加えた形でワーナーと松竹の交渉となるも折合がつかず文楽座ロケは中止に　ワーナー側は三和会に依頼するが曽根崎は因会の復曲のため、心中天網島道行に変更
二月二日、三日、京都祇園歌舞練場で桐竹紋十郎　桐竹勘十郎　竹本源大夫　豊竹つばめ大夫　豊竹古住大夫　豊竹小松大夫　野澤喜左衛門　鶴澤叶太郎　野澤勝太郎　鶴澤燕三　野澤勝平等の出演によるロケが行われる

〔典拠〕「毎日新聞（大阪）」（01・12／01・30）

32・02・09　因会　名古屋　毎日ホール　［BCD］

大阪文楽座人形浄瑠璃引越興行
芸術院会員吉田文五郎難波掾受領披露　重要無形文化財
二月九日初日　十四日千秋楽　十二日より昼夜入替　名古屋駅前　毎日ホール

第一部　十一時開演

盲杖桜雪社

三人座頭の段
福の市　竹本和佐大夫
玉の市　竹本織の大夫
徳の市　竹本静大夫
　竹本静大夫
　豊竹弘大夫
　竹本相次大夫
　豊澤豊助
　豊澤新三郎
　竹澤団二郎
　鶴澤藤二郎
　鶴澤藤之助

福の市　吉田栄三
徳の市　吉田玉五郎
玉の市　吉田文雀

高見順原作　有吉佐和子脚色演出　鶴澤清六作曲
西川鯉三郎振付　大塚克三装置
「湖の火」より

雪狐々姿湖　三幕三場

崑山の秋
白百合（女白狐）　竹本南部大夫
白蘭尼（白百合祖母狐）　竹本静大夫

白百合　吉田栄三
白蘭尼　吉田玉五郎

コン平（若い男狐）　竹本和佐大夫
右コン（白百合弟狐）　竹本織部大夫
左コン（白百合弟狐）　竹本相子大夫
コン蔵（爺狐）　竹本織の大夫
野澤吉三郎
鶴澤徳太郎
竹澤団六
竹澤団二郎
野澤錦糸

猟師源左の家より冬の湖畔まで

豊竹松大夫
竹本和佐大夫
竹本織部大夫
三味線　鶴澤清六
野澤吉三郎
豊澤新三郎
鶴澤清好

コン平狐　吉田玉男
コン蔵狐　吉田玉市
右コン　吉田文雀
左コン　吉田玉昇
猟師源左　桐竹亀松
源左の母　吉田玉助

三勝
半七　**艶容女舞衣**

酒屋の段

前　竹本津大夫
三味線　鶴澤寛治
後　竹本伊達大夫
鶴澤藤蔵

親宗岸　吉田玉助
嫁おその　文五郎事 吉田難波掾
舅半兵衛　吉田兵次
半兵衛女房　吉田淳造
半七　吉田東太郎
三勝　吉田文昇
娘おつう　吉田玉幸

近松門左衛門原作　西亭脚色並作曲　鷲谷樗風演出
中村貞以衣裳考証　大塚克三装置　近松学会賛助
文楽秀曲十八番の内
毎日演劇賞受賞

お初
徳兵衛　**曽根崎心中**

生玉社前の段
天満屋の段
天神の森の段

林扇矢振付

竹本相生大夫
野澤松之輔
切　竹本綱大夫
竹澤弥七
お初　竹本雛大夫
徳兵衛　竹本織の大夫
野澤八造
野澤錦糸
竹澤団六
鶴澤清好

平野屋徳兵衛　吉田玉男
天満屋お初　吉田栄三
油屋九平次　吉田玉市
田舎客　吉田常次
亭主惣兵衛　吉田常次
丁稚長蔵　吉田小玉
天満屋下女　吉田玉昇
町の衆　吉田万次郎
よね衆　吉田兵次
よね衆　吉田淳造
その他　大ぜい

第二部　四時開演

御祝儀　**寿式三番叟**

千歳　竹本和佐大夫
翁　竹本静大夫
三番叟　竹本南部大夫
三番叟　豊竹弘大夫
竹本相次大夫
豊澤豊助
野澤錦糸
竹澤団六
竹澤団二郎
鶴澤藤之助

千歳　吉田玉市
翁　文五郎事 吉田難波掾
三番叟　吉田玉五郎
三番叟　吉田玉男

吉田難波掾
受領披露　**口上**

吉田玉男
吉田玉市
吉田栄三
吉田玉助
竹本綱大夫
吉田《文五郎事》難波掾
竹本津大夫
桐竹亀松
吉田玉五郎
吉田文昇
吉田文雀

大西利夫脚色　西亭作曲　田村孝之介美術考証並装置

文楽秀曲十八番の内 **お蝶夫人**　三景

第一景
野澤吉三郎
鶴澤徳太郎
豊澤新三郎
鶴澤藤二郎
鶴澤藤之助

第二景
竹本雛大夫
竹本織部大夫
竹本織の大夫
野澤八造
鶴澤徳太郎
竹澤団六

第三景
竹本綱大夫
竹澤弥七
ツレ　野澤錦糸

お蝶夫人　吉田栄三
ピンカートン　吉田玉男
同夫人　吉田文雀
ならず者山鳥　吉田玉市
五郎　吉田玉昇
召使スズキ　吉田玉五郎
子供　吉田小玉

摂州合邦辻

合邦住家の段
前　竹本相生大夫
　　野澤松之輔
後　竹本津大夫
三味線　鶴澤寛治

親合邦　吉田玉助
玉手御前　桐竹亀松
奴入平　吉田兵次
俊徳丸　吉田東太郎
浅香姫　吉田文昇
合邦女房　吉田常次

壺坂観音霊験記

沢市内より壺坂寺の段まで
座頭沢市　竹本伊達大夫
女房お里　豊竹松大夫
観世音　竹本織部大夫
三味線　鶴澤清六
　　　　豊澤新三郎
ツレ　鶴澤清好

座頭沢市　吉田玉助
女房お里　桐竹亀松
観世音　吉田玉之助

＊　＊　＊

はやし方　中村新三郎＝はやし方　中村与三郎

一等席四百円　二等席二百五十円

◇豊竹山城少掾不参加（『文楽因会三和会興行記録』）

32・02・10　三和会　森町公民館　愛知　［BC］

文部省文化財保護委員会指定

大阪文楽人形浄瑠璃芝居　桐竹紋十郎一座三和会公演
昭和三十二年二月十日　森町公民館
主催　森町商工会　後援　森町役場　森町教育委員会　森町消防団　森町婦人会
森町青年団

昼の部　十二時三十分
寿二人三番叟
豊竹松島大夫
豊竹小松大夫
竹本常子大夫
豊竹貴代大夫
野澤勝太郎
豊澤仙二郎
竹澤団作
野澤勝平
豊澤猿二郎

三番叟　桐竹勘十郎
三番叟　桐竹紋之助

伽羅先代萩
政岡忠義の段
豊竹つばめ大夫
野澤喜左衛門

御殿の段
鶴喜代君　桐竹勘之助
千松　桐竹紋七
政岡　桐竹紋十郎
八汐　桐竹勘十郎
沖ノ井　桐竹紋市
栄御前　吉田作十郎
腰元　大勢

卅三所観音記
沢市内よりお寺まで
前　竹本三和大夫
　　鶴澤燕三
後　竹本源大夫
　　鶴澤叶太郎

お里　桐竹紋十郎
沢市　吉田辰五郎
観世音　桐竹紋若

伊達娘恋緋鹿子
八百屋お七火見櫓の段
豊竹小松大夫
竹本常子大夫
豊澤仙二郎
竹澤団作
豊澤猿二郎

八百屋お七　桐竹紋二郎

夜の部　五時
新曲　小鍛冶
稲荷山の段
豊竹松島大夫
豊竹小松大夫
竹本常子大夫
豊澤仙二郎
竹澤団作
野澤勝平
豊澤猿二郎

小鍛冶宗近　吉田作十郎
稲荷明神　桐竹勘十郎
勅使道成　桐竹小紋

絵本太功記
尼ヶ崎の段
前　竹本三和大夫
　　鶴澤燕三
後　竹本源大夫
　　鶴澤叶太郎

武智重次郎　吉田作十郎
嫁初菊　桐竹紋之助
妻操　桐竹紋十郎
母さつき　桐竹紋之丞
旅僧真柴久吉　桐竹紋四郎
武智光秀　吉田辰五郎
軍兵　大ぜい

三勝半七　艶姿女舞衣
酒屋の段
豊竹つばめ大夫
野澤喜左衛門

親宗岸　吉田辰五郎
嫁おその　桐竹紋十郎
半兵衛女房　桐竹紋之丞

舅半兵衛　桐竹紋市
おつう　桐竹紋次
半七　桐竹紋弥
三勝　桐竹紋寿

関取千両幟
猪名川より矢倉太鼓まで
おとわ　豊竹小松大夫
猪名川　豊竹松島大夫
鉄ヶ嶽　竹本三和大夫
大阪屋
呼び使　竹本常子大夫
野澤勝太郎
櫓太鼓曲引　野澤勝平

猪名川関　桐竹紋之助
鉄が嶽関　桐竹勘十郎
女房おとわ　桐竹紋二郎
大阪屋　桐竹紋若
呼び使　桐竹勘之助

32・02・12　三和会　日本橋　三越劇場　東京　［BC］

文楽三和会　第四回若手勉強会
重要無形文化財国家指定
昭和三十二年二月十二日より十七日まで　毎日十二時半開演　三越劇場

御祝儀　**宝　入　船**　此の場に限り素浄瑠璃にて相勤めます

七福神芸廻しの段
寿老人　豊竹小松大夫　野澤喜左衛門
弁財天　豊竹貴代大夫　鶴澤燕三
福禄寿　豊竹松島大夫　豊澤仙二郎
大黒天　竹本常子大夫　野澤市治郎
恵比須　豊竹古住大夫　竹澤団作
布袋　竹本三和大夫　野澤勝平
毘沙門天　豊竹若子大夫　豊澤猿二郎

鎌倉三代記　ほととぎすの段より三浦之助別の段まで

ほととぎすの段
豊竹小松大夫
豊澤仙二郎

米洗の段
竹本三和大夫
鶴澤燕三

三浦之助別の段
豊竹古住大夫
野澤市治郎

阿波の局　桐竹勘之助
讃岐の局　桐竹紋若
時姫　桐竹紋寿
おらち　桐竹紋二郎
三浦之助　桐竹紋弥
母　吉田国秀
おくる　桐竹紋市
富田六郎　桐竹小紋
藤三郎実は佐々木高綱　桐竹紋四郎

摂州合邦ヶ辻

合邦内の段
中　豊竹若子大夫
野澤勝平
切　豊竹つばめ大夫
野澤勝太郎

合邦　桐竹紋七
母親　桐竹紋之丞
玉手御前　桐竹紋二郎
奴入平　桐竹小紋
俊徳丸　桐竹紋寿
浅香姫　桐竹紋四郎

関取千両幟

猪名川内の段
猪名川　豊竹松島大夫
鉄ヶ嶽　竹本常子大夫
おとわ　豊竹貴代大夫
大阪屋
呼使い　竹本三和大夫
鶴澤叶太郎
櫓太鼓　野澤勝平

猪名川　桐竹紋弥
鉄ヶ嶽　桐竹紋七
おとわ　桐竹勘之助
大阪屋　桐竹紋次
呼使い　桐竹紋若

人形部特別出演　桐竹紋十郎　桐竹勘十郎
桐竹紋之助　吉田作十郎
吉田辰五郎

＊　＊　＊

◇豊竹古住大夫病気休演の代役に豊竹若大夫が出演（「読売新聞（東京）」02・15）

入場券　A席二百五十円　B席百五十円　学割百円

32・02・16　因会　神戸新聞会館［BCD］

吉田難波掾受賞（領カ）記念　大阪文楽座人形浄瑠璃引越興行
二月十六・十七日　十七日は昼夜狂言入替　神戸新聞会館大劇場
主催神戸新聞社

昼の部　午前十一時開幕

寿式三番叟

千歳　竹本和佐大夫
翁　竹本静大夫
三番叟　竹本南部大夫
三番叟　豊竹弘大夫
竹本相次大夫
豊澤豊助
野澤錦糸
竹澤団六
竹澤団二郎
鶴澤藤之助

千歳　吉田玉市
翁　吉田難波掾（文五郎事）
三番叟　吉田玉五郎
三番叟　吉田玉男

吉田難波掾受領披露　**口上**

お蝶夫人　三景

大西利夫脚色　西亭作曲　田村孝之介美術考証並装置

第一景
野澤吉三郎
鶴澤徳太郎
豊澤新三郎
鶴澤藤二郎
鶴澤藤之助

第二景
竹本雛大夫
竹本織部大夫
竹本織の大夫
野澤八造
鶴澤徳太郎
竹澤団六

第三景
竹本綱大夫
竹澤弥七
ツレ　野澤錦糸

お蝶夫人　吉田栄三
ピンカートン　吉田玉男
同夫人　吉田文雀
ならず者山鳥　吉田玉市
五郎　吉田玉昇
召使鈴木　吉田玉五郎
子供　吉田小玉

摂州合邦辻

合邦住家の段
前　竹本相生大夫
野澤松之輔
後　竹本津大夫
三味線　鶴澤寛治

親合邦　吉田玉助
玉手御前　桐竹亀松
奴入平　吉田兵次
俊徳丸　吉田東太郎
浅香姫　吉田文昇

昭和三十二年（丁酉）

一　合邦女房　吉田常次

壇浦兜軍記

阿古屋琴責の段

阿古屋　竹本伊達大夫
重忠　豊竹松大夫
岩永　竹本雛大夫
榛沢　竹本織部大夫
三味線　鶴澤清六
野澤吉三郎
琴胡弓　竹澤団六

遊君阿古屋　桐竹亀松
秩父重忠　吉田玉助
岩永左衛門　吉田兵次
榛沢六郎　吉田玉幸
水奴　大ぜい

夜の部　午後四時半開幕

盲杖桜雪社

三人座頭の段

福の市　竹本和佐大夫
玉の市　竹本織の大夫
徳の市　竹本静大夫
豊竹弘大夫
竹本相次大夫
竹本伊達路大夫
豊澤豊助
豊澤新三郎
竹澤団二郎
鶴澤藤二郎
鶴澤藤之助

福の市　吉田栄三
徳の市　吉田玉五郎
玉の市　吉田文雀

雪狐々姿湖

湖の火より
高見順原作　有吉佐和子脚色演出　鶴澤清六作曲
西川鯉三郎振付　大塚克三装置

崑山の秋
猟師源左の家より冬の湖畔まで

白百合（女白狐）　竹本南部大夫
白蘭尼（白百合祖母狐）　竹本静大夫
コン平（若い男狐）　竹本和佐大夫
右コン（白百合の弟狐）　竹本織部大夫
左コン（白百合の弟狐）　竹本相子大夫
コン蔵（爺狐）　竹本織の大夫
野澤吉三郎
鶴澤徳太郎
竹澤団六
竹澤団二郎
野澤錦糸
豊竹松大夫
ツレ　竹本和佐大夫
竹本織部大夫
三味線　鶴澤清六
野澤吉三郎
豊澤新三郎
鶴澤清好

白百合　吉田栄三
白蘭尼　吉田玉五郎
コン平狐　吉田玉男
コン蔵狐　吉田玉市
左コン　吉田玉昇
右コン　吉田文雀
猟師源左　桐竹亀松
源左の母　吉田玉助

三勝
半七
艶容女舞衣

酒屋の段

前　竹本津大夫
三味線　鶴澤寛治
後　竹本伊達大夫
鶴澤藤蔵

親宗岸　吉田玉助
嫁お園　吉田難波掾（文五郎事）
舅半兵衛　吉田兵次
半兵衛女房　吉田淳造
半七　吉田東太郎
三勝　吉田文昇
娘おつう　吉田玉幸

近松門左衛門原作　西亭脚色並作曲　鷲谷樗風演出
中村貞以衣裳考証　大塚克三装置　近松学会賛助

文楽秀曲十八番の内　毎日演劇賞受賞

曽根崎心中

生玉社前の段
天満屋の段
天神の森の段

お初
徳兵衛　竹本相生大夫
　　　　野澤吉三郎

切　竹本綱大夫
　　竹澤弥七

お初
徳兵衛　竹本雛大夫
　　　　竹本織の大夫
　　　　野澤八造
　　　　野澤錦糸
　　　　竹澤団六
　　　　鶴澤清好

平野屋徳兵衛　吉田玉男
天満屋お初　吉田栄三
油屋九平次　吉田玉市
田舎客　吉田常次
亭主惣兵衛　吉田常次
丁稚長蔵　吉田小玉
天満屋下女　吉田玉昇
町の衆　吉田万次郎
よね衆　吉田兵次
よね衆　吉田淳造
その他　大ぜい

はやし　中村新三郎＝はやし方　中村与三郎

＊　　＊　　＊

御観劇料　一等席三百五十円　二等席二百五十円　三等席百五十円

◇豊竹山城少掾不参加（『文楽因会三和会興行記録』）

◎二月二十一日・二十三日
二十一日、三和会理事豊澤猿二郎と松竹大谷会長が懇談、合同公演について交渉
二十三日、豊澤猿二郎と白井千土地会長が懇談

〔典拠〕『三和会公演控』、『文楽因会三和会興行記録』
「毎日新聞（大阪）」（03・20）

◇二月二十三日　第九回毎日演劇賞受賞式
音楽賞　野澤喜左衛門　「瓜子姫とあまんじゃく」（一月大阪三越劇場）の作曲ならびに文楽合同公演「妹背山婦女庭訓」吉野川の段（十月新橋演舞場）演奏

〔典拠〕「毎日新聞（大阪）」（02・23）
『演劇雑誌幕間』第十二巻第四号

◇二月二十三日　因会　奈良市友楽会館　昼夜二回公演
演目は二十四日和歌山市民会館の昼夜入替
但し　昼の部は盲杖桜雪社の次に曽根崎心中　夜の部は寿式三番叟の次に摂州合邦辻

入場料　三百五十円　学生二百円

〔典拠〕「朝日新聞（奈良版）」広告（02・22）

32・02・24　因会　和歌山市民会館　［BCD］

大阪文楽座人形浄瑠璃引越吉田難波掾受領披露興行
昭和三十二年二月二十四日　和歌山市民会館
主催　和歌山新聞社　和歌山毎夕新聞社　後援　県・市教育委員会　宮井新聞舗

昼の部　午前十一時開演

御祝儀　寿式三番叟

竹本和佐大夫
竹本静大夫
豊竹弘大夫
竹本相子大夫

千歳　吉田玉市
翁　吉田難波掾（文五郎事）
三番叟　吉田玉五郎
三番叟　吉田玉男

竹本相次大夫
豊澤豊助
鶴澤徳太郎
竹澤団二郎
鶴澤藤二郎
鶴澤藤之助

大西利夫脚色　西亭作曲　田村孝之介美術考証
文楽秀曲十八番の内
お蝶夫人

第一景
野澤吉三郎
鶴澤徳太郎
豊澤新三郎
鶴澤藤二郎
鶴澤藤之助

お蝶夫人　吉田栄三
ピンカートン　吉田玉男
同夫人　吉田文雀
ならず者山鳥　吉田玉市
五郎　吉田玉昇
召使鈴木　吉田玉五郎
子供　吉田小玉

第二景
竹本雛大夫
野澤八造
鶴澤徳太郎
豊澤新三郎
竹澤団二郎

第三景
竹本綱大夫
竹澤弥七
ツレ　竹澤団二郎

摂州合邦ヶ辻
合邦住家の段
前　竹本相生大夫
　　野澤吉三郎
後　竹本津大夫

親合邦　吉田玉助
玉手御前　桐竹亀松
奴入平　吉田兵次

鶴澤寛治

俊徳丸　吉田東太郎
浅香姫　吉田文昇
合邦女房　吉田常次

壇浦兜軍記
阿古屋琴責の段
阿古屋　竹本伊達大夫
重忠　竹本雛大夫
岩永　竹本静大夫
榛沢　竹本伊達路大夫
鶴澤藤蔵
ツレ　鶴澤徳太郎
琴　豊澤新三郎
胡弓　竹澤団二郎

遊君阿古屋　桐竹亀松
秩父重忠　吉田玉助
岩永左衛門　吉田兵次
榛沢六郎　吉田玉幸
水奴　大ぜい

夜の部　午後四時三十分開演

盲杖桜雪社
三人座頭の段
福の市　竹本和佐大夫
徳の市　竹本静大夫
玉の市　豊竹弘大夫
ツレ　竹本相次大夫
　　竹本伊達路大夫
豊澤豊助
豊澤新三郎
竹澤団二郎
鶴澤藤二郎
鶴澤藤之助

福の市　吉田栄三
徳の市　吉田玉五郎
玉の市　吉田文雀

吉田難波掾受領披露　口上

菅原伝授手習鑑
松王首実検の段
竹本相生大夫

松王丸　吉田玉助

いろは送りの段
野澤吉三郎
竹本津大夫
鶴澤寛治

女房千代	吉田栄三
武部源蔵	桐竹亀松
女房戸浪	吉田玉五郎
よだれくり	吉田玉昇
菅秀才	桐竹一暢
小太郎	吉田玉丸
御台所	吉田常次

近松門左衛門原作　西亭脚色並作曲
文楽秀曲十八番の内
お初徳兵衛 曽根崎心中
生玉社前の段
竹本相生大夫
野澤吉三郎

天満屋の段
竹本綱大夫
竹澤弥七

林扇矢振付
道行天神の森の段
お初　竹本雛大夫
徳兵衛　竹本和佐大夫
ツレ　豊竹弘大夫
三味線　野澤八造
鶴澤徳太郎
豊澤新三郎
竹澤団二郎

平野屋徳兵衛	吉田玉男
天満屋お初	吉田栄三
油屋九平次	吉田玉市
田舎客	吉田常次
亭主惣兵衛	吉田常次
丁稚長蔵	吉田小玉
天満屋下女	吉田玉昇
町の衆	吉田万次郎
よね衆	吉田兵次
よね衆	吉田淳造
その他	大ぜい

本朝二十四孝
十種香の段
竹本伊達大夫
鶴澤藤蔵

娘八重垣姫	桐竹亀松
武田勝頼	吉田玉男
腰元濡衣	吉田玉五郎

狐火の段
竹本雛大夫
野澤吉三郎
ツレ　鶴澤徳太郎
琴　豊澤新三郎

長尾謙信	吉田兵次
白須賀六郎	吉田東太郎
原小文治	吉田玉昇

一階指定席三百五十円　二階指定席三百円

◇豊竹山城少掾　鶴澤清六　豊竹松大夫　不参加（「和歌山新聞」02・23、『文楽因会三和会興行記録』）

◇和歌山毎夕新聞優待券　二階席二百円（「和歌山新聞」広告 02・24）

◎二月二十七日
話し合いが続けられてきた合同公演について、文楽座株主総会が三和会の文楽座出演を認め、両派合同公演が具体化　三月二十日、九月に合同公演を行う松竹の意向が伝えられた

〔典拠〕『三和会公演控』
「読売新聞（大阪）」（02・27）、「毎日新聞（大阪）」（03・20）

◇二月二十八日　因会　京紫会十周年記念藤間勘五郎舞踊会　京都四条南座
夜の部午後四時半開演
夜の部「蝶の道行」に竹本綱大夫　竹本南部大夫　竹本織の大夫　竹本織部大夫　竹澤弥七　野澤錦糸　竹澤団六が出演

〔典拠〕プログラム

32・03・01　因会　道頓堀　文楽座　大阪　［ＡＢＣＤ］

文楽座人形浄瑠璃三月興行
昭和三十二年三月一日初日　二十五日まで　十四日より昼夜狂言入替
府民劇場指定　重要無形文化財指定　道頓堀文楽座

昼の部　十一時半開演
大西利夫脚色　西亭作曲　大塚克三装置

椿　姫

ブージヴァルの隠れ家

椿姫　竹本織の大夫
ナニーヌ　竹本織部大夫
アルマン　豊竹十九大夫
プリューダンス　豊竹弘大夫
伯爵　竹本和佐大夫
ガストン　竹本伊達路大夫
野澤吉三郎
ツレ　豊澤新三郎
竹澤団六
鶴澤清好
鶴沢藤之助
竹本津大夫
三味線　鶴澤寛治
ツレ　鶴沢藤二郎

椿姫　吉田栄三
アルマン　吉田玉男
アルマンの父　吉田玉市
ナニーヌ　吉田玉五郎
プリューダンス　吉田東太郎
伯爵　吉田玉昇
ガストン　吉田淳造

パリ椿姫の家より臨終まで

竹本伊達大夫
野澤松之輔
ツレ　竹沢団二郎

絵本太功記

尼ヶ崎の段

切　竹本綱大夫
竹澤弥七

武智光秀　吉田玉助
武智重次郎　吉田玉五郎
妻操　吉田難波掾（文五郎事）
嫁初菊　吉田文雀
真柴久吉　吉田東太郎
加藤虎之助　吉田小玉
母皐月　吉田玉市
軍兵　吉田玉昇
軍兵　桐竹一暢
軍兵　大ぜい

卅三間堂棟由来

平太郎内より木遣音頭まで

豊竹松大夫
三味線　鶴澤清六

横曽根平太郎　吉田玉男
女房お柳　桐竹亀松
進野蔵人　吉田玉之助
緑丸　吉田玉幸
平太郎の母　吉田常次
木遣り人足　吉田小玉
木遣り人足　吉田玉丸
木遣り人足　大ぜい

弥次良兵衛 喜多八　東海道中膝栗毛

赤坂並木より古寺の段

弥次良兵衛　竹本津大夫
喜多八　竹本相生大夫
親父　竹本静大夫
和尚　竹本雛大夫
倅千松　竹本相子大夫
三味線　鶴澤寛治
野澤八造
鶴澤徳太郎
野澤錦糸
豊澤新三郎

弥次良兵衛　吉田栄三
喜多八　吉田玉男
親父　※1吉田兵次
和尚　※2吉田淳造
倅千松　桐竹一暢

夜の部　四時半開演

通し狂言　鶊山古跡松

豊成館の段

竹本雛大夫
三味線　鶴澤清八

中将姫雪責の段

岩根御前　竹本綱大夫
中将姫　竹本伊達大夫
大弐広次　竹本静大夫
桐の谷　竹本和佐大夫・竹本長子大夫
浮舟　竹本和佐大夫・竹本長子大夫
下僕　豊竹弘大夫
下僕　竹本伊達路大夫
豊成公　竹本相生大夫
竹澤弥七
胡弓　鶴沢清治

鶊山の段

竹本南部大夫
野澤八造
野澤錦糸
竹澤団六
鶴沢藤之助

岩根御前　吉田玉市
中将姫　吉田玉五郎
大弐広嗣　吉田淳造
桐の谷　吉田文雀
浮舟　吉田玉昇
父豊成卿　桐竹亀松
童子実は観世音　吉田東太郎
松下加藤次　吉田兵次
下僕　吉田万次郎
下僕　吉田文昇
下僕　吉田小玉

摂州合邦辻

合邦住家の段

切　豊竹山城少掾
鶴澤藤蔵

後　竹本津大夫
三味線　鶴澤寛治

親合邦　吉田玉助
玉手御前　桐竹亀松
奴入平　吉田兵次
俊徳丸　吉田東太郎
浅香姫　吉田文昇
合邦女房　吉田常次

※豊竹山城少掾病気休演のため十一日より「摂州合邦辻」を「お蝶夫人」に変更

大西利夫脚色　西亭作曲　田村孝之介美術考証並に装置
文楽秀曲十八番の内

お蝶夫人　三景

第一景

野澤吉三郎
竹澤団六
鶴澤清好
竹沢団二郎
鶴沢藤二郎

第二景

竹本雛大夫
竹本織の大夫
竹本織部大夫
野澤八造
鶴澤清好
ツレ　竹沢団二郎

第三景

竹本綱大夫
竹澤弥七
ツレ　野澤錦糸

お蝶夫人　吉田栄三
ピンカートン　吉田玉男
同夫人　吉田文雀
ならず者山鳥　吉田玉市
召使鈴木　吉田玉五郎
五郎　吉田玉昇
子供　吉田小玉

おはん長右衛門　桂川連理柵

帯屋の段

切　竹本相生大夫

帯屋の段

帯屋長右衛門　吉田玉男

後　三味線　野澤松之輔
豊竹松大夫
鶴澤清六

道行桂川の段
おはん
長右衛門
竹本織の大夫
竹本織部大夫
竹本津の子大夫
竹本相子大夫
竹本相次大夫
鶴澤藤蔵
鶴澤徳太郎
竹沢団二郎
鶴沢藤二郎
野澤喜八郎
豊澤豊助

＊

〔人形〕
桐竹亀之助
桐竹亀次郎
吉田小文
吉田栄司
吉田玉新

＊

紋下　豊竹山城少掾
三味線紋下　鶴澤清八
人形座頭　吉田玉助
頭取　吉田玉市

女房おきぬ　吉田玉五郎
弟儀平　吉田玉助
丁稚長吉　吉田玉市
信濃屋お半　吉田難波掾《文五郎事》
親半斉　吉田淳造
母おとせ　吉田常次

道行桂川の段
帯屋長右衛門　吉田玉男
信濃屋お半　吉田栄三

＊

桐竹亀若
吉田栄之助
吉田栄弘
吉田玉米

＊

はやし　中村新三郎
衣裳　森田信二
人形細工人　藤本由良亀
人形細工人　菱田由良宏

人形師　大江巳之助
鬘床山　佐藤為治郎
鬘床山　名越健二
大道具　川辺繁太郎
照明　竹本文蔵

舞台監督　鷲谷樗風
人形指導　吉田難波掾《文五郎事》
座主　株式会社文楽座

千秋万歳楽大入叶吉祥日

一部御観劇料　一等席四百五十円　二等席二百五十円　三等席百五十円
学生券Ａ二百五十円　学生券Ｂ百五十円　通し券七百円
初日に限り一部料金にて昼夜通し御覧に入れます

※1　Ａ吉田淳造　※2　Ａ吉田兵次

◎椿姫　デューマ　大西利夫脚色　西亭作曲　大塚克三装置
公演を前に、明治の五代目竹本弥大夫直筆五行稽古本「椿姫」（長田秋濤訳）が発見される（「大阪新聞」02・07）
首は、マルグリット　娘、アルマン　源太、ジェルモン　定之進、伯爵　陀羅助を使用、髪の毛に赤毛をつける（「朝日新聞（大阪）」03・13、「大阪新聞」03・02）
「アコーディオンを伴奏にした乾杯の唄、胡弓をバイオリンのように利用」（「読売新聞（大阪）」03・21）

◎三月三日から　豊竹山城少掾病気休演　合邦住家の段　竹本綱大夫代役　中将姫雪責の段　岩根御前　竹本津大夫代役（『文楽因会三和会興行記録』、「朝日新聞（大阪）」03・07、「日本経済新聞（大阪）」03・18）、豊竹山城少掾が一段ものに出演したのは三十一年三月の寺子屋以来で病後の動向が注目されていた（「産経新聞（大阪）」03・03）

◎三月十一日から「合邦」を「お蝶夫人」に差替え　人形初演通り（『松竹百年史』）（十四日昼夜入替から『文楽因会三和会興行記録』、「朝日新聞（大阪）」03・07）

◇吉田玉助休演　光秀　桐竹亀松代役　合邦　吉田玉市代役（「日本経済新聞（大阪）」03・18、「国際新聞」03・23）

◇三月三日　文楽座食堂に作られた雛段に人形が飾られ、人形供養が行われた（「毎日新聞（大阪）」03・03）

◇三月十日　椿姫　ラジオ放送　ＮＨＫ第一　午後二時（「朝日新聞（大阪）」、「毎日新聞（大阪）」、「読売新聞（大阪）」03・10）

◇三月十六日　絵本太功記　尼ヶ崎の段　新日本　ラジオ放送　午後四時

（「朝日新聞（大阪）」、「毎日新聞（大阪）」、「読売新聞（大阪）」03・16）

◎文楽教室 ［BC］

第八回文楽教室 道頓堀文楽座
三月公演中 二十五日まで 午前九時より十時半まで

文楽解説 鷲谷樗風
人形解説 吉田玉五郎

卅三間堂棟由来

平太郎住家より木遣音頭まで

竹本織の大夫
鶴澤清好

横曽根平太郎	吉田玉昇
女房お柳	吉田文雀
進野蔵人	吉田玉幸
緑丸	桐竹一暢
平太郎の母	吉田常次
木遣り人足	大ぜい

特別料金 三十円（在学中の学生・生徒）

32・03・25 因会 道頓堀 文楽座 大阪 ［BC］

第七回文楽座因会若手勉強会
主催 文楽座因会 後援 株式会社文楽座 道頓堀文楽座

昼の部 十一時半開演

鵺山古跡松

豊成館の段

—

豊竹弘大夫
三味線 鶴澤清八

中将姫雪責の段

岩根御前	竹本津大夫
中将姫	竹本織部大夫
大弐広嗣	竹本静大夫
桐の谷	竹本長子大夫
浮舟	竹本和佐大夫
下僕	竹本相次大夫
豊成公	竹本雛大夫
三味線	鶴澤寛治
胡弓	鶴澤清治

桐の谷	吉田小玉
浮舟	桐竹一暢
岩根御前	吉田玉昇
大弐広嗣	吉田玉之助
下僕	桐竹亀松
下僕	吉田玉市
中将姫	吉田文昇
豊成公	吉田東太郎

鵺山の段

配役は本公演と同じ

配役は本公演と同じ

お蝶夫人

第一景

配役は本公演と同じ

第二景

竹本雛大夫
竹本織の大夫
竹本織部大夫
鶴澤藤蔵
ツレ 鶴澤清好
竹澤団二郎

配役は本公演と同じ

第三景

配役は本公演と同じ

お半
長右衛門 **桂川連理柵**

帯屋の段
配役は本公演と同じ

道行桂川の段

お半 竹本伊達大夫
長右衛門 竹本津の子大夫
竹本相子大夫
鶴澤藤蔵
鶴澤藤之助
鶴澤徳太郎
野澤喜八郎
豊澤豊助

配役は本公演と同じ
おはん 吉田文雀
長右衛門 吉田玉幸

夜の部　四時半開演

椿姫

ブージヴアルの隠れ家より椿姫の家まで

椿姫 竹本織の大夫
ナニーヌ 竹本織部大夫
アルマン 豊竹十九大夫
プリューダンス 豊竹弘大夫
伯爵 竹本和佐大夫
ガストン 竹本伊達路大夫
野澤吉三郎
ツレ 豊澤新三郎
竹澤団六
鶴澤清好
鶴澤藤之助
竹本津大夫
三味線 鶴澤寛治
ツレ 竹澤団六

配役は本公演と同じ

椿姫の家より臨終まで
配役は本公演と同じ

絵本太功記

尼ヶ崎の段

前 竹本織の大夫
竹澤弥七
後 竹本津大夫
竹澤団六

武智重次郎 吉田小玉
嫁初菊 桐竹一暢
妻みさを 吉田東太郎
母さつき 吉田難波掾（文五郎事）
真柴久吉 吉田玉助
武智光秀 吉田玉昇
加藤正清 吉田玉市
軍兵 大ぜい

卅三間堂棟由来

平太郎住家の段
配役は本公演と同じ

木遣音頭の段

竹本綱子大夫
竹本津の子大夫
竹本相子大夫
竹本綱大夫
鶴澤清好
鶴澤清治
鶴澤徳太郎

お柳 吉田文雀
平太郎 吉田文昇
みどり丸（前） 吉田栄弘
平太郎の母 吉田常次
進野蔵人 桐竹亀次郎
みどり丸（後） 吉田栄之助
木遣り人足 吉田玉助
木遣り人足 吉田栄三
木遣り人足 吉田玉五郎
木遣り人足 吉田玉男

弥次良兵衛
喜多八 **東海道中膝栗毛**

赤坂並木より古寺の段

弥次良兵衛 豊竹十九大夫

弥次良兵衛 吉田文昇

喜多八　竹本雛大夫
親父　竹本静大夫
和尚　竹本相生大夫
千松　竹本相子大夫
三味線　鶴澤寛治
野澤八造
竹澤団二郎
鶴澤藤二郎
野澤錦糸

喜多八　吉田玉幸
親父　桐竹亀松
千松　桐竹亀之助
和尚　吉田玉之助

32・03・05　三和会　三越劇場　大阪　［BCD］

重要無形文化財　大阪府民劇場指定
文楽三和会第二十三回郷土公演
初代桐竹紋十郎五十回忌追善
昭和三十二年三月五日より十四日　十二時半開演（八日定休日に付休演）
大阪高麗橋三越劇場

仮《か》名《な》手《て》本《ほん》忠《ちゅう》臣《しん》蔵《ぐら》

道行旅路の嫁入
娘小浪　※1豊竹小松大夫
妻戸無瀬　※2竹本三和大夫
ツレ　※3竹本常子大夫
豊竹松島大夫
鶴澤叶太郎
豊澤仙二郎
竹澤団作
野澤八助
鶴澤友若
野澤市治郎
豊澤猿二郎

妻戸無瀬　桐竹勘十郎
娘小浪　桐竹紋之助

源《げん》氏《じ》烏《え》帽《ぼ》子《し》折《おり》

伏見里の段
切　豊竹つばめ大夫
野澤喜左衛門

常磐御前　桐竹紋之助
今若君　桐竹勘之助
乙若君　桐竹紋若
牛若君　桐竹紋次
白妙　桐竹紋二郎
弥兵(平カ)兵衛宗清　吉田辰五郎
藤九郎盛永　吉田作十郎

本《ほん》朝《ちょう》二《に》十《じゅう》四《し》孝《こう》

十種香より狐火まで
切　豊竹若大夫
野澤市治郎
ツレ　野澤勝平

武田勝頼　桐竹勘十郎
腰元濡衣　桐竹紋之助
八重垣姫　桐竹紋十郎
上杉謙信　吉田辰五郎
白須賀六郎　桐竹紋七
原小文治　桐竹紋四郎

名《めい》筆《ひつ》吃《ども》又《また》平《へい》

将監館の段
切　竹本住大夫
野澤勝太郎
ツレ　野澤八助

土佐将監　桐竹紋市
奥方　吉田国秀
修理之助　桐竹紋寿
吃又平　桐竹紋十郎
女房お徳　桐竹勘十郎
雅楽之助　桐竹紋二郎

壇《だん》浦《のうら》兜《かぶと》軍《ぐん》記《き》

阿古屋琴責の段

阿古屋	竹本源大夫	秩父庄司重忠	吉田辰五郎
重忠	豊竹つばめ大夫	岩永左衛門	吉田作十郎
岩永	豊竹松島大夫	傾城阿古屋	桐竹紋十郎
榛沢	竹本常子大夫	榛沢六郎	桐竹紋弥
	野澤喜左衛門	水奴	桐竹紋之丞
ツレ	鶴澤燕三	水奴	桐竹小紋
三曲	野澤勝平		

＊　＊　＊

鳴物	芳村喜代次	背景製作	数宝光之助
人形細工師	藤本由良亀	床山	背戸百太郎
舞台装置	服部和夫	小道具	山森定次郎
舞台装置	鈴木幸次郎		

入場料（指定席）A三百五十円　B二百五十円　学生席百円

※1　D豊竹古住大夫　※2　D豊竹小松大夫

※3　Dこの前に竹本三和大夫

◇三月七日　名筆吃又平　将監館の段　ラジオ放送　NHK第二　午後九時

（「朝日新聞（大阪）」、「毎日新聞（大阪）」、「読売新聞（大阪）」03・07）

32・04・11　因会

◎中国巡業

四月巡業　［BC］

吉田難波掾受領記念

大阪文楽座人形浄瑠璃引越興行

芸術院会員文五郎事吉田難波掾　無形文化財竹本綱大夫　他全員総出演

昼の部

盲杖桜雪社

三人座頭の段

福の市	竹本和佐大夫	福の市	吉田玉五郎
徳の市	竹本静大夫	徳の市	吉田玉市
玉の市	竹本織の大夫	玉の市	吉田東太郎
	野澤八造		
	野澤錦糸		
	豊澤新三郎		
	鶴澤藤二郎		

大西利夫脚色　西亭作曲　田村孝之介美術考証並に装置

文楽秀曲十八番の内

お蝶夫人　三景

第一景		野澤吉三郎	お蝶夫人	吉田栄三
		鶴澤徳太郎	ピンカートン	吉田玉男
		豊澤新三郎	ピンカートン夫人	吉田文雀
		鶴澤藤二郎	ならず者山鳥	吉田玉市
		鶴澤藤之助	召使鈴木	吉田玉五郎
第二景		竹本相生大夫	五郎	吉田玉昇
		竹本織部大夫	子供	吉田小玉
	ツレ	竹本織の大夫		
		野澤八造		
		竹澤団六		
		竹澤団二郎		
第三景		竹本綱大夫		

ツレ　竹澤弥七
　　　野澤錦糸

吉田難波掾
受領披露　口上

吉田玉男
吉田玉市
吉田栄三
吉田玉助
竹本綱大夫
文五郎事 吉田難波掾
竹本津大夫
桐竹亀松
吉田玉五郎
吉田文昇
吉田文雀

壺坂観音霊験記

沢市内の段

竹本相生大夫
豊澤豊助

座頭沢市　吉田玉男
女房お里　桐竹亀松
観世音　吉田玉之助

壺坂寺の段

竹本伊達大夫
鶴澤藤蔵
ツレ　豊澤新三郎

安宅関

勧進帳の段

武蔵坊弁慶　竹本津大夫
富樫左衛門　竹本雛大夫
源義経　竹本南部大夫

豊竹弘大夫
竹本伊達路大夫
竹本相子大夫
野澤吉三郎
鶴澤徳太郎
竹澤団六
竹澤団二郎
鶴澤藤之助

武蔵坊弁慶　吉田玉助
富樫左衛門　桐竹亀松
源義経　吉田玉五郎
伊勢三郎　吉田兵次
片岡八郎　吉田淳造
駿河次郎　吉田文昇
常陸坊　吉田常次
番卒　吉田万次郎
番卒　桐竹一暢

夜の部

音冴春臼月

団子売の段

杵造
お臼

竹本南部大夫
竹本織の大夫
豊竹弘大夫
竹本相次大夫
竹本相子大夫
ツレ
野澤吉三郎
鶴澤徳太郎
竹澤団二郎
鶴澤藤二郎
鶴澤藤之助

団子売杵造　吉田玉助
団子売お臼　吉田栄三

三勝
半七　**艶容女舞衣**

酒屋の段

前　竹本相生大夫
　　豊澤豊助
後　竹本綱大夫
　　竹澤弥七
琴　竹澤団二郎

親宗岸　吉田玉市
嫁おその（前）　文五郎事 吉田難波掾
舅半兵衛　吉田淳造
三勝　吉田文雀
茜屋半七　吉田東太郎
娘おつう　吉田玉丸
おその（後）　吉田玉五郎

一　半兵衛女房　吉田常次

谷崎潤一郎原作　鷲谷樗風脚色　西亭作曲
中村貞以美術考証　大塚克三装置

お琴 佐助 春琴抄

天下茶屋聖天山梅見の段

竹本雛大夫
野澤八造

春琴　吉田栄三
佐助　吉田玉男

淀屋橋浮世小路春琴住居より同稽古場の段まで

竹本津大夫
竹澤団六
琴　鶴澤藤之助

利太郎　吉田文雀
芸妓歌吉　吉田玉幸
幇間とん八　吉田常次
安左衛門　吉田淳造
娘お小夜　吉田文昇
下女お松　吉田東太郎
下女お竹　吉田玉昇

同く掘外の段

安左衛門
お小夜

竹本和佐大夫
竹本織部大夫
鶴澤徳太郎
野澤錦糸
豊澤新三郎
竹澤団六
竹澤団二郎
鶴澤藤之助

壇浦兜軍記

阿古屋琴責の段

遊君阿古屋　竹本伊達大夫
秩父重忠　竹本雛大夫
岩永左衛門　竹本静大夫
榛沢六郎　竹本伊達路大夫
鶴澤藤蔵

遊君阿古屋　桐竹亀松
秩父重忠　吉田玉助
岩永左衛門　吉田兵次
榛沢六郎　吉田玉昇
水奴　吉田文昇

ツレ　野澤錦糸
三曲　竹澤団六

水奴　吉田小玉
水奴　吉田常次

＊　＊　＊

はやし方　中村新三郎

◇四月十一日　山口県宇部市民館　昼の部十二時　夜の部午後五時
宇部市教育委員会・宇部専門店会主催
盲杖桜雪社　お蝶夫人　春琴抄　壇浦兜軍記　安宅関
〔典拠〕「防長新聞（宇部小野田版）」（04・11）

◇四月十二日　広島県尾道市立長江小学校講堂　午後五時半開演
文化連盟主催
〔典拠〕「中国新聞（広島東部版）」（04・11）

・・・・・・・・・・・・・・・・・・・・・・・・・・・・・・・・・

32・04・10　三和会

○中国・九州巡業（『文楽因会三和会興行記録』）

中国・九州巡業［BC］

文部省文化財保護委員会撰定　国宝重要無形文化財
大阪文楽人形浄瑠璃芝居　三和会公演

昼の部

関取千両幟

猪名川内の段

猪名川　豊竹松島大夫
おとわ　豊竹小松大夫
鉄ヶ嶽　竹本常子大夫
大阪屋 呼使ひ　竹本三和大夫
　野澤市治郎
胡弓　野澤勝平

猪名川関　吉田辰五郎
鉄ヶ嶽関　吉田作十郎
女房おとわ　桐竹紋二郎
大阪屋　桐竹紋若
呼使ひ　桐竹紋七

三十三間堂棟由来

平太郎住家の段

切　豊竹つばめ大夫
　野澤喜左衛門

お柳 実は 柳の精　桐竹紋之助
横曽根平太郎　吉田作十郎
母親　桐竹紋之丞
一子緑丸　桐竹勘之助
進野蔵人　桐竹紋四郎
木遣人足　大ぜい

絵本太功記

尼ヶ崎の段

前　竹本三和大夫
　野澤勝太郎
切　竹本源大夫
　鶴澤叶太郎

武智重次郎　桐竹勘十郎
嫁初菊　桐竹紋之助
妻みさを　桐竹紋十郎
母さつき　吉田国秀
旅僧 実は 真柴久吉　（一日替り）桐竹紋七／桐竹紋四郎
武智光秀　吉田辰五郎
軍兵　大ぜい

紋十郎好み十二月の内

雪月花

シテ　豊竹松島大夫　―雪

昭和三十二年（一九五七）

ワキ　豊竹小松大夫
ツレ　竹本常子大夫
　竹本三和大夫
　鶴澤燕三
　豊澤仙二郎
　竹澤団作
　野澤勝平
　豊澤猿二郎

お染　桐竹紋十郎
月　杵造　桐竹勘十郎
お臼　桐竹紋二郎
花　白拍子花子　桐竹紋十郎

夜の部

寿二人三番叟

シテ　豊竹松島大夫
ワキ　竹本常子大夫
ツレ　竹本三和大夫
　豊竹小松大夫
　鶴澤燕三
　豊澤仙二郎
　竹澤団作
　野澤勝平
　豊澤猿二郎

三番叟　桐竹紋二郎
三番叟　桐竹紋之助

菅原伝授手習鑑

寺子屋の段

切　豊竹つばめ大夫
三味線　野澤喜左衛門

菅秀才　桐竹紋若
小太郎　桐竹勘之助
戸浪　桐竹紋之助
武部源蔵　桐竹勘十郎
春藤玄蕃　吉田作十郎
松王丸　吉田辰五郎
女房千代　桐竹紋十郎
御台所　桐竹紋弥
手習子、百姓、捕巻　大ぜい

鳴響安宅新関

勧進帳の段

弁慶　豊竹つばめ大夫
富樫　豊竹松島大夫
義経　豊竹小松大夫
四天王　竹本常子大夫
番卒　竹本三和大夫
野澤勝太郎
野澤市治郎
豊澤仙二郎
竹澤団作
野澤勝平
鶴澤燕三

富樫左衛門尉　桐竹勘十郎
源義経　吉田作十郎
伊勢三郎　桐竹小紋
駿河次郎　桐竹紋寿
片岡八郎　桐竹勘之助
常陸坊　桐竹紋市
武蔵坊弁慶　桐竹紋十郎
軍卒　大ぜい

お染久松 新版歌祭文

野崎村の段

切　竹本源大夫
鶴澤叶太郎
ツレ　野澤勝平

お光　桐竹紋之助
お染　桐竹紋二郎
下女およし　桐竹紋若
親久作　吉田辰五郎
丁稚久松　※1桐竹紋寿
母お勝　桐竹紋丞
船頭　※2桐竹紋弥
駕屋　大ぜい

＊　＊　＊

はやし　芳村喜代次
人形細工師　藤本由良亀
舞台製作　長谷川音次郎
舞台装置　服部和男
舞台装置　鈴木幸次郎
小道具　山森定次郎
床山　背戸百太郎

※1　C桐竹紋弥と一日替り
※2　C桐竹紋寿と一日替り

◎四月十日　大阪府貝塚市立公民館　［BC］

文楽三和会貝塚公演
昭和三十二年四月十日　十一時三十分　五時
主催貝塚市立公民館

第一部（昼の部）午前十一時半開演

寿二人三番叟

豊竹松島大夫
豊竹小松大夫
竹本常子大夫
野澤市治郎
豊澤仙二郎
竹澤団作
豊澤猿二郎

三番叟　桐竹紋之助
三番叟　桐竹勘十郎

三十三間堂棟由来
平太郎住家の段より
木遣り音頭の段まで

豊竹つばめ大夫
野澤喜左衛門

お柳実は柳の精　桐竹紋十郎
横曽根平太郎　吉田作十郎
母親　桐竹紋之丞
一子緑丸　桐竹勘之助
進野蔵人　桐竹紋七
木遣人足　大ぜい

絵本太功記
尼崎の段

前　竹本三和大夫
野澤勝太郎

武智重次郎　桐竹勘十郎
嫁初菊　桐竹紋之助

奥　竹本源大夫
　　鶴澤叶太郎

妻みさを　桐竹紋十郎
母さつき　吉田国秀
真柴久吉　桐竹紋四郎
武智光秀　吉田辰五郎

関取千両幟
猪名川内の段
猪名川　豊竹松島大夫
おとわ　豊竹小松大夫
鉄ヶ嶽　竹本常子大夫
大阪屋呼使い　竹本三和大夫
　　鶴澤燕三
胡弓　野澤勝平

猪名川関　吉田辰五郎
鉄ヶ嶽関　吉田作十郎
女房おとわ　桐竹紋二郎
大阪屋　桐竹紋若
呼使い　桐竹紋寿

第二部（夜の部）午後五時開演
八百屋お七
火見櫓の段
豊竹小松大夫
竹本常子大夫
鶴澤燕三
豊澤仙二郎
竹澤団作

八百屋お七　桐竹紋之助

お染久松　新版歌祭文
野崎村の段
竹本源大夫
鶴澤叶太郎
ツレ　竹澤団作

お光　桐竹紋之助
お染　桐竹紋二郎
下女お由　桐竹紋若
親久作　吉田辰五郎
丁稚久松　桐竹紋弥
母お勝　桐竹紋市
船頭　桐竹紋寿
駕屋　大ぜい

菅原伝授手習鑑
寺子屋の段
豊竹つばめ大夫
野澤勝太郎

菅秀才　桐竹紋若
小太郎　桐竹勘之助
戸浪　吉田国秀
武部源蔵　桐竹勘十郎
春藤玄蕃　吉田作十郎
松王丸　吉田辰五郎
女房千代　桐竹紋十郎
御台所　桐竹紋之丞
百姓、補巻　大ぜい

壇浦兜軍記
阿古屋琴責の段
阿古屋　竹本源大夫
重忠　豊竹松島大夫
岩永　竹本三和大夫
榛沢　竹本常子大夫
　　野澤喜左衛門
ツレ　野澤市治郎
三曲　野澤勝平

秩父庄司重忠　桐竹勘十郎
岩永左衛門宗連　吉田作十郎
榛沢六郎　桐竹紋七
遊君阿古屋　桐竹紋十郎
水奴　大ぜい

◎四月十二日　広島県福山市公会堂　［BC］

文楽人形浄瑠璃福山市陽春公演
昭和三十二年四月十二日　昼の部一時　夜の部六時開演　福山市公会堂
主催　福山市婦人連合会　福山市教育委員会　福山市文化連盟
演目・配役は巡業プログラムの通り
但し　菅原伝授手習鑑　寺子屋の段　前　豊竹つばめ大夫　野澤喜左衛門　切　竹本住大夫　野澤勝太郎、お染久松　新版歌祭文　野崎村の段　久松　船頭をC同様一日交替とする
指定席券三百円（二百人限り）　前売券二百円　当日二百五十円

◎四月十三日　岡山市天満屋葦川会館　昼の部午後一時　夜の部午後六時開演
演目は巡業プログラムの通り　但し「中国新聞（岡山版）」（04・07）に、昼の部雪月花の記載なし

〔典拠〕「中国新聞（岡山版）」（04・07）

◎四月十五日　山口県下関市民会館　［BC］
重要無形文化財国家指定　文楽人形浄瑠璃　文楽三和会下関公演
主催　下関保護観察協会　下関地区保護司会　後援　下関市　関門民芸会　朝日新聞関門支局
昭和三十二年四月十五日　一時　六時　下関市民館大劇場
演目・配役は巡業プログラムの通り
但し　菅原伝授手習鑑　寺子屋の段　前　豊竹つばめ大夫　野澤喜左衛門　切　豊竹若大夫　野澤勝太郎
会員券　前売券二百五十円　当日三百円　指定席券百円　学生券八十円

○四月十六日　福岡県飯塚市嘉穂劇場

〔典拠〕巡業日程表、『三和会公演控』、『文楽因会三和会興行記録』

◎四月十七日・十八日　福岡市大博劇場　昼の部十二時半　夜の部午後五時半開演
演目は巡業プログラムの通り
他に　豊竹古住大夫
竹本住大夫病気休演

入場料　枡指定席四百円　一等指定席三百五十円　乙一等指定席三百円
階上自由席二百円

〔典拠〕「西日本新聞」（04・19）、広告（04・16）
「夕刊フクニチ」広告（04・16）

○四月二十日　福岡県小倉市豊前座

〔典拠〕巡業日程表、『三和会公演控』、『文楽因会三和会興行記録』

◎四月二十二日　宮崎県延岡市野口記念館　昼の部午後一時　夜の部午後六時開演
演目は巡業プログラムの通り
他に　豊竹古住大夫　豊竹貴代大夫　竹本真砂大夫　竹本住大夫　鶴澤友若

入場料　特別指定席三百円　一般指定席二百五十円　補助席百五十円

〔典拠〕「西日本新聞（宮崎版）」広告（04・09）

◎四月二十三日　大分県臼杵市臼杵宝塚　昼夜二回公演

〔典拠〕「大分合同新聞」広告（04・23）

◎四月二十四日　大分県別府市別府松濤館　昼の部午後一時　夜の部午後六時開演

入場料　当日四百円　割引三百円

〔典拠〕「大分合同新聞」広告（04・24）

◎四月二十五日　福岡県中津市東洋映劇　［BC］
四月二十五日　昼の部午後零時半　夜の部午後五時半開演　東洋映劇

大阪文楽座人形浄瑠璃
主催　中津区保護司会　中津市　後援　大分合同新聞中津支社　中津素義和合会
演目は巡業プログラムの通り
他に　豊竹古住大夫　豊竹貴代大夫　竹本真砂大夫　豊竹若大夫　鶴澤友若

○四月二十六日　福岡県若松市稲荷座
菅原伝授手習鑑　寺子屋の段　前　豊竹つばめ大夫　野澤喜左衛門　切　豊竹若大夫　野澤勝太郎

〔典拠〕巡業日程表、『三和会公演控』、『文楽因会三和会興行記録』

・・・・・・・・・・・・・・・・・・・・・・

◇四月十三日　昭和三十一年度第七回芸術選奨授賞式　文部大臣室
桐竹紋十郎が芸術選奨文部大臣賞（古典芸術部門）を受賞

〔典拠〕「毎日新聞（大阪）」、「読売新聞（東京）」（03・27）

32・04・18　因会　四条　南座　京都　［BC］

吉田難波掾受領披露　文楽座人形浄瑠璃引越興行
芸術院会員豊竹山城少掾　芸術院会員吉田文五郎事吉田難波掾　他全員総出演
十八日初日　二十三日まで　二十一日より昼夜狂言入替　四条南座
京都文楽会第十一回公演
後援　京都府　京都市　京都新聞社　京都観光連盟　京都商工会議所

昼の部　十一時開演

寿式三番叟

竹本長子大夫
竹本伊達路大夫
＝＝＝
豊竹弘大夫
竹本織の大夫

千歳　吉田玉幸
翁　吉田玉助
三番叟　吉田玉五郎
三番叟　吉田玉男

吉田文五郎事
吉田難波掾
受領披露

口上

竹本和佐大夫
豊竹松大夫
竹本雛大夫
竹本伊達大夫
竹本相生大夫
豊竹山城少掾
竹本綱大夫
竹本津大夫
竹本南部大夫
竹本織部大夫
竹本相次大夫
豊竹十九大夫
竹本綱子大夫
竹本津の子大夫
竹本相子大夫
竹本静大夫
鶴澤清八
竹澤団二郎
鶴澤清治
竹澤団六
鶴澤徳太郎
＝＝＝
鶴澤清六
野澤吉三郎
野澤松之輔
鶴澤藤蔵
竹澤弥七
鶴澤寛治
野澤八造
野澤錦糸
豊澤新三郎
鶴澤清好
鶴澤藤二郎
鶴澤藤之助
野澤喜八郎
豊澤豊助

上

吉田玉男
吉田玉市
吉田栄三
吉田玉助
竹本綱大夫
文五郎事吉田難波掾
竹本津大夫
桐竹亀松
吉田玉五郎
吉田文昇

吉田文雀

義経千本桜

釣瓶寿し屋の段

前　竹本綱大夫
　　竹澤弥七
後　竹本津大夫
三味線　鶴澤寛治

いがみ権太　吉田玉助
弥助 実は 維盛　吉田栄三
鮓屋弥左衛門　吉田兵次
娘お里　文五郎事 吉田難波掾
梶原景時　吉田淳造
若葉内侍　吉田文昇
六代君　桐竹一暢
女房小仙　吉田小玉
倅善太　吉田玉丸
弥左衛門女房　吉田常次

高見順原作　有吉佐和子脚色演出　鶴澤清六作曲
西川鯉三郎振付　大塚克三装置
文楽秀曲十八番の内〝湖の火より〟

雪狐々姿湖《ゆきはこんこんすがたのみづうみ》

崑山の秋

白百合（女白狐）　竹本南部大夫
白蘭尼（白百合の祖母狐）　竹本静大夫
コン平（若い男狐）　竹本和佐大夫
右コン（白百合の弟狐）　竹本相子大夫
左コン（白百合の弟狐）　竹本津の子大夫
コン蔵（爺狐）　竹本織の大夫
野澤吉三郎
鶴澤徳太郎
琴　竹澤団六
竹澤団二郎
野澤錦糸

白百合　吉田栄三
白蘭尼　吉田玉五郎
コン平狐　吉田玉男
コン蔵狐　吉田玉市
猟師源左　桐竹亀松
源左の母　吉田玉助
左コン　吉田玉昇
右コン　吉田文雀

猟師源左の家より冬の湖畔まで

豊竹松大夫
ツレ　竹本和佐大夫
　　竹本織部大夫
三味線　鶴澤清六
ツレ　野澤吉三郎
　　豊澤新三郎
　　鶴澤清好
胡弓　鶴澤清治

お染久松 新版歌祭文

野崎村の段

竹本伊達大夫
鶴澤藤蔵
ツレ　鶴澤藤二郎

娘お光　桐竹亀松
親久作　吉田玉市
娘お染　吉田東太郎
丁稚久松　吉田文昇
下女およし　吉田玉昇
後家おかつ　吉田淳造
船頭　吉田兵次

夜の部　四時半開演
大西利夫脚色　西亭作曲　田村孝之介美術考証
文楽秀曲十八番の内

お蝶夫人

第一景

野澤吉三郎
鶴澤徳太郎
豊澤新三郎
鶴澤藤二郎
鶴澤藤之助

お蝶夫人　吉田栄三
ピンカートン　吉田玉男
同夫人　吉田文雀
ならず者山鳥　吉田玉市
召使鈴木　吉田玉五郎
五郎　吉田玉昇
子供　吉田小玉

第二景

竹本雛大夫
竹本織部大夫
竹本織の大夫
野澤八造
ツレ 竹澤団六
竹澤団二郎

第三景

竹本綱大夫
竹澤弥七
ツレ 野澤錦糸

鶊《ひばり》山《やま》古《こ》跡《せきの》松《まつ》

中将姫雪責の段

竹本伊達大夫
鶴澤藤蔵
胡弓 鶴澤清治

岩根御前 吉田玉男
中将姫 吉田玉五郎
大弐広嗣 吉田淳造
桐の谷 吉田文雀
浮舟 吉田玉昇
下部 吉田玉之助
下部 吉田玉幸
父豊成卿 吉田栄三

菅原伝授手習鑑

松王首実検の段

竹本相生大夫
野澤松之輔

いろは送りの段

豊竹松大夫
三味線 鶴澤清六

武部源蔵 桐竹亀松
女房戸浪 吉田東太郎
女房千代（前） 吉田玉五郎
女房千代（後） 文五郎事 吉田難波掾
松王丸 吉田玉助
春藤玄蕃 吉田兵次
菅秀才 吉田小玉

一子小太郎 吉田玉幸
御台所 吉田常次
涎くり 吉田文昇
百姓、手習子、取巻 大ぜい

織田作之助原作 大西利夫脚色
西亭作曲 大塚克三装置

夫婦善哉

竹本津大夫
三味線 鶴澤寛治
ツレ 竹澤団六
レ 竹澤団二郎

柳吉 吉田玉男
女房お蝶 桐竹亀松
お蝶の父 吉田玉助
芸妓金八 吉田文雀
客 新聞記者 ※1 吉田東太郎

一等席四百円 二等席二百円 三等席百円 学生券（一等席）二百五十円

※1 C吉田好太郎

◇難波掾受領披露に因み八十九才の高齢者を無料招待（『昭和の南座 資料編（中）』）

◇連日の大入を感謝して、四月二十三日の終演後に文楽祭を開催（『昭和の南座 資料編（中）』）

◇四月二十日 昭和三十一年度大阪府民劇場賞授賞式
桐竹紋十郎 桐竹紋之助 桐竹紋二郎 桐竹紋弥 桐竹紋寿 三月大阪三越劇場の「本朝廿四孝」狐火の段の八重垣姫の演技
竹本綱大夫 竹澤弥七 「平家女護島」鬼界ヶ島の段の演技

〔典拠〕『文楽因会三和会興行記録』、『演劇雑誌幕間』第十二巻第六号

32・04・28　三和会　兵庫県立加古川東高等学校　［BC］

無形文化財三和会　大阪文楽人形浄瑠璃
第八回加古川本格公演
昭和三十二年四月二十八日　一部午前十時　二部午後二時開演　加古川東高等学校講堂
主催　加古川東高等学校育友会

一部　午前十時開演

関取千両幟
猪名川内の段
猪名川　豊竹松島大夫
おとわ　豊竹小松大夫
鉄ヶ嶽　竹本三和大夫
大阪屋 呼出し　竹本常子大夫
野澤市治郎
胡弓　野澤勝平

猪名川　吉田辰五郎
鉄ヶ嶽　吉田作十郎
おとわ　桐竹紋二郎
大阪屋　桐竹紋若
呼出し　桐竹紋七

小春治兵衛　天網島時雨炬燵
治兵衛内の段
切　豊竹つばめ大夫
野澤勝太郎

紙屋治兵衛　桐竹紋十郎
女房おさん　桐竹勘十郎
丁稚三五郎　桐竹紋弥
舅五左衛門　吉田国秀
紀ノ国屋小春　桐竹紋之助
一子勘太郎　桐竹紋若
娘お末　桐竹勘之助
江戸屋太兵衛　桐竹紋市
五貫屋善六　桐竹紋之丞

御所桜堀川夜討
弁慶上使の段
切　竹本源大夫
鶴澤叶太郎

卿ノ君　桐竹紋寿
侍従太郎　吉田作十郎
妻花ノ井　桐竹紋之丞
腰元しのぶ　桐竹紋四郎
母おわさ　桐竹紋之助
弁慶　吉田辰五郎

紋十郎好ミ十二月ノ内
景事　雪月花
豊竹松島大夫
豊竹小松大夫
竹本常子大夫
竹本三和大夫
鶴澤燕三
豊澤仙二郎
竹澤団作
野澤勝平
豊澤猿二郎

月
杵造　桐竹勘十郎
お臼　桐竹紋二郎
雪
お染　桐竹紋十郎
花
白拍子　桐竹紋十郎

二部　午後二時開演

寿二人三番叟
豊竹松島大夫
竹本常子大夫
竹本三和大夫
豊竹小松大夫
鶴澤燕三
豊澤仙二郎
竹澤団作
豊澤猿二郎

三番叟　桐竹紋二郎
三番叟　桐竹紋之助

奥州安達原
袖萩祭文の段
切　豊竹つばめ大夫
野澤勝太郎

袖萩　桐竹紋十郎
娘お君　桐竹紋弥
謙仗　桐竹紋市
浜夕　吉田国秀
宗任　桐竹勘十郎

紋十郎極付
安宅関
勧進帳ノ段

弁慶　豊竹つばめ大夫
富樫　豊竹松島大夫
義経　豊竹小松大夫
四天王　竹本常子大夫
番卒　竹本三和大夫
野澤勝太郎
野澤市治郎
豊澤仙二郎
竹澤団作
野澤勝平

―貞任　吉田辰五郎

富樫　桐竹勘十郎
義経　吉田作十郎
伊勢三郎　桐竹小紋
駿河次郎　桐竹紋寿
片岡八郎　桐竹勘之助
常陸坊　桐竹紋市
弁慶　桐竹紋十郎
番卒　大ぜい

三勝半七　艶容女舞衣
酒屋の段
切　竹本源大夫
鶴澤叶太郎

宗岸　吉田辰五郎
おその　桐竹紋之助
半兵衛女房　吉田国秀
舅半兵衛　桐竹紋之丞

◎四月
山本プロダクション・文楽三和会共同作品　コニカラー総天然色映画「生きている人形」に桐竹紋十郎　竹本源大夫　鶴澤叶太郎　野澤勝平　桐竹勘十郎　桐竹紋二郎　桐竹紋寿　桐竹紋七　桐竹紋弥　桐竹勘之助が出演「本朝廿四孝」を中心に文楽を解説　七月一日から公開

〔典拠〕チラシ
「朝日新聞（東京）」（06・19）

32・05・04　因会　道頓堀　文楽座　大阪　［ABC］

七世土佐大夫襲名披露　文楽座人形浄瑠璃五月興行
三世津大夫　六世土佐大夫　十七回忌追善
昭和三十二年五月四日初日　二十八日まで　十七日より昼夜狂言入替
府民劇場指定　重要無形文化財指定　道頓堀文楽座

昼の部　十一時開演
食満南北作　鶴澤道八作曲
楳茂都陸平振付　松田種次舞台装置

思ひ出曽我

曽我十郎祐成
軍兵成平
曽我五郎時致
軍兵時平
虎御前
亀菊
ツレ

竹本相生大夫
竹本雛大夫
竹本和佐大夫
竹本織部大夫
竹本伊達路大夫
竹本相次大夫
野澤松之輔
野澤錦糸
竹澤団六
鶴沢藤二郎
野澤喜八郎
豊澤豊助

十郎祐成・軍兵成平　吉田栄三
五郎時致・軍兵時平　吉田玉男
虎御前　吉田玉五郎
亀菊　吉田文雀

七世土佐大夫襲名披露　**口上**

竹本相生大夫
竹本土佐大夫（伊達大夫改め）
竹本綱大夫
鶴澤藤蔵
野澤松之輔
竹本伊達路大夫
吉田玉助

三勝 半七 **艶容女舞衣**

酒屋の段

伊達大夫改め 竹本土佐大夫
鶴澤藤蔵

親宗岸	吉田玉市
嫁おその	文五郎事 吉田難波掾
茜屋半七	吉田東太郎
美濃屋三勝	吉田文昇
娘おつう	吉田玉丸
舅半兵衛	吉田兵次
半兵衛女房	吉田常次

狐と笛吹

北条秀司作 鷲谷樗風脚色 鶴澤清六作曲※1
楳茂都陸平振付 大塚克三装置

第一 春のおぼろ

竹本雛大夫
竹本南部大夫
竹本織部大夫
竹本和佐大夫
野澤吉三郎
鶴澤徳太郎
豊澤新三郎
竹沢団二郎
鶴沢藤之助

第二 夏の月夜
第三 秋の落葉
第四 冬の寒灯

豊竹松大夫
三味線 鶴澤清六
鶴𣳾清好

第五 雪の深山

※2竹本織の大夫
豊竹弘大夫
野澤八造
野澤錦糸
鶴𣳾清好
鶴沢清治

ともね	吉田栄三
春方	吉田玉男
ともねの母	吉田玉市
夏雅	吉田玉昇
秋信	吉田小玉
冬年	桐竹一暢

苅萱道心 石童丸 **高野山**

苅萱道心 竹本綱大夫
石童丸 竹本綱子大夫
竹澤弥七

苅萱道心	桐竹亀松
石童丸	吉田玉幸

お千代 半兵衛 **八百屋献立**

新靱の段より道行まで※3

竹本津大夫
竹本南部大夫
ツレ 竹本津の子大夫
竹本相子大夫
三味線 鶴澤寛治
野澤吉三郎
ツレ 竹澤団六
竹沢団二郎

八百屋半兵衛	桐竹亀松
嫁お千代	吉田玉五郎
母おくま	吉田玉助
太郎兵衛	吉田淳造
嘉十郎	吉田常次
丁稚	吉田玉之助

夜の部 四時半開演

博多小女郎波枕 下の関船の段より道行の段まで

近松門左衛門作 竹本綱大夫脚色 西亭作曲
中村貞以衣裳考証 松田種次舞台装置 鷲谷樗風演出

下の関船の段

竹本相生大夫
野澤松之輔

下関船の段

毛剃九右衛門	吉田玉助
徳島平左衛門	吉田東太郎

柳町奥田屋の段

切　竹本綱大夫
竹澤弥七
中　竹本雛大夫
三味線　鶴澤清八

心清町惣七内の段

親惣左衛門　豊竹山城少掾
小女郎　伊達大夫改め 竹本土佐大夫
惣七　竹本津大夫
毛剃九右衛門　竹本相生大夫
姥　竹本静大夫
鶴澤藤蔵

長崎弥平次　吉田玉米
難波屋仁左衛門　吉田玉之助
小倉屋伝右衛門　吉田常次
船頭三蔵　吉田万次郎
船頭市五郎　桐竹亀次郎
小町屋惣七　吉田玉男
惣七の供の者　吉田玉幸

柳町奥田屋の段

小町屋惣七　吉田玉男
小女郎　吉田栄三
亭主四郎左衛門　吉田兵次
毛剃九右衛門　吉田玉助
徳島平左衛門　吉田東太郎
長崎弥平次　吉田玉米
難波屋仁左衛門　吉田玉之助
小倉屋伝右衛門　吉田常次
船頭三蔵　吉田万次郎
船頭市五郎　桐竹亀次郎
座頭欲市　吉田玉昇
禿重之丞　吉田文雀
禿たより　吉田文昇
町の夜番　吉田小玉
仲居、下女　大ぜい

心清町惣七内の段

親惣左衛門　吉田玉市
家主菱屋嘉右衛門　吉田淳造
小町屋惣七　吉田玉男
小女郎　吉田栄三
毛剃九右衛門　吉田玉助
姥　吉田兵次
道具屋　大ぜい

道行の段

小女郎　竹本南部大夫
惣七　竹本織の大夫
駕屋実は捕手　豊竹十九大夫
駕屋実は捕手　竹本伊達路大夫
検非違使　竹本長子大夫
野澤八造
野澤錦糸
竹澤団六
豊澤新三郎
鶴沢藤之助

本朝廿四孝

十種香の段

竹本土佐大夫
三味線　鶴澤清六

狐火の段

豊竹松大夫
三味線　鶴澤清六
ツレ　鶴澤徳太郎
琴　鶴沢清治

名筆吃又平

土佐将監閑居の段

竹本津大夫
三味線　鶴澤寛治
※4ツレ　野澤吉三郎

惣七小女郎道行

小町屋惣七　吉田玉男
小女郎　吉田栄三
検非違使　吉田東太郎
駕屋実は捕手　吉田淳造
駕屋実は捕手　吉田常次
駕屋実は捕手　吉田玉米
駕屋実は捕手　桐竹亀次郎
駕屋　大ぜい

蓑作実は武田勝頼　吉田玉男
八重垣姫　桐竹亀松
腰元濡衣　吉田玉五郎
長尾謙信　吉田兵次
白須賀六郎　吉田文昇
原小文次　吉田玉昇

吃又平　吉田玉助
女房おとく　文五郎事 吉田難波掾
土佐将監　吉田淳造
雅楽之助　吉田東太郎
修理之助　吉田玉昇
将監奥方　吉田常次

＊　＊　＊

〔人形〕桐竹亀之助　吉田小文　吉田栄司　吉田玉新

桐竹亀若　吉田栄之助　吉田栄弘

＊　＊　＊

紋下　豊竹山城少掾
三味線紋下　鶴澤清八
人形座頭　吉田玉助
頭取　吉田玉市
はやし　中村新三郎
衣裳　森田信二
人形細工人　藤本由良亀
人形細工人　菱田由良宏
人形師　大江巳之助

鬘床山　佐藤為治郎
鬘床山　名越健二
大道具　川辺繁太郎
照明　竹本文蔵
舞台監督　鷲谷樗風
人形指導　文五郎事　吉田難波掾
座主　株式会社文楽座

千秋万歳楽大入叶吉祥日

一部御観劇料　一等席四百五十円　二等席二百五十円　三等席百五十円
学生券A二百五十円　学生券B百五十円
初日に限り一部料金にて昼夜通し御覧に入れます

※1　B（吉田文雀氏蔵）琴　中島警子とあり
※2　B（吉田文雀氏蔵）他に竹本雛大夫　竹本南部大夫　竹本和佐大夫　竹本織部大夫　野澤吉三郎　鶴澤徳太郎　豊澤新三郎、鶴澤清好・鶴澤清治を胡弓とする
※3　AB（吉田文雀氏蔵）新靫の段　竹本津大夫　鶴澤寛治のみ
※4　Cにあり
○四代伊達大夫改め　七代竹本土佐大夫
○思ひ出曽我　食満南北作　鶴澤道八作曲　楳茂都陸平振付　松田種次装置
◎狐と笛吹　北条秀司作　鷲谷樗風脚色　鶴澤清六作曲　楳茂都陸平振付　大塚克三装置　終盤に人形遣いが白衣を着用、浄瑠璃も両床に分ける（「朝日新聞（大阪）」05・13）

◎高野山　苅萱桑門筑紫轢五段目
苅萱道心　竹本綱大夫、石童丸　綱子大夫の親子共演（「産経新聞（大阪）」05・03）
◎博多小女郎波枕　近松門左衛門作　竹本綱大夫脚色　西亭補・作曲　中村貞以衣裳考証　鷲谷樗風演出　松田種次装置　三十五年ぶりの復活（「産経新聞（大阪）」05・03）
◇五月六日　桐竹亀松の遣う本朝廿四孝の八重垣姫の人形が、大阪歌舞伎座で競演中の中村歌右衛門演じる八重垣姫の楽屋を訪問（「読売新聞（大阪）」05・09）
◇五月九日　博多小女郎浪枕　心清町より道行まで　ラジオ放送　NHK第二　午後九時（「朝日新聞（大阪）」、「毎日新聞（大阪）」、「読売新聞（大阪）」05・09）
◇五月十日　艶容女舞衣　酒屋の段　テレビ放送　大阪　午後三時三十分（「朝日新聞（大阪）」、「毎日新聞（大阪）」、「読売新聞（大阪）」05・10）

◇文楽教室　[B]

第九回文楽教室　道頓堀文楽座

文楽解説　鷲谷樗風
人形解説　吉田玉五郎

名筆吃又平

土佐将監閑居の段

竹本静大夫
竹澤団六
ツレ　鶴澤藤之助

吃又平　吉田東太郎
女房おとく　吉田文雀
土佐将監　吉田淳造
雅楽之助　吉田玉昇
修理之助　吉田玉幸
将監奥方　吉田常次

◎**五月二日　三和会**　三重県伊勢会館　昼の部午後一時　夜の部午後六時開演
伊勢会館主催
演目は北海道・東北巡業と同じ（二九八頁参照）
但し　小鍛冶が義経千本桜　道行に変わる
入場料　前売指定席Ａ三百円　Ｂ二百五十円　一般二百円　二階百円
〔典拠〕「伊勢新聞」（04・30）

32・05・10　三和会

○**東北・東海道巡業**（『文楽因会三和会興行記録』）
○狂言は　寺子屋の大夫・三味線以外四月九州と同じ

東北・東海道巡業　［ＢＣ］

演目・配役は四月巡業と同じ（二七六頁参照）

◎**五月十日　長野市第一市民会館　［ＣＤ］**
昭和三十一年度芸術選奨に輝き日本の代表的芸術としてソ連に招かれる
桐竹紋十郎文楽一行来演
五月十日　昼一時　夜六時開演　長野市第一市民会館（城山）
演目は巡業プログラムの通り
入場料　大人三百円　前売二百五十円　小人百円

◎**五月十一日**　長野県篠ノ井町立通明中学校体育館
篠ノ井町公民館主催
〔典拠〕「毎日新聞（北信版）」（05・04）

◎**五月十一日**　長野県須坂市立須坂小学校　昼の部午後一時　夜の部午後六時開演
学生の文楽教室　関取千両幟　二人三番叟
※巡業日程表は十二日とする
〔典拠〕「朝日新聞（長野版）」（05・04）

○**五月十三日**　長野県南佐久郡野沢町立野沢中学校
○**五月十四日**　埼玉県熊谷市立女子高等学校　昼
〔典拠〕巡業日程表、『三和会公演控』、『文楽因会三和会興行記録』

◎**五月十四日**　群馬県伊勢崎市公民館　午後六時開演
演目不詳
上毛新聞社主催　文部省文化財保護委員会・群馬県教育委員会・前橋市教育委員会後援
他に　豊竹古住大夫　豊竹貴代大夫　竹本真砂大夫　鶴澤友若　はやし　阪東弥三郎　衣裳　八田保之
入場料　前売二百円　指定二百五十円　当日二百五十円
〔典拠〕「上毛新聞」広告（05・13）

○**五月十五日**　茨城県下館市文化映画劇場
〔典拠〕巡業日程表、『三和会公演控』、『文楽因会三和会興行記録』

◎五月十六日　宇都宮市栃木会館　昼の部午後一時　夜の部午後六時開演
下野新聞社主催　栃木県教育委員会・宇都宮市教育委員会・栃木県婦人連絡協議会後援
演目は巡業プログラムの通り
他に　豊竹古住大夫
※「下野新聞」（05・17）では正午開演
入場料　特別指定席Ａ五百円　特別指定席Ｂ四百円　一般指定席三百円
階上指定席（団体三十人以上）百円
〔典拠〕「下野新聞」広告（05・14／05・16）

◎五月十七日　前橋市群馬会館　［ＢＣ］
五月十七日
国宝芸術（重要無形文化財指定）文楽
文楽教室　群馬会館
主催　上毛新聞社　後援　群馬県教育委員会　前橋市教育委員会
◇午前十時　学生の文楽教室　文楽の歴史、人形の説明後、「寿二人三番叟」「関取千両幟」を上演（「上毛新聞」05・17）
◇昼の部午後一時　夜の部午後六時開演
「上毛新聞」広告（05・16）は、後援に「文部省文化財保護委員会」の記載あり
演目は巡業プログラムの通り
他に　豊竹古住大夫　豊竹貴代大夫　竹本真砂大夫　鶴澤友若　はやし阪東弥三郎　衣裳　八田保之
入場料　前売二百円　指定二百五十円　当日二百五十円（「上毛新聞」広告05・13／05・16〜17）

◎五月十八日　栃木県桐生市織物会館　昼の部午後一時　夜の部午後六時開演
上毛新聞社主催　文部省文化財保護委員会・群馬県教育委員会後援
演目は巡業プログラムの通り
他に　豊竹古住大夫　豊竹貴代大夫　竹本真砂大夫　鶴澤友若　はやし阪東弥三郎　衣裳　八田保之
入場料　前売二百円　指定二百五十円　当日二百五十円
〔典拠〕「上毛新聞」広告（05・13／05・17）

◎五月十九日　神奈川県川崎市公民館　午後一時開演
〔典拠〕「神奈川新聞」（05・18）

◎五月二十日　茨城県石岡市立石岡小学校講堂　昼の部十二時　夜の部午後五時開演
いはらき新聞社主催　石岡市役所・石岡教育委員会・石岡商工会議所・石岡婦人会・石岡文化協会後援
演目は巡業プログラムの通り
〔典拠〕「いはらき」広告（05・13／05・19）

◎五月二十一日　神奈川県横浜市県立音楽堂　午後一時開演
〔典拠〕「東京新聞（神奈川版）」（05・19）

○五月二十二日　静岡県沼津市産業会館
〔典拠〕巡業日程表、『三和会公演控』、『文楽因会三和会興行記録』

◎五月二十六日　大津市滋賀会館　［ＢＣＤ］

国家指定重要無形文化財　文楽人形浄瑠璃芝居　文楽三和会
五月二十六日　滋賀会館
主催　大津文化協会　大津公民館　後援　滋賀県教育委員会　大津市教育委員会
滋賀会館

昼の部　十一時開演

寿二人三番叟
豊竹松島大夫
豊竹小松大夫
竹本常子大夫
豊澤仙二郎
竹澤団作
野澤勝平
鶴澤友若

三番叟　桐竹紋二郎
三番叟　吉田作十郎

三十三所花ノ山　壺坂霊験記
沢市内より壺坂寺の段
切　豊竹つばめ大夫
野澤喜左衛門
ツレ　竹澤団作

お里　桐竹紋之助
沢市　桐竹勘十郎
観世音　桐竹紋若

絵本太功記
尼ヶ崎の段
切　竹本源大夫
鶴澤叶太郎

武智重次郎　吉田作十郎
嫁初菊　桐竹紋二郎
妻みさを　桐竹紋十郎
母さつき　吉田国秀
旅僧実は真柴久吉　桐竹紋四郎
武智光秀　吉田辰五郎
軍兵　大ぜい

壇浦兜軍記
阿古屋琴責の段
あこや　竹本源大夫
重忠　豊竹つばめ大夫
岩永　豊竹松島大夫
榛沢　竹本常子大夫
鶴澤燕三
ツレ　豊澤仙二郎
三曲　野澤勝平

秩父庄司重忠　吉田辰五郎
岩永左衛門　桐竹勘十郎
榛沢六郎　桐竹勘之助
遊君阿古屋　桐竹紋十郎
水奴　大ぜい

夜の部　四時半開演

関取千両幟
猪名川内の段
猪名川　豊竹松島大夫
おとわ　豊竹小松大夫
鉄ヶ嶽　竹本常子大夫
大阪屋　竹本三和大夫
野澤勝平
櫓太鼓曲弾仕り候

猪名川関　吉田辰五郎
鉄ヶ嶽関　吉田作十郎
女房おとわ　桐竹紋二郎
大阪屋　桐竹小紋
呼使ひ　桐竹紋若

伽羅先代萩
政岡忠義の段
切　竹本源大夫
鶴澤叶太郎

鶴喜代君　桐竹勘之助
千松　桐竹紋寿
乳母政岡　桐竹紋十郎
八汐　桐竹勘十郎
沖ノ井　桐竹紋市
栄御前　桐竹紋之助
腰元　大ぜい

艶容女舞衣
三勝半七　酒屋の段
切　豊竹つばめ大夫
野澤喜左衛門

親宗岸　吉田辰五郎
嫁おその　桐竹紋十郎
半兵衛女房　桐竹紋之丞
舅半兵衛　吉田作十郎
おつう　桐竹紋若

半七　桐竹紋弥
三勝　桐竹紋二郎

義経千本桜
道行初音の旅路
静御前　豊竹小松大夫
忠信　豊竹松島大夫
ツレ　竹本常子大夫
鶴澤燕三
豊澤仙二郎
竹澤団作
野澤勝平
鶴澤友若

静御前　桐竹紋之助
忠信　桐竹勘十郎

他に　道具方　新的場

観劇料（全部指定席）　一等三百五十円　前売三百円　二等二百五十円　前売
二百円　三等百五十円　前売百円

・・・・・・・・・・・・・・・・・・・・・・・・・・・・・・・

◎五月二十七日　三和会　国家指定芸能特別鑑賞会第一回神戸公演　神戸国際会館
昼の部一時　夜の部六時開演
昼の部
伊賀越道中双六
沼津
竹本住大夫
野澤喜左衛門
ツレ　野澤勝平

夜の部
双喋々曲輪日記
橋本
竹本住大夫
野澤喜左衛門

〔典拠〕プログラム

◎五月二十八日　因会　国家指定芸能特別鑑賞会第一回大阪公演　大阪歌舞伎座
昼の部十二時　夜の部四時半開演
昼の部
二月堂良弁杉の由来
豊竹松大夫
鶴澤清六

夜の部
増補忠臣蔵
本蔵下屋敷
竹本綱大夫
竹澤弥七

〔典拠〕プログラム

32・06・01　三和会

日本橋　三越劇場　東京　①　〔BCD〕

重要無形文化財　文楽三和会　第十六回東京公演　文楽人形浄瑠璃芝居
初代桐竹紋十郎五十回忌追善公演
昭和三十二年六月一日より十六日（月曜日休演）　毎日十二時半開演
東京日本橋三越劇場

第一回　六月一日より九日まで

日高川入相花王

渡し場の段
清姫　豊竹小松大夫
船頭　竹本常子大夫
野澤市治郎
豊澤仙二郎
竹澤団作
豊澤猿二郎

清姫　桐竹紋之助
船頭　吉田作十郎

恋娘昔八丈

鈴ヶ森の段

中　竹本三和大夫
　　豊澤仙二郎
切　竹本源大夫
　　鶴澤燕三

庄兵衛　桐竹紋市
女房　桐竹紋之丞
下女　桐竹紋次
下男　桐竹紋七
堤弥藤次　交替（桐竹紋寿／桐竹紋四郎）
お駒　桐竹勘十郎
才三郎　桐竹紋若
丈八　桐竹小紋
番太　桐竹紋弥
番太　桐竹勘之助
見物人　大ぜい

本朝二十四孝

十種香より狐火まで

切　豊竹若大夫
　　特別出演　鶴澤綱造
　　ツレ　鶴澤燕三
　　琴　野澤勝平

武田勝頼　桐竹紋之助
濡衣　桐竹紋二郎
八重垣姫　桐竹紋十郎
上杉謙信　吉田辰五郎
白須賀六郎　桐竹紋弥
原小文治　桐竹勘之助

義経千本桜

寿しやの段

前　竹本住大夫
　　野澤勝太郎
後　豊竹つばめ大夫
　　三味線　野澤喜左衛門

お里　桐竹紋十郎
母親　桐竹紋之丞
弥助実は平惟盛　桐竹紋二郎
いがみの権太　吉田辰五郎
弥左衛門　吉田国秀
若葉内侍
小仙　一日交替（桐竹紋寿／桐竹紋四郎）

六代君　桐竹紋若
梶原景時　桐竹勘十郎
善太　桐竹紋次

壇浦兜軍記

阿古屋琴責の段

阿古屋　竹本源大夫
重忠　豊竹古住大夫
岩永　豊竹松島大夫
榛沢　豊竹若子大夫
　　鶴澤叶太郎
　　ツレ　野澤市治郎
　　三曲　野澤勝平

重忠　吉田辰五郎
岩永　吉田作十郎
榛沢　桐竹紋弥
阿古屋　桐竹紋十郎
水奴　大ぜい

入場券　全階指定席　A席三百五十円　B席二百五十円　学生割引百五十円（当日売）

◇六月六日　義経千本桜　鮓屋の段　ラジオ放送　NHK第二　午後九時
（「朝日新聞（大阪）」、「毎日新聞（大阪）」、「読売新聞（大阪）」06・06）

日本橋　三越劇場　東京　②　［BCD］

第二回　十一日より十六日まで

生写朝顔日記

浜松小屋の段

前　豊竹若子大夫
　　野澤勝平
深雪　豊竹小松大夫
浅香　竹本三和大夫
吉兵衛　豊竹松島大夫
　　野澤市治郎

朝顔実は深雪　桐竹紋二郎
浅香　桐竹勘十郎
吉兵衛　吉田作十郎
里の子　大ぜい

生写朝顔日記

宿屋より大井川まで

切　豊竹つばめ大夫
　　野澤喜左衛門
ツレ　野澤勝平

駒沢　吉田辰五郎
岩代　吉田作十郎
おなべ　桐竹小紋
徳右衛門　吉田国秀
朝顔 実は 深雪　桐竹紋十郎
近習、供人、川越人足　大ぜい

伊賀越道中双六

沼津里より千本松まで

前　竹本源大夫
　　鶴澤叶太郎
ツレ　竹澤団作
切　竹本住大夫
　　野澤勝太郎

重兵衛　桐竹勘十郎
平作　吉田辰五郎
お米　桐竹紋之助
安兵衛　桐竹紋寿
池添孫八　桐竹紋四郎
（一日交替）

伽羅先代萩

御殿の段

切　豊竹若大夫
特別出演　鶴澤綱造

鶴喜代君　桐竹勘之助
千松　桐竹紋弥
政岡　桐竹紋十郎
八汐　吉田辰五郎
沖の井　桐竹紋之丞
栄御前　吉田作十郎

紋十郎好み

所作事づくし

豊竹古住大夫
豊竹小松大夫
竹本常子大夫
竹本三和大夫
豊竹松島大夫
野澤勝太郎
鶴澤燕三
豊澤仙二郎
竹澤団作
野澤勝平
豊澤猿二郎

海士　桐竹紋之助
海女　桐竹紋二郎
浦里※1　桐竹紋十郎
鷺娘
※2獅子の精　桐竹紋十郎

＊　＊　＊

はやし　芳村喜代次
人形細工師　藤本由良亀
舞台製作　長谷川音次郎
舞台装置　服部和男
舞台装置　鈴木幸次郎
小道具　山森定次郎
床山　背戸百太郎

※1　BD浦島　※2　Dにあり

◇学生の文楽教室　会期中　午前十時半　読売新聞社主催　東京都教育庁・文化財保護委員会後援　文楽について、人形の解説、「伽羅先代萩」「所作事鷺娘」の上演（「読売新聞（東京）」05・28）

◎六月一日から二十三日　因会　歌舞伎座開場二十五周年記念興行六月大歌舞伎　大阪歌舞伎座

文楽座大夫三味線特別出演

猛競寿獅子
新石橋

竹本相生大夫　野澤松之輔
竹本雛大夫　野澤吉三郎
竹本静大夫　豊澤新三郎
竹本長子大夫　鶴澤藤之助

竹本相次大夫
豊澤豊助

〔典拠〕歌舞伎筋書

〇六月十七日　三和会　静岡市公会堂

〔典拠〕巡業日程表

32・06・20　三和会　名古屋　毎日ホール　［ＡＢＣＤ］

初代桐竹紋十郎五十回忌追善
野澤喜左衛門毎日演劇賞受賞記念
大阪文楽人形浄瑠璃　重要無形文化財　三和会公演
六月二十日初日二十三日千秋楽　二十二日より昼夜入替　名古屋毎日ホール

一部　午前十一時開演

戻駕色相肩

廓噺の段

治良作　豊竹松島大夫
与四郎　竹本常子大夫
禿　豊竹小松大夫
野澤市治郎
豊澤仙二郎
竹澤団作
※1野澤勝平
豊澤猿二郎

廓噺の段
治郎作　桐竹勘十郎
与四郎　桐竹紋之助
禿たより　桐竹紋二郎

源氏烏帽子折

伏見里の段

伏見里の段

切　豊竹つばめ大夫
野澤喜左衛門

常盤御前　桐竹紋十郎
今若丸　※2桐竹紋若
乙若丸　※3桐竹勘之助
牛若丸　桐竹紋次
宗清　吉田辰五郎
白妙　桐竹紋二郎
藤九郎　吉田作十郎

伊賀越道中双六

沼津里より千本松まで

前　豊竹古住大夫
鶴澤燕三
ツレ　竹澤団作
切　竹本住大夫
野澤勝太郎

沼津里の段
重兵衛　桐竹勘十郎
荷持安兵衛　桐竹紋之丞
親平作　吉田辰五郎
娘お米　桐竹紋之助
池添孫八　桐竹紋四郎

壇浦兜軍記

阿古屋琴責の段

阿古屋　竹本源大夫
重忠　豊竹古住大夫
岩永　竹本三和大夫
榛沢　竹本常子大夫
鶴澤叶太郎
ツレ　野澤市治郎
三曲　野澤勝平

琴責の段
庄司重忠　吉田辰五郎
岩永左衛門　吉田作十郎
榛沢六郎　桐竹紋弥
阿古屋　桐竹紋十郎
水奴　大ぜい

二部　午後四時開演

夏祭浪花鑑

釣舟三婦内の段

前　竹本常子大夫
野澤勝平

三婦内の段
釣舟の三婦　吉田国秀
女房お継　桐竹紋二郎

切　竹本源大夫
　　鶴澤叶太郎

磯之丞　桐竹紋四郎
琴浦　桐竹紋寿
お辰　桐竹紋之助
こっぱの権　吉田作十郎
なまの八　桐竹紋弥
舅儀平次　桐竹勘十郎
一寸徳兵衛　桐竹紋市
団七九郎兵衛　桐竹紋十郎
駕屋　大ぜい

長町裏の段

儀平次　竹本住大夫
団七　豊竹つばめ大夫
　　鶴澤燕三

長町裏の段

舅儀平次　桐竹勘十郎
団七九郎兵衛　桐竹紋十郎
駕屋、若中　大ぜい

伽羅先代萩

御殿の段

切　豊竹若大夫
　　野澤喜左衛門

御殿の段

鶴喜代君　桐竹勘之助
千松　桐竹紋弥
乳母政岡　桐竹紋十郎
八汐　吉田辰五郎
沖ノ井　吉田国秀
栄御前　桐竹紋之助
こし元　大ぜい

鳴響安宅の新関

勧進帳の段

弁慶　豊竹つばめ大夫
富樫　豊竹古住大夫
義経　豊竹小松大夫
四天王　豊竹松島大夫
四天王　※4竹本常子大夫
番卒　※5竹本三和大夫
　　野澤勝太郎
　　野澤市治郎
　　豊澤仙二郎
　　竹澤団作
　　野澤勝平

勧進帳の段

富樫左衛門　吉田辰五郎
源義経　吉田作十郎
伊勢三郎　桐竹小紋
駿河次郎　桐竹紋寿
片岡八郎　桐竹勘之助
常陸坊　桐竹紋市
武蔵坊弁慶　桐竹紋十郎
番卒　大ぜい

一等席三百五十円　二等席二百円

※1　Aなし　※2　A桐竹勘之助　※3　A桐竹紋若
※4　B番卒　※5　B役名なし

32・06・22　因会

○中国・九州巡業（『文楽因会三和会興行記録』）

◎六月二十二日から二十四日※1　山口県山陽パルプ株式会社岩国工場　［BC］

大阪文楽座人形浄瑠璃引越公演
一九五七年六月　初夏の慰安会　山陽パルプ株式会社岩国工場

昼の部

鶴澤道八作曲　楳茂都陸平振付
釣女

太郎冠者　竹本和佐大夫
大名　豊竹十九大夫
美女　豊竹弘大夫
醜女　竹本南部大夫
　　野澤八造
　　鶴澤徳太郎
　　竹澤団二郎
　　野澤喜八郎

大名　吉田玉昇
太郎冠者　吉田栄三
美女　吉田文雀
醜女　吉田玉五郎

伊達大夫改め七世竹本土佐大夫
襲名披露口上

大西利夫脚色　田村孝之介美術考証　西亭作曲
文楽秀曲十八番の内
お蝶夫人

第一景
鶴澤徳太郎
野澤錦糸
竹澤団六
竹澤団二郎

第二景
竹本織の大夫
野澤八造
竹澤団六
ツレ　竹澤団二郎

第三景
竹本綱大夫
竹澤弥七
ツレ　野澤錦糸

お蝶夫人	吉田栄三
ピンカートン	吉田玉男
同夫人	吉田文雀
ならず者山鳥	吉田玉市
五郎	吉田玉昇
召使鈴木	吉田玉五郎
子供	吉田小玉

三勝半七　艶容女舞衣
酒屋の段
竹本津大夫
三味線　鶴澤寛治
伊達大夫改め　竹本土佐大夫
鶴澤藤蔵

親宗岸	吉田玉助
嫁おその（前）	文五郎事　吉田難波掾
嫁おその（後）	吉田玉五郎
舅半兵衛	吉田兵次
娘おつう	吉田玉丸
茜屋半七	吉田玉幸
美濃屋三勝	吉田文昇
半兵衛女房	吉田常次

御好双草紙
二人禿引抜き鷺娘
竹本織部大夫
竹本伊達路大夫
竹本相子大夫
野澤錦糸
竹澤団六
鶴澤藤二郎
野澤喜八郎

禿	吉田玉男
禿	吉田東太郎
鷺娘	吉田玉五郎

夜の部
寿二人三番
三番叟
三番叟
竹本和佐大夫
竹本織の大夫
豊竹弘大夫
豊竹十九大夫
竹本伊達路大夫
野澤八造
野澤錦糸
竹澤団六
鶴澤藤二郎

三番叟	吉田栄三
三番叟	吉田玉五郎

お染久松　新版歌祭文
野崎村の段
切
竹本綱大夫
竹澤弥七
ツレ　竹澤団二郎

親久作	吉田玉市
娘お光	桐竹亀松
娘お染	吉田玉男
丁稚久松	吉田玉昇
下女およし	吉田玉幸
母おかつ	吉田常次
船頭竹松	吉田兵次
駕屋	吉田玉之助
駕屋	桐竹一暢

御所桜堀川夜討
弁慶上使の段

伊達大夫改め 竹本土佐大夫
鶴澤藤蔵

武蔵坊弁慶 吉田玉助
針妙おわさ（前） 文五郎事 吉田難波掾
針妙おわさ（後） 吉田栄三
娘信夫 吉田東太郎
卿の君 吉田小玉
侍従太郎 吉田淳造
妻花の井 吉田文昇

織田作之助作 大西利夫脚色
西亭作曲 大塚克三装置
夫婦善哉

竹本津大夫
三味線 鶴澤寛治
ツレ 竹澤団六
竹澤団二郎

柳吉 吉田玉男
女房お蝶 桐竹亀松
お蝶の父 吉田玉助
芸妓金八 吉田文雀
客新聞記者 吉田東太郎

伊達娘恋緋鹿子
八百屋お七火見櫓の段

竹本南部大夫
鶴澤徳太郎
ツレ 鶴澤藤二郎
野澤喜八郎

八百屋お七 桐竹亀松

※1 日付は『松竹百年史』による

◇六月二十五日 福岡県直方市国際劇場
〔典拠〕『松竹百年史』
・・・・・・・・・・・・・・・・・・・・・・・・・・・・・・・

32・06・27 三和会

○北海道・東北巡業（『文楽因会三和会興行記録』）

北海道・東北巡業 [B]

文部省文化財保護委員会撰定 国宝重要無形文化財
大阪文楽人形浄瑠璃芝居 三和会公演

昼の部

寿二人三番叟

豊竹松島大夫
竹本常子大夫
竹本三和大夫
鶴澤燕三
竹澤団作
鶴澤友若
野澤市治郎
豊澤猿二郎

三番叟 桐竹紋之助
三番叟 桐竹勘十郎

卅三所観音記

沢市内より壺坂寺まで

前 豊竹小松大夫
野澤勝太郎
切 豊竹つばめ大夫
野澤喜左衛門
ツレ 野澤勝平

お里 桐竹紋十郎
沢市 桐竹勘十郎
観世音 桐竹紋若

絵本太功記

尼ヶ崎の段

切 竹本源大夫

武智重次郎 吉田作十郎

鶴澤叶太郎

嫁初菊　桐竹紋二郎
妻みさを　桐竹紋之助
母さつき　吉田国秀
旅僧 実は 真柴久吉　桐竹紋四郎
武智光秀　吉田辰五郎

新曲 **紅葉狩**

戸隠山の段

更科姫
維茂
こし元
山神

豊竹古住大夫
竹本三和大夫
竹本常子大夫
豊竹松島大夫
野澤市治郎
鶴澤友若
竹澤団作
野澤勝平

平維茂　桐竹勘十郎
更科姫 実は 悪鬼　桐竹紋十郎
腰元桔梗　桐竹小紋
腰元楓　桐竹勘之助
山神　桐竹紋十郎

夜の部

新曲 **小鍛冶**

稲荷山の段

明神
宗近
道成

豊竹松島大夫
豊竹小松大夫
竹本常子大夫
鶴澤燕三
野澤勝平
竹澤団作
豊澤猿二郎
野澤勝太郎

三条小鍛冶宗近　桐竹紋二郎
老翁 実は 稲荷明神　桐竹勘十郎
勅使藤原道成　桐竹紋寿

伽羅先代萩

御殿の段

—

切　竹本源大夫
　　鶴澤叶太郎
後　豊竹古住大夫
　　野澤市治郎

鶴喜代君　桐竹紋若
千松　桐竹勘之助
乳母政岡　桐竹紋十郎
八汐　吉田辰五郎
沖ノ井　桐竹紋市
栄御前　桐竹勘十郎
腰元　大ぜい

三勝半七 **艶姿女舞衣**

酒屋の段

切　豊竹つばめ大夫
　　野澤喜左衛門

親宗岸　吉田辰五郎
嫁おその　桐竹紋之助
半兵衛女房　桐竹紋之丞
舅半兵衛　吉田作十郎
おつう　桐竹紋若
半七　桐竹紋弥
三勝　桐竹紋寿

京鹿子娘道成寺

鐘供養の段

豊竹古住大夫
豊竹小松大夫
竹本三和大夫
野澤勝太郎
鶴澤燕三
竹澤団作
野澤勝平
鶴澤友若

白拍子花子　桐竹紋十郎
所化　吉田作十郎
所化　桐竹紋二郎
所化　桐竹紋四郎
所化　桐竹紋弥

北海道巡業　［CD］

重要無形文化財国家指定　文部省文化財保護委員会撰定
大阪文楽人形浄瑠璃芝居　三和会公演
授文部大臣賞　桐竹紋十郎　野澤喜左衛門
主催　北海タイムス社　後援　文部省　北海道教育委員会　北海道

昼の部
寿二人三番叟
お里沢市　壺坂霊験記
　沢市宅よりお寺まで
絵本太功記
　尼ヶ崎の段
桐竹紋十郎極付
新曲　紅葉狩
　戸隠山の段

竹本源大夫
豊竹つばめ大夫
豊竹松島大夫
豊竹古住大夫
豊竹小松大夫
竹本常子大夫
竹本三和大夫
豊竹貴代大夫
野澤喜左衛門
鶴澤叶太郎
野澤勝太郎
鶴澤燕三
竹澤団作
野澤勝平
野澤市治郎
鶴澤友若
豊澤猿二郎

夜の部
小鍛冶
　稲荷山の段
授文部大臣賞
伽羅先代萩
　御殿の段
三勝半七　艶姿女舞衣
　酒屋の段
桐竹紋十郎十二ヶ月の内
京鹿子娘道成寺

桐竹紋十郎
吉田辰五郎
桐竹紋之助
吉田作十郎
桐竹紋二郎
桐竹小紋
桐竹紋寿
桐竹紋七
桐竹紋四郎
桐竹紋弥
桐竹紋若
桐竹紋之丞
桐竹紋市
桐竹勘之助
吉田国秀
桐竹勘十郎

◇はやし　芳村喜代治　小川音松　人形細工師　藤本由良亀　舞台製作　長谷川音次郎　舞台装置　服部和男　鈴木幸次郎（「北海タイムス」06・16）
「北海タイムス」（06・16）では出演者として他に　竹本住大夫　豊竹若大夫　桐竹紋次が加わり、竹本三和大夫が竹本真砂大夫、野澤市治郎・豊澤猿二郎が豊澤仙二郎に変わるが、「北海タイムス」広告（06・27）ではチラシと同じ

◎**六月二十七日**　小樽市中央座　昼の部午後一時　夜の部午後六時開演
北海タイムス社主催　文部省・北海道教育委員会・北海道後援
演目・出演者は巡業チラシの通り
〔典拠〕「北海タイムス」（06・28）、広告（06・16／06・27）

◎**六月二十九日**　釧路市釧路劇場　昼の部午後一時　夜の部午後六時開演
北海タイムス社主催　文部省・北海道教育委員会・北海道後援
〔典拠〕「北海道新聞（釧路版）」広告（06・29）
「北海タイムス」広告（06・16／06・27）

◎**六月三十日**　帯広市十勝会館　昼の部午後一時　夜の部午後六時開演
北海タイムス社主催　文部省・北海道教育委員会・北海道後援
学生文楽教室　午前十時　午後二時
〔典拠〕「北海タイムス」（06・16）

◎**七月一日**　砂川町三井砂川中央会館　昼の部午後一時　夜の部午後六時開演
北海タイムス社主催　文部省・北海道教育委員会・北海道後援
義経千本桜
　道行初音の旅路
摂州合邦辻

恋女房染分手綱
　重の井子別れの段
伊賀越道中双六

合邦内の段
近頃河原達引
　堀川猿廻しの段
新曲　紅葉狩
　戸隠山の段

沼津里より千本松まで
絵本太功記
　尼ヶ崎の段
桐竹紋十郎好み十二ヵ月の内
道成寺
はやし　芳村喜代次　衣裳　八田保之　床山　背戸百太郎　小道具　畑天海
装置　服部和男　鈴木幸次郎
〔典拠〕「砂川春秋」（06・15）

◎七月二日　静内町文化劇場
◎七月三日　苫小牧市王子娯楽場
北海タイムス社主催　文部省・北海道教育委員会・北海道後援
昼の部午後一時　夜の部午後六時開演
〔典拠〕「北海タイムス」広告（06・16／06・30）

○七月四日　札幌市内学校二箇所
〔典拠〕巡業日程表

◎七月五日　美唄市美唄互楽館
◎七月六日　芦別市労働会館
◎七月七日　夕張市北炭夕張会館
北海タイムス社主催　文部省・北海道教育委員会・北海道後援
昼の部午後一時　夜の部午後六時開演
〔典拠〕「北海タイムス」広告（06・16／06・30）

◎七月八日　札幌市新東宝劇場　昼の部午後一時　夜の部午後六時開演
北海タイムス社主催　文部省・北海道教育委員会・北海道後援
演目は巡業チラシの通り
学生文楽教室　午前十時　人形説明　桐竹紋十郎　寿二人三番叟　伽羅先代萩　御殿
入場料　前売特別指定五百円　A席三百五十円（階下自由定員席）
　B席三百円（階上自由定員席）
〔典拠〕「北海タイムス」広告（06・15）

○七月九日　札幌　マチネー二回

◎七月十一日　青森市青森映画劇場　昼の部午後一時　夜の部午後六時三十分開演
東奥日報社・青森民報社後援
演目は巡業プログラムの通り
入場料　前売三百円　当日四百円
〔典拠〕「東奥日報」広告（07・10）

◎七月十二日　青森県弘前市柴田講堂　［BC］
学生の文楽教室　重要無形文化財指定　大阪三和会弘前公演
昭和三十二年七月十二日昼　弘前市柴田講堂
主催　陸奥新報社　文楽愛好会
後援　文部省文化財保護委員会　青森県教育委員会　弘前市教育委員会
人形芝居について
人形解説
寿二人三番叟

新曲　紅葉狩
　戸隠山の段

◇「東奥日報」（07・06）では、十二日夜とし、巡業プログラム夜の部の演目　昼は文楽教室で夜の部もあったカ

◎七月十三日　秋田県大館市国際劇場
◎七月十四日　秋田県能代市立第一小学校講堂
演目は巡業プログラムの通り
〔典拠〕「秋田魁新報」広告（07・12）

◎七月十五日　秋田市第一劇場　昼の部午後一時　夜の部午後六時半開場
演目は巡業プログラムの通り

　入場料　前売全席指定鶴の席三百五十円　亀の席三百円　当日大衆席二百円
〔典拠〕「秋田魁新報」広告（07・12／07・14）

◎七月十六日　秋田県立湯沢北高等学校体育館
演目は巡業プログラムの通り
〔典拠〕「秋田魁新報」広告（07・12）

◎七月十七日　山形市中央公民館　昼の部午後一時　夜の部午後六時半開演
山形芸術鑑賞協会主催
演目は巡業プログラムの通り
※「山形新聞」（07・18）では開演時間は六時
入場料　前売三百円　当日三百五十円　会員券三百円

〔典拠〕「山形新聞」（07・17〜18）、広告（07・16）

◎七月十八日　宮城県仙台市公会堂　［BC］
文楽人形浄瑠璃　文楽教室
昭和三十二年七月十八日　仙台市公会堂
主催　仙台市　高等学校国語教育研究会　宮城県高等学校教職員組合　文楽人形浄瑠璃後援会
後援　文化財保護委員会　宮城県　宮城県教育委員会　仙台市教育委員会　宮城県高等学校校長協会　宮城県父母教師会連合会　仙台市父母教師会連合会　宮城県教職員組合　仙台市教職員組合　仙台中央放送局　河北新報社　東北放送株式会社　桜蔭会宮城県支部

第一回　午前十時
二人三番叟
絵本太功記
　尼ヶ崎の段
人形の解体説明

第二回　十二時三十分
二人三番叟
壺坂霊験記
　沢市宅より御寺まで
人形の解体説明

第三回　午後二時三十分
絵本太功記
　尼ヶ崎の段
紅葉狩
　戸隠山の段
人形の解体説明

第四回　午後五時三十分
新曲　小鍛冶
　稲荷山の段
伽羅先代萩
　御殿の段
　政岡忠義の段
人形の解体説明

第五回　夜七時三十分
艶容女舞衣
　三勝半七　酒屋の段
道成寺
人形の解体説明

竹本源大夫　　桐竹紋十郎
豊竹つばめ大夫　　吉田辰五郎

豊竹松島大夫
豊竹古住大夫
竹本三和大夫
豊竹小松大夫
竹本常子大夫
豊竹貴代大夫
竹本真砂大夫
野澤喜左衛門
鶴澤叶太郎
野澤勝太郎
鶴澤燕三
豊澤仙二郎
竹澤団作
野澤市治郎
鶴澤友若
野澤勝平
豊澤猿二郎

桐竹紋之助
吉田作十郎
桐竹紋二郎
桐竹小紋
桐竹紋寿
桐竹紋七
桐竹紋四郎
桐竹勘之助
桐竹紋弥
桐竹紋之丞
桐竹紋市
桐竹紋若
吉田国秀
桐竹紋次
桐竹勘十郎

○二・三回　四・五回の通し券あり
◇竹本住大夫、豊竹若大夫病気不参加

◎七月二十日　静岡県熱海ヘルスセンター　〔CD〕

国宝重要無形文化財　大阪文楽人形浄瑠璃芝居
昭和三十二年七月二十日　熱海ヘルスセンター
昼の部午後一時　夜の部午後六時開演
演目は巡業プログラムの通り
他に桐竹紋次

会員券四百円　前売券三百七十円

○七月二十一日・二十二日　静岡県浜松市歌舞伎座

〔典拠〕「中部日本新聞（静岡版）」広告（07・21）

◎七月二十三日　愛知県豊橋市公会堂　昼の部十二時　夜の部午後五時開演

文楽愛好会主催　鞍馬会・不二タイムス社後援
演目は巡業プログラムの通り　但し　小鍛冶を傾城阿波鳴戸　順礼歌の段に変更
他に　豊竹貴代大夫　竹本真砂大夫　豊澤仙二郎　桐竹紋七　桐竹紋次

入場料　前売一般二百円　学生百五十円　一般二百五十円　学生二百円
指定席百円追加

〔典拠〕「不二タイムス」（07・13）

・・・・・・・・・・・・・・・・・・・・・・・・・・・・・

◇六月二十九日　因会　第三回名流さつき会　大阪歌舞伎座
舞踊公演の、昼の部「日本振袖始　八雲猩々」、夜の部「本朝二十四孝　狐火の段」に、竹本綱大夫　竹本織の大夫　竹本織部大夫　竹澤弥七　野澤錦糸　竹澤団六が出演

〔典拠〕プログラム

32・07・04　因会　道頓堀　文楽座　大阪　〔ABC〕

文楽座人形浄瑠璃七月興行
昭和三十二年七月四日初日　二十一日まで　一部興行　午後一時開演
府民劇場指定　重要無形文化財指定　道頓堀文楽座

勧進帳

武蔵坊弁慶　竹本津大夫
富樫左衛門　竹本織の大夫
源義経　竹本南部大夫
伊勢三郎　竹本静大夫
駿河次郎　竹本織部大夫
片岡八郎　豊竹弘大夫
常陸坊　豊竹十九大夫
　竹本和佐大夫
番卒　竹本長子大夫
番卒　竹本相次大夫
　竹本伊達路大夫

三味線　鶴澤寛治
豊澤豊助
鶴澤徳太郎
野澤錦糸
竹澤団六
豊澤新三郎 ※1
鶴澤清好
竹沢団二郎
鶴沢藤二郎

武蔵坊弁慶　吉田玉助
富樫左衛門　吉田玉男
源義経　吉田玉五郎
伊勢三郎　吉田兵次
駿河次郎　吉田常次
片岡八郎　吉田文昇
常陸坊　桐竹亀次郎
番卒　吉田万次郎
番卒　吉田玉米
番卒　大ぜい

夏祭浪花鑑

釣船三婦内の段

釣船三婦
一寸徳兵衛
団七九郎兵衛

中　竹本和佐大夫
鶴澤徳太郎
竹本長子大夫
野澤錦糸
切　竹本相生大夫
野澤松之輔
豊竹弘大夫

三婦内の段

釣舟三婦　吉田玉助
女房おつぎ　吉田文雀
女房お辰　桐竹亀松
玉島磯之丞　吉田玉幸
琴浦　吉田文昇
こっぱの権　吉田東太郎
なまの八　吉田玉昇

後　豊澤新三郎
豊竹十九大夫
鶴澤清好 ※2

一寸徳兵衛　吉田淳造

長町裏の段

舅義平次　竹本綱大夫
団七九郎兵衛　竹本津大夫
野澤吉三郎

長町裏の段

団七九郎兵衛　吉田栄三
舅義平次　吉田玉男
祭の若者　大ぜい

心中紙屋治兵衛

北新地河庄の段

紙屋治兵衛
紀の国屋小春

豊竹松大夫
三味線　鶴澤清六

紙屋治兵衛　吉田栄三
紀の国屋小春　吉田難波掾（文五郎事）
兄孫右衛門　吉田玉市
江戸屋太兵衛　吉田東太郎
五貫屋善六　吉田文昇
亭主　吉田常次
見物人　大ぜい

ひらかな盛衰記

松右衛門内より逆艪の段まで

切　竹本綱大夫
竹澤弥七

船頭松右衛門 実は 樋口兼光　桐竹亀松
腰元お筆　吉田栄三
親権四郎　吉田玉市
女房およし　吉田玉五郎
駒若丸　吉田玉丸
船頭又六　吉田小玉
船頭九郎作　吉田常次
船頭富蔵　吉田淳造
畠山重忠　吉田玉男
軍兵　大ぜい

伊勢音頭恋寝刃

古市油屋の段

竹本土佐大夫
鶴澤藤蔵

十人斬の段

竹本雛大夫
野澤八造

＊

〔三味線〕鶴沢清治
鶴沢藤之助
野澤喜八郎
〔人形〕吉田小文

＊

紋下　豊竹山城少掾
三味線紋下　鶴澤清八
人形座頭　吉田玉助
頭取　吉田玉市
はやし　中村新三郎
衣裳　森田信二
人形細工人　藤本由良亀

福岡貢　吉田玉助
お紺　吉田玉五郎
料理人喜助　吉田玉市
お鹿　吉田玉男
徳島岩次　吉田兵次
北六　吉田淳造
仲居万野　桐竹亀松
合方女郎　吉田小玉
小女郎　桐竹一暢
泊り客　吉田玉昇
下女　吉田玉幸
仲居　吉田玉米
置番　吉田玉之助

＊

吉田栄司
桐竹亀若
吉田栄之助
吉田栄弘

＊

人形細工人　菱田由良宏
人形師　大江巳之助
鬘床山　佐藤為治郎
鬘床山　名越健二
大道具　川辺繁太郎
照明　竹本文蔵
舞台監督　鷲谷樗風

人形指導　文五郎事 吉田難波掾
座主　株式会社文楽座

千秋万歳楽大入叶吉祥日

御観劇料　一等席四百五十円　二等席二百五十円　三等席百五十円
学生券A二百五十円　学生券B百五十円

※1　B（吉田文雀氏蔵・髙木蔵）なし
※2　B（吉田文雀氏蔵・髙木蔵）なし

○午後一時から七時四十分

◇「初の試みとして昼夜なしの本格的一部興行と銘打ち、毎日午後一時開場、七時五十分打出しで（中略）いずれもカットを少なくし、各大夫ともたっぷり語る」（「日本経済新聞（大阪）」06・30）

○最後の平番付　次回から三味線は大夫付　人形は場割形式になる

◇豊竹山城少掾休演（「国際新聞」07・17）

◇七月十八日　ひらかな盛衰記　逆艪の段　ラジオ放送　NHK第二　午後九時（「朝日新聞（大阪）」、「毎日新聞（大阪）」、「読売新聞（大阪）」07・18）

◇文楽教室［B］

第十回文楽教室　道頓堀文楽座

文楽解説　鷲谷樗風
人形解説　吉田玉五郎

壺坂観音霊験記

沢市内より壺坂寺の段

豊竹十九大夫
鶴澤清好
ツレ　鶴澤藤之助

女房お里　吉田文雀／吉田文昇
座頭沢市　吉田玉昇／吉田東太郎
観世音　吉田小玉／吉田玉之助

昭和三十二年（一九五七）

◇**七月二十五日　因会**　大阪桜宮公園前仮舞台　午後五時

因会吉田難波掾、竹本綱大夫、鶴澤清六等と文楽座専属の家庭劇の一行が合同して東横堀川から天神祭の船乗込みを行い、桜宮公園前仮舞台で二番叟を奉納

〔典拠〕「日本経済新聞（大阪）」（07・26）

◇**七月二十六日から二十八日　因会**　人形浄瑠璃女義太夫大合同公演　道頓堀文楽座

豊澤三平五十年祭　二十七日昼夜入替

芸術院会員吉田難波掾特別補導

女義太夫に人形参加

昼の部　十一時半開演

菅原伝授手習鑑
車曳の段
松王丸　吉田東太郎
梅王丸　吉田玉昇
桜丸　吉田文昇
杉王丸　吉田玉幸
時平公　吉田淳造
仕丁　桐竹一暢
仕丁　桐竹亀次郎

浦里時次郎 明烏六花曙
山名屋の段
浦里　吉田文雀
時次郎　吉田文昇
髪結おたつ　吉田東太郎
やり手おかや　吉田兵次
みどり　吉田玉之助
手代彦六　吉田玉市
亭主勘兵衛　吉田常次

絵本太功記
尼ヶ崎の段
武智光秀　吉田玉男
妻操　吉田玉五郎
倅重次郎　吉田玉昇
嫁初菊　吉田小玉
真柴久吉　吉田淳造
母さつき　吉田常次
軍兵　大ぜい

天網島時雨炬燵
紙屋内の段
紙屋治兵衛　吉田玉男
女房おさん　吉田玉五郎
舅五左衛門　吉田淳造
紀の国屋小春　吉田東太郎
丁稚三五郎　吉田小玉
倅勘太郎　吉田小文
娘お米　吉田栄弘
江戸屋太兵衛　吉田玉米
五貫屋善六　桐竹亀次郎

御所桜堀川夜討
弁慶上使の段
武蔵坊弁慶　吉田玉男
おわさ　吉田文雀
娘信夫　吉田玉幸
侍従太郎　吉田玉之助
妻花の井　吉田玉米
卿の君　桐竹一暢

夜の部　四時半開演

壺坂観音霊験記
土佐町の段
沢市内の段
壺坂寺の段
谷底の段
座頭沢市　吉田玉市
女房お里　吉田文昇
観世音　吉田玉丸
講中　大ぜい

伽羅先代萩
御殿の段
政岡忠義の段
乳人政岡　吉田玉五郎
鶴千代君　吉田玉丸
一子千松　桐竹一暢
妻八汐　吉田玉昇
沖の井　吉田淳造
栄御前　吉田兵次
女医小牧　桐竹亀次郎

伊勢音頭恋寝刃
古市油屋の段
十人斬の段
福岡貢　吉田玉男
女郎お紺　吉田文昇
料理人喜助　吉田玉昇
女郎お鹿　吉田兵次
徳島岩次　吉田淳造
北六　吉田玉米
仲居万野　吉田東太郎
合方女郎　吉田小玉
小女郎　吉田栄之助
泊り客　吉田常次
下女　吉田玉幸
仲居　桐竹亀次郎
置き番　吉田玉之助

お染久松 新版歌祭文
野崎村の段
親久作　吉田玉市
娘お光　吉田玉五郎
丁稚久松　吉田小玉
娘お染　吉田文雀
下女およし　桐竹一暢
船頭　吉田兵次
後家おかつ　吉田常次

〔典拠〕プログラム

◎七月二十九日・三十日　因会　新日本放送邦楽鑑賞会　大阪ＮＪＢホール

敵討襤褸錦
二十九日　治郎右衛門立出
三十日　大晏寺堤　竹本綱大夫
　　　　　　　　　竹澤弥七

〔典拠〕『文楽因会三和会興行記録』

32・08・03　因会　神戸新聞会館　［ＢＣ］

土佐大夫襲名　大阪文楽座人形浄瑠璃引越興行
八月三日・四日　昼夜狂言入替なし　神戸新聞会館大劇場
主催　神戸新聞社

昼の部　午前十一時開幕

新曲　小鍛冶

老翁実は稲荷明神
小鍛冶宗近
勅使道成

竹本相生大夫
竹本和佐大夫
竹本南部大夫
竹本相次大夫
竹本伊達路大夫
野澤松之輔
野澤吉三郎
野澤錦糸
鶴澤清好
鶴澤藤二郎
鶴澤藤之助

老翁実は稲荷明神　吉田栄三
小鍛冶宗近　吉田玉五郎
勅使道成　吉田文昇

七世土佐大夫襲名披露　口上

本朝二十四孝

十種香の段
伊達大夫改め　竹本土佐大夫
三味線　鶴澤清六

狐火の段
豊竹松大夫
三味線　鶴澤清六
ツレ　鶴澤徳太郎
　　　鶴澤清治

お染久松　新版歌祭文

野崎村の段
切　竹本綱大夫
　　竹澤弥七
後　竹本雛大夫
　　野澤八造
ツレ　豊澤新三郎

十種香の段
蓑作実は武田勝頼　吉田玉男
息女八重垣姫　桐竹亀松
腰元濡衣　吉田玉五郎
長尾謙信　吉田兵次
原小文次　吉田文昇
白須賀六郎　吉田小玉

狐火の段
白狐実は八重垣姫　桐竹亀松
白狐　大ぜい

娘お光（前）　文五郎事　吉田難波掾
娘お光（後）　吉田玉五郎
親久作　吉田玉市
丁稚久松　吉田玉昇
娘お染　吉田文雀
下女およし　吉田玉幸
後家お勝　吉田常次
船頭　吉田淳造
駕屋　吉田万次郎

夫婦善哉

竹本津大夫
三味線 鶴澤寛治
ツレ 竹澤団六
竹澤団二郎

柳吉 吉田玉男
女房お蝶 桐竹亀松
お蝶の父 吉田玉助
芸妓金八 吉田文雀
客新聞記者 吉田東太郎

夜の部 午後四時半開幕※1

四谷怪談　四場　伊右衛門浪宅より砂村隠亡堀の段まで

伊右衛門浪宅の段

民谷伊右衛門 竹本雛大夫
妻お岩 竹本和佐大夫
按摩宅悦 竹本静大夫
秋山長兵衛 竹本長子大夫
乳母おまき 竹本伊達路大夫
三味線 鶴澤清八

伊藤喜兵衛屋敷の段

竹本相生大夫
野澤松之輔

元の伊右衛門浪宅の段

竹本土佐大夫（伊達大夫改め）
鶴澤藤蔵

砂村隠亡堀の段

民谷伊右衛門 竹本織の大夫
秋山長兵衛 竹本長子大夫
お岩の亡霊 豊竹十九大夫
豊澤豊助
ツレ 鶴澤清好
野澤喜八郎

伊右衛門浪宅の段

民谷伊右衛門 桐竹亀松
按摩宅悦 吉田玉市
乳母おまき 吉田常次
秋山長兵衛 吉田玉男
仲間団助 吉田東太郎
女房お岩 吉田栄三

伊藤喜兵衛屋敷の段

伊藤喜兵衛 吉田兵次
秋山長兵衛 吉田玉男
乳母おまき 吉田常次
民谷伊右衛門 桐竹亀松
後家お弓 吉田淳造
娘お梅 吉田文雀
按摩宅悦 吉田玉市

元の伊右衛門浪宅の段

女房お岩 吉田栄三
民谷伊右衛門 桐竹亀松
按摩宅悦 吉田玉市
下郎小助 吉田玉昇
秋山長兵衛 吉田玉男
仲間団助 吉田東太郎

砂村隠亡堀の段

民谷伊右衛門 桐竹亀松
お岩の亡霊 吉田栄三
小助の亡霊 吉田玉昇
秋山長兵衛 吉田玉男

平家女護島

鬼界ヶ島の段

切 竹本綱大夫
竹澤弥七

俊寛僧都 吉田玉助
瀬尾太郎 吉田玉市
娘千鳥 吉田玉五郎
丹左衛門尉 吉田東太郎
丹波少将 吉田玉昇
平康頼 吉田文昇

おはん長右衛門 桂川連理柵

帯屋の段

前 竹本津大夫
三味線 鶴澤寛治
後 豊竹松大夫
三味線 鶴澤清六

帯屋長右衛門 吉田玉男
弟儀平 吉田玉助
丁稚長吉 吉田栄三
女房おきぬ 吉田玉五郎
親半斎 吉田淳造
娘おはん 吉田難波掾（文五郎事）
母おとせ 吉田兵次

御好双草紙

上の巻　お七火見櫓

上の巻　お七火見櫓

竹本南部大夫
竹本織部大夫
豊竹十九大夫
野澤吉三郎
鶴澤徳太郎
竹澤団六
竹澤団二郎
鶴澤藤二郎

下の巻　鷺娘

竹本織の大夫
豊竹弘大夫
竹本相子大夫
野澤八造
野澤錦糸
豊澤新三郎
鶴澤藤之助
野澤喜八郎

八百屋お七　桐竹亀松

下の巻　鷺娘

鷺娘　吉田栄三

御観劇料　一等席三百五十円　二等席二百五十円　三等席百五十円

※1　プログラム中表紙に四時半　中に四時とある

32・08・06　因会　名古屋　御園座　［BC］

重要無形文化財指定　文楽座人形浄瑠璃引越興行
伊達大夫改め七世竹本土佐大夫襲名披露
芸術院会員文五郎事吉田難波掾　他総出演
八月六日より十一日　九日より昼夜芸題入替　御園座

昼の部十一時　夜の部四時※1
演目・配役八月三日神戸新聞会館と同じ

但し　口上出演者が次のようにある

伊達大夫改め竹本土佐大夫　**襲名口上**

吉田玉助
鶴澤藤蔵
竹本相生大夫
伊達大夫改め竹本土佐大夫
竹本綱大夫
野澤松之輔
竹本伊達路大夫

御観劇料（平日）一等四百五十円　二等二百二十円　三等百二十円　枡二千円
（初日）一等五百五十円　二等二百五十円　三等百五十円　枡二千二百円
初日昼夜通し　学生各等半額（当日発売）

※1　C四時半

◇豊竹山城少掾休演（『御園座七十年史』）

32・08・20　因会　四条　南座　京都　［BC］

竹本土佐大夫襲名披露
文楽座人形浄瑠璃総引越興行　重要無形文化財
芸術院会員豊竹山城少掾　芸術院会員吉田文五郎事吉田難波掾　他全員総出演
二十日初日　二十五日まで　二十三日より昼夜の芸題入替　四条南座
京都文楽会第十二回公演
後援　京都府　京都市　京都新聞社　京都観光連盟　京都商工会議所

昼の部　十一時半開演
谷崎潤一郎原作　鷲谷樗風脚色演出　西亭作曲
中村貞以美術考証　大塚克三装置

お琴 佐助 **春琴抄**

天下茶屋聖天山梅見の段
竹本雛大夫
野澤八造

淀屋橋春琴住居の段
同稽古場の段まで
竹本津大夫
三味線 鶴澤寛治
琴 竹澤団六
琴 鶴澤清好

同塀外の段
竹本和佐大夫
竹本織部大夫
野澤吉三郎
豊澤新三郎
竹澤団六
竹澤団二郎
鶴澤清治

春琴 吉田栄三
佐助 吉田玉男
幇間とん八 吉田常次
芸妓歌吉 吉田玉幸
嫁お小夜 吉田文昇
利太郎 吉田文雀
安左衛門 吉田淳造
下女お松 吉田東太郎
下女お竹 吉田玉昇

伊達大夫改め 竹本土佐大夫 **襲名披露口上**
吉田玉助
竹本相生大夫
竹本土佐大夫
竹本綱大夫
竹本伊達路大夫

お俊 伝兵衛 **近頃河原の達引**

堀川猿廻しの段
切 竹本綱大夫
竹澤弥七
ツレ 野澤錦糸

兄与次郎 吉田玉助
娘お俊（前） 吉田玉五郎
娘お俊（後） 文五郎事 吉田難波掾
井筒屋伝兵衛 吉田東太郎
娘おつる 桐竹一暢
与次郎の母 吉田常次

本朝二十四孝

十種香の段
伊達大夫改め 竹本土佐大夫
三味線 鶴澤清六

狐火の段
豊竹松大夫
三味線 鶴澤清六
ツレ 鶴澤徳太郎
琴 鶴澤清治

十種香の段
蓑作実は武田勝頼 吉田玉男
息女八重垣姫 桐竹亀松
腰元濡衣 吉田玉五郎
長尾謙信 吉田玉市
白須賀六郎 吉田玉昇
原小文次 吉田文昇

狐火の段
白狐実は八重垣姫 桐竹亀松
白狐 大ぜい

関取千両幟

猪名川内の段
竹本相生大夫
豊澤豊助
胡弓 鶴澤藤之助

猪名川 吉田東太郎
女房おとわ 桐竹亀松
鉄ヶ嶽 吉田兵次
大阪屋 吉田文雀
呼遣い 吉田玉之助

夜の部 五時開演
大西利夫原作 西亭作曲 大塚克三装置
六十年忌に因みて

名人豊澤団平

丸亀宿屋御難の段

竹本津大夫
三味線　鶴澤寛治

劇中劇志渡寺の段

竹本綱大夫
竹澤弥七

幕外より団平臨終まで

竹本静大夫
竹本織の大夫
豊竹十九大夫
竹本伊達路大夫
竹本相子大夫
野澤錦糸
竹澤団六
竹澤団二郎
鶴澤藤二郎
鶴澤藤之助

豊澤団平	吉田玉助
女房おちか	桐竹亀松
大隅太夫	吉田玉市
田宮坊太郎	吉田小玉
乳母お辻	吉田玉五郎
組太夫	吉田兵次
頭取	吉田淳造
豊澤竜助	吉田東太郎
門弟	大ぜい

北条秀司作　鷲谷樗風脚色　鶴澤清六作曲
楳茂都陸平振付　中島警子琴作曲　大塚克三装置

狐と笛吹き

第一　春のおぼろ

竹本雛大夫
竹本南部大夫
竹本織部大夫
野澤吉三郎
鶴澤徳太郎
豊澤新三郎
竹澤団二郎

ともね	吉田栄三
春方	吉田玉男
ともねの母	吉田玉市
夏雅	吉田玉昇
秋信	吉田小玉
冬年	桐竹一暢

第二　夏の月夜
第三　秋の落葉
第四　冬の寒灯

豊竹松大夫
三味線　鶴澤清六
鶴澤清好

第五　雪の深山

竹本雛大夫
竹本南部大夫
竹本和佐大夫
野澤吉三郎
鶴澤徳太郎
胡弓　鶴澤清治
竹本織の大夫
竹本織部大夫
豊竹弘大夫
野澤八造
野澤錦糸
胡弓　鶴澤清好

三勝半七　艶容女舞衣

酒屋の段

竹本土佐大夫（伊達大夫改め）
鶴澤藤蔵

親宗岸	吉田玉市
娘おその	吉田難波掾（文五郎事）
舅半兵衛	吉田淳造
美濃屋三勝	吉田文昇
茜屋半七	吉田文雀
娘おつう	吉田玉丸
半兵衛女房	吉田常次

義経千本桜

道行初音の旅

竹本長子大夫
竹本相子大夫
竹本綱子大夫
豊竹十九大夫
竹本相次大夫
竹本織部大夫
竹本和佐大夫
竹本雛大夫
竹本土佐大夫
竹本相生大夫
豊竹山城少掾
竹本綱大夫
竹本津大夫
豊竹松大夫
竹本静大夫
竹本織の大夫
豊竹弘大夫
竹本伊達路大夫
竹本津の子大夫
豊竹松子大夫
竹本南部大夫

鶴澤清八
鶴澤藤之助
鶴澤清治
鶴澤藤二郎
鶴澤清好
豊澤新三郎
鶴澤徳太郎
野澤八造
豊澤豊助
鶴澤藤蔵
竹澤弥七
鶴澤寛治
鶴澤清六
野澤吉三郎
野澤錦糸
竹澤団六
竹澤団二郎
野澤喜八郎

静御前　吉田栄三
狐忠信　吉田玉助

一等席四百円　二等席二百円　三等席百円　学生券（一等席）二百五十円

◇八月二十六日　「ニッポンの宝」撮影　道頓堀文楽座　午後二時
アメリカ人の日本文化理解を助けるため、日本の古典文化をカメラにおさめた総天然色映画をアメリカ大使館が制作　文楽の撮影には吉田難波掾、吉田栄三、竹本綱大夫、豊竹松大夫、竹本織の大夫、鶴澤清六、竹澤弥七、鶴澤徳太郎、鶴澤清好が参加し、「忠臣蔵　八段目　道行旅路の嫁入り」が撮影された

〔典拠〕「産経新聞（大阪）」（08・27）

32・09・01　因会・三和会　道頓堀　文楽座　大阪　［ＡＢＣＤ］

文楽座人形浄瑠璃九月興行　因会・三和会大合同公演
昭和三十二年九月一日初日　二十五日まで　昼夜の狂言入替なし
府民劇場指定　重要無形文化財指定　道頓堀文楽座

通し狂言　**仮名手本忠臣蔵**　大序兜改めの段より光明寺焼香の段まで

昼の部　十一時開演

大序兜改めより恋歌の段

足利直義公
高野師直
顔世御前
桃井若狭之助
塩谷判官

豊竹山城少掾
竹本相生大夫
竹本土佐大夫
豊竹松大夫
竹本住大夫
鶴澤藤蔵

大星力弥上使の段

（一日替り）竹本織部大夫／竹本織の大夫
野澤錦糸

加古川本蔵松切の段

大序兜改めの段より恋歌の段

足利直義公　吉田玉市
塩谷判官　桐竹亀松
桃井若狭之助　吉田玉男
高野師直　吉田辰五郎
顔世御前　吉田難波掾（文五郎事）
大名、仕丁　大ぜい

大星力弥上使の段

娘小浪　吉田玉五郎
妻戸無瀬　桐竹紋十郎
加古川本蔵　吉田玉市
大星力弥　桐竹紋之助
桃井若狭之助　吉田玉男
奴関内　吉田国秀
奴可内　桐竹亀次郎
家来　大ぜい

加古川本蔵松切の段

竹本津大夫
三味線 鶴澤寛治

大下馬先進物の段

一日替り
竹本南部大夫
鶴澤徳太郎
豊竹古住大夫
野澤市治郎

腰元おかる文使いの段

一日替り
竹本源大夫
鶴澤叶太郎
竹本雛大夫
野澤八造

松の間殿中刃傷の段

竹本綱大夫
竹澤弥七

道行旅路の花聟

鶴澤清六作曲　山村若振付

腰元おかる　豊竹松大夫
早野勘平　豊竹つばめ大夫
鷺坂伴内　竹本織の大夫
竹本織部大夫

娘小浪　吉田玉五郎
妻戸無瀬　桐竹紋十郎
加古川本蔵　吉田玉市
桃井若狭之助　吉田玉男
家来　大ぜい

大下馬先進物の段

高野師直　吉田辰五郎
加古川本蔵　吉田玉市
鷺坂伴内　吉田玉五郎
家来、奴　大ぜい

腰元おかる文使いの段

塩谷判官　桐竹亀松
鷺坂伴内　吉田玉五郎
腰元おかる　吉田栄三
早野勘平　桐竹紋十郎
奴　大ぜい

松の間殿中刃傷の段

高野師直　吉田辰五郎
桃井若狭之助　吉田玉男
茶道珍才　一日替り　吉田玉幸／吉田小玉
塩谷判官　桐竹亀松
加古川本蔵　吉田玉市
大名　大ぜい

道行旅路の花聟

早野勘平　桐竹紋十郎
腰元おかる　吉田栄三
鷺坂伴内　吉田玉五郎
取巻　大ぜい

一日替り
豊竹十九大夫
豊竹弘大夫

豊竹小松大夫
三味線 鶴澤清六
三味線 野澤喜左衛門
野澤吉三郎
鶴澤徳太郎
豊澤新三郎
鶴澤清好
鶴澤藤之助

花籠の段

竹本土佐大夫
野澤松之輔

石堂馬之丞上使の段

竹本住大夫
野澤勝太郎

塩谷判官切腹の段

豊竹若大夫
鶴澤燕三

花籠の段

顔世御前　文五郎事 吉田難波掾
大星力弥　桐竹紋之助
原郷右衛門　吉田辰五郎
斧九太夫　吉田兵次

石堂馬之丞上使の段

塩谷判官　桐竹亀松
大星力弥　桐竹紋之助
原郷右衛門　吉田辰五郎
石堂馬之丞　桐竹勘十郎
薬師寺次郎左衛門　吉田作十郎
諸士　大ぜい

判官切腹の段

塩谷判官　桐竹亀松
顔世御前　文五郎事 吉田難波掾
大星力弥　桐竹紋之助
原郷右衛門　吉田辰五郎
石堂馬之丞　桐竹勘十郎
薬師寺次郎左衛門　吉田作十郎
千崎弥五郎　一日替り　吉田東太郎／桐竹紋二郎

霞ヶ関城明け渡しの段

竹本静大夫
野澤喜八郎
竹本長子大夫
豊澤仙二郎

義太夫界の大顔合せを記念して

寿五人三番叟

竹本七五三大夫
竹本常子大夫
竹本相子大夫
竹本綱子大夫
竹本三和大夫
豊竹十九大夫
竹本相次大夫
竹本織部大夫
豊竹松島大夫
竹本南部大夫
竹本和佐大夫
竹本雛大夫
豊竹つばめ大夫
竹本源大夫
豊竹若大夫
竹本住大夫
豊竹山城少掾
竹本相生大夫
竹本綱大夫
竹本土佐大夫
竹本津大夫
豊竹松大夫
竹本静大夫
竹本長子大夫

大星由良之助　吉田玉助

霞ヶ関城明渡しの段

大星由良之助　吉田玉助

豊竹古住大夫
竹本織の大夫
豊竹弘大夫
竹本伊達路大夫
豊竹若子大夫
竹本津の子大夫
豊竹小松大夫
豊竹松子大夫
鶴澤清八
野澤喜八郎
鶴澤友若
鶴澤藤二郎
竹澤団二郎
野澤勝平
竹澤団作
豊澤仙二郎
野澤錦糸
鶴澤燕三
野澤八造
野澤喜左衛門
鶴澤叶太郎
野澤市治郎
野澤勝太郎
鶴澤藤蔵

野澤松之輔
竹澤弥七
野澤吉三郎
鶴澤寛治
鶴澤清六
鶴澤徳太郎
豊澤新三郎
竹澤団六
鶴澤清好
鶴澤清治
鶴澤藤之助
野澤八助
豊澤猿二郎
豊澤豊助

千歳　桐竹紋之助
翁　吉田玉助
三番叟　桐竹亀松
三番叟　吉田栄三
三番叟　吉田玉男
三番叟　桐竹勘十郎
女三番叟　桐竹紋十郎

夜の部　四時半開演

山崎街道出会の段

早野勘平
千崎弥五郎

竹本和佐大夫
竹本静大夫
豊澤豊助

二つ玉の段

竹本相生大夫
野澤松之輔
胡弓　鶴澤清治

身売りの段

（一日替り）
竹本津大夫
三味線　鶴澤寛治
豊竹つばめ大夫
三味線　野澤喜左衛門

早野勘平住家の段

竹本綱大夫
竹澤弥七

山崎街道出会ひの段

早野勘平　桐竹紋十郎
千崎弥五郎（一日替り）　吉田東太郎／桐竹紋二郎

二つ玉の段

早野勘平　桐竹紋十郎
斧定九郎　桐竹勘十郎
百姓与市兵衛　吉田淳造

身売りの段

娘おかる　吉田栄三
一文字屋才兵衛　吉田玉五郎
与一兵衛女房　吉田常次
早野勘平　桐竹紋十郎
駕かき　大ぜい

早野勘平住家の段

与一兵衛女房　吉田常次
早野勘平　桐竹紋十郎

祇園一力茶屋の段

由良之助（前）　竹本住大夫
（後）　竹本綱大夫
力弥　竹本南部大夫
重太郎　一日替り　豊竹つばめ大夫／竹本津大夫
喜多八　一日替り　竹本津大夫／豊竹つばめ大夫
弥五郎　竹本雛大夫
仲居　竹本相次大夫
仲居　竹本相子大夫
おかる　豊竹松大夫
仲居　豊竹松子大夫
仲居　竹本常子大夫
仲居　竹本津の子大夫
仲居　豊竹弘大夫
伴内　竹本源大夫
九太夫　竹本相生大夫
平右衛門　豊竹若大夫
前　三味線　鶴澤清八
後　三味線　鶴澤清六

道行旅路の嫁入

娘小浪　竹本土佐大夫
母戸無瀬　竹本雛大夫

めつぽう弥八　一日替り　吉田玉幸／吉田小玉
種ヶ島の六　一日替り　桐竹紋寿／桐竹紋弥
狸の角兵衛　吉田国秀
原郷右衛門　吉田辰五郎
千崎弥五郎　一日替り　吉田東太郎／桐竹紋二郎

祇園一力茶屋の段

斧九太夫　吉田兵次
鷺坂伴内　吉田玉五郎
千崎弥五郎　一日替り　吉田東太郎／桐竹紋二郎
矢間重太郎　吉田文雀
竹森喜多八　一日替り　吉田文昇／吉田玉昇
大星由良之助　吉田玉助
寺岡平右衛門　桐竹亀松
大星力弥　桐竹紋之助
おかる　吉田栄三
仲居　大ぜい

道行旅路の嫁入

娘小浪　文五郎事　吉田難波掾
母戸無瀬　吉田栄三

ツレ　竹本織部大夫
豊竹十九大夫
竹本伊達路大夫
竹本津の子大夫／竹本相子大夫
鶴澤藤蔵
野澤八造
鶴澤燕三
竹澤団六
野澤勝平
竹澤団二郎／鶴澤藤二郎
豊澤猿二郎

山科閑居の段

前　豊竹若大夫
野澤勝太郎
後　一日替り　豊竹つばめ大夫　三味線　野澤喜左衛門／竹本津大夫　三味線　鶴澤寛治

光明寺焼香の段

由良之助　竹本長子大夫
力弥　豊竹弘大夫
平右衛門　竹本織の大夫
重太郎　豊竹松島大夫
諸士　竹本三和大夫
鶴澤徳太郎／野澤市治郎

山科閑居の段

娘小浪　吉田玉五郎
母戸無瀬　桐竹紋十郎
下女りん　一日替り　吉田文昇／吉田玉昇
女房お石　吉田玉男
大星力弥　桐竹紋之助
加古川本蔵　吉田玉市
大星由良之助　吉田玉助

光明寺焼香の段

大星由良之助　吉田玉助
矢間重太郎　吉田文雀
大星力弥　桐竹紋之助
寺岡平右衛門　桐竹亀松
千崎弥五郎　一日替り　吉田東太郎／桐竹紋二郎
竹森喜多八　一日替り　吉田文昇／吉田玉昇
諸士　大ぜい

紋下　　豊竹山城少掾＝座主　　株式会社文楽座

＊　＊　＊

一部御観劇料　一等席五百五十円　二等席三百円　三等席百七十円
学生券Ａ三百円　Ｂ百七十円　通し券九百円
初日に限り一部料金にて昼夜通し御覧に入れます

○二十三年十月の中座以来九年ぶりの合同公演（『文楽因会三和会興行記録』）

◇八月一日　難航していた配役が正式に決定、十年ぶりに両派の人形も入り混じる完全な合同公演に　発表では因会六十七名、三和会三十九名が参加（「読売新聞（大阪）」08・02、「中国新聞」08・09）

◇役割は分裂前の地位を基準としたようである（『文楽因会三和会興行記録』）

◇八月三十日　舞台稽古の際に、櫓下に敬意を表する慣例の「手打ち」式が、竹本綱大夫の音頭で行われた　三和会の参加は分裂以来（「朝日新聞（大阪）」、「毎日新聞（大阪）」08・30）

◎寿五人三番叟　振付藤間良輔　大夫三十二人　三味線三十人
「最初三人三番の予定であったが、役もめの結果五人三番と変更されることとなったが、大夫、三味線は山城少掾以下両派総出の豪華版」（「新大阪」08・04）
「紋十郎、勘十郎を迎えて花を持たし、亀松、栄三、玉男らが青竹手摺をしつらえた花道まで延長した大舞台で約三十分間を縦横に踊り抜く」（「大阪日日新聞」09・05）
「（綱大夫）「三番叟」を語りながら見ていると〝翁〟の左手を使うてる紋二郎（三和会）が大へん気を入れて使うてるのに驚いた。……（紋十郎）「六段目」の二人侍の千崎弥五郎の人形を三和会の紋二郎と東太郎が交代で使っていますが、その足をたまたま因会の栄之助、栄枝《ママ》が使いたいいうんで演らしてみました。普通主使いが三和会でしたら足はもちろん三和会のものが持つのですけれど、〝他流試合でやってみい〟というんで演らしたわけです」（「毎日新聞（大阪）」10・01）

◇「さすが初日の入りは定員一千名に対し補助椅子全部が出つくして一千百四十名と同座開場以来の記録だそうだが、大体これまでの因会単独公演の場合でも初日は売り切っているというから問題はむしろ今後にある勘定果して三日目当りはドカッと減り二階席あたりはガラガラ（昼の部）だが、前売り切符の状態を見ると七日以降尻上りに好調というから、二十五日までには三万は行くだろうとのこと」（「産経新聞（大阪）」08・05）

◇九月十三日　朝日新聞厚生文化事業団が大阪府下の養老院から二百十六名を招待　解説　吉田玉五郎（「朝日新聞（大阪）」09・13）

◇九月七日　仮名手本忠臣蔵　道行旅路の花聟　花籠の段　上使の段　判官切腹の段　城明渡しの段　テレビ放送　大阪　午後一時三十五分（「朝日新聞（大阪）」、「毎日新聞（大阪）」、「読売新聞（大阪）」09・07）

◇九月八日　仮名手本忠臣蔵　勘平切腹の場　テレビ放送　ＮＨＫ　午後五時（「朝日新聞（大阪）」、「毎日新聞（大阪）」、「読売新聞（大阪）」09・08）

◇十月十二日　仮名手本忠臣蔵　祇園一力茶屋の段　ラジオ放送　ＮＨＫ第二　午後九時（「朝日新聞（大阪）」、「毎日新聞（大阪）」、「読売新聞（大阪）」10・12）

◎九月二十六日　因会・三和会　大阪天王寺区浄瑠璃神社　午前十時
戦災で焼けた浄瑠璃神社の復興正遷宮奉祝祭に文楽座豊竹山城少掾、吉田文五郎をはじめ、女義太夫等文楽座員約七十名が「寿五人三番」を奉納
〔典拠〕「毎日新聞（大阪）」（09・27）

◇九月二十八日　因会　第二回名流舞踊観賞会　京都四条南座　午後一時　六時開演
第一部「寿式三番叟」第二部「二人猩々」に竹本綱大夫　竹本南部大夫　竹本織部大夫　竹本綱子大夫　竹澤弥七　野澤錦糸　竹澤団六　竹澤団二郎が出演
〔典拠〕プログラム

◇九月二十九日　因会・三和会　第八回邦楽名人大会　名古屋御園座
昼の部
壺坂観音霊験記
――夜の部
壇浦兜軍記

竹本綱大夫
竹澤弥七
豊竹つばめ大夫
野澤喜左衛門

琴責の段
竹本綱大夫
竹澤弥七
豊竹つばめ大夫
野澤喜左衛門
箏胡弓　野澤勝太郎

〔典拠〕プログラム

32・10・07　因会

○静岡・船橋巡業

静岡・船橋巡業［BC］

重要無形文化財指定　大阪文楽座人形浄瑠璃引越興行
芸術院会員文五郎事吉田難波掾受領　伊達大夫改め七世竹本土佐大夫襲名披露
無形文化財竹本綱大夫　三味線の巨匠鶴澤寛治
芸術鑑賞の秋に贈る！　新らしい文楽！　古典の文楽！

昼の部

寿式三番叟

千歳
翁
三番叟
三番叟
竹本南部大夫
竹本和佐大夫
豊竹弘大夫
豊竹十九大夫
野澤吉三郎
鶴澤徳太郎
豊澤新三郎
鶴澤藤二郎
野澤錦糸

千歳　吉田文雀
翁　吉田玉市
三番叟　吉田玉五郎
三番叟　吉田玉男

梅川
忠兵衛
恋飛脚大和往来
新口村の段
伊達大夫改め竹本土佐大夫
鶴澤藤蔵

亀屋忠兵衛　吉田玉男
遊女梅川　吉田栄三
親孫右衛門　吉田玉市
忠三女房　吉田玉昇
八右衛門　吉田玉之助
捕手小頭　吉田玉幸
道場参り　大ぜい

勧進帳

武蔵坊弁慶
富樫左衛門
源義経
伊勢三郎
片岡八郎
駿河次郎
常陸坊
番卒
竹本津大夫
竹本織の大夫
竹本織部大夫
豊竹十九大夫
竹本伊達路大夫
竹本相次大夫
三味線
鶴澤寛治
野澤錦糸
竹澤団六
竹澤団二郎
鶴澤藤二郎

武蔵坊弁慶　吉田玉助
富樫左衛門　吉田玉男
源義経　吉田文昇
伊勢三郎　吉田兵次
片岡八郎　吉田小玉
駿河次郎　桐竹亀次郎
常陸坊　吉田常次
番卒　吉田万次郎
番卒　吉田玉米

菅原伝授手習鑑　寺子屋の段

松王首実検の段
竹本相生大夫
豊澤豊助
いろは送りの段
竹本綱大夫

武部源蔵　桐竹亀松
女房戸浪　吉田東太郎
舎人松王丸　吉田玉助
女房千代（前）　吉田玉五郎
女房千代（後）　文五郎事吉田難波掾

竹澤弥七

春藤玄蕃	吉田淳造
よだれくり	吉田玉米
菅秀才	桐竹一暢
一子小太郎	吉田玉丸
御台所	吉田常次
手習子、捕人	大ぜい

関取千両幟

猪名川内の段

竹本雛大夫
野澤八造
胡弓 竹澤団二郎

猪名川	吉田東太郎
女房おとわ	桐竹亀松
鉄ヶ嶽	吉田兵次
大阪屋	吉田玉幸
呼遣い	吉田玉之助

夜の部

大西利夫脚色　西亭作曲　田村孝之介美術考証

文楽秀曲十八番の内

お蝶夫人

第一景

野澤吉三郎
豊澤新三郎
竹澤団二郎
鶴澤藤二郎

第二景

竹本織の大夫
野澤八造
ツレ 竹澤団六

第三景

竹本綱大夫

お蝶夫人	吉田栄三
ピンカートン	吉田玉男
同夫人	吉田文雀
ならず者山鳥	吉田玉市
五郎	吉田玉昇
召使鈴木	吉田玉五郎
子供	吉田小玉

竹澤弥七
ツレ 野澤錦糸

文五郎受領事
吉田難波掾
伊達大夫改め
七世竹本土佐大夫襲名

披露口上

吉田玉助
竹本津大夫
吉田難波掾
竹本土佐大夫
竹本相生大夫
竹本伊達路大夫

三勝
半七

艶容女舞衣

酒屋の段

伊達大夫改め 竹本土佐大夫
鶴澤藤蔵

親宗岸	吉田玉市
娘おその	桐竹亀松
舅半兵衛	吉田兵次
半兵衛女房	吉田常次
茜屋半七	吉田玉昇
美濃屋三勝	吉田文昇
娘おつう	吉田栄弘

御存知文五郎好

上の巻　羽根禿
下の巻　段畑

竹本相生大夫
竹本雛大夫
竹本織部大夫
竹本相次大夫
野澤八造
鶴澤徳太郎
豊澤新三郎

禿	文五郎事 吉田難波掾
百姓かぼちゃ	吉田東太郎
かぼちゃ	吉田文昇

竹澤団六
豊澤豊助

絵本太功記

尼ヶ崎の段

前　竹本南部大夫
　　野澤吉三郎
後　竹本津大夫
三味線　鶴澤寛治

武智光秀　吉田玉助
妻操　吉田栄三
倅十次郎　吉田玉五郎
嫁初菊　吉田文雀
真柴久吉　吉田淳造
母皐月　吉田常次
軍兵　大ぜい

◇十月七日　静岡市公会堂　昼の部十二時　夜の部午後五時半開演
演目は巡業プログラムの通り
〔典拠〕「静岡新聞」広告（10・03）

◇十月八日　千葉県船橋中央公民館　昼夜二回公演　昼の部十二時開演
船橋市教育委員会主催
〔典拠〕「朝日新聞（千葉版）」（10・08）

◇十月九日から十二日　東京都品川公会堂
文部省・厚生省後援
演目は、九日・十日が巡業プログラムの昼の部、十一日・十二日が夜の部と同じ
〔典拠〕「日本経済新聞（東京）」（10・04）

◇十月十六日　山梨県県民会館大ホール　昼の部午後一時　夜の部午後六時開演
文化財大阪文楽座後援会・富士観光映画教育部共催　山梨日日新聞社・山梨県教育委員会後援
演目は巡業プログラムの通り
入場料　一般前売A三百五十円　B二百五十円　当日A四百円　B三百円
　　　　学生七十円
〔典拠〕「山梨日日新聞」（10・17）、広告（10・16）

◇十月十七日　宇都宮市栃木会館ホール　昼の部午後一時　夜の部午後六時開演
栃木県国際文化協会主催
演目は巡業プログラムの通り
入場料　五百円　四百円　三百円　百五十円
〔典拠〕「下野新聞」（10・04／10・18）、広告（10・16）

◇十月二十日　静岡県浜松座
〔典拠〕「中部日本新聞（静岡版）」広告（10・19）

◇十月二十一日　大津滋賀会館　昼の部午後一時　夜の部午後六時開演
滋賀会館主催　志賀邦楽同好会・滋賀日日新聞社後援
演目は巡業プログラムの通り
入場料　前売指定特等三百円　前売一等二百円　前売一般百円
〔典拠〕「滋賀日日新聞」（10・07／10・22）、広告（10・19）

○十月五日　三和会　神戸ロータリークラブ

◎十月十日　三和会　大阪市中央公会堂

※当日中央公会堂で港湾協会総会開催（「朝日新聞（大阪）」10・10）

32・10・13　**三和会**

○中国巡業

山陰巡業　［BC］

文部省文化財保護委員会撰定
国宝重要無形文化財　大阪文楽人形浄瑠璃芝居　三和会公演

昼の部

寿二人三番叟

豊竹松島大夫
竹本常子大夫
竹本三和大夫
鶴澤燕三
竹澤団作
鶴澤友若
野澤市治郎
豊澤猿二郎

三番叟　桐竹紋之助
三番叟　桐竹勘十郎

卅三所観音記

沢市内より壺坂寺まで

—

前　豊竹小松大夫
　　野澤勝太郎
切　豊竹つばめ大夫
　　野澤喜左衛門
　ツレ　野澤勝平

お里　桐竹紋十郎
沢市　桐竹勘十郎
観世音　桐竹紋若

絵本太功記

尼ヶ崎の段

切　竹本源大夫
　　鶴澤叶太郎

武智重次郎　吉田作十郎
嫁初菊　桐竹紋二郎
妻みさを　桐竹紋之助
母さつき　吉田国秀
旅僧実は真柴久吉　桐竹紋四郎
武智光秀　吉田辰五郎

新曲 **紅葉狩**

戸隠山の段

更科姫　豊竹古住大夫
維茂　竹本三和大夫
こし元　竹本常子大夫
山神　豊竹松島大夫
　野澤市治郎
　鶴澤友若
　竹澤団作
　野澤勝平

平維茂　桐竹勘十郎
更科姫実は悪鬼　桐竹紋十郎
腰元桔梗　桐竹小紋
腰元楓　桐竹勘之助
山神　桐竹紋十郎

夜の部

新曲 **小鍛冶**

稲荷山の段

明神　豊竹松島大夫
宗近　豊竹小松大夫

三条小鍛冶宗近　桐竹紋二郎
老翁実は稲荷明神　桐竹勘十郎

道成　竹本常子大夫　鶴澤燕三　野澤勝平　竹澤団作　豊澤猿二郎　野澤勝太郎　勅使藤原道成　桐竹紋寿

伽羅先代萩

御殿の段

切　竹本源大夫　鶴澤叶太郎

後　豊竹古住大夫　野澤市治郎

鶴喜代君　桐竹紋若
千松　桐竹勘之助
乳母政岡　桐竹紋十郎
八汐　吉田辰五郎
沖ノ井　桐竹紋市
栄御前　桐竹勘十郎
腰元　大ぜい

三勝半七 艶姿女舞衣

酒屋の段

切　豊竹つばめ大夫　野澤喜左衛門

親宗岸　吉田辰五郎
嫁おその　桐竹紋之助
半兵衛女房　桐竹紋之丞
舅半兵衛　吉田作十郎
おつう　桐竹紋若
半七　桐竹紋弥
三勝　桐竹紋寿

京鹿子娘道成寺

鐘供養の段

豊竹古住大夫　豊竹小松大夫

白拍子花子　桐竹紋十郎
所化　吉田作十郎

竹本三和大夫　野澤勝太郎　鶴澤燕三　竹澤団作　野澤勝平　鶴澤友若
所化　桐竹紋二郎
所化　桐竹紋四郎
所化　桐竹紋弥

◎十月十三日　京都府福知山市公会堂　［D］

小鍛冶を傾城阿波鳴戸　順礼歌の段に変更
配役は豊竹小松大夫　鶴澤燕三　お弓　桐竹勘十郎　おつる　桐竹勘之助

◎十月十四日　鳥取県米子市朝日座

米子市文化協議会主催　文部省・山陰日日新聞社後援
演目は巡業プログラムの通り
但し　艶容女舞衣と京鹿子娘道成寺の順序が逆
入場料　A一般前売指定二百五十円　B一般前売二百円　当日三百円
C高校生七十円　当日百円

〔典拠〕「山陰日日新聞」（10・06〜07／10・09）

◎十月十五日　鳥取市日ノ丸劇場　［BC］

昭和三十二年十月十五日
文楽教室　鳥取日ノ丸劇場
主催　日本海新聞社　後援　鳥取県教育委員会　鳥取市教育委員会　鳥取素義会

第一回（学生向）午前十時
二人三番叟
絵本太功記

尼ヶ崎の段
人形の解体説明
昼の部午後十二時三十分　夜の部午後五時三十分開演
演目は巡業プログラムの通り
他に　豊竹貴代大夫　竹本真砂大夫　豊澤仙二郎　桐竹紋七　桐竹紋次
◇入場料　A席三百円　当日三百五十円　B席二百五十円　当日三百円　高校生八十円　中学生五十円　団体高校生五十円　中学生三十円（「日本海新聞」広告 10・12／10・15）

○十月十六日　島根県斐上町大劇
○十月十七日　島根県出雲市公会堂
○十月十八日　島根県大原郡木次劇場

〔典拠〕巡業日程表

◎十月十九日　島根県松江市立白潟小学校講堂　昼の部午後一時　夜の部午後六時開演
松江文楽後援会主催　松江市教育委員会・島根新聞社後援
演目は巡業プログラムの通り
解説　桐竹紋十郎
入場料　前売二百五十円　当日三百円

〔典拠〕「島根新聞」（10・12／10・18）

◎十月二十一日　岡山市天満屋葦川会館　昼の部午後一時　夜の部午後六時開演

〔典拠〕「山陽新聞」（10・20）

◎十月二十二日　岡山県高梁市スパル座

〔典拠〕「山陽新聞」広告（10・21）

・・・・・・・・・・・・・・・・・・・・・・・・・・・・・・・・・・

◎十月二十六日　因会　大阪学芸大学附属池田小学校講堂　［ＢＣ］

人形浄瑠璃
昭和三十二年十月二十六日　附属小学校講堂
大阪学芸大学附属池田小学校Ｐ・Ｔ・Ａ

挨拶　吉田難波掾
人形解説　吉田玉五郎

壺坂観音霊験記
沢市内より御寺まで
お里（前）　文五郎事 吉田難波掾
沢市　吉田玉市
お里（後）　吉田玉五郎
観世音　吉田文雀

増補大江山
戻り橋の段
渡辺源吾綱　吉田玉男
扇折若菜 実は 悪鬼　吉田玉五郎

色模様文五郎好み
段畑の段
百姓　吉田難波掾

他に　竹本南部大夫　竹本織の大夫　野澤錦糸　竹澤団六　吉田兵次　吉田文昇

吉田玉昇	吉田玉丸
吉田小玉	吉田小文
吉田玉幸	桐竹亀次郎

32・11・01 因会　道頓堀　文楽座　大阪　［ABC］

文楽座人形浄瑠璃十一月興行
芸術院会員豊竹山城少掾　芸術院会員文五郎事吉田難波掾　他全員総出演
一日初日　十七日まで　十日より昼夜狂言入替
重要無形文化財指定　府民劇場指定　道頓堀文楽座

昼の部　十一時半開演※1

義経千本桜

道行初音の旅

豊竹松子大夫	鶴沢藤二郎
竹本津の子大夫	鶴𣳾清好
豊竹十九大夫	豊澤新三郎
竹本相次大夫	鶴澤徳太郎
竹本織部大夫	野澤吉三郎
竹本静大夫	野澤松之輔
竹本雛大夫	野澤八造
竹本相生大夫	野澤錦糸
竹本和佐大夫	竹澤団六
竹本南部大夫	竹沢団二郎
竹本織の大夫	鶴沢藤之助
豊竹弘大夫	豊澤豊助
竹本伊達路大夫	
竹本相子大夫	静御前　吉田玉五郎
竹本長子大夫	狐忠信　吉田玉男
鶴澤清八	

明治天皇　四場

大西利夫作　西亭作曲　大塚克三装置

序曲

竹本津大夫
ツレ　竹本織部大夫
　　　竹本織の大夫
三味線　鶴澤寛治
ツレ　野澤八造
　　　野澤錦糸
　　　竹澤団六
　　　鶴沢藤之助

旅順攻囲軍司令部

竹本津大夫
三味線　鶴澤寛治
大胡弓　鶴𣳾清好

凱旋

竹本津大夫
ツレ　竹本織部大夫
　　　竹本織の大夫
三味線　鶴澤寛治
ツレ　野澤八造
　　　野澤錦糸
　　　竹澤団六
　　　鶴沢藤之助

宮中の一室

竹本津大夫
三味線　鶴澤寛治
八雲　竹沢団二郎

第一景　序曲
第二景　旅順攻囲軍司令部

乃木大将	吉田栄三
児玉将軍	吉田玉市
参謀大庭中佐	吉田玉昇
参謀白井中佐	吉田文昇
細井参謀	吉田玉之助
長谷川参謀	吉田玉米

第三景　凱旋
第四景　宮中の一室

明治天皇	吉田玉助
乃木大将	吉田栄三
児玉将軍	吉田玉市
侍従武官長岡沢大将	吉田東太郎
藤波侍従	吉田文雀
宮内官	吉田玉幸
宮内官	桐竹亀次郎
宮内官	吉田常次

菅原伝授手習鑑

松王首実検の段

竹本綱大夫
竹澤弥七

いろは送りの段

竹本土佐大夫
三味線　鶴澤清六

武部源蔵　吉田玉市
妻戸浪　吉田玉五郎
松王丸　吉田玉助
女房千代　桐竹亀松
春藤玄蕃　吉田兵次
涎くり　吉田小玉
御台所　吉田淳造
菅秀才　吉田玉丸
一子小太郎　吉田栄弘
百姓、手習子、捕手　大ぜい

恋飛脚大和往来

新口村の段

孫右衛門　豊竹山城少掾
梅川　竹本土佐大夫
忠兵衛　竹本相生大夫
忠三女房　竹本和佐大夫
捕手　豊竹十九大夫
鶴澤藤蔵

亀屋忠兵衛　吉田玉男
傾城梅川　吉田難波掾（文五郎事）
親孫右衛門　吉田玉市
忠三女房　吉田玉昇
針立道庵　吉田兵次
鶴掛藤次兵衛　吉田万次郎
水右衛門　吉田淳造
伝が婆　吉田玉米
八右衛門　吉田玉之助
捕手小頭　吉田小玉
捕手　大ぜい

景事　団子売

団子売杵造　竹本南部大夫
女房お臼　竹本織の大夫
豊竹弘大夫

女房お臼　吉田文雀
団子売杵造　吉田東太郎

竹本伊達路大夫
竹本津の子大夫
野澤吉三郎
野澤錦糸
豊澤新三郎
竹沢団二郎
鶴沢藤之助
鶴沢清治

夜の部　四時半開演
鷲谷樗風脚色　西亭作曲　藤間良輔振付
中村貞以衣裳考証　松田種次装置

紅葉狩　一景

竹本伊達路大夫
豊竹弘大夫
竹本織部大夫
竹本静大夫
竹本雛大夫
竹本津大夫
竹本和佐大夫
竹本南部大夫
竹本織の大夫
豊竹十九大夫
竹本相子大夫
竹本長子大夫
鶴沢藤二郎
鶴澤清好
豊澤新三郎
鶴澤徳太郎
野澤八造

鶴澤寛治
野澤吉三郎
野澤錦糸
竹澤団六
竹沢団二郎
鶴沢藤之助
豊澤豊助

更科姫 実は 鬼神　吉田栄三
侍女 実は 悪鬼　吉田玉五郎
侍女 実は 悪鬼　吉田玉男
平維茂　吉田玉助
従者右源太　吉田常次
従者左源太　吉田淳造
山神　桐竹亀松

宇野千代原作（中央公論版）　大西利夫脚色
鶴澤清六作曲　大塚克三装置

おはん　四場

鉄砲小路より鍛冶屋町まで

与七　竹本雛大夫
おばはん　竹本静大夫
おはん　竹本織部大夫
おかよ　竹本和佐大夫
　野澤吉三郎

家うつりより鉄砲小路まで

おはん　竹本土佐大夫
与七　竹本雛大夫
おばはん　竹本静大夫
若い者　豊竹弘大夫
三味線　鶴澤清六
ツレ　鶴澤徳太郎
　鶴㳒清好

与七　吉田玉男
おはん　吉田栄三
おばはん　吉田玉五郎
おかよ　吉田文雀
一子悟　吉田文昇
若い者　吉田玉昇
若い者　桐竹亀次郎
小学生　大ぜい

玉藻前旭袂

右大臣道春館の段

切　竹本綱大夫
　竹澤弥七

鷲塚金藤次　吉田玉助
萩の方　桐竹亀松
姉娘桂姫　文五郎事 吉田難波掾
妹娘初花姫　吉田玉五郎
安瀬采女之助　吉田文昇

鷲谷樗風補訂

卅三間堂棟由来

横曽根平太郎住家の段

中　竹本長子大夫
　三味線　鶴澤清八
後　竹本土佐大夫

横曽根平太郎　吉田玉市
女房お柳　桐竹亀松
進野蔵人　吉田玉幸

和歌山名曲木遣り音頭

鶴澤藤蔵
竹本南部大夫
竹本織の大夫
竹本伊達路大夫
竹本相子大夫
竹本相次大夫
野澤八造
豊澤新三郎
鶴㳒清好
竹沢団二郎
鶴沢藤二郎
野澤喜八郎

家来　吉田玉米
みどり丸　桐竹一暢
村の先走り　吉田万次郎
平太郎の母　吉田常次
木遣り人足　大ぜい

＊　＊　＊

〔人形〕
吉田小文
吉田栄司

桐竹亀若
吉田栄之助

＊　＊　＊

紋下　豊竹山城少掾
三味線紋下　鶴澤清八
人形座頭　吉田玉助
頭取　吉田玉市
はやし　中村新三郎
衣裳　森田信二
人形細工人　藤本由良亀
人形細工人　菱田由良宏
人形師　大江巳之助

鬘床山　佐藤為治郎
鬘床山　名越健二
大道具　川辺繁太郎
照明　竹本文蔵
舞台監督　鷲谷樗風
人形指導　文五郎事 吉田難波掾
座主　株式会社文楽座

千秋万歳楽大入叶吉祥日

一部観劇料金　一等席四百五十円　二等席二百五十円　三等席百五十円
学生券A二百五十円　学生券B百五十円

初日に限り一部料金にて昼夜通し御覧に入れます

※1　C十一時開演

◎明治天皇　大西利夫作　西亭作曲　大塚克三装置

昭和三十二年新東宝制作、嵐寛寿郎主演「明治天皇と日露大戦争」のヒットを受け、明治天皇ブームをねらっての新作、三味線で進軍ラッパや軍歌を聞かせる（「東京新聞」11・05、「朝日新聞（大阪）」11・16）

◇十月十九日　大江巳之助が制作した明治天皇の首に、吉田玉助が黒ラシャ地の軍服の着付けをし完成させた　全身三尺八寸余、重さ一貫　通常の首は四寸だが、重々しい感じを出すため、明治天皇は四寸五分、乃木大将は四寸三分となっている（「毎日新聞（大阪）」10・12／10・19、「大阪新聞」10・19）

◎紅葉狩　鷲谷樗風脚色　西亭作曲　藤間良輔振付　松田種次装置　中村貞以衣裳考証

「歌舞伎のいい型があるのでぐっと引立ち、新作とは思えないほどだ。山神の宙乗りあり、セリ上りあり、引抜きあり、見た目も豪華で楽しめる」（「日本経済新聞（大阪）」11・17）

◎おはん　宇野千代原作　大西利夫脚色　鶴澤清六作曲　大塚克三装置

「鴈治郎、歌右衛門らで当りを取った新作劇」（「大阪日日新聞」11・06）

◇おはん、紅葉狩の鬼女の首を大江巳之助が制作（「毎日新聞（大阪）」10・23）

◇三十三間堂棟由来　松竹大谷社長の意向で床本を一部改訂、「和歌の浦には名所がござる」の後に、「花も実もある紀州の名所吉野さくらに高野のほとけ、那智のお山に鐘道成寺、恋は日高に名をながす」の文章が挿入された（「和歌山新聞」11・08）

◇十一月十四日　おはん　ラジオ放送　NHK第二　午後九時（「朝日新聞（大阪）」、「毎日新聞（大阪）」、「読売新聞（大阪）」11・14）

◇文楽教室　［B］

第十二回文楽教室　道頓堀文楽座

文楽解説　鷲谷　樗　風

人形解説　吉田　玉　五　郎

菅原伝授手習鑑

松王首実検よりいろは送りの段

竹本　長子大夫
鶴澤　徳　太　郎

武部源蔵　吉田　玉　昇
妻戸浪　吉田　文　雀
松王丸　吉田　玉　男
女房千代　吉田　玉　五　郎
春藤玄蕃　吉田　兵　次
涎くり　吉田　小　玉
御台所　吉田　淳　造
菅秀才　吉田　玉　丸
一子小太郎　吉田　栄　弘
百姓、手習子、捕手　大　ぜ　い

◇十一月三日　第九回大阪府芸術賞授賞式　大阪府立大手前会館
桐竹紋十郎が芸術賞を受賞

（典拠）「毎日新聞（大阪）」（11・04）

32・11・10　三和会　大阪府豊中市立大池小学校　［BCD］

豊中市立中央公民館新館移転記念
重要無形文化財　文楽人形浄瑠璃
昭和三十二年十一月十日　午後一時開演　豊中市立大池小学校講堂
主催　大阪府教育委員会　豊中市立中央公民館　豊中市社会教育協議会
協賛　豊中市教育委員会

寿二人三番叟

シテ　豊竹松島大夫
ワキ　豊竹小松大夫
ツレ　竹本常子大夫
　　　竹本三和大夫
豊澤仙二郎
竹澤団作
野澤勝平
鶴澤友若
豊澤猿二郎

三番叟　桐竹紋二郎
三番叟　桐竹勘十郎

摂州合邦辻
合邦内の段
切　豊竹つばめ大夫
　　野澤勝太郎
後　豊竹古住大夫
　　鶴澤燕三

親合邦　吉田辰五郎
女房　吉田国秀
玉手御前　桐竹紋十郎
奴入平　桐竹紋之丞
俊徳丸　桐竹紋弥
浅香姫　桐竹紋二郎

生写朝顔日記
宿屋より大井川まで
切　竹本源大夫
　　鶴澤叶太郎
琴　野澤勝平

駒沢次郎左衛門　吉田辰五郎
戎屋徳右衛門　桐竹紋市
岩代多喜太　吉田作十郎
下女おなべ　桐竹小紋
朝顔　桐竹紋之助
近習、供人、川越人足　大ぜい

鳴響安宅新関
勧進帳の段
弁慶　豊竹つばめ大夫
富樫　豊竹古住大夫
義経　豊竹小松大夫
四天王　豊竹松島大夫

富樫左衛門尉　桐竹勘十郎
源義経　吉田作十郎
伊勢三郎　桐竹小紋
駿河次郎　桐竹勘之助

番卒　（竹本三和大夫
　　　（竹本常子大夫
野澤市治郎
鶴澤友若
豊澤仙二郎
鶴澤燕三

常陸坊　吉田国秀
片岡八郎　桐竹紋之丞
武蔵坊弁慶　桐竹紋十郎
番卒　大ぜい

32・11・12　三和会　先斗町歌舞練場　京都　［BC］

重要無形文化財国家指定
初代桐竹紋十郎五十年忌記念興行　文楽人形浄瑠璃　三和会京都公演
昭和三十二年十一月十二日、十三日　毎日午後三時三十分開演
主催　文楽三和会　後援　京都観光人クラブ　先斗町歌舞練場

日高川入相花王

渡し場の段
清姫　豊竹小松大夫
船頭　竹本常子大夫
ツレ　竹本三和大夫
　　　豊竹松島大夫
鶴澤燕三
竹澤団作
野澤勝平
鶴澤友若
豊澤猿二郎

清姫　桐竹紋之助
船頭　一日替り（桐竹紋寿
　　　　　　　（桐竹紋弥

増補忠臣蔵

本蔵下屋敷の段
前　竹本源大夫

井波伴左衛門　吉田作十郎

切　鶴澤叶太郎
　　竹本住大夫
　　野澤勝太郎
琴　野澤勝平

梅川忠兵衛　恋飛脚大和往来

新口村の段

前　豊竹古住大夫
　　野澤市治郎
後　豊竹つばめ大夫
　　野澤喜左衛門

菅原伝授手習鑑

寺子屋の段

切　豊竹若大夫
　　鶴澤燕三

奴可内　桐竹紋市
三千歳姫　桐竹紋寿（一日替り 桐竹紋弥）
加古川本蔵　吉田辰五郎
桃井若狭之助　桐竹勘十郎
小姓　桐竹紋次
奴　大ぜい

忠兵衛　桐竹紋二郎
梅川　桐竹紋十郎
忠三の女房　桐竹勘十郎
樋ノ口水右衛門　桐竹紋市
伝ヶ婆　桐竹菊一
釣掛ノ藤次兵衛　桐竹紋七
置頭巾　桐竹紋四郎
針立ノ道庵　吉田国秀
親孫右衛門　吉田辰五郎
捕手の小頭　桐竹小紋
捕巻　大ぜい
八右衛門　桐竹菊一

菅秀才　桐竹紋次
小太郎　桐竹勘之助
戸浪　吉田国秀
武部源蔵　桐竹勘十郎
春藤玄蕃　吉田作十郎
松王丸　吉田辰五郎
女房千代　桐竹紋十郎
御台所　桐竹小紋
手習子、百姓、捕巻　大ぜい

紋十郎好み

鏡獅子

シテ　豊竹古住大夫
ワキ　豊竹小松大夫
ツレ　竹本常子大夫
　　野澤勝太郎
　　豊澤仙二郎
　　野澤勝平
　　野澤八助
　　野澤市治郎

腰元弥生 後に獅子精　桐竹紋十郎
胡蝶　桐竹紋之助
胡蝶　桐竹紋二郎

鳴物
笛　藤舎勲
小鼓　藤舎呂秀
小鼓　望月久三郎
小鼓　藤舎呂祐
大鼓　中村寿慶
太鼓　中村寿誠
蔭囃子　藤舎庄治

入場料四百円　学生券百円

◇十一月十一日　公演に先立ち京都頂妙寺で初代桐竹紋十郎の五十年忌追善法要が行われた（『演劇雑誌幕間』第十二巻第十二号）

◇十一月十九日
桐竹紋十郎が紫綬褒章を受章

〔典拠〕『官報』（11・05）、『文楽・桐竹紋十郎』

32・11・26　因会・三和会　日本橋　三越劇場　東京　［BCD］

芸術祭第四回文楽合同公演
主催　文部省芸術祭執行委員会　文化財保護委員会　東京文楽会
十一月二十六日　三越劇場

昼の部　十二時開演

仮名手本忠臣蔵

道行旅路の嫁入

竹本土佐大夫
竹本雛大夫
豊竹古住大夫
豊竹小松大夫
※1鶴澤藤蔵
野澤八造
鶴澤清好
野澤勝平
竹澤団二郎

小浪　吉田難波掾
戸無瀬　吉田栄三

山科閑居の段

中　竹本織の大夫
　　竹澤団六
前　竹本綱大夫
　　竹澤弥七
後　豊竹つばめ大夫
　　野澤喜左衛門

戸無瀬　桐竹紋十郎
小浪　桐竹紋之助
お石　吉田玉男
本蔵　吉田玉市
由良之助　吉田玉助
力弥　桐竹紋二郎
りん　吉田作十郎

妹背山婦女庭訓

道行恋のおだ巻

お三輪　竹本雛大夫
橘姫
求女
竹本織部大夫
豊竹古住大夫
竹本綱子大夫
竹本相子大夫
野澤八造
鶴澤燕三
鶴澤清好
竹澤団二郎
鶴澤藤二郎

お三輪　桐竹亀松
橘姫　吉田玉五郎
求女　桐竹勘十郎

夜の部　四時開演

仮名手本忠臣蔵

道行旅路の嫁入

竹本土佐大夫
竹本源大夫
竹本織部大夫
竹本伊達路大夫
鶴澤藤蔵
鶴澤叶太郎
鶴澤燕三
竹澤団六
鶴澤藤二郎

小浪　桐竹亀松
戸無瀬　桐竹紋十郎

山科閑居の段

中　豊竹古住大夫
　　鶴澤燕三
前　豊竹若大夫
　　野澤勝太郎
後　竹本津大夫
　　鶴澤寛治

戸無瀬　吉田栄三
小浪　吉田玉五郎
お石　桐竹勘十郎
本蔵　吉田玉市
由良之助　吉田玉助
力弥　吉田東太郎
りん　吉田文雀

妹背山婦女庭訓

道行恋のおだ巻

お三輪　豊竹つばめ大夫
橘姫　竹本南部大夫
求女　竹本織の大夫
　豊竹若子大夫
　豊竹小松大夫
　野澤喜左衛門
　鶴澤叶太郎
　竹澤団六
　野澤勝平
　野澤勝太郎

お三輪　桐竹紋之助
橘姫　桐竹紋二郎
求女　吉田玉男

御観劇料　A五百円　B三百円　C百円

※1　D鶴澤清六

◇豊竹山城少掾　豊竹松大夫　鶴澤清六が十一月二十六日から十二月一日の芸術祭文楽合同公演を休演（「毎日新聞（東京）」11・22）

32・11・27　因会・三和会

日本橋　新橋演舞場　東京　①　【BCD】

十一月二十七日より十二月一日　新橋演舞場

十一月二十七日より二十九日　二十八日昼夜入替

昼の部　十一時開演

碁太平記白石噺　通し

明神の森の段　—

由井正雪　豊竹古住大夫
谷五郎　竹本織の大夫
　鶴澤藤蔵

正雪　吉田玉助
谷五郎　桐竹紋十郎

田植の段

豊竹つばめ大夫
野澤喜左衛門

与茂作　吉田淳造
信夫　桐竹紋二郎
庄屋　吉田玉市
団七　桐竹勘十郎
奴団助　吉田国秀

逆井村の段

中　竹本雛大夫
　野澤八造
前　竹本綱大夫
　竹澤弥七
二十七、九日　後　竹本相生大夫
　野澤松之輔
二十八日　後　竹本津大夫
　鶴澤寛治

庄屋　吉田玉市
谷五郎　桐竹紋十郎
信夫　桐竹紋二郎
婆さよ　吉田国秀
正雪　吉田玉助

浅草雷門の段

口　豊竹古住大夫
　鶴澤叶太郎
奥　竹本住大夫
　野澤勝太郎

勘九郎　吉田玉助
茶店亭主　吉田玉幸
どぜう　吉田玉五郎
信夫　桐竹紋二郎
惣六　桐竹勘十郎

新吉原揚屋の段

※1宮城野　竹本土佐大夫
妹信夫　竹本南部大夫
宮里　竹本織部大夫

人形出遣
宮城野　吉田栄三
妹信夫　桐竹紋二郎
宮里　桐竹紋寿

宮柴	竹本織の大夫	宮柴	吉田小玉
禿しげり	竹本相子大夫	禿しげり	吉田栄弘
惣六	竹本相生大夫	惣六	桐竹勘十郎
	※2鶴澤藤蔵		

夜の部　四時半開演

一谷嫩軍記

須磨の浦の段

口			
玉織姫	豊竹若子大夫	玉織姫	桐竹紋之助
平山武者	竹本綱子大夫	平山武者	吉田玉昇
	鶴澤清好		
奥	竹本津大夫	人形出遣	
	鶴澤寛治	玉織姫	吉田難波掾
		平山武者所	吉田玉昇
		敦盛	桐竹紋十郎
		熊谷次郎直実	吉田玉助
		遠見敦盛	桐竹勘之助
		遠見熊谷	吉田玉之助

熊谷陣屋の段

中	竹本土佐大夫	相模	吉田栄三
	鶴澤藤蔵	藤の方	吉田玉男
前	竹本相生大夫	堤軍次	吉田文雀
	野澤松之輔	梶原	吉田作十郎
後	豊竹若大夫	弥陀六	桐竹亀松
	鶴澤燕三	熊谷次郎直実	吉田玉助
		義経	桐竹勘十郎

壇浦兜軍記

阿古屋琴責の段

阿古屋	竹本綱大夫	重忠	吉田玉市
畠山重忠	豊竹つばめ大夫	岩永	吉田玉男
岩永	竹本雛大夫	榛沢	吉田東太郎
榛沢六郎	竹本南部大夫	阿古屋	桐竹紋十郎
	野澤喜左衛門	水奴	吉田玉幸
※3ツレ	竹澤弥七	水奴	桐竹紋市
※4三曲	野澤勝太郎	水奴	桐竹亀次郎
		水奴	桐竹小紋

※1　以下大夫役名Cにあり　※2　D鶴澤清六
※3　Cにあり　※4　Cにあり

◇十一月二十七日　壇浦兜軍記　阿古屋琴責の段　テレビ放送　NHK　午後七時四十分（「朝日新聞（大阪）」、「毎日新聞（大阪）」、「読売新聞（大阪）」11・27）

◇十一月二十八日　碁太平記白石噺　田植の段　逆井村の段　ラジオ放送　NHK第二　午後九時（「朝日新聞（大阪）」、「毎日新聞（大阪）」、「読売新聞（大阪）」11・28）

日本橋　新橋演舞場　東京　②　［BCD］

十一月三十日・十二月一日　十二月一日昼夜入替

昼の部　十一時開演

ひらかな盛衰記　通し

大津宿屋の段

権四郎	豊竹古住大夫	権四郎	吉田玉市
お筆	竹本織部大夫	およし	吉田玉五郎
山吹御前	※1豊竹小松大夫	お筆	桐竹紋十郎
※2およし	竹本織の大夫	亭主	吉田万次郎
隼人	豊竹松島大夫	隼人	吉田兵次
歩人	竹本常子大夫	駒若丸	桐竹紋次
子供	豊竹若子大夫	槌松	吉田栄之助
子供	竹本相子大夫	山吹御前	吉田常次

亭主　竹本伊達路大夫
　　　鶴澤燕三
ツレ　野澤勝平

馬場忠太　吉田国秀

笹引の段

豊竹つばめ大夫
野澤喜左衛門

人形出遣
お筆　桐竹紋十郎
山吹御前　吉田常次
隼人　吉田兵次
槌松　吉田栄之助
馬場忠太　吉田国秀

松右衛門内の段

中　竹本源大夫
　　鶴澤叶太郎
三十日　切　豊竹若大夫
　　　　　　野澤勝太郎
十二月一日　切　竹本綱大夫
　　　　　　　　竹澤弥七

権四郎　吉田玉市
およし　吉田玉五郎
槌松実は駒若丸　桐竹紋次
お筆　桐竹紋十郎
松右衛門実は樋口次郎　吉田玉助
又六　吉田文昇
富蔵　桐竹紋弥
九郎作　桐竹紋市
畠山重忠　吉田淳造
軍兵　大ぜい

辻法印の段

三十日　竹本津大夫
　　　　鶴澤寛治
ツレ　竹澤団二郎
十二月一日　竹本相生大夫
　　　　　　野澤松之輔
ツレ　竹澤団二郎

辻法印　吉田作十郎
法印女房　吉田文昇
お筆　桐竹紋十郎
庄屋　吉田兵次
五人組　吉田常次
宿老　吉田淳造
梶原源太　吉田玉男

神崎揚屋の段

竹本土佐大夫
野澤喜左衛門
ツレ　竹澤団六

梅ヶ枝　吉田栄三
お筆　桐竹紋十郎
源太　吉田玉男
亭主　桐竹紋寿
母延寿　桐竹紋之丞
女中　桐竹小紋
仲居　吉田玉之助
仲居　吉田万次郎

夜の部　四時半開演

由良湊千軒長者

山の段
安寿姫
対王丸

豊竹若子大夫
竹本綱子大夫
※3野澤勝平

安寿姫　桐竹紋二郎
対王丸　桐竹紋弥

双蝶々曲輪日記

相撲場の段
長五郎
長吉

竹本津大夫
豊竹つばめ大夫
鶴澤寛治

長五郎　桐竹勘十郎
長吉　吉田玉男

橋本の段

竹本住大夫
野澤喜左衛門

十右衛門　吉田玉市
お照　吉田文雀
与次兵衛　吉田国秀
吾妻　桐竹紋之助
甚兵衛　吉田玉助
与五郎　吉田東太郎
駕の太助　吉田常次
下女お松　桐竹一暢

引窓の段
三十日
十二月一日

竹本綱大夫
竹澤弥七

豊竹若大夫
野澤勝太郎

南方十次兵衛　吉田栄三
母親　吉田玉市
お早　桐竹紋十郎
三原伝蔵　吉田玉昇
平岡丹平　桐竹紋弥
長五郎　桐竹勘十郎

本朝二十四孝

十種香の段

竹本土佐大夫
※4鶴澤藤蔵

人形出遣
八重垣姫（前）　吉田難波掾
（後）　桐竹亀松
武田勝頼　吉田玉男
濡衣　吉田玉五郎
謙信　吉田兵次
白須賀六郎　吉田小玉
原小文治　桐竹勘之助

狐火の段

竹本南部大夫
野澤八造
※5ツレ　竹澤団六

人形出遣
八重垣姫　桐竹亀松

御観劇料　A席五百円　B席三百円　C席百円

※1　D竹本織の大夫　豊竹小松大夫は歩人　※2　Dなし
※3　D次にツレ　鶴澤清好　※4　D鶴澤清六
※5　D次に琴　鶴澤清好

◇十二月六日　双蝶々曲輪日記　橋本の段　引窓の段　ラジオ放送　NHK第二　午後九時〔「朝日新聞（大阪）」、「毎日新聞（大阪）」、「読売新聞（大阪）」12・06〕

◇十一月三十日　**三和会**　第九十五回三越名人会　東京三越劇場　午後四時開演
生写朝顔日記
笑薬の段

竹本住大夫
野澤勝太郎

〔典拠〕プログラム

◎十二月一日から二十六日　**因会**　当る戊歳吉例顔見世興行　京都四条南座
文楽座大夫三味線特別出演
一部
義経千本桜
吉野山

豊竹松子大夫　鶴澤清六
竹本雛大夫　野澤吉三郎
竹本和佐大夫　鶴澤徳太郎
竹本長子大夫　野澤錦糸
豊竹弘大夫　豊澤新三郎
鶴澤清好

〔典拠〕歌舞伎筋書

◇十二月三日　**因会・三和会**　静岡県浜松市大安寺　広駒会主催義太夫大会
午後五時
竹本源大夫　竹本静大夫

〔典拠〕「東京新聞（静岡版）」（12・01）

32・12・03 三和会

○東海巡業（『文楽因会三和会興行記録』）

東海巡業 ［BC］

重要無形文化財 文楽
文楽三和会

昼の部

安珍清姫 日高川
渡場の段

清姫 豊竹小松大夫
船頭 竹本常子大夫
鶴澤燕三
豊澤仙二郎
竹澤団作
豊澤猿二郎

清姫 桐竹紋之助
船頭 吉田作十郎

増補忠臣蔵
本蔵下邸の段

豊竹松島大夫
野澤市治郎

伊浪伴左衛門 吉田作十郎
奴宅内 桐竹紋（マ）作（マ）
加古川本蔵 吉田辰五郎
三千歳姫 桐竹紋之助
桃井若狭之助 桐竹勘十郎
小姓 桐竹紋次
奴 大ぜい

近頃河原達引
堀川猿廻しの段

—

前 豊竹古住大夫
野澤勝太郎
ツレ 竹澤団作
切 豊竹つばめ大夫
野澤喜左衛門
ツレ 鶴澤友若

弟子おつる 桐竹勘之助
与次郎母 吉田国秀
兄与次郎 吉田辰五郎
お俊 桐竹紋十郎
伝兵衛 桐竹紋二郎

本朝二十四孝
十種香の段
狐火の段

切 竹本源大夫
鶴澤叶太郎
ツレ 野澤勝平

武田勝頼 桐竹勘十郎
腰元濡衣 桐竹紋二郎
八重垣姫 桐竹紋十郎
父謙信 桐竹紋市
白須賀六郎 桐竹紋寿
原小文治 桐竹紋弥

夜の部

五条の橋

牛若丸 豊竹小松大夫
弁慶 竹本常子大夫
鶴澤燕三
野澤勝平
竹澤団作
豊澤仙二郎
鶴澤友若

牛若丸 桐竹紋二郎
弁慶 桐竹勘十郎

御所桜堀川夜討
弁慶上使の段

前 豊竹古住大夫
野澤市治郎

卿の君 桐竹勘之助
侍従太郎 吉田作十郎

切　竹本源大夫
　　鶴澤叶太郎

花ノ井　吉田国秀
おわさ　桐竹紋十郎
腰元しのぶ　桐竹紋弥
弁慶　吉田辰五郎

生写朝顔日記
宿屋の段
大井川の段

切　豊竹つばめ大夫
　　野澤喜左衛門
琴　野澤勝平

駒沢次郎左衛門　桐竹紋之助
戎屋徳右衛門　桐竹紋市
岩代多喜太　桐竹紋二郎
下女おなべ　桐竹小紋
朝顔　桐竹紋十郎
近習、供人、川越人足　大勢い

新曲 **釣女**

太郎冠者　豊竹古住大夫
大名　豊竹松島大夫
美女　竹本常子大夫
シコ女　豊竹小松大夫
　野澤勝太郎
　鶴澤友若
　野澤勝平
　竹澤団作
　豊澤仙二郎

大名　吉田作十郎
太郎冠者　桐竹勘十郎
美女　桐竹紋弥
シコ女　桐竹紋之助

○十二月三日　千葉県野田市　高等学校　マチネー
〔典拠〕巡業日程表

◎十二月四日　千葉市教育会館　[D]
重要無形文化財国家指定　大阪文楽座人形浄瑠璃芝居
後援　文部省文化財保護委員会　千葉県教育委員会　千葉市教育委員会
十二月四日　昼一時　夜六時　千葉市教育会館
演目は巡業プログラムの通り
他に　竹本三和大夫　豊竹貴代大夫　豊竹（マ）小静大夫（マ）　桐竹紋七　桐竹紋四郎
桐竹紋之丞　桐竹紋若
前売券三百円　当日三百五十円
◇千葉市文楽会主催（「千葉日報」12・04）

○十二月五日　埼玉県秩父劇場
〔典拠〕巡業日程表

◎十二月七日　神奈川県横浜市国際劇場
入場料　四百五十円　三百円
〔典拠〕「神奈川新聞」広告（12・07）、「東京新聞（神奈川版）」広告（12・06）

◎十二月八日　東京都台東区浅草公会堂　昼の部午後一時　夜の部午後六時開演
台東区社会福祉協議会主催　台東区・台東区福祉事務所後援
入場料　二百五十円
〔典拠〕「東京新聞（都内版）」（12・05）

○十二月九日　埼玉県立越ヶ谷高等学校　マチネー
〔典拠〕巡業日程表

◎十二月十日　神奈川県小田原市中央公民館　午後一時
〔典拠〕「東京新聞（神奈川版）」（12・08）

○十二月十一日　静岡県三島市産業物産会館
〔典拠〕巡業日程表

・・・・・・・・・・・・・・・・・・・・・・・・・・

◇十二月五日　昭和三十二年度大阪市民文化祭芸術賞授賞式
優秀賞　竹本綱大夫　竹澤弥七　「仮名手本忠臣蔵」六段目の演奏
　桐竹紋十郎　「仮名手本忠臣蔵」六段目　勘平の演技
　「仮名手本忠臣蔵」八段目　出演者一同の演技、演奏
〔典拠〕『演劇雑誌幕間』第十三巻第一号

32・12・14　三和会　神戸新聞会館　［ＢＣＤ］

桐竹紋十郎紫綬褒賞受賞　初代紋十郎五十年忌記念
文楽三和会人形浄瑠璃初公演
十二月十四日・十五日　昼夜狂言入替なし　神戸新聞会館大劇場
主催　神戸新聞社

昼の部　午後一時開幕

日高川入相花王《ひだかがわいりあいざくら》

渡し場の段

清姫	豊竹古住大夫	清姫	桐竹紋十郎
船頭	竹本常子大夫	船頭	吉田作十郎
ツレ	竹本三和大夫		
	野澤市治郎		
	竹澤団作		
	野澤勝平		
	豊澤仙二郎		

艶《あで》姿《すがた》女《をんな》舞《まい》衣《ぎぬ》

酒屋の段

前	竹本源大夫	親宗岸	吉田辰五郎
	鶴澤叶太郎	嫁おその	桐竹紋十郎
後	豊竹つばめ大夫	半兵衛女房	吉田国秀
	野澤喜左衛門	舅半兵衛	桐竹紋市
		おつう	桐竹紋次
		半七	桐竹紋寿
		三勝	桐竹紋二郎

奥《おう》州《しゅう》安《あ》達《だちが》原《はら》

袖萩祭文の段

切	豊竹若大夫	袖萩	桐竹紋十郎
	鶴澤燕三	娘お君	桐竹勘之助
		父謙仗	桐竹紋市
		母浜夕	吉田国秀
		安部宗任	桐竹勘十郎
		安部貞任	吉田辰五郎
		仕丁、腰元	大ぜい

紋十郎好み十二月の内

鏡《かがみ》獅《じ》子《し》

シテ　豊竹古住大夫
ワキ　豊竹小住大夫（小松カ）
ツレ　竹本常子大夫
野澤勝太郎
鶴澤燕三
野澤勝平
豊澤仙二郎
鶴澤友若

小姓弥生　桐竹紋十郎
胡蝶　桐竹紋之助
胡蝶　桐竹紋二郎

夜の部　午後六時開幕

鬼《き》一《いち》法眼《ほうがん》三略《さんりゃく》巻《のまき》

五条橋の段

シテ　豊竹松島大夫
ワキ　竹本三和大夫
ツレ　竹本常子大夫
野澤市治郎
豊澤仙二郎
鶴澤友若
竹澤団作
豊澤猿二郎

牛若丸　桐竹紋弥
弁慶　桐竹紋之助

増《ぞう》補《ほ》忠《ちゅう》臣《しん》蔵《ぐら》

本蔵下邸の段

前　豊竹古住大夫
鶴澤燕三
切　竹本住大夫
野澤勝太郎
琴　野澤勝平

井波伴左衛門　吉田作十郎
奴可内　桐竹菊一
加古川本蔵　吉田辰五郎
三千歳姫　桐竹紋二郎
桃井若狭之助　桐竹勘十郎
小姓　桐竹紋次
奴　大ぜい

木下順二作　武智鉄二演出　野澤喜左衛門作曲

瓜《うり》子《こ》姫《ひめ》とあまんじゃく

語り人　豊竹つばめ大夫
野澤喜左衛門
野澤勝太郎
野澤勝平

瓜子姫　桐竹紋之助
爺ッさ　吉田辰五郎
婆ッさ　吉田国秀
杣ノ権六　吉田作十郎
山父　桐竹勘十郎
あまんじゃく　桐竹紋十郎

生《いき》写《うつし》朝《あさ》顔《がお》日《にっ》記《き》

宿屋の段

切　竹本源大夫
鶴澤叶太郎
琴　鶴澤友若
後　豊竹小松大夫
野澤勝平

駒沢次郎左衛門　桐竹勘十郎
戎屋徳右衛門　桐竹紋市
岩代多喜太　桐竹紋二郎
下女おなべ　桐竹小紋
朝顔 実は 深雪　桐竹紋十郎
近習、供人、川越人足　大ぜい

＊　＊　＊

大道具　米田正
鳴物　芳村喜代治
小道具　山森定次郎
床山　背戸百太郎
舞台　鈴木幸次郎

御観劇料　特等席四百円　一等席三百五十円　二等席二百円　三等席百円

◇十二月二十三日　昭和三十二年度芸術祭賞決定
奨励賞
桐竹紋二郎「碁太平記白石噺」の信夫の演技
吉田玉市「壇浦兜軍記　阿古屋琴責の段」の重忠の演技

〔典拠〕「朝日新聞（東京）」、「朝日新聞（大阪）」（12・24）
『芸術祭十五年史　資料編』

32・12・24　因会　道頓堀　文楽座　大阪［BC］

第八回文楽座因会若手勉強会
昭和三十二年十二月二十四日・二十五日　道頓堀文楽座
主催　文楽座因会　後援　株式会社文楽座　協賛　大阪テレビ放送株式会社

昼の部　十二時開演

花競四季寿

素浄瑠璃

竹本綱大夫
竹本土佐大夫
竹本津大夫
竹本雛大夫
竹澤弥七
野澤八造
野澤吉三郎
鶴澤徳太郎
野澤錦糸

一谷嫩軍記

熊谷陣屋の段

前　豊竹弘大夫　野澤吉三郎
後　竹本織の大夫　鶴澤藤蔵

妻相模　吉田文雀
熊谷直実　吉田玉昇
堤軍次　桐竹一暢
藤の方　吉田文昇
源義経　吉田玉幸
梶原景高　桐竹亀次郎
石屋弥陀六　吉田東太郎

明烏六花曙

山名屋の段

竹本織部大夫
三味線　鶴澤寛治

傾城浦里　吉田小玉
禿みどり　吉田栄弘
髪結お辰　吉田難波掾（文五郎事）
時次郎　吉田玉幸
亭主勘兵衛　吉田玉米
やり手おかや　吉田淳造
手代彦六　吉田文昇

釣女

太郎冠者
大名
醜女
美女

竹本綱子大夫
竹本相子大夫
竹本津の子大夫
竹本南部大夫
竹澤弥七
野澤八造
鶴澤清治
竹澤団二郎
鶴澤藤二郎

太郎冠者　吉田小玉
大名　吉田玉幸
美女　桐竹一暢
醜女　吉田文雀

夜の部　四時半開演

花競四季寿

素浄瑠璃

竹本相生大夫
竹本土佐大夫
竹本津大夫
竹本南部大夫
野澤松之輔
野澤八造

竹澤団六
竹澤団二郎
鶴澤藤蔵

御所桜堀川夜討

弁慶上使の段

前	竹本相子大夫 野澤松之輔	卿の君	吉田難波掾（文五郎事）
		侍従太郎	吉田玉之助
後	豊竹十九大夫 竹澤団六	花の井	桐竹亀次郎
		武蔵坊弁慶	吉田玉昇
		女房おわさ	吉田東太郎
		腰元しのぶ	桐竹一暢

双蝶々曲輪日記

引窓の段

前	竹本伊達路大夫 竹澤弥七	南方十次兵衛	吉田玉昇
		母親	吉田淳造
後	竹本織の大夫 鶴澤藤蔵	女房お早	吉田文昇
		三原伝蔵	吉田玉之助
		平岡丹平	桐竹亀次郎
		濡髪長五郎	吉田東太郎

小鍛冶

明神	竹本津大夫	小鍛冶宗近	吉田小玉
宗近	竹本津の子大夫	老翁 実は 稲荷明神	吉田文雀
勅使	竹本織部大夫	勅使道成	吉田玉之助
三味線	竹澤団六 鶴澤寛治 竹澤団二郎 鶴澤藤二郎 野澤錦糸		

＊　＊　＊

人形補導出演

吉田難波掾
吉田玉助
桐竹亀松
吉田栄三
吉田玉市

吉田玉五郎
吉田玉男
吉田万次郎
吉田淳造
吉田玉米

◇十二月二十五日　一谷嫩軍記　熊谷陣屋の段　テレビ放送　大阪　午後一時（「朝日新聞（大阪）」、「毎日新聞（大阪）」、「読売新聞（大阪）」12・25）

▼昭和三十二年の訃音
・一月二十二日　七代豊澤広助没
・十二月四日　四代鶴澤綱造没

昭和三十二年　放送一覧

ラジオ

◇一月一日　午後四時三十分
新日本
寿式三番叟
豊竹山城少掾　竹本綱大夫
〔典拠〕朝　毎

◇一月一日　午後九時
NHK②
伊達娘恋緋鹿子　お七吉三八百屋内の段
豊竹山城少掾　鶴澤藤蔵
解説　竹本綱大夫
〔典拠〕朝　毎　読

◇一月五日　午後六時二十分
NHK②
京鹿子娘道成寺
豊竹つばめ大夫　豊竹古住大夫
野澤勝太郎
〔典拠〕朝　毎　読

◇一月十日　午後九時
NHK②
道頓堀文楽座　一月公演
平家女護島　鬼界ヶ島の段
〔典拠〕朝　毎　読

◇一月十九日　午後六時二十分
NHK②
本朝二十四孝　勘助住家の段
竹本相生大夫　野澤松之輔
〔典拠〕朝　毎　読

◇一月二十六日　午後六時二十分
NHK②
本朝二十四孝　筍掘りの段
竹本津大夫　鶴澤寛治
〔典拠〕朝　毎　読

◇二月十六日　午後六時二十分
NHK②
娘景清八島日記　花菱屋の段
豊竹つばめ大夫　野澤喜左衛門
〔典拠〕朝　毎　読

◇二月二十三日　午後六時二十分
NHK②
嬢景清八島日記　日向島の段
竹本綱大夫　竹澤弥七
〔典拠〕朝　毎　読

◇二月二十四日　午後十一時二十分
新日本
国性爺合戦　楼門の段
竹本綱大夫　竹澤弥七
〔典拠〕朝　毎　読

◇三月二日　午後六時二十分
NHK②
娘景清八島日記　日向島の段
竹本綱大夫　竹澤弥七
〔典拠〕朝　毎　読

◇三月七日　午後九時
NHK②
大阪三越劇場　三月公演
名筆吃又平　将監館の段
〔典拠〕朝　毎　読

◇三月十日　午後二時
NHK①
道頓堀文楽座　三月公演
椿姫
〔典拠〕朝　毎　読

◇三月十六日　午後四時
新日本
道頓堀文楽座　三月公演
絵本太功記　尼ヶ崎の段
〔典拠〕朝　毎　読

◇三月十六日　午後六時二十分
NHK②
一谷嫩軍記　熊谷陣屋の段
豊竹若大夫　鶴澤綱造
〔典拠〕朝　毎　読

◇三月二十一日　午後九時
NHK②
壇浦兜軍記　阿古屋琴責の段
竹本綱大夫　竹澤弥七
〔典拠〕朝　読

◇四月六日　午後六時二十五分
NHK②
義経千本桜　道行初音旅
竹本源大夫
〔典拠〕朝　毎　読

◇四月十三日　午後九時
NHK②

艶容女舞衣　酒屋の段
竹本伊達大夫　鶴澤藤蔵
義経千本桜　すしやの段
豊竹若大夫　鶴澤燕三
〔典拠〕朝　毎　読

◇四月二十日　午後六時二十五分
NHK②
菅原伝授手習鑑　筆法伝授の段
竹本住大夫　野澤勝太郎
〔典拠〕朝　毎　読

◇四月二十一日　午後十一時五十分
新日本
国性爺合戦　楼門
竹本綱大夫
＊「朝日新聞（大阪）」朝刊には、再放送とあり
〔典拠〕朝　毎　読

◇五月九日　午後九時
NHK②
道頓堀文楽座　五月公演
博多小女郎浪枕　心清町より道行まで
〔典拠〕朝　毎　読

◇五月十三日　午後四時四十五分
NHK①
道明寺
豊竹山城少掾
〔典拠〕朝　毎　読

◇五月十八日　午後六時二十五分
NHK②
博多小女郎浪枕　奥田屋の段
竹本綱大夫　竹澤弥七
〔典拠〕朝　毎　読

◇五月二十五日　午後六時二十五分
NHK②
博多小女郎浪枕　奥田屋の段
竹本綱大夫　竹澤弥七
〔典拠〕朝　読

◇五月二十五日　午後九時
NHK②
桂川連理柵　帯屋の段
竹本住大夫　野澤勝太郎
＊「毎日新聞（大阪）」には、野球中継が午後九時三十分まで延長された場合、義太夫の放送はなしとあり
〔典拠〕朝　毎　読

◇六月一日　午後九時
NHK②
国家指定芸能特別鑑賞会
良弁杉
豊竹松大夫　鶴澤清六
〔典拠〕朝　読

◇六月六日　午後九時
NHK②
東京三越劇場　六月公演
義経千本桜　鮓屋の段
〔典拠〕朝　毎　読

◇六月八日　午後九時
NHK②
国家指定芸能特別鑑賞会
良弁杉
豊竹松大夫　鶴澤清六
〔典拠〕朝　読

◇六月十五日　午後六時二十五分
NHK②
茜染野中の隠井　聚楽町の段
竹本雛大夫　鶴澤清八
〔典拠〕朝　毎　読

◇六月十五日　午後九時
NHK②
桂川連理柵
竹本住大夫　野澤勝太郎
〔典拠〕朝　読

◇六月二十二日　午後九時
NHK②
桂川連理棚
竹本住大夫　野澤勝太郎
〔典拠〕朝　読

◇七月四日　午後十時三十五分
NHK①
良弁杉由来　二月堂の段
豊竹松大夫　鶴澤清六
〔典拠〕朝　毎　読

◇七月十一日　午後五時三十分
NHK②
妹背山婦女庭訓　道行恋の小田巻
竹本織部大夫　竹本織の大夫
豊竹十九大夫　野澤八造
〔典拠〕朝　毎　読

◇七月十一日　午後十二時
朝日
一ノ谷嫩軍記
竹本綱大夫
〔典拠〕読

◇七月十八日　午後九時
NHK②
道頓堀文楽座　七月公演
ひらかな盛衰記　逆艪の段
〔典拠〕朝　毎　読

◇七月二十日　午後六時二十五分
NHK②
生写朝顔話　宿屋の段
竹本土佐大夫　鶴澤藤蔵　竹澤団六
〔典拠〕朝　毎　読

◇八月九日　午後八時五分
NHK②
太平記忠臣講釈　喜内住家の段
豊竹山城少掾　鶴澤藤蔵
〔典拠〕朝　毎　読

◇八月十日　午後六時二十五分
NHK②
御所桜堀川夜討　弁慶上使の段
豊竹若大夫　鶴澤燕三
〔典拠〕朝　毎　読

◇九月二十五日　午後十一時三十五分
新日本
壺坂霊験記
竹本津大夫　豊竹つばめ大夫
豊竹小松大夫
〔典拠〕朝　読

◇九月二十八日　午後六時二十五分
NHK②
双蝶々曲輪日記　引窓の段
竹本相生大夫　野澤松之輔
〔典拠〕朝　毎　読

◇十月十二日　午後六時二十五分
NHK②
桂川連理柵　道行朧の桂川
竹本織の大夫　竹本織部大夫
〔典拠〕朝　毎　読

◇十月十二日　午後九時
NHK②
道頓堀文楽座　九月因会三和会合同公演
仮名手本忠臣蔵　祇園一力茶屋の段
〔典拠〕朝　毎　読

◇十月二十五日　午後十一時
朝日
桂川連理柵　帯屋の段
竹本住大夫　野澤勝太郎
〔典拠〕朝　毎　読

◇十月二十六日　午後六時二十五分
NHK②
御所桜堀川夜討　弁慶上使の段
竹本津大夫　鶴澤寛治
〔典拠〕朝　毎　読

◇十一月一日　午後八時五分
NHK②
摂州渡辺橋供養　衣川庵室の段
竹本綱大夫　竹澤弥七
琴　竹澤団六
〔典拠〕朝　毎　読

◇十一月十四日　午後九時
NHK②
道頓堀文楽座　十一月公演
おはん
〔典拠〕朝　毎　読

◇十一月十五日　午後十一時
朝日
摂州合邦辻　合邦内の段
豊竹つばめ大夫　野澤喜左衛門
〔典拠〕朝　毎　読

◇十一月二十六日　午後十二時
朝日
平家女護島　朱雀御所の段
竹本綱大夫　竹澤弥七
〔典拠〕毎

◇十一月二十八日　午後九時
NHK②
新橋演舞場　十一月因会三和会合同公演
碁太平記白石噺　田植の段　逆井村の段
〔典拠〕朝　毎　読

◇十一月三十日　午後六時三十分
NHK②
生写朝顔話　宿屋の段

竹本綱大夫　竹澤弥七　竹澤団六
〔典拠〕朝　毎　読

◇十二月六日　午後九時
NHK②
新橋演舞場　十一月因会三和会合同公演
双蝶々曲輪日記　橋本の段　引窓の段
〔典拠〕朝　毎　読

◇十二月二十日　午後九時
NHK②
傾城恋飛脚　新口村の段
豊竹若大夫
〔典拠〕朝　毎　読

◇十二月二十一日　午後六時二十五分
NHK②
芦屋道満大内鑑
豊竹つばめ大夫　豊竹古住大夫
〔典拠〕朝　毎　読

◇十二月二十三日　午後四時
朝日
壺坂霊験記

竹本住大夫　鶴澤綱造
〔典拠〕朝　毎

テレビ

◇一月二日　午後二時五分
大阪
道頓堀文楽座　一月公演
口上
お染久松染模様妹背門松　油屋の段
蔵前の段
〔典拠〕朝（01・01）毎（01・01）
読（01・01）

◇五月十日　午後三時三十分
大阪
道頓堀文楽座　五月公演
艶容女舞衣　酒屋の段
〔典拠〕朝　毎　読

◇九月七日　午後一時三十五分
大阪
道頓堀文楽座　九月因会三和会合同公演
仮名手本忠臣蔵　道行旅路の花聟
花籠の段　上使の段　判官切腹の段
城明渡しの段
〔典拠〕朝　毎　読

◇九月八日　午後五時
NHK
道頓堀文楽座　九月因会三和会合同公演
仮名手本忠臣蔵　勘平腹切の場
〔典拠〕朝　毎　読

◇十一月二十七日　午後七時四十分
NHK
新橋演舞場　十一月公演
壇浦兜軍記　阿古屋琴責の段
〔典拠〕朝　毎　読

◇十二月二十五日　午後一時
大阪
道頓堀文楽座　十二月二十四日
文楽因会若手勉強会
一谷嫩軍記　熊谷陣屋の段
〔典拠〕朝　毎　読

◇十二月二十七日　午後九時三十分
NHK
菅原伝授手習鑑　寺子屋の段
竹本綱大夫　竹澤弥七　吉田玉助
桐竹紋十郎　吉田玉市　吉田玉男
〔典拠〕朝　毎　読

昭和三十三年

（一九五八　戊戌）

因会・三和会の動き

因会

一月

・十一日　和歌山市市民会館
・十七日から十九日　神戸国際会館
・二十四日から二十九日　文楽座人形浄瑠璃総引越初春興行　京都南座

二月

・七日から十一日　大阪文楽座人形浄瑠璃特別公演　お目見得　東京読売ホール
・十二日から十六日　同　お名残り　東京読売ホール
・十七日　東京都杉並区立教女学院
・十九日から二十四日　文楽ダイジェスト版職場巡回　大阪市内
・二十八日　文楽座人形浄瑠璃　因会・三和会大合同公演　前夜祭　道頓堀文楽座

三月

・一日から二十三日　文楽座人形浄瑠璃三月興行　因会・三和会大合同公演　道頓堀文楽座
・二十二日　俳優座公演　名古屋市公会堂

四月

・二日から二十六日　四月興行大歌舞伎　大夫三味線特別出演　東京新宿松竹座
徳島、淡路巡業
・十六日　高知市中央公民館
・十七日カ　徳島市鴨島有楽座
・十八日　徳島県鳴門市鳴門新東宝劇場
・十九日カ　兵庫県洲本劇場

三和会

一月

・七日から十七日　国立劇場設立促進公演　文楽三和会文楽人形浄瑠璃芝居　第十七回東京公演　東京三越劇場
・十八日　慶應義塾百年祭　東京三越劇場

二月

・四日から六日　①兵庫県姫路市やまと会館
・七日から九日　②兵庫県姫路市やまと会館
・二十八日　文楽座人形浄瑠璃　因会・三和会大合同公演　前夜祭　道頓堀文楽座

三月

・一日から二十三日　文楽座人形浄瑠璃三月興行　因会・三和会大合同公演　道頓堀文楽座
・三十一日　山口県下関市民館
・三十日　広島県福山市公会堂
・二十九日　兵庫県姫路市富士製鉄所
中国、九州巡業

四月

・一日　福岡県八幡市八幡製鉄所
・二日　福岡県八幡市親和会館
・三日・四日　福岡市大博劇場
・六日　宮崎県延岡市野口会館
・七日　宮崎県日南市油津公民館
・八日　宮崎市公会堂
・十日　熊本市歌舞伎座

・二十一日　ＡＢＣホール開館式　大阪ＡＢＣホール
・二十六日から五月十八日　大阪国際芸術祭　文楽座人形浄瑠璃五月興行　因会・三和会大合同公演　道頓堀文楽座
・二十八日　大阪国際芸術祭日本名流舞踊会　大阪産経会館

五月

東北、北陸巡業
・二十六日　宇都宮市栃木会館ホール
・二十七日カ　岩手県一の関修紅短期大学
・二十八日　岩手県花巻市公民館
・二十九日　岩手県盛岡市県公会堂
・三十日　青森県立図書館ホール

六月

・一日　秋田県横手市立横手南小学校
・二日　山形県立新庄南高等学校講堂
・三日　山形市中央公民館
・四日　新潟市公会堂
・五日　新潟県佐渡市立両津小学校
・六日　新潟県佐和田町立河原田小学校
・八日　石川県金沢市松竹座
・九日　福井県武生市中央公民館
・十日　福井県敦賀市立気比中学校
・十一日　文楽興行の対策協議会
・十八日から二十四日　因会・三和会第五回文楽合同公演　お目見得　東京新橋演舞場
・二十五日から二十九日　同　二の替り　東京新橋演舞場

・十一日・十二日　福岡県飯塚市嘉穂劇場
・十四日　福岡県小倉市豊前座
・十五日　福岡県大牟田市民会館
・十六日　福岡県行橋市稲荷座
・十七日　福岡県戸畑中央公民館
・十九日から二十一日　福岡の料亭に少人数出演
・二十一日　ＡＢＣホール開館式　大阪ＡＢＣホール
・二十六日から五月十八日　大阪国際芸術祭　文楽座人形浄瑠璃五月興行　因会・三和会大合同公演　道頓堀文楽座

五月

・二十三日・二十四日　神戸新聞会館

伊勢巡業
・三十日　三重県四日市市公会堂
・三十一日　三重県伊勢市伊勢会館

六月

・九日　大阪市中ノ島新大阪ホテル
・十四日　東京都内
・十五日　栃木県足利市興国化学講堂
・十八日から二十四日　因会・三和会第五回文楽合同公演　お目見得　東京新橋演舞場
・二十五日から二十九日　同　二の替り　東京新橋演舞場
・二十八日　第百二回三越名人会　東京三越劇場

昭和三十三年（戊戌）

七月

・十日から十七日　文楽座人形浄瑠璃　因会三和会初合同公演　京都南座
・十七日　特別公演　因会三和会合同出演　京都南座

八月

近畿巡業
・三日　三重県上野市産業会館
・七日　和歌山県新宮松竹劇場
・八日　三重県熊野市熊野東映
・九日から十七日の間　和歌山県御坊市立御坊中学校
・十八日　奈良県五條市立五條小学校講堂
・二十一日　福井県小浜中央劇場
・二十二日　京都府網野町網映日勝館
・二十三日　京都府綾部市永楽劇場
・二十八日から三十日　上方歌舞伎の復活七人の会結成記念第一回公演　大夫三味線特別出演　大阪毎日ホール

七月

・一日　故鶴澤綱造追善義太夫会　東京三越劇場
・二日から九日　第十八回東京公演　東京三越劇場
（二日から九日　学生の文楽教室　東京三越劇場）
・十日から十七日　文楽座人形浄瑠璃　因会三和会初合同公演　京都南座
・十七日　特別公演　因会三和会合同出演　京都南座

東海道巡業
・二十一日　岐阜市公会堂
・二十二日　静岡県浜松市歌舞伎座
・二十三日　静岡市公会堂
・二十四日　静岡県富士市富士見女子高等学校
・二十五日　静岡県沼津市公会堂
・二十六日　神奈川県川崎市公民館
・二十七日　千葉県船橋市中央公民館
・二十八日　東京都足立区産業振興館

・三十日　竹本住大夫が文楽座で引退声明

八月

・二十二日　奈良市庁別館
・二十八日から三十日　上方歌舞伎の復活七人の会結成記念第一回公演　大夫三味線特別出演　大阪毎日ホール

九月
・一日から十一日　九月・文楽座人形浄瑠璃　因会・三和会大合同　竹本住大夫
引退披露興行　御目見得　道頓堀文楽座
・十二日から二十二日　同　二の替り　道頓堀文楽座
（一日から二十二日　文楽教室　道頓堀文楽座）
・八日　M・バレンシー教授がアメリカ公演を松竹大谷会長と交渉

十月
九州巡業
・十四日　大分市トキハ文化ホール
・十八日　熊本市公会堂
・二十一日　福岡県直方市公会堂
・二十二日　福岡県小倉市東筑紫短期大学
・二十三日　福岡県博多電気ホール
・二十四日　福岡県柳川市伝習館高等学校北校舎体育館
・三十一日から十一月二十六日
初開場東西合同大歌舞伎　大夫三味線特別出演　大阪新歌舞伎座

九月
・一日から十一日　九月・文楽座人形浄瑠璃　因会・三和会大合同　竹本住大夫
引退披露興行　御目見得　道頓堀文楽座
・十二日から二十二日　同　二の替り　道頓堀文楽座
・三十日　島根県松江市一畑百貨店

十月
・二日　兵庫県立芦屋高等学校
東海道巡業
・五日　静岡県吉原市体育館
・六日　神奈川県小田原市御幸座
・七日　埼玉県小川町相生座（映劇）
・八日　埼玉県大宮本校（小学校）講堂
・九日　浦和市埼玉会館
・十日　神奈川県厚木市中央公民館
・十一日　東京都八王子市貿易会館
・十二日　東京都練馬区公民館
・十三日　東京都板橋区民会館
・十四日　神奈川県横浜市県立音楽堂
・十五日　東京都荒川区民会館
・十七日　東京都杉並区公会堂
・十八日　長野県松本市体育館
・二十日　和歌山市民会館カ
・二十二日　大阪府貝塚市公会堂
・二十五日　滋賀県膳所東洋レーヨン
・二十九日　大津市滋賀会館

十一月

・一日から二十三日　文楽座人形浄瑠璃十一月興行　因会・三和会大合同公演　道頓堀文楽座
・十一日　和歌山市民会館
・二十三日　大近松二百三十五年祭奉納演奏　尼崎市広済寺
・二十四日・二十五日　文楽座人形浄瑠璃　因会三和会初合同公演　神戸新聞会館
・二十五日　大阪市会議長粟井岩吉氏藍綬褒章受章祝賀会　道頓堀文楽座
・二十七日　第九回邦楽名人大会　名古屋御園座
・二十八日　文楽人形浄瑠璃新作発表会　大阪産経会館

十二月

・一日から二十六日　当る亥歳吉例顔見世興行東西合同大歌舞伎　大夫三味線特別出演　京都南座
・四日　豊竹山城少掾引退声明　道頓堀文楽座
・十七日　第三回綱弥会　東京第一生命ホール
・二十日　第九十四回三越名人会　大阪三越劇場

昭和三十三年（戊戌）

十一月

・一日から二十三日　文楽座人形浄瑠璃十一月興行　因会・三和会大合同公演　道頓堀文楽座
・二十四日・二十五日　文楽座人形浄瑠璃　因会三和会初合同公演　神戸新聞会館
・二十八日　文楽人形浄瑠璃新作発表会　大阪産経会館
・三十日　徳島市立新町小学校体育館

十二月

東海道、東京巡業
・十一日　静岡県浜松市歌舞伎座
・十二日　静岡県三島市産業会館
・十三日　埼玉県所沢市立所沢中学校体育館
・十六日　埼玉県川口市西公民館
・十七日　東京都葛飾区公会堂
・十九日　神奈川県横浜ニューグランドホテル

33・01・07　三和会　日本橋　三越劇場　東京　［BCD］

国立劇場設立促進公演　重要無形文化財
文楽三和会　文楽人形浄瑠璃芝居　第十七回東京公演
昭和三十三年一月七日より十七日（月曜日休演）　毎日十二時開演

所作事　二人禿

豊竹若子大夫
豊竹小松大夫
竹本常子大夫
豊竹松島大夫
野澤市治郎
豊澤仙二郎
鶴澤友若
野澤八助
豊澤猿二郎

禿　桐竹紋寿
禿　桐竹紋弥

お俊伝兵衛　近頃河原の達引

四条河原の段

伝兵衛　豊竹古住大夫
官左衛門　豊竹松島大夫
久八　竹本常子大夫
かごや　（不詳）
野澤勝平

官左衛門　桐竹勘十郎
伝兵衛　桐竹紋十郎
勘蔵　桐竹小紋
久八　吉田作十郎
※1駕屋　大ぜい

猿廻しの段

前　竹本源大夫
鶴澤叶太郎
ツレ　竹澤団作
切　竹本住大夫
野澤勝太郎
ツレ　野澤勝平

おつる　桐竹勘之助
母　吉田国秀
与次郎　桐竹勘十郎
お俊　桐竹紋之助
伝兵衛　桐竹紋二郎

絵本太功記

尼ヶ崎の段

豊竹若大夫
鶴澤燕三

武智重次郎　吉田作十郎
嫁初菊　桐竹紋二郎
妻操　桐竹紋之助
母さつき　吉田国秀
旅僧実は真柴久吉　（一日替り）桐竹紋寿／桐竹紋弥
武智光秀　吉田辰五郎
加藤正清　桐竹勘之助
※2軍兵　大ぜい

梅川忠兵衛　恋飛脚大和往来

新口村の段

豊竹つばめ大夫
三味線　野澤喜左衛門

忠兵衛　桐竹勘十郎
梅川　桐竹紋十郎
忠三女房　桐竹勘之助
水右衛門　桐竹紋若
伝ヶ婆　桐竹紋四郎
藤次兵衛　吉田菊一
置頭巾　桐竹紋七
道庵　桐竹紋市
孫右衛門　吉田辰五郎
八右衛門　桐竹紋之丞
取手の小頭　桐竹小紋
※3取巻　大ぜい

鏡獅子

豊竹古住大夫
豊竹小松大夫
竹本常子大夫

弥生後に獅子の精　桐竹紋十郎
胡蝶　桐竹紋之助
胡蝶　桐竹紋二郎

野澤勝太郎
鶴澤燕三
豊澤仙二郎
野澤勝平
野澤八助
鶴澤友若

笛　福原英次
小鼓　田中伝一郎
小鼓　堅田喜久
大鼓　堅田喜三郎
大鼓　望月左吉（望月太意次郎改め）
太鼓　藤舎呂雪

＊　＊　＊

はやし　芳村喜代次
人形細工師　藤本由良亀
舞台製作　長谷川音次郎
舞台装置　服部和男

舞台装置　鈴木幸次郎
小道具　山森定次郎
床山　背戸百太郎

入場料　指定席A席三百五十円　B席二百五十円　学生割引券（当日売）百五十円

※1　Dにあり　※2　Dにあり　※3　Dにあり

◎一月十八日　三和会　慶應義塾百年祭　東京日本橋三越劇場　十二時　午後三時
二人禿　近頃河原の達引　お俊伝兵衛　堀川猿回しの段　鏡獅子（配役初春公演と同じ）
入場料　三百円

〔典拠〕プログラム

33・01・11　因会　和歌山市市民会館［B］

大阪文楽座人形浄瑠璃初春興行
昭和三十三年一月十一日　和歌山市民会館
主催　和歌山新聞社　和歌山毎夕新聞社　後援　和歌山県　市教育委員会　宮井新聞舗

昼の部午前十一時　夜の部午後四時半開演
演目・配役は一月十七日神戸国際会館と同じ
但し　勧進帳　源義経　竹本南部大夫　駿河二郎・常陸坊　竹本伊達路大夫　番卒
竹本相子大夫　番卒人形配役なし

◇入場料　全席指定三百五十円（「和歌山新聞」広告　01・11）

33・01・17　因会　神戸国際会館［BC］

重要無形文化財指定　大阪文楽座人形浄瑠璃　引越初春公演
芸術院会員文五郎事吉田難波掾　無形文化財竹本綱大夫　無形文化財鶴澤清六
他総出演
一月十七日より十九日　昼の部十二時　夜の部五時開演　神戸国際会館

十七日（夜）十九日（昼）
大西利夫脚色　西亭作曲　大塚克三装置

椿姫

ブージヴァルの隠れ家より椿姫の家まで

椿姫　竹本織の大夫
ナニーヌ　竹本織部大夫
アルマン　豊竹十九大夫
プリューダンス　竹本静大夫
伯爵　竹本和佐大夫
ガストン　竹本伊達路大夫
野澤吉三郎

椿姫　吉田栄三
アルマン　吉田玉男
アルマンの父　吉田玉市
ナニーヌ　吉田玉五郎
プリューダンス　吉田東太郎
伯爵　吉田玉昇
ガストン　吉田淳造

野澤錦糸
竹澤団六
鶴澤清好
竹本津大夫
三味線　鶴澤寛治
ツレ　鶴澤藤二郎

椿姫の家より臨終まで

竹本土佐大夫
野澤松之輔
ツレ　竹澤団二郎

卅三間堂棟由来

横曽根平太郎住家より木遣り音頭まで

前　竹本南部大夫
　　豊澤豊助
後　豊竹松大夫
三味線　鶴澤清六

菅原伝授手習鑑

松王首実検の段

切　竹本相生大夫
　　鶴澤藤蔵

いろは送りの段

横曽根平太郎　吉田玉男
女房お柳　桐竹亀松
平太郎の母　吉田淳造
進野蔵人　吉田玉幸
みどり丸　桐竹一暢
村の先走り　吉田万次郎
木遣人足　吉田玉之助
木遣人足　桐竹亀次郎
木遣人足　吉田小玉
木遣人足　大ぜい

武部源蔵　吉田玉男
女房戸浪　吉田玉五郎
舎人松王丸　吉田玉助
女房千代（前）　吉田栄三

切　竹本綱大夫
　　竹澤弥七

女房千代（後）　吉田難波掾（文五郎事）
春藤玄蕃　吉田玉昇
よだれくり　吉田玉之助
菅秀才　吉田玉丸
御台所　吉田小玉
小太郎　吉田栄弘
百姓　吉田万次郎
百姓　桐竹亀次郎
手習子　桐竹一暢
手習子　吉田玉幸
百姓、捕手　大ぜい

寿春羽子板

二人禿の段

かむろ　竹本雛大夫
かむろ　竹本織の大夫
竹本相子大夫
野澤八造
鶴澤徳太郎
竹澤団二郎
鶴澤藤二郎

禿　吉田玉五郎
禿　吉田文雀

十八日（夜）十九日（夜）

勧進帳

武蔵坊弁慶　竹本津大夫
富樫左衛門　竹本相生大夫
源義経　竹本雛大夫
伊勢三郎　片岡八郎　駿河次郎　常陸坊　竹本静大夫
豊竹十九大夫
番卒　竹本伊達路大夫
三味線　鶴澤寛治
野澤松之輔

武蔵坊弁慶　吉田玉助
富樫左衛門　桐竹亀松
源義経　吉田玉男
伊勢三郎　吉田玉之助
駿河次郎　吉田文昇
片岡八郎　桐竹亀次郎
常陸坊　吉田玉米
番卒　吉田万次郎

野澤八造
竹澤団六
鶴澤清好
鶴澤藤二郎

番卒　大ぜい

伽羅先代萩

御殿の段
竹本土佐大夫
鶴澤藤蔵

政岡忠義の段
豊竹松大夫
三味線　鶴澤清六

乳人政岡（前）　吉田玉五郎
乳人政岡（後）　文五郎事 吉田難波掾
妻八汐　吉田玉助
栄御前　吉田東太郎
沖の井　吉田小玉
鶴千代　吉田玉丸
倅千松　桐竹一暢
腰元　大ぜい

お俊伝兵衛　近頃河原の達引

堀川猿廻しの段
切　竹本綱大夫
竹澤弥七
ツレ　野澤錦糸

猿回し与次郎　吉田玉市
娘お俊　吉田栄三
井筒屋伝兵衛　吉田東太郎
娘おつる　吉田玉之助
与次郎の母　吉田淳造

音冴春臼月

団子売の段
竹本和佐大夫
竹本南部大夫
竹本織部大夫
竹本相子大夫
野澤吉三郎

お臼　桐竹亀松
杵造　吉田玉男

鶴澤徳太郎
竹澤団二郎
豊澤豊助

御観覧料　一階席四百五十円　二階席三百円

◇豊竹山城少掾休演（『文楽因会三和会興行記録』）
◇大阪歌舞伎座一月興行は新派、関西歌舞伎は文楽座で開けることとなったため、文楽座は本拠を失って神戸、京都に出演　新春興行を文楽座で打てなかったことは異例（『文楽因会三和会興行記録』、「毎日新聞（大阪）」昭和三十二年11・07）

33・01・24　因会　四条　南座　京都　［BC］

重要無形文化財　文楽座人形浄瑠璃　総引越初春興行
芸術院会員豊竹山城少掾　芸術院会員吉田文五郎事吉田難波掾　他全員総出演
二十四日初日　二十九日まで　二十七日より昼夜の芸題入替　南座
京都文楽会第十三回公演
後援　京都府　京都市　京都新聞社　京都観光連盟　京都商工会議所

昼の部　十一時開演
藤間良輔振付

寿三人三番

豊竹松子大夫
竹本伊達路大夫
豊竹十九大夫
竹本織の大夫
竹本南部大夫
竹本静大夫
豊竹松大夫
竹本土佐大夫

竹本相生大夫
豊竹山城少掾
竹本綱大夫
竹本津大夫
竹本雛大夫
竹本和佐大夫
竹本長子大夫
竹本織部大夫

豊竹弘大夫
竹本相次大夫
竹本綱子大夫
竹本津の子大夫
竹本相子大夫
鶴澤清八
鶴澤清治
鶴澤清好
豊澤新三郎
鶴澤徳太郎
鶴澤清六
野澤吉三郎
野澤松之輔
鶴澤藤蔵
竹澤弥七

大西利夫作　西亭作曲　大塚克三装置

明治天皇

旅順攻囲軍司令部より宮中一室まで

竹本津大夫
三味線　鶴澤寛治
大胡弓　鶴澤清好
八雲　竹澤団二郎

鶴澤寛治
野澤八造
野澤錦糸
竹澤団六
竹澤団二郎
鶴澤藤二郎
野澤喜八郎
豊澤豊助

千歳　吉田東太郎
翁　吉田玉市
三番叟　桐竹亀松
三番叟　吉田玉五郎
三番叟　吉田玉男

旅順攻囲軍司令部

乃木大将　吉田栄三
児玉将軍　吉田玉市
参謀大庭中佐　吉田玉昇
参謀白井中佐　吉田文昇
細井参謀　吉田玉之助
長谷川参謀　吉田玉米

宮中の一室

明治天皇　吉田玉助
乃木大将　吉田栄三
児玉将軍　吉田玉市
侍従武官長岡沢大将　吉田東太郎
藤波侍従　吉田文雀
宮内官　吉田玉幸

伽羅先代萩

御殿の段

竹本土佐大夫
鶴澤藤蔵

政岡忠義の段

豊竹松大夫
三味線　鶴澤清六

摂州合邦辻

合邦住家の段

前　竹本綱大夫
　　竹澤弥七
後　竹本相生大夫
　　野澤松之輔

寿春羽子板

二人禿の段

竹本雛大夫
竹本南部大夫
竹本織部大夫
野澤八造
竹澤団六
竹澤団二郎

宮内官　桐竹亀次郎
宮内官　吉田常次

御殿より政岡忠義の段

乳人政岡（前）　吉田玉五郎
乳人政岡（後）　吉田難波掾（文五郎事）
鶴喜代君　吉田玉丸
一子千松　桐竹一暢
妻八汐　吉田玉市
栄御前　桐竹亀松
沖の井　吉田小玉
腰元　大ぜい

親合邦　吉田玉助
玉手御前　吉田栄三
俊徳丸　吉田玉昇
浅香姫　吉田文昇
奴入平　吉田兵次
合邦女房　吉田淳造

禿　吉田玉五郎
禿　吉田文雀

鶴澤藤二郎
野澤喜八郎

夜の部　四時半開演

食満南北作　楳茂都陸平振付
鶴澤道八作曲　松田種次装置

おもひで曽我

曽我十郎祐成・軍兵成平　竹本相生大夫
曽我五郎時致・軍兵時平　竹本雛大夫
虎御前　竹本南部大夫
亀菊　竹本織部大夫
ツレ　竹本相子大夫
野澤松之輔
豊澤豊助
野澤錦糸
豊澤新三郎
鶴澤清好
鶴澤藤二郎

曽我十郎祐成・軍兵成平　吉田栄三
曽我五郎時致・軍兵時平　吉田玉男
虎御前　吉田玉五郎
亀菊　吉田文雀

心中紙屋治兵衛

北新地河庄の段

豊竹松大夫
三味線　鶴澤清六

紙屋治兵衛　吉田栄三
紀の国屋小春　桐竹亀松
兄孫右衛門　吉田玉市
河庄亭主　吉田兵次
江戸屋太兵衛　吉田東太郎
五貫屋善六　吉田玉昇
通り人　大ぜい

絵本太功記

尼ヶ崎の段

切　豊竹山城少掾
鶴澤藤蔵
竹本綱大夫
竹澤弥七

武智光秀　吉田玉助
倅重次郎　吉田玉男
妻操　桐竹亀松
嫁初菊　吉田東太郎
真柴久吉　吉田玉昇
加藤正清　吉田小玉
母皐月　吉田常次
軍兵　大ぜい

お駒 才三 恋娘昔八丈

鈴ヶ森の段

竹本土佐大夫
鶴澤藤蔵

娘お駒　吉田難波掾（文五郎事）
親庄兵衛　吉田兵次
庄兵衛女房　吉田玉米
堤弥兵次　吉田玉幸
髪結才三　吉田文昇
番頭丈八　桐竹亀次郎
見物人　大ぜい

勧進帳

武蔵坊弁慶　竹本津大夫
富樫左衛門　竹本織の大夫
源義経　竹本和佐大夫
伊勢三郎　竹本静大夫
駿河次郎　豊竹弘大夫
片岡八郎　豊竹十九大夫
常陸坊　竹本長子大夫
番卒　竹本伊達路大夫
三味線　鶴澤寛治
鶴澤徳太郎
豊澤新三郎
竹澤団六

武蔵坊弁慶　吉田玉助
富樫左衛門　吉田玉男
源義経　吉田玉五郎
伊勢三郎　吉田玉之助
駿河次郎　吉田淳造
片岡八郎　桐竹亀次郎
常陸坊　吉田常次
番卒　吉田万次郎
番卒　大ぜい

野澤喜八郎

一等席四百円　二等席二百円　三等席百円　学生券（一等席）二百五十円

◇南座に正月に文楽がかかるのは昭和三年以来の三十年ぶり（『昭和の南座資料編（中）』）

◇一月三十日　伽羅先代萩　御殿の段　ラジオ放送　ＮＨＫ第二　午後九時

（「朝日新聞（大阪）」、「毎日新聞（大阪）」、「読売新聞（大阪）」01・30）

◇一月三十日　第七回人形浄瑠璃因協会賞贈呈式　大阪市長公室　午後一時

豊竹つばめ大夫　野澤喜左衛門「仮名手本忠臣蔵　六段目　身売の段」の演技、演奏

豊竹松大夫　野澤清六「加賀見山旧錦絵　長局の段」の演技、演奏

吉田難波掾「良弁杉由来　二月堂の段」渚の方の演技

桐竹紋二郎「関取千両幟　猪名川内の段」おとわの演技

〔典拠〕『人形浄瑠璃因協会会報』第六号、「大阪日日新聞」（01・18）

33・02・04　三和会

姫路　やまと会館　①　［ＢＣ］

人形浄瑠璃文楽三和会

やまとやしき友の会御招待

二月四日・五日・六日の部　十時　二時　六時開演

仮名手本忠臣蔵

一力茶屋の段

由良之助　竹本住大夫　｜　由良之助　吉田辰五郎

力弥　竹本常子大夫　｜　力弥　（一日替り）桐竹紋寿

おかる　竹本源大夫　｜　おかる　桐竹勘之助

九太夫　豊竹松島大夫　｜　九太夫　桐竹紋之助

平右衛門　豊竹古住大夫　｜　平右衛門　桐竹紋市

鶴澤叶太郎　｜　桐竹勘十郎

仲居　大勢

菅原伝授手習鑑

寺子屋の段

前　豊竹つばめ大夫

野澤喜左衛門

切　豊竹若大夫

鶴澤燕三

菅秀才　桐竹紋次

小太郎　桐竹勘之助

戸浪　桐竹紋二郎

武部源蔵　桐竹勘十郎

春藤玄蕃　吉田作十郎

松王丸　吉田辰五郎

千代　桐竹紋十郎

御台所　桐竹紋之丞

手習子、百姓、捕巻　大勢

桐竹紋十郎十二ヶ月好み

藤間紋寿郎振付

鏡獅子

豊竹古住大夫

豊竹小松大夫

竹本常子大夫

野澤勝太郎

野澤市治郎

琴　野澤勝平

竹澤団作

豊澤仙二郎

弥生 後に獅子の精　桐竹紋十郎

胡蝶　桐竹紋之助

胡蝶　桐竹紋二郎

姫路　やまと会館　②　［ＢＣ］

二月七日・八日・九日の部　十時　二時　六時開演

生写朝顔日記
島田宿笑薬の段
前　豊竹松島大夫
　　豊澤仙二郎
後　竹本住大夫
　　野澤勝太郎
宿屋奥座敷の段
切　豊竹つばめ大夫
　　野澤喜左衛門
琴　野澤勝平
大井川の段
跡　豊竹小松大夫
　　野澤勝平
絵本太功記
尼ヶ崎の段
前　竹本源大夫
　　鶴澤叶太郎
切　豊竹若大夫
　　鶴澤燕三
鐘供養　京鹿子娘道成寺
シテ　豊竹古住大夫
ワキ　豊竹小松大夫
ツレ　竹本常子大夫
　　野澤市治郎
　　豊澤仙二郎
　　竹澤団作
　　野澤勝平

下女おなべ　桐竹紋四郎
下女おまつ　桐竹紋七
手代松兵衛　桐竹勘之助
荻野祐仙　桐竹勘十郎
戎屋徳右衛門　吉田国秀
岩代多喜太　桐竹紋二郎
駒沢次郎左衛門　吉田辰五郎
朝顔実は深雪　桐竹紋十郎
近習、供人、川越人足　大勢
武智重次郎　吉田作十郎
許嫁初菊　一日替り（桐竹紋寿／桐竹紋弥）
妻みさを　桐竹紋之助
母さつき　吉田国秀
旅僧実は真柴久吉　桐竹勘十郎
武智光秀　吉田辰五郎
加藤正清　桐竹小紋
軍兵　大勢
白拍子花子　桐竹紋十郎
所化　吉田作十郎
所化　桐竹紋二郎
所化　桐竹紋弥
所化　桐竹勘之助

33・02・07　因会

有楽町　読売ホール　東京　①　[BC]

大阪文楽座人形浄瑠璃特別公演
二月七日より十六日まで　十二日より狂言入替　有楽町　読売ホール

お目見得狂言　二月七日より十一日

嬢景清八島日記

昼の部　十一時開演

花菱屋の段
花菱屋の長　竹本雛大夫
花菱屋女房　竹本静大夫
娘糸滝　竹本南部大夫
佐治太夫　竹本織の大夫
遊君　竹本織部大夫
男衆　竹本伊達路大夫
禿　竹本相子大夫
　　野澤八造

日向島の段
切　竹本綱大夫
　　竹澤弥七

娘糸滝　吉田栄三
花菱屋の長　吉田淳造
花菱屋女房　吉田玉五郎
佐治太夫　吉田玉市
飯焚き　桐竹亀次郎
下男　吉田万次郎
遊君　吉田小玉
遊君　桐竹一暢
下女　吉田栄弘
悪七兵衛景清　吉田玉助
娘糸滝　吉田栄三
佐治太夫　吉田玉市
天野四郎　吉田文昇
土屋軍内　吉田玉昇

吉田難波掾受領
七世竹本土佐大夫襲名　**披露口上**

三勝
半七　**艶容女舞衣**

酒屋の段

前　竹本相生大夫
　　野澤松之輔
後　竹本土佐大夫
　　鶴澤藤蔵

親宗岸　吉田玉市
嫁おその　文五郎事 吉田難波掾
舅半兵衛　吉田淳造
娘おつう　吉田玉丸
茜屋半七　吉田玉男
美濃屋三勝　吉田玉五郎
半兵衛女房　吉田常次

摂州合邦辻

合邦住家の段

前　豊竹松大夫
　　三味線　鶴澤清六
後　竹本津大夫
　　三味線　鶴澤寛治

親合邦　吉田玉助
玉手御前　桐竹亀松
奴入平　吉田玉昇
俊徳丸　吉田東太郎
浅香姫　吉田文雀
合邦女房　吉田常次

夜の部　五時開演
藤間良輔振付
寿三人三番叟

千歳　竹本南部大夫
翁　竹本相生大夫
三番叟　竹本静大夫
三番叟　竹本織の大夫
　　野澤松之輔
　　野澤吉三郎
　　鶴澤徳太郎
　　野澤錦糸
　　竹澤団六

千歳　吉田東太郎
翁　吉田玉市
三番叟　桐竹亀松
三番叟　吉田玉五郎
三番叟　吉田玉男

大西利夫作　西亭作曲　大塚克三装置
明治天皇

旅順攻囲軍司令部より宮中の一室まで

竹本津大夫
三味線　鶴澤寛治
大胡弓　鶴澤清好
八雲　竹澤団二郎

明治天皇　吉田玉助
乃木大将　吉田栄三
児玉将軍　吉田玉市
参謀大庭中佐　吉田玉昇
参謀白井中佐　吉田文昇
細井参謀　吉田玉之助
長谷川参謀　吉田玉米
侍従武官長岡沢大将　吉田東太郎
藤波侍従　吉田文雀
宮内官　吉田玉幸
宮内官　桐竹亀次郎
宮内官　吉田常次

通し狂言
加賀見山旧錦画　鶴ヶ岡草履打の段　廊下の段　長局の段　奥庭の段

草履打の段

局岩藤　竹本綱大夫
中老尾上　竹本土佐大夫
町人善六　竹本静大夫
こし元　竹本織部大夫
こし元　竹本織の大夫
　　竹澤弥七

局岩藤　桐竹亀松
中老尾上　吉田栄三
鷲の善六　吉田小玉
腰元　大ぜい

廊下の段

竹本相生大夫
野澤松之輔

局岩藤　桐竹亀松
伯父弾正　吉田淳造
召使お初　吉田玉男
腰元　大ぜい

長局の段

前　豊竹松大夫
　　鶴澤清六
後　竹本土佐大夫
　　鶴澤藤蔵

中老尾上　吉田栄三
召使お初（前）　吉田玉男
召使お初（後）　文五郎事 吉田難波掾
町人　大ぜい

奥庭の段

局岩藤　竹本雛大夫
召使お初　竹本南部大夫
安田庄司　竹本伊達路大夫
こし元　竹本相子大夫
ツレ　野澤八造
　　竹澤団二郎
　　鶴澤藤二郎

局岩藤　桐竹亀松
召使お初　吉田玉五郎
安田庄司　吉田東太郎
女中　大ぜい

御観劇料　一等席四百円　二等席三百円　三等席百八十円

◇二月八日　艶容女舞衣　酒屋の段　テレビ放送　NHK　午後一時三十五分（「朝日新聞（大阪）」、「毎日新聞（大阪）」、「読売新聞（大阪）」02・08）

有楽町　読売ホール　東京　②　［BC］

お名残り狂言　二月十二日より十六日

昼の部　十一時開演

義経千本桜

道行初音の旅路

静御前　竹本南部大夫
忠信　竹本織の大夫
ツレ　竹本織部大夫
　　竹本伊達路大夫
　　鶴澤藤蔵
　　野澤八造
　　野澤錦糸
　　竹澤団二郎
　　鶴澤藤二郎

静御前　吉田玉五郎
忠信　吉田玉男

川連法眼館の段

切　竹本相生大夫
　　野澤松之輔
ツレ　竹澤団六

源義経　吉田東太郎
静御前　吉田玉五郎
狐忠信　桐竹亀松
郎党　大ぜい

おはん

宇野千代原作　大西利夫脚色
鶴澤清六作曲　大塚克三装置

鉄砲小路より鍛冶屋町まで

与七　竹本雛大夫
おばはん　竹本静大夫
おはん　竹本織部大夫
おかよ　竹本南部大夫
　　野澤吉三郎

家うつりより鉄砲小路まで

おはん　竹本土佐大夫
与七　豊竹松大夫
おばはん　竹本静大夫
若い者　竹本相子大夫
三味線　鶴澤清六
ツ　鶴澤徳太郎

与七　吉田玉男
おはん　吉田栄三
おばはん　吉田玉五郎
おかよ　吉田文雀
一子悟　吉田文昇
若い者　吉田玉昇
若い者　桐竹亀次郎
小学生　大ぜい

レ　鶴澤清好

壺坂観音霊験記

沢市内より壺坂寺まで

切　竹本綱大夫
　　竹澤弥七
ツレ　竹澤団二郎

座頭沢市　吉田玉市
女房お里（前）　吉田《文五郎事》難波掾
女房お里（後）　吉田栄三
観世音　吉田玉之助

御所桜堀川夜討

弁慶上使の段

竹本津大夫
三味線　鶴澤寛治

武蔵坊弁慶　吉田玉助
針妙おわさ　桐竹亀松
娘しのぶ　吉田文雀
侍従太郎　吉田常次
妻花の井　吉田文昇
卿の君　吉田小玉

夜の部　五時開演

菅原伝授手習鑑

車引の段

松王丸　竹本雛大夫
梅王丸　竹本織の大夫
桜丸　竹本織部大夫
時平公　竹本静大夫
杉王丸　竹本伊達路大夫
　　野澤吉三郎

舎人松王丸　吉田玉助
舎人梅王丸　吉田玉男
舎人桜丸　吉田玉五郎
藤原時平　吉田淳造
舎人杉王丸　吉田玉之助
仕丁　大ぜい

寺入りの段

竹本静大夫
野澤八造

女房千代　吉田玉男
一子小太郎　吉田栄弘

女房戸浪　吉田東太郎
菅秀才　吉田玉丸
下男三助　吉田玉幸
手習子　大ぜい

松王首実検の段

竹本津大夫
三味線　鶴澤寛治

いろは送りの段

豊竹松大夫
三味線　鶴澤清六

武部源蔵　吉田玉市
女房戸浪　吉田東太郎
松王丸　吉田玉助
女房千代（前）　吉田玉男
女房千代（後）　吉田《文五郎事》難波掾
春藤玄蕃　吉田玉昇
よだれくり　吉田玉米
御台所　吉田小玉
菅秀才　吉田玉丸
小太郎　吉田栄弘
百姓、手習子　大ぜい

吉田難波掾受領
七世竹本土佐大夫襲名
披露口上

お駒
才三
恋娘昔八丈

白木屋の段

切　竹本綱大夫
　　竹澤弥七

番頭丈八　吉田玉助
娘お駒　吉田栄三
髪結才三　吉田東太郎
親庄兵衛　吉田淳造
佃屋喜蔵　吉田常次
下女　桐竹一暢

鈴ヶ森の段

竹本土佐大夫
鶴澤藤蔵

娘お駒　吉田栄三
親庄兵衛　吉田淳造

庄兵衛女房　吉田常次
堤弥平次　吉田文昇
才三　吉田東太郎
丈八　吉田玉助
見物人　大ぜい

棋茂都陸平振付
新曲　**連獅子**
雄獅子
雌獅子
子獅子

竹本相生大夫
竹本雛大夫
竹本南部大夫
竹本相子大夫
野澤松之輔
鶴澤徳太郎
野澤錦糸
竹澤団六
鶴澤清好

雌獅子　桐竹亀松
雄獅子　吉田栄三
子獅子　吉田玉五郎

◇二月十七日　因会カ　東京都杉並区立教女学院講堂　午後
〔典拠〕「朝日新聞（東京）」（02・18）

◇二月十九日から二十四日　因会　文楽ダイジェスト版職場巡回
早川電機工業本社で従業員二百五十人にむけ、大阪文楽会事務局長鷲谷樗風による「文楽の歴史」、吉田玉五郎による人形解説、竹本雛大夫、野澤錦糸のテープによる「酒屋」の上演を行う　以後、久保田鉄工、近鉄、大和川染工、高田アルミ、鉄道弘済会を無料巡演　他に　吉田文昇　吉田小玉が出演
〔典拠〕「朝日新聞（大阪）」、「毎日新聞（大阪）」（02・19）
「産経新聞（大阪）」（02・20）

◎二月二十四日　因会
松竹制作・木下恵介監督「楢山節考」（六月一日公開）の映画音楽全編の作曲を杵屋六左衛門、野澤松之輔が担当、打合せが行われた
〔典拠〕「毎日新聞（大阪）」（02・24）

33・02・28　因会・三和会　道頓堀　文楽座　大阪　［BC］
文楽座人形浄瑠璃　因会・三和会大合同公演　前夜祭　文楽座
昭和三十三年二月二十八日　午後五時

司会　竹本津大夫
文楽を語る　三宅周太郎
片岡仁左衛門
文楽鼎談　竹本綱大夫
野澤松之輔
桐竹紋十郎
高砂　文五郎事吉田難波掾
西亭作曲・指揮
平和祭を祝して　文楽絃奏曲『秋』
鶴澤藤蔵　竹澤弥七
野澤八造　野澤吉三郎
鶴澤徳太郎　野澤錦糸
豊澤新三郎　竹澤団六
鶴澤清好　竹澤団二郎
鶴澤藤二郎　鶴澤清治

お好み『千本桜道行』

大夫
桐竹紋十郎
吉田玉助
吉田玉五郎
吉田玉男
桐竹勘十郎
桐竹紋之助
野澤勝太郎
豊澤猿二郎
竹本津の子大夫
竹本相子大夫

三味線
竹本相生大夫
豊竹若大夫
竹本雛大夫
豊竹松大夫
竹本静大夫
竹本織の大夫
竹澤団六

野澤勝平
鶴澤燕三
野澤市治郎

静御前 竹本綱大夫
竹本土佐大夫
左 桐竹亀松
足 吉田小玉

忠信 桐竹一暢
竹本津大夫
豊竹つばめ大夫
左 吉田玉市
足 吉田玉昇

狐 吉田玉幸
竹本南部大夫

切
竹本長子大夫
豊澤新三郎
竹本相生大夫
野澤松之輔

猿沢の池の段
豊竹古住大夫
鶴澤徳太郎
竹本織の大夫
野澤錦糸

掛乞の段
竹本雛大夫
野澤八造
竹本静大夫
鶴澤燕三

万歳の段
豊竹つばめ大夫
ツレ 豊竹小松大夫
三味線 野澤喜左衛門
ツレ 野澤勝平
竹本津大夫
ツレ 竹本津の子大夫

阿部中納言 吉田作十郎
蘇我入鹿 桐竹勘十郎
めどの方 桐竹紋之助
大判事清澄 吉田玉助
久我之助清舟 吉田玉男
宮越玄蕃 吉田玉昇
荒巻弥藤太 吉田常次
腰元 吉田玉米
腰元 桐竹紋七

猿沢池の段
大納言兼秋 吉田東太郎
天智の帝 吉田文雀
禁庭の使 吉田玉幸
藤原淡海 吉田玉男
官女 大ぜい

掛乞の段
猟師芝六 吉田栄三
女房お雉 桐竹亀松
米屋新右衛門 桐竹勘十郎
大納言兼秋 吉田東太郎
仕丁 吉田玉之助
仕丁 桐竹紋之丞
官女 吉田小玉
官女 桐竹紋寿

万歳の段
猟師芝六 吉田栄三
女房お雉 桐竹亀松
大納言兼秋 吉田東太郎
一子三作 桐竹紋弥
天智の帝 吉田文雀
藤原淡海 吉田玉男

33・03・01 因会・三和会　道頓堀　文楽座　大阪　［ABC］

文楽座人形浄瑠璃三月興行　因会・三和会大合同公演
昭和三十三年三月一日初日　二十三日まで　十三日より昼夜の狂言入替
府民劇場指定　重要無形文化財指定　道頓堀文楽座

昼の部　十一時開演
鷲谷樗風補訂　西亭補曲
通し狂言　妹背山婦女庭訓

蘇我蝦夷子館の段
中　竹本和佐大夫

蝦夷子館の段
蘇我蝦夷子　吉田辰五郎

三味線 鶴澤寛治
ツレ 竹澤団二郎

捕手の段
竹本源大夫
鶴澤叶太郎

芝六忠義の段
切 竹本住大夫
野澤勝太郎

定高館花渡しの段
竹本土佐大夫
鶴澤藤蔵
豊竹松大夫
野澤吉三郎

背山の段
大判事 豊竹若大夫
三味線 鶴澤寛治
久我之助 竹本津大夫
豊竹つばめ大夫
三味線 野澤喜左衛門

妹山の段

官女 吉田小玉
官女 桐竹紋寿

捕手の段
猟師芝六 吉田栄三
鹿役人 吉田小玉
捕手 吉田玉米
捕手 桐竹勘之助

芝六内の段
猟師芝六 吉田栄三
女房お雉 桐竹亀松
一子三作 桐竹紋弥
一子杉松 桐竹一暢
藤原鎌足 吉田辰五郎
藤原淡海 吉田玉男
采女 吉田淳造
鹿役人 吉田玉昇
警蹕 桐竹亀次郎

花渡しの段
後室定高 桐竹紋十郎
大判事清澄 吉田玉助
入鹿大臣 桐竹勘十郎

山の段
大判事清澄 吉田玉助
久我之助清舟 吉田玉男
後室定高 桐竹紋十郎
娘雛鳥（前） 吉田玉五郎
娘雛鳥（後） 文五郎事 吉田難波掾
腰元小菊 吉田文昇
腰元桔梗 桐竹紋二郎

定高 竹本綱大夫
竹澤弥七
琴 竹澤団六
雛鳥 竹本土佐大夫
豊竹松大夫
腰元 竹本南部大夫
三味線 鶴澤清六

藤間紋寿郎振付

鏡獅子

小姓弥生 後に獅子の精 竹本雛大夫
胡蝶 豊竹古住大夫
竹本織の大夫
胡蝶 竹本織部大夫
竹本常子大夫
竹本相子大夫
野澤勝太郎
鶴澤燕三
竹澤団六
豊澤仙二郎
野澤八助
野澤勝平
琴 竹澤団二郎
鶴澤徳太郎
野澤錦糸

鳴物 藤舎孤舟
藤舎呂秀
藤舎呂祐
藤舎庄治
藤舎与三郎
藤舎呂船
藤舎淳介
藤舎秀声
藤舎勲
中村寿慶
中村寿誠

小姓弥生 後に獅子の精 桐竹紋十郎
胡蝶 桐竹紋之助
胡蝶 桐竹紋二郎

夜の部 四時半開演
鷺谷樗風作 西亭作曲

通し狂言 **石川五右衛門**

芥川堤の段
竹本七五三大夫

芥川の段
次左衛門 吉田辰五郎

野澤市治郎
竹本静大夫
野澤喜八郎

矢矧橋出会の段

猿之助　竹本織の大夫
友市※1　竹本織部大夫
　竹本津の子大夫
　竹本相子大夫
物乞善作　竹本伊達路大夫
庄屋徳太夫　豊竹十九大夫
来作　豊竹松島大夫
花形姫　豊竹弘大夫
玉淵利金太　竹本三和大夫
家来　竹本相次大夫
　豊澤豊助

壬生村治左衛門住家の段

中　竹本南部大夫
　野澤八造
切　豊竹若大夫
　野澤勝太郎

足利義輝志賀館の段

竹本相生大夫
野澤松之輔

しがらみ　吉田文雀

矢矧橋の段

徳太夫　吉田淳造
猿之助　桐竹紋二郎
友市　吉田玉昇
花形姫　吉田文雀
物乞善作　吉田玉幸
来作　吉田作十郎
玉淵利金太　吉田国秀
家来　桐竹一暢
家来　桐竹亀次郎
家来　桐竹勘之助

壬生村の段

次左衛門　吉田辰五郎
娘小冬　吉田玉男
遊女屋喜八　吉田玉五郎
手代九助　吉田文昇
石川五右衛門　吉田玉助
木下藤吉　桐竹亀松
足柄金蔵　吉田作十郎
堅田小雀　吉田文雀
三上百助　桐竹紋寿
見倒しや太次郎兵衛　吉田常次
掛取　吉田玉米
掛取　桐竹紋四郎

義輝館の段

足利義輝　吉田玉市
芙蓉太夫　桐竹紋之助

南禅寺楼門の段

石川五右衛門　竹本津大夫
木下藤吉　豊竹つばめ大夫
三味線　鶴澤清八

三好長慶　吉田玉昇
石川五右衛門　吉田玉助
木下藤吉　桐竹亀松

楼門の段

石川五右衛門　吉田玉助
木下藤吉　桐竹亀松
右源太　吉田淳造
左源太　桐竹紋市

壇浦兜軍記

阿古屋琴責の段

阿古屋　竹本土佐大夫
重忠　豊竹松大夫
岩永　竹本源大夫
榛沢　竹本織部大夫
　竹本織の大夫
三味線　鶴澤清六
ツレ　鶴澤徳太郎
琴　鶴澤清好
胡弓　鶴澤清治

遊君阿古屋　桐竹紋十郎
秩父重忠　吉田玉市
岩永左衛門　桐竹勘十郎
榛沢六郎　吉田東太郎
水奴　吉田淳造
水奴　吉田常次
水奴　桐竹紋市
水奴　吉田国秀

伊賀越道中双六

沼津里の段

竹本津大夫
三味線　鶴澤寛治
ツレ　野澤八造
豊竹つばめ大夫
三味線　野澤喜左衛門
ツレ　鶴澤燕三

沼津里の段

親平作　吉田玉助
呉服屋重兵衛　吉田栄三
荷持安兵衛　吉田兵次
娘およね（前）　吉田玉五郎（文五郎事）
娘およね（後）　吉田難波掾
池添孫八　桐竹紋之助

平作内の段

千本松原平作腹切の段

竹本綱大夫
竹澤弥七

切　豊竹山城少掾
鶴澤藤蔵
※2胡弓　鶴澤藤二郎

男女道成寺

藤間良輔振付

豊竹つばめ大夫　鶴澤藤二郎
竹本南部大夫　竹澤団作
豊竹古住大夫
野澤勝太郎　鳴物　笛　藤舎勲
野澤市治郎　小鼓　藤舎呂船
鶴澤燕三　小鼓　望月久三郎
野澤勝平　小鼓　藤舎与三郎
竹澤団二郎　大鼓　中村寿慶
豊澤猿二郎　太鼓　中村寿誠
竹本津大夫　白拍子桜子 実は　桐竹亀松
竹本雛大夫　狂言師左近
（竹本和佐大夫
竹本長子大夫　白拍子花子　吉田栄三
野澤吉三郎　所化　吉田作十郎
野澤錦糸　所化　桐竹紋二郎
竹澤団六　所化　吉田東太郎
鶴澤清好　所化　吉田文昇

＊　　＊　　＊

紋下　豊竹山城少掾　＝　座主　株式会社文楽座

一部御観劇料　一等券五百五十円　二等券三百円　三等券百七十円
　学生券A三百円　B百七十円　通し券九百円
初日に限り一部料金にて昼夜通し御覧に入れます

※1　A豊竹若子大夫のみ　※2　Cにあり

◇二月二十六日　舞台稽古　吉田難波掾と桐竹紋十郎の昭和二十四年二月以来絶えていた舞台での師弟顔合わせ（「毎日新聞（大阪）」02・27）
◎妹背山婦女庭訓　鷲谷樗風補訂　西亭補曲　松田種次装置
山の段　定高　桐竹紋十郎、雛鳥　吉田文五郎（難波掾）で十余年ぶりに師弟共演（「読売新聞（大阪）」02・06／02・24、「大阪日日新聞」02・26）
猿沢の池、掛乞の段などが出るのは御霊文楽座以来四十年ぶり（「大阪日日新聞」02・26）
○通し狂言公募（応募総数四千余）による上演　一位　妹背山婦女庭訓　二位　義経千本桜　三位　菅原伝授手習鑑（「国際新聞」02・07）
○石川五右衛門　鷲谷樗風作　西亭作曲　大塚克三装置
○男女道成寺　藤間良輔振付
◇三月二日　文楽座人形まつり（「大阪日日新聞」03・02）
◎三月十七日・十八日　吉田難波掾　風邪のため休演　千秋楽後自宅静養、病勢悪化して四月五日から入院（『文楽因会三和会興行記録』、「大阪新聞」04・17、「新関西」05・09）
◇「千本松原を紋下山城少掾が語る。声量が落ちたのでマイクを使っているのは気の毒だが、マイクのおかげでかえってキメの細かい平作の味が出ている」（「日本経済新聞（大阪）」03・09）
◇四月五日　妹背山婦女庭訓　山の段　ラジオ放送　京都　午後九時三十分（「朝日新聞（大阪）」、「毎日新聞（大阪）」、「読売新聞（大阪）」04・05）
◇四月十二日　妹背山婦女庭訓　山の段　ラジオ放送　京都　午後九時三十分（「朝日新聞（大阪）」、「毎日新聞（大阪）」、「読売新聞（大阪）」04・12）

◇三月二十二日　因会　俳優座公演　名古屋市公会堂　午後六時開演
「つづみの女」（近松「堀川波の鼓」より）に　竹本南部大夫が出演

〔典拠〕プログラム

33・03・29 **三和会**

○中国・九州巡業（『文楽因会三和会興行記録』）

中国・九州巡業［BC］

重要無形文化財文楽三和会十周年記念公演
文楽人形浄瑠璃芝居

昼の部

寿春の羽子板
景事 **二人禿**

シテ 豊竹小松大夫
ワキ 豊竹松島大夫
ツレ 竹本常子大夫
豊澤仙二郎
竹澤団作
野澤勝平
豊澤猿二郎

禿 桐竹紋寿
禿 桐竹紋弥

恋飛脚大和往来

梅川忠兵衛 新口村の段

切[※1] 豊竹つばめ大夫
野澤喜左衛門

亀屋忠兵衛 桐竹紋二郎
傾城梅川 桐竹紋之助
忠三ノ女房 [※2]桐竹勘之助
樋ノ口水右衛門 桐竹紋七
伝ヶ婆 吉田菊一
弦掛ノ藤次兵衛 桐竹紋四郎
置頭巾 桐竹紋市
針立ノ道庵 吉田国秀
親孫右衛門 吉田辰五郎
八右衛門 桐竹紋之丞
捕手ノ小頭 桐竹小紋

摂州合邦辻

合邦内の段

切[※3] 竹本源大夫
鶴澤叶太郎
後 豊竹古住大夫
野澤市治郎

親合邦 桐竹勘十郎
女房 吉田国秀
玉手御前 桐竹紋十郎
奴入平 吉田菊一
浅香姫 桐竹紋二郎
俊徳丸 吉田作十郎

紋十郎
十二月の内 **京鹿子娘道成寺**

鐘供養の段

シテ 豊竹古住大夫
ワキ 豊竹小松大夫
ツレ 竹本常子大夫
野澤勝太郎
豊澤仙二郎
竹澤団作
野澤勝平

白拍子花子 桐竹紋十郎
所化 吉田作十郎
所化 桐竹紋二郎
所化 桐竹紋弥
所化 桐竹勘之助

夜の部

義経千本桜

初音の旅路

忠信 豊竹松島大夫
静御前 豊竹小松大夫
ツレ 竹本常子大夫
野澤市治郎
豊澤仙二郎
竹澤団作
野澤勝平

静御前 桐竹紋之助
忠信 桐竹勘十郎

お俊伝兵衛 近頃河原達引

堀川猿廻しの段

前 豊竹古住大夫
※4野澤勝太郎
ツレ 竹澤団作
切 竹本住大夫
野澤勝太郎
ツレ 野澤勝平

弟子おつる	桐竹勘之助
与次郎の母	吉田国秀
兄与次郎	吉田辰五郎
お俊	桐竹紋之助
井筒屋伝兵衛	桐竹紋二郎

授文部大臣賞

伽羅先代萩

御殿政岡忠義の段

切 豊竹つばめ大夫
野澤喜左衛門

鶴喜代君	桐竹勘之助
千松	桐竹紋寿
乳母政岡	桐竹紋十郎
八汐	桐竹勘十郎
沖ノ井	吉田国秀
栄御前	吉田作十郎
腰元	大ぜい

壇浦兜軍記

阿古屋琴責の段

あこや 竹本源大夫
重忠 豊竹古住大夫
岩永 豊竹松島大夫
榛沢 竹本常子大夫
鶴澤叶太郎
ツレ※5 豊澤仙二郎
三曲 野澤勝平

秩父庄司重忠	吉田辰五郎
岩永左衛門	吉田作十郎
榛沢六郎	桐竹紋弥
遊君阿古屋	桐竹紋十郎
水奴	桐竹紋七
水奴	桐竹紋四郎

夜の部

狂言の都合に依り左記の通り変更いたします。※6

第一

お俊伝兵衛 近頃河原達引

四条河原の段

横淵官左衛門 豊竹松島大夫
井筒屋伝兵衛 豊竹小松大夫
仲買勘蔵 廻しの久八 竹本常子大夫
豊澤仙二郎

横淵官左衛門	吉田作十郎
仲買勘蔵	桐竹小紋
井筒屋伝兵衛	桐竹紋二郎
廻しの久八	桐竹紋之助

猿廻しの段

与次郎	桐竹勘十郎

第三

菅原伝授手習鑑

寺子屋の段

切 豊竹つばめ大夫
野澤喜左衛門

菅秀才	桐竹勘之助
戸浪	吉田国秀
小太郎	桐竹紋寿
武部源蔵	桐竹勘十郎
春藤玄蕃	吉田作十郎
松王丸	吉田辰五郎
女房千代	桐竹紋十郎
御台所	桐竹紋市
手習子、百姓、捕巻	大ぜい

※1 B配役二人禿の三味線のあとにあり ※2 C桐竹勘十郎
※3 B配役恋飛脚大和往来にあり ※4 C野澤市治郎
※5 C野澤市治郎 ※6 C七月巡業のものとする

○三月二十九日 兵庫県姫路市富士製鉄所

〔典拠〕巡業日程表、『文楽因会三和会興行記録』

◎三月三十日　広島県福山市公会堂　［BC］

文楽人形浄瑠璃　福山市陽春公演
昭和三十三年三月三十日　昼の部一時　夜の部六時開演　福山市公会堂
主催　福山市文化連盟　後援　福山市教育委員会
演目・配役は巡業プログラムの通り
但し　梅川忠兵衛　恋飛脚大和往来　新口村の段　忠三ノ女房　桐竹勘十郎
お俊伝兵衛　近頃河原達引　猿廻しの段　前　野澤勝太郎が野澤市治郎　壇浦兜軍記　阿古屋琴責の段　ツレ　野澤市治郎
鳴物　芳村喜代次　大道具　服部和男　小道具　山森定次郎　床山　背戸百太郎
舞台係　鈴木幸次郎
指定席券三百円（三百人限り）　前売券二百円　当日二百五十円

◎三月三十一日　山口県下関市民館　昼夜二回公演
下関連合婦人会主催
入場料　会員二百五十円
〔典拠〕「防長新聞（下関版）」（03・29）

○四月一日　福岡県八幡市八幡製鉄所
○四月二日　福岡県八幡市親和会館
〔典拠〕巡業日程表、『文楽因会三和会興行記録』

◎四月三日・四日　福岡市大博劇場　［BC］

重要無形文化財文楽三和会十周年記念公演
文楽人形浄瑠璃芝居
昼の部
寿春の羽子板
景事　二人禿
巡業プログラムの通り　但し豊澤仙二郎の前に野澤市治郎が加わる
恋飛脚大和往来
梅川忠兵衛　新口村の段

前	豊竹つばめ大夫	野澤喜左衛門
切	竹本住大夫	野澤勝太郎

亀屋忠兵衛	吉田作十郎
傾城梅川	桐竹紋之助
忠三ノ女房	桐竹勘之助
樋ノ口水右衛門	桐竹紋七
伝ヶ婆	吉田菊一
弦掛ノ藤次兵衛	桐竹紋四郎
置頭巾	桐竹紋市
針立ノ道庵	吉田国秀
親孫右衛門	吉田辰五郎
八右衛門	桐竹紋之丞
捕手ノ小頭	桐竹小紋
捕巻	大ぜい

摂州合邦辻
合邦内の段
巡業プログラムの通り　但し切を前、後を切　竹本住大夫　野澤勝太郎とする
藤間紋寿郎振付　野澤勝太郎編曲
鏡獅子※1

シテ	豊竹古住大夫
ワキ	豊竹小松大夫
ツレ	竹本常子大夫
	野澤勝太郎
	野澤市治郎

小姓弥生　後に獅子ノ精	桐竹紋十郎
胡蝶	桐竹紋之助
胡蝶	桐竹紋二郎

豊澤仙　二郎
竹澤団　作
野澤勝　平

夜の部
授文部大臣賞
伽羅先代萩
　御殿政岡忠義の段
巡業プログラムの通り
お俊伝兵衛　近頃河原達引
　堀川猿廻しの段
巡業プログラムの通り　但し前　野澤勝太郎が野澤市治郎、弟子おつる　桐竹紋寿
壇浦兜軍記
　阿古屋琴責の段
巡業プログラムの通り　但しツレ　野澤市治郎　岩永左衛門　桐竹勘十郎
紋十郎十二月の内　京鹿子娘道成寺
　鐘供養の段
巡業プログラムの通り

※1　B博多公演　博多旧券芸妓御連中　柏扇喜世社中　飯塚御連中特別出演
◇昼の部十二時　夜の部午後五時開演　昼二人禿　恋飛脚大和往来　摂州合邦辻　京鹿子娘道成寺　夜近頃河原達引　伽羅先代萩　壇浦兜軍記　鏡獅子　旧券芸妓連中特別出演　他に　竹本三和大夫　豊竹貴代大夫　鶴澤燕三　鶴澤友若　桐竹紋若　入場料三百五十円（「西日本新聞」広告　04・01）

○四月六日　宮崎県延岡市野口会館
〔典拠〕巡業日程表、『文楽因会三和会興行記録』

◎四月七日　宮崎県日南市油津公民館　［CD］
四月七日　昼正午　夜五時半　油津公民館
重要無形文化財　三和会公演　文楽人形浄瑠璃

○四月八日　宮崎市公会堂
〔典拠〕巡業日程表、『文楽因会三和会興行記録』

◎四月十日　熊本市歌舞伎座
熊本日日新聞社後援
演目は変更前の巡業プログラムの通り
〔典拠〕「熊本日日新聞」（04・01〜02）

○四月十一日・十二日　福岡県飯塚市嘉穂劇場
〔典拠〕「朝日新聞（筑豊版）」広告（04・11）

○四月十四日　福岡県小倉市豊前座
○四月十五日　福岡県大牟田市民会館
○四月十六日　福岡県行橋市稲荷座
〔典拠〕巡業日程表、『文楽因会三和会興行記録』

◇四月十七日　福岡県戸畑中央公民館

〔典拠〕「新九州」（04・01）

○四月十九日から二十一日　福岡の料亭に少人数出演

・・・・・・・・・・・・・・・・・・・・・・・・・・・・・

◇四月二日から二十六日　因会　四月興行大歌舞伎　東京新宿松竹座

大阪文楽座大夫三味線特別出演

第二部

二人三番叟

豊竹松大夫　鶴澤清六

竹本雛大夫　鶴澤徳太郎

〔典拠〕歌舞伎筋書

33・04・16　因会

○徳島・淡路巡業

◇四月十六日から十九日（『松竹百年史』）

徳島・淡路巡業　［ＢＣ］

大阪文楽座人形浄瑠璃

重要無形文化財指定　大夫・三味線・人形総出演

世界人のあこがれの的！　我が国が誇る古典芸術の極致！

新作の興味！　古典名作の妙味！

昼の部　十二時開演

音冴春臼月

団子売の段

杵造　竹本織の大夫

お臼　豊竹十九大夫

ツレ　竹本伊達路大夫

竹本相次大夫

野澤吉三郎

豊澤新三郎

鶴澤藤二郎

杵造　桐竹亀松

お臼　吉田栄三

大西利夫作　西亭作曲

明治天皇

旅順攻囲軍司令部より宮中の一室まで

竹本津大夫

三味線　鶴澤寛治

大胡弓　豊澤新三郎

八雲　竹澤団六

乃木大将　吉田栄三

児玉将軍　吉田玉市

参謀大庭中佐　吉田玉昇

参謀白井中佐　吉田玉幸

細井参謀　吉田玉之助

長谷川参謀　吉田玉米

明治天皇　吉田玉助

侍従武官長岡沢大将　吉田東太郎

藤波侍従　吉田文雀

宮内官　桐竹一暢

宮内官　桐竹亀次郎

宮内官　吉田常次

三勝半七　艶容女舞衣

酒屋の段

切　竹本土佐大夫

鶴澤藤蔵

親宗岸　吉田玉市

嫁おその　桐竹亀松

舅半兵衛　吉田兵次

美濃屋三勝　吉田文雀

茜屋半七　吉田玉幸

娘おつう　吉田玉丸

— 半兵衛女房　吉田常次

生写朝顔話

宿屋の段

竹本相生大夫
野澤松之輔
琴　竹澤団六

朝顔 実は 深雪　吉田栄三
駒沢次郎左衛門　吉田玉男
岩代多喜太　吉田淳造
戎屋徳右衛門　吉田兵次
下女おなべ　桐竹一暢
若侍　吉田玉之助
川越人足　大ぜい

大井川の段

竹本織の大夫
野澤吉三郎

夜の部　四時半開演

絵本太功記

尼ヶ崎の段

竹本津大夫
三味線　鶴澤寛治

武智光秀　吉田玉助
倅十次郎　吉田玉男
妻操　桐竹亀松
嫁初菊　吉田文雀
真柴久吉　吉田淳造
加藤正清　吉田玉昇
母さつき　吉田常次
軍兵　大ぜい

梅川忠兵衛　恋飛脚大和往来

新口村の段

竹本土佐大夫
鶴澤藤蔵

亀屋忠兵衛　吉田玉男
傾城梅川　桐竹亀松
親孫右衛門　吉田玉助
忠三女房　吉田玉幸
藤次兵衛　吉田万次郎

伝が婆　吉田玉米
針立道庵　吉田兵次
水右衛門　桐竹亀次郎
八右衛門　吉田玉之助
捕手　大ぜい

菅原伝授手習鑑

寺入りの段

中　豊竹十九大夫
野澤吉三郎

寺子屋の段

切　竹本相生大夫
野澤松之輔

松王丸　吉田玉助
武部源蔵　吉田玉市
妻戸浪　吉田東太郎
女房千代　吉田栄三
春藤玄蕃　吉田玉昇
菅秀才　吉田栄之助
小太郎　吉田栄弘
御台所　吉田常次
下男三助　吉田淳造
手習子、百姓　大ぜい

寿春羽子板

二人禿の段

禿　竹本織の大夫
禿　豊竹弘大夫
ツレ　竹本津の子大夫
竹本相次大夫
豊澤新三郎
竹澤団六
鶴澤藤二郎

禿　吉田東太郎
禿　吉田文雀

○B（吉田文雀氏蔵）に挟まれたメモに　吉田栄三不参加　お臼・乃木　吉田東太郎　朝顔　吉田文雀　千代　吉田玉男代役

◇『松竹百年史』では夜の部を「寿春羽子板」二人禿「菅原伝授手習鑑」寺

入り　寺子屋「新版歌祭文」野崎村「絵本太功記」尼ヶ崎とする

◇四月十六日　高知市中央公民館　昼の部午後一時　夜の部午後五時半開演
高知新聞社・高知市文化祭執行委員会共催
演目は巡業プログラムの通り
　入場料　前売一般二百五十円　当日一般三百円
〔典拠〕「高知新聞」広告（04・11／04・16）

◇四月十七日カ　徳島市鴨島有楽座
〔典拠〕『松竹百年史』
「徳島新聞」（04・19）

◇四月十八日　徳島県鳴門市鳴門新東宝劇場
〔典拠〕「徳島新聞」（04・19）

◇四月十九日カ　兵庫県洲本劇場
〔典拠〕『松竹百年史』
「徳島新聞」（04・19）

・・・・・・・・・・・・・・・・・・・・・・・・・・・・・

◇四月二十一日　因会・三和会　ＡＢＣホール開館式　大阪ＡＢＣホール
寿式三番叟
〔典拠〕『松竹百年史』

33・04・26　因会・三和会　道頓堀　文楽座　大阪　［ＡＢＣＤ］

大阪国際芸術祭　文楽座人形浄瑠璃五月興行　因会・三和会大合同公演
昭和三十三年四月二十六日初日　五月十八日まで　昼夜の狂言入替なし
府民劇場指定　重要無形文化財指定　道頓堀文楽座

通し狂言　菅原伝授手習鑑　加茂堤の段より天満宮の段まで

昼の部　十一時開演

加茂堤の段
豊竹古住大夫
竹本織の大夫
野澤吉三郎

筆法伝授の段
（前後一日替り）
豊竹つばめ大夫
三味線　野澤喜左衛門
竹本津大夫
三味線　鶴澤寛治

築地の段
竹本雛大夫
野澤八造

加茂堤の段

松王丸	吉田玉助
梅王丸	桐竹勘十郎
桜丸	吉田栄三
八重	桐竹亀松
斎世君	吉田文昇
苅屋姫	桐竹紋之助
三好清行	吉田作十郎

筆法伝授の段

武部源蔵	桐竹亀松
女房戸浪	吉田栄三
左中弁希世	吉田東太郎
菅丞相	桐竹紋十郎
御台所	桐竹紋之助
菅秀才	吉田小玉
腰元重野	吉田文雀
仕丁、腰元	大ぜい

築地の段

武部源蔵	桐竹亀松
女房戸浪	吉田栄三
※1菅丞相	桐竹紋十郎
左中弁希世	吉田東太郎
菅秀才	吉田小玉

杖折檻の段

竹本土佐大夫
豊竹松大夫
三味線 鶴澤清六

東天紅の段

竹本相生大夫
野澤松之輔

宿禰太郎詮議の段

豊竹若大夫
野澤勝太郎

丞相名残りの段

竹本綱大夫
竹澤弥七

荒島主税 吉田玉幸
三好清行 吉田作十郎
梅王丸 桐竹勘十郎
仕丁 大ぜい

杖折檻の段

後室覚寿 吉田玉助
宿禰太郎 吉田玉市
立田の前 吉田玉五郎
土師兵衛 吉田辰五郎
苅屋姫 桐竹紋之助
腰元 大ぜい

東天紅の段

宿禰太郎 吉田玉市
土師兵衛 吉田辰五郎
立田の前 吉田玉五郎
奴角内 吉田玉之助

太郎詮議の段

後室覚寿 吉田玉助
宿禰太郎 吉田玉市
土師兵衛 吉田辰五郎
贋迎ひ 桐竹勘十郎
菅丞相 桐竹紋十郎
奴宅内※2 吉田玉昇
苅屋姫 桐竹紋之助
判官代輝国 吉田玉男
奴、官人 大ぜい

丞相名残りの段

後室覚寿 吉田難波掾（文五郎事）
菅丞相 桐竹紋十郎
判官代輝国 吉田玉男

車曳の段

松王 竹本綱大夫
梅王 豊竹若大夫
桜丸 竹本土佐大夫／豊竹松大夫
杉王 豊竹古住大夫／竹本織の大夫
時平 竹本津大夫
三味線 鶴澤寛治

夜の部 四時半開演

茶筅酒の段

豊竹つばめ大夫
三味線 野澤喜左衛門

喧嘩の段

竹本津大夫
三味線 鶴澤寛治

訴訟の段

竹本住大夫
野澤勝太郎

贋迎ひ 桐竹勘十郎
土師兵衛 吉田辰五郎
苅屋姫 桐竹紋之助
官人、腰元 大ぜい

車曳の段

松王丸 吉田玉助
梅王丸 桐竹勘十郎
桜丸 吉田栄三
杉王 吉田作十郎
時平 吉田辰五郎
仕丁 大ぜい

茶筅酒の段

白太夫 吉田玉市
百姓十作 吉田玉男
女房はる 吉田玉五郎
女房千代 桐竹紋二郎
女房八重 桐竹亀松

喧嘩の段

松王丸 吉田玉助
梅王丸 桐竹勘十郎
女房千代 桐竹紋二郎
女房はる 吉田玉五郎

訴訟の段

白太夫 吉田玉市
女房八重 桐竹亀松
女房はる 吉田玉五郎
女房千代 桐竹紋二郎

桜丸切腹の段

豊竹山城少掾
鶴澤藤蔵

藤間紋寿郎振付

藤娘

竹本土佐大夫
（豊竹松大夫 ※3
竹本雛大夫
豊竹古住大夫
竹本織の大夫
豊竹十九大夫
野澤勝太郎
鶴澤徳太郎
野澤錦糸
竹澤団六
鶴澤清好
野澤勝平

寺子屋の段

松王丸　豊竹若大夫
千代　竹本土佐大夫
（豊竹松大夫
玄蕃　竹本雛大夫
小太郎　竹本織部大夫
百姓　豊竹古住大夫

梅王丸　桐竹勘十郎
松王丸　吉田玉助

桜丸切腹の段

桜丸　吉田栄三
女房八重　桐竹亀松
白太夫　吉田玉市
梅王丸　桐竹勘十郎
女房はる　吉田玉五郎

鶴澤燕三
鶴澤叶太郎

鳴物※4
笛　住田又三次
小鼓　菊川吉次郎
小鼓　望月佐寿郎
大鼓　福原鶴四郎
太鼓　望月太兵衛

藤娘　桐竹紋十郎

寺子屋の段

女房戸浪　吉田栄三
下男三助　吉田玉昇
武部源蔵　桐竹亀松
松王丸　吉田玉助
女房千代（前）　桐竹紋十郎
女房千代（後）　吉田《文五郎事》難波掾

三助
捕手　豊竹十九大夫
手習子
菅秀才　竹本織の大夫
御台所　竹本南部大夫
戸浪　豊竹つばめ大夫
源蔵　竹本綱大夫
前　竹澤弥七
後　三味線　鶴澤清六

大内天変の段

竹本津大夫
三味線　鶴澤寛治
ツレ　竹澤団六
桜丸の亡霊　豊竹つばめ大夫
三味線　野澤喜左衛門

天満宮の段

竹本南部大夫
竹本織部大夫
野澤吉三郎
鶴澤燕三
野澤勝平
野澤八造

春藤玄蕃　吉田玉男
菅秀才　吉田小玉
小太郎　桐竹一暢
涎くり　桐竹紋弥
御台所　桐竹紋之助
手習子、百姓、捕手　大ぜい

大内天変の段

阿闍梨　吉田玉五郎
藤原時平　吉田辰五郎
松王丸　吉田玉助
白太夫　吉田玉市
玄蕃　吉田玉男
左中弁希世　吉田東太郎
桜丸の亡霊　吉田栄三
斎世の君　吉田文昇
菅秀才　吉田小玉
苅屋姫　桐竹紋之助
三好清行　吉田作十郎
梅王丸　桐竹勘十郎

天満宮の段

白梅の精　吉田東太郎
白梅の精　桐竹紋二郎
紅梅の精　吉田文雀
紅梅の精　吉田文昇

＊　＊　＊

紋下　豊竹山城少掾＝座主　株式会社文楽座

一部御観劇料　一等席五百五十円　二等席三百円　三等席百七十円
　学生券A三百円　B百七十円　通し券九百円
初日に限り一部料金にて昼夜通し御覧に入れます
　※1　B（文楽劇場蔵）にあり　※2　B奴角内
　※3　B（文楽劇場蔵）なし
　※4　鳴物B（吉田文雀氏蔵・文楽劇場蔵）にあり
○藤娘　藤間紋寿郎振付
○大内天変　鷲谷樗風補訂　鶴澤寛治作曲
○天満宮　鷲谷樗風作　鶴澤寛治作曲　藤間良輔振付
◎吉田難波掾　初日から病気休演　五月七日に復帰して千代を遣うが、八日から休演　覚寿 吉田玉助、千代 桐竹紋十郎代役（「大阪新聞」04・29／05・03、「朝日新聞（大阪）」、「毎日新聞（大阪）」05・08）
○この公演で人形は初めて左・足遣いも完全に両派交じり合う
◎公演期間中に竹本住大夫が病気で倒れ休演　訴訟の段　豊竹古住大夫代役（『言うて暮しているうちに』、『松竹百年史』）
○千秋楽前二日　豊竹山城少掾休演　竹本綱大夫代役
◇配役が割り切れず、両派総数百十人のうちの約三割が休演、三和会は大夫・人形十数人、因会は人形九人、修業中の子供四人も休演のため日頃の趣旨にもとるものとの声も（「大阪新聞」04・29）、「むかしなら白湯一つ飲んでさえイキが抜けるといわれた「寺子屋」の首実検を大ぜいの掛合いにしたのは、これもまた文楽の末世であろうか」（「毎日新聞（大阪）」05・15）
◇四月二十五日　午前十一時　竹本織の大夫、竹澤団六、菅公 桐竹紋十郎、松王丸 吉田玉助、梅王丸 桐竹勘十郎、桜丸 吉田栄三が大阪天満宮に参拝　人形の手から玉串を捧げ、「車曳の段」を奉納（「読売新聞（大阪）」04・25）
◇五月六日　菅原伝授手習鑑　車曳の段　桜丸切腹の段　ラジオ放送　NHK第二　午後九時（「朝日新聞（大阪）」、「毎日新聞（大阪）」、「読売新聞（大阪）」05・06）
◇四月二十八日　因会　大阪国際芸術祭日本名流舞踊会　大阪産経会館　午前十一時開演
舞踊関寺小町に竹本綱大夫　竹澤弥七が出演
〔典拠〕「大阪新聞」広告（04・16）

33・05・23　三和会　神戸新聞会館　［ＢＣＤ］

三和会自立十周年記念公演　文楽人形浄瑠璃三和会公演
五月二十三・二十四日　昼正午　夜五時　神戸新聞会館

昼の部　十二時開演

碁太平記白石噺

浅草雷門の段

宗六　豊竹古住大夫
勘九郎　豊竹松島大夫
どじょう亭主　豊竹小松大夫
信夫　竹本常子大夫
（三味線不詳）

新吉原揚屋の段

切　竹本源大夫
　　鶴澤叶太郎

雷門の段

手品師どじょう　桐竹勘十郎
大黒屋宗六　吉田辰五郎
茶屋亭主　桐竹小紋
勘九郎　吉田作十郎
信夫　桐竹紋二郎
見物人　大ぜい

新吉原揚屋の段

傾城宮城野　桐竹紋之助
禿しげり　桐竹紋次
宮里　桐竹勘之助
宮柴　桐竹紋弥
大黒屋宗六　吉田辰五郎
信夫　桐竹紋二郎

菅原伝授手習鑑

寺子屋の段

—

前　豊竹古住大夫
　　野澤市治郎
切　竹本住大夫
　　野澤勝太郎

菅秀才　桐竹紋次
戸浪　桐竹紋二郎
小太郎　桐竹紋寿
武部源蔵　桐竹勘十郎
春藤玄蕃　吉田作十郎
松王丸　吉田辰五郎
女房千代　桐竹紋十郎
御台所　吉田国秀
手習子、百姓、捕手　大ぜい

卅三所花の山　**観音霊験記**

沢市内より御寺まで

切　豊竹つばめ大夫
　　野澤喜左衛門
ツレ　野澤勝平

お里　桐竹紋十郎
沢市　桐竹勘十郎
観世音　桐竹小紋

西亭作詞・作曲

新曲　**面売**

シテ　豊竹小松大夫
ワキ　豊竹松島大夫
ツレ　竹本常子大夫
　　野澤市治郎
　　豊澤仙二郎
　　竹澤団作
　　野澤勝平
　　豊澤猿二郎

面売娘　桐竹紋之助
おしゃべり案山子　吉田作十郎

夜の部　五時開演

小春治兵衛　**心中天網島**　河庄より紙屋内まで

口三味線の段

中　豊竹小松大夫
　　野澤勝平

河庄の段

前　竹本源大夫
　　鶴澤叶太郎
後　豊竹つばめ大夫
　　野澤喜左衛門

花車　吉田菊一
紀ノ国屋小春　桐竹紋之助
女郎　桐竹紋四郎
江戸屋太兵衛　吉田作十郎
五貫屋善六　桐竹紋寿
兄孫右衛門　吉田辰五郎
女中すぎ　桐竹勘之助
河庄亭主　桐竹紋七
紙屋治兵衛　桐竹紋十郎
見物人　大ぜい

ちよんがれの段

中　豊竹古住大夫
　　野澤市治郎

紙屋治兵衛内の段

切　豊竹若大夫
　　鶴澤燕三

紙屋治兵衛内の段

紙屋治兵衛　桐竹紋十郎
女房おさん　桐竹勘十郎
江戸屋太兵衛　吉田作十郎
伝界坊　桐竹紋二郎
兄孫右衛門　吉田辰五郎
母親　桐竹紋之丞
お末　桐竹勘之助
丁稚三五郎　桐竹紋弥
舅五左衛門　吉田国秀
紀ノ国屋小春　桐竹紋之助
勘太郎　桐竹紋次
五貫屋善六　桐竹紋市

鳴響安宅新関

勧進帳より安宅関まで

弁慶　豊竹つばめ大夫
富樫　豊竹古住大夫
義経　豊竹松島大夫
四天王　豊竹小松大夫
番卒　（竹本常子大夫

富樫左衛門　桐竹勘十郎
源義経　桐竹紋二郎
伊勢三郎　桐竹小紋
駿河次郎　桐竹紋七
片岡八郎　桐竹紋之丞

野澤勝太郎	常陸坊	桐竹紋市
野澤市治郎	武蔵坊弁慶	桐竹紋十郎
豊澤仙二郎	番卒	大ぜい
野澤八助		
野澤勝平		

御観劇料　一等席三百五十円　二等席二百円　三等席百円　特等席四百円

33・05・26 因会

○東北・北陸巡業（『文楽因会三和会興行記録』）

◎四月巡業と同じ（三七一頁参照）『文楽因会三和会興行記録』では四月巡業に名前がない　竹本雛大夫　竹本織部大夫　野澤八造　野澤錦糸があがっている

◇五月二十六日から六月十日（『松竹百年史』）

◇五月二十六日　宇都宮市栃木会館ホール　昼の部十二時　夜の部午後五時開演
栃木新聞社主催　栃木県国際文化協会後援
演目は四月巡業と同じ
栃木新聞社が高齢者六十余名を招待
入場料　指定席A四百円　B三百円　一般席二百円　栃木新聞愛読者割引
　　指定席A三百五十円　B二百五十円　一般席百円

〔典拠〕「栃木新聞」（05・27）、広告（05・26）

◇五月二十七日カ　岩手県一の関修紅短期大学

〔典拠〕『松竹百年史』

◇五月二十八日　岩手県花巻市公民館
◇五月二十九日　岩手県盛岡市県公会堂
岩手日報社主催
昼の部午後一時　夜の部午後六時開演
演目は四月巡業と同じ
花巻市公民館は夜の部の演目のみ上演
二十九日　午前十時半　盛岡市体育館で中高生を対象とした文楽教室　吉田文雀の解説と竹本織部大夫　竹澤団六　吉田文雀　吉田東太郎らによる「壺坂霊験記」を上演
入場料　花巻市公民館　二百五十円（全自由席）
　　盛岡県公会堂　前売A四百円　B三百円　C二百円（全指定席）
　　　当日A五百円　B四百円　C三百円

〔典拠〕「岩手日報」（05・29）、広告（05・27）

◇五月三十日　青森県立図書館ホール　昼夜二回公演
地方演劇社主催　青森芸協・東奥日報社後援
昼の部　音冴春臼月　団子売の段　明治天皇　旅順攻囲軍司令部より宮中の一室まで　他
夜の部　絵本太功記　尼ヶ崎の段　恋飛脚大和往来　新口村の段　他

〔典拠〕「東奥日報」（05・31）

◇六月一日　秋田県横手市立横手南小学校　昼夜二回公演
横手文楽同好会主催　横手市教育委員会・商工会議所後援
絵本太功記　明治天皇　他

〔典拠〕「河北新報（秋田版）」（05・23）

◇六月二日　山形県立新庄南高等学校講堂
◇六月三日　山形市中央公民館　山形芸術鑑賞協会主催
演目は四月巡業と同じ
※『松竹百年史』は山形県新庄　東映劇場とする
〔典拠〕「山形新聞」（06・04）

◇六月四日　新潟市公会堂
〔典拠〕『松竹百年史』

◇六月五日　新潟県佐渡市立両津小学校　昼夜二回公演
◇六月六日　新潟県佐和田町立河原田小学校　昼夜二回公演
演目は四月巡業と同じ
入場料　前売二百五十円　当日三百円　昼夜通し四百円
〔典拠〕「佐渡新報」（06・03）

◇六月八日　石川県金沢市松竹座　昼の部午後一時　夜の部午後六時開演
演目は四月巡業と同じ
他に　竹本雛大夫　竹本織部大夫　野澤八造　鶴澤徳太郎
入場料　特別指定五百円　指定三百円
〔典拠〕「北国新聞」広告（06・07）

◇六月九日　福井県武生市中央公民館　昼の部午後一時　夜の部午後六時開演
◇六月十日　福井県敦賀市立気比中学校
武生市・福井県文化連絡協議会共催　福井新聞社・ＮＨＫ後援
演目は四月巡業と同じ
入場料　前売指定三百円　一般二百円　当日指定四百円　一般三百円　学生百円
〔典拠〕「福井新聞」（06・07／06・10）

・・・・・・・・・・・・・・・・・・・・・・・・・・

33・05・30　三和会

○伊勢巡業（『文楽因会三和会興行記録』）
○中国・九州巡業と同じプログラム
○竹本住大夫休演　堀川　豊竹古住大夫一段を語る

伊勢巡業　［ＢＣ］

演目・配役は中国・九州巡業と同じ（三六七頁参照）
但し　夜の部の演目変更のお知らせはなし

◎五月三十日　三重県四日市市公会堂　昼の部午後一時　夜の部午後六時開演
四日市古典芸能鑑賞会主催　文部省重要無形文化財保護委員会・中部日本新聞社後援
〔典拠〕「中部日本新聞（三重版）」（05・30）

◇五月三十一日　三重県伊勢市伊勢会館　昼の部十二時　夜の部午後五時三十分開演
中部日本新聞社後援
演目は昼の部巡業プログラムの通り、夜の部四月巡業変更後のプログラムの通り
入場料　前売指定三百円　一般二百円　一般二階百円　当日各五十円増

〔典拠〕「中部日本新聞（三重版）」（05・22／05・31）

……………………………………………

◎六月九日　三和会　中ノ島新大阪ホテル　［CD］

BUNRAKU
一九五八年六月九日午後八時

義経千本桜
道行初音ノ旅路

静御前　竹本源大夫
忠信　豊竹古住大夫
豊竹松島大夫
豊竹小松大夫
鶴澤叶太郎
野澤市治郎
豊澤仙二郎
竹澤団作
野澤勝平
豊澤猿二郎
鳴物　芳村喜代治

静御前　桐竹紋十郎
忠信　桐竹勘十郎

○六月十四日　三和会　東京都内

◇六月十一日　文楽興行の対策協議会
文楽座が関西の演劇評論家山本修二、山口広一、沼艸雨、大鋸時生、菱田雅夫、北岸佑吉、大西重孝、富田泰彦、吉永孝雄を招き、文楽座多田支配人、大西利夫、鷲谷樗風、竹本綱大夫、竹澤弥七、野澤松之輔、今井宣伝部長等を交えて、文楽興行をどうすべきか、新作上演の可否、興行形態等について意見交換した

〔典拠〕『演劇雑誌幕間』第十三巻第七号

33・06・15　三和会　足利　興国化学講堂　栃木　［BC］

重要無形文化財　三和会出演　文楽人形浄瑠璃芝居
六月十五日　午後二時・六時　西宮町興国化学講堂
主催　足利ユネスコ協会　足利労政協会　後援　足利市教育委員会　足利桐紋会

第一部（昼の部）
御祝儀三番叟

お俊伝兵衛　近頃河原の達引
猿廻しの段

前　豊竹古住大夫
野澤勝太郎
ツレ　野澤勝平
後　竹本源大夫
鶴澤叶太郎
ツレ　豊澤仙二郎

弟子おつる　桐竹勘之助
与次郎母　吉田国秀
お俊　桐竹紋十郎
兄与次郎　吉田辰五郎
伝兵衛　桐竹紋二郎

文部大臣賞受賞
伽羅先代萩
御殿の段

豊竹つばめ大夫
野澤喜左衛門

鶴喜代君　桐竹紋次
千松　桐竹紋弥
政岡　桐竹紋十郎
八汐　桐竹勘十郎
沖の井　吉田国秀
栄御前　桐竹紋之助
腰元　大ぜい

新曲 小鍛冶
稲荷明神
小鍛冶宗近
勅使道成
豊竹小松大夫
豊竹松島大夫
竹本常子大夫
野澤市治郎
野澤勝平
竹澤団作
豊澤仙二郎

小鍛冶宗近 吉田作十郎
稲荷明神 桐竹勘十郎
勅使道成 桐竹紋寿

第二部（夜の部）
御祝儀三番叟
三勝半七 艶容女舞衣
酒屋の段
前 豊竹つばめ大夫 野澤喜左衛門
後 竹本源大夫 鶴澤叶太郎

宗岸 吉田辰五郎
おその 桐竹紋十郎
半兵衛女房 吉田国秀
半兵衛 吉田作十郎
おつう 桐竹勘太郎
半七 桐竹紋弥
三勝 桐竹勘之助

絵本太功記
尼ヶ崎の段 豊竹若大夫 鶴澤燕三

武智重次郎 桐竹勘十郎
嫁初菊 桐竹紋二郎
妻みさを 桐竹紋之助
母さつき 吉田国秀
旅僧 実は 真柴久吉 桐竹紋寿
加藤正清 桐竹小紋
武智光秀 吉田辰五郎
軍兵 大ぜい

新曲 釣女
太郎冠者
大名
美女
醜女
豊竹古住大夫
豊竹松島大夫
竹本常子大夫
豊竹小松大夫
野澤勝太郎
野澤市治郎
野澤勝平
豊澤仙二郎
豊澤猿二郎

大名 吉田作十郎
太郎冠者 桐竹勘十郎
美女 桐竹紋之助
醜女 桐竹紋十郎

* * *

お囃子 芳村喜代治
床山 背戸百太郎
小道具 山森定次郎
舞台係 鈴木幸次郎

大道具 米田矩
舞台装置 磯直温
解説担当 中西敬二郎

◇入場料 前売二百五十円（「日刊両毛民友新報」05・23）

◎学生の文楽教室 ［BC］

学生の文楽教室
人形芝居について 中西敬二郎
人形の解説 桐竹勘十郎
新曲 小鍛冶
稲荷明神
小鍛冶宗近
勅使道成
豊竹小松大夫
竹本常子大夫
野澤市治郎
野澤勝平
竹澤団作
豊澤猿二郎

小鍛冶宗近 桐竹紋二郎
稲荷明神 桐竹勘十郎
勅使道成 桐竹紋寿

壇浦兜軍記
阿古屋琴責の段

豊竹古住大夫
鶴澤叶太郎
ツレ　豊澤仙二郎
三曲　野澤勝平

阿古屋　桐竹紋十郎
水奴　桐竹紋弥
水奴　桐竹勘之助

33・06・18　因会・三和会

新橋演舞場　東京　①　［ＢＣＤ］

因会・三和会第五回文楽合同公演

お目見得狂言　六月十八日より二十四日

昼の部　十一時半開幕
近松門左衛門作　鷲谷樗風演出　西亭脚色作曲
中村貞以衣裳考証　大塚克三舞台装置

鑓の権三重帷子

浜の宮馬場の段

竹本相生大夫
野澤松之輔

笹野権三　吉田玉男
伴之丞妹お雪　吉田文雀
お雪の乳母　吉田玉五郎
川側伴之丞　吉田玉市
岩木忠太兵衛　吉田辰五郎

浅香市之進留守宅の段

豊竹つばめ大夫
野澤喜左衛門

女房おさい　吉田栄三
奴角助　桐竹紋寿
倅虎次郎　吉田小玉

数寄屋の段

竹本綱大夫
竹澤弥七

娘お菊　吉田文昇
下女まん　桐竹紋二郎
下女お杉　桐竹紋弥
岩木忠太兵衛　吉田辰五郎
笹野権三　吉田玉男
お雪の乳母　吉田玉五郎
女房おさい　吉田栄三
笹野権三　吉田玉男
川側伴之丞　吉田玉市
仲間浪介　吉田作十郎

京橋女敵討の段

女房おさい　竹本南部大夫
笹野権三　竹本織の大夫
浅香市之進　豊竹古住大夫
奴甚内　豊竹弘大夫
踊り子　竹本織部大夫
踊り子　竹本相子大夫
野澤八造
鶴澤燕三
竹澤団二郎
鶴澤藤二郎
野澤吉三郎

笹野権三　吉田玉男
女房おさい　吉田栄三
浅香市之進　桐竹勘十郎
奴甚内　吉田玉昇
踊り子　吉田文雀
踊り子　吉田文昇
踊り子　吉田小玉
踊り子　桐竹紋二郎

藤間紋寿郎振付

藤娘

竹本雛大夫
竹本織の大夫
豊竹古住大夫
豊竹小松大夫
竹本津の子大夫

藤娘　桐竹紋十郎

野澤勝太郎
鶴澤徳太郎
野澤錦糸
竹澤団六
野澤勝平
鶴澤燕三
鶴澤叶太郎

摂州合邦辻

合邦住家の段

前　竹本津大夫　鶴澤寛治
後　豊竹若大夫　野澤勝太郎

親合邦　吉田玉助
合邦女房　吉田兵次
玉手御前　桐竹紋十郎
奴入平　吉田東太郎
俊徳丸　桐竹紋之助
浅香姫　桐竹紋二郎

壺坂観音霊験記

沢市内の段

竹本土佐大夫　鶴澤藤蔵

壺坂寺の段

豊竹松大夫　鶴澤清六　ツレ　鶴澤清好

女房お里（前）　吉田難波掾
座頭沢市　桐竹亀松
女房お里（後）　吉田栄三
観世音　吉田玉昇

夜の部　五時開幕

勧進帳

武蔵坊弁慶　竹本津大夫
富樫左衛門　竹本相生大夫
源義経　竹本雛大夫
伊勢三郎　豊竹古住大夫
駿河次郎　竹本織の大夫
片岡八郎　竹本伊達路大夫
常陸坊　豊竹弘大夫
番卒　豊竹小松大夫
番卒　竹本相子大夫
鶴澤寛治
野澤松之輔
野澤吉三郎
鶴澤徳太郎
野澤錦糸
鶴澤叶太郎

富樫左衛門　桐竹勘十郎
源義経　吉田玉五郎
伊勢三郎　吉田文昇
駿河次郎　桐竹紋二郎
片岡八郎　桐竹紋弥
常陸坊　吉田作十郎
武蔵坊弁慶　吉田玉助
番卒　吉田玉幸
番卒　桐竹紋寿

絵本太功記

本能寺の段

口　豊竹古住大夫　鶴澤燕三
奥　豊竹つばめ大夫　野澤喜左衛門

小田春永　吉田辰五郎
阿能局　吉田玉五郎
三法師君　吉田玉丸
森蘭丸　吉田玉男
腰元しのぶ　吉田文雀
森力丸　吉田作十郎
茶道宗祇坊　吉田玉昇
軍兵、こし元　大ぜい

妙心寺の段

口　竹本南部大夫　野澤八造
奥　豊竹若大夫　野澤勝太郎

武智重次郎　吉田栄三
初菊　桐竹紋之助
母さつき　吉田玉市
妻操　桐竹紋十郎
四方田但馬守　桐竹勘十郎
武智光秀　吉田玉助
軍兵、こし元　大ぜい

尼ヶ崎の段

前　豊竹松大夫
　　鶴澤清六
後　竹本綱大夫
　　竹澤弥七

武智重次郎　吉田栄三
嫁初菊　桐竹紋之助
妻操（前）　吉田難波掾
妻操（後）　桐竹紋十郎
母さつき　吉田玉市
真柴久吉　吉田玉男
武智光秀　吉田玉助
加藤虎之助　吉田文昇

夕霧
伊左衛門　**曲輪文章**

吉田屋の段

夕霧　竹本土佐大夫
伊左衛門　豊竹つばめ大夫
喜左衛門　竹本雛大夫
おきさ　竹本織部大夫
若い者　豊竹小松大夫
若い者　竹本津の子大夫
　鶴澤藤蔵
ツレ　竹澤団六

藤屋伊左衛門　桐竹紋十郎
吉田屋喜左衛門　吉田辰五郎
女房おきさ　吉田東太郎
扇屋夕霧　桐竹亀松
吉田屋若い者　吉田万次郎
吉田屋若い者　桐竹亀次郎
禿　吉田玉幸
仲居　桐竹紋寿

御観劇料　四百八十円　三百円　百円

◇吉田難波掾　竹本住大夫休演（「日本経済新聞（東京）」06・27）

新橋演舞場　東京　②　【BCD】

二の替り狂言　六月二十五日より二十九日

昼の部　十一時半開幕

釣船三婦
一寸徳兵衛
団七九郎兵衛　**夏祭浪花鑑**

三婦内の段

中　豊竹古住大夫
　　野澤八造
切　竹本相生大夫
　　野澤松之輔
後　（豊竹弘大夫
　　豊竹小松大夫）
　　鶴澤清好

玉島磯之丞　桐竹紋二郎
傾城琴浦　吉田文雀
女房お次　桐竹紋之助
釣船の三婦　吉田辰五郎
女房お辰　桐竹勘十郎
こっぱの権　吉田作十郎
なまの八　吉田玉昇
舅義平次　吉田玉市
一寸徳兵衛　吉田玉男
団七九郎兵衛　桐竹亀松
駕屋　大ぜい

長町裏の段

舅義平次　竹本相生大夫
団七九郎兵衛　竹本津大夫
　野澤勝太郎

舅義平次　吉田玉市
団七九郎兵衛　桐竹亀松
駕屋、踊り子　大ぜい

妹背山婦女庭訓

背山の段

大判事　豊竹若大夫
　鶴澤寛治
久我之助　（豊竹つばめ大夫
　竹本津大夫）
　野澤喜左衛門

妹山の段

定高　竹本綱大夫
　竹澤弥七
琴　竹澤団六
雛鳥　竹本土佐大夫
こし元　竹本南部大夫
　鶴澤藤蔵

久我之助清舟　吉田玉男
娘雛鳥（前）　吉田玉五郎
娘雛鳥（後）　吉田難波掾
腰元小菊　吉田東太郎
腰元桔梗　桐竹紋二郎
後室定高　桐竹紋十郎
大判事清澄　吉田玉助

お俊伝兵衛 近頃河原達引

堀川猿廻しの段

前 ※1 竹本津大夫 / 鶴澤寛治
豊竹つばめ大夫 / 野澤喜左衛門
ツレ 野澤錦糸

後 豊竹松大夫
鶴澤清六
ツレ 鶴澤徳太郎

与次郎の母 吉田兵次
弟子おつる 桐竹紋弥
兄与次郎 吉田玉市
娘お俊 吉田栄三
井筒屋伝兵衛 桐竹勘十郎

音冴春臼月

団子売の段

竹本雛大夫
竹本織の大夫
竹本織部大夫
竹本津の子大夫
竹本相子大夫
竹本伊達路大夫
野澤吉三郎
鶴澤燕三
鶴澤清好
野澤勝平
竹澤団二郎
鶴澤藤二郎

団子売杵造 吉田栄三
女房お臼 桐竹亀松

夜の部 五時開幕

伊達娘恋緋鹿子

お七火見櫓の段

竹本織の大夫
鶴澤叶太郎

娘お七 吉田玉五郎

野澤勝平
鶴澤藤二郎

伽羅先代萩

御殿の段

竹本土佐大夫
鶴澤藤蔵

政岡忠義の段

豊竹松大夫
鶴澤清六

乳母政岡 桐竹紋十郎
鶴喜代君 桐竹一暢
一子千松 吉田小玉
栄御前 桐竹亀松
妻八汐 吉田辰五郎
妻沖の井 吉田文昇
こし元 大ぜい

伊賀越道中双六

沼津里の段

※2 豊竹つばめ大夫 / 野澤喜左衛門
竹本津大夫 / 鶴澤寛治
※3ツレ 竹澤団六

呉服屋重兵衛 吉田栄三
荷持安兵衛 吉田玉昇
親平作 吉田玉助
娘およね 吉田玉五郎

平作内の段

竹本綱大夫
竹澤弥七

呉服屋重兵衛 吉田栄三
娘およね 吉田難波掾
親平作 吉田玉助
荷持安兵衛 吉田玉昇
池添孫八 吉田作十郎

千本松原平作腹切の段

竹本相生大夫
野澤松之輔
胡弓 竹澤団二郎

呉服屋重兵衛 吉田栄三
親平作 吉田玉助
娘およね 吉田玉五郎

池添孫八　吉田作十郎

名筆吃又平

土佐将監閑居の段

切　豊竹若大夫
野澤勝太郎
※4ツレ　野澤勝平

土佐将監　吉田辰五郎
将監奥方　吉田国秀
修理之助　吉田東太郎
吃又平　桐竹亀松
女房おとく　吉田玉男
雅楽之助　桐竹勘十郎

藤間紋寿郎振付

鏡獅子

竹本雛大夫
竹本南部大夫
豊竹古住大夫
竹本織の大夫
竹本織部大夫
豊竹小松大夫
野澤勝太郎
鶴澤燕三
鶴澤清好
野澤勝平
竹澤団二郎
鶴澤徳太郎
野澤錦糸
鶴澤叶太郎

小姓弥生 後に 獅子の精　桐竹紋十郎
胡蝶　桐竹紋之助
胡蝶　桐竹紋二郎

※1　括弧Dにあり　※2　括弧Dにあり　※3　Dにあり
※4　Dにあり

◇六月二十八日　三和会　第百二回三越名人会　東京三越劇場　午後四時開演

三勝半七　酒屋の段
豊竹つばめ大夫
野澤喜左衛門

〔典拠〕プログラム

◎七月一日　三和会　故鶴澤綱造追善義太夫会　東京日本橋三越劇場　午前十一時開演

絵本太功記
尼ヶ崎の段

武智十次郎　桐竹紋之助
嫁初菊　桐竹紋二郎
妻操　桐竹紋十郎
母さつき　吉田国秀
旅僧 実は 真柴久吉　桐竹紋弥
武智光秀　吉田辰五郎
加藤正清　桐竹勘之助
軍兵　大ぜい

鏡山旧錦絵
長局の段

中老尾上　桐竹紋十郎
下女お初　桐竹勘十郎

義経千本桜
寿し屋の段

娘お里　桐竹紋十郎
母親　桐竹紋之丞
弥助 実は 平維盛　桐竹紋之助
いがみの権太　桐竹勘十郎
親弥左衛門　吉田国秀
村の役人　吉田菊一
若葉の内侍　桐竹紋寿
六代君　桐竹勘之助
梶原景時　吉田作十郎
小仙　桐竹小仙（紋カ）
善太　桐竹紋次
寿し買、捕巻、軍兵　大ぜい

菅原伝授手習鑑
寺子屋の段

菅秀才　桐竹紋次
戸浪　桐竹紋二郎
小太郎　桐竹勘太郎
武部源蔵　桐竹紋之助
春藤玄蕃　吉田作十郎
松王丸　吉田辰五郎
女房千代　桐竹紋十郎
御台所　桐竹紋市
手習子、百姓、捕巻　大ぜい

仮名手本忠臣蔵
一力茶屋の段

斧九太夫　吉田作十郎

鷺坂伴内　桐竹紋二郎
矢間重太郎　桐竹紋七
竹森喜多八　桐竹紋之丞
千崎弥五郎　桐竹紋市
大星由良之助　吉田辰五郎

寺岡平右衛門　桐竹勘十郎
大星力弥　桐竹紋弥
おかる　桐竹紋十郎
仲居、駕屋　大ぜい

〔典拠〕プログラム

33・07・02　三和会　日本橋　三越劇場　東京　［BCD］

国立劇場設立促進・鶴澤綱造追善公演
重要無形文化財　文楽三和会　文楽人形浄瑠璃芝居
第十八回東京公演　東京日本橋三越劇場
昭和三十三年七月二日より九日　毎日十二時半開演　一回興行

新曲　三人片輪

豊竹古住大夫
豊竹松島大夫
豊竹若子大夫
豊竹小松大夫
野澤市治郎
鶴澤燕三
豊澤仙二郎
竹澤団作

有徳人　吉田作十郎
唖　実は　おまき　桐竹紋二郎
盲　実は　次郎作　桐竹紋弥
躄　実は　太郎助　桐竹勘十郎

傾城阿波鳴戸
順礼歌より十郎兵衛内まで

前　竹本源大夫
　　鶴澤叶太郎
後　豊竹古住大夫

お弓　桐竹紋十郎
おつる　桐竹勘之助
十郎兵衛　桐竹勘十郎

鶴澤燕三

捕手　大ぜい

新版歌祭文
野崎村の段

豊竹つばめ大夫
野澤喜左衛門
ツレ　野澤勝平

お光　桐竹紋之助
お染　桐竹紋二郎
下女　桐竹小紋
久作　吉田辰五郎
久松　桐竹紋寿
母親　吉田国秀
船頭　桐竹紋七
駕屋　大ぜい

花上野誉石碑
志渡寺の段

豊竹若大夫
野澤勝太郎

菅の谷　桐竹紋之丞
源太左衛門　吉田辰五郎
槌谷内記　吉田作十郎
団右衛門　桐竹紋市
数馬　桐竹紋寿
重造　桐竹勘之助
方丈　吉田国秀
坊太郎　桐竹紋弥
お辻　桐竹紋十郎
腰元　大ぜい

増補大江山
戻橋の段
若菜　実は　悪鬼
渡辺綱

豊竹小松大夫
豊竹松島大夫
野澤市治郎

渡辺綱　桐竹勘十郎
若菜　実は　悪鬼　桐竹紋之助

野澤勝平
竹澤団作
野澤八助
豊澤猿二郎

＊　＊　＊

はやし　芳村喜代次
人形細工師　藤本由良亀
舞台製作　長谷川音次郎
舞台装置　米田矩

舞台装置　鈴木幸次郎
小道具　山森定次郎
床山　背戸百太郎

入場券　A席三百五十円　B席二百五十円　学割百五十円（B席）

◇八月二十六日　花上野誉の石碑　志渡寺の段　ラジオ放送　NHK第二　午後九時（「朝日新聞（大阪）」、「毎日新聞（大阪）」、「読売新聞（大阪）」08・26）

◎七月二日から九日　学生の文楽教室　［BC］

学生の文楽教室
昭和三十三年七月二日より九日
主催　読売新聞社　後援　文化財保護委員会　東京都教育委員会

人形浄瑠璃芝居の話　中西敬二郎
豊澤猿二郎
人形解説　桐竹勘十郎
吉田作十郎
桐竹紋之助
桐竹紋二郎

花競《はなくらべ》四季寿《しきのことぶき》

（大夫・三味線は毎日交替）
竹本源大夫

鷺娘
鷺娘　交替出演（桐竹紋十郎／桐竹勘十郎）

伽羅《めいぼく》先代《せんだい》萩《はぎ》
政岡忠義の段
乳母政岡　交替出演（桐竹紋之助／桐竹勘十郎）
鶴喜代　桐竹紋次
千松　桐竹紋若
八汐　交替出演（吉田辰五郎／吉田国秀）
沖ノ井　交替出演（桐竹紋市／桐竹紋之丞）
栄御前　交替出演（吉田作十郎／桐竹紋二郎）
腰元　大ぜい

豊竹古住大夫
豊竹若子大夫
竹本三和大夫
豊竹つばめ大夫
豊竹松島大夫
豊竹小松大夫
竹本常子大夫
鶴澤叶太郎
鶴澤燕三
竹澤団作
鶴澤友若
野澤市治郎
野澤勝太郎
豊澤仙二郎
野澤勝平
野澤八助
豊澤猿二郎

33・07・10　因会・三和会　四条　京都　南座　［BC］

文楽座人形浄瑠璃　因会三和会初合同公演
芸術院会員豊竹山城少掾　芸術院会員吉田文五郎事吉田難波掾　他全員総出演
十日初日　十七日まで　十四日より昼夜の芸題入替　四条南座
京都文楽会第十四回公演
後援　京都府　京都市　京都新聞社　京都観光連盟　京都商工会議所

昼の部　十一時開演

釣船三婦／一寸徳兵衛／団七九郎兵衛　**夏祭浪花鑑**

釣船三婦内の段
中　豊竹十九大夫

釣船三婦内の段
女房お辰　桐竹勘十郎

後
野澤八造
三味線 竹本津大夫
鶴澤寛治
豊竹つばめ大夫
三味線 野澤喜左衛門
豊竹小松大夫
鶴澤清好

長町裏の段
団七九郎衛門 竹本織の大夫
舅義平次 豊竹古住大夫
野澤吉三郎

釣船三婦 吉田辰五郎
女房おつぎ 桐竹紋之助
玉島磯之丞 桐竹紋二郎
琴浦 吉田文雀
こつぱの権 吉田作十郎
なまりの八 吉田玉昇
一寸徳兵衛 吉田東太郎

長町裏の段
団七九郎兵衛 桐竹亀松
舅義平次 吉田玉市
祭の若者 大ぜい

妹背山婦女庭訓

背山の段
大判事 豊竹若大夫
三味線 鶴澤寛治
久我之助 豊竹つばめ大夫
竹本津大夫
三味線 野澤喜左衛門

妹山の段
定高 竹本綱大夫
竹澤弥七
琴 竹澤団六
雛鳥 豊竹松大夫
こし元 竹本南部大夫
三味線 鶴澤清六

山の段
大判事清澄 吉田玉助
久我之助清舟 吉田玉男
後室定高 桐竹紋十郎
娘雛鳥（前） 吉田玉五郎
娘雛鳥（後） 文五郎事 吉田難波掾
腰元小菊 吉田東太郎
腰元桔梗 桐竹紋二郎

三勝半七 **艶容女舞衣**

酒屋の段
前 竹本相生大夫

親宗岸 吉田玉市

後
野澤松之輔
竹本土佐大夫
鶴澤藤蔵

娘お園 吉田栄三
舅半兵衛 吉田辰五郎
三勝 吉田玉五郎
半七 吉田玉男
娘おつう 吉田玉丸
半兵衛女房 吉田兵次

藤間紋寿郎振付

藤娘
引ぬき瓢箪鯰

竹本雛大夫
竹本織部大夫
豊竹古住大夫
豊竹小松大夫
竹本津の子大夫
竹本相子大夫
野澤勝太郎
鶴澤徳太郎
野澤錦糸
竹澤団六
野澤勝平
野澤市治郎
鶴澤燕三
鶴澤叶太郎

藤娘 引抜き下男 桐竹紋十郎
鯰 桐竹勘十郎

夜の部　四時半開演

景事 **三人座頭**

福の市 竹本織の大夫
徳の市 竹本静大夫
玉の市 豊竹十九大夫
竹本伊達路大夫

福の市 吉田玉男
徳の市 桐竹勘十郎
玉の市 吉田辰五郎

竹本相子大夫
野澤八造
野澤市治郎
野澤勝平
竹澤団二郎
鶴澤藤二郎
鶴澤叶太郎

菅原伝授手習鑑

松王首実検の段

豊竹若大夫
野澤勝太郎

いろは送りの段

豊竹松大夫
三味線　鶴澤清六

松王首実検の段よりいろは送りの段

女房戸浪　吉田玉五郎
女房千代　桐竹亀松
武部源蔵　吉田栄三
春藤玄蕃　吉田玉男
松王丸　吉田玉助
菅秀才　桐竹一暢
一子小太郎　吉田小玉
涎れくり　桐竹紋弥
御台所　桐竹紋之助
手習子、百姓、取巻　大ぜい

鏡獅子

藤間紋寿郎振付

竹本雛大夫
竹本南部大夫
豊竹古住大夫
竹本織部大夫
豊竹小松大夫
竹本津の子大夫
野澤勝太郎
鶴澤燕三
鶴澤清好

小姓弥生 後に 獅子の精　桐竹紋十郎
胡蝶　桐竹紋之助
胡蝶　桐竹紋二郎

野澤勝平
竹澤団二郎
鶴澤徳太郎
野澤錦糸
鶴澤叶太郎

伊賀越道中双六

沼津里より平作内の段

竹本綱大夫
竹澤弥七
ツレ　竹澤団六

千本松原平作腹切の段

切　豊竹山城少掾
鶴澤藤蔵
胡弓　鶴澤藤二郎

沼津里の段より千本松原平作腹切の段

呉服屋重兵衛　吉田栄三
荷持安兵衛　吉田玉昇
親平作　吉田玉助
娘およね（前・後）　吉田玉五郎
娘およね（中）　文五郎事 吉田難波掾
池添孫八　吉田作十郎

壇浦兜軍記

阿古屋琴責の段

阿古屋　竹本土佐大夫
重忠　毎日替（竹本津大夫
岩永　豊竹つばめ大夫
榛沢　豊竹古住大夫
三味線（鶴澤寛治
三味線　野澤喜左衛門
ツレ　野澤吉三郎
三曲　竹澤団六

阿古屋琴責の段

秩父重忠　桐竹亀松
遊君阿古屋　桐竹紋十郎
岩永左衛門　桐竹勘十郎
榛沢六郎　吉田東太郎
水奴　吉田文昇
水奴　吉田玉幸
水奴　吉田作十郎
水奴　桐竹勘之助

一等席五百円　二等席三百円　三等席百五十円
学生券（一等席）三百円　（二等席）百五十円

◇七月十五日　菅原伝授手習鑑　寺子屋の段　ラジオ放送　毎日　午後十一

時二十分（「朝日新聞（大阪）」、「毎日新聞（大阪）」、「読売新聞（大阪）」
07・15）

33・07・17 因会・三和会　四条　京都　南座　［BC］

十七日終演に引続き特別公演
因会三和会合同出演
祝賀天地会と吉田難波掾の舞踏〝翁〟
うた　竹本津大夫
鼓　桐竹紋十郎

新版歌祭文
野崎村の段
久作　鶴澤寛治
　野澤喜左衛門
お光　鶴澤藤蔵
　竹澤弥七
お染　桐竹紋十郎
　鶴澤叶太郎
久松　吉田玉男
　桐竹勘十郎
お勝　吉田玉助
およし　吉田玉五郎
三味線　前　豊竹若大夫
　後　竹本相生大夫
　竹本雛大夫
　豊竹松大夫
ツレ　鶴澤燕三
　竹澤団六
　野澤勝平
　竹澤団二郎
　鶴澤藤二郎

人形
久作　野澤松之輔
お光　竹本綱大夫
　竹本津大夫
お染　竹本土佐大夫
　豊竹つばめ大夫
久松　竹本南部大夫
　野澤錦糸
お勝　鶴澤徳太郎
およし　豊竹古住大夫
駕かき　竹本織部大夫
　竹本織の大夫
船頭　野澤勝太郎
　吉田東太郎
　吉田文雀
　吉田文昇
　吉田玉昇
　吉田玉幸
　吉田小玉

外一同
桐竹紋二郎
桐竹紋寿
桐竹紋弥
桐竹小紋
外一同

33・07・21 三和会

○東海道巡業（『文楽因会三和会興行記録』）
　○中国・九州と同じプログラム

東海道巡業　［BC］

演目・配役は中国・九州巡業と同じ（三六七頁参照）
夜の部の演目変更のお知らせあり

◎七月二十一日　岐阜市公会堂　昼の部午後一時　夜の部午後六時開演
中部日本新聞社・ラジオ東海共催
昼の部　演目は巡業プログラムの通り
夜の部　演目は変更後の巡業プログラムの通り
昼の部に桐竹紋十郎の高校生のための文楽教室
　入場料　前売指定三百円　一般二百円　当日指定四百円　一般三百円
〔典拠〕「中部日本新聞（岐阜版）」（07・17／07・22）

○七月二十二日　静岡県浜松市歌舞伎座

〔典拠〕「中部日本新聞（静岡版）」広告（07・21）

○七月二十三日　静岡市公会堂

〔典拠〕「中部日本新聞（静岡版）」（07・21）

○七月二十四日　静岡県富士市富士見女子高等学校

○七月二十五日　静岡県沼津市公会堂

〔典拠〕巡業日程表、『文楽因会三和会興行記録』

◎七月二十六日　神奈川県川崎市公民館　昼の部午後一時　夜の部午後五時三十分開演

入場料　百円

〔典拠〕「朝日新聞（京浜版）」（07・20）

○七月二十七日　千葉県船橋市中央公民館

○七月二十八日　東京都足立区産業振興館

〔典拠〕巡業日程表、『文楽因会三和会興行記録』

・・・・・・・・・・・・・・・・・・・・・・・・

◇七月三十日　三和会　竹本住大夫引退声明　道頓堀文楽座

竹本住大夫が九月の因会三和会合同公演での引退を表明

〔典拠〕「読売新聞（大阪）」（07・30）、「大阪日日新聞」（07・31）

33・08・03　因会

◇近畿巡業

◇八月三日から二十三日（『松竹百年史』）

大阪文楽座人形浄瑠璃鑑賞会

壺坂観音霊験記

沢市内より壺坂寺

傾城阿波の鳴戸

巡礼歌

義経千本桜

道行

〔典拠〕『松竹百年史』

◇八月三日　三重県上野市産業会館

〔典拠〕「毎日新聞（三重版）」（08・01）

◇八月七日　和歌山県新宮松竹劇場

〔典拠〕「読売新聞（和歌山）」広告（08・07）

◇八月八日　三重県熊野市熊野東映　午前十時　午後一時　午後六時開演

熊野市連合婦人会主催　熊野市教育委員会

午前十時　中高生対象

入場料　前売一般百五十円　当日二百円　中高生二十円

〔典拠〕「中部日本新聞（三重版）」（08・06）

「読売新聞（和歌山版A）」（08・03）

◇**八月九日から十七日の間**　和歌山県御坊市立御坊中学校

〔典拠〕『松竹百年史』

◇**八月十八日**　奈良県五條市立五條小学校講堂　午後二時開演
五條市教育委員会主催
無形文化財としての文楽、人形浄瑠璃の解説
壺坂観音霊験記　傾城阿波の鳴門　義経千本桜　他
竹本織部大夫　豊竹弘大夫　吉田玉市　吉田玉五郎
入場料　会費百円

〔典拠〕「大和タイムス」（08・13）

◇**八月二十一日**　福井県小浜中央劇場　昼の部午後一時　夜の部午後七時開演

〔典拠〕「福井新聞」広告（08・21）

◇**八月二十二日**　京都府網野町網映日勝館　昼夜二回公演

〔典拠〕「京都新聞」広告（08・22）、『松竹百年史』

◇**八月二十三日**　昼　京都府綾部市永楽劇場
松寿苑の高齢者を招待

〔典拠〕「朝日新聞（京都版）」（08・22）

・・・・・・・・・・・・・・・・・・・・・・・・・・・・

◇**八月二十二日**　**三和会カ**　奈良市庁別館　午後六時開演

〔典拠〕「大和タイムス」（08・22）

◎**八月二十八日から三十日**　**因会・三和会**　上方歌舞伎の復活七人の会結成記念第一回公演　大阪毎日ホール
文楽座大夫三味線特別出演
第一部
寿式三番叟　一幕

竹本綱大夫	竹澤弥七
竹本津大夫	野澤錦糸
竹本南部大夫	竹澤団二郎
竹本織の大夫	竹澤団六
竹本織部大夫	野澤勝平

〔典拠〕歌舞伎筋書

33・09・01 因会・三和会

道頓堀　文楽座　大阪　①　[ABC]

九月・文楽座人形浄瑠璃
因会・三和会大合同　竹本住大夫引退披露興行
お目見得九月一日初日　二の替り十二日初日
府民劇場指定　重要無形文化財指定　道頓堀文楽座

御目見得狂言　一日より十一日　七日より昼夜の狂言入替
昼の部　午前十一時開演
山崎豊子原作　鷲谷樗風脚色
西亭作曲　大塚克三舞台装置

暖簾《のれん》

火事場の訓え

竹本静大夫
鶴澤叶太郎
鶴澤徳太郎
竹澤団六
鶴澤清好
野澤勝平

十日戎の出来事よりのれんを抵当まで

前後役毎日替
三味線 （竹本津大夫 鶴澤寛治）
三味線 （豊竹つばめ大夫 野澤喜左衛門）

八田吾平　桐竹亀松
妻千代　吉田玉男
浪花屋利兵衛　桐竹勘十郎
丁稚定吉 番頭定七 後に　吉田作十郎
吾平の友 太吉　桐竹紋二郎
女中お松　吉田文昇
三男忠平　吉田栄弘
夜なきうどんや　吉田玉昇
丁稚　桐竹小紋
火事場の群集　大ぜい

竹本住大夫引退 **披露口上**

野澤勝太郎
野澤喜左衛門
豊竹若大夫
竹本相生大夫
竹本住大夫
竹本綱大夫
桐竹紋十郎
鶴澤寛治
鶴澤藤蔵
豊竹古住大夫

濡髪長五郎 放駒長吉 双蝶々曲輪日記

橋本の段

駕の甚兵衛　竹本住大夫
橋本次部右衛門　豊竹若大夫
あづま　竹本土佐大夫
与五郎　豊竹古住大夫

橋本の段

治部右衛門　吉田辰五郎
与次兵衛　吉田玉市
与五郎　吉田玉男
お照　桐竹紋之助

お照　竹本南部大夫
下女お松　竹本静大夫
駕の太助　豊竹十九大夫
親与次兵衛　竹本綱大夫
　野澤勝太郎

八幡里引窓の段

前　竹本相生大夫
　野澤松之輔
切　豊竹山城少掾
　鶴澤藤蔵

駕の甚兵衛　吉田玉助
駕の太助　吉田東太郎
下女まつ　吉田文雀
傾城あづま　桐竹紋十郎

引窓の段

南方十次兵衛　吉田栄三
女房お早（前）　文五郎事 吉田難波掾
女房お早（後）　吉田玉五郎
濡髪長五郎　桐竹勘十郎
母親　吉田玉市
平岡丹平　桐竹紋二郎
三原伝蔵　吉田玉昇

本朝廿四孝

十種香の段

（竹本土佐大夫 豊竹松大夫）
三味線 鶴澤清六

十種香の段

蓑作 実は 武田勝頼　吉田玉男
息女八重垣姫　桐竹紋十郎
腰元濡衣　吉田玉五郎
長尾謙信　吉田辰五郎
原小文治　桐竹紋寿
白須賀六郎　吉田小玉

狐火の段

（豊竹松大夫 竹本土佐大夫）
鶴澤藤蔵
ツレ 野澤八造
琴 野澤勝平

狐火の段

白狐 実は 八重垣姫　桐竹紋十郎
白狐　大ぜい

夜の部　午後四時半開演

義経千本桜

道行初音旅

狐忠信　竹本津大夫
静御前　竹本南部大夫
　竹本織部大夫
　豊竹十九大夫
ツレ　豊竹小松大夫
三味線　鶴澤寛治
　野澤吉三郎
ツレ　竹澤団六
　野澤勝平
　野澤市治郎
　鶴澤叶太郎

道行初音の旅

静御前　吉田栄三
狐忠信　桐竹亀松

川連法眼館の段

中　豊竹つばめ大夫
三味線　野澤喜左衛門
切　竹本綱大夫
　竹澤弥七
ツレ　野澤錦糸

川連法眼館の段

源義経　桐竹紋之助
亀井六郎　吉田玉昇
片岡八郎　吉田文昇
佐藤忠信　吉田作十郎
狐忠信　吉田玉助
静御前（前）　吉田玉五郎
静御前（後）　文五郎事 吉田難波掾

お染久松 新版歌祭文

野崎村の段

久作　竹本津大夫
お光　竹本土佐大夫 / 豊竹松大夫
お染　豊竹松大夫 / 竹本土佐大夫
久松　竹本雛大夫
母お勝　竹本和佐大夫
下女およし　竹本静大夫
三味線　鶴澤清六
ツレ　鶴澤徳太郎
　鶴澤清好

親久作　吉田玉市
娘お光　桐竹紋十郎
娘お染　吉田栄三
丁稚久松　吉田玉男
母親お勝　吉田玉五郎
下女およし　吉田玉幸
船頭　吉田小玉
駕屋　吉田国秀
駕屋　吉田淳造

絵本太功記

尼ヶ崎の段

前　竹本土佐大夫
　鶴澤藤蔵
後　豊竹若大夫
　野澤勝太郎

武智重次郎　桐竹勘十郎
娘初菊　吉田文雀
妻操　桐竹亀松
母さつき　吉田国秀
武智光秀　吉田玉助
真柴久吉　吉田辰五郎
加藤正清　吉田玉幸
軍兵　大ぜい

京鹿子娘道成寺

山村若栄振付

竹本雛大夫
竹本和佐大夫
豊竹古住大夫
竹本織の大夫
豊竹小松大夫
野澤勝太郎
鶴澤燕三
竹澤団六
野澤勝平
野澤市治郎
鶴澤叶太郎

白拍子花子　桐竹紋十郎
所化　吉田東太郎
所化　吉田文昇
所化　桐竹紋之助
所化　桐竹紋二郎

*　*　*

紋下　豊竹山城少掾＝座主　株式会社文楽座

一部御観劇料　一等席五百五十円　二等席三百円　三等席百七十円
学生券A三百円　B百七十円

一日に限り一部料金にて昼夜通し御覧に入れます

○暖簾　山崎豊子作　鷲谷樗風脚色　西亭作曲　大塚克三装置
○京鹿子娘道成寺　山村若栄振付
◇「この興行は二の替り制、昼夜二部という道頓堀文楽座で初めてのシステム」（「大阪日日新聞」07・31）
◇文楽教室　一日から二十二日　恩讐の彼方に（「朝日新聞（大阪）」08・31）

道頓堀　文楽座　大阪　②　［ABC］

二の替り狂言　十二日より二十二日　十八日より昼夜の狂言入替

昼の部　午前十一時開演

通し狂言　**恋女房染分手綱**

能舞台定之進切腹の段

口　豊竹十九大夫
野澤市治郎
白拍子 竹村定之進　竹本相生大夫
住僧　豊竹松大夫
重の井　竹本土佐大夫
脇僧 伊達与三兵衛 脇僧 鷺坂左内　竹本雛大夫
由留木左衛門　豊竹古住大夫
竹本津大夫
野澤松之輔

お能舞台定之進切腹の段

白拍子 竹村定之進　吉田玉助
由留木左衛門　吉田玉男
住僧 重の井　桐竹紋十郎
与三兵衛　吉田辰五郎
鷺坂左内　吉田玉昇
腰元お春　吉田小玉
腰元お雪　桐竹一暢
腰元お花　桐竹紋寿
脇僧　吉田文雀
脇僧　吉田文昇

竹本住大夫引退　**披露口上**

沓掛村の段

切　竹本住大夫
野澤勝太郎
竹本綱大夫
竹澤弥七

沓掛村の段

馬方八蔵　桐竹亀松
母親　吉田辰五郎
掛乞布屋　吉田玉昇
掛乞米屋　吉田東太郎
与之助　吉田文昇
馬方次良作　吉田作十郎
座頭慶政　吉田玉五郎
悪者　吉田玉幸
悪者　桐竹紋弥

道中双六の段

竹本南部大夫
ツレ　豊竹小松大夫
三味線　鶴澤清八
ツレ　野澤勝平

重の井子別れの段

切　豊竹山城少掾
鶴澤藤蔵

道中双六より重の井子別れの段

弥三左衛門　吉田東太郎
腰元お福　吉田文雀
馬方三吉　桐竹紋二郎
調姫　桐竹勘之助
乳人重の井　桐竹紋十郎
宰領　吉田淳造
宰領　吉田国秀
腰元　大ぜい

菊池寛原作　食満南北脚色
竹本綱大夫・竹澤弥七作曲　松田種次装置※1

恩讐の彼方に

鳥居峠茶店の段

竹本津大夫
三味線　鶴澤寛治
豊竹つばめ大夫
三味線　野澤喜左衛門

青の洞門の段

豊竹つばめ大夫

鳥井峠茶屋より青の洞門まで

了海（仲間市九郎 後に）　吉田玉市
女房お弓　吉田玉男
旅の男　桐竹紋二郎
旅の女　吉田文昇
石工宗六　吉田国秀
宗六女房　吉田淳造
中川実之助　桐竹勘十郎

三味線　野澤喜左衛門
竹本津大夫
三味線　鶴澤寛治
ツレ　竹澤団六

田舎人　大ぜい

梅川 忠兵衛　恋飛脚大和往来

新口村の段

前　竹本土佐大夫
豊竹松大夫
三味線　鶴澤清六
後　豊竹若大夫
鶴澤燕三

亀屋忠兵衛　吉田栄三
遊女梅川（前）　桐竹紋十郎
遊女梅川（後）　吉田難波掾（文五郎事）
忠三女房　桐竹紋之助
親孫右衛門　吉田玉助
伝が婆　桐竹亀次郎
置頭巾　吉田淳造
藤次兵衛　吉田国秀
針立道庵　桐竹紋寿
水右衛門　吉田玉幸
捕手小頭　吉田玉幸
八右衛門　桐竹一暢

夜の部　午後四時半開演
近松門左衛門原作　西亭脚色作曲　鷲谷樗風演出
中村貞以衣裳考証　大塚克三舞台装置

鑓の権三重帷子

浜の宮馬場の段

竹本相生大夫
野澤松之輔

市之進留守宅の段

豊竹つばめ大夫
三味線　野澤喜左衛門

浜の宮馬場より京橋女敵討まで

笹野権三　吉田玉男
おさい　吉田栄三
岩木忠太兵衛　吉田辰五郎
娘お雪　吉田文雀
お雪の乳母　吉田玉五郎
川側伴之丞　吉田玉市
奴角助　吉田玉幸

数寄屋の段

竹本綱大夫
竹澤弥七

仲間浪介　吉田作十郎
浅香市之進　桐竹勘十郎
娘お菊　吉田文昇
倅虎次郎　吉田小玉
奴甚内　吉田玉昇
下女まん　桐竹紋二郎
下女お杉　桐竹紋弥
踊り子　吉田文雀
踊り子　吉田文昇
踊り子　大ぜい

京橋女敵討の段

女房おさい　竹本南部大夫
鑓の権三　竹本織の大夫
市之進　豊竹古住大夫
奴甚内　豊竹十九大夫
踊り子　竹本織部大夫
踊り子　豊竹小松大夫
豊澤豊助
鶴澤徳太郎
野澤錦糸
竹澤団六
野澤勝平

一谷嫩軍記

熊谷陣屋の段

前　竹本津大夫
三味線　鶴澤寛治
後　豊竹若大夫
野澤勝太郎

熊谷直実　吉田玉助
妻相模（前）　吉田難波掾（文五郎事）
妻相模（後）　桐竹紋十郎
堤軍次　吉田東太郎
藤の局　吉田玉五郎
弥陀六実は弥平兵衛宗清　桐竹亀松
源義経　桐竹紋之助
梶原景高　吉田作十郎

壺坂観音霊験記

沢市内の段

豊竹松大夫
竹本土佐大夫

沢市内より壺坂寺

座頭沢市　吉田栄三
女房お里　桐竹亀松

壺坂寺の段

鶴澤藤蔵　　観世音　桐竹紋寿

（竹本土佐大夫
豊竹松大夫
三味線　鶴澤清六
ツレ　鶴澤清好

藤間紋寿郎振付
上の巻　**鷺娘**
下の巻　**瓢簞鯰**

竹本雛大夫
豊竹古住大夫
竹本織部大夫
竹本織の大夫
豊竹小松大夫
野澤勝太郎
野澤市治郎
竹澤団六
野澤勝平
鶴澤燕三
鶴澤叶太郎

鷺娘　桐竹紋十郎
下男　桐竹紋十郎
鯰　桐竹勘十郎

※1　B配役記載部分には大塚克三装置
○恩讐の彼方に　鶴澤寛治捕曲
○鷺娘・瓢簞鯰　藤間紋寿郎振付
◇九月六日から　料金百円で「一幕見」を導入（「毎日新聞（大阪）」09・09、「大阪新聞」09・10）
◇九月二十日　竹本住大夫引退披露口上　恋女房染分手綱　沓掛村の段　テレビ放送　大阪　午後八時（「朝日新聞（大阪）」、「毎日新聞（大阪）」、「読売新聞（大阪）」09・20）

◇九月八日
コロンビア大学モーリス・バレンシー教授が来日し、来春のニューヨーク、シカゴ、ロサンゼルスをはじめとするアメリカ公演を松竹大谷会長と交渉
〔典拠〕「毎日新聞（大阪）」（09・09）、「朝日新聞（大阪）」（09・11／09・27）

◇九月三十日　三和会　一畑百貨店完工落成披露式　島根県松江市一畑百貨店劇場
市民約千人を招待、三回に分けて落成式と桐竹紋十郎一行の文楽公演が行われた
〔典拠〕「夕刊山陰新報」（09・30）

◇十月二日　三和会　古典芸術鑑賞会　兵庫県立芦屋高等学校
講演　北岸佑吉　人形解説　桐竹紋十郎　豊澤猿二郎
恋女房染分手綱　道中双六の段　重の井子別れの段
〔典拠〕「毎日新聞（阪神版）」（09・30）、「芦高新聞」第七十七号
『芦笛』第十二号

33・10・05　**三和会**

○東海道巡業（『文楽因会三和会興行記録』）

東海巡業　［BC］

重要無形文化財　文楽人形浄瑠璃芝居
文楽三和会十周年記念公演

昼の部

伊達娘恋緋鹿子

八百屋お七火見櫓の段

豊竹小松大夫
野澤勝平
竹澤団作
豊澤猿二郎

お七　桐竹紋二郎

御所桜堀川夜討

弁慶上使の段

前　豊竹松島大夫
　　竹澤団作
後　竹本源大夫
　　鶴澤叶太郎

卿ノ君　桐竹勘之助
侍従太郎　吉田作十郎
妻花の井　吉田国秀
弁慶　吉田辰五郎
腰元しのぶ　桐竹紋寿
おわさ　桐竹紋之助
腰元　大ぜい

三勝半七艶容女舞衣

酒屋の段

切　豊竹つばめ大夫
　　野澤喜左衛門

親宗岸　吉田辰五郎
嫁おその　桐竹紋十郎
半兵衛女房　吉田国秀
半兵衛　吉田作十郎
おつう　桐竹紋次
半七　桐竹紋弥
三勝　桐竹紋二郎

紅葉狩

戸隠山の段

更科姫　豊竹古住大夫
惟茂　豊竹松島大夫
山神 腰元　豊竹小松大夫
野澤市治郎
野澤勝平
竹澤団作

平惟茂　桐竹勘十郎
更科姫 実は 悪鬼　桐竹紋十郎
腰元さつき　桐竹小紋
腰元楓　桐竹勘之助
山神　桐竹紋之助

夜の部

義経千本桜

道行初音の旅路

シテ　豊竹小松大夫
ワキ　豊竹松島大夫
ツレ　豊竹古住大夫
野澤市治郎
野澤勝平
竹澤団作

静御前　桐竹紋之助
狐忠信　桐竹勘十郎

傾城阿波鳴戸

巡礼歌の段

切　竹本源大夫
　　鶴澤叶太郎

女房お弓　桐竹紋十郎
巡礼おつる　桐竹勘之助
十郎兵衛　吉田辰五郎
捕巻　大ぜい

生写朝顔日記

宿屋より大井川まで

豊竹つばめ大夫
豊竹古住大夫
野澤喜左衛門
琴　野澤勝平

駒沢次郎左衛門　吉田辰五郎
戎屋徳右衛門　吉田国秀
岩城多喜太　桐竹紋二郎
下女おなべ　桐竹小紋

朝顔実は深雪　桐竹紋十郎
近習、供人、川越人足　大ぜい

戻　橋

一条戻橋の段

若菜
綱　豊竹小松大夫
豊竹松島大夫
野澤市治郎
野澤勝平
竹澤団作

渡辺源吾綱　吉田作十郎
若菜実は悪鬼　桐竹紋之助

○十月五日　静岡県吉原市体育館

〔典拠〕巡業日程表、『文楽因会三和会興行記録』

◎十月六日　神奈川県小田原市御幸座　昼の部午後一時　夜の部午後六時開演
小田原市史談会・小田原市遺族会・文部省文化財保護委員会共催

〔典拠〕「東京新聞（神奈川版）」（10・06）

○十月七日　埼玉県小川町相生座（映劇）

〔典拠〕巡業日程表、『文楽因会三和会興行記録』

◎十月八日　埼玉県大宮本校（小学校）講堂　［CD］

大阪文楽人形浄瑠璃芝居
昭和三十三年十月八日　昼の部午後一時　夜の部午後六時　大宮本校講堂
後援　文部省文化財保護委員会　大宮市文化財保護委員会　大宮市連合婦人会
大宮市文化協会　大宮市消防連合団　推薦　大宮市教育委員会
主催　大宮文楽後援会
演目は巡業プログラムの通り
他に　竹本三和大夫　竹本常子大夫　豊竹貴代大夫　豊竹小静（ママ）大夫　野澤勝太郎　鶴澤燕三　豊澤仙二郎　鶴澤友若　桐竹紋七　桐竹紋四郎　桐竹紋之丞
桐竹紋市　桐竹紋若

◎十月九日　浦和市埼玉会館　［CD］

芸術観賞の秋　皆様に贈る！
重要無形文化財国家指定　大阪文楽人形浄瑠璃　浦和公演
十月九日　正午　五時　二回公演　浦和市埼玉会館
主催　浦和市文楽愛好会　協賛　浦和市教育委員会　浦和市社会福祉協議会
演目は巡業プログラムの通り
他に　竹本三和大夫　竹本常子大夫　豊竹貴代大夫　竹本真砂大夫　野澤勝太郎　鶴澤燕三　豊澤仙二郎　鶴澤友若　桐竹紋七　桐竹紋四郎　桐竹紋之丞
桐竹紋市　桐竹紋若

◎十月十日　神奈川県厚木市中央公民館　［CD］

重要無形文化財国家指定　文部省文化財保護委員会選定
重要無形文化財　桐竹紋十郎一行五十余名来演
大阪文楽人形浄瑠璃芝居　厚木公演
十月十日　一時　六時　厚木市中央公民館
主催　厚木市古典芸術観賞会　さがみ芸能社
後援　厚木市教育委員会　厚木市文化財保護委員会　厚木市社会教育委員会
相模人形　林座　長谷座　劇団　若鮎座
演目は巡業プログラムの通り
会員券　当日二百三十円　前売百八十円

◎十月十一日　東京都八王子市貿易会館　昼夜二回公演
八王子市福祉事業協会主催　八王子市役所・八王子市会・福祉事務所・八王子市文化財専門委員会・民政委員協議会後援
昼の部　御所桜堀川夜討　夜の部　義経千本桜　他
〔典拠〕「東京新聞（都下版）」（10・12）

◎十月十二日　東京都練馬区公民館　昼夜二回公演
◎十月十三日　東京都板橋区民会館　昼夜二回公演
昭和三十二年十二月台東区での一日二回公演、出演料十五万円で残りを社会福祉協議会に寄付するという興行が当たり、低料金で大勢に見てもらい利益の一部を社会事業基金とする特別興行の規模を拡大して各区を巡業
入場料　二百五十円
〔典拠〕『文楽因会三和会興行記録』
「朝日新聞（東京）」（10・04）

◎十月十四日　神奈川県横浜市県立音楽堂　十二時半開演
〔典拠〕「東京新聞（京浜版）」（10・14）

◎十月十五日　東京都荒川区民会館　昼夜二回公演
十二日練馬区公民館と同じ
〔典拠〕『文楽因会三和会興行記録』
「朝日新聞（東京）」（10・04）

◎十月十七日　**東京都杉並区公会堂　［CD］**
杉並区社会福祉協議会　社会福祉事業基金募集
御所桜堀川夜討
弁慶上使の段
艶容女舞衣
酒屋の段
◇夜一回公演　入場料二百五十円（「朝日新聞（東京）」10・04）

○十月十八日　長野県松本市体育館
〔典拠〕巡業日程表、『文楽因会三和会興行記録』
・・・・・・・・・・・・・・・・・・・・・・・・・・・・・・

33・10・14　因会

○九州巡業
◇十月十四日から二十三日（『松竹百年史』）

十月巡業　［BC］

大阪文楽座人形浄瑠璃　重要無形文化財指定
大夫・三味線・人形総出演
世界人のあこがれの的！　我が国の誇る古典芸術の極致！　松竹株式会社提供

昼の部

音冴春臼月

団子売の段

竹本織の大夫
ツレ　竹本津の子大夫
竹本相子大夫
野澤吉三郎
お臼　吉田玉五郎
杵造　吉田玉男

豊澤新三郎
竹澤団六

御所桜堀川夜討

弁慶上使の段

竹本津大夫
三味線　鶴澤寛治

武蔵坊弁慶　吉田玉助
針妙おわさ　吉田栄三
腰元しのぶ　吉田東太郎
侍従太郎　吉田淳造
奥方花の井　吉田小玉
卿の君　吉田玉幸
腰元　大ぜい

艶容女舞衣

三勝半七

酒屋の段

伊達大夫改め　竹本土佐大夫
鶴澤藤蔵

親宗岸　吉田玉市
嫁おその　桐竹亀松
茜屋半兵衛　吉田淳造
半兵衛女房　吉田玉米
娘おつう　吉田玉丸
茜屋半七　吉田玉昇
美濃屋三勝　吉田文昇

壺坂観音霊験記

沢市内より御寺まで

沢市　竹本織の大夫
お里　豊竹弘大夫
野澤八造
ツレ　鶴澤藤二郎

座頭沢市　吉田玉市
女房お里　桐竹亀松
観世音　桐竹一暢

夜の部

絵本太功記

尼ヶ崎の段

竹本津大夫
三味線　鶴澤寛治

武智十次郎　吉田東太郎
嫁初菊　吉田文雀
母さつき　吉田兵次
武智光秀　吉田玉助
妻操　桐竹亀松
真柴久吉　吉田玉昇
加藤正清　吉田玉之助
軍兵　大ぜい

恋飛脚大和往来

梅川忠兵衛

新口村の段

伊達大夫改め　竹本土佐大夫
鶴澤藤蔵

亀屋忠兵衛　吉田玉男
遊女梅川　吉田栄三
親孫右衛門　吉田玉市
忠三女房　吉田文昇
水右衛門　吉田小玉
伝がばゞ　吉田淳造
針立道庵　吉田玉米
捕手小頭　吉田玉幸
八右衛門　吉田玉之助
藤次兵衛　桐竹一暢
捕手　大ぜい

菅原伝授手習鑑

寺入りの段　寺子屋の段

寺子屋の段

切　竹本相生大夫
野澤吉三郎

武部源蔵　吉田玉男
女房戸浪　吉田玉五郎
松王丸　吉田玉助
女房千代　吉田栄三

春藤玄蕃　吉田玉昇
御台所　吉田文昇
涎くり　吉田玉幸
菅秀才　吉田小玉
小太郎　吉田玉丸
百姓、手習子　大ぜい

寿春羽子板

二人禿の段

竹本織の大夫
豊竹弘大夫
竹本伊達路大夫
野澤八造
竹澤団六
鶴澤藤二郎
豊澤新三郎

禿　吉田玉五郎
禿　吉田文雀

◇**十月十四日**　大分市トキハ文化ホール　昼の部午後一時　夜の部午後六時開演
大分合同新聞社主催
〔典拠〕「大分合同新聞」（10・14）

◇**十月十八日**　熊本市公会堂　昼の部午前十時半　夜の部午後六時半開演
熊本市婦人会・熊本県教育委員会・熊本市教育委員会共催
演目は巡業プログラムの通り
入場料　前売二百五十円　当日二百円
〔典拠〕「熊本日日新聞」（10・17）

◇**十月二十一日**　福岡県直方市公会堂　昼の部十二時　夜の部午後五時開演
直方芸術鑑賞協会主催　直方市教育委員会・直方市文連後援
〔典拠〕「西日本新聞（筑豊版）」（10・11）

◇**十月二十二日**　福岡県小倉市東筑紫短期大学　昼夜二回公演　夜の部午後五時半開演
東筑紫短期大学文学部主催
夜の部　一般向け　演目は巡業プログラム夜の部の通り
入場料　一般前売三百円
〔典拠〕「西日本新聞（戸畑版）」（10・21）

◇**十月二十三日**　福岡県博多電気ホール　昼の部午後一時　夜の部午後六時開演
昼の部　壺坂観音霊験記　沢市内より御寺まで　他
夜の部　菅原伝授手習鑑　寺入りの段　寺子屋の段　他
〔典拠〕「西日本新聞（筑豊版）」（10・18）

◇**十月二十四日**　福岡県柳川市伝習館高等学校北校舎体育館　午後二時開演
伝習館高等学校主催
文楽の説明、人形解説、壺坂観音霊験記　艶容女舞衣　三勝半七酒屋の段　他
入場料　百五十円
〔典拠〕「西日本新聞（筑後版A）」（10・21）

…………………………………………

◎**十月二十日　三和会**　国際ロータリー第三六五区年次大会　和歌山市民会館カ

午後二時四十五分開演
余興に桐竹紋十郎等が出演
〔典拠〕「和歌山新聞」（10・21）

33・10・22 三和会 貝塚市公会堂 大阪 ［BCD］

公民館図書購入資金募集
重要無形文化財大阪文楽人形浄瑠璃
昭和三十三年十月二十二日 十一時三十分※1 五時 貝塚市公会堂
主催 貝塚市立公民館

第一部（昼の部）正午開演

花雲佐倉曙
宗五郎子別の段

	豊竹松島大夫	宗五郎	桐竹勘十郎
	野澤市治郎	女房お三	桐竹紋之助
		親儀作	吉田辰五郎
		喜衛門	吉田作十郎
		小分弥吉	桐竹勘之助
		其の他※2	大ぜい

本朝廿四孝
十種香の段より狐火の段まで

	竹本源大夫	武田勝頼	桐竹勘十郎
	鶴澤叶太郎	腰元濡衣	桐竹紋之助
ツレ	野澤勝平	八重垣姫	桐竹紋十郎
		上杉謙信	吉田辰五郎
		白須賀六郎	桐竹紋七
		原小文治	桐竹紋四郎

安宅関
勧進帳の段

弁慶	豊竹つばめ大夫	富樫左衛門尉	桐竹勘十郎
富樫	豊竹古住大夫	源義経	吉田作十郎
義経	豊竹松島大夫	伊勢三郎	桐竹小紋
四天王 番卒	豊竹小松大夫	駿河次郎	桐竹紋寿
	野澤勝太郎	片岡八郎	桐竹勘之助
	鶴澤燕三	常陸坊	桐竹紋市
	野澤勝平	武蔵坊弁慶	桐竹紋十郎
	野澤八助	番卒	大ぜい
	鶴澤叶太郎		

義経千本桜
道行初音の旅

静	豊竹小松大夫	静	桐竹紋之助
忠信	豊竹松島大夫	忠信	桐竹勘十郎
	野澤市治郎		
	野澤八助		
	竹澤団作		
	豊澤猿二郎		
	野澤勝平		

第二部（夜の部）午後五時開演

御所桜堀川夜討
弁慶上使の段

前	豊竹松島大夫	弁慶	吉田辰五郎
	野澤勝平	おわさ	桐竹紋之助
奥	竹本源大夫	しのぶ	桐竹紋寿
	鶴澤叶太郎	侍従太郎	桐竹紋市
		花の井	桐竹紋之丞
		卿の君	桐竹勘之助

生写朝顔日記
宿屋の段

	豊竹つばめ大夫	駒沢次郎左衛門	吉田辰五郎

野澤喜左衛門
琴 野澤勝平

大井川の段
豊竹古住大夫
鶴澤燕三

戎屋徳右衛門 桐竹紋市
岩代多喜太 桐竹勘十郎
下女おなべ 桐竹小紋
朝顔深雪実は 桐竹紋十郎
近習、供人 大ぜい

朝顔深雪実は 桐竹紋十郎
奴関助 桐竹紋之助
戎屋徳右衛門 桐竹紋市
川越人足 大ぜい

増補忠臣蔵※3
本蔵下屋敷の段
豊竹古住太夫
野澤勝太郎
琴 野澤勝平

伴左衛門 吉田作十郎
三千歳姫 桐竹紋之助
奴宅内 桐竹紋之丞
加古川本蔵 吉田辰五郎
小姓 ※4桐竹勘之助
若狭之助 ※5桐竹勘十郎
奴 大勢い

義経千本桜
道行初音の旅
配役は昼の部と同じ

前売券一般百八十円　児童百二十円　当日券二百五十円

※1　配役記載部分には正午開演とある
※2　C子 桐竹紋次・桐竹勘太郎
※3　「名筆吃又平」の上に配役表貼付　※4　B桐竹勘十郎
※5　B桐竹勘之助

○十月二十五日　三和会　滋賀県膳所東洋レーヨン
義経千本桜道行　静御前　桐竹紋十郎
〔典拠〕『文楽因会三和会興行記録』

33・10・29　三和会　滋賀会館　大津　〔BCD〕

国家指定重要無形文化財　文楽人形浄瑠璃芝居　文楽三和会
十月二十九日　滋賀会館
主催　大津文化協会　大津青年団体連絡協議会　大津婦人連合会
後援　大津公民館　大津市教育委員会　滋賀会館

昼の部　十二時開演※1
伊達娘恋緋鹿子
八百屋お七火見櫓の段
豊竹小松大夫
豊澤仙二郎
竹澤団作
豊澤猿二郎

お七 桐竹紋之助

花雲佐倉曙
佐倉宗五郎子別の段
豊竹松島大夫
野澤市治郎

親儀作 吉田辰五郎
女房おさん 桐竹紋之助
倅宗吉 桐竹紋次
弟 桐竹勘太郎
因幡沼の喜衛門 吉田作十郎
乾分弥吉 桐竹紋寿

本朝廿四孝
十種香の段より狐火まで
—

竹本源大夫
鶴澤叶太郎
ツレ　野澤勝平

武田勝頼　桐竹勘十郎
腰元濡衣　桐竹紋二郎
八重垣姫　桐竹紋十郎
父上杉謙信　吉田作十郎
白須賀六郎　桐竹紋弥
原小文治　桐竹勘之助
狐火の段
八重垣姫　桐竹紋十郎
狐八重垣姫　桐竹紋十郎

安宅の関
勧進帳の段
弁慶　豊竹つばめ大夫
富樫　豊竹古住大夫
義経　豊竹松島大夫
四天王　豊竹小松大夫
野澤勝太郎
鶴澤燕三
野澤勝平
豊澤仙二郎
野澤八助

富樫左衛門　吉田辰五郎
源義経　桐竹紋二郎
伊勢三郎　桐竹小紋
駿河次郎　桐竹勘之助
片岡八郎　桐竹紋七
常陸坊　桐竹紋市
武蔵坊弁慶　桐竹紋十郎
軍兵　大ぜい

夜の部　午後四時半開演
御所桜堀川夜討
弁慶上使の段
前　豊竹松島大夫
竹澤団作
奥　竹本源大夫
鶴澤叶太郎

卿ノ君　桐竹勘之助
侍従太郎　吉田作十郎
花ノ井　吉田国秀
腰元しのぶ　桐竹紋寿
おわさ　桐竹紋之助
武蔵坊弁慶　吉田辰五郎

生写朝顔話
宿屋より大井川まで
前　豊竹つばめ大夫
野澤喜左衛門
琴　野澤勝平
後　豊竹古住大夫
鶴澤燕三

駒沢次郎左衛門　吉田辰五郎
戎屋徳右衛門　吉田国秀
岩代多喜太　吉田作十郎
下女おなべ　桐竹小紋
深雪 実は 朝顔　桐竹紋十郎
近習、供人、川越人足　大ぜい

名筆吃又平
将監館の段
豊竹若大夫
野澤勝太郎
ツレ　野澤勝平

土佐将監　桐竹紋市
奥方　吉田国秀
修理之助　桐竹紋弥
吃又平　桐竹紋十郎
女房お徳　桐竹勘十郎
雅楽之助　桐竹紋二郎

伊達娘恋緋鹿子
八百屋お七火見櫓の段
豊竹小松大夫
野澤市治郎
野澤八助
豊澤仙二郎
豊澤猿二郎

お七　桐竹紋之助

※1　D十一時
◇滋賀会館大ホール　大津市制六十周年記念文楽公演（「滋賀日日新聞」10・20）
◇入場料　一等四百円　二等三百円　三等百五十円　前売各等五十円引（「滋賀日日新聞」10・20）

◎十月三十一日から十一月二十六日　因会　初開場東西合同大歌舞伎　大阪新

歌舞伎座
文楽座大夫三味線特別出演
昼の部
天地開闢

竹本雛大夫
竹本和佐大夫
竹本長子大夫
豊竹弘大夫
竹本相子大夫

野澤吉三郎
鶴澤徳太郎
野澤錦糸
豊澤新三郎
竹澤団六
豊澤豊助

〔典拠〕歌舞伎筋書

33・11・01 因会・三和会 道頓堀 文楽座 大阪 ［ABC］

文楽座人形浄瑠璃十一月興行 因会・三和会大合同公演
昭和三十三年十一月一日初日 二十三日まで 十三日より昼夜の狂言入替
府民劇場指定 重要無形文化財指定 道頓堀文楽座

昼の部 午前十一時開演

義経千本桜

釣瓶寿司屋の段

前 竹本津大夫
三味線 鶴澤寛治
豊竹つばめ大夫
三味線 野澤喜左衛門
中 豊竹松大夫
三味線 鶴澤清六
切 豊竹若大夫
野澤勝太郎

釣瓶寿司屋の段

いがみの権太 吉田玉助
弥助実は維盛 吉田玉男
娘お里（前） 桐竹紋十郎
娘お里（後） ※1文五郎事 吉田難波掾
親弥左衛門 吉田玉市
梶原景時 吉田辰五郎
若葉の内侍 吉田栄三
六代君 桐竹一暢
女房小仙 桐竹紋二郎
倅善太 吉田栄弘
弥左衛門女房 吉田国秀
村の歩き 吉田万次郎
鮨買ひ、取巻き 大ぜい

西亭脚色作曲 鷲谷樗風演出
藤間紋寿郎振付 大塚克三装置

お吉鶴松 下田時雨

伊勢善離座敷の段

東吾 竹本織の大夫
お楽 竹本織部大夫
鶴澤叶太郎

伊勢善離座敷より
玉泉寺アメリカ領事館の段

竹本綱大夫
竹澤弥七
琴 野澤勝平

下田湊浜茶屋の段

お吉 豊竹つばめ大夫
伊佐 竹本津大夫
ツレ 竹本南部大夫
三味線 鶴澤寛治
三味線 野澤喜左衛門
鶴澤燕三
野澤市治郎
八雲 鶴澤清好
胡弓 竹澤団二郎

伊勢善離座敷の段

堀東吾 桐竹紋之助
芸妓お楽 吉田玉五郎

伊勢善離座敷より
玉泉寺アメリカ領事館の段

芸妓お吉 桐竹紋十郎
女中頭およし 吉田文雀
伊佐新治郎 吉田栄三
大工鶴松 桐竹亀松
ハルリス 桐竹勘十郎
給仕和助 吉田東太郎
芸妓お楽 吉田玉五郎

下田湊浜茶屋の段

唐人お吉 桐竹紋十郎
伊佐新治郎 吉田栄三
駕かき 吉田玉之助
駕かき 吉田国秀
通行人、町の子供 大ぜい

お駒才三 恋娘昔八丈

白木屋の段

庄兵衛　竹本相生大夫
お駒　（竹本土佐大夫
　　　　豊竹松大夫
丈八　（竹本津大夫
　　　　※2豊竹つばめ大夫
才三　豊竹古住大夫
下女丁稚　豊竹小松大夫
喜蔵　（豊竹松大夫
　　　　竹本土佐大夫
三味線　鶴澤清六

鈴ヶ森の段

竹本土佐大夫
鶴澤藤蔵

夜の部　午後四時半開演

仮名手本忠臣蔵

道行旅路の花聟（落人）

おかる　竹本土佐大夫
勘平　豊竹松大夫
伴内　竹本津大夫
ツレ　豊竹小松大夫
　　　竹本津の子大夫
三味線　鶴澤清六

白木屋の段

主庄兵衛　吉田辰五郎
娘お駒　吉田玉五郎
番頭丈八　吉田玉助
髪結才三　吉田玉男
佃屋喜蔵　桐竹勘十郎
下女およし　桐竹紋弥
丁稚長吉　吉田玉之助

鈴ヶ森の段

娘お駒　桐竹亀松
堤弥藤次　吉田玉昇
親庄兵衛　吉田辰五郎
庄兵衛女房　吉田兵次
髪結才三　吉田玉男
番頭丈八　吉田玉助
番太、見物人　大ぜい

道行旅路の花聟（落人）

早野勘平　桐竹紋十郎
腰元おかる　吉田栄三
鷺坂伴内　吉田玉五郎
取巻き　大ぜい

野澤八造
鶴澤燕三
野澤市治郎
鶴澤清好
野澤勝平

山崎街道の段

（竹本静大夫
　竹本織の大夫
三味線　鶴澤清八

二ツ玉の段

竹本相生大夫
野澤松之輔
胡弓　鶴澤藤二郎

身売りの段

竹本津大夫
三味線　鶴澤寛治

勘平切腹の段

豊竹若大夫
野澤勝太郎

祇園一力茶屋の段

由良之助　豊竹山城少掾
力弥　竹本織部大夫
重太郎　竹本静大夫
喜多八　豊竹古住大夫

山崎街道より二つ玉の段

千崎弥五郎　桐竹紋之助
早野勘平　桐竹紋十郎
百姓与市兵衛　吉田国秀
斧定九郎　桐竹勘十郎

身売りより勘平切腹の段

女房おかる　吉田栄三
早野勘平　桐竹紋十郎
一文字屋　吉田玉男
原郷右衛門　吉田玉市
千崎弥五郎　桐竹紋之助
めっぽう弥八　吉田作十郎
種ヶ島の六　吉田文昇
狸の角兵衛　吉田玉幸
与市兵衛女房　吉田辰五郎
駕屋　吉田万次郎
駕屋　※3桐竹小紋

祇園一力茶屋の段

大星由良之助　吉田玉助
斧九太夫　吉田辰五郎
矢間重太郎　吉田東太郎
千崎弥五郎　桐竹紋之助

弥五郎	豊竹十九大夫	竹森喜多八	吉田玉昇
仲居	竹本伊達路大夫	遊女おかる	※4文五郎事 吉田難波掾
おかる	竹本土佐大夫	大星力弥	桐竹紋二郎
仲居	豊竹小松大夫	鷺坂伴内	吉田玉五郎
仲居	竹本津の子大夫	寺岡平右衛門	桐竹亀松
伴内	竹本南部大夫	仲居	大ぜい
九太夫	竹本相生大夫		
平右衛門	竹本綱大夫		
前	竹澤弥七		
後	鶴澤藤蔵		

九条武子作　野澤喜左衛門作曲
堂本印象美術考証　藤間紋寿郎振付
「四季の曲」の内

きぬたと大文字

	豊竹つばめ大夫	支那夫人	桐竹紋十郎
	竹本南部大夫	亡霊	桐竹勘十郎
	竹本織部大夫	舞妓	桐竹紋十郎
	豊竹小松大夫	若衆	桐竹紋二郎
三味線	野澤喜左衛門	舞妓	吉田文雀
	野澤勝太郎	舞妓	桐竹紋之助
	野澤市治郎		
	野澤勝平		
	竹澤団二郎		
	鶴澤叶太郎		

＊　＊　＊

紋下　豊竹山城少掾 ＝ 座主　株式会社文楽座

一部御観劇料　一等席四百五十円　二等席二百五十円　三等席百五十円
学生券A二百五十円　B百五十円

初日に限り一部料金にて昼夜通し御覧に入れます

※1　B（文楽劇場蔵）文五郎改めとある
※2　Aにあり
※3　A吉田小玉
※4　B（文楽劇場蔵）文五郎改めとある

○下田時雨　西亭脚色・作曲　鶯谷樗風演出　藤間紋寿郎振付　大塚克三装置
◇下田時雨　第二景幕切で、竹本綱大夫が新内「浅黄権八」を語る（「新関西」11・14）
○きぬたと大文字　九条武子作　野澤喜左衛門作曲　藤間紋寿郎振付　堂本印象美術考証
◎恋娘昔八丈　丈八　吉田玉助が大流行のフラフープをチャリ場で披露（「朝日新聞（大阪）」11・12、「毎日新聞（大阪）」11・16）
◇十一月十一日　下田時雨　伊勢善離座敷より玉泉寺米領事館まで　ラジオ放送　NHK第二　午後九時（「朝日新聞（大阪）」、「毎日新聞（大阪）」、「読売新聞（大阪）」11・11）
◇十一月十一日　義経千本桜　釣瓶寿し屋の段　ラジオ放送　毎日　午後十一時二十分（「朝日新聞（大阪）」、「毎日新聞（大阪）」11・11）
◇十一月十五日　義経千本桜　釣瓶寿し屋の段　テレビ放送　大阪　午後八時（「朝日新聞（大阪）」、「毎日新聞（大阪）」、「読売新聞（大阪）」11・15）
◇十一月二十九日　仮名手本忠臣蔵　祇園一力茶屋の段　テレビ放送　大阪　午後八時（「朝日新聞（大阪）」、「毎日新聞（大阪）」、「読売新聞（大阪）」11・29）

◇十一月三日　第十回大阪市民文化賞授与式
竹本住大夫が大阪市民文化賞を受賞

〔典拠〕『演劇雑誌幕間』第十三巻第十二号
『昭和三十四年版　大阪府年鑑』

○十一月十一日　因会　和歌山市民会館

◇十一月二十三日　因会　大近松二百三十五年祭　尼崎市広済寺　午後一時
「梅川忠兵衛　恋飛脚大和往来」新口村の段を竹本雛大夫　野澤吉三郎が奉納

〔典拠〕プログラム

33・11・24　因会・三和会　神戸新聞会館［BC］

文楽座人形浄瑠璃　因会三和会初合同公演
十一月二十四・二十五日　神戸新聞会館

昼の部十二時　夜の部五時開演
演目・配役は十一月一日道頓堀文楽座と同じ
一等席四百五十円　二等席二百五十円　三等席百五十円

○演目・配役大阪十一月興行と同じ

◇十一月二十五日　因会　大阪市会議長粟井岩吉氏藍綬褒章受章祝賀会　道頓堀文楽座　午後五時三十分開場

寿二人三番叟

豊竹松大夫
竹本雛大夫
野澤吉三郎
鶴澤徳太郎
野澤錦糸
――
三番叟　吉田栄三
三番叟　吉田玉男

豊澤新三郎―

〔典拠〕プログラム

◇十一月二十七日　因会　第九回邦楽名人大会　名古屋御園座

昼の部
奥州安達ヶ原
袖萩祭文の段
豊竹松大夫
鶴澤清六
――

夜の部
生写朝顔話
宿屋の段
豊竹松大夫
鶴澤清六
箏　鶴澤清好

〔典拠〕プログラム

33・11・28　因会・三和会　産経会館　大阪［BC］

大阪府芸術祭参加　文楽人形浄瑠璃　新作発表会
十一月二十八日午後一時半開演　産経会館
主催　大阪中央放送局

有吉佐和子作・演出　野澤喜左衛門作曲　藤間紋寿郎振付

ほむら

豊竹つばめ大夫
野澤喜左衛門
ツレ　野澤市治郎
野澤勝平
――
嫗　桐竹紋十郎
僧　桐竹勘十郎
娘　桐竹紋二郎

北条秀司作・演出　西亭作曲　藤間良輔振付

浅間の殿様

大名 竹本綱大夫
花袖 豊竹つばめ大夫
家老 豊竹古住大夫
竹本織の大夫
ツレ 竹本織部大夫
野澤松之輔
竹澤弥七
野澤勝太郎
竹澤団六

花袖 桐竹紋十郎
大名 吉田玉男
家老 吉田玉市
飛脚 吉田作十郎
女馬子 吉田文昇
近習右近 桐竹紋之助
近習左京 桐竹紋弥
遊女 吉田文雀
遊女 吉田東太郎
遊女 吉田小玉
遊女 桐竹勘之助
武蔵坊弁慶 桐竹勘十郎

◇十一月二十八日　ほむら　テレビ放送　大阪　午後一時二十一分（「朝日新聞（大阪）」、「毎日新聞（大阪）」、「読売新聞（大阪）」11・28）
◇十一月二十八日　浅間の殿様　テレビ放送　大阪　午後三時　但し、「毎日新聞（大阪）」には、浅間の殿様はBK管内だけのローカル中継（「朝日新聞（大阪）」、「毎日新聞（大阪）」、「読売新聞（大阪）」11・28）

33・11・30　三和会　徳島市立新町小学校体育館　[BC]

豊竹若大夫芸道六十年記念　文楽座徳島公演
昭和三十三年十一月三十日　午前十一時　午後五時　徳島市新町小学校体育館
主催　阿波人形浄るり振興会　四国放送　徳島新聞社

昼の部
御所桜堀川夜討
弁慶上使の段
前 豊竹松島大夫
豊澤仙二郎
切 竹本源大夫
鶴澤叶太郎

卿ノ君 桐竹勘之助
侍従太郎 吉田作十郎
花ノ井 吉田国秀
腰元しのぶ 桐竹紋寿
おわさ 桐竹紋之助

艶姿女舞衣
酒屋の段
切 豊竹つばめ大夫
野澤喜左衛門

親宗岸 吉田辰五郎
嫁おその 桐竹紋十郎
半兵衛女房 吉田国秀
しゅうと半兵衛 吉田作十郎
おつう 桐竹紋次
半七 桐竹紋寿
三勝 桐竹勘之助

一の谷嫩軍記
熊谷陣屋の段
切 豊竹若大夫
野澤勝太郎

妻相模 桐竹紋之助
熊谷直実 吉田辰五郎
堤軍次 桐竹小紋
藤ノ局 桐竹紋二郎
源義経 桐竹紋弥
梶原平次 桐竹紋七
弥陀六実は弥平兵衛宗清 桐竹勘十郎

京鹿子娘道成寺
鐘供養の段
シテ 豊竹古住大夫
ワキ 豊竹小松大夫
ツレ 豊竹松島大夫
鶴澤燕三
野澤市治郎
野澤勝平
竹澤団作
豊澤仙二郎
豊澤猿二郎

白拍子花子 桐竹紋十郎
所化 吉田作十郎
所化 桐竹紋二郎
所化 桐竹紋弥
所化 桐竹勘之助

夜の部
生写朝顔日記
宿屋の段
前　豊竹古住大夫
鶴澤燕三
琴　野澤勝平
大井川の段
後　豊竹小松大夫
野澤市治郎
駒沢次郎左衛門　桐竹勘十郎
戎屋徳右衛門　吉田国秀
岩代多喜太　桐竹紋二郎
下女おなべ　桐竹小紋
朝顔 実は 深雪　桐竹紋之助
近習、供人、川越人足　大ぜい
絵本太功記
尼ヶ崎の段
切　豊竹つばめ大夫
野澤喜左衛門

武智重次郎　吉田作十郎
嫁初菊　桐竹紋二郎
妻みさお　桐竹紋之助
母さつき　吉田国秀
旅僧 実は 真柴久吉　桐竹紋寿
武智光秀　吉田辰五郎
加藤正清　桐竹勘之助
軍兵　大ぜい

摂州合邦ヶ辻
合邦庵室の段
切　豊竹若大夫
野澤勝太郎

親合邦　桐竹勘十郎
女房　吉田国秀
玉手御前　桐竹紋十郎
奴入平　吉田菊一
浅香姫　桐竹紋寿
俊徳丸　桐竹紋弥

壇浦兜軍記
あこや琴責の段
あこや　竹本源大夫
重忠　豊竹古住大夫
岩永　豊竹松島大夫
榛沢　豊竹小松大夫
鶴澤叶太郎
ツレ　豊澤仙二郎
三曲　野澤勝平

秩父庄司重忠　吉田辰五郎
岩永左衛門　吉田作十郎
榛沢六郎　桐竹勘之助
遊君阿古屋　桐竹紋十郎
水奴　吉田菊一
水奴　桐竹紋七

◎十二月一日から二十六日　因会　当る亥歳吉例顔見世興行　東西合同大歌舞伎
京都四条南座
文楽座大夫三味線特別出演
小鍛冶
酔奴
豊竹松大夫　鶴澤清六
竹本雛大夫　野澤吉三郎
竹本和佐大夫　鶴澤徳太郎
竹本南部大夫　野澤錦糸
豊竹弘大夫　豊澤新三郎
鶴澤清好

〔典拠〕歌舞伎筋書

◎十二月三日　昭和三十三年度大阪市民文化祭芸術賞授賞式　市長公室
名誉賞　豊竹山城少掾「仮名手本忠臣蔵」七段目の由良之助
優秀賞　吉田難波掾他　人形出演者一同「義経千本桜」すしやの段

〔典拠〕「読売新聞（大阪）」（11・28）

◎十二月四日　因会　豊竹山城少掾引退声明　道頓堀文楽座
松竹大谷会長、白井千土地会長、吉田難波掾、竹本綱大夫、鶴澤清八らの立ち合いのもと、豊竹山城少掾が昭和三十四年一月限りでの引退を表明

〔典拠〕「朝日新聞（大阪）」、「毎日新聞（大阪）」（12・04）

33・12・11 三和会

○東海道・東京巡業（『文楽因会三和会興行記録』）
◎十月東京周辺巡業と狂言は同じ、配役は一部異なる

東海道・東京巡業 ［BC］

重要無形文化財 文楽人形浄瑠璃芝居
文楽三和会十周年記念公演

昼の部

伊達娘恋緋鹿子

八百屋お七火見櫓の段

豊竹小松大夫
鶴澤燕三
野澤勝平
竹澤団作
豊澤猿二郎

お七 桐竹紋二郎

御所桜堀川夜討

弁慶上使の段

前 豊竹松島大夫
　 豊澤仙二郎
後 竹本源大夫
　 鶴澤叶太郎

卿ノ君 桐竹勘之助
侍従太郎 吉田作十郎
妻花の井 吉田国秀
弁慶 吉田辰五郎
腰元しのぶ 桐竹紋寿
おわさ 桐竹紋之助

腰元 大ぜい

艶容女舞衣

三勝半七 酒屋の段

切 豊竹つばめ大夫
　 野澤喜左衛門

親宗岸 吉田辰五郎
嫁おその 桐竹紋十郎
半兵衛女房 吉田国秀
半兵衛 吉田作十郎
おつう 桐竹紋次
半七 桐竹紋弥
三勝 桐竹紋二郎

紅葉狩

戸隠山の段

更科姫 豊竹古住大夫
惟茂 豊竹松島大夫
山神 腰元 豊竹小松大夫
野澤勝太郎
野澤市治郎
野澤勝平
竹澤団作

平惟茂 桐竹勘十郎
更科姫 実は 悪鬼 桐竹紋十郎
腰元さつき 桐竹小紋
腰元楓 桐竹勘之助
山神 桐竹紋之助

夜の部

義経千本桜

道行初音の旅路

シテ 豊竹小松大夫
ワキ 豊竹松島大夫
ツレ 豊竹古住大夫
野澤市治郎
野澤勝平
竹澤団作

静御前 桐竹紋之助
狐忠信 桐竹勘十郎

豊澤仙二郎

傾城阿波鳴戸

巡礼歌の段

切　竹本源大夫
　　鶴澤叶太郎

女房お弓　桐竹紋十郎
巡礼おつる　桐竹勘之助
十郎兵衛　吉田辰五郎
捕巻　大ぜい

生写朝顔日記

宿屋より大井川まで

豊竹つばめ大夫
豊竹古住大夫
野澤喜左衛門
野澤勝太郎
琴　野澤勝平

駒沢次郎左衛門　吉田辰五郎
戎屋徳右衛門　吉田国秀
岩城多喜太　桐竹紋二郎
下女おなべ　桐竹小紋
朝顔 実は 深雪　桐竹紋十郎
近習、供人、川越人足　大ぜい

戻橋

一条戻橋の段

若菜　豊竹小松大夫
綱　豊竹松島大夫
　　鶴澤燕三
　　豊澤仙二郎
　　竹澤団作

渡辺源吾綱　吉田作十郎
若菜 実は 悪鬼　桐竹紋之助

◎十二月十一日　静岡県浜松市歌舞伎座　昼夜二回公演

〔典拠〕「中部日本新聞（静岡版）」広告（12・11）

○十二月十二日　静岡県三島市産業会館

〔典拠〕巡業日程表、『文楽因会三和会興行記録』

◎十二月十三日　埼玉県所沢市立所沢中学校体育館　昼の部午後一時　夜の部
午後六時開演
所沢市中央公民館主催

入場料　二百円

〔典拠〕「朝日新聞（埼玉版）」（12・09）

○十二月十六日　埼玉県川口市西公民館
○十二月十七日　東京都葛飾区公会堂

〔典拠〕巡業日程表、『文楽因会三和会興行記録』

◎十二月十九日　神奈川県横浜ニューグランドホテル　〔BC〕

三和会十周年記念鑑賞会
文部省文化財保護委員会後援　文楽
十二月十九日　午後一時　午後七時　ほてるにゅうぐらんど
第一部
桐竹紋十郎極付
生写朝顔日記
　宿屋より大井川まで
配役は巡業プログラムの通り
休憩　ロビーに於て実演解説

新曲　紅葉狩
　戸隠山の段
配役は巡業プログラムの通り　但し　野澤市治郎が鶴澤燕三に変わる

第二部
桐竹紋十郎極付
三勝半七　艶容女舞衣
　酒屋の段
配役は巡業プログラムの通り

休憩　ロビーに於て実演解説

壇浦兜軍記
　阿古屋琴責の段

阿古屋	竹本源大夫	秩父庄司重忠	桐竹勘十郎
重忠	豊竹古住大夫	岩永左衛門	吉田作十郎
岩永	豊竹松島大夫	榛沢六郎	桐竹紋弥
榛沢	豊竹小松大夫	遊君阿古屋	桐竹紋十郎
	鶴澤叶太郎	水奴	大勢い
ツレ	豊澤仙二郎		
三曲	野澤勝平		

指定席六百円……………………………………

◇十二月十七日　因会　第三回綱弥会　東京第一生命ホール

午後一時三十分開演
　国性爺合戦
　　楼門の段
　　　竹本綱大夫
　　　竹澤弥七

午後二時三十分開演
　恋飛脚大和往来
　　梅川忠兵衛　新口村の段
　　　竹本綱大夫
　　　竹澤弥七

〔典拠〕プログラム

◇十二月二十日　因会　第九十四回三越名人会　大阪高麗橋三越劇場　午後一時開演
大阪市民文化祭賞受賞者特集
　義経千本桜
　　すし屋の段
　　　吉田難波掾
　　　竹本土佐大夫
　　　鶴澤藤蔵

〔典拠〕プログラム

◇十二月二十六日　昭和三十三年度芸術祭授賞式　東京宝塚劇場
野澤喜左衛門作曲の「ほむら」（ＮＨＫ大阪中央放送局）が芸術祭賞を受賞

〔典拠〕『芸術祭十五年史　資料編』、『二代野澤喜左衛門』
「朝日新聞（東京）」（12・13）

昭和三十三年　放送一覧

ラジオ

◇一月一日　午後十一時三十分
新日本
近松の四季
竹本南部大夫
〔典拠〕朝

◇一月三日　午後九時
NHK②
傾城反魂香　将監閑居の段
竹本織の大夫　竹本綱大夫　竹澤弥七　竹澤団六
〔典拠〕朝　毎　読

◇一月十八日　午後九時
NHK②
菅原伝授手習鑑　天拝山の段
竹本相生大夫　野澤松之輔
〔典拠〕朝　毎　読

◇一月三十日　午後九時
NHK②
京都南座　一月公演
伽羅先代萩　御殿の段
〔典拠〕朝　毎　読

◇二月七日　午後九時
NHK②
源氏烏帽子折　伏見里の段
豊竹つばめ大夫　野澤喜左衛門
〔典拠〕朝　毎　読

◇二月九日　午後十一時
NHK②
狐火
竹本南部大夫　野澤錦糸　竹澤団六
〔典拠〕朝　毎　読

◇二月十四日　午後二時三十分
NHK②
釣女
竹本綱子大夫　竹本相子大夫　竹本津の子大夫
＊「朝日新聞（大阪）」・「毎日新聞（大阪）」には、京都は長唄「官女」
〔典拠〕朝　毎　読

◇二月二十二日　午後五時三十分
NHK①
俊寛
豊竹山城少掾
〔典拠〕朝　毎　読

◇三月八日　午後五時三十分
NHK①
酒屋
豊竹山城少掾
＊「読売新聞（大阪）」には、名盤集
〔典拠〕朝　毎　読

◇三月九日　午後十一時
NHK②
野崎村から　梅の宿
竹本源大夫　鶴澤叶太郎
〔典拠〕朝　毎　読

◇三月十五日　午後九時三十分
京都
天網島時雨炬燵　紙治
竹本綱大夫　竹澤弥七
〔典拠〕朝　毎　読

◇三月二十二日　午後九時
NHK②
三十三間堂棟木由来　平太郎住家
竹本綱大夫　竹澤弥七
〔典拠〕朝　毎　読

◇三月二十九日　午後六時二十五分
NHK②
一谷嫩軍記　熊谷桜の段
竹本静大夫　豊澤豊助
〔典拠〕朝　毎　読

◇四月二日　午後十一時三十五分
新日本
祇園祭礼信仰記
竹本津大夫
〔典拠〕朝　毎

◇四月五日　午後六時二十五分
NHK②
堀川
豊竹若大夫　鶴澤燕三　野澤勝平
〔典拠〕朝　毎　読

◇四月五日　午後九時三十分
京都
道頓堀文楽座　三月因会三和会合同公演
妹背山婦女庭訓　山の段
〔典拠〕朝　毎　読

◇四月六日　午後十一時
ＮＨＫ②
花の吉野山　千本桜道行
竹本織の大夫　竹本綱大夫　竹本織部大夫
〔典拠〕朝　毎　読

◇四月九日　午後十一時三十五分
新日本
祇園祭礼信仰記
竹本綱大夫
〔典拠〕毎

◇四月十一日　午後九時
ＮＨＫ②
新うすゆき物語　園部兵衛館の段
竹本綱大夫　竹澤弥七
〔典拠〕朝　毎　読

◇四月十二日　午後九時三十分
京都
道頓堀文楽座　三月因会三和会合同公演
妹背山婦女庭訓　山の段
〔典拠〕朝　毎　読

◇四月二十一日　午後九時十五分
ＮＨＫ①
桂川連理柵　帯屋の段
竹本住大夫　野澤勝太郎
〔典拠〕朝　毎　読

◇五月三日　午後六時三十分
ＮＨＫ②
堀川
豊竹若大夫　鶴澤燕三
〔典拠〕朝　毎　読

◇五月六日　午後九時
ＮＨＫ②
道頓堀文楽座　五月因会三和会合同公演
菅原伝授手習鑑　車曳の段　桜丸切腹の段
〔典拠〕朝　毎　読

◇五月十六日　午後九時
ＮＨＫ②
長町女腹切　先斗町の段
竹本綱大夫　竹澤弥七
刀屋の段
豊竹山城少掾　鶴澤藤蔵
〔典拠〕朝　毎　読

◇五月三十一日　午後六時三十分
ＮＨＫ②
ひらかな盛衰記　辻法師の段
竹本津大夫　鶴澤寛治　竹澤団六
〔典拠〕朝　毎　読

◇六月十三日　午後九時
ＮＨＫ②
心中天網島　河庄の段
竹本綱大夫　竹澤弥七
対談　大西重孝　竹本綱大夫
〔典拠〕朝　毎　読

◇六月二十五日　午後十一時三十五分
毎日
苅萱桑門筑紫轢　守宮酒の段
豊竹つばめ大夫　野澤喜左衛門
〔典拠〕毎

◇七月十五日　午後十一時二十分
毎日
京都南座　七月因会三和会合同公演
菅原伝授手習鑑　寺子屋の段
〔典拠〕朝　毎　読

◇八月一日　午後二時三十分
ＮＨＫ②
夏祭浪花鑑　三婦内から長町裏まで
竹本織の大夫　豊竹古住大夫
〔典拠〕朝　毎　読

◇八月九日　午後九時三十分
京都
沼津　千本松の場
豊竹山城少掾　鶴澤藤蔵
〔典拠〕朝　毎　読

◇八月十九日　午後十二時
朝日
伊賀越道中双六　沼津
竹本住大夫　野澤勝太郎　野澤勝平
〔典拠〕朝　読

◇八月二十日　午後十一時三十五分
毎日
生写朝顔話
竹本土佐大夫　竹澤団六
〔典拠〕朝　毎　読

◇八月二十六日　午後九時
ＮＨＫ②
東京三越劇場　七月公演
花上野誉の石碑　志渡寺の段
〔典拠〕朝　毎　読

◇八月二十六日　午後十二時
朝日
伊賀越道中双六
竹本住大夫
〔典拠〕朝　毎

◇八月二十九日　午後九時
ＮＨＫ②
鎌倉三代記　三浦別れの段
竹本綱大夫　竹澤弥七
〔典拠〕朝　毎　読

◇九月十二日　午後九時
ＮＨＫ②
傾城反魂香　将監閑居の段
竹本住大夫　野澤勝太郎　竹澤団六
〔典拠〕朝　毎　読

◇九月十七日　午後十一時三十五分
毎日
恋娘昔八丈　城木屋の段
竹本住大夫
〔典拠〕毎

◇十一月三日　午後九時
ＮＨＫ②
芸術祭参加
ほむら
豊竹つばめ大夫　野澤喜左衛門
野澤勝平　野澤市治郎
〔典拠〕朝　毎　読

◇十一月十一日　午後九時
ＮＨＫ②
道頓堀文楽座　十一月因会三和会
合同公演
下田時雨　伊勢善離座敷より玉泉
寺米領事館まで
〔典拠〕朝　毎　読

◇十一月十一日　午後十一時十分
ＮＨＫ①
鶴の巣ごもり（忠臣蔵九段目から）
豊竹若大夫
〔典拠〕毎

◇十一月十一日　午後十一時二十分
毎日
道頓堀文楽座　十一月因会三和会
合同公演
義経千本桜　釣瓶寿し屋の段
〔典拠〕朝　毎

◇十一月二十一日　午後九時
ＮＨＫ②
浅間の殿様
竹本綱大夫　豊竹つばめ大夫
豊竹古住大夫　竹本織部大夫
竹本織の大夫　竹澤弥七　野澤
松之輔　野澤勝太郎　竹澤団六
〔典拠〕朝　毎　読　Ｎ（11・16）

◇十一月二十七日　午後十一時
朝日
寿式三番叟
豊竹山城少掾　竹本綱大夫　豊竹
つばめ大夫　鶴澤藤蔵　竹澤弥七
野澤喜左衛門
〔典拠〕朝　毎　読

◇十二月五日　午後九時
ＮＨＫ②
文楽を引退する山城少掾
座談会　豊竹山城少掾　竹本綱大夫
大西重孝
演奏　俊寛　質店　引窓　袖萩祭文
合邦
〔典拠〕朝　毎　読

◇十二月十六日　午後十一時十分
ＮＨＫ①
ゆかりの月　義太夫吉田屋
竹本織の大夫
〔典拠〕朝　毎

◇十二月十九日　午後九時
ＮＨＫ②
芸術祭受賞作品
ほむら
豊竹つばめ大夫　野澤喜左衛門
〔典拠〕朝　毎　読

◇十二月二十日　午後六時三十分
ＮＨＫ②
弥作鎌腹
竹本津大夫
〔典拠〕朝　毎　読

◇十二月二十一日　午後十一時三十分

毎日
心中天網島　新地河庄の段
豊竹つばめ大夫　野澤喜左衛門
〔典拠〕朝　毎　読

テレビ

◇一月二日　午前八時二十分
ＮＨＫ
関取千両幟
竹本津大夫
〔典拠〕毎（01・01）読（01・01）

◇二月八日　午後一時三十五分
ＮＨＫ
東京読売ホール　二月公演
艶容女舞衣　酒屋の段
〔典拠〕朝　毎　読

◇四月十八日　午後九時三十分
ＮＨＫ
伽羅先代萩　御殿の段
竹本綱大夫　竹澤弥七　桐竹紋十郎
桐竹勘之助　桐竹紋弥
〔典拠〕朝　毎　読

◇五月二十三日　午後十時二十五分
ＮＨＫ
一谷嫩軍記　熊谷陣屋の段
竹本津大夫　鶴澤寛治　吉田玉助
吉田玉男　吉田玉五郎
〔典拠〕朝　毎　読

◇八月二十八日　午後二時五十分
読売
読売テレビ開局記念番組　因会三和会合同公演
道行初音旅
〔典拠〕朝　毎　読

◇九月二十日　午後八時
大阪
道頓堀文楽座　九月因会三和会合同公演
竹本住大夫引退披露口上　恋女房染分手綱
沓掛村の段
〔典拠〕朝　毎　読

◇十月十日　午後九時三十分
ＮＨＫ
艶容女舞衣　酒屋
竹本土佐大夫　お園　吉田難波掾
半七　吉田玉男　三勝　吉田玉五郎
〔典拠〕朝　毎　読

◇十一月十五日　午後八時
大阪
道頓堀文楽座　十一月因会三和会合同公演
義経千本桜　釣瓶寿し屋の段
〔典拠〕朝　毎　読

◇十一月二十七日　午後八時三十分
関西
寿式三番叟
竹本綱大夫　竹本土佐大夫　竹本津大夫　吉田難波掾　吉田玉助
吉田栄三
〔典拠〕朝　毎　読

◇十一月二十八日　午後一時二十一分
ＮＨＫ
大阪産経会館　十一月二十八日公演
ほむら
〔典拠〕朝　毎　読

◇十一月二十八日　午後三時
ＮＨＫ
大阪産経会館　十一月二十八日公演
浅間の殿様
＊「毎日新聞（大阪）」には、ＢＫ管内だけのローカル中継
〔典拠〕朝　毎　読

◇十一月二十九日　午後八時
大阪
道頓堀文楽座　十一月因会三和会

合同公演
仮名手本忠臣蔵　祇園一力茶屋の段
〔典拠〕朝　毎　読

◇十二月一日　午前十時三十五分
大阪
段畑　お園・お染のサワリ
竹本綱大夫　吉田難波掾　吉田玉男
＊「読売新聞（大阪）」には、午前十時三十分
〔典拠〕朝　毎　読

昭和三十四年

（一九五九　己亥）

因会・三和会の動き

因会

一月

・一日から二十五日　文楽座人形浄瑠璃初春興行　因会・三和会大合同公演
　松竹経営五十年祭記念　豊竹山城少掾引退披露　道頓
　堀文楽座
・二十六日　文楽人形浄瑠璃若手勉強発表会　道頓堀文楽座
・二十七日・二十八日　人形浄瑠璃女義太夫大合同公演　道頓堀文楽座
・三十日　愛媛県今治市公会堂
・三十一日　文楽嫩会結成記念公演　道頓堀文楽座

二月

・八日から十二日　文楽人形浄瑠璃因会三和会合同　豊竹山城少掾引退披露公演
　お目見得　東京新橋演舞場
・十三日から十六日　同　二の替り　東京新橋演舞場
・十七日から二十日　同　お名残り　東京新橋演舞場
・二十六日・二十七日　初代花柳寿美追善　三代目花柳寿美襲名舞踊公演　東
　京歌舞伎座

三和会

一月

・一日から二十五日　文楽座人形浄瑠璃初春興行　因会・三和会大合同公演
　松竹経営五十年祭記念　豊竹山城少掾引退披露　道頓
　堀文楽座
・二十六日　文楽人形浄瑠璃若手勉強発表会　道頓堀文楽座
・三十一日　文楽嫩会結成記念公演　道頓堀文楽座

二月

・三日から七日　第十九回東京公演　東京三越劇場
（三日から七日　学生の文楽教室　東京三越劇場）
・八日から十二日　文楽人形浄瑠璃因会三和会合同　豊竹山城少掾引退披露公演
　お目見得　東京新橋演舞場
・十三日から十六日　同　二の替り　東京新橋演舞場
・十七日から二十日　同　お名残り　東京新橋演舞場
　東京方面巡業
・二十一日　東京都文京区茗荷谷ホール
・二十二日　東京都千代田区第一生命ホール
・二十三日　東京都荒川区聖橋学園講堂
・二十四日　埼玉県川口市中央公民館
・二十五日　東京都台東区スミダ劇場
・二十六日　東京都新宿第一劇場
・二十七日　神奈川県横浜市県立音楽堂
・二十八日　東京都杉並区公会堂

昭和三十四年（一九五九）

三月

・一日　第二回嫩会例会（勉強会）　道頓堀文楽座
・十五日から十八日　文楽座人形浄瑠璃因会三和会合同　松竹経営五十年祭記念
　豊竹山城少掾引退披露興行　御目見得　京都南座
・十九日から二十二日　同　お名残り　京都南座
・二十三日　文楽嫩会第三回例会　結成記念京都公演　京都南座
・二十四日　因協会緊急役員会
・二十八日　ＮＨＫ邦楽名流大会　神戸国際会館

四月

・一日から二十五日　奉祝皇太子殿下御結婚四月大歌舞伎　大夫三味線特別出演
　東京歌舞伎座
（十二日　第七十七回子供かぶき教室　大夫三味線特別出演　東京歌舞伎座）
・六日　ＮＨＫ大阪教育テレビジョン放送開始記念式典
・十八日から二十一日　文楽嫩会第四回例会春季大発表会　道頓堀文楽座
・二十七日・二十八日　歌舞伎と文楽の提携による花菱屋・日向島試演会　東
　京新橋演舞場

五月

・一日から二十四日　文楽座人形浄瑠璃五月興行　因会・三和会大合同公演
　道頓堀文楽座
・二十五日　文楽嫩会第五回例会五月公演　道頓堀文楽座
・二日から二十六日　中村吉右衛門劇団仮名手本忠臣蔵　大阪新歌舞伎座
・二十五日　竹本雛大夫、野澤八造が人形浄瑠璃因協会を脱退
・二十六日・二十七日　人形浄瑠璃女義太夫合同公演　道頓堀文楽座

三月

・一日　東京都中野公会堂
・二日　東京都江戸川区小岩公会堂
・三日・四日　神奈川県川崎市公民館
・十五日から十八日　文楽座人形浄瑠璃因会三和会合同　松竹経営五十年祭記念
　豊竹山城少掾引退披露興行　御目見得　京都南座
・十九日から二十二日　同　お名残り　京都南座
・二十三日　文楽嫩会第三回例会　結成記念京都公演　京都南座
東北巡業
・二十五日　福島県郡山市民会館
・二十六日　福島教育会館
・二十七日　福島県会津若松市公会堂
・二十八日　新潟市公会堂
・二十八日　豊竹若大夫、野澤喜左衛門が重要無形文化財総合指定三和会代
　表者に

四月

・六日　ＮＨＫ大阪教育テレビジョン放送開始記念式典
・十一日・十二日　大本みろく大祭奉納文楽　京都府綾部市
・十八日から二十一日　文楽嫩会第四回例会春季大発表会　道頓堀文楽座
・二十七日・二十八日　歌舞伎と文楽の提携による花菱屋・日向島試演会　東
　京新橋演舞場

五月

・一日から二十四日　文楽座人形浄瑠璃五月興行　因会・三和会大合同公演
　道頓堀文楽座
・二十五日　文楽嫩会第五回例会五月公演　道頓堀文楽座
・三十日　西東会第一回　東京第一生命ホール

六月

・十日から十二日　文楽座人形浄瑠璃因会三和会合同公演　豊竹山城少掾引退
　披露興行　お目見得　名古屋御園座
・十三日から十五日　同　お名残り　名古屋御園座
・十八日　映画「日本の宝」特別試写会　大阪今橋クラブ・ホール

北陸、佐渡巡業
・二十日　新潟県立羽茂高等学校講堂
・二十一日　新潟県佐和田町立河原田小学校講堂

七月

・一日から十二日　七月興行文楽座人形浄瑠璃　道頓堀文楽座
・二日　松竹白井取締役が竹本綱大夫に紋下就任を要請
・十日から十二日　上方歌舞伎の復活七人の会第二回公演　大夫三味線特別出
　演　大阪毎日ホール
・十九日・二十日　人形浄瑠璃女義太夫合同公演　道頓堀文楽座
・七月　株式会社文楽座が人員の整理および　九月因会三和会合同公演
　中止、十一月公演の短縮を発表

六月

・十日から十二日　文楽座人形浄瑠璃因会三和会合同公演　豊竹山城少掾引退
　披露興行　お目見得　名古屋御園座
・十三日から十五日　同　お名残り　名古屋御園座

中国、九州巡業
・十九日　広島市朝日会館
・二十日　山口県下関市市民館
・二十一日　大分市県教育会館
・二十二日　別府市流川東映
・二十四日　福岡県椎田町椎田映劇
・二十五日　八幡市花月劇場
・二十六日から二十八日　福岡市大博劇場

七月

・四日から九日　第二十回東京公演　第一回　東京三越劇場
・十日から十五日　同　第二回　東京三越劇場
（四日から十五日　第十回学生の文楽教室　東京三越劇場）
・十六日　栃木県足利市興国化学講堂

東京都付近巡業
・十七日　東京都大田区民会館
・十八日　埼玉県春日部市立粕壁小学校
・十九日・二十日　東京都足立区公会堂
・二十一日　東京都千代田区砂防会館
・二十二日　東京都豊島区公会堂
・二十三日　東京都板橋区民会館
・二十四日　東京都葛飾区公会堂
・二十五日　東京都練馬区公民館
・二十六日　東京都世田谷区民会館ホール
・二十七日・二十八日　東京都荒川区民会館
・二十九日　東京都千代田区九段ホール
・三十日　宇都宮市栃木会館ホール

八月

・二日から五日　文楽座人形浄瑠璃因会三和会合同公演　お目見得　京都南座

・六日から九日　同　お名残り　京都南座

・二十日　大阪梅扇会「ゆかた会」　東京松坂屋ホール

九月

・一日から二十五日　五世中村歌右衛門廿年祭九月大歌舞伎　大夫三味線特別出演　東京歌舞伎座

・二日から六日　文楽嫩会第六回例会　秋季大発表会　道頓堀文楽座

北海道巡業　因会三和会合同公演

・八日・九日　函館公楽映画劇場

・十日から十二日までの間　苫小牧王子製紙慰安会場

小樽東宝映画劇場

・十三日・十四日　旭川国民劇場

・十五日カ　滝川セントラル劇場

・十六日　釧路公民館

・十七日　帯広劇場

・十八日カ　富良野公楽映画劇場

・十九日　夕張市夕張会館

・二十日・二十一日　札幌市東宝公楽劇場

・二十八日　素義会　大阪松坂会館

十月

・三日　大津市滋賀会館大ホール

・十八日　和歌山経済センター大ホール

・七月　株式会社文楽座が人員の整理および　九月因会三和会合同公演中止、十一月公演の短縮を発表

八月

・二日から五日　文楽座人形浄瑠璃因会三和会合同公演　お目見得　京都南座

・六日から九日　同　お名残り　京都南座

・十八日から二十四日　大阪労演八月例会二つの人形劇　大阪朝日会館

・二十二日・二十三日　マチネー

・二十日　大阪梅扇会ゆかた会　東京松坂屋ホール

九月

・二日から六日　文楽嫩会第六回例会　秋季大発表会　道頓堀文楽座

北海道巡業　因会三和会合同公演

・八日・九日　函館公楽映画劇場

・十日から十二日までの間　苫小牧王子製紙慰安会場

小樽東宝映画劇場

・十三日・十四日　旭川国民劇場

・十五日カ　滝川セントラル劇場

・十六日　釧路公民館

・十七日　帯広劇場

・十八日カ　富良野公楽映画劇場

・十九日　夕張市夕張会館

・二十日・二十一日　札幌市東宝公楽劇場

・二十六日　藤間新流茂登女会三十周年公演　東京新橋演舞場

十月

・十日　和歌山県田辺市立田辺第一小学校講堂

・三十日　豊竹若大夫会　東京美術倶楽部

十一月

・三日　吉田難波掾が文化功労者に選定される

・四日から八日　文楽人形浄瑠璃因会三和会合同公演　吉田難波掾文化功労賞受賞記念　御目見得　東京新橋演舞場

・九日から十二日　同　二の替り　東京新橋演舞場

・十三日から十六日　同　御名残り　東京新橋演舞場

・十八日　文化功労者吉田難波掾を祝う会　道頓堀文楽座

・十九日から三十日　十一月興行吉田難波掾文化功労者受章記念　文楽座人形浄瑠璃　道頓堀文楽座

・二十二日　大近松二百三十六年祭奉納演奏　兵庫県尼崎市広済寺

・二十三日　竹田人形座秋季公演　東京都虎ノ門社会事業会館ホール

十二月

・九日　鶴澤清六が一月以降の文楽座公演への出演を拒否

昭和三十四年（己亥）

十一月

・四日から八日　文楽人形浄瑠璃因会三和会合同公演　吉田難波掾文化功労賞受賞記念　御目見得　東京新橋演舞場

・九日から十二日　同　二の替り　東京新橋演舞場

・十三日から十六日　同　御名残り　東京新橋演舞場

東京、東北巡業

・十九日　静岡市公会堂

・二十日　神奈川県小田原市御幸座

・二十一日　群馬県桐生市産業文化会館

・二十三日　東京都八王子市立第四小学校カ

・二十四日　東京都葛飾区公会堂

・二十五日　東京都台東区スミダ劇場

・二十六日　東京都新宿第一劇場

・二十七日　横浜市神奈川会館

・二十八日　神奈川県立厚木東高等学校

・二十九日　東京都江戸川区愛国学園

・三十日　長野市商工会館

・二十八日　竜門会藤間紋寿郎リサイタル　東京砂防会館ホール

十二月

・一日　長野県松本市民会館

・二日　新潟県高田市立城南中学校講堂

・三日　富山県魚津中央劇場

・四日　富山県富山電気ビルホール

・五日　富山県高岡市公会堂

34・01・01 因会・三和会　道頓堀　文楽座　大阪　【ABC】

文楽座人形浄瑠璃初春興行　因会・三和会大合同公演
松竹経営五十年祭記念　豊竹山城少掾引退披露
昭和三十四年一月一日初日　二十五日まで　昼夜の狂言入替なし
府民劇場指定　重要無形文化財指定　道頓堀文楽座

昼の部　午前十一時開演
近松門左衛門作
父は唐土 母は日本 国性爺合戦

楼門の段
錦祥女　竹本南部大夫
母親　竹本雛大夫
和藤内　竹本静大夫
老一官　豊竹古住大夫
軍兵　豊竹弘大夫
軍兵　竹本伊達路大夫
豊澤豊助
野澤吉三郎

楼門の段
和藤内　桐竹亀松
老一官　吉田辰五郎
和藤内の母　吉田玉市
錦祥女　吉田栄三
軍兵　大ぜい

吾常軍甘輝館の段
切　豊竹若大夫
野澤勝太郎

甘輝館の段より獅子ヶ城の段まで
錦祥女　吉田栄三
和藤内の母　吉田玉市
吾常軍甘輝　吉田玉助
和藤内　桐竹亀松
腰元　吉田常次
腰元　大ぜい
軍兵　大ぜい

紅流しより獅子ヶ城の段
竹本津大夫
三味線　鶴澤寛治
豊竹つばめ大夫
三味線　野澤喜左衛門

お俊 伝兵衛 近頃河原の達引

堀川猿廻しの段
母親　竹本相生大夫
娘お俊　竹本土佐大夫
伝兵衛　豊竹松大夫
弟子おつる　竹本織部大夫
兄与次郎　豊竹つばめ大夫
竹本津大夫
三味線　鶴澤寛治
三味線　野澤喜左衛門
ツレ　前　野澤市治郎
竹澤団六
ツレ　後　鶴澤徳太郎
鶴澤燕三

―堀川猿廻しの段
猿廻し与次郎　吉田玉市
弟子娘おつる　吉田小玉
井筒屋伝兵衛　吉田玉男
娘お俊（前）　吉田玉五郎
娘お俊（後）　文五郎事 吉田難波掾
与次郎の母　吉田国秀

摂州合邦辻

合邦住家の段
前　豊竹松大夫
三味線　鶴澤清六
後　竹本綱大夫
竹澤弥七

合邦住家の段
親合邦　吉田玉助
玉手御前　桐竹紋十郎
奴入平　桐竹勘十郎
俊徳丸　桐竹紋二郎
浅香姫　吉田文雀
合邦女房　吉田国秀

豊竹山城少掾 引退披露 口上
（前列上手から）
竹本綱大夫
豊竹つばめ大夫
竹本相生大夫
野澤喜左衛門
豊竹若大夫
吉田難波掾
豊竹山城少掾
鶴澤清八
鶴澤藤蔵

（後列上手から）
豊竹松島大夫
竹本綱子大夫
豊竹十九大夫
竹本織の大夫
竹本南部大夫
竹本和佐大夫
竹本長子大夫
豊竹古住大夫
竹本織部大夫

桐竹紋十郎
竹澤弥七
竹本雛大夫
竹本土佐大夫
竹本津大夫

夜の部　午後四時半開演
近松門左衛門作　西亭脚色作曲
鷲谷樗風演出　大塚克三装置

夕霧阿波鳴渡

上の巻　九軒吉田屋の段

竹本土佐大夫
野澤松之輔
ツレ（野澤八造
　　（野澤錦糸
竹澤団二郎

中の巻　平岡左近宿宅の段

竹本津大夫
三味線 鶴澤寛治
豊竹つばめ大夫
三味線 野澤喜左衛門

下の巻　扇屋内の段

夕霧 竹本土佐大夫
伊左衛門（豊竹つばめ大夫
　　　　（竹本津大夫

豊竹弘大夫
竹本津の子大夫
豊竹小松大夫
竹本伊達路大夫

上の巻　九軒吉田屋の段

伊左衛門 桐竹紋十郎
喜左衛門 吉田玉男
夕霧 吉田栄三
お雪 吉田玉五郎
仲居、吉田屋若い者 大ぜい

中の巻　平岡左近宿宅の段

女中梅野 桐竹勘之助
女中加代 桐竹紋寿
お雪 吉田玉五郎
若党 吉田作十郎
源之助 吉田文昇
喜左衛門 吉田玉男
夕霧 吉田栄三
伊左衛門 桐竹紋十郎
平岡左近 桐竹勘十郎
駕屋 吉田国秀

下の巻　扇屋内の段

伊左衛門 桐竹紋十郎
源之助 吉田文昇
女中お玉 吉田玉幸

一子源之助 豊竹小松大夫
扇屋了空夫妻 竹本静大夫
医者梅庵 竹本和佐大夫
吉田屋喜左衛門 豊竹古住大夫
藤屋妙順 竹本長子大夫
下女 竹本綱子大夫
万歳 やり手お杉 竹本織の大夫
才三 男衆 竹本織部大夫
三味線（鶴澤寛治
三味線（野澤喜左衛門
ツ 鶴澤叶太郎
レ（野澤市治郎
　（竹澤団六

男衆 吉田小玉
梅庵 吉田作十郎
やり手お杉 吉田玉昇
夕霧 吉田栄三
扇屋了空 吉田辰五郎
扇屋の妻 吉田淳造
喜左衛門 吉田玉男
藤屋妙順 桐竹紋之助
供の男 吉田万次郎
万歳 桐竹紋二郎
才三 吉田文雀

引退披露狂言
南都二月堂 **良弁杉由来**

東大寺の段

豊竹十九大夫
（野澤八造
（野澤錦糸

二月堂の段

良弁上人 豊竹山城少掾
渚の方 竹本綱大夫
供侍 役毎日替（豊竹つばめ大夫
　　　　　　（竹本津大夫
伴僧 鶴澤藤蔵

東大寺の段

渚の方 桐竹紋十郎
雲弥坊 吉田玉昇

二月堂の段

良弁上人 ※1吉田玉助
渚の方 吉田難波掾 文五郎事
伴僧 桐竹亀松
伴僧 吉田玉男
供侍 桐竹紋寿
近習 吉田淳造
先払ひ 吉田作十郎
輿かき 桐竹小紋
輿かき 吉田栄之助
奴 吉田玉之助
奴 吉田玉米

奴　桐竹紋之助
奴　桐竹紋二郎
奴　吉田国秀

※3（豊澤豊助
野澤吉三郎）
野澤勝平
野澤市治郎
鶴澤藤二郎
鶴澤清好
豊澤新三郎
三味線　鶴澤清八

艶容女舞衣

酒屋の段

親宗岸　豊竹若大夫
嫁お園　豊竹松大夫
美濃屋三勝　竹本南部大夫
茜屋半七　竹本織の大夫
おつう　豊竹小松大夫
半兵衛女房　竹本雛大夫
茜屋半兵衛　竹本相生大夫
三味線　鶴澤清六
琴　鶴澤清治

親宗岸　吉田辰五郎
嫁おその　桐竹亀松
舅半兵衛　吉田玉市
娘おつう　吉田玉幸
茜屋半七　吉田東太郎
美濃屋三勝　桐竹紋之助
半兵衛女房　吉田常次

渥美清太郎原案　鷲谷樗風作
西亭作曲　大塚克三装置
文楽五十年史

松のみどり竹の直なる　兄弟人形

竹本雛大夫
竹本相生大夫
竹本和佐大夫
竹本南部大夫
豊竹松島大夫
竹本津の子大夫
竹本源大夫
竹本相子大夫
野澤勝太郎
野澤松之輔
※2（鶴澤徳太郎
鶴澤燕三）

人形遣い松蔵　桐竹勘十郎
人形遣い竹蔵　吉田玉男
乳人政岡　桐竹紋十郎
武智重次郎　桐竹亀松
嫁初菊　吉田栄三
静御前　桐竹亀松
忠信　吉田栄三
乳人重の井　文五郎事　吉田難波掾
馬方三吉　吉田玉五郎
三番叟　桐竹紋十郎
三番叟　吉田玉助

＊　＊　＊

紋下　豊竹山城少掾
座主　株式会社文楽座　＝　千秋万歳楽大入叶吉祥日

一部御観覧料　一等席五百五十円　二等席三百円　三等席百七十円
学生券A三百円　B百七十円
初日に限り一部料金にて昼夜通し御覧に入れます

※1　B（吉田文雀氏蔵）にあり　B（髙木蔵）吉田玉男を手書きで訂正
※2　予告Bにあり　※3　予告Bにあり

○紋下豊竹山城少掾引退
○阿波鳴渡　近松門左衛門原作　西亭脚色作曲　鷲谷樗風演出　大塚克三装置
○兄弟人形　渥美清太郎案　鷲谷樗風作　西亭作曲
○吉田難波掾お俊のみ出演　二月堂　渚の方　吉田玉市代役（『松竹百年史』）
○桐竹紋十郎休演　玉手御前　吉田玉五郎　伊左衛門　桐竹勘十郎代役　千秋楽近く玉手御前のみ出演（『松竹百年史』、『文楽因会三和会興行記録』）
◇一月七日　竹本土佐大夫、野澤松之輔、吉田栄三、桐竹勘十郎、中座の歌舞伎で伊左衛門、夕霧を演じる片岡仁左衛門、大谷友右衛門等が、夕霧の二百八十年目の命日に大阪天王寺区浄国寺の夕霧の墓に参った（「毎日新聞（大阪）」01・08、「読売新聞（大阪）」01・07）
◇十二月三十日　「引退披露口上」および「良弁杉由来」の稽古（「毎日新聞（大阪）」33年12・31）
◇一月二十三日　大阪府・大阪府教育委員会が豊竹山城少掾に感謝状を贈呈

（「産経新聞（大阪）」、「大阪日日新聞」01・21）

◇一月三日　艶容女舞衣　酒屋の段　テレビ放送　大阪　午後八時（「朝日新聞（大阪）」、「毎日新聞（大阪）」、「読売新聞（大阪）」01・03）

◇一月五日　良弁杉由来　二月堂の段　豊竹山城少掾引退披露口上　テレビ放送　大阪　午後一時三十分（「朝日新聞（大阪）」、「毎日新聞（大阪）」、「読売新聞（大阪）」01・05）

◇一月二十六日　お俊伝兵衛近頃河原の達引　堀川猿廻しの段　テレビ放送　関西　午後七時三十分（「朝日新聞（大阪）」、「毎日新聞（大阪）」、「読売新聞（大阪）」01・26）

34・01・26　因会・三和会　道頓堀　文楽座　大阪　［BC］

文楽人形浄瑠璃若手勉強発表会
昭和三十四年一月二十六日　道頓堀文楽座
主催　文楽三業養成会　後援　文化財保護委員会　大阪府教育委員会　株式会社文楽座

国性爺合戦　一時

楼門の段

豊竹弘大夫	
豊澤豊助	
和唐内	吉田玉昇
老一官	桐竹小紋
和唐内の母	吉田文雀

獅子ヶ城の段

豊竹古住大夫	
野澤勝太郎	
錦祥女	吉田文昇
軍兵	大ぜい
吾常軍甘輝（前）	吉田玉幸
吾常軍甘輝（後）	吉田小玉

紅流しの段

豊竹十九大夫	
竹澤団六	
腰元	吉田玉丸
腰元	桐竹紋次
腰元	吉田栄之助
腰元	桐竹勘太郎

艶容女舞衣　三時五分

酒屋の段

前	竹本織の大夫
	野澤勝平
後	竹本織部大夫
	鶴澤清好
琴	鶴澤清治

親宗岸	桐竹紋弥
娘お園	桐竹紋二郎
美濃屋三勝	桐竹勘之助
茜屋半七	桐竹一暢
おつう	桐竹亀若
半兵衛女房	吉田東太郎
茜屋半兵衛	吉田玉之助

文楽五十年史
松のみどり
竹の直なる

兄弟人形　四時十五分

竹本綱子大夫
竹本津の子大夫
竹本相子大夫
竹本南部大夫
竹本伊達路大夫
豊竹小松大夫
竹本相次大夫
竹本雛大夫
竹澤団二郎
鶴澤徳太郎
鶴澤清治
鶴澤清好
鶴澤藤二郎
野澤勝太郎
野澤勝平
野澤市治郎

人形遣い松蔵	桐竹勘十郎
人形遣い竹蔵	吉田玉男
乳人政岡	吉田文雀
武智重次郎	桐竹一暢
嫁初菊	桐竹勘之助
静御前	吉田小玉
忠信	桐竹紋弥
乳人重の井	吉田文昇
馬方三吉	吉田栄弘
三番叟	吉田玉昇
三番叟	桐竹紋二郎

◇一月二十三日　人形浄瑠璃因協会第八回因協会賞贈呈式　大阪市長公室

因協会賞
竹本相生大夫　野澤松之輔　「双蝶々曲輪日記」引窓の段の演技、演奏
竹澤弥七　「菅原伝授手習鑑」丞相名残の段の演奏
桐竹紋十郎　「菅原伝授手習鑑」の菅丞相
奨励賞
豊竹古住大夫　「菅原伝授手習鑑」訴訟の段の演技
桐竹紋二郎　「恋女房染分手綱」重の井子別れの段の三吉
〔典拠〕『人形浄瑠璃因協会会報』第八号
「産経新聞（大阪）」、「読売新聞（大阪）」（01・21）

◇一月二十七日・二十八日　因会　人形浄瑠璃女義太夫大合同公演　道頓堀文楽座　午後一時開演
女義太夫に人形参加
近松門左衛門作
父は唐土母は日本　国性爺合戦
楼門の段
和藤内　桐竹亀松
老一官　吉田淳造
和藤内の母　吉田玉市
錦祥女　吉田栄三
軍兵　大ぜい
甘輝舘より紅流しの段
錦祥女　吉田栄三
和藤内の母　吉田玉市
吾常軍甘輝　吉田玉助
和藤内　桐竹亀松
腰元　吉田常次
腰元、軍兵　大ぜい
お俊伝兵衛　近頃河原の達引
堀川猿廻しの段
猿廻し与次郎　吉田玉市
弟子娘おつる　吉田文昇
井筒屋伝兵衛　吉田玉男
娘お俊　吉田玉五郎
与次郎の母　吉田常次
摂州合邦辻
合邦住家の段
親合邦　吉田玉助
玉手御前　吉田栄三
奴入平　吉田玉男
俊徳丸　吉田玉昇
浅香姫　吉田文雀
合邦女房　吉田常次
艶容女舞衣
酒屋の段
親宗岸　吉田玉助
嫁お園　桐竹亀松
舅半兵衛　吉田玉市
娘おつう　吉田玉丸
茜屋半七　吉田玉幸
美濃屋三勝　吉田文昇
半兵衛女房　吉田常次
天網島時雨炬燵
紙屋内の段
紙屋治兵衛　吉田栄三
女房おさん　桐竹亀松
舅五左衛門　吉田玉男
紀の国屋小春　吉田玉五郎
丁稚三五郎　吉田東太郎
娘お末　桐竹一暢
江戸屋太兵衛　吉田玉之助
五貫屋善六　吉田小玉
〔典拠〕プログラム

◇一月三十日　因会　愛媛県今治市公会堂　昼夜二回公演
今治市教育委員会主催　愛媛新聞社後援
寿式二人三番叟
壺坂観音霊験記
伽羅先代萩
新版歌祭文
野崎村の段
竹本土佐大夫　竹本南部大夫　竹本長子大夫　豊竹弘大夫　吉田玉五郎
吉田玉市　吉田玉男　吉田東太郎　吉田玉昇　鶴澤藤蔵　鶴澤徳太郎　鶴澤藤二郎
〔典拠〕「愛媛新聞」（01・26）

34・01・31　因会・三和会　道頓堀　文楽座　大阪　[BC]
文楽嫩会結成記念公演
昭和三十四年一月三十一日　午後一時開演　道頓堀文楽座
主催文楽嫩会　後援株式会社文楽座

寿式三番叟

竹本相子大夫
豊竹若子大夫
竹本伊達路大夫
豊竹弘大夫
竹本織部大夫
竹本相次大夫
豊竹古住大夫
竹本織の大夫
豊竹十九大夫
竹本綱子大夫
竹本津の子大夫
豊竹小松大夫
鶴澤寛治
鶴澤藤蔵
野澤勝平
野澤勝太郎
竹澤団二郎
竹澤団六
鶴澤藤二郎
鶴澤徳太郎
鶴澤清治
竹澤弥七
野澤喜左衛門

千歳	吉田文昇
翁	吉田東太郎
三番叟	吉田玉昇
三番叟	桐竹紋弥

近頃河原の達引

四条河原の段

竹本伊達路大夫
鶴澤藤二郎

猿廻しの段

前　豊竹古住大夫　竹澤弥七　ツレ　鶴澤清治
後　竹本織の大夫　野澤勝太郎　ツレ　鶴澤清治

四条河原の段

横淵勘左衛門	吉田玉幸
井筒屋伝兵衛	桐竹紋弥
仲買勘造	吉田栄弘
廻しの久八	桐竹小紋

猿廻しの段

与治郎の母	桐竹紋二郎
与治郎	桐竹紋寿
お俊	吉田文昇
井筒屋伝兵衛	桐竹紋弥
弟子おつる	吉田玉丸

絵本太功記

夕顔棚の段

豊竹小松大夫
竹澤団二郎

さつき	吉田文雀
武智光秀	吉田東太郎
操	桐竹紋二郎
武智重次郎	吉田小玉
初菊	桐竹紋寿
真柴久吉	吉田玉之助
加藤虎之助	吉田栄之助

尼ヶ崎の段

前　竹本織部大夫　竹澤団六
後　豊竹十九大夫　野澤勝平

新版歌祭文

野崎村の段

久作	豊竹弘大夫
お光	竹本相子大夫
お染	竹本津の子大夫
久松	竹本綱子大夫
祭文売	豊竹小松大夫
小助	竹本織の大夫
およし お勝	豊竹若子大夫
	鶴澤藤蔵
	竹澤団二郎
	鶴澤藤二郎

お光	吉田文雀
久作	吉田玉昇
お染	桐竹勘之助
久松	桐竹一暢
お勝	桐竹小紋
お芳	桐竹紋次
久三の小助	吉田玉幸
船頭	吉田小玉
駕屋	桐竹亀若
駕屋	桐竹勘太郎
祭文売り	吉田玉之助

34・02・03　三和会　日本橋　三越劇場　東京　［BCD］

近松門左衛門三百年記念
重要無形文化財　文楽三和会第十九回東京公演
文楽人形浄瑠璃芝居
昭和三十四年二月三日より七日まで　毎日十二時半開演　一回興行　三越劇場

寿式三番叟

千歳　豊竹若子大夫
翁　豊竹古住大夫
三番叟　豊竹松島大夫
三番叟　豊竹小松大夫
野澤市治郎
豊澤仙二郎
竹澤団作
野澤勝平
豊澤猿二郎

千歳　桐竹紋二郎
翁　吉田辰五郎
三番叟　桐竹勘十郎
三番叟　桐竹紋之助

心中紙屋治兵衛

河庄の段

前　豊竹古住大夫
鶴澤燕三
切　竹本源大夫
鶴澤叶太郎

治兵衛　桐竹紋十郎
孫右衛門　吉田辰五郎
小春　桐竹紋之助
亭主　吉田国秀
太兵衛　吉田作十郎
善六　桐竹紋弥
見物人　大ぜい

新作
石川淳作　野澤喜左衛門作曲　武智鉄二演出
考証　法政大学教授広末保　東大史料編纂室松島栄一

近松門左衛門

切　豊竹つばめ大夫
野澤喜左衛門

竹田出雲　桐竹紋十郎
近松門左衛門　吉田辰五郎
出雲の一子　桐竹紋次
女中　桐竹小紋
豊竹若太夫　桐竹勘十郎
竹本義太夫　吉田作十郎

時雨炬燵

紙屋内の段

切　豊竹若大夫
野澤勝太郎

お初の亡霊　桐竹紋之助
仲居　桐竹勘之助
駕屋若い男　桐竹紋七
駕屋若い男　吉田菊一
若い女　吉田国秀
治兵衛　桐竹紋十郎
おさん　桐竹勘十郎
三五郎　桐竹紋弥
五左衛門　吉田国秀
勘太郎　桐竹勘太郎
娘お末　桐竹勘之助
小春　桐竹紋二郎
太兵衛　吉田作十郎
善六　桐竹紋七

道行橋づくしより大長寺まで

小春　豊竹つばめ大夫
治兵衛　竹本源大夫
ツレ　豊竹小松大夫
豊竹古住大夫
野澤喜左衛門
鶴澤叶太郎
鶴澤燕三
野澤勝平

治兵衛　桐竹勘十郎
小春　桐竹紋二郎

＊　＊　＊

はやし　芳村喜代次
人形細工師　藤本由良亀
舞台製作　長谷川音次郎
舞台装置　米田矩

舞台装置　鈴木幸次郎　床山　背戸百太郎
小道具　山森定次郎
入場料　指定席　A席三百五十円　B席二百五十円（学生割引当日売）百五十円
○近松門左衛門　石川淳作　野澤喜左衛門作曲　武智鉄二演出

◎二月三日から七日　学生の文楽教室　［BC］

学生の文楽教室
昭和三十四年二月三日より七日　日本橋三越劇場
主催　読売新聞社

人形浄瑠璃芝居の話　中西敬二郎
　豊澤猿二郎
　桐竹勘十郎
人形解説　吉田作十郎
　桐竹紋之助
　桐竹紋二郎

寿《ことぶき》　二《に》人《にん》三《さん》番《ば》叟《そう》

豊竹松島大夫　三番叟　桐竹紋二郎
豊竹古住大夫　三番叟　吉田作十郎
豊竹小松大夫
豊竹若子大夫
鶴澤燕三
豊澤仙二郎
竹澤団作
豊澤猿二郎

卅三所花ノ山　**壺《つぼ》坂《さか》霊《れい》験《げん》記《き》**

沢市内より御寺まで

前　豊竹小松大夫　お里　桐竹紋之助
　野澤勝平　沢市　桐竹勘十郎
後　豊竹古住大夫　観世音　桐竹勘之助
　野澤市治郎
ツレ　竹澤団作

34・02・08　因会・三和会

新橋演舞場　東京　①　［BCD］

文楽人形浄瑠璃因会三和会合同
豊竹山城少掾引退披露公演
二月八日初日　二月二十日千秋楽

お目見得狂言　二月八日より十二日まで

昼の部　十一時三十分

本《ほん》朝《ちょう》廿《にじゅう》四《し》孝《こう》

十種香の段

娘八重垣姫　竹本土佐大夫　武田勝頼　吉田玉男
武田勝頼　豊竹つばめ大夫　腰元濡衣　吉田玉五郎
腰元濡衣　竹本雛大夫　娘八重垣姫　桐竹紋十郎
白須賀六郎　竹本織部大夫　長尾謙信　吉田玉市
原小文治　竹本織の大夫　白須賀六郎　吉田小玉
長尾謙信　竹本和佐大夫　原小文治　吉田文昇
三味線　野澤喜左衛門

奥庭狐火の段

竹本南部大夫　娘八重垣姫　桐竹紋十郎
野澤八造　狐八重垣姫　桐竹紋十郎

ツレ　竹澤団六
琴　竹澤団二郎

白狐　大ぜい

お駒
才三
恋《こい》娘《むすめ》昔《むかし》八丈《はちじょう》

白木屋の段

親庄兵衛　竹本相生大夫
娘お駒　豊竹松大夫
番頭丈八　竹本津大夫
髪結才三実は尾花才三郎　豊竹古住大夫
下女　豊竹小松大夫
丁稚　竹本相子大夫
佃屋喜蔵　竹本雛大夫
三味線　鶴澤寛治

番頭丈八　吉田玉助
丁稚　吉田玉之助
娘お駒　桐竹亀松
下女およし　桐竹紋弥
髪結才三実は尾花才三郎　桐竹紋二郎
親庄兵衛　吉田辰五郎
佃屋喜蔵　桐竹勘十郎

鈴ヶ森の段

竹本土佐大夫
鶴澤藤蔵

親庄兵衛　吉田辰五郎
庄兵衛女房　吉田常次
娘お駒　桐竹亀松
代官堤弥藤次　吉田玉昇
番頭丈八　吉田玉助
髪結才三実は尾花才三郎　桐竹紋二郎
番太　吉田淳造
番太　吉田国秀

奥《おう》州《しゅう》安《あ》達《だちが》原《はら》

袖萩祭文の段

竹本綱大夫
竹澤弥七

袖萩　吉田栄三
娘おきみ　吉田玉幸
謙仗直方　吉田辰五郎
奥方浜夕　吉田国秀
八幡太郎　桐竹紋之助
安倍宗任　桐竹勘十郎

安倍貞任物語りの段

豊竹若大夫
野澤勝太郎

安倍貞任　桐竹紋十郎
仕丁、腰元　大ぜい

豊竹山城少掾
引退披露
口上

竹本綱大夫
豊竹つばめ大夫
野澤喜左衛門
桐竹紋十郎
豊竹若大夫
吉田玉助
豊竹山城少掾
竹本相生大夫
鶴澤藤蔵
竹澤弥七
竹本雛大夫
竹本土佐大夫
竹本津大夫

豊竹松島大夫
竹本綱子大夫
竹本織の大夫
豊竹古住大夫
竹本和佐大夫
竹本南部大夫
竹本織部大夫
豊竹弘大夫
豊竹小松大夫
竹本伊達路大夫

大野恵造作　西亭作曲
沢村竜之介振付※1　高根宏浩装置
竜《りゅう》虎《こ》

竹本相生大夫
竹本津大夫
竹本和佐大夫
豊竹弘大夫
竹本津の子大夫
竹本伊達路大夫
野澤松之輔
野澤吉三郎
鶴澤徳太郎
野澤市治郎
野澤勝平

竜　吉田栄三
虎　吉田玉男

鶴澤燕三

夜の部　五時

双蝶々曲輪日記《ふたつちょうちょうくるわにっき》

八幡里引窓の段

中　竹本津大夫
三味線　鶴澤寛治
豊竹つばめ大夫
三味線　野澤喜左衛門
後　豊竹つばめ大夫
三味線　野澤喜左衛門
竹本津大夫
三味線　鶴澤寛治

母親　吉田国秀
女房お早　吉田玉五郎
濡髪長五郎　桐竹勘十郎
南方十次兵衛　吉田栄三
平岡丹平　吉田淳造
三原伝蔵　吉田作十郎

引退披露狂言

南都二月堂 良弁杉由来《ろうべんすぎゆらい》

東大寺の段

豊竹十九大夫
野澤錦糸

渚の方　吉田玉市
雲弥坊　吉田玉昇

二月堂の段

良弁上人　豊竹山城少掾
渚の方　竹本綱大夫
供侍　豊竹つばめ大夫
伴僧　竹本津大夫
鶴澤藤蔵

良弁上人　吉田玉助
伴僧　吉田栄三
伴僧　吉田玉五郎
供侍　吉田作十郎
近習　吉田淳造
輿かき　桐竹小紋
輿かき　吉田栄弘
渚の方　吉田玉市
奴　吉田玉之助
奴　吉田玉米
奴　桐竹紋二郎

一奴　吉田国秀

絵《え》本《ほん》太《たい》功《こう》記《き》

尼ヶ崎の段

前　豊竹松大夫
三味線　鶴澤清六
後　豊竹若大夫
野澤勝太郎

武智重次郎　桐竹亀松
嫁初菊　吉田文雀
母さつき　吉田常次
妻操　桐竹紋十郎
旅僧実は真柴久吉　吉田辰五郎
武智光秀　吉田玉助
軍兵　大ぜい

妹背山婦女庭訓《いもせやまおんなていきん》

道行恋の小田巻

お三輪　竹本土佐大夫
求女　竹本相生大夫
橘姫　竹本南部大夫
ツレ　豊竹古住大夫
豊竹小松大夫
豊竹松島大夫
野澤松之輔
野澤吉三郎
鶴澤燕三
野澤勝平
鶴澤清好
鶴澤藤二郎
鶴澤叶太郎

橘姫　桐竹紋之助
求女　吉田玉男
お三輪　桐竹亀松

御観劇料　五百円　三百円　百円

※1　D林扇矢振付（襲名前名）

◇二月五日　午後一時　豊竹山城少掾引退記者会見（『豊竹山城少掾覚書』）

◇二月八日　舞台上で中島清之の「浄瑠璃」が豊竹山城少掾に贈られる　また豊竹山城少掾からは、小林古径が揮毫した庵看板が演劇博物館に寄贈される（「毎日新聞（大阪）」02・03）
◇吉田難波掾不参加（休演）（『文楽因会三和会興行記録』、「毎日新聞（大阪）」10・19）
◇二月二十四日　豊竹山城少掾引退披露口上　良弁杉由来　二月堂の段　ラジオ放送　NHK第二　午後九時（「朝日新聞（大阪）」、「毎日新聞（大阪）」、「読売新聞（大阪）」02・24）

新橋演舞場　東京　②　［ＢＣＤ］

二の替り狂言　二月十三日より十六日まで

昼の部　十一時三十分
近松門左衛門作　西亭脚色作曲
鷲谷樗風演出　大塚克三装置

夕霧《ゆうぎり》阿《あ》波《わの》鳴《なる》渡《と》

上の巻　九軒吉田屋の段

扇屋夕霧　竹本南部大夫
藤屋伊左衛門　竹本雛大夫
吉田屋喜左衛門　豊竹古住大夫
平岡左近奥方お雪　竹本和佐大夫
若い者　竹本伊達路大夫
若い者　竹本相子大夫
野澤八造
ツレ　野澤勝平
竹澤団二郎

藤屋伊左衛門　桐竹紋十郎
扇屋夕霧　吉田栄三
吉田屋喜左衛門　吉田玉男
平岡左近奥方お雪　吉田玉五郎
吉田屋若い者、仲居　大ぜい

中の巻　平岡左近宿宅の段

竹本津大夫
三味線　鶴澤寛治
豊竹つばめ大夫
三味線　野澤喜左衛門

奥方お雪　吉田玉五郎
腰元お玉　吉田玉幸
腰元梅野　桐竹勘之助
一子源之介　吉田文昇
吉田屋喜左衛門　吉田玉男
扇屋夕霧　吉田栄三
藤屋伊左衛門　桐竹紋十郎
平岡左近　桐竹勘十郎
駕屋　吉田国秀
駕屋　吉田淳造

下の巻　扇屋内の段

豊竹つばめ大夫
三味線　野澤喜左衛門
竹本津大夫
三味線　鶴澤寛治
ツレ　野澤市治郎
鶴澤藤二郎

藤屋伊左衛門　桐竹紋十郎
一子源之介　吉田文昇
医者梅庵　吉田作十郎
やり手お杉　吉田玉昇
男衆　吉田小玉
若党　吉田作十郎
扇屋了空　吉田辰五郎
扇屋夕霧　吉田栄三
吉田屋喜左衛門　吉田玉男
藤屋妙順　桐竹紋之助
供の男　桐竹小紋
万才　桐竹紋二郎
才造　吉田文雀

菅《すが》原《わら》伝《でん》授《じゅ》手《て》習《ならい》鑑《かがみ》

寺子屋の段

舎人松王丸　豊竹若大夫
千代　竹本土佐大夫
豊竹松大夫
春藤玄蕃　竹本雛大夫
小太郎　竹本織部大夫
百姓　豊竹古住大夫
三助・捕手　豊竹十九大夫
菅秀才・手習子　竹本織の大夫

戸浪　吉田玉五郎
菅秀才　吉田玉幸
千代　桐竹亀松
下男三助　吉田国秀
武部源蔵　吉田栄三
一子小太郎　桐竹勘之助
春藤玄蕃　吉田作十郎
舎人松王丸　吉田玉助

御台所　竹本南部大夫　よだれくり　吉田小玉
戸浪　豊竹つばめ大夫　御台所　吉田文雀
武部源蔵　竹本綱大夫　手習子　大ぜい
前　竹澤弥七　百姓　大ぜい
後　野澤勝太郎　捕手　大ぜい

豊竹山城少掾
引退披露　口上

お目見得と同じ

三勝半七　艶《はで》容《すがた》女《おんな》舞《まい》衣《ぎぬ》

酒屋の段

前　竹本相生大夫　親宗岸　吉田辰五郎
　　野澤松之輔　嫁お園　桐竹亀松
後　竹本土佐大夫／豊竹松大夫　舅半兵衛　吉田玉市
　　三味線　鶴澤清六　半兵衛女房　吉田常次
　　高音　鶴澤清好　娘おつう　桐竹紋弥
　　茜屋半七　桐竹紋二郎
　　美濃屋三勝　桐竹紋之助

夜の部　五時

ひらかな盛衰記《せいすいき》

笹引の段

竹本雛大夫　鎌田隼人　吉田淳造
野澤吉三郎　山吹御前　吉田文雀
　お筆　桐竹亀松
　駒若君　桐竹一暢
　番場忠太　吉田作十郎
　捕手　大ぜい

松右衛門内の段

豊竹若大夫　船頭松右衛門実は樋口次郎兼光　吉田玉助
野澤勝太郎　船頭権四郎　桐竹勘十郎
　女房およし　吉田玉五郎
　お筆　桐竹亀松
　駒若君　桐竹一暢
　船頭又六　吉田玉昇
　船頭富蔵　吉田文昇
　船頭九郎作　桐竹紋二郎

逆艪の段

豊竹つばめ大夫　船頭松右衛門実は樋口次郎兼光　吉田玉助
三味線　野澤喜左衛門　船頭又六　吉田玉昇
竹本津大夫　船頭富蔵　吉田文昇
三味線　鶴澤寛治　船頭九郎作　桐竹紋二郎

摂《せっ》州《しゅう》合《がっ》邦《ぽうが》辻《つじ》

合邦住家の段

切　豊竹山城少掾　親合邦　吉田玉助
　　鶴澤藤蔵　合邦女房　吉田国秀
後　竹本綱大夫　玉手御前　桐竹紋十郎
　　竹澤弥七　奴入平　吉田玉男
　浅香姫　吉田文昇
　俊徳丸　吉田玉昇

生《しょう》写《うつし》朝顔《あさがお》日記《にっき》

宿屋の段

宮城阿曽次郎事駒沢次郎左衛門　竹本津大夫／豊竹つばめ大夫　宮城阿曽次郎事駒沢次郎左衛門　吉田玉男
朝顔実は娘深雪　竹本土佐大夫／豊竹松大夫　岩代多喜太　吉田辰五郎
岩代多喜太　豊竹古住大夫　戎屋徳右衛門　吉田玉市
下女おなべ　竹本織部大夫　朝顔　吉田栄三
徳右衛門　竹本相生大夫　下女おなべ　桐竹紋弥

大井川の段

三味線（鶴澤寛治
三味線（野澤喜左衛門
琴　野澤勝平

（竹本土佐大夫
（豊竹松大夫
野澤松之輔

朝顔　吉田栄三
奴関助　桐竹勘十郎
川越人足　大ぜい

娘《むすめ》道《どう》成《じょう》寺《じ》

竹本雛大夫
竹本和佐大夫
竹本織の大夫
豊竹弘大夫
豊竹小松大夫
竹本津の子大夫
豊竹松島大夫
野澤勝太郎
鶴澤徳太郎
鶴澤燕三
竹澤団六
野澤勝平
野澤錦糸
鶴澤叶太郎

白拍子花子　桐竹紋十郎
所化　吉田文雀
所化　吉田小玉
所化　吉田作十郎
所化　桐竹紋二郎

新橋演舞場　東京　③　［BCD］

お名残り狂言　二月十七日より二十日まで

昼の部　十一時三十分
木村富子作　山村若振付
鶴澤道八作曲　松田種次装置

新曲
小《こ》鍛《か》冶《じ》

老翁 実は 稲荷明神
小鍛冶宗近
勅使道成
竹本津大夫
竹本雛大夫
豊竹古住大夫

ツレ
豊竹弘大夫
豊竹小松大夫
竹本津の子大夫

三味線
鶴澤寛治
野澤吉三郎
鶴澤徳太郎
野澤錦糸
野澤市治郎
鶴澤清好
野澤八造

老翁 実は 稲荷明神　吉田栄三
小鍛冶宗近　吉田玉五郎
勅使道成　吉田玉男

鷲谷樗風補訂
三十三間堂《さんじゆうさんげんどう》棟《むなぎの》由来《ゆらい》

平太郎住家の段より
和歌山名曲木遣り音頭の段まで

中　竹本雛大夫
　　鶴澤徳太郎
切　豊竹若大夫
　　野澤勝太郎

平太郎の母　吉田国秀
女房お柳　桐竹亀松
一子みどり丸　吉田文昇
進野蔵人　桐竹紋二郎
供の侍　桐竹小紋
横曽根平太郎　桐竹勘十郎
木遣り人足　大ぜい

義《よし》経《つね》千《せん》本《ぼん》桜《ざくら》

釣瓶寿し屋の段

前　竹本相生大夫
　　野澤松之輔

娘お里　桐竹紋十郎
弥左衛門女房　吉田常次

後　竹本綱大夫
竹澤弥七

下男弥助実は三位中将維盛　吉田玉男
いがみの権太　吉田玉助
親弥左衛門　吉田玉市
若葉の内侍　吉田玉五郎
六代君　桐竹一暢
梶原平三景時　吉田辰五郎
女房小仙　吉田小玉
倅善太　吉田栄弘
取巻、鮓買　大ぜい

豊竹山城少掾引退披露　口上
お目見得と同じ

お染久松　新《しん》版《ぱん》歌《うた》祭《ざい》文《もん》

野崎村の段

親久作　豊竹つばめ大夫
娘お光　竹本土佐大夫
娘お染　豊竹松大夫
丁稚久松　竹本南部大夫
下女およし　豊竹小松大夫
母親お勝　竹本和佐大夫
三味線　野澤喜左衛門
ツレ　鶴澤燕三
野澤勝平

娘お光　桐竹亀松
娘お染　吉田栄三
下女およし　桐竹勘之助
親久作　吉田玉之助
丁稚久松　桐竹紋之助
母お勝　吉田作十郎
船頭　吉田玉昇
駕屋　吉田淳造
駕屋　吉田国秀

夜の部　五時

菊池寛作　竹本綱大夫　竹澤弥七作曲
食満南北脚色　鶴澤寛治補曲
鷲谷樗風補訂　松田種次装置

恩讐《おんしゅう》の彼方《かなた》に

鳥居峠茶店の段

竹本津大夫
三味線　鶴澤寛治
豊竹つばめ大夫
三味線　野澤喜左衛門

青の洞門の段

豊竹つばめ大夫
三味線　野澤喜左衛門
竹本津大夫
三味線　鶴澤寛治
ツレ　竹澤団六

仲間市九郎後に僧了海　吉田玉市
女房お弓　吉田玉五郎
旅の男　桐竹紋二郎
旅の女　吉田文雀
石工宗六　吉田国秀
宗六女房　桐竹紋弥
中川実之助　桐竹勘十郎
百姓　大ぜい

伽《めい》羅《ぼく》先《せん》代《だい》萩《はぎ》

御殿の段

豊竹若大夫
野澤勝太郎

政岡忠義の段

竹本土佐大夫
野澤松之輔

乳母政岡　桐竹紋十郎
鶴喜代君　桐竹勘之助
一子千松　吉田玉幸
八汐　桐竹勘十郎
沖の井　吉田文雀
栄御前　吉田辰五郎
腰元　大ぜい

梅川忠兵衛　恋《こい》飛《び》脚《きゃく》大和《やまと》往来《おうらい》

新口村の段

親孫右衛門　豊竹山城少掾
亀屋忠兵衛　竹本綱大夫
傾城梅川　竹本土佐大夫
忠三女房　竹本相生大夫
小頭　豊竹十九大夫
捕手　豊竹古住大夫
鶴澤藤蔵

亀屋忠兵衛　吉田玉男
傾城梅川　桐竹亀松
忠三女房　吉田文昇
鶴掛藤次兵衛　吉田国秀
伝がばゝ　桐竹小紋
置頭巾　吉田玉昇
樋の口水右衛門　吉田常次
針立道庵　吉田作十郎

碁太平記白石噺《ごたいへいきしらいしばなし》

吉原揚屋の段

豊竹松大夫
三味線 鶴澤清六

親孫右衛門	吉田玉市
八右衛門	吉田玉之助
捕手小頭	桐竹一暢
捕手	大ぜい
宮城野	吉田栄三
妹信夫	桐竹紋之助
宮柴	吉田小玉
宮里	桐竹紋弥
禿しげり	吉田栄弘
大黒屋惣六	吉田玉助

瓢《ひょう》簞《たん》鯰《なまづ》

竹本雛大夫
竹本南部大夫
竹本織部大夫
竹本織の大夫
豊竹小松大夫
竹本相子大夫
豊竹松島大夫
野澤勝太郎
鶴澤燕三
野澤市治郎
野澤勝平
竹澤団二郎
鶴澤藤二郎
鶴澤叶太郎

下男	桐竹紋十郎
鯰	桐竹勘十郎

○新口村は二月堂に差し替え（お目見得と同じ）

◇二月十二日
一月十五日に逝去した六代竹本住大夫に勲四等瑞宝章が追贈された
〔典拠〕『官報』（02・12）、「読売新聞（東京）」（02・10）

◇二月二十日 因会 午後十時二十五分 NHK
豊竹山城少掾の引退発表を受け、映画「山城少掾」放送
〔典拠〕「朝日新聞（大阪）」、「毎日新聞（大阪）」、「読売新聞（大阪）」（02・20）

34・02・21 三和会

○東京方面巡業（『文楽因会三和会興行記録』）

東京・川口・横浜・川崎方面巡業 ［BC］

重要無形文化財 文楽人形浄瑠璃芝居
文楽三和会

昼の部

伊達娘恋緋鹿子

八百屋お七火見櫓の段

豊竹小松大夫
鶴澤燕三
野澤勝平
竹澤団作
豊澤猿二郎

お七	桐竹紋二郎

御所桜堀川夜討

弁慶上使の段

前　豊竹松島大夫
　　豊澤仙二郎
後　竹本源大夫
　　鶴澤叶太郎

卿ノ君　桐竹勘之助
侍従太郎　吉田作十郎
妻花の井　吉田国秀
弁慶　吉田辰五郎
腰元しのぶ　桐竹紋寿
おわさ　桐竹紋之助
腰元　大ぜい

三勝半七 艶容女舞衣

酒屋の段

切　豊竹つばめ大夫
　　野澤喜左衛門

親宗岸　吉田辰五郎
嫁おその　桐竹紋十郎
半兵衛女房　吉田国秀
半兵衛　吉田作十郎
おつう　桐竹紋次
半七　桐竹紋弥
三勝　桐竹紋二郎

紅葉狩

戸隠山の段

更科姫　豊竹古住大夫
惟茂　豊竹松島大夫
山神 腰元　豊竹小松大夫
野澤勝太郎
野澤市治郎
野澤勝平
竹澤団作

平惟茂　桐竹勘十郎
更科姫 実は 悪鬼　桐竹紋十郎
腰元さつき　桐竹小紋
腰元楓　桐竹勘之助
山神　桐竹紋之助

夜の部

義経千本桜

道行初音の旅路

シテ　豊竹小松大夫
ワキ　豊竹松島大夫
ツレ　豊竹古住大夫
野澤市治郎
野澤勝平
竹澤団作
豊澤仙二郎

静御前　桐竹紋之助
狐忠信　桐竹勘十郎

傾城阿波鳴戸

巡礼歌の段

切　竹本源大夫
　　鶴澤叶太郎

女房お弓　桐竹紋十郎
巡礼おつる　桐竹勘之助
十郎兵衛　吉田辰五郎
捕巻　大ぜい

生写朝顔日記

宿屋より大井川まで

豊竹つばめ大夫
野澤喜左衛門
琴　野澤勝平
豊竹古住大夫
野澤勝太郎

駒沢次郎左衛門　吉田辰五郎
戎屋徳右衛門　吉田国秀
岩城多喜太　桐竹紋二郎
下女おなべ　桐竹小紋
朝顔 実は 深雪　桐竹紋十郎
近習、供人、川越人足　大ぜい

戻橋

一条戻橋の段

若菜　豊竹小松大夫
綱　豊竹松島大夫

渡辺源吾綱　吉田作十郎
若菜 実は 悪鬼　桐竹紋之助

鶴澤燕三
豊澤仙二郎
竹澤団作

○二月二十一日　東京都文京区茗荷谷ホール

〔典拠〕巡業日程表、『文楽因会三和会興行記録』

◎二月二十二日　**東京都千代田区第一生命ホール**　［BC］

昼の部十二時三十分　夜の部五時三十分　日比谷第一生命ホール
演目は巡業プログラムの通り
他に　竹本三和大夫　竹本常子大夫　豊竹貴代大夫　竹本真砂大夫　鶴澤友若
桐竹紋七　桐竹紋四郎　桐竹紋之丞　桐竹紋市　桐竹紋若

◇読売新聞社後援　入場料　五百円（「読売新聞（東京）」02・19）

○二月二十三日　東京都荒川区聖橋学園講堂

○二月二十四日　埼玉県川口市中央公民館

〔典拠〕巡業日程表、『文楽因会三和会興行記録』

◎二月二十五日　**東京都台東区スミダ劇場**　［CD］

大阪文楽三和会十周年記念公演　事業資金募集
二月二十五日　昼の部一時　夜の部六時開演　浅草松屋六階スミダ劇場
主催　台東区社会福祉協議会　後援　台東区役所　東京都台東福祉事務所
台東区教育委員会

◎二月二十六日　東京都新宿第一劇場　昼夜二回公演

新宿区社会福祉協議会主催
午前十時　文楽教室　文楽・人形の解説　傾城阿波鳴戸　他
入場料　三百円

〔典拠〕「新宿区広報」（02・01）

◎二月二十七日　**神奈川県横浜市県立音楽堂**　［CD］

大阪文楽三和会公演
二月二十七日　昼一時　夜六時開演　県立音楽堂
主催　真澄会
昼
巡業プログラムの通り

夜
寿式二人三番叟
小春治兵衛　天網島時雨炬燵
紙屋内の段
桐竹紋十郎極付　檀の浦兜軍記
阿古屋琴責の段
新曲　釣女

他に　竹本三和大夫　竹本常子大夫　豊竹貴代大夫　竹本真砂大夫　鶴澤友若
桐竹紋七　桐竹紋四郎　桐竹紋之丞　桐竹紋市　桐竹紋若

会員券（前売）A三百円　B二百円　C百円

◎二月二十八日　**東京都杉並区公会堂**　［CD］

大阪文楽　第三回社会福祉事業基金募集

◎三月一日　**東京都中野公会堂**　［CD］

大阪文楽人形浄瑠璃観賞会
演目は巡業プログラムの通り

◇三月二日　東京都江戸川区小岩公会堂
※巡業日程表では休み
〔典拠〕巡業日程表、『文楽因会三和会興行記録』

◎三月三日・四日　神奈川県川崎市公民館　午前九時開演
〔典拠〕「東京新聞（京浜版）」（03・03）
巡業日程表、『文楽因会三和会興行記録』

・・・・・・・・・・・・・・・・・・・・・・・・・・・・・

◇二月二十六日・二十七日　因会　初代花柳寿美追善　三代目花柳寿美襲名
舞踊公演　東京歌舞伎座
二十七日　第二部　午後四時半開演

豊本　新作　万寿姫

唄	三味線
豊斎（竹本綱大夫事）	豊輔（野澤松之輔事）
豊郎（竹本南部大夫事）	一輔（野澤錦糸事）
豊男（竹本織の大夫事）	康輔（竹澤団六事）

文楽座特別出演
高遠の秋（絵島の夢）

竹本南部大夫	野澤松之輔
竹本和佐大夫	野澤錦糸
竹本織の大夫	竹澤団六

〔典拠〕プログラム

34・03・01　因会　道頓堀　文楽座　大阪　［BC］

第二回嫩会例会（勉強会）
昭和三十四年三月一日　午後一時開演　文楽座別館四階

絵本太功記

鉄扇の段

光秀	竹本伊達路大夫	春長	吉田玉之助
春長	竹本津の子大夫	蘭丸	吉田玉幸
蘭丸	竹本綱子大夫	光秀	吉田玉昇
重次郎	竹本相次大夫	重次郎	桐竹一暢
勅使	竹本津弥大夫	勅使	吉田栄弘
	鶴澤清治		

本能寺の段

口	竹本相子大夫	素浄瑠璃
	鶴澤藤二郎	
奥	豊竹十九大夫	
	竹澤団六	

局注進の段

竹本織部大夫	山三郎	吉田小玉
竹澤弥七	玉露	桐竹一暢
	久吉	吉田玉昇
	阿能の局	吉田文雀
	軍兵	吉田栄之助

妙心寺の段

口	豊竹弘大夫	素浄瑠璃
	竹澤団二郎	
奥	竹本織の大夫	
	鶴澤藤蔵	

壺坂観音霊験記

土佐町より沢市内の段

沢市　豊竹弘大夫
お里　竹本伊達路大夫
観世音　豊竹松香大夫
豊澤豊助
ツレ　竹澤団六

お里　吉田文昇
沢市（前）　吉田玉幸
沢市（後）　吉田小玉
観世音　吉田玉丸
茶屋の亭主　桐竹亀若
村人　吉田栄之助
村人　吉田栄弘

入場料　百円

34・03・15　因会・三和会

四条　南座　京都　①　［BC］

重要無形文化財指定　文楽座人形浄瑠璃因会三和会合同
松竹経営五十年祭記念　豊竹山城少掾引退披露興行
芸術院会員豊竹山城少掾　芸術院会員吉田文五郎事吉田難波掾　他全員総出演
三月十五日より二十二日　四条南座
京都文楽会第十五回公演
後援　京都府　京都市　京都新聞社　京都観光連盟　京都商工会議所

御目見得狂言　十五日より十八日

昼の部　十一時開幕
菊池寛作　竹本綱大夫　竹澤弥七作曲
食満南北脚色　鷲谷樗風補脚色
鶴澤寛治補曲　松田種次装置

恩讐の彼方に

鳥居峠茶店の段

豊竹つばめ大夫
野澤喜左衛門
竹本津大夫
鶴澤寛治

仲間市九郎　後に　僧了海　吉田玉市
女房お弓　桐竹紋之助
旅の男　桐竹紋二郎
旅の女　吉田文雀
石工宗六　吉田国秀
宗六女房　桐竹紋弥
中川実之助　桐竹勘十郎
百姓　大ぜい

青の洞門の段

竹本津大夫
鶴澤寛治
豊竹つばめ大夫
野澤喜左衛門
ツレ　竹澤団六

本朝廿四孝

十種香の段

娘八重垣姫　豊竹松大夫
武田勝頼　竹本相生大夫
腰元濡衣　竹本織の大夫
白須賀六郎　豊竹小松大夫
原小文治　竹本相子大夫
長尾謙信　竹本和佐大夫
野澤松之輔

武田勝頼　吉田玉男
腰元濡衣　吉田玉五郎
娘八重垣姫　桐竹紋十郎
長尾謙信　吉田辰五郎
白須賀六郎　吉田文昇
原小文治　吉田玉幸

奥庭狐火の段

竹本土佐大夫
鶴澤藤蔵
ツレ　野澤八造
琴　野澤勝平

娘八重垣姫　桐竹紋十郎
狐八重垣姫　桐竹紋十郎
白狐　大ぜい

お俊伝兵衛　近頃河原の達引

堀川猿廻しの段

前　豊竹若大夫

猿廻し与次郎　吉田玉市

野澤勝太郎
ツレ 野澤市治郎

後
竹本綱大夫
竹澤弥七
ツレ 鶴澤徳太郎

娘お俊（前） 吉田玉五郎
（後） 文五郎事 吉田難波掾
井筒屋伝兵衛 桐竹紋之助
娘おつる 吉田小玉
与次郎の母 吉田常次

豊竹山城少掾
引退披露

口上

竹本綱大夫
豊竹つばめ大夫
野澤喜左衛門
桐竹紋十郎
豊竹若大夫
吉田玉助
豊竹山城少掾
竹本相生大夫
鶴澤藤蔵
竹澤弥七
竹本雛大夫
竹本土佐大夫
竹本津大夫

豊竹松島大夫
竹本綱子大夫
竹本織の大夫
豊竹古住大夫
竹本和佐大夫
竹本南部大夫
竹本織部大夫
豊竹弘大夫
豊竹小松大夫
竹本伊達路大夫

鷲谷樗風補脚色　西亭補曲
松竹五十年史

兄弟人形

竹本雛大夫
竹本南部大夫
豊竹古住大夫
竹本織の大夫
豊竹松島大夫
竹本伊達路大夫
豊竹小松大夫
竹本津の子大夫
野澤吉三郎

人形遣い 吉田玉男
人形遣い 桐竹勘十郎
伊左衛門 桐竹亀松
夕霧 吉田栄三
玉手御前 吉田玉五郎
重の井 文五郎事 吉田難波掾
馬方三吉 吉田玉五郎
静御前 桐竹亀松
忠信 吉田栄三

鶴澤燕三
鶴澤清好
野澤勝平
竹澤団二郎
鶴澤藤二郎
鶴澤叶太郎

おその 桐竹紋十郎
三番叟 桐竹紋十郎
三番叟 吉田玉助

夜の部　四時半開幕

生写朝顔話

宿屋の段

朝顔 実は 深雪 豊竹つばめ大夫
阿曽次郎 実は 駒沢次郎左衛門 竹本雛大夫
岩代多喜太 豊竹古住大夫
下女おなべ 竹本綱子大夫
徳右衛門 竹本和佐大夫
野澤喜左衛門
琴 野澤勝平

阿曽次郎 実は 駒沢次郎左衛門 吉田玉男
朝顔 実は 深雪 吉田栄三
岩代多喜太 桐竹勘十郎
下女おなべ 桐竹勘之助
亭主徳右衛門 吉田辰五郎

大井川の段

竹本南部大夫
野澤松之輔

朝顔 吉田栄三
奴関助 桐竹紋二郎
川越人足 大ぜい

引退披露狂言
南都二月堂

良弁杉由来

東大寺の段

豊竹十九大夫
野澤錦糸

二月堂の段

良弁上人 豊竹山城少掾
渚の方 竹本綱大夫

良弁上人 吉田玉助
渚の方（前） 吉田玉市
渚の方（後） 文五郎事 吉田難波掾
雲弥坊 吉田玉昇

供侍　豊竹つばめ大夫
伴僧　竹本津大夫
　　　鶴澤藤蔵

伴僧	吉田玉五郎
伴僧	桐竹勘十郎
供侍	吉田作十郎
近習	吉田淳造
輿かき	吉田栄之助
輿かき	桐竹小紋
奴	吉田玉之助
奴	桐竹紋二郎
奴	吉田国秀

絵本太功記

尼ヶ崎の段

前　豊竹松大夫
　　鶴澤清六
後　豊竹若大夫
　　野澤勝太郎

武智重次郎	桐竹亀松
嫁初菊	吉田文雀
母さつき	吉田国秀
妻操	桐竹紋十郎
旅僧実は真柴久吉	桐竹紋之助
加藤正清	桐竹一暢
武智光秀	吉田玉助
軍兵	大ぜい

仮名手本忠臣蔵

祇園一力茶屋の段

由良之助　竹本相生大夫
九太夫　豊竹古住大夫
おかる　竹本土佐大夫
伴内　豊竹弘大夫
平右衛門　竹本津大夫
　　　　　鶴澤寛治

大星由良之助	吉田玉助
遊女おかる	桐竹亀松
斧九太夫	吉田辰五郎
鷺坂伴内	吉田作十郎
寺岡平右衛門	吉田栄三
仲居	大ぜい

一部料金　一等席五百円　二等席三百円　三等席百五十円
　　　　　学生券A席三百円　B席百五十円

◇三月十四日　豊竹山城少掾引退披露会　南座二階　午後二時（『昭和の南座　資料編（中）』）

四条　南座　京都　②　［BC］

お名残り狂言　十九日より二十二日

昼の部　十一時開幕
大野恵造作　西亭作曲

竜　虎

竹本相生大夫
竹本津大夫
竹本和佐大夫
豊竹十九大夫
竹本伊達路大夫
竹本津の子大夫
野澤松之輔
野澤吉三郎
鶴澤徳太郎
野澤勝平
鶴澤燕三
鶴澤叶太郎

竜	吉田栄三
虎	吉田玉男

近松門左衛門作　西亭脚色作曲　鷲谷樗風演出
中村貞以衣裳考証　大塚克三装置

お初 徳兵衛　曽根崎心中

生玉の段

竹本相生大夫
野澤松之輔

おはつ	吉田栄三
徳兵衛	吉田玉男
九平次	吉田玉市

天満屋の段
竹本綱大夫
竹澤弥七

道行天神の森の段
お初　竹本土佐大夫
徳兵衛　竹本雛大夫
ツレ　竹本織の大夫
鶴澤藤蔵
野澤八造
野澤錦糸
竹澤団六

町衆佐平　吉田作十郎
町衆太兵衛　桐竹紋二郎
天満屋亭主　吉田常次
女中お玉　吉田玉昇
田舎の客　吉田淳造
遊女　吉田文雀
遊女　吉田文昇

奥州安達原

袖萩祭文の段
豊竹若大夫
野澤勝太郎

貞任物語りの段
竹本津大夫
鶴澤寛治

袖萩　桐竹亀松
娘お君　吉田文昇
謙仗直方　吉田辰五郎
奥方浜夕　吉田国秀
八幡太郎　吉田玉五郎
安部宗任　桐竹勘十郎
安部貞任　吉田玉助
仕丁、腰元　大ぜい

豊竹山城少掾
引退披露口上
御目見得と同じ

壺坂観音霊験記

沢市内の段
前　豊竹つばめ大夫
野澤喜左衛門

座頭沢市　桐竹亀松
女房お里　桐竹紋十郎

壺坂寺の段
後　豊竹松大夫
鶴澤清六
ツレ　鶴澤清好

観世音　吉田小玉

夜の部　四時半開幕

面売

西亭作・作曲
竹本和佐大夫
竹本織の大夫
豊竹弘大夫
竹本相子大夫
豊竹松島大夫
野澤八造
野澤市治郎
鶴澤清好
野澤勝平
竹澤団二郎
鶴澤藤二郎

面売娘　桐竹紋十郎

伽羅先代萩

御殿の段
豊竹若大夫
野澤勝太郎

政岡忠義の段
竹本土佐大夫
野澤松之輔

乳母政岡　桐竹紋十郎
鶴喜代君　桐竹勘之助
一子千松　吉田玉幸
妻八汐　吉田玉男
栄御前　桐竹紋之助
腰元　吉田辰五郎
大ぜい

引退披露狂言

南都二月堂 **良弁杉由来**

配役は御目見得と同じ

梅川忠兵衛 **恋飛脚大和往来**

新口村の段

孫右衛門　竹本相生大夫
梅川　豊竹松大夫
忠兵衛　豊竹つばめ大夫
忠三女房　豊竹十九大夫
捕手小頭　豊竹古住大夫
捕手　豊竹小松大夫
野澤喜左衛門

亀屋忠兵衛　桐竹勘十郎
傾城梅川　桐竹亀松
忠三女房　桐竹紋二郎
鶴掛藤次兵衛　吉田国秀
伝がばゝ　吉田淳造
置頭巾　吉田小玉
樋の口水右衛門　吉田常次
針立道庵　吉田作十郎
親孫右衛門　吉田玉助
八右衛門　吉田玉之助
捕手小頭　桐竹紋弥
捕手　大ぜい

木村富子作　山村若振付
鶴澤道八作曲　松田種次装置

新曲 **小鍛冶**

老翁実は稲荷明神　竹本津大夫
小鍛冶宗近　竹本南部大夫
勅使　豊竹古住大夫
竹本綱子大夫
竹本津の子大夫
鶴澤寛治
野澤吉三郎
鶴澤燕三
竹澤団六
野澤市治郎

老翁実は稲荷明神　吉田栄三
小鍛冶宗近　吉田玉五郎
勅使道成　桐竹紋之助

鶴澤叶太郎

34・03・23　因会・三和会　四条　南座　京都　［BC］

文楽嫩会第三回例会　結成記念京都公演
昭和三十四年三月二十三日　午後一時開演　四条南座
主催　文楽嫩会　後援　松竹株式会社南座　財団法人人形浄瑠璃因協会

寿式三番叟

豊竹松香大夫
竹本小松大夫
竹本津の子大夫
竹本伊達路大夫
豊竹弘大夫
竹本織部大夫
竹本相次大夫
豊竹古住大夫
竹本織の大夫
豊竹十九大夫
竹本綱子大夫
竹本相子大夫
竹本津弥大夫
鶴澤寛治
鶴澤藤蔵
野澤松之輔
野澤勝平
野澤勝太郎
竹澤団二郎

竹澤団六
鶴澤藤二郎
鶴澤徳太郎
鶴澤清治
野澤錦糸
竹澤弥七
野澤喜左衛門

笛　藤舎推峯
胴脇　藤舎呂鏡
頭取　藤舎呂弘
胴先　藤舎呂誠
大鼓　藤舎呂園

千歳　吉田文昇
翁　桐竹紋二郎
三番叟　吉田玉昇
三番叟　桐竹紋弥

近頃河原の達引

四条河原の段

竹本伊達路大夫
鶴澤藤二郎

猿廻しの段

前 豊竹古住大夫
竹澤弥七
ツレ 鶴澤清治
後 竹本織の大夫
野澤勝太郎
ツレ 鶴澤清治

絵本太功記

夕顔棚の段

豊竹小松大夫
竹澤団二郎

尼ヶ崎の段

前 竹本織部大夫
竹澤団六
後 豊竹十九大夫
野澤勝平

新版歌祭文

野崎村の段

久作 豊竹弘大夫
お光 竹本相子大夫
お染 竹本津の子大夫
久松 竹本綱子大夫
祭文売 豊竹小松大夫

四条河原の段

横淵勘左衛門 吉田玉幸
井筒屋伝兵衛 桐竹紋弥
仲買勘造 吉田栄弘
廻しの久八 桐竹小紋

猿廻しの段

与次郎の母 桐竹紋二郎
与治郎 吉田文雀
お俊 吉田文昇
井筒屋伝兵衛 桐竹紋弥
弟子おつる 吉田玉丸

さつき 吉田文雀
武智光秀 吉田玉昇
操 桐竹紋二郎
武智重次郎 吉田小玉
初菊（前） 桐竹一暢
（後） 桐竹勘之助
真柴久吉 吉田玉之助
加藤虎之助 吉田栄之助

お光 吉田文雀
久作 吉田玉昇
お染 桐竹勘之助
久松 桐竹一暢
お勝 桐竹小紋

小助 竹本織の大夫
およし 豊竹松香大夫
お勝 竹本津弥大夫
鶴澤藤蔵
竹澤団二郎
鶴澤藤二郎

お芳 桐竹紋次
久三の小助 吉田玉幸
船頭 吉田小玉
駕屋 桐竹亀若
駕屋 桐竹勘太郎
祭文売り 吉田玉之助

入場料金 百五十円

○第一回と同狂言

◎三月二十四日 因協会緊急役員会 大阪市中央公会堂会議室
松本幸四郎の「日向島」に竹本綱大夫、竹澤弥七が出演する件についての協議 役者がセリフを言う舞台に出演してはならないという鉄則に対し、竹本綱大夫は院本尊重を主張、本行を崩さないテストケースとして認められる
〔典拠〕「新関西」（03・25）、「産経新聞（大阪）」（04・29）
『でんでん虫』

34・03・25 三和会

○東北巡業（『文楽因会三和会興行記録』）
○二月巡業と同じプログラム

東北巡業 ［BC］

演目・配役は二月巡業と同じ（四四一頁参照）

◎三月二十五日 福島県郡山市民会館 ［CD］

重要無形文化財指定　三和会　桐竹紋十郎一行出演
大阪文楽座人形浄瑠璃記念公演
三月二十五日昼夜　郡山市民会館
主催　郡山市教育委員会　福島県ＰＴＡ新聞社
後援　文部省文化財保護委員会　郡山市ＰＴＡ連合会
責任提供　東北演劇　演芸興行社
演目は巡業プログラムの通り
他に　竹本三和大夫　竹本常子大夫　豊竹貴代大夫　竹本真砂大夫　鶴澤友若
桐竹紋七　桐竹紋四郎　桐竹紋之丞　桐竹紋市　桐竹紋若

◇「三月六日公演予定のところ、二会場増演のため、変更」（「福島民友」広告 03・04）
◇入場料　指定前売三百円（「福島日日新聞」広告 03・08）

◎三月二十六日　福島教育会館
演目は巡業プログラムの通り

入場料　指定前売三百円

〔典拠〕「福島日日新聞」広告（03・08）

◎**三月二十七日　福島県会津若松市公会堂**［ＣＤ］
大阪文楽人形浄瑠璃三和会記念公演　重要無形文化財指定　桐竹紋十郎一行六十名来演
皇太子御成婚奉祝　会津若松市制六十周年記念特別公演
三月二十七日　昼夜二回　会津若松市公会堂
主催　福島県ＰＴＡ新聞社　後援　会津若松市教育委員会事務局　会津若松市公民館　会津若松市婦人会　会津若松市ＰＴＡ連合会　会津文化協会推選
演目は巡業プログラムの通り

入場料　前売三百円　当日四百円
◇午後一時　午後七時（「朝日新聞（福島版）」03・27）

◎三月二十八日　新潟市公会堂　昼夜二回公演
文楽観賞会主催　新潟市教育委員会・新潟日報社後援

〔典拠〕「新潟日報」（03・25）

・・・・・・・・・・・・・・・・・・・・・・・・・・・・・・

◎三月二十八日
竹本住大夫、鶴澤綱造の死後、重要無形文化財総合指定の三和会の代表者は欠けていたが、大夫部豊竹若大夫、三味線部野澤喜左衛門が指定される

〔典拠〕「大阪日日新聞」（03・28）、「新関西」（03・29）

◎三月二十八日　因会　ＮＨＫ邦楽名流大会　神戸国際会館　午後二時　午後五時開演
昼の部
酒屋　竹本綱大夫　竹澤弥七

竹本綱子大夫
竹澤弥七
野澤錦糸
竹澤団六
竹澤団二郎

夜の部
蝶の道行　竹本綱大夫　竹本南部大夫　竹本織の大夫

小鼓　藤舎呂船
小鼓　中村寿誠
大鼓　中村寿慶

〔典拠〕プログラム

◇四月一日から二十五日　因会　奉祝皇太子殿下御結婚四月大歌舞伎　東京歌舞伎座
大阪文楽座大夫三味線特別出演

昼の部　二人三番叟
夜の部　団子売

豊竹松大夫　鶴澤清六
竹本雛大夫　野澤吉三郎
竹本和佐大夫　鶴澤徳太郎
竹本長子大夫　野澤錦糸
豊竹弘大夫　豊澤新三郎
　　　　　　鶴澤清好

鳴物
笛　鳳声東三郎
胴脇　望月太明一郎
頭取　望月太明蔵
胴前　望月太明五郎
大鼓　望月太明十郎
太鼓　望月太意蔵

〔典拠〕歌舞伎筋書

34・04・06　因会・三和会　[B]

NHK大阪教育テレビジョン放送開始記念式典

寿式三番叟
翁　豊竹山城少掾
千歳　豊竹つばめ大夫
三番叟　竹本綱大夫
三番叟　竹本津大夫
ツレ　竹本織の大夫
　　　豊竹十九大夫
鶴澤藤蔵
竹澤弥七
野澤勝太郎
竹澤団六
竹澤団二郎
鶴澤寛治

翁　吉田難波掾
千歳　吉田玉男
三番叟　桐竹紋十郎
三番叟　吉田玉助

◇四月六日　テレビ放送　NHK教育　午後一時二十分（「朝日新聞（大阪）」、「毎日新聞（大阪）」04・06）

◇四月八日　昭和三十三年度府民劇場賞表彰式　大阪府知事室
府民劇場賞　豊竹山城少掾　賞金三万円　一月文楽座公演の「良弁杉由来」二月堂の段の演技
府民奨励賞　文楽座　賞金三万円　昭和三十三年四月公演「菅原伝授手習鑑」の良心的企画
表彰とともに、大阪文楽会には二十八万円、文楽座三和会には十二万円の助成金が交付された

〔典拠〕「毎日新聞（大阪）」（04・02）、『昭和三十五年版　大阪府年鑑』

34・04・11　三和会　京都府綾部市　[BC]

大本みろく大祭
四月十一日、十二日
奉納文楽　三和会

菅原伝授手習鑑
寺子屋の段
豊竹つばめ大夫
菅秀才　桐竹勘太郎

野澤勝太郎

小太郎	桐竹紋次
戸波	桐竹紋之助
武部源蔵	桐竹勘十郎
春藤玄蕃	吉田作十郎
松王丸	吉田辰五郎
千代	桐竹紋十郎
御台所	桐竹勘之助
百姓、捕巻、手習子	大ぜい

京鹿子娘道成寺

豊竹小松大夫
豊竹古住大夫
豊竹松島大夫
野澤勝太郎
野澤勝平
豊澤仙二郎
豊澤猿二郎

白拍子花子	桐竹紋十郎

お染久松 新版歌祭文
野崎村の段

豊竹古住大夫
野澤市治郎
ツレ※1竹澤団作

お光	桐竹紋之助
お染	桐竹紋二郎
およし	桐竹紋次
久作	※2吉田辰五郎
久松	※3桐竹紋弥
お勝	桐竹小紋
駕屋	大ぜい
船頭	桐竹勘之助

※1 Cにあり　※2 B桐竹紋弥　※3 B吉田辰五郎

○二時半開演

◇四月十二日　因会　第七十七回子供かぶき教室　東京歌舞伎座　午前九時開演
大阪文楽座大夫三味線特別出演

団子売

竹本雛大夫
竹本和佐大夫
竹本長子大夫
豊竹弘大夫

野澤吉三郎
鶴澤徳太郎
野澤錦糸
豊澤新三郎
鶴澤清好

〔典拠〕歌舞伎筋書

34・04・18　因会・三和会　道頓堀　文楽座　大阪　［BC］

次代の文楽へ！　精進ただ一筋に！
文楽嫩会第四回例会春季大発表会
四月十八日より二十一日まで　午後一時開演　道頓堀文楽座
主催　文楽嫩会　協賛　関西テレビ　読売テレビ　毎日テレビ　朝日放送　大阪テレビ
後援　株式会社文楽座　財団法人人形浄瑠璃因協会

通し狂言　ひらがな盛衰記

二段目
宇治川先陣物語の段
源太勘当の段

梶原源太（前）	竹本綱子大夫
（後）	豊竹十九大夫
梶原平次	竹本相子大夫
軍内	竹本津弥大夫
腰元千鳥	竹本津の子大夫
母延寿（前）	竹本織の大夫
（後）	豊竹古住大夫

梶原源太	吉田文昇
母延寿	吉田玉昇
千鳥	吉田文雀
梶原平次	桐竹紋弥
腰元	吉田玉丸
腰元	桐竹紋次
軍内	吉田小玉

前　竹澤弥七
後　竹澤団二郎

三段目
大津宿の段

権四郎　竹本伊達路大夫
お筆　竹本相子大夫
およし　竹本津の子大夫
御台所　豊竹十九大夫
鎌田隼人　竹本相次大夫
亭主　竹本綱子大夫
槌松　豊竹古住大夫
駒若君　竹本織の大夫
　鶴澤藤蔵
ツレ　鶴澤藤二郎

笹引の段

豊竹小松大夫
野澤勝平

松右衛門内より逆艪の段まで

中　竹本伊達路大夫
　鶴澤藤二郎
奥　豊竹古住大夫
前　三味線　鶴澤寛治
後　鶴澤団六

権四郎　桐竹紋弥
およし　桐竹勘之助
槌松　桐竹勘太郎
亭主　吉田栄之助
山吹御前　吉田小玉
駒若君　桐竹亀若
鎌田隼人　吉田玉幸
お筆　桐竹紋二郎
番場忠太　桐竹一暢
捕手　大ぜい

山吹御前　吉田小玉
槌松　桐竹勘太郎
鎌田隼人　吉田玉幸
お筆　桐竹紋二郎
番場忠太　桐竹一暢
捕手　大ぜい

権四郎　桐竹紋弥
およし　桐竹勘之助
お筆　桐竹紋二郎
松右衛門　吉田玉昇
駒若君　桐竹亀若
又六　吉田玉幸
富蔵　吉田玉之助
九郎作　桐竹小紋
畠山重忠　吉田小玉

四段目
辻法印の段

豊竹十九大夫
野澤勝太郎
ツレ　竹澤団二郎

神崎揚屋の段

竹本織の大夫
三味線　野澤喜左衛門
ツレ　野澤勝平

源太　吉田文昇
辻法印　吉田玉幸
法印女房　桐竹一暢
庄屋　吉田栄弘
五人組　桐竹紋次
お筆　桐竹紋二郎
百姓　大ぜい

梅カ枝　吉田文雀
お筆　桐竹紋二郎
梶原源太　吉田文昇
亭主　桐竹勘之助
女中お玉　吉田玉丸
仲居　吉田玉之助
仲居　桐竹小紋
母延寿　吉田玉昇

◇四月二十日から二十五日　毎日テレビ、大阪テレビ、読売テレビ、関西テレビの四社がリレー放送（「毎日新聞（大阪）」04・19）
◇四月二十日　ひらかな盛衰記　源太勘当の段　テレビ放送　毎日　午後一時十分（「朝日新聞（大阪）」、「毎日新聞（大阪）」、「読売新聞（大阪）」04・20）
◇四月二十一日　ひらかな盛衰記　大津宿屋の段　テレビ放送　大阪　午後一時十五分（「朝日新聞（大阪）」、「毎日新聞（大阪）」、「読売新聞（大阪）」04・21）
◇四月二十一日　ひらかな盛衰記　松右衛門内の段　逆艪の段　テレビ放送　読売　午後二時二十分（「朝日新聞（大阪）」、「毎日新聞（大阪）」、「読売新聞（大阪）」04・21）
◇四月二十五日　ひらかな盛衰記　辻法印の段　神崎揚屋の段　テレビ放送　関西　午後一時二十分（「朝日新聞（大阪）」、「毎日新聞（大阪）」、「読売

新聞（大阪）」04・25）

◎四月二十七日・二十八日　因会・三和会　歌舞伎と文楽の提携による花菱屋・日向島試演会　東京新橋演舞場　午後二時　午後六時開演

嬢景清八島日記
日向島

竹本綱大夫
竹澤弥七
——
景清　松本幸四郎
糸滝　大谷友右衛門
佐次太夫　中村又五郎

演出　安藤鶴夫　竹本綱大夫　桐竹紋十郎　松本幸四郎

四月二十八日　テレビ放送　NHK　午後二時（「毎日新聞（大阪）」、「読売新聞（大阪）」04・28）

〔典拠〕プログラム、チラシ

34・05・01　因会・三和会　道頓堀　文楽座　大阪　［ABCD］

文楽座人形浄瑠璃五月興行　因会・三和会大合同公演
昭和三十四年五月一日初日　二十四日まで　十三日より昼夜の狂言入替
道頓堀文楽座
府民劇場指定　重要無形文化財指定

昼の部　午前十一時開幕
矢野寿男原作　巌谷慎一脚色　鷲谷樗風演出※1
西亭作曲　松田種次装置
日本国際連合協会選定

白いお地蔵さん　三場

前　竹本津大夫
三味線　鶴澤寛治
※2後　豊竹つばめ大夫
三味線　野澤喜左衛門
ツレ　野澤市治郎
胡弓　野澤勝平
——
中森田平　吉田玉市
中森武平　吉田辰五郎
武平妻とよ　桐竹紋之助
息子勝夫　吉田文雀
田平孫健太　桐竹紋二郎
村長さん　吉田玉昇
駐在さん　吉田国秀
村人　吉田作十郎
村人　桐竹紋弥

平田都作　井上八千代振付
鶴澤清六作曲　前田青邨美術考証並装置
皇太子殿下御結婚を寿ぎ
文楽秀曲十八番の内

延喜帝

翁実は醍醐天皇　豊竹松大夫
嫗実は梨壺女御　竹本和佐大夫
竜神　竹本織の大夫
従者　竹本南部大夫
藤原師長　竹本津大夫
三味線　鶴澤清六
野澤吉三郎
鶴澤徳太郎
野澤錦糸
豊澤新三郎
鶴澤清好
——
翁実は醍醐天皇　吉田栄三
嫗実は梨壺女御　吉田玉市
藤原師長　吉田玉男
従者　吉田玉五郎
竜神　吉田玉助

花上野誉碑

志渡寺の段
前　竹本相生大夫
野澤松之輔
後　竹本綱大夫
——
森口源太左衛門　桐竹亀松
槌屋内記　吉田玉男
妻菅の谷　吉田玉五郎

竹澤弥七

方丈　吉田辰五郎
乳母お辻（前）　吉田難波掾（文五郎事）
乳母お辻（後）　桐竹紋十郎
門弟数馬　吉田玉昇
門弟十蔵　吉田作十郎
※3門弟団右衛門　吉田玉幸
一子坊太郎　吉田小玉
腰元　吉田兵次

勧進帳

武蔵坊弁慶　豊竹若大夫
富樫左衛門　竹本土佐大夫
源義経　竹本南部大夫
伊勢三郎　竹本静大夫
駿河次郎　豊竹古住大夫
片岡八郎　豊竹弘大夫
常陸坊　豊竹十九大夫
番卒　竹本伊達路大夫
番卒　豊竹小松大夫

野澤勝太郎
鶴澤燕三
野澤市治郎
竹澤団六
野澤勝平
鶴澤叶太郎

武蔵坊弁慶　吉田玉助
富樫左衛門　桐竹亀松
源義経　桐竹勘十郎
伊勢三郎　吉田作十郎
片岡八郎　吉田文昇
駿河次郎　桐竹紋弥
常陸坊　吉田国秀
番卒　吉田万次郎
番卒　桐竹一暢

夜の部　午後四時半開幕

寿式三番叟

竹本津の子大夫
竹本伊達路大夫
豊竹弘大夫
豊竹古住大夫

竹本和佐大夫
竹本土佐大夫
竹本静大夫
竹本織の大夫
豊竹十九大夫
豊竹小松大夫
竹本相子大夫
竹澤団二郎
鶴澤清好
豊澤新三郎
鶴澤徳太郎
鶴澤叶太郎
鶴澤藤蔵
野澤吉三郎

野澤錦糸
竹澤団六
野澤勝平
鶴澤藤二郎

翁　吉田難波掾（文五郎事）
千歳　吉田玉五郎
三番叟　桐竹紋十郎
三番叟　吉田玉助

増補忠臣蔵

本蔵下屋敷の段

前　竹本相生大夫　野澤松之輔
後　竹本綱大夫　竹澤弥七
琴　竹澤団二郎

桃井若狭之助　吉田玉男
加古川本蔵　桐竹勘十郎
井浪伴左衛門　吉田作十郎
三千歳姫　桐竹紋之助
家来角内　吉田玉米
奴宅内　桐竹小紋
小姓　桐竹一暢

伽羅先代萩

御殿の段

豊竹若大夫　野澤勝太郎

政岡忠義の段

豊竹松大夫
三味線　鶴澤清六

御殿の段
政岡忠義の段

乳母政岡（前）　吉田栄三
乳母政岡（後）　桐竹亀松
八汐　吉田辰五郎
鶴喜代　桐竹勘之助
一子千松　吉田玉幸
栄御前　桐竹紋之助
沖の井　吉田文昇
腰元　桐竹紋弥

近松門左衛門作　鷲谷樗風脚色
西亭作曲　大塚克三装置

与兵衛
おかめ　**ひぢりめん卯月紅葉**

天王寺神子よせの段

竹本津大夫
三味線　鶴澤寛治

心斎橋笠屋店の段

竹本土佐大夫
鶴澤藤蔵

梅田堤心中の段

おかめ　竹本南部大夫
与兵衛　竹本織の大夫
野澤吉三郎
鶴澤燕三
野澤市治郎
野澤勝平

大和平群谷庵室の段

豊竹つばめ大夫
※4影の声　竹本静大夫
影の声　豊竹小松大夫
影の声　竹本相子大夫
三味線　野澤喜左衛門
ツレ　鶴澤叶太郎
鶴澤藤二郎

一部御観劇料　一等席五百五十円　二等席三百円　三等席百五十円
学生券A三百円　B百五十円
初日に限り一部料金にて昼夜通し御覧に入れます

腰元　桐竹紋次

与兵衛妻お亀　吉田栄三
笠屋下女ふり　吉田玉昇
神子つじ　吉田文雀
笠屋与兵衛 助給法師 後　桐竹紋十郎
笠屋長兵衛　吉田玉市
その妾お今　桐竹勘十郎
笠屋手代源吉　吉田国秀
笠屋手代吾七　桐竹紋弥
お亀叔母おせん　吉田辰五郎
お今の弟伝三郎　桐竹紋二郎
夜廻り　桐竹勘之助
庵室道心浄円　吉田国秀
お亀の亡霊　吉田栄三
籠かき留吉　吉田小玉
籠かき達蔵　吉田玉幸
町の人　吉田玉米
町の人　桐竹小紋
町の人　桐竹一暢
百姓　大ぜい

※1　A鷲谷樗風脚色
※2　B（吉田文雀氏蔵・高木蔵）影の声として竹本静大夫　豊竹小松大夫　竹本相子大夫の名がある
※3　Bにあり
※4　B（吉田文雀氏蔵・高木蔵）影の声なし　A豊竹小松大夫のみ
○番付の紋下に松竹株式会社
◎白いお地蔵さん　矢野寿男作　巌谷槇一脚色　西亭作曲　松田種次装置　主人公健太の首は大江巳之助新作　ちぢれ毛に赤味がかった顔で、子役人形としては珍しく目や口が動く首　「戦後の日本」に取材した日本国連協会募集選定作品（「朝日新聞（大阪）」04・28）
○ひぢりめん卯月紅葉　近松門左衛門作　鷲谷樗風脚色　西亭作曲　大塚克三装置
○吉田難波掾休演　お辻は一段桐竹紋十郎代役（「日本経済新聞（大阪）」05・11、『松竹百年史』）
○最後の平番付　この後はプログラムのみ
◇五月十一日　午後　竹本相生大夫、竹本綱大夫、桐竹紋十郎等が花上野誉碑にちなみ南区金刀比羅神社に参拝（「毎日新聞（大阪）」05・12）
◇五月十三日　ひぢりめん卯月紅葉の約二百六十年ぶりの復活上演を記念し、天王寺区超願寺の竹本義太夫の墓に吉田栄三、桐竹紋十郎らに操られたおかめ夫婦の人形が参った（「朝日新聞（大阪）」05・13）
◇ビール会社がスポンサーとなり、五月公演前売券購入者にビール券一枚を進呈し集客を高める試み（「朝日新聞（東京）」05・12）
◇五月二日　白いお地蔵さん　三場　テレビ放送　大阪　午後八時（「朝日新聞（大阪）」、「毎日新聞（大阪）」、「読売新聞（大阪）」05・02）
◇五月五日　ひぢりめん卯月の紅葉　ラジオ放送　NHK第二　午後九時（「毎日新聞（大阪）」、「読売新聞（大阪）」05・05）
◇五月八日　花上野誉碑　志渡寺の段　テレビ放送　NHK　午後一時四十分（「朝日新聞（大阪）」、「毎日新聞（大阪）」、「読売新聞（大阪）」05・08）

34・05・25　**因会・三和会　道頓堀　文楽座　大阪　［BC］**

文楽嫩会第五回例会五月公演　道頓堀文楽座
昭和三十四年五月二十五日　十二時開演
主催　文楽嫩会　後援　株式会社文楽座　財団法人人形浄瑠璃因協会

増補忠臣蔵

本蔵下屋敷の段

桃井若狭之助	豊竹小松大夫
加古川本蔵	竹本伊達路大夫
三千歳姫	竹本津の子大夫
井浪伴左衛門	竹本相子大夫
下部	竹本津弥大夫
前	鶴澤藤二郎
後	竹澤団二郎
琴	竹澤弥七

井浪伴左衛門	吉田玉幸
奴可助	桐竹小紋
加古川本蔵	吉田文雀
三千歳姫	桐竹勘之助
奴宅内	吉田玉之助
桃井若狭之助	吉田文昇
小姓	桐竹勘太郎

伽羅先代萩

竹の間の段

中	豊竹弘大夫
	野澤勝平

御殿の段

奥	竹本織の大夫
	鶴澤藤蔵

竹の間の段

妻八汐	吉田小玉
妻沖の井	桐竹一暢
一子千松	※1桐竹亀若
鶴喜代君	吉田玉丸
乳母政岡	桐竹紋二郎
女医小巻	吉田玉幸
曲者	桐竹紋弥
腰元	大ぜい

御殿の段

鶴喜代君	桐竹紋次
一子千松	吉田栄弘
乳母政岡	桐竹紋二郎
妻八汐	吉田小玉
妻沖ノ井	桐竹一暢
栄御前	吉田文雀
女医小巻	吉田玉幸
腰元	大ぜい

勧進帳

武蔵坊弁慶	豊竹古住大夫
富樫左衛門	竹本伊達路大夫
源義経	竹本津の子大夫
伊勢三郎	竹本相子大夫
駿河次郎	豊竹小松大夫
片岡八郎	豊竹弘大夫
常陸坊	竹本相次大夫
番卒	竹本津弥大夫
番卒	豊竹松香大夫
	竹澤団六
	野澤勝太郎
	野澤勝平
	竹澤団二郎
	鶴澤藤二郎
	野澤松之輔

富樫左衛門	桐竹紋弥
源義経	吉田文昇
伊勢三郎	桐竹勘之助
駿河次郎	吉田玉之助
片岡八郎	吉田栄之助
常陸坊	桐竹小紋
武蔵坊弁慶	吉田玉昇
番卒	大ぜい

全館指定席二百円均一

※1　B桐竹亀松を訂正

◎五月二日から二十六日　因会　中村吉右衛門劇団仮名手本大忠臣蔵　大阪新歌舞伎座
文楽座大夫三味線特別出演
道行旅路の嫁入　竹本雛大夫―野澤八造

竹本和佐大夫
竹本長子大夫
竹本相子大夫

鶴澤徳太郎
野澤錦糸
豊澤新三郎

〔典拠〕歌舞伎筋書

◇五月二十五日
竹本雛大夫　野澤八造が人形浄瑠璃因協会へ脱退届を提出、歌舞伎の竹本に転向し、六月から吉右衛門劇団等に出勤
〔典拠〕「東京新聞」（05・18）

◇五月二十六日・二十七日　因会　人形浄瑠璃女義太夫合同公演　道頓堀文楽座　午後一時開演
女義太夫に人形参加
伊達娘恋緋鹿子
お七火見櫓の段
八百屋お七　吉田栄三
お染久松　新版歌祭文
野崎村の段
親久作　吉田玉市
娘お光　桐竹亀松
娘お染　吉田玉五郎
丁稚久松　吉田文昇
母お勝　吉田兵次
下女およし　吉田玉昇
船頭　吉田玉昇
駕屋　吉田小玉
駕屋　吉田玉幸
伽羅先代萩
御殿の段
政岡忠義の段
乳母政岡　吉田栄三
妻八汐　吉田玉男
鶴喜代君　吉田玉之助
一子千松　吉田玉幸
栄御前　吉田玉五郎
沖の井　吉田文雀
腰元　吉田玉米
増補忠臣蔵
本蔵下屋敷の段
桃井若狭之助　吉田栄三
加古川本蔵　吉田玉助
井浪伴左衛門　吉田玉昇
三千歳姫　吉田文雀
家来角内　桐竹一暢
奴宅内　吉田玉幸
小姓　吉田玉丸
花上野誉碑
志渡寺の段
森口源太左衛門　吉田玉助
槌屋内記　吉田玉男
妻菅の谷　吉田玉五郎
方丈　吉田玉市
乳母お辻　桐竹亀松
一子坊太郎　吉田小玉
門弟団右衛門　吉田玉米
門弟数馬　桐竹一暢
門弟十蔵　吉田文雀
腰元　吉田兵次
勧進帳
武蔵坊弁慶　吉田玉助
富樫左衛門　桐竹亀松
源義経　吉田玉男
伊勢三郎　吉田文昇
片岡八郎　吉田玉之助
駿河次郎　吉田小玉
常陸坊　吉田兵次
番卒　吉田万次郎
番卒　桐竹一暢

入場料　一等席三百六十円　二等席二百四十円
〔典拠〕プログラム

◇五月三十日　三和会　西東会第一回　東京千代田区第一生命ホール
午後一時三十分開演
木下順二作　野澤喜左衛門作曲
瓜子姫とあまんぢやく
豊竹つばめ大夫
野澤喜左衛門
野澤市治郎
野澤勝平

午後二時四十分開演
加賀見山旧錦絵
長局の段
豊竹つばめ大夫
野澤喜左衛門

入場料　三百円
〔典拠〕プログラム

34・06・10　因会・三和会

名古屋　御園座　①　［BC］

重要無形文化材指定　文楽座人形浄瑠璃　因会三和会合同公演
豊竹山城少掾引退披露興行
芸術院会員豊竹山城少掾　芸術院会員吉田文五郎事吉田難波掾　他全員総出演
六月十日より十五日まで　御園座

お目見得狂言　十日より十二日まで

昼の部　十一時開演

双蝶々曲輪日記

八幡里引窓の段

前　竹本津大夫
三味線　鶴澤寛治
後　豊竹つばめ大夫
三味線　野澤喜左衛門

南方十次兵衛　吉田栄三
女房お早　吉田玉五郎
濡髪長五郎　桐竹勘十郎
三原伝蔵　吉田玉昇
平岡丹平　吉田作十郎
長五郎の母　吉田辰五郎

三勝半七　艶容女舞衣

酒屋の段

親宗岸　豊竹若大夫
嫁お園　豊竹松大夫
半兵衛女房　竹本和佐大夫
娘おつう　竹本津の子大夫
美濃屋三勝　竹本織の大夫
茜屋半七　豊竹古住大夫
舅半兵衛　竹本相生大夫
前　野澤松之輔
後　鶴澤清六

親宗岸　吉田玉助
嫁おその　桐竹亀松
舅半兵衛　吉田玉市
美濃屋三勝　吉田文雀
茜屋半七　桐竹紋二郎
娘おつう　吉田玉丸
半兵衛女房　吉田国秀

高音　鶴澤清好

伽羅先代萩

御殿の段

竹本綱大夫
竹澤弥七

政岡忠義の段

竹本土佐大夫
鶴澤藤蔵

乳母政岡（前）　桐竹紋十郎
乳母政岡（後）　吉田文五郎事吉田難波掾
鶴喜代　桐竹一暢
一子千松　桐竹勘之助
妻八汐　吉田玉男
栄御前　吉田玉五郎
沖の井　吉田文昇
腰元　吉田玉之助
腰元　吉田栄之助
腰元　吉田玉米

豊竹山城少掾引退披露　口上

鏡獅子

小姓後に獅子の精　竹本南部大夫
胡蝶　豊竹古住大夫
胡蝶　竹本織の大夫
ツレ　豊竹小松大夫
竹本相子大夫
豊竹松島大夫
野澤勝太郎
鶴澤徳太郎
竹澤団六
鶴澤清好
野澤勝平
野澤市治郎
鶴澤叶太郎

小姓弥生実は獅子の精　桐竹紋十郎
胡蝶　桐竹紋之助
胡蝶　桐竹紋二郎

夜の部　四時半開演

菅原伝授手習鑑

寺子屋の段

松王丸	竹本相生大夫
女房千代	竹本土佐大夫
春藤玄蕃	豊竹古住大夫
一子小太郎	豊竹小松大夫
百姓	竹本伊達路大夫
下男三助 捕手	豊竹弘大夫
菅秀才 手習子	竹本相子大夫
御台所	竹本南部大夫
女房戸浪	竹本和佐大夫
武部源蔵	豊竹つばめ大夫
前	野澤喜左衛門
後	野澤松之輔

武部源蔵	桐竹亀松
妻戸浪	吉田玉五郎
春藤玄蕃	桐竹勘十郎
舎人松王丸	吉田玉助
妻千代	吉田栄三
御台所	吉田兵次
菅秀才	吉田栄弘
一子小太郎	桐竹一暢
下男三助	桐竹勘之助
延くり	吉田小玉
百姓、手習子、取巻	大ぜい

引退披露狂言

南都二月堂 **良弁杉由来**

東大寺の段

竹本織の大夫
野澤錦糸

渚の方	吉田玉市
雲弥坊	吉田玉昇

二月堂の段

良弁上人	豊竹山城少掾
渚の方	竹本綱大夫
供侍	豊竹つばめ大夫
伴僧	竹本津大夫
	鶴澤藤蔵

良弁上人	吉田玉助
渚の方	吉田玉市
伴僧	吉田玉五郎
伴僧	吉田玉男
先払い	吉田作十郎
供侍	桐竹紋寿
奴	吉田玉之助
奴	吉田玉米
奴	桐竹紋之助
奴	桐竹紋二郎
近習	吉田国秀
輿かき	桐竹小紋
輿かき	吉田栄弘

絵本太功記

尼ヶ崎の段

前	豊竹松大夫
	野澤吉三郎
後	豊竹若大夫
	野澤勝太郎

武智光秀	吉田玉助
倅重次郎	吉田栄三
妻操	桐竹紋十郎
嫁初菊	桐竹紋之助
真柴久吉	桐竹勘十郎
加藤正清	桐竹紋弥
母さつき	吉田国秀
軍兵	大ぜい

関取千両幟

猪名川内より角力場まで

猪名川	竹本津大夫
おとわ	竹本南部大夫
鉄ヶ嶽	竹本相生大夫
大阪屋	豊竹弘大夫
呼び遣い	竹本津の子大夫
北野屋	豊竹古住大夫

此の処矢倉太鼓鶴澤寛治相勤めます

猪名川	吉田玉男
女房おとわ	桐竹亀松
鉄ヶ嶽	吉田辰五郎
大阪屋	吉田作十郎
呼遣い	吉田玉幸
北野屋七兵衛	吉田玉市

御観覧料金　一等席五百円　二等席三百円　三等席百五十円　枡席（四人詰）二千二百円　学生に限り各等半額

◇吉田難波掾　鶴澤清六　病気休演（『御園座七十年史』）

名古屋　御園座　②　［BC］

お名残り狂言　十三日より十五日まで

昼の部　十一時開演

伊達娘恋緋鹿子

お七火見櫓の段

竹本織の大夫
豊竹弘大夫
野澤吉三郎
竹澤団二郎
ツレ　鶴澤藤二郎

八百屋お七　桐竹亀松

心中紙屋治兵衛

北新地河庄の段

前　豊竹松大夫
　三味線　鶴澤清六
後　豊竹つばめ大夫
　三味線　野澤喜左衛門

紙屋治兵衛　桐竹紋十郎
女郎小春　吉田玉五郎
兄孫右衛門　吉田玉市
河庄亭主　吉田国秀
五貫屋善六　桐竹紋二郎
江戸屋太兵衛　吉田作十郎
見物人　吉田玉之助
見物人　吉田玉米
見物人　桐竹一暢

一谷嫩軍記

熊谷陣屋の段

前　竹本綱大夫
　竹澤弥七
後　豊竹若大夫
　野澤勝太郎

熊谷直実　吉田玉助
妻相模　桐竹亀松
藤の局　吉田玉五郎
源義経　吉田玉男
堤軍次　桐竹紋弥
梶原景時　吉田玉昇
弥陀六実は弥平兵衛宗清　桐竹勘十郎
軍兵　大ぜい

お染久松　新版歌祭文

野崎村の段

親久作　竹本津大夫
娘お光　竹本土佐大夫
娘お染　竹本南部大夫
丁稚久松　豊竹古住大夫
母お勝　竹本和佐大夫
下女およし　竹本相子大夫
三味線　鶴澤寛治
ツレ　竹澤団六

親久作　吉田辰五郎
娘お光　吉田栄三
娘お染　吉田玉男
丁稚久松　桐竹紋二郎
下女およし　桐竹勘之助
母おかつ　桐竹紋之助
駕屋　吉田玉幸
駕屋　桐竹紋寿
船頭竹松　吉田小玉

豊竹山城少掾　引退披露　口上

京鹿子娘道成寺

竹本南部大夫
竹本和佐大夫
竹本織の大夫
豊竹小松大夫
竹本津の子大夫
豊竹松島大夫
野澤勝太郎
鶴澤燕三
野澤市治郎
鶴澤清好
野澤勝平

白拍子花子　桐竹紋十郎
所化　※1吉田文雀
所化　吉田文昇
所化　桐竹紋之助
所化　桐竹紋二郎

鶴澤叶太郎｜

夜の部　四時半開演

ひらかな盛衰記

松右衛門内の段
逆艪の段

毎日替
竹本津大夫
三味線　鶴澤寛治
豊竹つばめ大夫
三味線　野澤喜左衛門

松右衛門 実は 樋口次郎　桐竹亀松
船頭権四郎　桐竹勘十郎
女房およし　吉田玉五郎
腰元お筆　吉田栄三
駒若君　吉田玉丸
船頭九郎作　吉田小玉
船頭又六　桐竹紋寿
船頭富蔵　桐竹紋弥

摂州合邦ヶ辻

合邦住家の段

前　竹本相生大夫
　　野澤松之輔
後　豊竹若大夫
　　野澤勝太郎

親合邦　吉田玉助
玉手御前　桐竹紋十郎
奴入平　吉田作十郎
俊徳丸　吉田文昇
浅香姫　吉田文雀
合邦女房　吉田国秀

引退披露狂言
南都
二月堂　**良弁杉由来**
配役はお目見得狂言と同じ
但し　伴僧　吉田辰五郎　桐竹勘十郎

本朝廿四孝　十種香　狐火の段

十種香の段

娘八重垣姫　豊竹松大夫
武田勝頼　竹本津大夫
腰元濡衣　竹本南部大夫
長尾謙信　豊竹古住大夫
白須賀六郎　竹本伊達路大夫
原小文治　豊竹小松大夫
三味線　鶴澤寛治

奥庭狐火の段

竹本土佐大夫
鶴澤藤蔵
ツレ　鶴澤徳太郎
琴　野澤勝平

八重垣姫　吉田栄三
武田勝頼　吉田玉男
腰元濡衣　桐竹紋之助
長尾謙信　吉田辰五郎
白須賀六郎　吉田玉幸
原小文次　桐竹紋弥
白狐 実は 娘八重垣姫　吉田栄三
白狐　大ぜい

※1　C吉田作十郎

◇六月二十一日　新版歌祭文　野崎村の段　テレビ放送　NHK教育　午後八時三十分（「朝日新聞（大阪）」、「毎日新聞（大阪）」、「読売新聞（大阪）」06・21）

◎六月十八日　因会　映画「日本の宝」特別試写会　大阪今橋クラブ・ホール
午後六時
主催　外務省　アメリカ文化センター　日本経済新聞社

挨拶　日本経済新聞社取締役大阪支社長 村合正夫
　　　芸術院会員 吉田難波掾
解説「艶容女舞衣」について　日本経済新聞大阪支社資料課長 岡田聰

艶容女舞衣
　酒屋の段　竹本土佐大夫｜　桐竹亀松

鶴澤藤蔵
人形解説　桐竹亀松
映画「日本の宝」
六月二十七日　テレビ放送　毎日　午前十一時（「毎日新聞（大阪）」06・27）
〔典拠〕プログラム

34・06・19　三和会

○中国・九州巡業（『文楽因会三和会興行記録』）
○二月巡業とほぼ同狂言（戻橋が釣女に変わる）、配役は異なる

中国・九州巡業　［BC］

重要無形文化財文楽三和会　文楽人形浄瑠璃芝居

昼の部

伊達娘恋緋鹿子

八百屋お七火見櫓の段

豊竹小松大夫
野澤勝平
竹澤団作
豊澤猿二郎
　お七　桐竹紋二郎

御所桜堀川夜討

弁慶上使の段

前　豊竹松島大夫
　卿ノ君　桐竹紋寿

後　鶴澤燕三
竹本源大夫
鶴澤叶太郎
　侍従太郎　吉田作十郎
　妻花の井　吉田国秀
　弁慶　吉田辰五郎
　腰元しのぶ　桐竹勘之助
　おわさ　桐竹紋之助
　腰元　大ぜい

艶容女舞衣

三勝半七　酒屋の段

切　豊竹つばめ大夫
野澤喜左衛門
　親宗岸　吉田辰五郎
　嫁おその　桐竹紋十郎
　半兵衛女房　吉田国秀
　半兵衛　吉田作十郎
　おつう　桐竹紋七
　半七　桐竹紋弥
　三勝　桐竹紋二郎

紅葉狩

戸隠山の段

更科姫　豊竹古住大夫
惟茂　豊竹小松大夫
山神 腰元　豊竹松島大夫
野澤勝太郎
野澤市治郎
野澤勝平
豊澤仙二郎
　平惟茂　桐竹勘十郎
　更科姫 実は 悪鬼　桐竹紋十郎
　腰元さつき　桐竹小紋
　腰元楓　桐竹勘之助
　山神　桐竹紋之助

夜の部

義経千本桜

道行初音の旅路

シテ　豊竹小松大夫
　静御前　桐竹紋之助

ワキ　豊竹松島大夫
鶴澤燕三
野澤勝平
竹澤団作
豊澤仙二郎

狐忠信	桐竹勘十郎

傾城阿波鳴戸
巡礼歌の段

竹本源大夫
鶴澤叶太郎
豊竹つばめ大夫
野澤喜左衛門

女房お弓	桐竹紋十郎
巡礼おつる	桐竹勘之助
十郎兵衛	吉田辰五郎
捕巻	大ぜい

生写朝顔日記
宿屋より大井川まで

切　豊竹若大夫
野澤勝太郎
琴　野澤勝平

駒沢次郎左衛門	吉田辰五郎
戎屋徳右衛門	吉田国秀
岩城多喜太	吉田作十郎
下女おなべ	桐竹小紋
朝顔 実は 深雪	桐竹紋十郎
近習、供人、川越人足	大ぜい

新曲　釣女

太郎　豊竹古住大夫
大名　豊竹松島大夫
美女 醜女　豊竹小松大夫
野澤市治郎
豊澤仙二郎
竹澤団作

大名	桐竹紋弥
太郎冠者	桐竹勘十郎
美女	桐竹紋寿
醜女	桐竹紋二郎

○六月十九日　広島市朝日会館
〔典拠〕巡業日程表、『文楽因会三和会興行記録』

◎六月二十日　山口県下関市市民館　昼の部午後一時　夜の部午後六時開演
〔典拠〕「夕刊みなと」(06・19)

◎六月二十一日　大分市県教育会館　昼の部午前十一時半　夜の部午後四時半開演
大分合同新聞社後援
演目は巡業プログラムの通り
開演に先立ち文楽の解説

入場料　前売二百五十円　当日三百五十円

〔典拠〕「大分合同新聞」(06・20～21)

◎六月二十二日　別府市流川東映　昼の部午後一時　夜の部午後七時開演
〔典拠〕「大分合同新聞」(06・20)

◎六月二十四日　**福岡県椎田町椎田映劇**　［CD］
芸術観賞に皆様に贈る！　重要無形文化財国家指定
大阪文楽座人形浄瑠璃　三和会十周年記念公演
昭和三十四年六月二十四日　昼十二時半　夜五時半開演　椎田映劇場
文部省文化財保護委員会選定　主催　杵屋六兵衛
演目は巡業プログラムの通り
他に　竹本三和大夫　竹本常子大夫　豊竹貴代大夫　竹本真砂大夫　鶴澤友若
桐竹紋四郎　桐竹紋之丞　桐竹紋市　桐竹紋若　桐竹国次〔紋カ〕

○六月二十五日　八幡市花月劇場

〔典拠〕巡業日程表、『文楽因会三和会興行記録』

◎六月二十六日から二十八日　福岡市大博劇場　昼の部午後十二時半　夜の部午後五時半開演
演目は巡業プログラムの通り
入場料　前売三百円　当日三百五十円　枡指定四百五十円

〔典拠〕「西日本新聞」広告（06・16）、「夕刊フクニチ」広告（06・23）

・・・・・・・・・・・・・・・・・・・・・・・・・・・・・・・・・・

34・06・20　因会

○北陸・佐渡巡業（『文楽因会三和会興行記録』）

巡業　［BC］

重要無形文化財指定　大阪文楽座人形浄瑠璃
底力のある伝統の芸術に文化の誇りを見出す！　松竹株式会社提供

壺坂観音霊験記

沢市内より壺坂寺まで

竹本織の大夫
野澤錦糸
ツレ　竹澤団二郎

沢市内の段

女房お里　吉田文昇
座頭沢市　吉田小玉

壺坂寺の段

女房お里　吉田文雀
座頭沢市　吉田玉昇
観世音　吉田玉之助

伽羅先代萩

御殿の段

竹本南部大夫
鶴澤徳太郎

乳母政岡　吉田玉男
鶴喜代君　吉田玉丸
一子千松　桐竹一暢
妻八汐　吉田玉市
妻沖の井　吉田小玉
栄御前　吉田文雀
腰元　大ぜい

摂州合邦辻

合邦住家の段

竹本津大夫
竹澤団六

親合邦　吉田玉市
合邦女房　吉田兵次
玉手御前　吉田玉五郎
俊徳丸　吉田玉昇
浅香姫　吉田文昇
奴入平　吉田玉幸

義経千本桜

道行初音旅

静御前　豊竹弘大夫
忠信　※1竹本伊達路大夫
竹本津の子大夫
鶴澤徳太郎
野澤錦糸
竹澤団二郎
鶴澤藤二郎

静御前　吉田玉五郎
狐忠信　吉田玉男

※1　C出演者一覧に竹本伊達路大夫なし　他に豊竹十九大夫　吉田万次郎　吉田玉米　吉田栄之助　吉田栄弘

◎六月二十日　新潟県立羽茂高等学校講堂
◎六月二十一日　佐和田町立河原田小学校講堂　［BC］

重要無形文化財国家指定　文部省文化財保護委員会指定
文楽人形浄瑠璃　佐渡公演
主催　新潟交通株式会社　後援　新潟県教育委員会　新潟県教育庁佐渡分室
羽茂村教育委員会　佐和田町教育委員会　佐渡汽船株式会社　佐渡博物館
六月二十日　羽茂高等学校講堂
六月二十一日　河原田小学校講堂
演目・配役は巡業プログラムの通り
但し　義経千本桜　道行初音旅　竹本伊達路大夫が豊竹十九大夫　鶴澤徳太郎が野澤吉三郎に変わる

・・・・・・・・・・・・・・・・・・・・・・・・・・・・・・・・・・・・

34・07・01　因会　道頓堀　文楽座　大阪　［BC］

七月興行文楽座人形浄瑠璃
芸術院会員文五郎事吉田難波掾
一日初日　十二日まで　七日より昼夜の狂言入替　道頓堀文楽座
重要無形文化財指定　府民劇場指定

昼の部　正午開演
鷲谷樗風訂　西亭補曲　大塚克三装置
通し狂言

夏祭浪花鑑

住吉鳥居前の段
竹本伊達路大夫 ——
鶴澤藤二郎
竹本南部大夫
野澤錦糸

内本町道具屋の段
中　豊竹弘大夫
竹澤団六
切　竹本相生大夫
野澤松之輔

三婦内の段
中　竹本織の大夫
野澤吉三郎
後　竹本津大夫
三味線　鶴澤寛治

団七九郎兵衛　吉田玉助

女房お梶　桐竹亀松
一寸徳兵衛　吉田栄三
釣舟三婦　吉田玉市
大鳥佐賀右衛門　吉田兵次
傾城琴浦　吉田文雀
玉島磯之丞　吉田文昇
当番下野十太　吉田玉之助
倅市松　吉田栄弘
駕屋 実は なまこの八　吉田玉昇
駕屋 実は こっぱの権　吉田玉幸

団七九郎兵衛　吉田玉助
侍 実は 義平次　吉田玉市
番頭伝八　吉田玉男
主人孫右衛門　吉田兵次
娘お中　吉田文雀
手代清七　吉田文昇
仲買弥市　吉田小玉

釣舟三婦　吉田玉市
女房おつぎ　吉田玉五郎
玉島磯之丞　吉田文昇
傾城琴浦　吉田文雀
三河屋義平次　吉田玉市
団七九郎兵衛　吉田玉助
一寸徳兵衛　吉田栄三
女房おたつ　文五郎事吉田難波掾
なまこの八　吉田玉昇
こっぱの権　吉田玉幸
駕屋　吉田万次郎
駕屋　吉田栄弘

長町裏の段

義平次　竹本綱大夫
九郎兵衛　竹本津大夫
竹澤弥七

田島町団七内の段

役毎日替（竹本土佐大夫
豊竹松大夫
鶴澤藤蔵
跡　竹本織の大夫
竹澤団六

本朝廿四孝

十種香の段より狐火の段まで

娘八重垣姫　竹本土佐大夫
武田勝頼　豊竹松大夫
腰元濡衣　竹本南部大夫
白須賀六郎　竹本静大夫
原小文治　豊竹弘大夫
長尾謙信　竹本相生大夫
鶴澤藤蔵
ツレ　鶴澤徳太郎

団七九郎兵衛　吉田玉助
三河屋義平次　吉田玉市
若中　吉田万次郎
若中　吉田玉之助
若中　吉田玉米
若中　桐竹一暢
若中　吉田玉丸
若中　吉田栄弘
若中　吉田栄之助
若中　桐竹亀若
駕屋　吉田万次郎
駕屋　吉田栄弘

団七九郎兵衛　吉田玉助
女房お梶　桐竹亀松
一寸徳兵衛　吉田栄三
釣舟三婦　吉田玉市
倅市松　吉田栄弘
代官門脇左膳　桐竹一暢
捕手、子供　大ぜい

娘八重垣姫　桐竹亀松
白狐　桐竹亀松
武田勝頼　吉田玉男
腰元濡衣　吉田玉五郎
白須賀六郎　吉田小玉
原小文治　吉田玉幸
長尾謙信　吉田兵次
白狐　大ぜい

琴　竹澤団二郎

此処桐竹亀松出遣い早替りにて御覧に入れます

夜の部　五時開演

絵本太功記

尼ヶ崎の段

武智光秀　竹本津大夫
妻操　竹本土佐大夫
武智重次郎　豊竹松大夫
嫁初菊　竹本南部大夫
真柴久吉　竹本織の大夫
母さつき　竹本相生大夫
三味線　鶴澤寛治

武智光秀　吉田玉助
武智重次郎　吉田玉男
妻操　吉田栄三
嫁初菊　吉田文雀
真柴久吉　吉田玉昇
母さつき　吉田兵次
軍兵　大ぜい

心中天網島

紙屋治兵衛
紀の国屋小春

北新地河庄の段

切　竹本綱大夫
竹澤弥七

紙屋治兵衛　吉田栄三
紀の国屋小春　吉田難波掾（文五郎事）
粉屋孫右衛門　吉田玉市
五貫屋善六　吉田文昇
江戸屋太兵衛　吉田玉昇
河庄亭主　吉田玉幸
見物人　大ぜい

紙屋内の段

前　豊竹松大夫
野澤吉三郎
後　竹本土佐大夫
鶴澤藤蔵

紙屋治兵衛　吉田栄三
女房おさん　桐竹亀松
紀の国屋小春　吉田玉五郎
舅五左衛門　吉田玉助
丁稚三五郎　吉田小玉
娘お末　桐竹一暢
倅勘太郎　吉田玉丸

鷲谷樗風訂　西亭補曲
松田種次装置　山村若振付

五貫屋善六　吉田文昇
江戸屋太兵衛　吉田玉昇

久米仙人吉野桜

吉野山の段

花益　竹本南部大夫
久米仙人　竹本織の大夫
大伴坊　竹本静大夫
安曇坊　豊竹弘大夫
野澤松之輔
野澤吉三郎
鶴澤徳太郎
野澤錦糸
竹澤団六
竹澤団二郎
鶴澤藤二郎

久米仙人　桐竹亀松
花益　吉田栄三
大伴坊　吉田玉五郎
安曇坊　吉田玉男
此処出遣いにて御覧に入れます

＊　＊　＊

頭取　吉田玉市
はやし　中村新三郎
衣裳　森田信二
人形細工人　藤本由良亀
人形細工人　菱田由良宏
人形師　大江巳之助

髪床山　佐藤為次郎
髪床山　名越健二
大道具　川辺繁太郎
照明　竹本文蔵
舞台監督　鷲谷樗風
人形指導　文五郎事 吉田難波掾

一等席四百五十円　一等（サーヴィス席）三百円　二等席二百五十円　三等席百五十円
学生券A（一等席）二百五十円　B（二等席）百五十円
○夏祭浪花鑑　鷲谷樗風訂　西亭補曲　大塚克三装置
○久米仙人吉野桜　鷲谷樗風訂　西亭補曲　松田種次装置　山村若振付

○この興行から番付はなし
◇鶴澤清六休演（「大阪新聞」07・07）
◇「夏祭浪花鑑」通しは五十年ぶり（「大阪新聞」07・07、「大阪日日新聞」07・09、「新大阪」07・06）
◇七月十一日　夏祭浪花鑑　三婦内の段　長町裏の段　テレビ放送　朝日午後八時（「朝日新聞（大阪）」、「毎日新聞（大阪）」、「読売新聞（大阪）」07・11）

◎七月二日（一日カ）
豊竹山城少掾の引退後空位だった紋下に竹本綱大夫を推すことになり、松竹会長で文楽座社長大谷竹次郎代理として白井信太郎取締役が竹本綱大夫に次期櫓下就任を要請、竹本綱大夫もこの就任要請を受諾
〔典拠〕「新関西」（07・05）、「毎日新聞（大阪）」（07・05）

34・07・04　三和会

日本橋　三越劇場　東京　①　［BCD］
重要無形文化財　桐竹紋之助改め四代目豊松清十郎襲名披露
文楽人形浄瑠璃芝居　文楽三和会第二十回東京公演
昭和三十四年七月四日初日　十五日まで　毎日十二時半開演　一回興行
第一回　七月四日より九日まで

日高川入相花王

日高川の段

清姫　豊竹小松大夫
船頭　豊竹松島大夫

清姫　桐竹紋十郎
船頭　吉田作十郎

野澤市治郎
豊澤仙二郎
竹澤団作
豊澤猿二郎

夏祭浪花鑑

三婦内の段
中　豊竹若子大夫　野澤勝平
切　豊竹つばめ大夫　野澤喜左衛門

長町裏の段
儀平次　竹本源大夫
団七　豊竹古住大夫
野澤市治郎

おつぎ　吉田国秀
磯之丞　桐竹紋寿
琴浦　桐竹勘之助
釣舟の三婦　吉田辰五郎
お辰　豊松清十郎
こつぱの権　吉田作十郎
なまこの八　桐竹紋弥
儀平次　桐竹勘十郎
一寸徳兵衛　吉田淳造
団七九郎兵衛　桐竹紋十郎
駕屋、人足　大ぜい

襲名披露口上

鎌倉三代記

三浦之助別の段
切　豊竹若大夫　野澤勝太郎

三浦之助　豊松清十郎
時姫　桐竹紋二郎
母親　吉田国秀
讃岐の局　吉田常次
阿波の局　吉田淳造
富田六郎　吉田作十郎
女房おくる　桐竹紋寿
安達藤三 実は 佐々木四郎高綱　吉田辰五郎

本朝廿四孝

十種香の段
切　竹本源大夫　鶴澤叶太郎

武田勝頼　桐竹勘十郎
腰元濡衣　桐竹紋十郎
八重垣姫　豊松清十郎
上杉謙信　吉田辰五郎
白須賀六郎　桐竹紋弥
原小文治　桐竹勘之助

奥庭狐火の段
豊竹古住大夫
鶴澤燕三
琴　野澤勝平

八重垣姫　豊松清十郎
狐八重垣姫　豊松清十郎
白狐　桐竹紋二郎
白狐　桐竹紋寿
白狐　桐竹紋弥

＊　＊　＊

はやし　芳村喜代次
人形細工師　藤本由良亀
舞台製作　長谷川音次郎
舞台装置　米田矩

舞台装置　鈴木幸次郎
小道具　山森定次郎
床山　背戸百太郎

入場券　A席三百五十円　B席二百五十円　学割（B席）百五十円

○桐竹紋之助改め　四代豊松清十郎
◇「奥庭狐火の段」左　桐竹紋十郎（「朝日新聞（東京）」07・09）
◇八月十八日　夏祭浪花鑑　三婦内の段　長町裏の段　ラジオ放送　NHK第二　午後九時（「朝日新聞（大阪）」、「毎日新聞（大阪）」、「読売新聞（大阪）」08・18）

日本橋　三越劇場　東京　②　［BCD］

第二回　七月十日より十五日まで

絵本太功記

夕顔棚の段

豊竹古住大夫
豊竹小松大夫
豊竹若子大夫
豊竹松島大夫
野澤勝平

役	人形
武智重次郎	豊松清十郎
初菊	桐竹紋二郎
妻操	桐竹紋十郎
母さつき	吉田国秀
旅僧 実は 真柴久吉	吉田作十郎
武智光秀	吉田辰五郎
加藤正清	桐竹紋寿
講中、軍兵	大ぜい

尼ヶ崎の段

前　豊竹古住大夫　野澤市治郎
切　豊竹つばめ大夫　野澤喜左衛門

壺坂観音霊験記

沢市内より御寺まで

切　豊竹若大夫　野澤勝太郎
ツレ　豊澤仙二郎

役	人形
女房お里	桐竹紋十郎
沢市	桐竹勘十郎
観世音	桐竹紋次

襲名披露口上

本朝廿四孝

配役は第一回と同じ
但し　奥庭狐火の段　豊竹小松大夫

◎七月四日から十五日　学生の文楽教室　［BC］

第十回学生の文楽教室
昭和三十四年七月四日より十五日　日本橋三越劇場
主催　読売新聞社

人形浄瑠璃芝居の話　中西敬二郎
　豊澤猿二郎
人形解説　文楽三和会人形部

絵《え》本《ほん》太《たい》功《こう》記《き》

尼ヶ崎の段

※1後　豊竹古住大夫　野澤勝平

奇数日	人形
十次郎	桐竹紋弥
初菊	桐竹紋寿
みさを	豊松清十郎
さつき	吉田淳造
真柴久吉	桐竹小紋
武智光秀	吉田辰五郎

偶数日	人形
十次郎	吉田作十郎
初菊	桐竹勘之助
みさを	桐竹紋二郎
さつき	吉田常次
真柴久吉	桐竹小紋
武智光秀	桐竹勘十郎

※1　B朱筆で前　豊竹小松大夫　豊澤仙二郎抹消

34・07・16　三和会　足利市興国化学講堂　栃木　［CD］

大阪三和会　文楽人形浄瑠璃芝居　足利公演　七月十六日
共催　足利ユネスコ協会　足利労政協会
後援　足利教育委員会　足利ロータリークラブ　足利青年会議所　足利桐紋会

第一部（昼の部）一時

御所桜堀川夜討
弁慶上使

豊竹松島大夫
豊澤仙二郎
豊竹古住大夫
鶴澤燕三

卿の君　桐竹紋弥
侍従太郎　吉田作十郎
花の井　吉田国秀
しのぶ　桐竹勘之助
母おわさ　豊松清十郎
弁慶　桐竹勘十郎

恋飛脚大和往来
新ノ口村

豊竹つばめ大夫
三味線　野澤喜左衛門

忠兵衛　桐竹紋二郎
梅川　桐竹紋十郎
忠三女房　桐竹紋弥
水右衛門　桐竹紋次
伝ヶ婆　吉田菊一
置頭巾　桐竹紋七
藤次兵衛　桐竹紋之丞
針立道庵　桐竹紋市
孫右衛門　吉田辰五郎
捕手小頭　桐竹小紋
八右衛門　桐竹勘之助
捕手　大ぜい

新曲　紅葉狩

豊竹古住大夫
豊竹小松大夫
豊竹若子大夫
豊竹松島大夫
野澤勝太郎
野澤市治郎
竹澤団作
豊澤猿二郎
琴　野澤勝平

平惟盛　桐竹勘十郎
更科姫　桐竹紋十郎
腰元桔梗　桐竹小紋
腰元楓　桐竹勘之助
山神　桐竹紋二郎

第二部（夜の部）五時半

傾城阿波の鳴戸
順礼歌

竹本源大夫
鶴澤叶太郎

お弓　豊松清十郎
おつる　桐竹勘之助

生写朝顔話
宿屋から大井川まで

豊竹若大夫
野澤勝太郎
琴　野澤勝平

次郎左衛門　吉田辰五郎
徳右衛門　吉田国秀
岩代　吉田作十郎
下女　桐竹小紋
朝顔　桐竹紋十郎
供人、近習、川越人足　大ぜい

鳴響安宅新関
勧進帳

弁慶　豊竹つばめ大夫
富樫　豊竹古住大夫
義経　豊竹若子大夫
番卒　豊竹松島大夫
四天王　豊竹小松大夫
野澤市治郎
野澤勝平
豊澤仙二郎
竹澤団作
鶴澤燕三

富樫　桐竹勘十郎
義経　桐竹紋二郎
伊勢　桐竹小紋
駿河　桐竹紋七
片岡　吉田菊一
常陸坊　吉田国秀
弁慶　桐竹紋十郎
番卒　大ぜい

学生の文楽教室　十時

人形芝居について　中西敬二郎
人形の解説　桐竹紋十郎

義経千本桜
道行初音の旅路
豊竹小松大夫
豊竹松島大夫
豊竹若子大夫
野澤市治郎
野澤勝平
竹澤団作
豊澤猿二郎

静御前　豊松清十郎
忠信　桐竹勘十郎

伽羅先代萩
御殿の段
豊竹古住大夫
鶴澤燕三

鶴喜代君　桐竹勘之助
千松　桐竹紋弥
政岡　桐竹紋十郎
栄御前　吉田作十郎
八汐　吉田辰五郎
沖の井　吉田国秀

34・07・17　三和会

○東京都付近巡業（『文楽因会三和会興行記録』）

東京都近郊巡業　［BC］

重要無形文化財文楽三和会

文楽人形浄瑠璃芝居

昼の部

寿二人三番叟

豊竹松島大夫
豊竹小松大夫
鶴澤燕三
豊澤仙二郎
竹澤団作
野澤勝平

三番叟　桐竹勘十郎
三番叟　桐竹紋二郎

伽羅先代萩

御殿の段

前　竹本源大夫
　　鶴澤叶太郎
後　豊竹古住大夫
　　野澤市治郎

鶴喜代君　桐竹勘之助
千松　桐竹紋寿
乳母政岡　桐竹紋十郎
八汐　吉田辰五郎
沖ノ井　吉田国秀
栄御前　桐竹勘十郎
腰元　大ぜい

恋飛脚大和往来

新口村の段

豊竹つばめ大夫
野澤喜左衛門

亀屋忠兵衛　吉田作十郎
梅川　豊松清十郎（紋之助改め）
忠三の女房　桐竹紋弥
樋口の水右衛門　吉田淳造
伝ヶ婆　吉田常次
弦掛の藤次兵衛　桐竹紋次
置頭巾　桐竹紋七
針立の道庵　吉田国秀

親孫右衛門　吉田辰五郎
八右衛門　吉田菊一
捕手の小頭　桐竹小紋
捕手　大ぜい

紋十郎好ミ十二月ノ内
道成寺

豊竹小松大夫
豊竹古住大夫
野澤勝太郎
野澤勝平
豊澤仙二郎
豊澤猿二郎

白拍子花子　桐竹紋十郎
所化　吉田作十郎
所化　桐竹紋二郎

夜の部

新曲
釣女

太郎　豊竹古住大夫
大名　豊竹松島大夫
美女　豊竹若子大夫
醜女　豊竹小松大夫
鶴澤燕三
野澤勝平
豊澤仙二郎
竹澤団作

大名　吉田作十郎
太郎冠者　桐竹勘十郎
美女　桐竹紋寿
醜女　桐竹紋二郎

小春
治兵衛
天網島時雨炬燵
紙治内の段

豊竹つばめ大夫
野澤喜左衛門

治兵衛　桐竹紋十郎
おさん　桐竹勘十郎
丁稚三五郎　桐竹紋弥
舅五左衛門　吉田国秀
小春　紋之助改め 豊松清十郎

壇浦兜軍記
※1 **阿古屋琴責の段**

竹本源大夫
豊竹古住大夫
豊竹松島大夫
豊竹小松大夫
鶴澤叶太郎
野澤市治郎
野澤勝平

勘太郎　桐竹紋七
お末　桐竹勘之助
太兵衛　吉田淳造
善六　吉田常次
秩父庄司重忠　吉田辰五郎
岩永左衛門　吉田作十郎
榛沢六郎　桐竹勘之助
遊君阿古屋　桐竹紋十郎
水奴　桐竹紋七
水奴　吉田菊一

景事
二人禿

豊竹小松大夫
豊竹若子大夫
野澤勝太郎
豊澤仙二郎
竹澤団作

禿　紋之助改め 豊松清十郎
禿　桐竹紋二郎

※1　Cは順に阿古屋　重忠　岩永　榛沢とする

◎七月十七日　東京都大田区民会館　［CD］
文楽三和会後援会　大田区区民劇場
中高生向け
壇浦兜軍記　阿古屋琴責の段　二人禿

◎七月十八日　埼玉県春日部市立粕壁小学校　［BC］

昭和三十四年七月十八日　昼の部午後一時　夜の部午後五時　春日部市体育館兼講堂
主催　春日部市小・中学校プール建設期成会（事業部）
後援　春日部市役所　春日部市教育委員会　春日部市連合婦人会

○七月十九日・二十日　東京都足立区公会堂

〔典拠〕巡業日程表、『文楽因会三和会興行記録』

◎七月二十一日　東京都千代田区砂防会館　［CD］

昭和三十四年七月二十一日　十二時三十分　五時三十分開演　砂防会館ホール
主催　社団法人家庭生活研究会　後援　読売新聞社
演目は巡業プログラムの通り
他に　竹本三和大夫　竹本常子大夫　豊竹貴代大夫　竹本真砂大夫　鶴澤友若
桐竹紋四郎　桐竹紋之丞　桐竹紋市　桐竹紋若

五百円（入場税非課税）

○七月二十二日　東京都豊島区公会堂

〔典拠〕巡業日程表、『文楽因会三和会興行記録』

◎七月二十三日　東京都板橋区民会館　［CD］

一時　九百二十二名入場　六時　八百八十一名
演目は巡業プログラムの通り

○七月二十四日　東京都葛飾区公会堂
○七月二十五日　東京都練馬区公民館

〔典拠〕巡業日程表、『文楽因会三和会興行記録』

◎七月二十六日　東京都世田谷区民会館ホール　［CD］

夜の部　五時開場
演目は巡業プログラム夜の部の通り
他に　竹本三和大夫　竹本常子大夫　豊竹貴代大夫　竹本真砂大夫　鶴澤友若
桐竹紋四郎　桐竹紋之丞　桐竹紋市　桐竹紋若

※昼の部午後一時カ（「東京新聞」07・26）

○七月二十七日・二十八日　東京都荒川区民会館

〔典拠〕巡業日程表、『文楽因会三和会興行記録』

◎七月二十九日　東京都千代田区九段ホール　［CD］

七月二十九日　午後一時半　五時半開演　九段ホール
主催　ニコライ会館建設協賛会
演目は巡業プログラムの通り
他に　竹本三和大夫　竹本常子大夫　豊竹貴代大夫　竹本真砂大夫　鶴澤友若
桐竹紋四郎　桐竹紋之丞　桐竹紋市　桐竹紋若

A席三百円　B席二百円

◎七月三十日　宇都宮市栃木会館ホール　昼の部午前十一時　夜の部午後四時半開演
下野新聞社主催　栃木県・栃木市教育委員会　栃木県演劇文化協議会・下野会後援

演目は巡業プログラムの通り

入場料　特等前売三百五十円　当日五百円　一等前売二百五十円　当日四百円
二等前売百五十円　当日二百五十円

〔典拠〕「下野新聞」（07・31）、広告（07・28）

・・・・・・・・・・・・・・・・・・・・

◎七月十日から十二日　因会　上方歌舞伎の復活七人の会第二回公演　大阪毎日ホール　第二部午後五時
文楽座大夫三味線特別出演
第二部
竹本綱大夫　竹澤弥七　改曲
春興へのへのもへ

竹本綱大夫　竹澤弥七
竹本南部大夫　竹澤団六
竹本織の大夫　竹澤団二郎

〔典拠〕歌舞伎筋書

◎七月十九日・二十日　因会　人形浄瑠璃女義太夫合同公演　道頓堀文楽座
正午開演
女義太夫に人形が参加

絵本太功記
尼ヶ崎の段
武智光秀　吉田玉助
妻操　吉田栄三
武智重次郎　吉田玉五郎
嫁初菊　吉田文昇
真柴久吉　吉田玉市
母さつき　吉田兵次
軍兵　大ぜい

天網島時雨炬燵
紙屋内の段
紙屋治兵衛　吉田玉男
女房おさん　桐竹亀松
舅五左衛門　吉田玉助
紀の国屋小春　吉田玉五郎
丁稚三五郎　吉田玉昇
娘おすゑ　桐竹一暢
倅勘太郎　吉田玉丸
江戸屋太兵衛　吉田文雀
五貫屋善六　吉田玉幸

傾城阿波の鳴戸
順礼歌の段
女房お弓　吉田栄三
娘おつる　吉田小玉

本朝廿四孝
十種香の段
奥庭狐火の段
娘八重垣姫 白狐　桐竹亀松
武田勝頼　吉田玉男
腰元濡衣　吉田文雀
長尾謙信　吉田玉市
白須賀六郎　吉田文昇
原小文次　吉田玉幸
白狐　大ぜい

入場料　一等席三百六十円　二等席二百四十円

〔典拠〕プログラム

◎七月
株式会社文楽座は因会の体制刷新のため竹本和佐大夫、竹本相次大夫、鶴澤清八、豊澤豊助、野澤喜八郎、豊澤新三郎、吉田淳造等を整理の意向
五月の本興行で大幅な赤字を出したことから、九月因会三和会合同公演の中止、十一月公演の短縮を発表

〔典拠〕「大阪日日新聞」（07・11）、「産経新聞（大阪）」（07・28）

34・08・02　因会・三和会

四条　南座　京都　①　［ＢＣＤ］

重要無形文化財　文楽座人形浄瑠璃　因会三和会合同公演
芸術院会員吉田文五郎事吉田難波掾　他全員総出演
二日初日　九日まで　四条南座
京都文楽会第十六回公演

後援　京都府　京都市　京都新聞社　京都観光連盟　京都商工会議所

お目見得狂言　二日より五日まで

昼の部　十一時半開演

近松門左衛門原作　西亭脚色並作曲　大塚克三装置

鑓の権三重帷子

浜の宮番場の段
竹本相生大夫
野澤松之輔

市之進留守宅の段
豊竹つばめ大夫
三味線　野澤喜左衛門

数寄屋の段
竹本津大夫
三味線　鶴澤寛治

京橋女敵討の段
女房おさい　竹本南部大夫
権三　竹本織の大夫
市之進　豊竹古住大夫
奴甚内　竹本伊達路大夫
踊り子　豊竹小松大夫
踊り子　竹本綱子大夫
踊り子　竹本津の子大夫
野澤吉三郎
鶴澤徳太郎
野澤錦糸
鶴澤藤二郎
鶴澤清治

笹野権三　吉田玉男
おさい　吉田栄三
岩木忠太兵衛　吉田辰五郎
娘お雪　吉田文雀
お雪の乳母　吉田玉五郎
川側伴之丞　吉田玉市
奴角助　吉田玉幸
仲間浪介　吉田作十郎
浅香市之進　桐竹勘十郎
娘お菊　吉田文昇
倅虎次郎　吉田小玉
奴甚内　吉田玉昇
下女まん　桐竹紋二郎
下女お杉　桐竹紋弥
踊り子　吉田文雀
踊り子　吉田文昇
踊り子　大ぜい

摂州合邦辻

合邦住家の段
前　竹本綱大夫
　　竹澤弥七
後　豊竹若大夫
　　野澤勝太郎

親合邦　吉田玉助
合邦女房　吉田国秀
玉手御前　桐竹紋十郎
奴入平　吉田作十郎
浅香姫　桐竹紋之助
俊徳丸　桐竹紋二郎

お駒才三　恋娘昔八丈

白木屋の段
豊竹松大夫
野澤松之輔

鈴ヶ森の段
竹本土佐大夫
鶴澤藤蔵

白木屋の段
番頭丈八　吉田玉助
丁稚長吉　吉田玉之助
娘お駒（前）　文五郎事　吉田難波掾
娘お駒（後）　桐竹亀松
下女およし　桐竹勘之助
髪結才三実は尾花才三郎　吉田玉五郎
親庄兵衛　吉田辰五郎
佃屋喜蔵　桐竹勘十郎

鈴ヶ森の段
親庄兵衛　吉田辰五郎
庄兵衛女房　吉田国秀
娘お駒　桐竹亀松
代官堤弥藤次　吉田小玉
番頭丈八　吉田玉助
尾花才三郎　吉田玉五郎
番太　吉田玉之助
番太　吉田玉幸
見物人　大ぜい

夜の部　五時開演

昭和三十四年（一九五九）

日本国際連合協会選定
矢野寿男作　巌谷慎一脚色
西亭作曲　松田種次装置

白いお地蔵さん　三場

前　竹本津大夫
　三味線　鶴澤寛治
後　豊竹つばめ大夫
　三味線　野澤喜左衛門
　ツレ　野澤勝平

中森田平	吉田玉市
中森武平	吉田辰五郎
武平妻とよ	桐竹紋之助
息子勝夫	吉田文雀
田平孫健太	桐竹紋二郎
村長さん	吉田玉昇
駐在さん	吉田国秀
村人	吉田作十郎
村人	桐竹紋弥

絵本太功記

尼ヶ崎の段

光秀　豊竹若大夫
妻操　竹本土佐大夫
重次郎　豊竹松大夫
初菊　竹本南部大夫
久吉　豊竹つばめ大夫
さつき　竹本相生大夫
前　野澤松之輔
後　野澤勝太郎

武智光秀	吉田玉助
妻操	桐竹紋十郎
武智重次郎	桐竹勘十郎
嫁初菊	吉田文雀
旅僧実は真柴久吉	吉田玉男
母さつき	吉田国秀
加藤正清	吉田玉幸
軍兵	大ぜい

小春治兵衛　心中天網島

北新地河庄の段

切　竹本綱大夫
　竹澤弥七

河庄の段

紙屋治兵衛	吉田栄三
紀の国屋小春（前）	吉田難波掾（文五郎事）
紀の国屋小春（後）	吉田玉五郎
兄孫右衛門	吉田玉市

紙屋内の段

前　竹本土佐大夫
　鶴澤藤蔵
後　豊竹松大夫
　野澤吉三郎

河庄亭主	吉田兵次
江戸屋太兵衛	吉田玉昇
五貫屋善六	桐竹紋弥
見物人	大ぜい

紙屋内の段

紙屋治兵衛	吉田栄三
女房おさん	桐竹亀松
紀の国屋小春	吉田玉五郎
舅五左衛門	吉田玉男
丁稚三五郎	吉田文昇
江戸屋太兵衛	吉田玉昇
五貫屋善六	桐竹紋弥
娘おすゑ	桐竹一暢
倅勘太郎	吉田玉丸

京鹿子娘道成寺

竹本南部大夫
豊竹古住大夫
竹本織の大夫
豊竹弘大夫
豊竹小松大夫
竹本相子大夫
野澤勝太郎
鶴澤燕三
野澤市治郎
竹澤団六
野澤勝平
竹澤団二郎
鶴澤叶太郎

白拍子花子	桐竹紋十郎
所化	桐竹紋之助
所化	桐竹紋二郎
所化	吉田文雀
所化	吉田文昇

御観劇料　一等席五百円　二等席三百円　三等席百五十円
学生券A席三百円　B席百五十円　一幕見（一等席）百三十円

◇八月十一日　絵本太功記　尼ヶ崎の段　ラジオ放送　NHK第二　午後九時（「朝日新聞（大阪）」、「毎日新聞（大阪）」、「読売新聞（大阪）」08・11）

四条　南座　京都　②　[BCD]

お名残り狂言　六日より九日まで

昼の部　十一時半開演

伊賀越道中双六

沼津里の段

竹本津大夫
役毎日替 三味線　鶴澤寛治
ツレ　野澤錦糸
豊竹つばめ大夫
三味線　野澤喜左衛門
ツレ　鶴澤燕三

平作内の段

豊竹つばめ大夫
役毎日替 三味線　野澤喜左衛門
竹本津大夫
三味線　鶴澤寛治

千本松原平作腹切の段

竹本相生大夫
野澤松之輔
胡弓　鶴澤清治

沼津里の段より千本松原の段

呉服屋重兵衛　吉田栄三
親平作　吉田玉助
娘およね（前・後）　文五郎事吉田玉五郎
娘およね（中）　吉田難波掾
荷持安兵衛　吉田玉昇
池添孫八　桐竹勘十郎

壺坂観音霊験記

沢市内より壺坂寺まで

女房お里　竹本土佐大夫
座頭沢市　豊竹松大夫
観世音　竹本織の大夫
鶴澤藤蔵
鶴澤徳太郎
ツレ　鶴澤藤二郎

沢市内の段より壺坂寺の段

座頭沢市　吉田栄三
女房お里　桐竹亀松
観世音　吉田玉幸

一谷嫩軍記

熊谷陣屋の段

前　竹本綱大夫
竹澤弥七
後　豊竹若大夫
野澤勝太郎

熊谷陣屋の段

熊谷直実　吉田玉助
妻相模　桐竹紋十郎
藤の方　吉田玉五郎
堤軍次　吉田文昇
源義経　吉田玉男
弥陀六実は弥平兵衛宗清　吉田玉市
梶原景高　吉田作十郎

鏡獅子

藤間紋寿郎振付

小姓弥生後に獅子の精　竹本南部大夫
胡蝶　豊竹古住大夫
胡蝶　竹本織の大夫
ツレ　豊竹小松大夫
竹本綱子大夫
竹本相子大夫
野澤勝太郎
野澤錦糸
鶴澤燕三
野澤市治郎
竹澤団六
野澤勝平

小姓弥生後に獅子の精　桐竹紋十郎
胡蝶　桐竹紋之助
胡蝶　桐竹紋二郎

竹澤団二郎
鶴澤叶太郎

夜の部　五時開演

菅原伝授手習鑑

車曳の段

松王丸　豊竹古住大夫
梅王丸　竹本織の大夫
桜丸　豊竹弘大夫
杉王丸　豊竹小松大夫
時平　竹本伊達路大夫
鶴澤叶太郎

寺子屋の段

松王丸　豊竹若大夫
千代　豊竹松大夫
玄蕃　豊竹古住大夫
小太郎　竹本綱子大夫
百姓　竹本伊達路大夫
下男捕手　竹本相子大夫
菅秀才　竹本津の子大夫
手習子　豊竹小松大夫
御台所　豊竹弘大夫
戸浪　竹本南部大夫
源蔵　竹本津大夫
野澤勝太郎

双蝶々曲輪日記

引窓の段

竹本綱大夫
竹澤弥七

車曳の段

松王丸　吉田辰五郎
梅王丸　桐竹勘十郎
桜丸　桐竹紋二郎
藤原時平　吉田玉男
杉王丸　吉田文昇
仕丁　大ぜい

寺子屋の段

舎人松王丸　吉田玉助
女房千代（前）　桐竹亀松
女房千代（後）　吉田難波掾（文五郎事）
武部源蔵　桐竹紋十郎
女房戸浪　桐竹紋之助
春藤玄蕃　吉田作十郎
下男三助　吉田小玉
一子小太郎　桐竹一暢
菅秀才　桐竹勘之助
御台所　吉田文雀
涎くり　吉田玉幸
手習子、百姓、捕手　大ぜい

引窓の段

南方十次兵衛　桐竹亀松
女房お早　吉田玉五郎
濡髪長五郎　桐竹勘十郎
長五郎の母　吉田国秀
三原伝蔵　吉田玉昇
平岡丹平　桐竹紋二郎

近松門左衛門原作　鷲谷樗風脚色
西亭作曲　大塚克三装置

与兵衛 おかめ ひぢりめん卯月紅葉

天王寺神子寄せの段

竹本津大夫
三味線　鶴澤寛治

笠屋長兵衛内の段

竹本土佐大夫
鶴澤藤蔵

心中梅田堤の段

おかめ　竹本南部大夫
与兵衛　竹本織の大夫
野澤吉三郎
鶴澤燕三
野澤市治郎
竹澤団六
野澤勝平

平群谷庵室の段

豊竹つばめ大夫
三味線　野澤喜左衛門
ツレ　野澤勝平

天王寺神子寄せの段より平群谷庵室の段まで

与兵衛妻お亀　吉田栄三
笠屋下女ふり　吉田玉昇
神子つじ　吉田文雀
笠屋与兵衛 後に 助給法師　吉田玉男
笠屋長兵衛　吉田玉市
その妾お今　桐竹勘十郎
笠屋手代源吉　吉田国秀
笠屋手代吾七　桐竹紋弥
お亀叔母おせん　吉田辰五郎
お今の弟伝三郎　桐竹紋二郎
夜廻り　桐竹勘之助
お亀の亡霊　吉田栄三
籠かき留吉　吉田小玉
籠かき達蔵　吉田玉幸
町の人　吉田玉米
町の人　桐竹小紋
町の人　桐竹一暢
百姓　大ぜい

34・08・18　**三和会　朝日会館　大阪　［BCD］**

大阪労演八月例会　二つの人形劇※1
重要無形文化財文楽三和会公演　文楽人形浄瑠璃
八月十八日より二十四日　六時十五分
二十二・二十三日　マチネー　一時四十五分　朝日会館

文楽の歴史及人形解説

瓜子姫とあまんじゃく

豊竹つばめ大夫
野澤喜左衛門
野澤市治郎
野澤勝平

瓜子姫　豊松清十郎
じっさ　吉田辰五郎
ばっさ　吉田国秀
杣の権六　吉田作十郎
山父　桐竹勘十郎
あまんじゃく　桐竹紋十郎

お俊伝兵衛　近頃河原達引

堀川猿廻しの段

前　竹本源大夫
　　鶴澤叶太郎
ツレ　豊澤仙二郎
切　豊竹若大夫
　　野澤勝太郎
※2ツレ　野澤勝平

弟子おつる　桐竹勘之助
与次郎母　吉田国秀
兄与次郎　桐竹勘十郎
お俊　桐竹紋二郎
井筒屋伝兵衛　桐竹紋弥

紋十郎好み十二月ノ内　京鹿子娘道成寺

鐘供養の段

シテ　豊竹古住大夫
ワキ　豊竹小松大夫
ツレ　豊竹松島大夫
　　鶴澤燕三
　　豊澤仙二郎
　　竹澤団作
　　豊澤猿二郎
　　野澤市治郎

白拍子花子　桐竹紋十郎
所化　吉田作十郎
所化　桐竹紋二郎
所化　桐竹紋寿
所化　桐竹勘之助

※1　前の週には人形劇団プークの公演が行われた　※2　Cにあり

◇八月二十日　因会　大阪梅扇会「ゆかた会」　東京松坂屋ホール　午前十時三十分開演
人形振り「お蝶夫人」「河太郎」に吉田文雀　吉田文昇　吉田玉昇が出演
〔典拠〕プログラム

◎九月一日から二十五日　因会　五世中村歌右衛門廿年祭　九月大歌舞伎　東京歌舞伎座
文楽座大夫三味線特別出演
夜の部
　義経千本桜
　　吉野山

豊竹松大夫
竹本南部大夫
竹本静大夫
豊竹弘大夫

鶴澤清六
野澤吉三郎
鶴澤徳太郎
豊澤新三郎
鶴澤清好

〔典拠〕歌舞伎筋書

34・09・02　因会・三和会　道頓堀　文楽座　大阪　［BCD］

文楽嫩会第六回例会　秋季大発表会
九月二日から六日まで　午後一時開演　道頓堀文楽座
主催　文楽嫩会　後援　株式会社文楽座　財団法人人形浄瑠璃因協会

通し狂言
生写朝顔話《しょううつしあさがおばなし》

宇治川蛍狩の段

一日替り（豊竹小松大夫／竹本相子大夫）
竹澤弥七

二・四・六日
宮城阿曽次郎	桐竹一暢
娘深雪	吉田文雀
乳母浅香	桐竹勘之助
僧月心	吉田文昇
奴鹿内	吉田栄弘
浪人	桐竹小紋
浪人	吉田栄之助

三・五日
宮城阿曽次郎	吉田玉昇
娘深雪	桐竹勘之助
乳母浅香	桐竹一暢
僧月心	吉田文雀
奴鹿内	吉田栄弘
浪人	桐竹小紋
浪人	吉田栄之助

真葛ヶ原の段

竹本伊達路大夫
鶴澤藤二郎

二・四・六日
萩野祐仙	吉田玉昇
立花桂庵	吉田文昇
茶店のおよし	桐竹勘之助

三・五日
萩野祐仙	桐竹紋二郎
立花桂庵	吉田小玉
茶店のおよし	桐竹一暢

秋月弓之助閑居の段

口　竹本津の子大夫
　　竹澤団六
奥　豊竹十九大夫
　　竹澤団二郎

二・四・六日
娘深雪	吉田文雀
乳母浅香	桐竹勘之助
秋月弓之助	吉田小玉
妻みさを	桐竹小紋
萩野祐仙	吉田玉昇
立花桂庵	吉田文昇
下女りん	吉田栄之助
奴関助	吉田栄弘
瓜生勇蔵	桐竹紋二郎
宮城阿曽次郎	桐竹一暢

三・五日
娘深雪	桐竹勘之助
乳母浅香	桐竹一暢
秋月弓之助	吉田文雀
妻みさを	桐竹小紋
萩野祐仙	桐竹紋二郎
立花桂庵	吉田小玉
下女りん	吉田栄之助
奴関助	吉田栄弘
瓜生勇蔵	吉田玉昇
宮城阿曽次郎	吉田文昇

明石舟別れの段

宮城阿曽次郎（竹本綱子大夫／豊竹若子大夫）
娘深雪（豊竹若子大夫／竹本綱子大夫）
野澤勝太郎
琴　竹澤団二郎

二・四・六日
宮城阿曽次郎	桐竹一暢
船頭	吉田玉丸
娘深雪	吉田文雀

三・五日
宮城阿曽次郎	吉田玉昇
船頭	吉田玉丸
娘深雪	桐竹勘之助

浜松小屋の段

口　竹本伊達路大夫
　　野澤勝平

二・四・六日
立花桂庵	吉田文昇
戎屋徳右衛門	吉田文雀

奥
娘深雪　豊竹小松大夫
乳母浅香　竹本相子大夫
輪抜吉兵衛　竹本伊達路大夫
里の子　豊竹松香大夫
　竹澤団六

島田駅笑薬の段
口　竹本津弥大夫
　鶴澤藤二郎
奥　豊竹古住大夫
　野澤勝平

朝顔　桐竹紋二郎
輪抜吉兵衛　吉田玉昇
乳母浅香　吉田小玉
里の子　吉田栄弘
里の子　桐竹紋次
里の子　桐竹亀若
里の子　桐竹勘太郎
三・五日
立花桂庵　吉田小玉
戎屋徳右衛門　吉田文（マ）昇
朝顔　吉田文雀
輪抜吉兵衛　桐竹紋二郎
乳母浅香　吉田文（マ）昇
里の子　吉田栄弘
里の子　桐竹紋次
里の子　桐竹亀若
里の子　桐竹勘太郎

二・四・六日
手代松兵衛　桐竹勘之助
下女おなべ　吉田玉丸
下女お杉　桐竹紋次
萩野祐仙　吉田玉昇
岩代多喜太　吉田小玉
駒沢次郎左衛門　吉田文昇
戎屋徳右衛門　吉田文雀
三・五日
手代松兵衛　桐竹勘之助
下女おなべ　吉田玉丸
下女お杉　桐竹紋次
萩野祐仙　桐竹紋二郎
岩代多喜太　吉田小玉
駒沢次郎左衛門　吉田玉昇
戎屋徳右衛門　吉田文昇

宿屋奥座敷の段
竹本織の大夫
鶴澤藤蔵
琴　竹澤団六

二・四・六日
駒沢次郎左衛門　吉田文昇
戎屋徳右衛門　吉田文雀
下女おなべ　吉田玉丸
岩代多喜太　吉田小玉
朝顔　桐竹紋二郎
笆久造　桐竹小紋
三・五日
駒沢次郎左衛門　吉田玉昇
戎屋徳右衛門　吉田文昇
下女おなべ　吉田玉丸
岩代多喜太　吉田小玉
朝顔　吉田文雀
笆久造　桐竹小紋

大井川の段
竹本津の子大夫
三味線　鶴澤寛治

二・四・六日
朝顔　桐竹紋二郎
奴関助　桐竹一暢
戎屋徳右衛門　吉田文雀
萩野祐仙　吉田玉昇
川越　大ぜい
三・五日
朝顔　吉田文雀
奴関助　桐竹一暢
戎屋徳右衛門　吉田文昇
萩野祐仙　桐竹紋二郎
川越　大ぜい

全館指定席　二百円均一

◇五日間とも立見が出る盛況（『織大夫夜話』、『頭巾かぶって五十年』）
◇九月五日　生写朝顔話　テレビ放送　読売　午後一時十五分（「朝日新聞（大阪）」、「毎日新聞（大阪）」、「読売新聞（大阪）」09・05）

◇九月五日　生写朝顔話　明石舟別れの段　浜松小屋の段　テレビ放送　朝日　午後八時（「朝日新聞（大阪）」、「毎日新聞（大阪）」、「読売新聞（大阪）」09・05）
◇九月六日　生写朝顔話　テレビ放送　関西　午後四時十分（「朝日新聞（大阪）」、「毎日新聞（大阪）」、「読売新聞（大阪）」09・06）
◇九月二十二日　生写朝顔話　宇治川蛍狩の段　真葛ヶ原の段　ラジオ放送　NHK第二　午後九時（「朝日新聞（大阪）」、「毎日新聞（大阪）」、「読売新聞（大阪）」09・22）

34・09・08　因会・三和会

○北海道巡業（『文楽因会三和会興行記録』）

北海道巡業［BC］

重要無形文化財国家指定記念　文楽人形浄瑠璃
文楽因会三和会合同公演
御目見得狂言

昼の部

摂州合邦辻

合邦内の段

中　豊竹古住大夫　野澤市治郎
前　豊竹つばめ大夫　野澤喜左衛門
後　竹本津大夫　竹澤団六

合邦　吉田玉助
玉手御前　吉田玉五郎
奴入平　吉田玉男
俊徳丸　桐竹紋二郎
浅香姫　吉田文雀
藪際の女房　吉田玉米
講中　吉田玉之助
講中　吉田玉丸
合邦女房　吉田国秀

梅川忠兵衛　恋飛脚大和往来

新口村の段

梅川　竹本土佐大夫
孫右衛門　竹本津大夫
忠兵衛　豊竹つばめ大夫
忠三女房 道場参り 捕手　竹本織の大夫
鶴澤藤蔵

亀屋忠兵衛　吉田玉男
梅川　豊松清十郎（紋之助改め）
忠三の女房　吉田玉昇
親孫右衛門　吉田玉助
伝ヶ婆　吉田玉米
置頭巾　桐竹勘之助
弦掛の藤次兵衛　吉田国秀
針立の道庵　吉田作十郎
樋口の水右衛門　桐竹小紋
捕手の小頭　吉田小玉
八右衛門　吉田玉之助
捕手　大ぜい

生写朝顔日記

宿屋より大井川まで

切　豊竹若大夫
野澤勝太郎
琴　野澤勝平

朝顔 実は 深雪　桐竹紋十郎
宮城阿曽次郎　吉田辰五郎
岩城多喜太　桐竹勘十郎
亭主徳右衛門　吉田玉市
下女おなべ　桐竹勘之助
奴関助　吉田玉昇
供侍、川越し　大ぜい

桐竹紋十郎十二ヶ月ノ内

京鹿子娘道成寺

豊竹古住大夫
竹本織の大夫
竹本伊達路大夫

白拍子花子　桐竹紋十郎
所化　吉田文雀
所化　吉田作十郎

豊竹小松大夫
竹本津の子大夫
野澤勝太郎
野澤市治郎
竹澤団六
野澤勝平
鶴澤藤二郎

所化　吉田小玉
所化　桐竹紋二郎

夜の部

伊達娘恋緋鹿子

八百屋お七火見櫓の段

豊竹小松大夫
ツレ　竹本津の子大夫
野澤勝平
ツレ　鶴澤藤二郎

お七　紋之助改め 豊松清十郎

菊池寛原作

恩讐の彼方に

鳥井峠茶屋の段

仲間市九郎 後に了海　豊竹古住大夫
女房お弓　竹本織の大夫
旅の男　竹本伊達路大夫
旅の女　豊竹小松大夫
野澤市治郎

仲間市九郎 後に了海　吉田玉市
女房お弓　吉田玉五郎
旅の男　桐竹紋二郎
旅の女　吉田文雀
石工宗六　吉田玉昇
宗六女房　吉田文雀
中川実之助　桐竹勘十郎
百姓　大ぜい

青の洞門の段

竹本津大夫
竹澤団六
ツレ　鶴澤藤二郎

菅原伝授手習鑑

寺子屋の段

前　豊竹つばめ大夫
野澤喜左衛門
後　豊竹若大夫
野澤勝太郎

舎人松王丸　吉田玉助
女房千代　桐竹紋十郎
武部源蔵　吉田玉男
女房戸浪　紋之助改め 豊松清十郎
春藤玄蕃　吉田作十郎
小太郎　吉田玉之助
菅秀才　吉田玉丸
御台所　吉田国秀
涎くり　吉田小玉
手習子、捕手、百姓　大ぜい

お俊伝兵衛

近頃河原達引

堀川猿廻しの段

竹本土佐大夫
鶴澤藤蔵
ツレ　野澤勝平

猿廻し与次郎　吉田辰五郎
井筒屋伝兵衛　桐竹勘十郎
娘お俊　吉田玉五郎
与次郎の母　吉田国秀
娘おつる　桐竹勘之助

◇九月八日・九日　函館公楽映画劇場　昼の部十二時　夜の部午後五時半開演

〔典拠〕「朝日新聞（道内版）」（09・03）、「北海道新聞（函館版）」広告（09・09）

◇九月十日から十二日までの間

苫小牧　王子製紙慰安会場
小樽　東宝映画劇場

〔典拠〕『松竹百年史』

◇九月十三日・十四日　旭川国民劇場　昼の部午前十一時　夜の部午後五時開演
〔典拠〕「朝日新聞（道内版）」（09・10）、「北海道新聞（旭川版）」広告（09・14）

◇九月十五日カ　滝川セントラル劇場
〔典拠〕『松竹百年史』

◇九月十六日　釧路公民館　昼の部十二時　夜の部午後六時開演
〔典拠〕「北海道新聞（釧路版）」（09・16）

◇九月十七日　帯広劇場　昼の部十二時　夜の部午後六時開演
本間興行帯広劇場経営披露　約五百名招待
演目は巡業プログラムの通り
　入場料　全席指定一般八百円
〔典拠〕「北門新報」（09・14／09・16）

◇九月十八日カ　富良野公楽映画劇場
〔典拠〕『松竹百年史』

◇九月十九日　夕張市夕張会館　昼の部午後一時　夜の部午後六時開演
北炭夕張鉱業所主催
演目は巡業プログラムの通り
〔典拠〕「北海道新聞（札幌版）」（09・17）

◇九月二十日・二十一日　札幌市東宝公楽劇場　昼の部十二時　夜の部午後六時開演
演目は巡業プログラムの通り
　入場料　階上席四百円　階下席六百円
〔典拠〕「北海道新聞（札幌版）」広告（09・18）

・・・・・・・・・・・・・・・・・・・・・・・・・

◎九月二十六日　三和会　藤間新流茂登女会三十周年公演　東京新橋演舞場
大阪・文楽三和会特別出演
夜の部「日本振袖始」八岐の大蛇の段に豊竹つばめ大夫　豊竹古住大夫　豊竹小松大夫　野澤喜左衛門　野澤勝太郎　野澤勝平が出演
〔典拠〕プログラム

◎九月二十八日　因会　素義会　大阪松坂会館　午前十一時開演
主催　有楽会
素義会に人形参加
菅原伝授手習鑑
　寺子屋の段
武部源蔵　吉田玉男
女房戸浪　吉田文昇
菅秀才　吉田玉丸
松王丸　吉田玉助
女房千代　吉田玉五郎
小太郎　吉田栄弘
春藤玄蕃　吉田玉昇
よだれくり　吉田玉之助
手習子　大ぜい
御台所　吉田玉米

取巻、百姓　大ぜい
義士銘々伝
　弥作鎌腹の段
兄弥作　吉田玉市
女房おかや　吉田文雀
萱野和助　吉田小玉
七太夫　吉田玉男
狸の角兵衛　吉田玉米
鵜山古跡松
　中将姫雪責の段

中将姫　吉田文雀
桐の谷　吉田文昇
浮舟　吉田小玉
岩根御前　吉田玉昇
大弐広次　吉田玉之助
右大臣豊成　吉田玉男
下部　大ぜい

芦屋道満大内鑑
　葛の葉子別れの段
狐葛の葉　吉田玉五郎
童子　吉田栄之助
安倍保名　吉田玉男
信田庄司　吉田玉市
庄司の妻　吉田玉助

葛の葉姫　吉田文雀
荏柄段八　吉田文昇
信楽雲蔵　桐竹一暢
落合藤次　吉田玉之助

絵本太功記
　尼ヶ崎の段
武智重次郎　吉田玉昇
嫁初菊　桐竹一暢
母さつき　吉田兵次
妻みさを　吉田玉五郎
武智光秀　吉田玉助
真柴久吉　吉田玉市
軍兵　大ぜい

〔典拠〕プログラム

◇十月三日　因会　大津市滋賀会館大ホール　昼の部十二時　夜の部五時開演

壺坂観音霊験記
　沢市内より壺坂寺まで
摂州合邦辻
　合邦住家の段
伽羅先代萩
　御殿の段
義経千本桜
　道行初音旅

十月十八日和歌山経済センターと同じ演目カ

竹本津大夫　豊竹松大夫　竹本南部大夫　竹本織の大夫　野澤吉三郎　鶴澤徳太郎　竹澤団六　吉田玉市　吉田玉五郎　吉田玉男　吉田兵次

入場料　前売特等三百円　一等二百円（階下指定席）　当日階上自由席百円

〔典拠〕「滋賀日日新聞」（09・24）

34・10・10　三和会　和歌山県田辺市立田辺第一小学校　［BC］

大阪文楽人形浄瑠璃芝居公演
十月十日　昼夜　田辺第一小学校講堂
主催　田辺市社会福祉協議会　後援　紀伊民報文化事業団

昼の部　十二時開演

三十三所花山　壺坂観音霊験記
　沢市内より壺坂寺まで
　豊竹松島大夫
　野澤市治郎
ツレ　竹澤団作

お里　豊松清十郎
沢市　吉田辰五郎
観世音　桐竹小紋

伽羅先代萩
　政岡忠義の段
切　竹本源大夫
　鶴澤叶太郎
後　豊竹古住大夫
　野澤勝太郎

鶴喜代君　桐竹勘之助
千松　桐竹紋寿
乳母政岡　桐竹紋十郎
八汐　桐竹勘十郎
沖ノ井　吉田国秀
栄御前　豊松清十郎
腰元　大ぜい

三十三間堂棟由来
　平太郎住家の段
　豊竹つばめ大夫
　野澤喜左衛門
ツレ　豊澤猿二郎
　豊澤仙二郎

お柳　桐竹紋十郎
平太郎　吉田辰五郎
母親　吉田国秀
みどり丸　桐竹紋寿
和田四郎　吉田作十郎
進野蔵人　桐竹紋七
木遣人足　大ぜい

新曲　釣女

大名
美女
醜女
太郎冠者
豊竹松島大夫
豊竹小松大夫
豊竹古住大夫
野澤勝平
豊澤仙二郎
竹澤団作
豊澤猿二郎

大名　吉田作十郎
太郎冠者　桐竹勘十郎
美女　桐竹勘之助
醜女　桐竹紋二郎

夜の部　午後六時開演

傾城阿波鳴戸
巡礼歌の段
お弓
おつる
豊竹古住大夫
豊竹小松大夫
野澤勝平

お弓　豊松清十郎
おつる　桐竹勘之助

御所桜堀川夜討
弁慶上使の段
前　豊竹松島大夫
　　豊澤仙二郎
切　竹本源大夫
　　鶴澤叶太郎

卿ノ君　桐竹紋七
侍従太郎　吉田作十郎
花ノ井　吉田国秀
おわさ　桐竹紋十郎
しのぶ　桐竹紋寿
武蔵坊弁慶　吉田辰五郎
腰元　大ぜい

近頃河原達引
おしゅん伝兵衛　堀川猿廻しの段
豊竹つばめ大夫
野澤喜左衛門
ツレ　野澤勝平

おつる　桐竹勘之助
母親　吉田国秀
兄与次郎　桐竹勘十郎
おしゅん　桐竹紋十郎
伝兵衛　桐竹紋二郎

伊達娘恋緋鹿子
八百屋お七火見櫓の段
豊竹小松大夫
野澤市治郎
豊澤仙二郎
竹澤団作
豊澤猿二郎

お七　桐竹紋二郎

○手書きのマチネーの配役をプログラムに貼付　マチネー十時　壺坂　豊竹松島大夫　野澤市治郎　ツレ　竹澤団作　沢市　吉田辰五郎　お里　桐竹紋二郎　観音　桐竹小紋

◇十月十七日　三和会　午後八時　関西テレビ
芸術祭参加ドラマ「あきのひとならば」に桐竹紋十郎が出演
〔典拠〕「朝日新聞（大阪）」、「毎日新聞（大阪）」、「読売新聞（大阪）」（10・17）

34・10・18　因会　和歌山経済センター大ホール　［BC］

大阪文楽座人形浄瑠璃特別公演　和歌山経済センター大ホール
昭和三十四年十月十八日　昼の部正午　夜の部午後五時開演
主催　和歌山新聞社　後援　県・市教育委員会　宮井新聞舗

壺坂観音霊験記
沢市内より壺坂寺の段まで
竹本織の大夫
野澤錦糸
ツレ　竹澤団二郎

沢市内の段
女房お里　吉田文昇
座頭沢市　吉田小玉
壺坂寺の段
女房お里　吉田文雀

座頭沢市　吉田玉昇
観世音　吉田玉之助

摂州合邦ヶ辻
　合邦住家の段
竹本津大夫
竹澤団六

合邦住家の段
親合邦　吉田玉助
合邦女房　吉田兵次
玉手御前　吉田栄三
俊徳丸　吉田玉昇
浅香姫　吉田文昇
奴入平　吉田玉幸

伽羅先代萩
　御殿の段
豊竹松大夫
鶴澤徳太郎

乳人政岡　桐竹亀松
鶴喜代君　吉田玉丸
一子千松　桐竹一暢
妻八汐　吉田兵次
妻沖の井　吉田小玉
栄御前　吉田文雀
腰元　大ぜい

義経千本桜
　道行初音旅
　静御前　豊竹弘大夫
　忠信　豊竹十九大夫
竹本津の子大夫
野澤錦糸
竹澤団二郎
鶴澤藤二郎

静御前　※1桐竹亀松
　　　　※2吉田栄三
狐忠信　吉田玉助

※1　C昼　※2　C夜
◇摂州合邦ヶ辻と伽羅先代萩の順序が逆　入場料　前売二百五十円　当日三百円（「和歌山新聞」広告 10・18）

◇十月三十日　三和会　豊竹若大夫会　東京美術倶楽部　午後一時開演
生写朝顔日記
　船別れの段
豊竹若子大夫
野澤勝平

絵本太功記
　尼ヶ崎の段
豊竹若大夫
野澤勝太郎

〔典拠〕プログラム

◎十一月三日　第九回文化功労者顕彰式　皇居
吉田難波掾が文化功労者に選定される
〔典拠〕「朝日新聞（東京）」、「毎日新聞（大阪）」（10・15）

◇十一月三日　第十一回大阪市民文化賞贈呈式　大阪中央公会堂
豊竹山城少掾が大阪市民文化賞を受賞
〔典拠〕「毎日新聞（大阪）」（11・03）

34・11・04　因会・三和会

新橋演舞場　東京　①　［ＢＣＤ］
文楽人形浄瑠璃因会三和会合同公演
吉田難波掾文化功労賞受賞記念
十一月四日初日　十六日千秋楽
主催　東京文楽会

吉田難波掾文化功労賞受賞記念狂言
翁草寿禿立《おきなぐさことほぐかむろだち》

竹本相子大夫
豊竹小松大夫
豊竹十九大夫
竹本南部大夫
竹本織の大夫
豊竹つばめ大夫
竹本土佐大夫
豊竹若大夫
竹本相生大夫
竹本綱大夫
竹本津大夫
豊竹松大夫
豊竹古住大夫
豊竹弘大夫
竹本伊達路大夫
竹本津の子大夫
竹澤団二郎
野澤勝平
竹澤団六
鶴澤燕三
鶴澤徳太郎
鶴澤叶太郎
野澤喜左衛門

鶴澤藤蔵
野澤勝太郎
野澤松之輔
竹澤弥七
鶴澤寛治
鶴澤清六
野澤吉三郎
野澤錦糸
野澤市治郎
鶴澤清好
鶴澤藤二郎

翁　吉田難波掾
左　桐竹亀松
足　吉田文昇
禿　吉田難波掾
左　桐竹紋十郎
足　吉田玉五郎

吉田難波掾「翁」より「禿」引抜きにて相勤めます

御目見得狂言　十一月四日より八日

昼の部　十一時開演

音《おと》冴《さえる》春《はるの》臼月《うすづき》

団子売の段

団子売杵造　豊竹古住大夫
女房お臼　豊竹十九大夫
竹本伊達路大夫

団子売杵造　桐竹亀松
女房お臼　吉田栄三

竹本津の子大夫
豊竹小松大夫
鶴澤叶太郎
野澤錦糸
竹澤団六
竹澤団二郎
鶴澤藤二郎

近松門左衛門原作　鷲谷樗風脚色　西亭作曲
山村若振付　大塚克三装置

与兵衛 おかめ　ひぢりめん卯月紅葉《うづきのもみぢ》

天王寺神子寄せの段
竹本津大夫
鶴澤寛治

笠屋長兵衛内の段
竹本土佐大夫
鶴澤藤蔵

心中梅田堤の段
おかめ　竹本南部大夫
与兵衛　竹本織の大夫
野澤吉三郎
鶴澤燕三
野澤市治郎
野澤勝平

平群谷庵室の段
豊竹つばめ大夫
三味線　野澤喜左衛門
ツレ　野澤勝平

与兵衛妻お亀　吉田栄三
お亀の亡霊　吉田栄三
笠屋与兵衛 後に 助給法師　吉田玉男
笠屋長兵衛　吉田玉市
長兵衛妾お今　桐竹勘十郎
手代源吉　吉田国秀
手代吾七　桐竹紋弥
お今の弟伝三郎　桐竹紋二郎
夜廻り　桐竹勘之助
お亀の叔母おせん　吉田辰五郎
下女ふり　吉田玉昇
神子つじ　吉田文雀
籠かき留吉　吉田小玉
籠かき達蔵　吉田東太郎
百姓　大ぜい

近江《おうみ》源氏《げんじ》先陣《せんじん》館《やかた》

小四郎恩愛の段

竹本綱大夫
竹澤弥七

佐々木盛綱首実検の段

豊竹若大夫
野澤勝太郎

佐々木盛綱　吉田玉助
妻早瀬　豊松清十郎
妻篝火　吉田玉五郎
母微妙　吉田玉市
佐々木小四郎　吉田小玉
佐々木小三郎　桐竹一暢
北条時政　吉田辰五郎
古郡新左衛門　吉田国秀
榛谷十郎　桐竹紋寿
注進　吉田文昇
二度の注進　吉田玉昇
竹の下孫八　吉田作十郎
和田兵衛秀盛　桐竹勘十郎

壺坂《つぼさか》観音《かんのん》霊験記《れいげんき》

沢市内の段

豊竹つばめ大夫
三味線　野澤喜左衛門

壺坂寺の段

豊竹松大夫
三味線　鶴澤清六
ツレ　鶴澤清好

女房お里（前）　吉田難波掾
座頭沢市　桐竹亀松
女房お里（後）　桐竹紋十郎
観世音　桐竹勘之助

夜の部　四時半開演

通し狂言　妹背山《いもせやま》婦女《おんな》庭訓《ていきん》

道行恋の小田巻

お三輪　竹本土佐大夫
求女　豊竹つばめ大夫

橘姫　吉田玉五郎
求女　吉田玉男

橘姫
竹本津大夫
竹本南部大夫
豊竹小松大夫
竹本相子大夫
三味線　野澤喜左衛門
三味線　鶴澤寛治
鶴澤徳太郎
鶴澤燕三
野澤市治郎
鶴澤清好
野澤勝平

お三輪　桐竹亀松

漁師鱶七上使の段

口　豊竹弘大夫
竹澤団六
奥　竹本津大夫
三味線　鶴澤寛治
豊竹つばめ大夫
三味線　野澤喜左衛門

入鹿大臣　吉田辰五郎
荒巻弥藤次　吉田作十郎
宮越玄蕃　吉田東太郎
漁師鱶七　吉田玉助
官女　大ぜい

姫戻りの段

竹本織の大夫
野澤錦糸

橘姫　吉田玉五郎
求女　桐竹紋二郎
官女　大ぜい

金殿の段

竹本土佐大夫
豊竹松大夫
三味線　鶴澤清六

娘お三輪　桐竹紋十郎
豆腐の御用　桐竹勘十郎
漁師鱶七 実は 金輪五郎　吉田玉助
官女　吉田文雀
官女　吉田文昇
官女　桐竹紋弥
官女　桐竹勘之助

摂《せっ》州《しゅう》合《がっ》邦《ぽうが》辻《つぢ》

合邦住家の段

親合邦　豊竹若大夫
合邦女房　竹本相生大夫
浅香姫　豊竹松大夫
奴入平　竹本津大夫
俊徳丸　豊竹つばめ大夫
玉手御前　前　竹本綱大夫
　　　　　　　竹澤弥七
　　　　　後　野澤勝太郎

親合邦　吉田玉助
合邦女房　吉田国秀
玉手御前　桐竹紋十郎
奴入平　吉田東太郎
俊徳丸　豊松清十郎
浅香姫　吉田文雀

梅川忠兵衛　恋《こい》飛《び》脚《きゃく》大《やま》和《と》往《おう》来《らい》

新口村の段

前　（竹本土佐大夫
　　 豊竹松大夫
　　鶴澤藤蔵
後　竹本相生大夫
　　野澤松之輔

傾城梅川　吉田栄三
亀屋忠兵衛　吉田玉男
忠三の女房　吉田文昇
樋の口水右衛門　桐竹一暢
伝がばば　吉田玉昇
置頭巾　吉田小玉
鶴掛藤治兵衛　桐竹勘之助
針立道庵　吉田兵次
八右衛門　吉田玉之助
捕手小頭　桐竹紋弥
親孫右衛門　吉田玉市
捕手　大ぜい

御観劇料　五百円　三百円　百円

◇十一月十二日　壺坂観音霊験記　沢市内の段　壺坂寺の段　テレビ放送　NHK　午後八時十五分（「朝日新聞（大阪）」、「毎日新聞（大阪）」、「読売新聞（大阪）」11・12）

新橋演舞場　東京　②　［BCD］

二の替り狂言　十一月九日より十二日

昼の部　十一時開演

通し狂言　一《いちの》谷《たに》嫩《ふたば》軍《ぐん》記《き》

福原館敦盛出陣の段

前　豊竹小松大夫
　　鶴澤燕三
中　（豊竹弘大夫
　　 豊竹十九大夫
　　鶴澤叶太郎
後　豊竹つばめ大夫
三味線　野澤喜左衛門

玉織姫　豊松清十郎
妻染衣　吉田文雀
妻裏葉　吉田国秀
妻槇の尾　桐竹紋寿
平経盛　吉田東太郎
藤の局　吉田玉五郎
無官太夫敦盛　桐竹勘十郎
大館玄蕃　吉田玉昇
成田五郎　吉田作十郎
取次ぎの侍　吉田玉米
腰元、雑兵　大ぜい

陣門の段

（豊竹古住大夫
 竹本織の大夫
鶴澤藤蔵

熊谷小次郎直家　吉田玉男
平山武者所　吉田辰五郎
無官太夫敦盛　桐竹勘十郎
軍兵　大ぜい

須磨浦の段

竹本南部大夫
野澤吉三郎

玉織姫　豊松清十郎
平山武者所　吉田辰五郎
無官太夫敦盛 実は 小次郎直家　吉田玉男
熊谷次郎直実　吉田玉助
遠見の敦盛　吉田小玉
遠見の熊谷　桐竹勘之助
軍兵　大ぜい

組打の段

無官太夫敦盛 実は 小次郎直家　竹本土佐大夫
熊谷次郎直実　豊竹松大夫
玉織姫　（豊竹古住大夫

平山武者所　竹本織の大夫
　　　　　　竹本伊達路大夫
　三味線　鶴澤清六

脇ヶ浜の段
竹本相生大夫
野澤松之輔

熊谷桜の段
竹本津大夫
三味線　鶴澤寛治

熊谷物語の段
竹本綱大夫
竹澤弥七

首実検の段
豊竹若大夫
野澤勝太郎

夜の部　四時半開演
日本国際連合協会選定
矢野寿男原作　巌谷槙一脚色
西亭作曲　松田種次装置

石屋弥陀六　桐竹亀松
歯ぬけの与次郎　吉田文雀
雀の忠吉　吉田東太郎
咽の丹兵衛　吉田文昇
毘沙の五左衛門　桐竹紋弥
吃の又平　桐竹紋寿
娘の小雪　桐竹紋二郎
番場忠太　吉田玉昇
須股運平　桐竹勘之助
庄屋孫作　吉田栄三
軍兵　大ぜい

熊谷次郎直実　吉田玉助
妻相模（後）　桐竹紋十郎
堤軍次　吉田文昇
藤の局　吉田玉五郎
梶原平次景高　吉田作十郎
石屋弥陀六 実は 弥兵衛宗清　桐竹亀松
源義経　吉田辰五郎
妻相模（前）　吉田難波掾
軍兵、百姓　大ぜい

白《しろ》いお地蔵《ぢぞう》さん

前　竹本津大夫
　三味線　鶴澤寛治
後　豊竹つばめ大夫
　三味線　野澤喜左衛門
　ツレ　野澤勝平

中森田平　吉田玉市
中森武平　桐竹勘十郎
武平妻とよ　豊松清十郎
息子勝夫　吉田文雀
田平の孫健太　桐竹紋二郎
村長さん　吉田玉昇
駐在さん　吉田国秀
村人　吉田作十郎
村人　桐竹紋弥

近《ちか》頃《ごろ》河《かわ》原《らの》達《たて》引《ひき》

堀川猿廻しの段
前　豊竹松大夫
　鶴澤藤蔵
　ツレ　鶴澤徳太郎
後　竹本綱大夫
　竹澤弥七
　ツレ　野澤錦糸

与次郎の母　吉田国秀
弟子おつる　吉田小玉
兄与次郎　桐竹紋十郎
娘お俊　吉田栄三
井筒屋伝兵衛　吉田玉男

義《よし》経《つね》千《せん》本《ぼん》桜《ざくら》

すし屋の段
いがみの権太　豊竹若大夫
娘お里　竹本土佐大夫
下男弥助 実は 三位中将維盛　竹本津大夫
村の歩き　豊竹弘大夫
　　　　　豊竹十九大夫
梶原平三景時　竹本綱大夫
六代君　竹本津の子大夫
若葉の内侍　豊竹松大夫
弥左衛門女房　豊竹つばめ大夫

娘お里（後）　吉田難波掾
娘お里（前）　桐竹亀松
弥左衛門女房　吉田兵次
下男弥助 実は 三位中将維盛　吉田玉男
いがみの権太　吉田玉助
親弥左衛門　吉田辰五郎
若葉の内侍　吉田玉五郎
六代君　桐竹一暢
梶原平三景時　桐竹勘十郎

親弥左衛門　竹本相生大夫
前　鶴澤清六
後　野澤勝太郎

女房小仙　桐竹勘之助
倅善太　吉田玉丸
村の歩き　吉田万次郎
鮓買、捕手　大ぜい

藤間紋寿郎振付
鏡《かゞみ》獅《じ》子《し》

小姓弥生 後に 獅子の精　竹本南部大夫
胡蝶　豊竹古住大夫
胡蝶　竹本織の大夫
豊竹小松大夫
竹本相子大夫
野澤勝太郎
鶴澤燕三
野澤市治郎
竹澤団六
鶴澤清好
野澤勝平
竹澤団二郎

小姓弥生 後に 獅子の精　桐竹紋十郎
胡蝶　豊松清十郎
胡蝶　桐竹紋二郎

新橋演舞場　東京　③　［ＢＣＤ］

御名残り狂言　十一月十三日より十六日

昼の部　十一時開演
高見順原作　有吉佐和子脚色　鶴澤清六作曲
西川鯉三郎振付　大塚克三装置
「湖の火」より
雪狐々姿湖《ゆきやこんこんすがたのみずうみ》

崑山の秋
白百合（女白狐）　竹本南部大夫
白蘭尼（白百合祖母狐）　豊竹古住大夫
コン平（若い男狐）　豊竹十九大夫
右コン（白百合弟狐）　竹本津の子大夫
左コン（白百合弟狐）　竹本相子大夫
コン蔵（爺狐）　竹本織の大夫
野澤吉三郎
鶴澤徳太郎
竹澤団六
竹澤団二郎
野澤錦糸

白百合（女白狐）　吉田栄三
白蘭尼（白百合祖母狐）　吉田玉五郎
コン平（若い男狐）　吉田玉男
右コン（白百合弟狐）　吉田文雀
左コン（白百合弟狐）　吉田玉昇
コン蔵（爺狐）　吉田玉市
猟師源左　桐竹亀松

猟師源左家の段
豊竹松大夫
三味線　鶴澤清六
胡弓　鶴澤清好

源左の母　吉田玉助
猟師源左　桐竹亀松
源左女房（実は女白狐）　吉田栄三
右コン（白百合弟狐）　吉田文雀
左コン（白百合弟狐）　吉田玉昇

冬の湖畔の段
竹本南部大夫
豊竹弘大夫
豊竹小松大夫
野澤吉三郎
鶴澤燕三
野澤勝平
鶴澤藤二郎

白蘭尼（白百合祖母狐）　吉田玉五郎
コン蔵（爺狐）　吉田玉市
コン平（若い男狐）　吉田玉男
左コン（白百合弟狐）　吉田玉昇
猟師源左　桐竹亀松
白百合（女白狐）　吉田栄三
源左の母　吉田玉助

鎌《かま》倉《くら》三《さん》代《だい》記《き》

三浦之助別れの段
豊竹つばめ大夫
三味線　野澤喜左衛門

三浦之助母長門　吉田国秀
時姫　桐竹亀松
三浦之助義村　（桐竹勘十郎／吉田玉男）

佐々木高綱物語の段

三味線　鶴澤寛治

富田の六郎	吉田作十郎
讃岐局	吉田文昇
阿波局	桐竹紋二郎
女房おくる	桐竹紋寿
藤三郎実は佐々木高綱	吉田玉助

金比羅御利生　花上野誉碑《はなはうえのほまれのいしぶみ》

志渡寺の段

前　竹本相生大夫　野澤松之輔
後　豊竹若大夫　野澤勝太郎

森口源太左衛門	吉田辰五郎
乳母お辻	桐竹紋十郎
土屋内記	吉田玉市
奥方菅の谷	豊松清十郎
方丈	吉田東太郎
坊太郎	吉田小玉
門弟団右衛門	吉田文昇
門弟十蔵	吉田作十郎
門弟数馬	吉田玉昇
腰元	吉田兵次

仮名手本忠臣蔵《かなでほんちゅうしんぐら》

祇園一力茶屋の段

由良之助　竹本綱大夫
おかる　竹本土佐大夫
平右衛門　竹本津大夫
九太夫　豊竹弘大夫
竹澤弥七

大星由良之助	吉田玉助
傾城おかる（前）	吉田難波掾
寺岡平右衛門	吉田玉男・桐竹勘十郎
斧九太夫	吉田国秀
傾城おかる（後）	吉田玉五郎

夜の部　四時半開演

伊賀越道中双六《いがごえどうちゅうすごろく》

沼津里の段
―

平作内の段

竹本津大夫
三味線　鶴澤寛治
ツレ　野澤吉三郎
竹本土佐大夫
鶴澤藤蔵

呉服屋重兵衛	吉田栄三
親平作	吉田玉市
荷持安兵衛	桐竹紋弥
娘およね（中）	吉田難波掾
娘およね（前・後）	吉田玉五郎
池添孫八	吉田東太郎

千本松原平作腹切りの段

竹本相生大夫
野澤松之輔
胡弓　鶴澤藤二郎

嬢景清八島日記《むすめかげきよやしまにっき》

花菱屋の段

豊竹つばめ大夫
三味線　野澤喜左衛門

日向島の段

切　竹本綱大夫
竹澤弥七

花菱屋女房	吉田辰五郎
花菱屋長	吉田国秀
肝煎佐治太夫	桐竹勘十郎
娘糸滝	桐竹亀松
遊君	桐竹勘之助
遊君	桐竹一暢
やり手	吉田東太郎
久三	吉田文雀
飯焚き女	吉田文昇
小女郎	桐竹紋弥
悪七兵衛景清	吉田玉助
肝煎佐治太夫	桐竹勘十郎
娘糸滝	桐竹亀松
里人実は土屋軍内	豊松清十郎
里人実は天野四郎	吉田作十郎
船人	桐竹紋寿

船人　吉田玉之助

小春治兵衛　天網島時雨炬燵《てんのあみじましぐれのこたつ》

紙屋内の段

前　豊竹若大夫
　　野澤勝太郎
後　豊竹松大夫
三味線　鶴澤清六

紙屋治兵衛　桐竹紋十郎
女房おさん　吉田栄三
丁稚三五郎　吉田玉昇
舅五左衛門　吉田辰五郎
娘お末　桐竹一暢
一子勘太郎　吉田玉丸
小春　豊松清十郎
江戸屋太兵衛　桐竹紋弥
五貫屋善六　桐竹勘之助

盲杖桜雪社《もうじようざくらゆきのみやしろ》

三人座頭の段

福の市　竹本南部大夫
徳の市　豊竹古住大夫
玉の市　竹本織の大夫
　　竹本伊達路大夫
　　豊竹小松大夫
　　鶴澤叶太郎
　　鶴澤徳太郎
　　野澤錦糸
　　野澤勝平
　　竹澤団二郎
　　野澤市治郎

福の市　吉田玉男
徳の市　桐竹紋二郎
玉の市　吉田文雀

34・11・18　因会　道頓堀　文楽座　大阪　［BC］

輝く文化功労者　吉田難波掾を祝う会
十一月十八日午後六時半開会　道頓堀文楽座

開会　司会　竹本津大夫
挨拶　松竹株式会社社長 株式会社文楽座社長　大谷竹次郎
祝辞　日本俳優協会代表　市村羽左衛門
お祝万才　朝日放送株式会社提供　中田ダイマル
　　中田ラケット
花束贈呈
義太夫の「めりやす」について　竹本綱大夫
　　竹澤弥七
　　竹澤団六
義経千本桜
道行初音の旅
静御前（前）　吉田難波掾
　　（後）　桐竹亀松
忠信　吉田玉助
大夫・三味線・人形総出演

34・11・19　因会　道頓堀　文楽座　大阪　［BC］

十一月興行　吉田難波掾文化功労者受章記念　文楽座人形浄瑠璃
十九日初日　三十日まで　二十五日より昼夜の狂言入替　道頓堀文楽座
重要無形文化財指定　府民劇場指定

昼の部　十一時開演
通し狂言

一谷嫩軍記

陣門の段

小次郎直家　豊竹十九大夫
平山武者所　竹本静大夫
熊谷直実　竹本伊達路大夫
軍兵　竹本津の子大夫
軍兵　竹本相子大夫
竹澤団六
鶴澤清好

須磨浦の段

豊竹弘大夫
竹澤団二郎
竹本伊達路大夫
鶴澤藤二郎

組打の段

無官太夫敦盛 実は 小次郎直家　竹本土佐大夫
熊谷次郎直実　豊竹松大夫
玉織姫　竹本南部大夫
平山武者所　竹本静大夫
三味線　鶴澤清六

脇ヶ浜宝引の段

竹本相生大夫
野澤松之輔

熊谷小次郎直家　吉田玉男
平山武者所　吉田玉昇
熊谷次郎直実　吉田玉助
無官太夫敦盛　吉田玉男

玉織姫　吉田文雀
平山武者所　吉田玉昇
無官太夫敦盛 実は 小次郎直家　吉田玉男
熊谷次郎直実　吉田玉助

石屋弥陀六　桐竹亀松
藤の局　吉田玉五郎
娘小雪　吉田小玉
雀の忠吉　吉田兵次
毘沙の五左衛門　吉田万次郎
歯ぬけの与次郎　吉田文雀
吃の又平　吉田文昇
咽の丹兵衛　吉田玉昇
番場の忠太　吉田東太郎
須の股運平　桐竹一暢
庄屋孫作　吉田栄三

熊谷桜の段

竹本織の大夫
鶴澤徳太郎
野澤錦糸

熊谷物語の段

竹本綱大夫
竹澤弥七

首実検の段

竹本津大夫
三味線　鶴澤寛治

軍兵　大ぜい
妻相模（中）　文五郎事 吉田難波掾
妻相模（前・後）　吉田栄三
堤の軍次　吉田文昇
藤の局　吉田玉五郎
石屋の弥陀六 実は 弥平兵衛宗清　桐竹亀松
梶原平次景高　吉田玉昇
熊谷次郎直実　吉田玉助
源義経　吉田東太郎
百姓　大ぜい

梅川忠兵衛 **恋飛脚大和往来**

新口村の段

前　竹本南部大夫
野澤吉三郎
後　竹本土佐大夫
豊竹松大夫
鶴澤藤蔵

傾城梅川　桐竹亀松
亀屋忠兵衛　吉田玉男
忠三の女房　桐竹一暢
鶴掛藤治兵衛　吉田玉米
樋の口水右衛門　吉田玉之助
伝がばゞ　吉田万次郎
置頭巾　吉田小玉
針立道庵　吉田文昇
親孫右衛門　吉田玉市
八右衛門　吉田栄之助
捕手小頭　吉田栄弘
遠見の忠兵衛　吉田玉丸
遠見の梅川　桐竹亀若
捕手　大ぜい

夜の部　四時半開演

関取千両幟

猪名川内より相撲場まで

おとわ　竹本南部大夫
猪名川　竹本織の大夫
鉄ヶ嶽　竹本静大夫
大阪屋　竹本津の子大夫
呼遣い　竹本相子大夫
北野屋　豊竹弘大夫／豊竹十九大夫
野澤吉三郎
ツレ　竹澤団六／鶴澤清好
胡弓　竹澤団二郎
この処矢倉太鼓曲引きにて相勤申候

女房おとわ　吉田文雀／（一日替）吉田文昇
猪名川　吉田東太郎
鉄ヶ嶽　吉田玉昇
大阪屋　吉田小玉
呼遣い　吉田玉丸
北野屋　吉田玉市

三勝半七 艶容女舞衣

酒屋の段

前　竹本津大夫
三味線　鶴澤寛治
後　竹本土佐大夫
鶴澤藤蔵
高音　鶴澤藤二郎

嫁お園　吉田玉五郎
親宗岸　吉田玉助
舅半兵衛　吉田玉市
半兵衛女房　吉田兵次
娘おつう　※1桐竹亀若
茜屋半七　吉田小玉
美濃屋三勝　吉田文昇

長寿と栄誉を祝し

翁草寿禿立《おきなぐさことほぐかむろだち》

竹本津の子大夫
豊竹十九大夫
竹本織の大夫
竹本静大夫
竹本津大夫
竹本綱大夫
竹本相生大夫
竹本土佐大夫
豊竹松大夫
竹本南部大夫
豊竹弘大夫
竹本伊達路大夫
竹本相子大夫
鶴澤藤二郎
鶴澤清好
野澤錦糸
野澤吉三郎
鶴澤寛治
竹澤弥七
野澤松之輔
鶴澤藤蔵
鶴澤清六
竹澤団六
鶴澤徳太郎
竹澤団二郎

翁　吉田難波掾
左　吉田文雀
足　吉田文昇
禿　吉田難波掾
左　桐竹亀松
足　吉田玉五郎

絵本太功記

夕顔棚の段

豊竹弘大夫
鶴澤徳太郎
豊竹十九大夫
野澤錦糸

母さつき　吉田兵次
妻操　吉田栄三
嫁初菊　吉田文雀
武智重次郎　吉田玉男
旅僧　吉田東太郎
武智光秀　吉田玉助
軍兵、百姓　大ぜい

尼ヶ崎の段

切　竹本綱大夫
竹澤弥七

武智重次郎　吉田玉男
嫁初菊　吉田文雀
妻操　吉田栄三
母さつき　吉田兵次
旅僧 実は 真柴久吉　吉田東太郎
武智光秀　吉田玉助
加藤虎之助　吉田栄弘
軍兵　大ぜい

お俊
伝兵衛 **近頃河原の達引**

堀川猿廻しの段

	竹本相生大夫
	野澤松之輔
ツレ	竹澤団六
	鶴澤清好
	豊竹松大夫
三味線	鶴澤清六
ツレ	鶴澤徳太郎
	野澤錦糸

与次郎の母	吉田兵次
弟子おつる	桐竹一暢
兄与次郎	吉田玉市
娘お俊	桐竹亀松
井筒屋伝兵衛	吉田玉五郎

＊　＊　＊

頭取	吉田玉市
はやし	中村新三郎
衣裳	森田信二
人形細工人	藤本由良亀
人形細工人	菱田由良宏
人形師	大江巳之助
鬘床山	佐藤為次郎
鬘床山	名越健二
大道具	川辺繁太郎
照明	竹本文蔵
舞台監督	鷲谷樗風
人形指導	文五郎事 吉田難波掾

一等席三百八十円　二等席二百円　三等席百円
学生券A（一等席）二百円　B（二等席）百円

※1　B桐竹亀松

◇竹本津大夫病気休演の日あり　一谷嫩軍記　首実検の段　竹本相生大夫、艶容女舞衣　酒屋の段　竹本織の大夫代役（「日本経済新聞（大阪）」11・22、「日刊スポーツ」11・27）

◇絵本太功記　尼ヶ崎の段「眼下の村手を吃と見下し」から竹本織の大夫代役の日あり　以後千秋楽まで尼ヶ崎の段　竹本織の大夫代役

竹澤弥七休演の日あり　鶴澤藤蔵代役（『織大夫夜話』）

◇十一月二十三日　一谷嫩軍記　熊谷桜の段　熊谷物語の段　テレビ放送　読売　午後二時十五分（「朝日新聞（大阪）」、「毎日新聞（大阪）」、「読売新聞（大阪）」11・23）

◇十一月二十八日　艶容女舞衣　酒屋の段　テレビ放送　朝日　午後八時（「朝日新聞（大阪）」、「毎日新聞（大阪）」、「読売新聞（大阪）」11・28）

34・11・19　三和会

○東京・東北巡業（『文楽因会三和会興行記録』）

東海巡業　［BC］

重要無形文化財国家指定記念
文楽人形浄瑠璃　文楽三和会公演

昼の部

音冴春臼月

団子売の段

杵造	豊竹松島大夫
お臼	豊竹小松大夫
	鶴澤燕三
	豊澤仙二郎
	竹澤団作
	野澤勝平
	豊澤猿二郎

杵造	豊松清十郎
お臼	桐竹紋二郎

恋女房染分手綱

重の井子別れの段

切	竹本源大夫
	鶴澤叶太郎

調姫	桐竹小紋
重の井	桐竹紋十郎
本田弥惣左衛門	吉田作十郎
腰元お福	吉田国秀

馬方三吉　桐竹勘之助
宰領　桐竹紋七
宰領　吉田菊一

菅原伝授手習鑑

寺子屋の段

前　豊竹古住大夫
　　野澤市治郎
切　豊竹つばめ大夫
　　野澤喜左衛門

菅秀才　桐竹勘之助
戸浪　豊松清十郎
武部源蔵　桐竹勘十郎
春藤玄蕃　吉田作十郎
松王丸　吉田辰五郎
千代　桐竹紋十郎
御台所　吉田国秀

妹背山婦女庭訓

恋の小田巻の段

お三輪　豊竹小松大夫
橘姫　豊竹古住大夫
求女　豊竹松島大夫
　　野澤勝太郎
　　野澤勝平
　　豊澤仙二郎
　　竹澤団作
　　豊澤猿二郎

橘姫　桐竹紋寿
求女　桐竹勘十郎
お三輪　桐竹紋二郎

夜の部

小鍛冶

稲荷山の段

明神　※1豊竹古住大夫
宗近　豊竹松島大夫
道成　豊竹小松大夫
　　鶴澤燕三
　　豊澤仙二郎
　　竹澤団作
　　野澤勝平

小鍛冶宗近　桐竹紋二郎
勅使道成　桐竹小紋
稲荷明神　桐竹勘十郎

お俊伝兵衛 近頃河原達引

堀川猿廻しの段

切　豊竹つばめ大夫
　　野澤喜左衛門
ツレ　野澤勝平

弟子おつる　桐竹勘之助
母親　吉田国秀
兄与次郎　吉田辰五郎
お俊　豊松清十郎
伝兵衛　吉田作十郎

伽羅先代萩

御殿の段

切　竹本源大夫
　　鶴澤叶太郎
後　豊竹古住大夫
　　野澤勝太郎

乳母政岡　桐竹紋十郎
八汐　吉田辰五郎
沖ノ井　吉田国秀
栄御前　桐竹勘十郎
腰元　大ぜい

新曲 面売

面売娘　豊竹小松大夫
おしゃべりかかし　豊竹松島大夫
　　豊竹若子大夫
　　野澤市治郎
　　豊澤仙二郎
　　竹澤団作

おしゃべり案山子　桐竹紋二郎
面売娘　桐竹紋十郎

※1　B次に豊竹若子大夫

本田弥惣左衛門　吉田作十郎
腰元お福　吉田国秀
宰領　桐竹紋七
宰領　吉田菊一
馬方三吉　桐竹勘之助

◎十一月十九日　静岡市公会堂　十二時開演
双葉学園主催
〔典拠〕「毎日新聞（静岡版）」（11・18）

○十一月二十日　神奈川県小田原市御幸座
〔典拠〕巡業日程表、『文楽因会三和会興行記録』

◎**十一月二十一日　群馬県桐生市産業文化会館　［ＢＣ］**
重要無形文化財文楽人形浄瑠璃公演
十一月二十一日　昼夜　産業文化会館
三和会　桐竹紋十郎　野澤喜左衛門　外全員
主催　桐生文化鑑賞会

昼の部
音冴春臼月
団子売の段
豊竹松島大夫
豊竹小松大夫
竹本三和大夫
鶴澤燕三
豊澤仙二郎
竹澤団作
豊澤猿二郎
杵造　豊松清十郎
お臼　桐竹紋二郎

恋女房染分手綱
重の井子別の段
竹本源大夫
鶴澤叶太郎
調姫　桐竹紋弥
乳母重の井　桐竹紋十郎

菅原伝授手習鑑
寺子屋の段
豊竹古住大夫
野澤市治郎
豊竹つばめ大夫
野澤喜左衛門
菅秀才　桐竹勘之助
小太郎　桐竹紋弥
女房戸浪　豊松清十郎
武部源蔵　桐竹勘十郎
春藤玄蕃　吉田作十郎
松王丸　吉田辰五郎
女房千代　桐竹紋十郎
御台所　吉田国秀
百姓、手習子、捕巻　大ぜい

妹背山婦女庭訓
恋小田巻の段
豊竹古住大夫
豊竹小松大夫
豊竹松島大夫
豊竹貴代大夫
野澤勝太郎
野澤勝平
豊澤仙二郎
竹澤団作
橘姫　桐竹紋寿
求女　桐竹勘十郎
お三輪　桐竹紋二郎

夜の部
小鍛冶
稲荷山の段
豊竹古住大夫
豊竹松島大夫
三条小鍛冶宗近　桐竹紋二郎
老翁 実は 稲荷明神　桐竹勘十郎

豊竹小松大夫
竹本三和大夫
鶴澤燕三
豊澤仙二郎
竹澤団作

勅使藤原道成　桐竹紋之助

お俊伝兵衛　近頃河原の達引
猿廻しの段

豊竹つばめ大夫
野澤喜左衛門

弟子おつる　桐竹勘之助
与次郎母　吉田国秀
兄与次郎　吉田辰五郎
お俊　豊松清十郎
井筒屋伝兵衛　吉田作十郎

伽羅先代萩
御殿の段

竹本源大夫
鶴澤叶太郎
豊竹古住大夫
野澤勝太郎

鶴喜代君　桐竹勘之助
千松　桐竹紋寿
政岡　桐竹紋十郎
八汐　吉田辰五郎
沖ノ井　吉田国秀
栄御前　桐竹勘十郎
腰元　大ぜい

新曲　面売り

豊竹小松大夫
豊竹松島大夫
豊竹貴代大夫
野澤市治郎
野澤勝平
竹澤団作
豊澤仙二郎

おしやべりかゝし　桐竹紋二郎
面売娘　桐竹紋十郎

○**十一月二十三日**　東京都八王子市立第四小学校カ
〔典拠〕巡業日程表、『文楽因会三和会興行記録』

◎**十一月二十四日**　東京都葛飾区公会堂　夜
〔典拠〕「葛飾区お知らせ」（11・20）

◎**十一月二十五日**　**東京都台東区スミダ劇場**　［CD］
大阪文楽三和会公演
十一月二十五日　午後一時　午後六時開演　スミダ劇場
主催　台東区社会福祉協議会　台東区役所
後援　東京都台東福祉事務所　台東区教育委員会

◎**十一月二十六日**　東京都新宿第一劇場　昼夜二回公演
新宿区社会福祉協議会主催
入場料　四百円　三百円
〔典拠〕「新宿区広報」（11・15）

○**十一月二十七日**　横浜市神奈川会館
〔典拠〕巡業日程表、『文楽因会三和会興行記録』

◎**十一月二十八日**　神奈川県立厚木東高等学校　午後一時開演
〔典拠〕「朝日新聞（神奈川版）」（11・27）

○十一月二十九日　東京都江戸川区愛国学園
○十一月三十日　長野市商工会館
〔典拠〕巡業日程表、『文楽因会三和会興行記録』

◎十二月一日　長野県松本市民会館　昼夜二回公演
〔典拠〕「中部日本新聞（長野版）」（11・28）

◎十二月二日　**新潟県高田市立城南中学校講堂**　［CD］
歳末助け合い運動募金興行　重要無形文化財文楽人形浄瑠璃公演
昭和三十四年十二月二日　昼の部午前十一時　夜の部午後六時　高田市城南中学校講堂
主催　上越文楽後援会　新潟日報社　協賛　高田市教育委員会
後援　高田地区労働組合協議会　高田市連合婦人会　文部省文化財保護委員会

伽羅先代萩
　御殿の段
菅原伝授手習鑑
　寺子屋の段
妹背山婦女庭訓
　恋小田巻の段
音冴春臼月
　団子売りの段

恋女房染分手綱
　重ノ井子別れの段
お俊伝兵衛 近頃河原達引
　堀川猿廻しの段
小鍛冶
新曲　面売り

入場料　当日二百五十円　前売二百円
◇午後二時半　中学生のための文楽教室　学生百円（「新潟日報」12・02〜03）

◎十二月三日　富山県魚津中央劇場　昼の部午後一時　夜の部午後六時開演
魚津義太夫愛好会主催　北日本新聞社共催
音冴春臼月　団子売りの段、恋女房染分手綱　重の井子別れの段、菅原伝授手習鑑　寺子屋の段、妹背山婦女庭訓、伽羅先代萩、新曲面売り、他
〔典拠〕「北日本新聞」（12・04）、広告（12・02）

◎十二月四日　**富山電気ビルホール**　［CD］
文部省文化財保護委員会選定　重要無形文化財国家指定
文楽座人形浄瑠璃　日本古典芸術の粋　待望の地方公演　富山電気ビルホール
主催　北日本新聞社　協賛　越中浄瑠璃保存会
十二月四日　昼一時　夜六時
演目は巡業プログラムの通り
他に　竹本三和大夫　竹本常子大夫　豊竹貴代大夫　鶴澤友若　桐竹紋四郎
桐竹紋弥　桐竹紋之丞　桐竹紋市　桐竹紋若　桐竹紋次
文楽教室　午前十時　高校・中学生対象
入場券　A席二百五十円　B席二百円
※「北日本新聞」広告（12・02）では文楽教室午後四時とする

◎十二月五日　富山県高岡市公会堂　昼の部十二時半　夜の部午後五時半開演
高岡素義初音会・富山新聞社主催　高岡市社会福祉協議会後援
演目は巡業プログラムの通り
　入場料　前売二百五十円　当日三百五十円
〔典拠〕「富山新聞」（12・03）
・・・・・・・・・・・・・・・・・・・・・・・・・・・・・・・・・・・・

◇十一月二十二日　因会　大近松二百三十六年祭　兵庫県尼崎市広済寺　午後一時
「東海道膝栗毛」赤坂並木より古寺までを竹本相生大夫　野澤松之輔が奉納
〔典拠〕プログラム

◇十一月二十三日　因会　竹田人形座秋季公演　東京都虎ノ門社会事業会館ホール　午後二時　午後六時開演
竹田三之助舞台生活五十年記念「寿・竹田三番叟」を竹本綱大夫　竹澤弥七が作曲・演奏
〔典拠〕「日本経済新聞（東京）」（11・17）

◇十一月二十八日　三和会　竜門会藤間紋寿郎リサイタル　東京都砂防会館ホール　午後五時開演
義太夫「大蛇」、新内「日高川」、豊本「おしゅん」「大文字」に桐竹紋十郎が出演
〔典拠〕「日本経済新聞（東京）」（11・20）

◇十二月八日　因会・三和会　吉田文五郎（難波掾）が描く女の収録　朝日テレビ

戸無瀬（仮名手本忠臣蔵八段目）
豊竹山城少掾
鶴澤藤蔵

お里（壺坂観音霊験記）
竹本津大夫
鶴澤寛治

八重垣姫（本朝廿四孝四段目）
竹本綱大夫
竹本土佐大夫
竹本南部大夫
竹本織の大夫
豊竹十九大夫
鶴澤藤蔵
竹澤弥七
野澤錦糸
竹澤団六
竹澤団二郎
鶴澤寛治

お染（染模様妹背門松　蔵前の段）
竹本綱大夫
竹澤弥七

竹本土佐大夫
鶴澤藤蔵

お俊（近頃河原の達引）
竹本綱大夫
竹澤弥七

秃　引抜きおうす
豊竹山城少掾

鳴物
笛　藤舎秀峰
小鼓　藤舎呂秀
大鼓　藤舎呂弘
太鼓　望月大津市郎

吉田難波掾《吉田文五郎事》
桐竹紋十郎
吉田玉五郎
吉田文雀
吉田文昇
吉田玉米
吉田玉市

昭和三十五年一月二日　テレビ放送　朝日　午後四時（「朝日新聞」（大阪）、「毎日新聞（大阪）」、「読売新聞（大阪）」）（35年01・01）
〔典拠〕台本

◎十二月九日
竹本綱大夫の文楽座次期櫓下就任に反対していた鶴澤清六は、病気を理由に一月以降の文楽座興行への出演を拒否する旨松竹に申し入れる
〔典拠〕「毎日新聞（大阪）」（12・10）

▼昭和三十四年の訃音
・一月十五日　六代竹本住大夫没

昭和三十四年　放送一覧

ラジオ

◇一月一日　午後三時三十分
京都
菅原伝授手習鑑　寺子屋の段
豊竹つばめ大夫　豊竹山城少掾
竹本綱大夫　竹澤弥七　野澤喜左衛門
〔典拠〕朝　毎　読

◇一月三日　午後一時五分
NHK①
壇浦兜軍記　阿古屋琴責の段
竹本綱大夫　豊竹つばめ大夫　野澤喜左衛門　竹澤弥七
〔典拠〕朝　毎　読
N（33年12・28）

◇一月二十五日　午後十一時三十分
毎日
恋女房染分手綱　重の井子別れの段
豊竹松大夫
〔典拠〕朝　毎

◇一月二十六日　午後八時五分
NHK②
特別教養番組「義太夫」
詞章を中心にみた義太夫節の変遷
義太夫節に現われた世相
信州川中島合戦　輝虎配膳の段
竹本綱大夫　竹澤弥七
〔典拠〕朝　毎

◇一月二十七日　午後八時五分
NHK②
特別教養番組「義太夫」
義太夫節の表現
曲の冒頭と段落のかたち　豊澤広助
地合の技巧　竹本綱大夫　竹澤弥七
その他の節　鶴澤清八
仮名手本忠臣蔵　判官切腹の段
豊竹山城少掾　鶴澤藤蔵
＊「毎日新聞（大阪）」朝刊　番組紹介欄には、一谷嫩軍記　菟原の里の段
〔典拠〕朝　毎　読

◇一月二十八日　午後八時五分
NHK②
特別教養番組「義太夫」
五段組織の構造
浄瑠璃の構成と趣向
初段と二段目の語り方　野澤喜左衛門
端場と切場
ひらかな盛衰記　逆艪の段
豊竹若大夫　野澤勝太郎
〔典拠〕朝　毎

◇一月二十九日　午後八時五分
NHK②
特別教養番組「義太夫」
鑑賞にもっとも大切な部分
三四段目景事の趣向
風の演技について　竹本綱大夫
野澤喜左衛門　竹澤弥七
風の起りと意味するもの
恋飛脚大和往来　新口村の段
豊竹松大夫　鶴澤清六
〔典拠〕朝　毎

◇一月三十日　午後八時五分
NHK②
特別教養番組「義太夫」
伝承についての諸問題
義太夫節に現れる人間性
義太夫節の美しさ　竹本綱大夫
竹澤弥七
座談会　義太夫節の相と今後
竹本綱大夫　野澤喜左衛門
〔典拠〕朝　毎　読

◇二月八日　午後十一時三十分
毎日
新薄雪物語　鍛冶屋の段
竹本津大夫　鶴澤寛治
〔典拠〕朝　毎

◇二月二十日　午後二時三十分
NHK②
近頃河原達引　堀川猿廻しの段
豊竹古住大夫
＊「読売新聞（大阪）」には、京都は小唄
〔典拠〕毎　読

◇二月二十四日　午後九時
NHK②
新橋演舞場　二月公演
豊竹山城少掾引退披露口上
良弁杉由来　二月堂の段
〔典拠〕朝　毎　読

◇二月二十四日　午後十一時十分
NHK①
芸道八十年
豊竹山城少掾　鶴澤藤蔵
〔典拠〕朝　毎　読

◇二月二十八日　午前九時四十分
NHK①
絵本太功記
豊竹小松大夫

〔典拠〕毎

◇三月六日　午後二時三十分
NHK②
絵本太功記　尼ヶ崎の段
竹本綱大夫　竹本織部大夫
＊「読売新聞（大阪）」には、京都は
小唄
〔典拠〕朝　毎　読

◇三月十日　午後二時三十分
NHK②
奥州安達原　袖萩祭文の段
豊竹松大夫
〔典拠〕朝　毎　読

◇三月二十日　午後二時三十分
NHK②
仮名手本忠臣蔵　道行旅路の嫁入り
竹本雛大夫
〔典拠〕朝　毎

◇三月二十日　午後十一時十分
NHK①
花見の仇討
竹本雛大夫

〔典拠〕朝　毎　読

◇三月二十一日　午後六時四十分
NHK②
生写朝顔話　宿屋の段
竹本綱大夫
〔典拠〕朝　毎　読

◇三月三十一日　午後十一時十分
NHK①
義経千本桜　すし屋
豊竹つばめ大夫
〔典拠〕朝　毎

◇四月十七日　午後九時
NHK②
艶容女舞衣　酒屋の段
竹本綱大夫　竹澤弥七
〔典拠〕朝　毎　読

◇五月五日　午後九時
NHK②
道頓堀文楽座　五月公演
ひぢりめん卯月の紅葉
〔典拠〕毎　読

◇五月十日　午後十一時
NHK②
弁慶上使
竹本津大夫
〔典拠〕朝　毎

◇五月十六日　午後九時三十分
京都
絵本太功記　尼ヶ崎の段
竹本綱大夫　竹澤弥七
〔典拠〕朝　毎　読

◇五月二十二日　午後九時
NHK②
芦屋道満大内鑑　子別れから葛の
葉道行
豊竹つばめ大夫　豊竹古住大夫
豊竹小松大夫　野澤喜左衛門
野澤勝太郎　野澤勝平
解説　豊竹山城少掾
〔典拠〕朝　毎　読

◇五月二十八日　午後十時三十五分
NHK①
蝶の道行
竹本綱大夫
〔典拠〕朝　毎　読

◇六月十二日　午後一時二十五分
NHK②
伽羅先代萩　御殿の段
竹本織の大夫
〔典拠〕毎　読

◇七月三日　午後一時二十五分
NHK②
勧進帳
竹本（ママ）伊達路大夫　竹本津の子大夫
小住大夫
〔典拠〕朝　毎　読

◇七月五日　午後十一時三十分
毎日
一谷嫩軍記　流しの枝の段
豊竹つばめ大夫　野澤喜左衛門
〔典拠〕朝　毎

◇七月十二日　午後十一時三十分
毎日
絵本太功記　尼ヶ崎の段
竹本津大夫　竹本土佐大夫　豊竹
松大夫　鶴澤寛治
〔典拠〕朝　毎

◇七月二十三日　午後十時三十五分
NHK①
本朝廿四孝
竹本土佐大夫
〔典拠〕毎

◇八月十一日　午後九時
NHK②
京都南座　八月因会三和会合同公演
絵本太功記　尼ヶ崎の段
〔典拠〕朝　毎　読

◇八月十四日　午後九時
NHK②
邦楽鑑賞会　夏の風物詩　桂川道行
野崎村
豊竹つばめ大夫　竹本土佐大夫
〔典拠〕朝　毎　読

◇八月十八日　午後九時
NHK②
東京三越劇場　七月公演
夏祭浪花鑑　三婦内の段　長町裏の段
〔典拠〕朝　毎　読

◇九月六日　午後十一時三十分
毎日
伊賀越道中双六　岡崎
竹本綱大夫　竹澤弥七
〔典拠〕朝　毎

◇九月十三日　午後十一時三十分
毎日
伊賀越道中双六　岡崎
竹本綱大夫　竹澤弥七
〔典拠〕朝　毎

◇九月十八日　午後一時二十五分
NHK②
日吉丸稚桜　小牧山城中の段
豊竹若大夫
〔典拠〕朝　毎　読

◇九月二十二日　午後九時
NHK②
道頓堀文楽座　九月文楽嫩会公演
生写朝顔話　宇治川蛍狩の段
真葛ヶ原の段
〔典拠〕朝　毎　読

◇十月十五日　午後十時三十五分
NHK①
竹田三番叟
竹本綱大夫　竹澤弥七　竹澤団六
〔典拠〕朝　毎　読

◇十月十六日　午後一時二十五分
NHK②
三十三間堂棟木由来
豊竹つばめ大夫
〔典拠〕毎　読

◇十一月十五日　午後十一時四十五分
毎日
玉藻前曦袂
豊竹つばめ大夫
〔典拠〕朝　毎

◇十一月二十日　午後九時
NHK②
相生の松
豊竹つばめ大夫　野澤喜左衛門
竹田三番叟
竹本綱大夫　竹澤弥七
〔典拠〕朝　毎　読

◇十二月十一日　午後一時二十五分
NHK②
妹背山婦女庭訓　鱶七上使の段
竹本津大夫　鶴澤寛治
〔典拠〕朝　毎　読

テレビ

◇一月一日　午後一時四十分
関西
義経千本桜　道行初音旅
竹本綱大夫　吉田難波掾　吉田栄三
〔典拠〕毎　読

◇一月二日　午前九時五分
NHK
菅原伝授手習鑑　車引の段
豊竹山城少掾　松王　吉田難波掾
吉田玉助　吉田栄三
〔典拠〕朝（01・01）　毎（01・01）
読（01・01）

◇一月三日　午後八時
大阪
道頓堀文楽座　一月因会三和会合
同公演
艶容女舞衣　酒屋の段
〔典拠〕朝　毎　読

◇一月五日　午後一時三十分
大阪
道頓堀文楽座　一月因会三和会合
同公演
良弁杉由来　二月堂の段　豊竹山
城少掾引退披露口上
〔典拠〕朝　毎　読

◇一月二十六日　午後七時三十分
関西
道頓堀文楽座　一月因会三和会合
同公演
お俊伝兵衛近頃河原の達引　堀川
猿廻しの段
〔典拠〕朝　毎　読

◇一月三十日　午後九時三十分
NHK
良弁杉由来　二月堂
豊竹山城少掾　竹本綱大夫　鶴澤
藤蔵　吉田玉助　吉田玉男　吉田
玉市
〔典拠〕朝　毎　読

◇三月一日　午前十時三十分
関西
東海道中膝栗毛　赤坂並木より古
寺まで
竹本津大夫　竹本相生大夫　吉田
玉助
〔典拠〕朝　毎　読

◇四月六日　午後一時二十分
NHK教育
大阪教育テレビ放送開始記念特別
番組
寿式三番叟
豊竹山城少掾　吉田難波掾
〔典拠〕朝　毎

◇四月七日　午後九時三十分
NHK
日本の芸能「文楽の人形」
竹本綱大夫　竹澤弥七　竹澤団二郎
桐竹紋十郎
〔典拠〕朝　毎　読

◇四月九日　午後九時十分
NHK
京舞「比翼連理竹の寿」
井上八千代　竹本綱大夫　竹本南
部大夫　竹澤弥七　竹澤団六
〔典拠〕朝　毎　読

◇四月二十日　午後一時十分
毎日
道頓堀文楽座　四月文楽嫩会公演
ひらかな盛衰記　源太勘当の段
〔典拠〕朝　毎　読

◇四月二十一日　午後一時十五分
大阪
道頓堀文楽座　四月文楽嫩会公演
ひらかな盛衰記　大津宿屋の段
〔典拠〕朝　毎　読

◇四月二十一日　午後二時二十分
読売
道頓堀文楽座　四月文楽嫩会公演
ひらかな盛衰記　松右衛門内の段
逆艪の段
＊「朝日新聞（大阪）」には、午後二
時十五分
〔典拠〕朝　毎　読

◇四月二十五日　午後一時二十分
関西
道頓堀文楽座　四月文楽嫩会公演
ひらかな盛衰記　辻法印の段
神崎揚屋の段
〔典拠〕朝　毎　読

◇五月二日　午後八時
大阪
道頓堀文楽座　五月公演
白いお地蔵さん　三場
〔典拠〕朝　毎　読

◇五月八日　午後一時四十分
NHK
道頓堀文楽座　五月公演
花上野誉碑　志渡寺の段
〔典拠〕朝　毎　読

◇五月二十六日　午後九時三十分
NHK
本朝廿四孝　狐火
竹本土佐大夫　鶴澤藤蔵　桐竹亀松
〔典拠〕朝　毎　読

◇六月二十一日　午後八時三十分
NHK教育
名古屋御園座　六月因会三和会合同公演
新版歌祭文　野崎村の段
〔典拠〕朝　毎　読

◇七月十一日　午後八時
朝日
道頓堀文楽座　七月公演
夏祭浪花鑑　三婦内の段　長町裏の段
〔典拠〕朝　毎　読

◇八月四日　午後九時三十分
NHK
生写朝顔話　宿屋の段
豊竹松大夫　鶴澤徳太郎
朝顔　吉田栄三　駒沢　吉田玉男
岩代　吉田玉市
〔典拠〕朝　毎　読　N（08・02）

◇八月十八日　午後八時
NHK
黄金の椅子　伊賀越道中双六　沼津里の段　豊本節「一枚絵」
竹本綱大夫　竹澤弥七　竹澤団二郎
桐竹紋十郎　吉田玉助　吉田栄三
ゲスト　安藤鶴夫　豊本豊糸
竹本綱子大夫
〔典拠〕朝　毎　読

◇九月五日　午後一時十五分
読売
道頓堀文楽座　九月文楽嫩会公演
生写朝顔話
〔典拠〕朝　毎　読

◇九月五日　午後八時
朝日
道頓堀文楽座　九月文楽嫩会公演
生写朝顔話　明石舟別れの段
浜松小屋の段
〔典拠〕朝　毎　読

◇九月六日　午後四時十分
関西
道頓堀文楽座　九月文楽嫩会公演
生写朝顔話
〔典拠〕朝　毎　読

◇九月十五日　午後十時四十二分
NHK
上方舞「関寺小町」
楳茂都陸平　竹本綱大夫　竹澤弥七
〔典拠〕毎　読　N（09・13）

◇十一月十二日　午後八時十五分
NHK
新橋演舞場　十一月因会三和会合同公演
壺坂観音霊験記　沢市内の段
壺坂寺の段
〔典拠〕朝　毎　読

◇十一月二十三日　午後二時十五分
読売
道頓堀文楽座　十一月公演
一谷嫩軍記　熊谷桜の段　熊谷物語の段
〔典拠〕朝　毎　読

◇十一月二十八日　午後八時
朝日
道頓堀文楽座　十一月公演
艶容女舞衣　酒屋の段
〔典拠〕朝　毎　読

昭和三十五年

（一九六〇　庚子）

因会・三和会の動き

昭和三十五年（庚子）

因会

一月

・一日から二十四日　当る子歳文楽座人形浄瑠璃初春興行　因会・三和会大合同
　道頓堀文楽座
・二十五日　文楽座人形浄瑠璃若手勉強発表会　道頓堀文楽座
・二十日　松竹大谷会長が紋下問題を白紙にすると発表
・二十一日　鶴澤清六が因会に復帰
・二十二日　竹本綱大夫、竹澤弥七が二月東京公演の不参加を申し入れる
・二十六日・二十七日　文楽座人形浄瑠璃女義太夫大合同公演　道頓堀文楽座
・三十日　愛媛県今治市公会堂

二月

・四日　竹本綱大夫が二月東京公演の出演を了承
・十一日から二十日　第六回文楽人形浄瑠璃因会三和会合同公演　御目見得
　東京新橋演舞場
・二十一日から二十五日　同　御名残り　東京新橋演舞場
・二十六日　第四回登竜会　神戸国際会館
・二十七日　第四回登竜会　京都南座
・二十八日　第四回登竜会　大阪毎日ホール

三月

・一日から八日　文楽座人形浄瑠璃因会三和会合同公演　京都文楽会第十七回
　公演　京都南座
・十九日から二十四日　文楽嫩会第七回例会春季大発表会　道頓堀文楽座
・二十八日　第十回邦楽名人大会　名古屋御園座

三和会

一月

・一日から二十四日　当る子歳文楽座人形浄瑠璃初春興行　因会・三和会大合同
　道頓堀文楽座
・二十五日　文楽座人形浄瑠璃若手勉強発表会　道頓堀文楽座

二月

・二日から十日　第二十一回東京公演　東京三越劇場
（三日から十日　第十一回学生の文楽教室　東京三越劇場）
・十一日から二十日　第六回文楽人形浄瑠璃因会三和会合同公演　御目見得
　東京新橋演舞場
・二十一日から二十五日　同　御名残り　東京新橋演舞場
・二十六日　小唄協会創立満十周年記念小唄大会　東京明治座
・二十六日　第四回登竜会　神戸国際会館
・二十七日　第四回登竜会　京都南座
・二十八日　第四回登竜会　大阪毎日ホール

三月

・一日から八日　文楽座人形浄瑠璃因会三和会合同公演　京都文楽会第十七回
　公演　京都南座
・十六日　初代豊松清十郎の法要と公演　岐阜県羽島郡岐南町東公民館
・十九日から二十四日　文楽嫩会第七回例会春季大発表会　道頓堀文楽座

四月

・十日　奈良県中の千本勝手神社境内
・十一日　一九六〇年大阪芸術祭開幕披露芸能祝典　大阪毎日ホール
・十八日・十九日　石川県山中温泉昭和館
・十八日から二十日　綱弥会・西東会文楽素浄瑠璃の会　東京新橋演舞場
・二十四日から五月十五日　大阪芸術祭文楽座人形浄瑠璃五月興行　道頓堀文楽座

五月

・二十三日　故竹本綾之助・故乃村乃菊十三回忌追福会　東京美術倶楽部

六月

・二日から二十六日　劇聖団十郎祭六月大歌舞伎　大夫三味線特別出演　東京歌舞伎座
・二十八日　長唄と舞踊の会　東京明治座

四月

・一日　中国、九州巡業
・二日　岡山市葦川会館
・四日　広島県福山市公会堂
・五日　広島市公会堂
・七日から十日　山口県秋穂町秋穂劇場
・十一日　福岡市大博劇場
・十二日　長崎市三菱会館
・十四日　熊本市太洋文化ホール
・十五日　宮崎県延岡市野口会館
・十六日　福岡県飯塚市嘉穂劇場
　　　　　福岡県八幡市花月劇場
・十八日・十九日　石川県山中温泉昭和館
・十八日から二十日　綱弥会・西東会文楽素浄瑠璃の会　東京新橋演舞場
・二十四日から五月十五日　大阪芸術祭文楽座人形浄瑠璃五月興行　道頓堀文楽座

五月

・二十三日　故竹本綾之助・故乃村乃菊十三回忌追福会　東京美術倶楽部
　東海、関東巡業
・二十七日　三重県四日市市公会堂
・二十八日　三重県津市中央公民館
・二十九日　三重県伊勢市伊勢会館
・三十日　名古屋市公会堂
・三十一日　静岡県浜松市歌舞伎座

六月

・一日　静岡市公会堂
・二日　東京都渋谷区実践女子大学
・三日　東京都港区戸板学園
　　　　東京都豊島区立教大学タッカーホール

七月

・二十一日から二十四日　文楽嫩会第一回東京発表会　東京東横ホール

・四日　東京都大田区民会館
・五日　東京都足立区振興館
　東京都江戸川区愛国学園講堂
・六日　東京都葛飾区公会堂
・七日　東京都文京区茗荷谷ホール
・八日　東京都江戸川区愛国学園
・九日　東京都千代田区砂防会館
・十日　東京都品川区公会堂
・十一日　東京都文京区文京女子学園
・十二日　東京都足立区公会堂
　十三日　東京都江戸川区小松川高等学校
　東京都江戸川区関東商工高等学校
・十四日　千葉県市川市和洋女子大学
・十五日　東京都世田谷区調布学園
・十六日　東京都北区東京成徳学園
　十七日　東京都文京区駒込学園
　東京都荒川区聖橋学園
・十八日　神奈川県川崎市立労働会館ホール
　十九日　栃木県足利興国化学講堂
・六日　豊竹若大夫会　東京美術倶楽部
・二十一日から二十九日　第二十二回東京公演　東京三越劇場
（二十一日から二十九日　学生の文楽教室　東京三越劇場）
・三十日　東京都墨田区日本大学第一高等学校

七月

・一日　東京都立板橋高等学校
　東京都足立区公会堂
・二日　東京都世田谷区駒沢学園
・二十一日から二十四日　文楽嫩会第一回東京発表会　東京東横ホール

八月

・六日　外国人のための文楽解説　道頓堀文楽座

・七日　楳茂都ゆかた会

・十三日から二十八日　八月興行文楽座人形浄瑠璃　道頓堀文楽座

・八月　松竹が赤字対策のために八月、十一月を因会単独公演にすると発表

九月

・八日　奉納公演　大阪府箕面市牧落宇宙の宮

・十三日　東京都中野区東京文化高等学校

・十三日　東京都八王子市東京婦人補導院

・二十七日　有楽会素義会　大阪松坂会館

・二十九日　第七回名流舞踊観賞会　京都南座

・三十日　大阪府民劇場運営審議会が文楽改革案を提出

中国巡業

・二十八日　広島県竹原市立竹原小学校講堂

・二十九日　広島県呉市倉橋島音頭町ラツキ劇場

広島県呉市広町金星座

・三十日　広島県呉市星ヶ丘高等学校

広島県呉市立和庄小学校体育館

八月

・六日　全国公立幼稚園園長会議　大阪ＡＢＣホール

九月

・十三日　東京都中野区東京文化高等学校

・十三日　東京都八王子市東京婦人補導院

・三十日　大阪府民劇場運営審議会が文楽改革案を提出

東海、関東巡業

・十四日　大阪天王寺会館

・十六日　初代清十郎九十年忌墓前祭　岐阜県羽島郡岐南町東公民館

・十七日　岐阜市公会堂

・十八日　神奈川県小田原市御幸座

・十九日　東京都世田谷区昭和女子大学

・二十日　東京都千代田区神田共立講堂

夜　東京都台東区公会堂

・二十一日・二十二日　東京都墨田区民会館

・二十三日　埼玉県羽生市体育会館

・二十四日　東京都中野区公会堂

・二十五日　埼玉県川越市川越会館

・二十六日　東京都豊島区公会堂

・二十七日　東京都杉並区公会堂

・二十八日　昼　東京都千代田区共立講堂

夜　東京都板橋区北園高等学校

・二十九日　昼　東京都世田谷区成城学園

夜　東京都千代田区女子学院

・三十日　昼　東京都世田谷区松蔭学園

夜　東京都世田谷区二階堂高等学校

十月

・一日　広島県三原市立三原東高等学校体育館
　広島大学三原分校講堂
・二日　広島県立尾道東高等学校講堂

中国、四国巡業

・四日　岡山市天満屋葦川会館
・六日　香川県高松市明善学園体育館
・七日　徳島市徳島城内武道館
・八日　高知市中央公民館
・九日　愛媛県松山市済美高等学校済美館
・十二日　愛媛県宇和島市公会堂大宮ホール
・六日　茨城県日立市小平会館
・十五日　第五回日本芸能観賞のつどい　京都観世会館
・十六日　兵庫県黒井三峰庵
・二十日　京都市立二条中学校
・二十一日　ＮＨＫ人形浄瑠璃新作発表会　大阪産経会館
・二十三日・二十四日　文楽座人形浄瑠璃秋季特別引越興行　京都文楽会第十八回公演　京都南座
・二十五日　奈良天理教館
・二十七日　国家指定芸能特別鑑賞会　東京歌舞伎座
・二十八日　豊本会　大阪ＡＢＣホール
・二十八日　東京歌舞伎座と文楽座が株主総会で合併を可決

十一月

・三日から二十三日　文楽座人形浄瑠璃十一月興行　道頓堀文楽座
・十六日・十八日・十九日・二十二日　学校マチネー　道頓堀文楽座
・四日　豊竹山城少掾が文化功労者に選定される
・二十三日　大近松二百三十七年祭奉納演奏　兵庫県尼崎市広済寺
・二十七日　吉田玉五郎後援会　徳島県医師会館

十月

・一日　栃木県真岡市真岡映劇
・二日　浦和市埼玉会館
・三日　昼　東京都渋谷区青山学園
　東京都目黒区公会堂
・四日　昼　東京都世田谷区青葉学園
　夜　東京都杉並区立教女子学園
・六日　茨城県日立市小平会館
・十一日　兵庫県立星陵高等学校講堂
・二十一日　ＮＨＫ人形浄瑠璃新作発表会　大阪産経会館
・二十七日　国家指定芸能特別鑑賞会　東京歌舞伎座

十一月

東京都内学校巡業
・二十四日　東京都港区日本大学第三学園
　東京都大田区荏原高等学校
・二十五日　東京都港区高輪高等学校
・二十六日　東京都目黒区八雲学園
・　東京都練馬区日本大学芸術学部

・二十七日から二十九日　第一回扇の会　東京歌舞伎座
・二十九日　吉右衛門を偲ぶ会　東京新橋演舞場

十二月

・四日　吉田玉五郎後援会十二月例会　徳島県医師会館
・十一日　四条畷刑務所慰問
　　大阪中央拘置所慰問
・十九日　文楽前夜祭　東京新橋演舞場
・二十日から二十三日　第七回文楽人形浄瑠璃因会三和会合同公演　御目見得
　　東京新橋演舞場
・二十日　文五郎をたたえる会　東京新橋演舞場
・二十四日から二十七日　第七回文楽人形浄瑠璃因会三和会合同公演　御名残り
　　東京新橋演舞場

・二十八日　東京都文京区京華学園
　　東京都立葛飾野高等学校
・二十九日　東京都立新宿高等学校
　　東京都世田谷区恵泉女学園
　　東京都世田谷区日本大学文理学部
・三十日　東京都世田谷区鷗友学園

十二月

・一日　東京都台東区上野忍岡高等学校
　　東京都世田谷区武蔵野工業大学
・二日　東京都杉並区光塩女子学園
　　東京都世田谷区玉川聖学園
・四日　大阪府豊中市立大池小学校講堂
・十二日から十四日　滋賀県大津市琵琶湖ヘルスセンター
・十九日　文楽前夜祭　東京新橋演舞場
・二十日から二十三日　第七回文楽人形浄瑠璃因会三和会合同公演　御目見得
　　東京新橋演舞場
・二十日　文五郎をたたえる会　東京新橋演舞場
・二十四日から二十七日　第七回文楽人形浄瑠璃因会三和会合同公演　御名残り
　　東京新橋演舞場

35・01・01　因会・三和会　道頓堀　文楽座　大阪　[BCD]

当る子歳文楽座人形浄瑠璃　初春興行
因会・三和会大合同
竹本文字大夫　豊松清十郎　襲名披露
元旦初日　二十四日まで　十三日より昼夜の狂言入替　道頓堀文楽座
芸術院会員　文化功労者　文五郎事吉田難波掾
重要無形文化財指定　府民劇場指定

昼の部　十一時開演

お染久松　新版歌祭文

野崎村の段

中　竹本静大夫
　野澤吉三郎
前　豊竹松大夫
　野澤松之輔
後　竹本津大夫
三味線　鶴澤寛治
　豊竹つばめ大夫
三味線　野澤喜左衛門
ツレ　鶴澤叶太郎
　鶴澤藤二郎

親久作　吉田辰五郎
娘お光　桐竹亀松
娘お染　吉田玉男
丁稚久松　吉田東太郎
母おかつ　吉田作十郎
下女およし　吉田玉昇
手代小助　桐竹勘十郎
久作女房　吉田国秀
駕かき　吉田文雀
駕かき　吉田文昇
船頭　桐竹紋弥

鏡　獅　子

藤間紋寿郎振付

小姓弥生 獅子の精　後に　竹本南部大夫
胡蝶　古住大夫改め竹本文字大夫
胡蝶　竹本織の大夫
ツレ　豊竹小松大夫
　竹本相子大夫
　野澤勝太郎
　鶴澤徳太郎
　鶴澤燕三
　野澤市治郎
　竹澤団六
　野澤勝平
　竹澤団二郎

小姓弥生 獅子の精　実は　桐竹紋十郎
胡蝶　紋之助改め豊松清十郎
胡蝶　桐竹紋二郎

菅原伝授手習鑑

松王首実検の段

豊竹若大夫
野澤勝太郎

いろは送りの段

竹本綱大夫
竹澤弥七

武部源蔵　吉田栄三
女房戸浪　吉田玉五郎
舎人松王丸　吉田玉助
女房千代（前）　桐竹亀松
女房千代（後）　文五郎事吉田難波掾
春藤玄蕃　吉田玉男
菅秀才　桐竹勘之助
御台所　桐竹紋二郎
涎くり　桐竹紋寿
小太郎　吉田小玉
手習子、捕手、百姓　大ぜい

本朝廿四孝

十種香の段

八重垣姫　竹本土佐大夫
蓑作 実は 武田勝頼　豊竹つばめ大夫
　竹本津大夫
腰元濡衣　古住大夫改め竹本文字大夫
長尾謙信　竹本長子大夫
白須賀六郎　豊竹弘大夫
原小文次　竹本伊達路大夫
三味線　鶴澤寛治
三味線　野澤喜左衛門

十種香の段

武田勝頼　桐竹勘十郎
娘八重垣姫　桐竹紋十郎
腰元濡衣　吉田玉五郎
長尾謙信　吉田玉市
白須賀六郎　吉田文雀
原小文治　吉田文昇

狐火の段

竹本土佐大夫
鶴澤藤蔵
ツレ　野澤錦糸
琴　野澤勝平

狐火の段

白狐 実は 八重垣姫　紋之助改め 豊松清十郎
白狐　大ぜい

此処豊松清十郎出遣い早替りにて御覧に入れます

夜の部　四時半開演

仮名手本忠臣蔵

道行旅路の花聟（落人）

おかる　竹本土佐大夫
豊竹松大夫
勘平　竹本津大夫
豊竹つばめ大夫
鷺坂伴内　竹本織の大夫
豊竹小松大夫
ツレ　竹本津の子大夫
野澤松之輔
野澤吉三郎
鶴澤徳太郎
野澤錦糸
野澤市治郎
野澤勝平
鶴澤叶太郎

早野勘平　吉田玉男
腰元おかる　吉田栄三
鷺坂伴内　吉田玉五郎
取巻　吉田玉昇
取巻　桐竹紋寿
取巻　大ぜい

祇園一力茶屋の段

大星由良之助　豊竹若大夫
大星力弥　竹本織の大夫
矢間重太郎　竹本南部大夫
竹森喜多八　豊竹十九大夫
千崎弥五郎　豊竹弘大夫
竹本伊達路大夫
仲居　豊竹小松大夫
おかる　豊竹松大夫
仲居　竹本津の子大夫
仲居　竹本相子大夫
鷺坂伴内　竹本静大夫
斧九太夫　竹本相生大夫
寺岡平右衛門　竹本津大夫
豊竹つばめ大夫
前　三味線　野澤喜左衛門
後　三味線　鶴澤寛治

大星由良之助　吉田玉助
大星力弥　桐竹紋二郎
矢間重太郎　吉田作十郎
竹森喜多八　吉田東太郎
千崎弥五郎　吉田国秀
遊女おかる　桐竹紋十郎
鷺坂伴内　吉田玉五郎
斧九太夫　吉田辰五郎
寺岡平右衛門　桐竹亀松
仲居　大ぜい

嬢景清八島日記

花菱屋の段

竹本相生大夫
野澤松之輔

日向島の段

切　竹本綱大夫
竹澤弥七

花菱屋の段

花菱屋女房　桐竹勘十郎
花菱屋長　吉田玉男
肝煎佐治太夫　吉田玉市
娘糸滝　吉田玉五郎
遊君　吉田小玉
遊君　桐竹一暢
やり手　吉田東太郎
飯焚き女　吉田文昇
久三　吉田玉幸
小女郎　桐竹紋弥

日向島の段

悪七兵衛景清　吉田玉助
肝煎佐治太夫　吉田玉市
娘糸滝　紋之助改め 豊松清十郎
里人 実は 土屋軍内　吉田玉昇
里人 実は 天野四郎　吉田作十郎
船人　桐竹紋寿
船人　吉田玉之助

夕霧伊左衛門 曲輪文章

吉田屋の段

前　古住大夫改め 竹本文字大夫
　　野澤勝太郎
後　竹本土佐大夫
　　鶴澤藤蔵
ツレ　鶴澤燕三
　　竹澤団六

藤屋伊左衛門	桐竹紋十郎
遊女夕霧	吉田栄三
吉田屋喜左衛門	桐竹勘十郎
女房おきさ	吉田文雀
若い者	桐竹小紋
若い者	桐竹勘之助
太鼓持	吉田玉幸
禿	吉田栄之助
仲居	桐竹紋弥
仲居	大ぜい

一等席五百円　二等席三百円　三等席百五十円
学生券A（一等）三百円　B（二等）百五十円

○豊竹古住大夫改め　九代竹本文字大夫
○桐竹紋之助改め　四代豊松清十郎
◇鶴澤清六休演（『文楽因会三和会興行記録』）
◇鏡獅子　小姓弥生 左 桐竹勘十郎　足 前 桐竹紋二郎　獅子の精 豊松清十郎（「新夕刊」01・13）
◇本朝廿四孝　狐火の段　八重垣姫 左 桐竹紋十郎　足 桐竹勘十郎（「新夕刊」01・13）
◇一月十六日　本朝廿四孝　十種香の段　テレビ放送　朝日　午後八時（「朝日新聞（大阪）」、「毎日新聞（大阪）」、「読売新聞（大阪）」01・16）
◇一月十七日　仮名手本忠臣蔵　一力茶屋の段　テレビ放送　NHK教育　午後八時三十分（「朝日新聞（大阪）」、「毎日新聞（大阪）」、「読売新聞（大阪）」、「週刊NHK新聞」01・17）

35・01・25　因会・三和会　道頓堀　文楽座　大阪　［BC］

文楽座人形浄瑠璃若手勉強発表会
昭和三十五年一月二十五日　道頓堀文楽座
主催　文楽三業養成会　後援　文化財保護委員会　大阪府教育委員会　株式会社文楽座

本朝廿四孝　一時

十種香の段

八重垣姫　竹本津の子大夫
武田勝頼　竹本綱子大夫
腰元濡衣　豊竹若子大夫
白須賀六郎　竹本津弥大夫
原小文次　豊竹松香大夫
長尾謙信　竹本文字大夫
三味線　鶴澤寛治

武田勝頼	吉田小玉
腰元濡衣	桐竹一暢
八重垣姫	吉田文昇
長尾謙信	桐竹小紋
白須賀六郎	吉田栄弘
原小文治	吉田栄之助

狐火の段

竹本相子大夫
鶴澤藤二郎
鶴澤藤蔵
琴　竹澤団二郎

八重垣姫	桐竹紋寿
白狐	大ぜい

菅原伝授手習鑑　二時三十分

寺入りの段

竹本伊達路大夫
野澤勝太郎

松王首実検の段

竹本織の大夫
竹澤団六

いろは送りの段

豊竹弘大夫

菅秀才	桐竹勘太郎
涎くり	桐竹紋次
小太郎	桐竹亀若
女房戸浪	桐竹勘之助
女房千代	桐竹紋二郎
武部源蔵	桐竹紋弥
三助	吉田玉之助
春藤玄蕃	吉田玉幸
舎人松王丸	吉田玉昇

野澤　勝　平

御台所　吉田　玉　丸
手習子、捕手、百姓　大　ぜ　い

仮名手本忠臣蔵　四時十五分

祇園一力茶屋の段

大星由良之助　竹本　文字大夫
大星力弥　豊竹　若子大夫
矢間重太郎　竹本　津　大　夫
竹森喜多八　豊竹　つばめ大夫
千崎弥五郎　豊竹　松　大　夫
仲居　竹本　津弥大夫
おかる　豊竹　小松大夫
仲居　豊竹　松香大夫
鷺坂伴内　竹本　相子大夫
斧九太夫　竹本　伊達路大夫
寺岡平右衛門　豊竹　十九大夫
前　鶴澤　清　治
後　竹澤　団　二　郎

矢間重太郎　吉田　文　昇
竹森喜多八　桐竹　小　紋
千崎弥五郎　桐竹　紋　寿
大星由良之助　吉田　東　太　郎
寺岡平右衛門（前）　吉田　玉　幸
寺岡平右衛門（後）　吉田　小　玉
大星力弥　桐竹　勘　之　助
斧九太夫　吉田　玉　之　助
鷺坂伴内　桐竹　一　暢
おかる　吉田　文　雀
仲居　大　ぜ　い

◎一月二十日から二月四日

一月二十日、鶴澤清六の反対により竹本綱大夫の紋下就任が頓挫していたため、全員一致を望む松竹大谷会長は紋下問題を白紙に戻すとした

二十一日、引退を表明して休演中の鶴澤清六は大野伴睦らの斡旋で因会に復帰することになる

二十二日、紋下問題で人格を批判されたとし、竹本綱大夫は竹澤弥七と共に文楽座支配人を通じて二月東京公演不参加を申し入れる

二月四日、鶴澤清六が紋下問題で竹本綱大夫の感情を害したことに対して遺憾の意を表明したため、竹本綱大夫は大谷会長の斡旋もあり、二月の東京公演の出演を了承

〔典拠〕「読売新聞（大阪）」（01・20／02・04）

「産経新聞（大阪）」（01・23）、「毎日新聞（大阪）」（01・24）

◇一月二十六日　昭和三十四年度第九回人形浄瑠璃因協会賞贈呈式　大阪市長公室

因協会賞
竹本津大夫「艶容女舞衣　酒屋の段」の演技
豊竹松大夫　鶴澤藤蔵「恋飛脚大和往来　新口村の段」の演技・演奏
奨励賞
竹本文字大夫「生写朝顔話　笑薬の段」の演技
野澤勝平「絵本太功記　尼ヶ崎の段」の演奏
桐竹紋二郎「伽羅先代萩　竹の間、御殿の段」の政岡の演技
吉田玉昇「安宅関　勧進帳の段」の弁慶の演技

〔典拠〕『財団法人人形浄瑠璃因協会　昭和三十五年度年報』
「読売新聞（大阪）」（01・23）

◎**一月二十六日・二十七日　因会**　文楽座人形浄瑠璃女義太夫大合同公演

道頓堀文楽座　午後一時開演
女義太夫に人形参加

仮名手本忠臣蔵
道行旅路の花聟（落人）
早野勘平　吉田　東　太　郎
腰元おかる　吉田　文　雀
鷺坂伴内　吉田　玉　昇
取巻　大　ぜ　い

祇園一力茶屋の段
大星由良之助　吉田　玉　助
遊女おかる　桐竹　亀　松
斧九太夫　吉田　兵　次
寺岡平右衛門　吉田　玉　男
仲居　大　ぜ　い

菅原伝授手習鑑
寺子屋の段
武部源蔵　吉田　玉　市
女房戸浪　吉田　玉　五　郎
舎人松王丸　吉田　玉　助
女房千代　吉田　栄　三
春藤玄蕃　吉田　東　太　郎
菅秀才　桐竹　一　暢
御台所　吉田　小　玉
涎くり　吉田　文　昇
一子小太郎　吉田　玉　丸
手習子、捕手、百姓　大　ぜ　い

夕霧伊左衛門　曲輪嫜
吉田屋の段

藤屋伊左衛門　桐竹亀松
遊女夕霧　吉田栄三
吉田屋喜左衛門　吉田玉男
女房おきさ　吉田文昇
若い者　吉田玉之助
若い者　吉田小玉
太鼓持　吉田玉幸
禿　吉田栄之助
仲居　大ぜい

お染久松　新版歌祭文
野崎村の段

親久作　吉田玉市
娘お光　吉田玉五郎
娘お染　吉田玉男
丁稚久松　吉田文昇
母親おかつ　吉田文雀
下女およし　吉田玉昇
船頭　吉田玉幸
駕かき　吉田小玉
駕かき　桐竹一暢

〔典拠〕プログラム

35・01・30　因会　今治市公会堂　愛媛　［BC］

大阪文楽座人形浄瑠璃　一九六〇年一月三十日　初春公演
昼午後一時　夜午後五時三十分開演　今治市公会堂

寿式三番叟

竹本伊達路大夫
竹本織の大夫
豊竹弘大夫
鶴澤徳太郎
竹澤団六
鶴澤藤二郎

三番叟　吉田東太郎
三番叟　吉田玉昇

壺坂観音霊験記
沢市内より壺坂寺の段

竹本南部大夫
鶴澤徳太郎

沢市　吉田玉男
お里　吉田文雀

※1ツレ　鶴澤藤二郎

観世音　吉田玉之助

伽羅先代萩
御殿の段
政岡忠義の段

竹本土佐大夫
鶴澤藤蔵

乳人政岡　吉田玉男
鶴喜代君　吉田玉丸
一子千松　桐竹一暢
栄御前　吉田玉五郎
妻八汐　吉田玉市
妻沖の井　吉田東太郎

新版歌祭文
野崎村の段

豊竹弘大夫
竹本織の大夫
竹澤団六
鶴澤藤二郎

娘お光　吉田玉五郎
親久作　吉田玉市
丁稚久松　吉田小玉
娘お染　吉田文昇
下女お芳　吉田玉之助
母お勝　吉田玉米
船頭竹松　吉田玉幸

※1　Cにあり

35・02・02　三和会　日本橋　三越劇場　東京　［BCD］

文楽人形浄瑠璃芝居
重要無形文化財　文楽三和会第二十一回東京公演　三越劇場
九代目竹本文字大夫襲名披露
昭和三十五年二月二日より十日　毎日十二時半開演　一回興行（月曜日休演）

景事 **二人禿**

豊竹小松大夫
豊竹松島大夫
鶴澤燕三
野澤勝平
豊澤仙二郎
竹澤団作
豊澤猿二郎

禿 桐竹紋弥
禿 桐竹紋寿

恋女房染分手綱

重の井子別の段

切 竹本源大夫
鶴澤叶太郎

調姫 桐竹勘太郎
重の井 豊松清十郎
弥惣左衛門 吉田作十郎
腰元お福 桐竹紋二郎
馬方三吉 桐竹勘之助
宰領 桐竹紋七
宰領 吉田菊一

梅川忠兵衛 **恋飛脚大和往来**

新口村の段

切 豊竹つばめ大夫
三味線 野澤喜左衛門

忠兵衛 桐竹紋弥 桐竹紋寿（一日替り）
梅川 桐竹紋二郎
忠三の女房 桐竹紋十郎
水右衛門 桐竹勘之助
伝ヶ婆 吉田菊一
藤次兵衛 桐竹紋七
置頭巾 吉田国秀
針立の道庵 吉田作十郎
孫右衛門 吉田辰五郎

豊竹古住大夫改め
九代目竹本文字大夫 **襲名披露口上**

八右衛門 桐竹紋次
取手小頭 桐竹小紋
取巻 大ぜい

源平布引滝

松波検校琵琶の段

切 豊竹若大夫
野澤勝太郎

紅葉の局 桐竹紋次
若葉の局 吉田国秀
松波検校実は多田蔵人行綱 桐竹紋十郎
仕丁平治実は難波六郎 桐竹勘十郎
仕丁藤作実は越中次郎 豊松清十郎
仕丁又五郎実は上総五郎 吉田作十郎
小桜 桐竹勘之助

壇浦兜軍記

阿古屋琴責の段

阿古屋 竹本文字大夫（豊竹古住大夫改め）
重忠 豊竹つばめ大夫
岩永 豊竹松島大夫
榛沢 豊竹若子大夫
三味線 野澤喜左衛門
ツレ 野澤市治郎
三曲 野澤勝平

重忠 吉田辰五郎
岩永 桐竹勘十郎
榛沢 桐竹紋弥 桐竹紋寿（一日替り）
阿古屋 桐竹紋十郎
水奴 桐竹紋七
水奴 吉田菊一

* * *

はやし 芳村喜代次
人形細工師 藤本由良亀
舞台製作 長谷川音次郎

舞台装置 鈴木幸次郎
小道具 山森定次郎
床山 背戸百太郎

入場券　A席三百五十円　B席二百五十円　学割（B席）百五十円

◎二月二日から十日　文楽教室　［BC］

第十一回学生の文楽教室
昭和三十五年二月二日より十日
主催　読売新聞社

人形浄瑠璃芝居の話　三和会頭取 豊澤猿二郎
人形の解説　三和会人形部 豊松清十郎
桐竹紋二郎

新曲　**面売り**

豊竹小松大夫
豊竹松島大夫
鶴澤燕三
野澤市治郎
豊澤仙二郎
野澤勝平
竹澤団作
豊澤猿二郎

面売り　桐竹紋二郎

恋女房染分手綱
重の井子別れの段

交替出演
竹本源大夫
鶴澤叶太郎
竹本文字大夫
野澤勝太郎

調姫　桐竹紋次
桐竹勘太郎
重の井　桐竹勘十郎
豊松清十郎
腰元お福　吉田国秀

弥惣左衛門　吉田作十郎
馬方三吉　桐竹勘之助
宰領　吉田菊一
宰領　桐竹紋七

35・02・11　因会・三和会

新橋演舞場　東京　①　［BCD］

第六回文楽人形浄瑠璃因会三和会合同公演
二月十一日初日　二月二十五日千秋楽
主催　東京文楽会

御目見得狂言　二月十一日より二十日まで

昼の部　十一時開幕※1

通し狂言　加賀見山旧錦画《かがみやまこきょうのにしきえ》

草履打の段

局岩藤　竹本相生大夫
中老尾上　竹本南部大夫
鷲の善六　竹本静大夫
腰元　豊竹弘大夫
腰元　豊竹小松大夫
野澤松之輔

局岩藤　吉田辰五郎
中老尾上　吉田栄三
鷲の善六　吉田作十郎
腰元　大ぜい

長局の段

前　竹本綱大夫
竹澤弥七
後　豊竹つばめ大夫
三味線　野澤喜左衛門

中老尾上　吉田栄三
召使お初　桐竹亀松
町人　吉田兵次
町人　吉田国秀

奥庭の段※2

古住大夫改め 竹本文字大夫
鶴澤燕三

召使お初　桐竹亀松
局岩藤　吉田辰五郎
忍び　吉田玉昇
安田庄司　吉田東太郎
腰元　大ぜい

絵本《えほん》太功記《たいこうき》

尼ヶ崎の段

前　竹本津大夫
三味線　鶴澤寛治
後　豊竹若大夫
野澤勝太郎

武智重次郎　桐竹勘十郎
嫁初菊　豊松清十郎
妻操　桐竹紋十郎
母皐月　吉田玉市
真柴久吉　吉田玉男
武智光秀　吉田玉助
加藤虎之助　桐竹一暢
軍兵　大ぜい

壺坂観音霊験記《つぼさかかんのんれいけんき》

沢市内より壺坂寺まで

女房お里　竹本土佐大夫
座頭沢市　豊竹松大夫
観世音　竹本津の子大夫
三味線　鶴澤清六
ツレ　鶴澤徳太郎
鶴澤清好

座頭沢市　（桐竹亀松
吉田栄三
女房お里（前）　吉田玉五郎
（後）　桐竹紋十郎
観世音　吉田玉幸

夜の部　四時半開幕※3

本朝《ほんちょう》廿四孝《にじゅうしこう》

景勝上使の段

竹本織の大夫

長尾景勝　桐竹勘十郎

野澤吉三郎

十種香の段

豊竹松大夫
三味線　鶴澤清六

長尾謙信　吉田玉市
花造り関兵衛 実は 斎藤道三　吉田辰五郎
蓑作 実は 勝頼　吉田玉男
腰元濡衣　豊松清十郎

奥庭狐火の段※4

竹本土佐大夫
鶴澤藤蔵
ツレ　野澤錦糸
琴　野澤勝平

武田勝頼　吉田玉男
腰元濡衣　豊松清十郎
息女八重垣姫　桐竹紋十郎
長尾謙信　吉田玉市
白須賀六郎　吉田玉昇
原小文治　吉田文昇
白狐 実は 八重垣姫　桐竹紋十郎
白狐　大ぜい

お染久松 新版歌祭文《しんぱんうたざいもん》

野崎村の段

前　豊竹つばめ大夫
三味線　野澤喜左衛門
後　豊竹若大夫
野澤勝太郎
ツ　野澤市治郎
レ　鶴澤藤二郎

娘お光　桐竹亀松
娘お染　吉田玉五郎
下女およし　桐竹紋二郎
親久作　吉田辰五郎
丁稚久松　吉田東太郎
久作女房　吉田国秀
母親おかつ　吉田作十郎
駕かき留蔵　吉田文雀
※5駕かき達蔵　吉田文昇
船頭竹松　桐竹紋弥

昭和三十五年（一九六〇）

菅原伝授《すがわらでんじゅ》手《て》習《ならい》鑑《かがみ》

松王首実検の段

竹本相生大夫
野澤松之輔

いろは送りの段

竹本綱大夫
竹澤弥七

女房戸浪　吉田玉五郎
菅秀才　桐竹勘之助
一子小太郎　吉田小玉
涎くり　桐竹紋寿
武部源蔵　吉田玉市
舎人松王丸　吉田玉助
春藤玄蕃　桐竹勘十郎
女房千代（前）　桐竹紋十郎
（後）　吉田難波掾
御台所　桐竹紋二郎
手習子、百姓、捕手　大ぜい

木村富子作　山村若振付
鶴澤道八作曲　松田種次装置

新曲　小《こ》鍛《か》冶《じ》※6

老翁 実は 稲荷明神　竹本津大夫
三条小鍛冶宗近　竹本文字大夫（古住大夫改め）
勅使道成　豊竹十九大夫
竹本伊達路大夫
竹本相子大夫
三味線　鶴澤寛治
鶴澤叶太郎
竹澤団六
鶴澤清好
野澤勝平
竹澤団二郎

三条小鍛冶宗近　吉田玉男
老翁 実は 稲荷明神　吉田栄三
勅使道成　吉田文雀

御観劇料　五百円　三百円　百円

※1　D十二日より十四日まで十二時開演　※2　都民劇場ではカット

※3　D十一日より十七日まで五時開演　※4　都民劇場ではカット
※5　都民劇場プログラムにはなし　※6　都民劇場ではカット
◇都民劇場演劇サークル第百二十六回二月定期公演　十一日より十七日　昼の部十二時　夜の部五時開演　文楽教室　昼夜終演後四時半　九時予定　三宅周太郎　鶴澤寛治　豊竹つばめ大夫　野澤勝太郎　吉田玉五郎　吉田玉男らが交互に出演（『都民劇場』二月号）
◇二月十六日　加賀見山旧錦絵　長局の段　ラジオ放送　NHK第二　午後九時（「朝日新聞（大阪）」、「毎日新聞（大阪）」、「読売新聞（大阪）」02・16）
◇二月二十五日　本朝廿四孝　奥庭狐火の段　テレビ放送　関西　午後九時（「朝日新聞（大阪）」、「毎日新聞（大阪）」、「読売新聞（大阪）」02・25）

新橋演舞場　東京　②　［BCD］

御名残り狂言　二月二十一日より二十五日まで

昼の部　十一時開幕

梅川 忠兵衛　冥《めい》途《ど》の飛《ひ》脚《きゃく》

淡路町亀屋内より羽織落しの段

竹本織の大夫
鶴澤藤蔵

手代伊兵衛　吉田玉昇
母妙閑　吉田国秀
国侍山田甚内　吉田作十郎
八右衛門の使い　吉田兵次
亀屋忠兵衛　吉田栄三
下女まん　吉田玉五郎
丹波屋八右衛門　桐竹勘十郎
馬方　吉田玉幸
宰領　桐竹紋弥

新町封印切の段

傾城梅川　豊竹松大夫
亀屋忠兵衛　竹本津大夫

丹波屋八右衛門　桐竹勘十郎
傾城梅川　桐竹亀松

丹波屋八右衛門　竹本静大夫
花車　竹本南部大夫
女郎鳴戸瀬　豊竹弘大夫
女郎千代戸瀬　豊竹小松大夫
太鼓持五兵衛　竹本伊達路大夫
三味線　鶴澤寛治

井筒屋女房　吉田作十郎
千代戸瀬　桐竹紋寿
鳴戸瀬　桐竹勘之助
亀屋忠兵衛　吉田栄三
下女りん　吉田玉幸
下女たま　吉田玉之助
太鼓持五兵衛　吉田小玉
禿　吉田栄弘

御所《ごしょ》桜《ざくら》堀川《ほりかわ》夜討《ようち》

弁慶上使の段

切　豊竹若大夫
野澤勝太郎

卿の君　吉田小玉
侍従太郎　桐竹勘十郎
妻花の井　豊松清十郎
針妙おわさ　桐竹紋十郎
娘しのぶ　桐竹紋二郎
武蔵坊弁慶　吉田玉助

三勝半七 艶容《はですがた》女舞衣《おんなまいぎぬ》

酒屋の段

前　竹本相生大夫
野澤松之輔
後　竹本土佐大夫
三味線　鶴澤清六
高音　鶴澤清好

親宗岸　吉田辰五郎
娘お園（前）　吉田難波掾
（後）　桐竹亀松
半兵衛女房　吉田国秀
舅半兵衛　吉田玉市
娘おつう　吉田玉丸
茜屋半七　吉田玉男
美濃屋三勝　吉田東太郎

嫗《こもち》山《やま》姥《うば》

廓噺の段

―

前　豊竹つばめ大夫
三味線　野澤喜左衛門
後　竹本文字大夫（古住大夫改め）
野澤勝太郎
ツレ　野澤市治郎
野澤勝平

沢瀉姫　吉田文雀
腰元可門　吉田文昇
腰元更科　吉田玉昇
乳母藤浪　桐竹紋弥
莨屋源七　吉田玉五郎
八重桐　桐竹紋十郎
太田太郎　吉田作十郎
取巻　大ぜい

夜の部　四時半開幕

寿《ことぶき》恵《え》方《ほう》万《まん》歳《ざい》

竹本南部大夫
豊竹弘大夫
豊竹十九大夫
豊竹小松大夫
竹本津の子大夫
野澤錦糸
野澤市治郎
竹澤団六
野澤勝平
竹澤団二郎
鶴澤藤二郎

大夫　吉田玉男
才三　桐竹勘十郎

摂州《せっしゅう》合邦辻《がっぽうがつじ》

合邦住家の段

前　豊竹つばめ大夫
三味線　野澤喜左衛門
後　竹本津大夫
三味線　鶴澤寛治

親合邦　吉田玉助
合邦女房　吉田国秀
玉手御前　桐竹亀松
奴入平　吉田辰五郎
俊徳丸　吉田東太郎
浅香姫　豊松清十郎

仮名手本忠臣蔵《かなでほんちゅうしんぐら》

道行旅路の嫁入

娘小浪
母戸無瀬

竹本土佐大夫
古住大夫改め 竹本文字大夫
竹本織の大夫
竹本伊達路大夫
竹本相子大夫
鶴澤藤蔵
野澤吉三郎
鶴澤燕三
竹澤団六
鶴澤藤二郎
鶴澤叶太郎

娘小浪	吉田難波掾
母戸無瀬	吉田栄三

山科閑居の段

切	竹本綱大夫
	竹澤弥七

母戸無瀬	桐竹紋十郎
娘小浪	吉田玉五郎
下女りん	吉田文昇
妻お石	吉田玉男
加古川本蔵	吉田玉市
大星力弥	桐竹紋二郎
大星由良之助	吉田玉助

夕霧 伊左衛門 曲《くる》輪《わ》𡢽《ぶんしょう》

吉田屋の段

前	竹本相生大夫
	野澤松之輔
後	豊竹松大夫
三味線	鶴澤清六
ツレ	鶴澤徳太郎
	鶴澤清好

藤屋伊左衛門	桐竹紋十郎
吉田屋喜左衛門	桐竹勘十郎
女房おきさ	吉田文雀
扇屋夕霧	吉田栄三
若い者	桐竹小紋
若い者	桐竹勘之助
禿	吉田栄之助

仲居	桐竹紋弥
太鼓持	桐竹一暢

◇二月二十六日　三和会　小唄協会創立満十周年記念小唄大会　東京明治座
午前十時半開演
「お蝶夫人」「村ぢや今宵は」「連れてのかんせ」の人形振りに桐竹紋二郎
桐竹紋弥　桐竹勘之助が出演

〔典拠〕プログラム

◇二月二十六日から二十八日　因会・三和会　第四回登竜会
二十六日　神戸国際会館
二十七日　京都南座
二十八日　大阪毎日ホール
出演日・演目は不詳

竹本綱大夫
竹本織の大夫
豊竹十九大夫

竹澤弥七
竹澤団六
野澤勝平
竹澤団二郎

〔典拠〕プログラム

35・03・01　因会・三和会　四条　南座　京都　［ＢＣＤ］

重要無形文化財　文楽座人形浄瑠璃因会三和会合同公演
古住大夫改め竹本文字大夫　紋之助改め豊松清十郎　襲名披露
芸術院会員吉田難波掾文化功労者受章記念興行
一日初日　八日まで　五日より昼夜の狂言入替　四条南座
京都文楽会第十七回公演

後援　京都府　京都市　京都新聞社　京都観光連盟　京都商工会議所

昼の部　十一時開演

梅川
忠兵衛　冥途の飛脚　淡路町飛脚屋より封印切まで

淡路町飛脚屋の段
竹本南部大夫
野澤吉三郎

羽織落しの段
豊竹十九大夫
野澤錦糸

新町封印切りの段
忠兵衛　竹本相生大夫
梅川　豊竹つばめ大夫
八右衛門　竹本織の大夫
花車　竹本南部大夫
鳴戸瀬　豊竹弘大夫
千代戸瀬　豊竹小松大夫
太鼓持　竹本伊達路大夫
三味線　野澤喜左衛門

淡路町の段より羽織落しの段まで
手代伊兵衛　吉田玉昇
母妙閑　吉田国秀
国侍山田甚内　吉田作十郎
八右衛門の使　吉田兵次
亀屋忠兵衛　吉田栄三
下女まん　吉田東太郎
丹波屋八右衛門　桐竹勘十郎
馬方　吉田玉幸
宰領　桐竹紋弥

封印切の段
丹波屋八右衛門　桐竹勘十郎
傾城梅川（前）　文五郎事 吉田難波掾
傾城梅川（後）　吉田玉五郎
井筒屋女房　吉田文雀
千代戸瀬　桐竹紋寿
鳴戸瀬　桐竹勘之助
亀屋忠兵衛　吉田栄三
下女りん　吉田玉幸
下女たま　吉田玉之助
太鼓持五兵衛　吉田小玉
禿　吉田栄弘

本朝廿四孝

十種香の段
豊竹松大夫
鶴澤藤蔵

十種香の段
武田勝頼　吉田玉男
腰元濡衣　紋之助改め 豊松清十郎
息女八重垣姫　桐竹紋十郎
長尾謙信　吉田辰五郎
白須賀六郎　吉田文昇
原小文治　吉田玉昇

狐火の段
竹本土佐大夫
ツレ　野澤松之輔
鶴澤燕三
琴　野澤勝平

狐火の段
白狐実は八重垣姫　桐竹紋十郎
白狐　大ぜい

金比羅
御利生　花上野誉碑

志渡寺の段
切　豊竹若大夫
野澤勝太郎

志渡寺の段
菅の谷　紋之助改め 豊松清十郎
土屋内記　吉田国秀
方丈　吉田玉市
森口源太左衛門　吉田玉助
門弟団右衛門　桐竹紋弥
乳母お辻　桐竹亀松
一子坊太郎　吉田小玉
門弟数馬　吉田玉昇
門弟十蔵　吉田作十郎

お染
久松　新版歌祭文

野崎村の段
前　古住大夫改め 竹本文字大夫
鶴澤叶太郎
後　竹本津大夫
三味線　鶴澤寛治
ツレ　竹澤団六
レ　野澤勝平

野崎村の段
娘お光　吉田栄三
娘お染　吉田玉五郎
下女およし　桐竹一暢
親久作　吉田辰五郎
丁稚久松　桐竹紋二郎
母お勝　吉田作十郎
駕かき留蔵　吉田文雀

昭和三十五年（一九六〇）

昭和三十五年（庚子）

駕かき達蔵　吉田文昇
船頭竹松　桐竹紋弥

夜の部　四時半開演

関取千両幟

猪名川内より相撲場まで

おとわ　古住大夫改め 竹本文字大夫
猪名川　竹本織の大夫
鉄ヶ嶽　豊竹十九大夫
大阪屋　豊竹弘大夫
呼遣い　竹本相子大夫
北野屋　竹本静大夫
　野澤吉三郎
　竹澤団六
胡弓　竹澤団二郎

此処矢倉太鼓曲弾きにて相勤めます

猪名川内より相撲場の段まで

女房おとわ　桐竹亀松
猪名川　吉田玉男
鉄ヶ嶽　桐竹勘十郎
呼遣い　桐竹一暢
大阪屋　吉田玉幸
北野屋七兵衛　吉田玉市

菅原伝授手習鑑

松王首実検の段

竹本相生大夫
野澤松之輔

いろは送りの段

豊竹つばめ大夫
三味線　野澤喜左衛門

女房戸浪　吉田玉五郎
菅秀才　桐竹勘之助
一子小太郎　吉田小玉
涎くり　桐竹紋寿
武部源蔵　吉田玉市
舎人松王丸　吉田玉助
春藤玄蕃　吉田玉男
女房千代　吉田栄三
御台所　吉田文雀
手習子、百姓、捕手　大ぜい

文化功労者受章を記念して
文五郎好みの内

上の巻　**羽根の禿**
下の巻　**櫓のお七**

竹本土佐大夫
豊竹松大夫
竹本文字大夫
竹本織の大夫
竹本津の子大夫
豊竹小松大夫
鶴澤藤蔵
野澤吉三郎
野澤市治郎
野澤勝平
竹澤団二郎
鶴澤藤二郎
鶴澤燕三
鶴澤叶太郎

上の巻　羽根の禿

禿　文五郎事 吉田難波掾

下の巻　櫓のお七

八百屋お七　桐竹紋十郎

三勝
半七
艶容女舞衣

酒屋の段

前　竹本津大夫
　鶴澤寛治
後　竹本土佐大夫
三味線　鶴澤藤蔵
高音　鶴澤藤二郎

親宗岸　吉田辰五郎
娘おその　桐竹紋十郎
半兵衛女房　吉田国秀
舅半兵衛　吉田兵次
娘おつう　吉田玉丸
茜屋半七　紋之助改め 吉田東太郎
美濃屋三勝　豊松清十郎

壇浦兜軍記

阿古屋琴責の段

阿古屋　豊竹松大夫
重忠　竹本津大夫

秩父重忠　吉田玉助
岩永左衛門　桐竹勘十郎

岩永　　豊竹つばめ大夫
榛沢　　竹本静大夫
前四日間　　豊竹弘大夫
三味線　野澤喜左衛門
ツレ　鶴澤徳太郎
琴胡弓　野澤勝平
後四日間
三味線　鶴澤寛治
ツレ　鶴澤徳太郎
琴胡弓　竹澤団六

遊君阿古屋　桐竹亀松
榛沢六郎　桐竹紋二郎
水奴　吉田文昇
水奴　桐竹紋寿
水奴　桐竹小紋
水奴　吉田玉之助

御観劇料　一等席四百八十円　二等席三百円　三等席百五十円
学生券A席三百円　B席百五十円

◇竹本綱大夫　竹澤弥七　鶴澤清六休演（『文楽因会三和会興行記録』、「大阪日日新聞」02・19）
◇羽根の禿　左　桐竹紋十郎　足　吉田玉五郎　出遣い（『昭和の南座　資料編（中）』）
◇七十歳以上の米穀通帳持参者に招待券　同伴者一名入場料百円割引（『昭和の南座　資料編（中）』）

○三月十六日　三和会　岐阜県羽島郡岐南町東公民館
初代豊松清十郎の法要と公演を行う　三月二十二日に桐竹紋十郎　豊松清十郎が墓参

35・03・19　因会・三和会　道頓堀　文楽座　大阪　［BC］

次代の文楽へ！　精進ただ一筋に！
文楽嫩会第七回例会　春季大発表会
三月十九日より二十四日まで　午後一時開演　道頓堀文楽座

主催　文楽嫩会　協賛　関西テレビ　読売テレビ　毎日テレビ　朝日放送
大阪テレビ　後援　株式会社文楽座　財団法人人形浄瑠璃因協会

通し狂言　妹背山婦女庭訓《いもせやまおんなていきん》

三段目
山の段
背山
大判事　竹本文字大夫
久我之助　竹本相子大夫
　　野澤松之輔

妹山
定高　竹本織の大夫
雛鳥　竹本津の子大夫
三味線　鶴澤寛治
琴　竹澤団六

四段目
井戸替の段
家主　竹本伊達路大夫
おみわ母　竹本文字大夫
求女　豊竹松香大夫
土左衛門　豊竹十九大夫
丁稚子太郎　豊竹小松大夫
百姓　竹本織の大夫
　　鶴澤藤二郎

杉酒屋の段
　　豊竹弘大夫
　　野澤勝太郎

道行恋の小田巻
おみわ　竹本綱子大夫

大判事清澄　吉田東太郎
久我之助清舟　桐竹紋弥
後室定高　桐竹紋二郎
娘雛鳥　吉田文雀
腰元小菊　桐竹勘之助
腰元桔梗　桐竹一暢
おみわ母　吉田文昇
丁稚子太郎　吉田玉幸
土左衛門　吉田玉之助
上州兵衛　桐竹小紋
野平　吉田栄弘
藤六　吉田栄之助
家主　桐竹紋弥
求女実は藤原淡海　吉田小玉
橘姫　桐竹一暢
おみわ　桐竹勘之助
橘姫　桐竹一暢

橘姫　竹本相子大夫
求女　竹本津の子大夫
竹本津弥大夫
豊竹松香大夫
鶴澤藤蔵
竹澤弥七
野澤勝太郎
ツレ　竹澤団二郎
鶴澤藤二郎

求女 実は 藤原淡海　吉田小玉
おみわ　桐竹紋寿

鱶七上使の段

口　竹本津弥大夫
　　野澤勝平
奥　豊竹十九大夫
　　竹澤団六

漁師鱶七 実は 金輪五郎　吉田玉昇
荒巻弥藤次　桐竹小紋
宮越玄蕃　吉田玉之助
入鹿大臣　吉田玉幸
桜の局　吉田玉丸
梅の局　桐竹亀若
紅葉の局　桐竹紋次
桐の局　桐竹勘太郎

姫戻りの段

竹本綱子大夫
鶴澤清治

橘姫　桐竹勘之助
桜の局　吉田玉丸
梅の局　桐竹亀若
紅葉の局　桐竹紋次
桐の局　桐竹勘太郎
求女 実は 藤原淡海　吉田小玉

金殿の段

前　豊竹小松大夫
　　野澤勝平
奥　竹本伊達路大夫
　　竹澤団二郎

おみわ　吉田文昇
豆腐の御用　桐竹紋寿
桜の局　吉田玉丸
梅の局　桐竹亀若
紅葉の局　桐竹紋次

五段目
朝敵退治の段

豊竹弘大夫
竹澤団六

桐の局　桐竹勘太郎
漁師鱶七 実は 金輪五郎　吉田玉昇
花四天　大ぜい
藤原鎌足　吉田東太郎
藤原淡海　吉田小玉
玄上太郎　桐竹紋二郎
金輪五郎　吉田玉昇
橘姫　吉田文雀
荒巻弥藤次　桐竹小紋
宮越玄蕃　吉田玉之助
入鹿大臣　吉田玉幸
桜の局　吉田栄弘
梅の局　吉田栄之助

◇三月二十四日　妹背山婦女庭訓　四段目　テレビ放送　読売　午後一時四十五分（「朝日新聞（大阪）」、「毎日新聞（大阪）」、「読売新聞（大阪）」03・24）

◇三月二十六日　妹背山婦女庭訓　姫戻りの段　金殿の段　テレビ放送　朝日　午後八時（「朝日新聞（大阪）」、「毎日新聞（大阪）」、「読売新聞（大阪）」03・26）

◎三月二十八日　因会　第十回邦楽名人大会　名古屋御園座　午前十一時　午後四時

昼の部
摂州合邦辻
合邦内の段

竹本綱大夫
竹澤弥七

夜の部
近頃河原達引
堀川の段

竹本綱大夫
竹澤弥七
ツレ　野澤錦糸

〔典拠〕プログラム

35・04・01　三和会

○中国・九州巡業

中国・九州巡業　[BC]

重要無形文化財国家指定記念　文楽人形浄瑠璃
文楽三和会地方公演

昼の部

増補大江山

一条戻橋の段

綱　豊竹松島大夫
若菜　豊竹小松大夫
野澤市治郎
野澤勝平
豊澤仙二郎
竹澤団作

渡辺綱　吉田作十郎
若菜実は悪鬼　豊松清十郎

絵本太功記

尼ヶ崎の段

前　竹本源大夫
鶴澤叶太郎
後　竹本文字大夫
鶴澤燕三

武智重次郎　桐竹勘十郎
嫁初菊　桐竹紋寿／桐竹勘之助（一日替り）
妻みさを　桐竹紋十郎
母さつき　吉田国秀
旅僧実は真柴久吉　吉田作十郎

武智光秀　吉田辰五郎
軍兵　大ぜい

お染久松　新版歌祭文

野崎村の段

豊竹つばめ大夫
野澤喜左衛門
ツレ　豊澤猿二郎

お光　豊松清十郎（紋之助改め）
お染　桐竹紋二郎
下女およし　桐竹勘之助
親久作　吉田辰五郎
丁稚久松　桐竹紋弥
お勝　吉田国秀
船頭　桐竹紋寿
駕かき　大ぜい

藤間紋寿郎振付
桐竹紋十郎十二ヶ月の内

上　藤娘
下　瓢箪鯰

竹本文字大夫
豊竹小松大夫
野澤勝太郎
野澤市治郎
豊澤仙二郎
野澤勝平

藤娘　桐竹紋十郎
下男　桐竹紋十郎
なまづ　桐竹勘十郎

夜の部

二人禿

豊竹小松大夫
豊竹松島大夫
鶴澤燕三
豊澤仙二郎

禿　桐竹紋二郎
禿　桐竹勘之助

竹澤団　作

双蝶々曲輪日記

八幡村引窓の段

前　竹本文字大夫　野澤市治郎
後　豊竹つばめ大夫　野澤喜左衛門
十二日より
前後一段　豊竹つばめ大夫　野澤喜左衛門

母親　吉田国秀
嫁お早　紋之助改め 豊松清十郎
濡髪長五郎　桐竹勘十郎
南方十字兵衛　桐竹紋十郎
平岡丹平　桐竹紋弥
三原伝造　桐竹紋寿

一谷嫩軍記

熊谷陣屋の段

切　豊竹若大夫　野澤勝太郎
十二日より
前　竹本源大夫　鶴澤叶太郎
後　竹本文字大夫　野澤勝太郎

妻相模　桐竹紋十郎
熊谷次郎直実　吉田辰五郎
堤軍次　桐竹勘之助
藤の局　桐竹紋二郎
源義経　吉田作十郎
梶原平次景時　桐竹紋七
弥陀六実は弥平兵衛宗清　桐竹勘十郎

本朝廿四孝

奥庭狐火の段

竹本源大夫　鶴澤叶太郎　野澤勝平
十二日より

八重垣姫　紋之助改め 豊松清十郎
白狐　大ぜい

豊竹小松大夫
野澤市治郎
野澤勝平

◎**四月一日**　岡山市葦川会館　昼の部十二時　夜の部午後五時開演
〔典拠〕「山陽新聞」（03・31）

◎**四月二日　広島県福山市公会堂**　［BC］
文楽人形浄瑠璃三和会公演　福山公会堂
昭和三十五年四月二日　昼十二時三十分　夜六時三十分
主催　福山文化連盟　後援　福山市教育委員会　福山市連合婦人会
演目・配役は巡業プログラムの通り
但し　絵本太功記　尼ヶ崎の段に加藤正清　桐竹小紋の配役がある
◇「中国新聞」（03・24）では開演時間はプログラムと同じ、「中国新聞（広島東部版）」（04・02）は午後一時　午後六時とする

○**四月四日**　広島市公会堂
※『文楽因会三和会興行記録』は三日
〔典拠〕『財団法人人形浄瑠璃因協会　昭和三十五年度年報』巡業日程表、『文楽因会三和会興行記録』

○**四月五日**　山口県秋穂町秋穂劇場
〔典拠〕『財団法人人形浄瑠璃因協会　昭和三十五年度年報』巡業日程表、『文楽因会三和会興行記録』

◎**四月七日から十日**　福岡市大博劇場　昼の部十二時半　夜の部午後五時半開演
演目は巡業プログラムの通り　九日より昼夜入替
巡業プログラムの最後に四月六日から八日の大博劇場特別狂言のプログラムが掲載されているが変更されたカ

入場料　枡指定席四百円　当日四百五十円　一般席三百円　当日三百五十円

〔典拠〕「西日本新聞」広告（04・05）、「朝日新聞（福博版）」（04・07）

◎**四月十一日　長崎市三菱会館［CD］**
文部省文化財保護委員会指定　重要無形文化財
文楽人形浄瑠璃　芸術祭参加作品
四月十一日　昼十二時　夜六時開演　三菱会館
共催　長崎婦人文化の集い　長崎婦人協会　長崎幕間会
後援　文部省文化財保護委員会　長崎国際文化協会　長崎新聞社　長崎放送株式会社　長崎演劇協会　長崎教育委員会
演目は巡業プログラムの通り
他に　竹本三和大夫　竹本常子大夫　豊竹貴代大夫　鶴澤友若　桐竹小紋　桐竹紋四郎　桐竹紋之丞　桐竹紋市　桐竹紋若　桐竹紋次
入場料　指定席A五百円　B四百円　C三百円　一般席D二百円

◎**四月十二日**　熊本市太洋文化ホール　昼の部十二時　夜の部午後五時開演
熊本天狗会主催　熊本県熊本市教育委員会・熊本日日新聞社後援
演目は巡業プログラムの通り

〔典拠〕「熊本日日新聞」（04・10／04・13）
「西日本新聞（熊本県版）」広告（04・05）

○**四月十四日**　宮崎県延岡市野口会館
○**四月十五日**　福岡県飯塚市嘉穂劇場
○**四月十六日**　福岡県八幡市花月劇場

〔典拠〕『財団法人人形浄瑠璃因協会　昭和三十五年度年報』
巡業日程表、『文楽因会三和会興行記録』

・・・・・・・・・・・・・・・・・・・・・・・・・・・・

◇**四月十日　因会**　奈良県中の千本勝手神社境内　午後一時
義経千本桜
道行の段
竹本織の大夫
竹澤団六　―　吉田文雀

〔典拠〕「大阪日日新聞」（04・09）

◎**四月十一日　因会**　一九六〇年大阪芸術祭　開幕披露芸能祝典　大阪毎日ホール　午後一時
艶容女舞衣
酒屋の段
竹本綱大夫
竹澤弥七　―　お園（クドキ）　吉田《難波掾》文五郎

〔典拠〕プログラム

◇四月十四日　昭和三十四年度大阪府民劇場賞贈呈式　大阪府知事室
大阪府民劇場賞奨励賞　文楽嫩会「生写朝顔話」の成果
表彰状と副賞五万円が贈られた

〔典拠〕「読売新聞（大阪）」（04・12）、「毎日新聞（大阪）」（04・13）
『文楽因会三和会興行記録』

◎四月十八日・十九日　因会・三和会　見台披露浄瑠璃大会　石川県山中温泉
昭和館　午後一時開演
初日
碁太平記白石噺
　揚屋の段
宮城野　吉田玉五郎
しのぶ　吉田文昇
宗六　吉田玉市
忠臣蔵
　塩谷館の段
　竹本長子大夫
　野澤勝太郎
恋飛脚大和往来
　新口村の段
　豊竹松大夫
　鶴澤徳太郎
忠臣蔵
二日目
寿二人三番叟
三番叟　吉田玉五郎
三番叟　吉田玉男
阿波鳴戸
　順礼歌の段
お弓　吉田玉五郎
おつる　吉田小玉
桂川連理柵

　一力茶屋の段
由良之助　吉田玉市
おかる　吉田玉五郎
平右衛門　吉田玉男
大江山酒呑童子
　戻り橋の段
　竹本長子大夫
　豊竹弘大夫
　野澤勝太郎
　豊澤仙八
渡辺綱　吉田玉男
若菜 実は 悪鬼　吉田玉五郎
この処人形早替にて御覧に入れます
　帯屋の段
　竹本長子大夫
　野澤勝太郎
近頃河原の達引
　堀川猿廻しの段
　豊竹松大夫
　鶴澤徳太郎
ツレ　豊澤仙八

忠臣蔵
　一力茶屋の段
由良之助　吉田玉市
おかる　吉田文雀
平右衛門　吉田玉昇
他に吉田玉丸

〔典拠〕プログラム

◎四月十八日から二十日　因会・三和会　綱弥会・西東会文楽素浄瑠璃の会
東京新橋演舞場　午後六時開演
財団法人都民劇場後援
十八日
おはん長右衛門　桂川連理柵
　帯屋の段
　竹本津大夫
　鶴澤寛治
烏帽子折芽源氏
　伏見の里の段
　豊竹つばめ大夫
十九日
三勝半七　艶容女舞衣
　酒屋の段
　豊竹つばめ大夫
　野澤喜左衛門
源平布引滝
　松波検校琵琶の段
　竹本津大夫

大江山酒呑童子
　戻り橋の段
配役は初日と同じ

　野澤喜左衛門
お俊伝兵衛　近頃河原の達引
　堀川猿廻しの段
　竹本綱大夫
　竹澤弥七
ツレ　竹澤団六
　竹澤団二郎
　鶴澤寛治
お染久松　新版歌祭文
　野崎村の段
　竹本綱大夫
　竹澤弥七
ツレ　野澤勝平

二十日
菅原伝授手習鑑
寺子屋の段
竹本津大夫
鶴澤寛治

芦屋道満大内鑑
葛の葉狐別れの段
豊竹つばめ大夫
野澤喜左衛門

ひらがな盛衰記
松右衛門内の段
竹本綱大夫
竹澤弥七

入場料　一等五百円　二等二百五十円　三等百円

〔典拠〕プログラム

35・04・24　因会・三和会　道頓堀　文楽座　大阪　〔BCD〕

大阪芸術祭　文楽座人形浄瑠璃五月興行
五世竹本大隅大夫襲名披露
芸術院会員文化功労者　文五郎事吉田難波掾
四月二十四日より五月十五日　五月一日より昼夜入替　道頓堀文楽座
重要無形文化財指定　府民劇場指定

昼の部　十一時開演

義経千本桜

小金吾討死の段

主馬野小金吾　豊竹つばめ大夫
若葉の内侍　竹本南部大夫
六代君　竹本津の子大夫
猪熊大之進　竹本伊達路大夫
五人組　豊竹弘大夫
鮓屋弥左衛門　竹本長子大夫
三味線　野澤喜左衛門

主馬野小金吾　桐竹勘十郎
若葉の内侍　吉田玉五郎
六代君　吉田小玉
猪熊大之進　吉田作十郎
鮓屋弥左衛門　吉田玉市
五人組　吉田国秀
捕手　吉田玉丸

釣瓶寿し屋の段

前　静大夫改め竹本大隅大夫
野澤吉三郎
後　豊竹若大夫
野澤勝太郎

捕手　吉田栄之助
捕手　桐竹小紋
娘お里　桐竹亀松
弥助 実は 維盛　吉田玉男
いがみの権太　吉田玉助
親弥左衛門　吉田玉市
弥左衛門女房　吉田国秀
若葉の内侍　吉田玉五郎
梶原景時　吉田辰五郎
六代君　吉田小玉
女房小仙　吉田文雀
倅善太　吉田栄弘
鮓買　吉田兵次
鮓買　吉田玉幸
鮓買　吉田玉米
鮓買　桐竹紋弥
鮓買　桐竹紋寿
村の歩き　吉田万次郎

大阪繁昌記

鷲谷樗風作　西亭作曲　大塚克三装置

天満屋より捨子番まで
豊竹松大夫
鶴澤藤蔵

大塩居間より堂島店まで
竹本相生大夫
野澤松之輔

大塩旗上焼打の遠望
鶴澤叶太郎

徳島藩留守居役 田宮玄蕃　豊松清十郎
大丸屋番頭弥兵衛　吉田辰五郎
大丸屋手代佐七　桐竹紋二郎
南地の芸妓さよ　吉田文雀
天満屋仲居清　吉田文昇
大塩の一味赤沢軍平　桐竹勘十郎
大塩平八郎　吉田栄三
養子格之助　桐竹勘之助
太田重右衛門　吉田玉昇

（野澤錦糸／鶴澤燕三）
野澤勝平
鶴澤藤二郎

堂島店より福島堤まで

竹本津大夫
三味線 鶴澤寛治
ツレ 竹澤団六
八雲 竹澤団二郎

水尾平次 吉田作十郎
宇都木兵馬 吉田東太郎
宮脇志摩 桐竹紋寿
染物屋美吉屋五郎兵衛 桐竹紋弥
大丸屋捨子番人三蔵 吉田玉助
赤沢の妻お北 桐竹亀松
大丸屋主人孫右衛門 吉田玉市
大塩の一味 桐竹小紋
大塩の一味 桐竹一暢
大塩の一味 吉田玉之助
大塩の一味 吉田玉幸
大丸屋店の者 吉田兵次
大丸屋店の者 吉田小玉
大丸屋店の者 吉田玉米
大丸屋店の者 桐竹亀若
大丸屋店の者 吉田国秀

壇浦兜軍記

阿古屋琴責の段

阿古屋 竹本土佐大夫
重忠 豊竹松大夫
岩永 （竹本文字大夫／竹本織の大夫）
榛沢 （竹本織の大夫／竹本文字大夫）
三味線 鶴澤清六
ツレ 鶴澤徳太郎
琴 鶴澤清好
胡弓 野澤勝平

遊君阿古屋 桐竹紋十郎
秩父重忠 吉田辰五郎
岩永左衛門 吉田玉男
榛沢六郎 桐竹紋二郎
水奴 吉田小玉
水奴 吉田玉幸
水奴 桐竹紋弥
水奴 桐竹小紋

夜の部 四時半開演

伽羅先代萩

竹の間の段

乳母政岡 竹本南部大夫
鶴喜代君 竹本相子大夫
一子千松 豊竹小松大夫
妻沖の井 竹本織の大夫
女医小牧 豊竹十九大夫
忍び 竹本伊達路大夫（静大夫改め）
妻八汐 竹本大隅大夫
（野澤錦糸／鶴澤燕三）

乳人政岡 吉田玉五郎
妻八汐 吉田辰五郎
鶴喜代君 桐竹勘之助
一子千松 桐竹一暢
妻沖の井 豊松清十郎
女医小牧 吉田東太郎
忍び 吉田玉昇
腰元 桐竹小紋
腰元 桐竹紋弥
腰元 桐竹紋寿
腰元 吉田栄之助
腰元 吉田栄弘

御殿の段

竹本土佐大夫
三味線 鶴澤清六

政岡忠義の段

豊竹松大夫
鶴澤藤蔵

乳人政岡 桐竹紋十郎
鶴喜代君 桐竹勘之助
一子千松 桐竹一暢
妻八汐 吉田辰五郎
栄御前 桐竹亀松
妻沖の井 豊松清十郎
女医小牧 吉田東太郎
腰元 大ぜい

床下の段

仁木弾正 竹本文字大夫
松ヶ枝節之助 竹本織の大夫
野澤市治郎
鶴澤清好

仁木弾正 吉田玉助
松ヶ枝節之助 桐竹勘十郎
大薩摩（唄）杵屋昇之助 吉田玉昇
大薩摩（三味線）杵屋文昇 吉田文昇

九条武子夫人三十三回忌追慕
九条武子作 大西利夫脚色
西亭作曲 松田種次装置

洛北の秋

蓮月尼		豊竹つばめ大夫
庄屋佐兵衛		竹本津大夫
遊女浮舟		竹本南部大夫
僧西念		豊竹小松大夫
	三味線	野澤喜左衛門
	ツレ	野澤勝平
	琴	竹澤団二郎

蓮月尼	吉田玉男
遊女浮舟	吉田玉五郎
庄屋佐兵衛	吉田玉市
僧西念	桐竹紋二郎
駕籠屋	桐竹紋寿
駕籠屋	吉田玉幸
若い者	吉田国秀
里の子	桐竹勘之助
里の子	吉田栄之助
里の子	吉田栄弘
里の子	桐竹亀若

伊賀越道中双六

沼津里より平作腹切の段まで

切	竹本綱大夫
	竹澤弥七
ツレ	竹澤団六
胡弓	竹澤団二郎

呉服屋重兵衛	吉田栄三
親平作	吉田玉助
娘およね（前・後）	桐竹紋十郎
娘およね（中）	文五郎事 吉田難波掾
荷持安兵衛	吉田作十郎
池添孫八	豊松清十郎

お染 久松 染模様妹背門松

蔵場の段

娘お染	竹本土佐大夫
番頭善六	竹本津大夫
丁稚久松	竹本文字大夫
三味線	鶴澤寛治

娘お染	吉田栄三
丁稚久松	吉田玉男
番頭善六	桐竹勘十郎

一等席五百円　二等席三百円　三等席百五十円
学生券Ａ（一等）三百円　Ｂ（二等）百五十円

○二代竹本静大夫改め　五代竹本大隅大夫
○大阪繁昌記　鷲谷樗風作　西亭作曲　大塚克三装置　暗転中に次の場の時代や筋をアナウンサーが聞かせる
○洛北の秋　九条武子作　大西利夫脚色　西亭作曲　松田種次装置
◎五月六日　鶴澤清六　昼の部　伽羅千代萩　御殿の段のみ出演　七日休演、八日没（「毎日新聞（大阪）」05・08）
◇五月七日　壇浦兜軍記　阿古屋琴責の段　鶴澤清六の代役鶴澤徳太郎（『演劇雑誌幕間』第十五巻第六号）
◇五月八日から　伽羅先代萩　御殿の段　鶴澤清六の代役野澤喜左衛門（「読売新聞（大阪）」05・10）
◇義経千本桜　弥左衛門　桐竹勘十郎代役の日あり（「読売新聞（大阪）」05・10）
◇大阪繁昌記、洛北の秋、スポンサー付き狂言を採用し好成績、大丸百貨店関係で一万枚、九条武子ゆかりの寺の西本願寺と芸術祭事務局がそれぞれ五千枚を引き受ける（「東京新聞」05・23）
◇五月十日　義経千本桜　寿しやの段　ラジオ放送　ＮＨＫ第二　午後九時（「朝日新聞（大阪）」、「毎日新聞（大阪）」、「読売新聞（大阪）」05・10）
◇五月十五日　伊賀越道中双六　沼津里の段　テレビ放送　ＮＨＫ教育　午後八時三十分（「朝日新聞（大阪）」、「毎日新聞（大阪）」、「読売新聞（大阪）」05・15）

〔典拠〕プログラム

◇**五月二十三日　因会・三和会**　故竹本綾之助・故乃村乃菊十三回忌追福会
東京美術倶楽部　午後一時開演
伊賀越道中双六　千本松原の段に豊竹若大夫　鶴澤重造、野崎追奏曲に豊竹若子大夫ほか若手が出演

35・05・27　三和会

○東海・関東巡業

巡業［BC］

重要無形文化財文楽三和会　文楽人形浄瑠璃芝居

昼の部

鬼一法眼三略巻

五条橋の段

牛若丸　豊竹小松大夫
弁慶　豊竹松島大夫
野澤市治郎
野澤勝平
竹澤団作
豊澤猿二郎

牛若丸　豊松清十郎
弁慶　吉田作十郎

お染久松 ## 新版歌祭文

野崎村の段

豊竹つばめ大夫
野澤喜左衛門
ツレ　豊澤仙二郎
ツレ　竹澤団作

お光　桐竹紋十郎
お染　桐竹紋二郎
下女およし　桐竹小紋
親久作　吉田辰五郎
丁稚久松　桐竹紋弥
お勝　吉田国秀
船頭　桐竹紋寿
駕かき　大ぜい

壇浦兜軍記

阿古屋琴責の段

竹本源大夫
竹本文字大夫
豊竹松島大夫
豊竹小松大夫
鶴澤叶太郎
ツレ　豊澤仙二郎
三曲　野澤勝平

秩父庄司重忠　吉田辰五郎
岩永左衛門　桐竹勘十郎
遊君阿古屋　桐竹紋十郎
水奴　桐竹紋七
水奴　吉田菊一

桐竹紋十郎十二ヶ月の内

新曲 ## 面売り

面売娘　豊竹小松大夫
おしゃべりかがし　豊竹松島大夫
鶴澤燕三
豊澤仙二郎
竹澤団作

おしゃべり案山子　吉田作十郎
面売娘　豊松清十郎

夜の部

新曲 ## 釣女

太郎冠者　竹本文字大夫
大名　豊竹松島大夫
美女醜女　豊竹小松大夫
野澤市治郎
野澤勝平
豊澤仙二郎
竹澤団作

大名　桐竹紋弥
太郎冠者　桐竹勘十郎
美女　桐竹勘之助
醜女　豊松清十郎

絵本太功記

尼ヶ崎の段

切　竹本源大夫
鶴澤叶太郎
後　竹本文字大夫

武智重次郎　吉田作十郎
嫁初菊　桐竹紋二郎
妻みさを　桐竹紋十郎

野澤勝太郎

母さつき　吉田国秀
旅僧 実は真柴久吉　桐竹紋弥
武智光秀　吉田辰五郎
軍兵　大ぜい

桐竹紋十郎極付

壺坂霊験記

沢市宅より御寺まで

切　豊竹つばめ大夫
　　野澤喜左衛門
ツレ　豊澤仙二郎
ツレ　竹澤団作

お里　桐竹紋十郎
沢市　桐竹勘十郎
観世音　桐竹勘之助

本朝廿四孝

奥庭狐火の段

豊竹小松大夫
鶴澤燕三
ツレ　野澤勝平

八重垣姫　豊松清十郎（紋之助改め）
白狐　大ぜい

◎五月二十七日　三重県四日市市公会堂　昼の部午後一時　夜の部午後六時開演
四日市古典美術鑑賞会主催　北勢毎日会後援
〔典拠〕「毎日新聞（三重版）」（05・28）

◎五月二十八日　三重県津市中央公民館　昼夜二回公演　昼の部午後一時開演
昼の部お染久松新版歌祭文　野澤喜左衛門　夜の部新曲釣女　桐竹紋十郎
壺坂霊験記　絵本太功記　尼ヶ崎の段　他八演目
〔典拠〕「毎日新聞（三重版）」（05・29）

○五月二十九日　三重県伊勢市伊勢会館
○五月三十日　名古屋市公会堂
〔典拠〕『財団法人人形浄瑠璃因協会　昭和三十五年度年報』
巡業日程表、『文楽因会三和会興行記録』

◎五月三十一日　静岡県浜松市歌舞伎座　昼夜二回公演
〔典拠〕「中部日本新聞（静岡版）」広告（05・28）

○六月一日　静岡市公会堂
○六月二日　東京都渋谷区実践女子大学
○六月三日　東京都港区戸板学園
〔典拠〕『財団法人人形浄瑠璃因協会　昭和三十五年度年報』
巡業日程表、『文楽因会三和会興行記録』

◎六月三日　東京都豊島区立教大学　［BC］
文楽をみる会　重要無形文化財文楽三和会公演
三十五・六・三　三時　立大タッカーホール
主催　立教大学歌舞伎研究会　後援　立教大学文化会本部
文楽のはなし　岩崎昇
人形解説　桐竹紋十郎
絵本太功記
尼ヶ崎の段
前　豊竹つばめ大夫
　　野澤喜左衛門

武智光秀　吉田辰五郎
操　桐竹紋十郎

後　豊竹若大夫
　　野澤勝太郎
十次郎　桐竹勘十郎
初菊　桐竹紋二郎
さつき　吉田国秀
久吉　吉田作十郎
軍兵　大勢

講演　河竹繁俊

本朝二十四孝
奥庭狐火の段
竹本文字大夫
鶴澤燕三
琴ツレ　野澤勝平
八重垣姫　豊松清十郎

◎六月四日　東京都大田区民会館　午後五時開演
〔典拠〕「大田区民新聞」（05・15）

◇六月五日　東京都足立区振興館　午後十二時半開演
〔典拠〕「毎日新聞（都内墨東版）」（06・05）

◎六月五日　東京都江戸川区愛国学園講堂　午後
お染久松　新版歌祭文　壇浦兜軍記　他
〔典拠〕「毎日新聞（都内墨東版）」（06・06）

◎六月六日　東京都葛飾区公会堂　午後一時開演
葛飾区福祉事務所主催
お染久松　野崎村の段　絵本太功記　他　約七百人

入場料　二百五十円
〔典拠〕「東京新聞（江東版）」（06・06〜07）
「毎日新聞（都内墨東版）」（06・01）

◎六月七日　東京都文京区茗荷谷ホール　［CD］
文京区社会福祉協議会　事業の募金
◇午後一時　六時開演（「文京タイムス」06・05）

○六月八日　東京都江戸川区愛国学園
〔典拠〕『財団法人人形浄瑠璃因協会　昭和三十五年度年報』
巡業日程表、『文楽因会三和会興行記録』

◎六月九日　東京都千代田区砂防会館　［CD］
国家指定重要文化財　大阪文楽三和会　十二時半　五時半開演
主催　社団法人家庭生活研究会　後援　読売新聞社
麴町平河町砂防会館ホール
演目は巡業プログラムの通り
他に　竹本三和大夫　竹本常子大夫　豊竹貴代大夫　鶴澤友若　桐竹紋四郎
桐竹紋之丞　桐竹紋市　桐竹紋若　桐竹紋次
五百円

○六月十日　東京都品川区公会堂
○六月十一日　東京都文京区文京女子学園

○六月十二日　東京都足立区公会堂
○六月十三日　東京都江戸川区小松川高等学校
○六月十三日　東京都江戸川区関東商工高等学校
○六月十四日　千葉県市川市和洋女子大学
○六月十五日　東京都世田谷区調布学園
○六月十六日　東京都北区東京成徳学園
○六月十七日　東京都文京区駒込学園
○六月十七日　東京都荒川区聖橋学園

〔典拠〕『財団法人人形浄瑠璃因協会　昭和三十五年度年報』巡業日程表、『文楽因会三和会興行記録』

◎六月十八日　神奈川県川崎市立労働会館ホール　昼の部十二時　夜の部午後五時開演

〔典拠〕「東京新聞（京浜版）」（06・16）

◎**六月十九日　栃木県足利興国化学講堂　［ＣＤ］**

六月十九日　西宮町興国化学講堂
主催　足利ユネスコ協会　足利労政協会
後援　足利市教育委員会　足利ロータリークラブ　足利青年会議所　足利桐紋会

第一部（昼の部）一時

関取千両幟
猪名川内の段

おとわ　豊竹小松大夫
猪名川　竹本文字大夫
鉄ヶ嶽　豊竹松島大夫
大阪屋
呼出し　豊竹若子大夫
鶴澤燕三

猪名川　吉田辰五郎
鉄ヶ嶽　吉田作十郎
おとわ　桐竹紋二郎
大阪屋　桐竹紋寿
呼出し　桐竹勘之助

矢倉太鼓曲弾　野澤勝平

小春治兵衛　天網島時雨炬燵
紙屋治兵衛内の段

※1豊竹若子大夫
野澤勝太郎

治兵衛　桐竹紋十郎
おさん　桐竹勘十郎
三五郎　桐竹紋弥
五左衛門　吉田国秀
小春　豊松清十郎
お末　桐竹紋次
勘太郎　桐竹勘太郎
太兵衛　桐竹紋七
善六　吉田菊一

本朝廿四孝
十種香の段

豊竹つばめ大夫
野澤喜左衛門

武田勝頼　桐竹勘十郎
腰元濡衣　桐竹紋二郎
八重垣姫　桐竹紋十郎
長尾謙信　吉田辰五郎
白須賀六郎　桐竹紋弥
原小文治　桐竹紋寿
白狐　大ぜい

狐火の段

豊竹小松大夫
ツレ　鶴澤叶太郎
野澤勝平

第二部（夜の部）五時

新曲　面売り

豊竹小松大夫
豊竹松島大夫
豊竹若子大夫
野澤市治郎
野澤勝平
豊澤仙二郎
竹澤団作
豊澤猿二郎

面売り娘　豊松清十郎

菅原伝授手習鑑
寺子屋の段

豊竹つばめ大夫
野澤喜左衛門
竹本文字大夫
鶴澤燕三

菅秀才 桐竹勘太郎
戸浪 豊松清十郎
小太郎 桐竹紋次
武部源蔵 桐竹勘十郎
春藤玄蕃 吉田作十郎
松王丸 吉田辰五郎
女房千代 桐竹紋十郎
御台所 桐竹勘之助
手習子、百姓、取巻 大ぜい

新版歌祭文
野崎村の段

豊竹若大夫
野澤勝太郎
ツレ 野澤勝平

お光 桐竹紋十郎
お染 桐竹紋二郎
およし 桐竹勘之助
久作 吉田辰五郎
久松 桐竹紋弥
お勝 吉田国秀
船頭 桐竹紋寿

入場料　三百円　前売二百五十円

※1　C豊竹若大夫　『財団法人人形浄瑠璃因協会　昭和三十五年度年報』も同様

文楽教室
人形芝居について 中西敬二郎
人形のつかい方 桐竹勘十郎
桐竹紋弥
桐竹勘之助

新曲　面売り

豊竹小松大夫
豊竹松島大夫
豊竹若子大夫
鶴澤叶太郎
豊澤仙二郎
竹澤団作
野澤勝平

面売り娘 豊松清十郎

関取千両幟
猪名川内の段

竹本文字大夫
野澤市治郎
矢倉太鼓曲弾 野澤勝平

猪名川 桐竹勘十郎
鉄ヶ嶽 吉田作十郎
おとわ 桐竹紋二郎
大阪屋 桐竹紋寿
呼使ひ 桐竹勘之助

……………………………………

◇五月二十七日・六月三日　因会　午後十時　読売テレビ
ドラマ「近松」に竹本織の大夫　吉田栄三が出演
〔典拠〕「朝日新聞（大阪）」、「毎日新聞（大阪）」、「読売新聞（大阪）」（05・27／06・03）

◎六月二日から二十六日　因会　劇聖団十郎祭六月大歌舞伎　東京歌舞伎座
文楽座大夫三味線特別出演
本朝廿四孝
謙信館奥庭狐火の場
竹本土佐大夫
竹本南部大夫
鶴澤藤蔵

菅原伝授手習鑑　加茂堤による弦奏曲
文楽三味線の伴奏のみにより初めて試みる野心的上演作　野澤松之輔作曲
想春賦
野澤松之輔

	鶴澤徳太郎
	竹澤団六
	鶴澤清好
白狐	吉田玉男

野澤吉三郎
鶴澤徳太郎
野澤錦糸
豊澤新三郎
竹澤団六
鶴澤清好
竹澤団二郎
鶴澤藤二郎
鶴澤藤蔵

土佐大夫、南部大夫らが出語り、八重垣姫は尾上梅幸、狐を吉田玉男が遣う　一つの舞台で歌舞伎俳優と文楽人形遣いが出演するのははじめて　これは大谷松竹会長案らしい（「新関西」06・15）

〔典拠〕プログラム

◇六月六日　三和会　豊竹若大夫会　東京美術倶楽部　午後一時開演

日吉丸稚桜
小牧山城中の段　豊竹若子大夫　（三味線不詳）

一谷嫩軍記
熊谷陣屋の段　豊竹若大夫　鶴澤重造

〔典拠〕プログラム

35・06・21　三和会　日本橋　三越劇場　東京　［ＢＣＤ］

重要無形文化財　文楽三和会第二十二回東京公演
文楽人形浄瑠璃芝居
昭和三十五年六月二十一日より二十九日　毎日十二時半開演一回興行（月曜休演）　三越劇場

義経千本桜

椎の木の段　豊竹松島大夫　豊澤仙二郎

小金吾討死の段　豊竹小松大夫　鶴澤燕三

女房小仙	桐竹紋弥
倅善太	桐竹勘太郎
六代君	桐竹紋次
若葉内侍	一日替り（桐竹紋寿／桐竹勘之助
小金吾	豊松清十郎
いがみの権太	吉田辰五郎
猪熊大之進	吉田作十郎
弥左衛門	桐竹勘十郎
五人組	桐竹小紋
捕巻、町人	大ぜい

義経千本桜

鮨屋の段
前　竹本文字大夫　鶴澤叶太郎
後　豊竹つばめ大夫　三味線　野澤喜左衛門

娘お里	豊松清十郎
弥左衛門女房	吉田国秀
弥助実は三位中将維盛	桐竹紋二郎
いがみの権太	吉田辰五郎
弥左衛門	桐竹勘十郎
若葉内侍	一日替り（桐竹紋寿／桐竹勘之助
六代君	桐竹紋次
村の役人	桐竹小紋
梶原平三景時	吉田作十郎
小仙	桐竹紋弥
善太	桐竹勘太郎
捕巻、軍兵	大ぜい

彦山権現誓助剣

毛谷村の段

口　豊竹若子大夫　野澤勝平
切　豊竹若大夫　野澤勝太郎

毛谷村六助　桐竹勘十郎
京極内匠　吉田作十郎
門弟　桐竹紋弥
門弟　桐竹紋寿
杣人　吉田菊一
杣人　桐竹紋七
一味斎妻　吉田国秀
弥三松　桐竹勘之助
斧右衛門　桐竹紋二郎
おその　桐竹紋十郎

紋十郎好み
十二月の内　**藤娘**
引抜き瓢箪鯰

竹本文字大夫
豊竹小松大夫
豊竹若子大夫
野澤市治郎
野澤勝平
豊澤仙二郎
竹澤団作
（鶴澤叶太郎
鶴澤燕三

藤娘　桐竹紋十郎
下男　桐竹紋十郎
鯰　桐竹勘十郎

＊　＊　＊

はやし　芳村喜代次
人形細工師　藤本由良亀
舞台製作　長谷川音次郎
舞台装置　鈴木幸次郎
小道具　山森定次郎
床山　背戸百太郎

入場料　指定席　A席三百五十円　B席二百五十円　学割百五十円（日曜を除く当日売）

◇六月二十六日　彦山権現誓助剣　毛谷村の段　ラジオ放送　NHK第一　午後三時五分（「朝日新聞（大阪）」、「毎日新聞（大阪）」、「読売新聞（大阪）」06・26）

◎六月二十一日から二十九日　学生の文楽教室　［BC］

第十二回学生の文楽教室　文化財保護法制定十周年記念
昭和三十五年六月二十一日より二十九日　日本橋三越劇場
主催　読売新聞社　文楽三和会

人形浄瑠璃芝居の話　文楽三和会関東支部長　中西敬二郎
文楽三和会頭取　豊澤猿二郎
人形解説　文楽三和会人形部　豊松清十郎
桐竹紋二郎

紋十郎好み
十二月の内　**藤《ふじ》娘《むすめ》**

竹本文字大夫
豊竹小松大夫
野澤市治郎
豊澤仙二郎
竹澤団作
野澤勝平

藤娘　桐竹紋十郎

生《しょう》写《うつし》朝顔《あさがお》日記《にっき》

宿屋の段

竹本文字大夫
鶴澤燕三

駒沢次郎左衛門　（桐竹勘十郎／吉田作十郎
岩代多喜太　（桐竹紋弥／桐竹紋寿

大井川の段

豊竹小松大夫
野澤勝平

戎屋徳右衛門　吉田国秀
下女おなべ　（桐竹小紋／桐竹勘之助）
朝顔　（豊松清十郎／桐竹紋二郎）
供人　大ぜい
（人形は交替出演）

○六月三十日　東京都墨田区日本大学第一高等学校
○七月一日　東京都立板橋高等学校
　　　　　東京都足立区公会堂
○七月二日　東京都世田谷区駒沢学園

〔典拠〕巡業日程表

……………………………………

◇六月二十八日　因会　長唄と舞踊の会　東京明治座　十二時開演
「傾城」に竹本綱大夫が出演

〔典拠〕プログラム

35・07・21　因会・三和会　　東横ホール　東京　［BC］

次代の文楽へ！　精進ただ一筋に！
文楽嫩会第一回東京発表会
昭和三十五年七月二十一日初日　二十四日まで　東横ホール
主催　文楽嫩会　協賛　日本テレビ　KRテレビ　フジテレビ

通し狂言　生写朝顔話

宇治川蛍狩の段

竹本相子大夫
竹澤弥七

宮城阿曽次郎　桐竹紋寿
僧月心　吉田小玉
娘深雪　吉田文昇
乳母浅香　吉田文雀
浪人勝之進　桐竹紋二郎
浪人茂之丞　吉田玉昇
奴鹿内　吉田栄之助
腰元　桐竹勘太郎

真葛ヶ原の段

豊竹弘大夫
鶴澤藤二郎

立花桂庵　吉田玉幸
茶店のおよし　桐竹勘之助
萩野祐仙　吉田玉昇

秋月弓之助閑居の段

竹本津の子大夫
野澤勝平
豊竹十九大夫
竹澤団二郎

奴関助　吉田栄弘
立花桂庵　吉田玉幸
下女りん　桐竹紋次
萩野祐仙　吉田玉昇
秋月弓之助　吉田東太郎
妻みさを　桐竹勘之助
娘深雪　吉田文昇
乳母浅香　吉田文雀
瓜生勇蔵　桐竹一暢
宮城阿曽次郎　桐竹紋寿

明石船別れの段

阿曽次郎　竹本綱子大夫
深雪　豊竹若子大夫
船頭　豊竹松香大夫
鶴澤清治
琴　竹澤団二郎

宮城阿曽次郎　桐竹紋寿
船頭　吉田玉之助
娘深雪　吉田文昇
親船船子　大ぜい

浜松薬売りの段

竹本伊達路大夫
竹澤弥七

浜松小屋の段

竹本津の子大夫
竹澤団六
豊竹小松大夫
野澤勝平

島田駅笑薬の段

竹本津弥大夫
鶴澤藤二郎
竹本文字大夫
野澤勝太郎

宿屋奥座敷の段

竹本織の大夫
竹澤団六
琴　鶴澤清治

大井川の段

深雪	竹本相子大夫
徳右衛門	竹本伊達路大夫
関助	豊竹弘大夫
人足	竹本松香大夫
萩野祐仙	竹本津弥大夫
	野澤松之輔

立花桂庵	吉田玉幸
戎屋徳右衛門	吉田東太郎
輪抜吉兵衛	桐竹紋弥
参詣人	大ぜい
朝顔　実は深雪	桐竹紋二郎
乳母浅香	吉田文雀
輪抜吉兵衛	桐竹紋弥
里の子	吉田栄弘
里の子	吉田栄之助
里の子	桐竹紋次
里の子	桐竹勘太郎
下女おなべ	吉田玉丸
下女おまつ	桐竹亀若
手代松兵衛	吉田文昇
戎屋徳右衛門	吉田東太郎
萩野祐仙	吉田玉昇
岩代多喜太	桐竹紋弥
駒沢次郎左衛門	吉田小玉
笹久造	桐竹小紋
朝顔　実は深雪	桐竹紋二郎
供人、近習	大ぜい
駒沢次郎左衛門	吉田小玉
岩代多喜太	桐竹紋弥
深雪	桐竹紋二郎
奴関助	桐竹一暢
戎屋徳右衛門	吉田東太郎
萩野祐仙	吉田玉昇
供人、近習、川越人足	大ぜい

◇野澤松之輔　竹澤弥七　野澤勝太郎らが補導、吉田玉市　桐竹勘十郎　吉田玉男が黒衣で左を遣う（『日本経済新聞（東京）』07・23）

◇連日大入（『吉田文雀ノート』）

◇八月六日　因会　道頓堀文楽座　午前十一時
毎日新聞社の依頼で外国人に解説　吉田文五郎　吉田文雀　桐竹一暢
〔典拠〕『吉田文雀ノート』

◇八月六日　三和会　全国公立幼稚園園長会議　大阪ＡＢＣホール　午後二時
「千本道行」小唄振「梅川」「河太郎」「面売」に因会の吉田文雀　吉田玉昇　桐竹一暢が応援
〔典拠〕『吉田文雀ノート』
『朝日新聞（大阪）』（08・05）

◇八月七日　因会　楳茂都ゆかた会
哥沢「すしや」に吉田文雀　吉田玉昇　桐竹一暢が出演
〔典拠〕『吉田文雀ノート』

35・08・13　因会　道頓堀　文楽座　大阪　［ＢＣ］

八月興行　文楽座人形浄瑠璃
芸術院会員文化功労者　文五郎事吉田難波掾
十三日初日　二十八日まで　二十一日より昼夜の狂言入替　道頓堀文楽座

重要無形文化財指定　府民劇場指定

昼の部　正午開演

極《ごく》彩《さい》色《しき》娘《むすめ》扇《おおぎ》

兵助内の段

竹本津大夫
三味線　鶴澤寛治

寺子屋兵助　吉田玉助
女房お牧　吉田玉五郎
兄眼兵衛　吉田東太郎
倅筆松　桐竹一暢
手代段八　吉田玉昇
手習子、若い者　大ぜい

増井の段

兵助　竹本織の大夫
筆松　竹本津の子大夫
手代段八　竹本伊達路大夫
兄眼兵衛　豊竹弘大夫
女房お牧　竹本相子大夫
朝日奈藤兵衛　竹本大隅大夫
（鶴澤徳太郎
野澤錦糸

寺子屋兵助　吉田玉助
女房お牧　吉田玉五郎
兄眼兵衛　吉田東太郎
倅筆松　桐竹一暢
手代段八　吉田玉昇
朝日奈藤兵衛　吉田玉市

鎌倉三代記

三浦之助別れの段

竹本綱大夫
竹澤弥七

高綱物語りの段

竹本相生大夫
野澤松之輔

三浦之助義村　吉田玉男
息女時姫　桐竹亀松
阿波の局　吉田玉之助
讃岐の局　吉田小玉
三浦之助母　吉田兵次
女房おくる　吉田文昇
富田六郎　吉田玉昇
藤三郎実は佐々木高綱　吉田玉助

鶯谷樗風作　西亭作曲
楳茂都陸平振付　山田伸吉美術考証

誉《ほまれの》薔《は》薇《な》国《くにの》礎《いしずえ》

牧落の里
宇宙の宮

蝶娘　（竹本土佐大夫
豊竹松大夫
蟻男　竹本大隅大夫
蜂男　竹本織の大夫
バラの精　竹本南部大夫
バラの侍女　豊竹弘大夫
バラの侍女　豊竹十九大夫
野澤吉三郎
鶴澤徳太郎
野澤錦糸
竹澤団六
竹澤団二郎
鶴澤藤二郎

蝶娘　吉田玉五郎
蟻男　吉田玉男
蜂男　吉田東太郎
バラの精　文五郎事 吉田難波掾
バラの侍女　吉田文雀
バラの侍女　吉田文昇

碁《ご》太《たい》平《へい》記《き》白《しら》石《いし》噺《ばなし》

新吉原揚屋の段

（竹本土佐大夫
豊竹松大夫
鶴澤藤蔵

傾城宮城野　吉田栄三
娘おのぶ　吉田文雀
新造宮里　吉田玉幸
新造宮柴　吉田小玉
禿しげり　吉田玉丸
大黒屋宗六　吉田玉市

夜の部　五時開演
西亭作並に作曲　鶯谷樗風演出　大塚克三装置

犬

有馬温泉の一室

清雅堂娘美津子　竹本南部大夫
母時枝　豊竹十九大夫
伊勢六息子百太郎　豊竹弘大夫
宿の女中お竹　竹本伊達路大夫
愛犬シロ　竹本相子大夫
野澤錦糸
ツレ　竹澤団六
竹澤団二郎
鶴澤藤二郎

下寺町寺の境内仕立屋内

竹本土佐大夫
豊竹松大夫
鶴澤藤蔵

病院の中庭

竹本織の大夫
鶴澤徳太郎

元の仕立屋より清雅堂の玄関先

竹本津大夫
野澤松之輔
かげ　竹本津の子大夫
竹本相子大夫
竹澤団二郎
唄　鶴澤藤二郎

清雅堂娘美津子　桐竹亀松
伊勢六息百太郎　吉田東太郎
愛犬シロ　吉田文雀
愛犬丸　吉田文雀
女中お竹　桐竹一暢
母時枝　吉田玉五郎
仕立屋娘お千代　吉田栄三
千代子の母おさよ　吉田玉市
左官虎造　吉田玉男
虎造父松造　吉田玉助
松造女房お春　吉田兵次
女中お玉　吉田栄之助
仲人　吉田玉昇
若い者　大ぜい
子供　大ぜい

彦山権現誓助剣《ひこさんごんげんちかいのすけだち》

毛谷村の段

六助　竹本津大夫

毛谷村六助　吉田玉助

おその　竹本土佐大夫
　　　　豊竹松大夫
弥三松　竹本相子大夫
斧右衛門　竹本大隅大夫
非人　竹本津弥大夫
　　　豊竹松香大夫
杣仲間　豊竹十九大夫
母お幸　竹本相生大夫
三味線　鶴澤寛治

娘おその　桐竹亀松
倅弥三松　桐竹一暢
母お幸　吉田兵次
斧右衛門　吉田玉男
杣藤吉　吉田文雀
杣京助　吉田文昇
非人　大ぜい

小春 治兵衛 天網島時雨炬燵《てんのあみじましぐれのこたつ》

紙屋内の段

切　竹本綱大夫
竹澤弥七

道行名残りの橋尽し

楳茂都陸平振付

小春　竹本南部大夫
治兵衛　竹本織の大夫
野澤吉三郎
鶴澤徳太郎
野澤錦糸
竹澤団六
竹澤団二郎
鶴澤藤二郎

紙屋治兵衛　吉田栄三
女房おさん（前）　文五郎事 吉田難波掾
女房おさん（後）　吉田玉男
紀国屋小春　吉田玉五郎
舅五左衛門　吉田玉市
丁稚三五郎　吉田小玉
一子勘太郎　吉田玉丸
娘お末　吉田栄弘
江戸屋太兵衛　吉田玉昇
五貫屋善六　吉田玉幸

紙屋治兵衛　吉田栄三
紀国屋小春　吉田玉五郎

一等席四百円　二等席二百円　三等席百円
学生券A（一等）二百円　B（二等）百円

◎誉薔薇国礎　鷲谷樗風作　西亭作曲　楳茂都陸平振付　山田伸吉美術考証
丸善石油社長夫婦の新興宗教が素材　三千人動員（『朝日新聞（大阪）』08・22）
「大木淳夫作詞、山田耕作が作曲した歌も織り込んだ新企画の浄瑠璃」（『毎日新聞（大阪）』07・19）

◎犬　西亭作・作曲　鷲谷樗風演出　大塚克三装置
「こんどの公演に使う犬はぬいぐるみでも目、シッポ、クビ、足が自由に動く精巧なもの…」（『毎日新聞（大阪）』07・19）

◇鎌倉三代記　竹本綱大夫休演の日あり　前半を竹本南部大夫、後半を竹本相生大夫代役（『日本経済新聞（大阪）』08・20）

◇天網島時雨炬燵　竹本綱大夫風邪のため前半のみの日あり　後半　豊竹松大夫代役（『日本経済新聞（大阪）』08・20）
道行名残りの橋尽し　楳茂都陸平振付

◇「端場といえば前記の「鎌倉三代記」はじめこの「時雨の炬燵」「毛谷村」「白石揚屋」いずれもおもしろかるべき端場を全部カットしている。恐らくこれは無意味な新作狂言のための犠牲でもあろう。かくて文楽座の自殺行為は依然としてつづいている」（『毎日新聞（大阪）』08・27）

◎八月十三日から二十八日　「野呂間狂言」を二百四十五年ぶりに復活　昼の部の「極彩色娘扇」の「兵助内の段」と「増井の段」の幕間に「お伊勢参り」を、竹本大隅大夫、豊竹弘大夫、鶴澤徳太郎　下女およし　吉田文雀　丁稚長吉　吉田玉男で上演　商家の丁稚と女中が抜け参り道中で珍談奇談を生むという内容　人形製作から人件費まで一切の経費を近鉄がスポンサーになって負担している　二十二日から女中およしにウインキー（だっこちゃん）を持たせて好評（『産経新聞（大阪）』08・10、『大阪新聞』08・24、『吉田文雀ノート』）

◇八月二十三日　極彩色娘扇　兵助内の段　ラジオ放送　NHK第二　午後九時（『朝日新聞（大阪）』、『毎日新聞（大阪）』、『読売新聞（大阪）』08・23）

◇八月
赤字増大を止めるため　松竹は文楽合理化策として八月、十一月を因会単独公演とする
〔典拠〕『東京新聞』（08・22）

◇九月八日　因会　大阪府箕面市牧落宇宙の宮
「千本」「段畠」奉納　吉田文五郎以下一同出演
〔典拠〕『吉田文雀ノート』

◇九月十三日　因会・三和会　東京都中野区東京文化高等学校　午前九時
「壺坂」三回　竹本南部大夫　鶴澤徳太郎　吉田文雀　吉田文昇　吉田玉昇
吉田小玉　吉田栄弘　吉田玉丸　桐竹紋弥が出演
〔典拠〕『吉田文雀ノート』

◇九月十三日　因会・三和会　東京都八王子東京婦人補導院収容者慰安会　午後六時
解説　おその　吉田文雀　吉田玉昇　桐竹紋弥が出演
〔典拠〕『吉田文雀ノート』

35・09・14　三和会　東海巡業　［CD］

○東海・関東巡業
○五月から六月巡業と同じ（五四〇頁参照）

◎**九月十四日**　大阪天王寺会館
「二人三番」「面売」「野崎」「道成寺」
因会若手人形遣いが三和会公演を応援　顔を出さない人形を随時手伝う
〔典拠〕『吉田文雀ノート』、巡業日程表、『文楽因会三和会興行記録』

◎**九月十六日**　初代清十郎九十年忌墓前祭　岐阜県羽島郡岐南町東公民館
初代豊松清十郎の墓前および岐南町東公民館において墓前祭が行われ、桐竹紋十郎　豊松清十郎　野澤勝太郎　竹本文字大夫　桐竹勘之助が出演
〔典拠〕「岐阜日日新聞」（09・16）

○**九月十七日**　岐阜市公会堂
○**九月十八日**　神奈川県小田原市御幸座
○**九月十九日**　東京都世田谷区昭和女子大学
○**九月二十日**　東京都千代田区神田共立講堂　文楽教室
　夜　東京都台東区公会堂
〔典拠〕巡業日程表、『文楽因会三和会興行記録』

◎**九月二十一日・二十二日**　東京都墨田区民会館　昼の部午後一時　夜の部午後五時半開演
墨田区母親研修会主催　墨田区教育委員会・墨田区青少年委員会後援
　入場料　会員券二百五十円
〔典拠〕「東京新聞（江東版）」（09・21）、「墨田区民新聞」（09・17）

○**九月二十三日**　埼玉県羽生市体育会館
○**九月二十四日**　東京都中野区公会堂
○**九月二十五日**　埼玉県川越市川越会館
〔典拠〕巡業日程表、『文楽因会三和会興行記録』

◎**九月二十六日　東京都豊島区公会堂**　［CD］
香り高き我国古典芸術の最高峰！　大阪文楽人形浄瑠璃の醍醐味！
時は江戸時代！　義理と人情の対立から生れ出た此の人生劇！
大阪文楽人形浄瑠璃
昭和三十五年九月二十六日　豊島公会堂
主催　佐々木興業株式会社　後援　文部省文化財委員会

昼の部　午後一時開演
鬼一法眼三略巻
　五条橋の段
お染久松　新版歌祭文
　野崎村の段
壇之浦兜軍記
　阿古屋琴責の段
桐竹紋十郎十二ヶ月の内
新曲　面売り

夜の部　午後六時開演
新曲　釣女
絵本太閤記
　尼ヶ崎の段
壺坂霊験記
　沢市住家より御寺まで
本朝廿四孝
　奥庭狐火の段

竹本源大夫
豊竹つばめ大夫
豊竹松島大夫
竹本文字大夫（古住大夫改め）
豊竹小松大夫
竹本常子大夫
豊竹若大夫
野澤喜左衛門
鶴澤叶太郎
野澤勝太郎

桐竹紋十郎
吉田辰五郎
豊松清十郎（紋之助改め）
吉田作十郎
桐竹紋二郎
桐竹小紋
桐竹紋寿
桐竹紋七
桐竹紋四郎
桐竹勘之助

鶴澤燕三　桐竹紋弥
豊澤仙二郎　桐竹紋之丞
竹澤団作　桐竹紋市
鶴澤友若　吉田国秀
野澤勝平　桐竹紋若
豊澤猿二郎　桐竹勘十郎

御観覧料　前売二百五十円　当日三百五十円

○九月二十七日　東京都杉並区公会堂
○九月二十八日　昼　東京都千代田区共立講堂
夜　東京都板橋区北園高等学校　昼夜とも文楽教室
○九月二十九日　昼　東京都世田谷区成城学園
夜　東京都千代田区女子学院　昼夜とも文楽教室
○九月三十日　昼　東京都世田谷区松蔭学園
夜　東京都世田谷区二階堂高等学校　昼夜とも文楽教室
○十月一日　栃木県真岡映劇
〔典拠〕巡業日程表、『文楽因会三和会興行記録』

◎十月二日　浦和市埼玉会館　昼の部十二時半　夜の部午後四時半開演
埼玉新聞社主催　埼玉県教育委員会・浦和市教育委員会後援
演目は二十六日豊島区公会堂と同じ
入場料　前売一般三百円　学生百円　当日一般四百円　学生百五十円
〔典拠〕「埼玉新聞」広告（09・20）

○十月三日　昼　東京都渋谷区青山学園　文楽教室
〔典拠〕巡業日程表、『文楽因会三和会興行記録』

◎十月三日　東京都目黒区公会堂　午後五時開演
〔典拠〕「毎日新聞（都内城南版）」（10・03）

○十月四日　昼　東京都世田谷区青葉学園　文楽教室
夜　東京都杉並区立教女子学園　文楽教室
〔典拠〕巡業日程表、『文楽因会三和会興行記録』

・・・・・・・・・・・・・・・・・・・・・・

◎九月二十七日　因会　有楽会素義会　大阪松坂会館　午前十一時開演
素義会に人形参加

増補忠臣蔵
本蔵下屋敷の段
桃井若狭之助　吉田東太郎
三千歳姫　吉田文雀
井波伴左衛門　吉田玉幸
加古川本蔵　吉田玉市
小姓　吉田栄之助
近習　吉田玉丸
下僕　吉田万次郎

艶容女舞衣
三勝半七　酒屋の段
親宗岸　吉田玉市
おその　吉田玉五郎
半兵衛　吉田玉昇
半兵衛女房　吉田玉米
娘おつう　桐竹亀若
半七　吉田文昇
三勝　桐竹一暢

絵本太功記
尼ヶ崎の段
武智重次郎　吉田玉昇
娘初菊　吉田小玉
母さつき　吉田玉米
妻みさを　吉田玉五郎
武智光秀　吉田玉助
真柴久吉　吉田玉男
軍兵　大ぜい

日蓮記
勘作住家の段
お伝　吉田玉五郎
勘作亡霊　吉田玉男
母親　吉田玉市
庄屋徳兵衛　吉田玉市

日蓮上人　吉田玉助
日朗法師　桐竹一暢
弟子僧　吉田玉之助
経市　吉田栄弘
村人　大ぜい

本朝二十四孝
十種香狐火の段

武田勝頼　吉田東太郎
八重垣姫　吉田玉男
腰元濡衣　吉田文昇
長尾謙信　吉田玉助
狐火の段
八重垣姫　吉田文雀

〔典拠〕プログラム

35・09・28 因会

◇中国巡業

◇**九月二十八日**　広島県竹原市立竹原小学校講堂　午後一時　午後六時開演
竹原市体育協会・竹原市教育委員会主催　竹原市・商工会議所・PTA連合会・婦人連合会・新聞記者協会後援
演目は十月一日広島大学三原分校と同じ
但し　生写朝顔日記を人形解説の後に上演
午前十時から十二時は小、中、高校生対象　マチネー二回　戻橋・面売　三番叟・戻橋
入場料　一般前売二百円　当日二百五十円　高校生五十円　中学生三十円　小学生二十円
〔典拠〕「芸南新聞」（09・11／09・25）
『吉田文雀ノート』

◇**九月二十九日**　広島県呉市倉橋島音頭町　ラツキ劇場　午後一時
戻橋・野崎村
〔典拠〕『吉田文雀ノート』

◇**九月二十九日**　広島県呉市広町金星座　午後六時開演
呉市文化連盟・婦人会主催
演目・配役は十月一日広島大学三原分校と同じ
但し　生写朝顔日記を人形解説の後に上演、新版歌祭文に吉田文昇、面売に鶴澤徳太郎、生写朝顔日記に竹澤団二郎、吉田玉昇の記載なし
学生対象マチネー　八百屋お七・戻橋
〔典拠〕「中国日報」（09・27）
『吉田文雀ノート』

◇**九月三十日**　広島県呉市星ヶ丘高等学校　午前十一時　二回
戻橋・野崎　三番・宿屋
〔典拠〕『吉田文雀ノート』

◇**九月三十日**　広島県呉市立和庄小学校体育館　午後六時開演
呉市文化連盟・婦人会主催
演目・配役は九月二十九日呉市広町金星座と同じ
学生対象マチネー　八百屋お七・戻橋
〔典拠〕「中国日報」（09・27）
『吉田文雀ノート』

◇**十月一日**　広島県三原市立三原東高等学校体育館　午後一時
三番叟　野崎村　戻橋
〔典拠〕『吉田文雀ノート』

◎十月一日　広島大学三原分校講堂　［ＢＣ］

文楽座人形浄瑠璃

十月一日　午後六時開演　広大三原分校講堂

寿式二人三番叟

竹本 津の子大夫
竹澤 団 二 郎
鶴澤 藤 二 郎

三番叟　吉田文雀
三番叟　吉田玉昇

人形解説

吉田玉五郎
吉田玉丸
吉田玉昇

新版歌祭文
お染久松　野崎村の段

竹本津大夫
竹澤団六
鶴澤藤二郎

お染　吉田玉男
お光　吉田玉五郎
下女およし　吉田栄之助
久作　吉田玉市
久松　吉田文昇
お勝　吉田玉幸
船頭　吉田小玉
かごや　大勢

所作物　面売

竹本 南部大夫
竹本 津の子大夫
鶴澤 徳 太 郎
竹澤 団 六
竹澤 団 二 郎

面売娘　吉田玉五郎
おしゃべりかかし　吉田文雀

生写朝顔日記
宿屋より大井川まで

鶴澤 藤 二 郎

竹本 南部大夫
鶴澤 徳 太 郎
竹澤 団 二 郎

朝顔　吉田玉五郎
宮城阿曽次郎事 駒沢次郎左衛門　吉田玉男
岩代多喜太　吉田玉昇
戎屋徳右衛門　吉田玉市
下女おなべ　吉田玉丸
若侍、川越　大勢

◎十月二日　広島県立尾道東高等学校　［ＢＣ］

文楽　尾道文化連盟五十四回九月例会

十月二日　昼の部一時　夜の部六時開演　尾道東高講堂

演目・配役は一日広島大学三原分校と同じ

但し　面売のおしゃべりかかしが吉田文昇に変わる

はやし方　中村新三郎

……………………………………

◇九月二十九日　因会　第七回名流舞踊観賞会　京都四条南座　第二部午後六時開演

「新口村」に竹本綱大夫　竹澤弥七が出演

〔典拠〕プログラム

◇九月三十日

左藤大阪府知事より文楽振興策を依頼された大阪府民劇場運営審議会が、七項目にわたる文楽改革案を提出

①文楽因会と三和会の合流　②本公演を年六回、一回二十日制とし、短時間公演で若手の養成をする　③演目、配役の選定には演技者代表を加えた合議制にする　④新作の上演　⑤中学、高校の課外教育に文楽観賞をくわえ、労

演などにも観客動員の協力をもとめる　⑥全国各地に愛好者団体をつくる　⑦大阪府、市はいままで以上に積極的な助成策をつくる
さらに、東京に建設される国立劇場の分場を大阪に誘致、国立文楽劇場をつくり、後進育成機関を併設するほか、府立劇場をつくって、十分なけいこ日数と適役を与え、純粋芸能の保存につとめることも一つの振興策としている

〔典拠〕「産経新聞（大阪）」（09・30）

◇九月　NHKテレビ番組「芸術の窓」の収録　大阪天王寺会館
「義経千本桜　渡海屋の段」竹本綱大夫　竹澤弥七　知盛 吉田玉男

〔典拠〕『文楽の男』、『文楽藝話』

35・10・04 因会

◎中国・四国巡業（『文楽因会三和会興行記録』）
◎十月四日から十二日　四国巡業（『財団法人人形浄瑠璃因協会　昭和三十五年度年報』）

昼の部
景事 二人禿
竹本津の子大夫
竹本相子大夫
竹本津弥大夫
鶴澤徳太郎
竹澤団二郎
鶴澤藤二郎
禿　吉田文昇
禿　吉田玉昇

絵本太功記
尼ヶ崎の段
前　竹本伊達路大夫
武智重次郎　吉田玉昇
後　竹澤団六
竹本織の大夫
野澤錦糸
嫁初菊　吉田小玉
妻操　吉田東太郎
母さつき　吉田玉米
武智光秀　吉田玉男
真柴久吉　吉田玉市
加藤正清　吉田栄弘
軍兵　大ぜい

艶容女舞衣
酒屋の段
前　竹本津大夫
竹澤団六
後　豊竹松大夫
鶴澤徳太郎
親宗岸　吉田玉市
お園　吉田玉五郎
半兵衛　吉田玉男
半兵衛女房　吉田玉米
娘おつう　桐竹亀若
半七　吉田玉幸
三勝　桐竹一暢

傾城阿波の鳴戸
十郎兵衛住家の段
竹本土佐大夫
鶴澤藤蔵
お弓　吉田玉五郎
おつる　吉田小玉
十郎兵衛　吉田玉市
飛脚屋　吉田玉之助
捕手　大ぜい

伊達娘恋緋鹿子
お七火見櫓の段
竹本津の子大夫
竹本相子大夫
豊竹松香大夫
野澤錦糸
竹澤団二郎
鶴澤藤二郎
お七　吉田文雀

夜の部
景事 音冴春臼月
団子売の段

竹本相子大夫
竹本津の子大夫
豊竹松香大夫
鶴澤徳太郎
竹澤団二郎
鶴澤藤二郎

杵造　吉田東太郎
お福　吉田文昇

お千代半兵衛 八百屋献立
新靫の段

竹本津大夫
竹澤団六

半兵衛　吉田東太郎
お千代　吉田文昇
母親　吉田玉五郎
丁稚三太郎　吉田玉之助
太郎兵衛　吉田玉市
兄十蔵　吉田小玉
嘉十郎　吉田玉幸

近頃河原の達引
堀川猿廻しの段

豊竹松大夫
鶴澤徳太郎
ツレ　竹澤団二郎

与次郎　吉田玉男
母親　吉田玉米
おつる　吉田玉丸
お俊　吉田文雀
伝兵衛　桐竹一暢

生写朝顔話
宿屋より大井川の段

竹本土佐大夫
鶴澤藤蔵
琴　竹澤団六

駒沢次郎左衛門　吉田玉昇
岩代多喜太　吉田玉幸
戎屋徳右衛門　吉田玉市
朝顔　吉田玉五郎
下女おなべ　吉田栄之助
近習　吉田栄弘
川越　大ぜい

義経千本桜
道行初音の旅

竹本織の大夫
竹本伊達路大夫
竹本津弥大夫
野澤錦糸
竹澤団六
竹澤団二郎
鶴澤藤二郎

静御前　吉田文雀
狐忠信　吉田玉男

〔典拠〕『財団法人人形浄瑠璃因協会　昭和三十五年度年報』

◇**十月四日**　岡山市天満屋葦川会館　昼の部十二時　夜の部午後五時開演
演目は巡業プログラムの通り
入場料　三百五十円
〔典拠〕「山陽新聞」（10・01）

◇**十月六日**　香川県高松市明善学園体育館　昼の部午後一時　夜の部午後六時開演
香川県社会福祉協議会主催　香川県教育委員会・四国新聞社・西日本放送後援
演目は巡業プログラムの通り
約千二百人
午前十時　高松女子商業高校、明善高校生らを対象とした文楽教室　堀川
〔典拠〕「四国新聞」（10・03／10・07）
『吉田文雀ノート』

◇十月七日　徳島市徳島城内武道館　昼の部午前十一時　夜の部午後五時開演

〔典拠〕『吉田文雀ノート』
『財団法人人形浄瑠璃因協会　昭和三十五年度年報』

◇十月八日　高知市中央公民館　昼の部午後一時　夜の部午後五時半開演
高知県芸術祭執行委員会・高知新聞社主催
演目は巡業プログラムの通り
入場料　前売一般二百円　当日二百五十円　学生百円（当日のみ）

〔典拠〕「高知新聞」広告（10・07）

◇十月九日　愛媛県松山市済美高等学校済美館　昼の部午後一時　夜の部午後六時開演
愛媛新聞社主催　愛媛県教育委員会・松山市教育委員会後援
演目は昼の部巡業プログラムの通り　夜の部不詳
入場料　指定席三百円　一般二百円

〔典拠〕「愛媛新聞」（10・10）、広告（10・09）

◇十月十二日　愛媛県宇和島市公会堂大宮ホール　昼の部午後一時　夜の部午後五時半開演
新愛媛新聞社主催　宇和島市教育委員会・宇和島市共同募金会後援
演目は巡業プログラムの通り
入場料　前売一般二百円　当日二百五十円　指定三百円　学生前売・当日百円

〔典拠〕「新愛媛」広告（10・11）

……………………………………

◎十月六日　因会・三和会　茨城県日立市小平会館
日立創業五十周年
三番叟

竹本相生大夫	翁	吉田玉助
豊竹若大夫	三番叟	桐竹紋十郎
竹本綱大夫	三番叟	吉田辰五郎
竹本源大夫	千歳	桐竹紋二郎
豊竹つばめ大夫		
竹本大隅大夫		
竹本文字大夫		
豊竹弘大夫		
豊竹小松大夫		
野澤松之輔		
野澤勝太郎		
竹澤弥七		
鶴澤叶太郎		
野澤喜左衛門		
野澤吉三郎		
鶴澤燕三		
野澤市治郎		
野澤勝平		
豊澤猿二郎		

尼ヶ崎

豊竹つばめ大夫	光秀	吉田玉助
野澤喜左衛門	操	桐竹亀松
豊竹若大夫	十次郎	桐竹勘十郎
野澤勝太郎	初菊	豊松清十郎

壺坂
竹本綱大夫　竹澤弥七　野澤勝平
お里　桐竹紋十郎
沢市　吉田栄三

◇株式会社日立製作所創業五十周年小平会館落成記念（『文楽因会三和会興行記録』）
◇午前の式典に引き続いて、午後から公演（「いはらき」10・07）
◇尼ヶ崎　光秀　左　桐竹紋二郎（『頭巾かぶって五十年』）

35・10・11　三和会　兵庫県立星陵高等学校　［BC］

文楽三和会
昭和三十五年十月十一日　星陵高校講堂
主催　兵庫県立星陵高等学校文化部
映画「生きている人形」
座談会「解説」

梅川忠兵衛　冥途の飛脚
封印切の段
豊竹つばめ大夫　野澤喜左衛門
花車　吉田国秀
梅川　豊松清十郎
千代歳　桐竹勘之助
鳴戸瀬　桐竹紋寿
丹波屋八右衛門　桐竹勘十郎
亀屋忠兵衛　桐竹紋十郎
禿　桐竹紋次
下男、仲居　大ぜい

恋飛脚大和往来
新口村の段
前　竹本文字大夫　鶴澤燕三
後　竹本源大夫　鶴澤叶太郎
亀屋忠兵衛　桐竹紋二郎
梅川　桐竹紋十郎
忠三の女房　桐竹紋寿
樋ノ口水右衛門　桐竹紋七
伝ヶ婆　吉田国秀
置頭巾　吉田菊一
親孫右衛門　吉田辰五郎
丹波屋八右衛門　桐竹紋弥
捕手の小頭　桐竹小紋
捕巻　大ぜい

一の谷嫩軍記
須磨の浦組打の段
豊竹若大夫　野澤勝太郎
玉織姫　桐竹紋二郎
平山武者所　吉田作十郎
平敦盛　豊松清十郎
熊谷次郎直実　吉田辰五郎
軍兵　大ぜい

釣女
太郎冠者　大名　美女　醜女
竹本文字大夫　豊竹松島大夫　豊竹小松大夫　野澤市治郎　野澤勝平　豊澤仙二郎　竹澤団作
大名　桐竹紋弥
太郎冠者　桐竹勘十郎
美女　桐竹勘之助
醜女　桐竹紋十郎

◇十月十五日　因会　第五回日本芸能観賞のつどい　京都観世会館　午後一時開演
地唄舞に吉田文雀　吉田玉昇　吉田小玉が出演　他に桐竹一暢

〔典拠〕プログラム、『吉田文雀ノート』

◇十月十六日　因会　兵庫県黒井三峰庵
酒屋に竹本南部大夫　野澤錦糸　お園　吉田文雀　吉田文昇　吉田小玉、寺子屋に竹本津大夫　竹澤団六が出演
〔典拠〕『吉田文雀ノート』

◇十月二十日　因会　京都市立二条中学校　午前九時
戻橋二回
竹本大隅大夫　鶴澤徳太郎　吉田玉男　吉田文雀　吉田文昇　桐竹一暢　吉田玉丸　桐竹亀若が出演
〔典拠〕『吉田文雀ノート』

35・10・21　因会・三和会　産経会館　大阪　［BC］

大阪府芸術祭　大阪市民文化祭　参加　NHK人形浄瑠璃新作発表会
十月二十一日午後三時開演　産経会館
主催大阪中央放送局

室生犀星作　竹本綱大夫　竹澤弥七　作曲
藤舎呂船　藤舎推峰　作調　藤間紋寿郎振付

左文字と此君

浄瑠璃　竹本綱大夫
三味線　竹澤弥七
笛　藤舎推峰
小鼓　藤舎呂船

遊女此君　桐竹紋十郎
飾屋左文字　吉田栄三

佐藤春夫作　野澤喜左衛門作曲（義太夫）
杵屋勝太郎監修　杵屋勝郎右衛門作曲（長唄）
望月太明蔵作調　吉村雄輝振付

義太夫 長唄　縁の糸口

浄瑠璃　豊竹つばめ大夫
　　　　豊竹小松大夫
三味線　野澤喜左衛門
　　　　野澤市治郎
　　　　野澤勝平
唄　杵屋東胡
　　杵屋寿太郎
　　杵屋寿二
　　杵屋新造
三味線　杵屋勝郎右衛門
　　　　杵屋勝不二郎
　　　　杵屋勝欣治
　　　　杵屋勝寿治
鳴物　望月太明蔵社中

網元の倅豊雄　吉田玉男
蛇性の女真名児　桐竹紋二郎
供のわらわ　桐竹勘之助
山がつ（男）　吉田玉助
山がつ（女）　吉田玉市
里の女の子　吉田文昇
里の男の子　桐竹一暢

○上田秋成『雨月物語』蛇性の婬が典拠

35・10・23　因会　四条　南座　京都　［BC］

重要無形文化財指定
文楽座人形浄瑠璃秋季特別引越興行
十月二十三・二十四日　南座
京都文楽会第十八回公演
芸術院会員　文五郎事吉田難波掾　他総出演
後援　京都府　京都市　京都新聞社　京都市観光協会　京都商工会議所

第一部（昼）十一時開演
通し狂言

流枝短冊／須磨制札　一谷嫩軍記

福原館敦盛出陣の段
前　竹本相子大夫（竹本津の子大夫）
　　鶴澤藤二郎
中　豊竹弘大夫
　　竹澤団二郎
後　竹本織の大夫
　　鶴澤藤蔵

陣門の段
豊竹十九大夫
竹澤団六

須磨浦組打の段
口　竹本伊達路大夫
　　豊澤新三郎
奥　竹本土佐大夫
　　鶴澤藤蔵

はやし住家の段
中　竹本南部大夫
　　野澤錦糸

福原館敦盛出陣の段
玉織姫　吉田文雀
妻染衣　吉田文昇
妻裏葉　吉田玉之助
妻槇の尾　吉田小玉
平経盛　吉田兵次
藤の局　吉田玉五郎
無官太夫敦盛　吉田東太郎
大館玄蕃　吉田玉幸
成田五郎　桐竹一暢
取次ぎの侍　吉田玉米
腰元、雑兵　大ぜい

陣門の段
熊谷次郎直実　吉田玉助
熊谷小次郎直家　吉田玉男
無官太夫敦盛　吉田東太郎
平山武者所　吉田玉昇
軍兵　大ぜい

須磨の浦組打の段
熊谷次郎直実　吉田玉助
無官太夫敦盛 実は 小次郎直家　吉田玉男
平山武者所　吉田玉昇
玉織姫　吉田文雀
遠見の敦盛　桐竹一暢
遠見の熊谷　吉田小玉
軍兵　大ぜい

駒林村はやし住家の段
薩摩守忠度　吉田栄三
菊の前（前）　吉田玉五郎

切　竹本綱大夫
　　竹澤弥七

脇ヶ浜宝引の段
竹本大隅大夫
鶴澤徳太郎

熊谷物語の段
前　竹本相生大夫
　　野澤吉三郎

首実検の段
後　竹本津大夫
三味線　鶴澤寛治

菊の前（後）　吉田難波掾（文五郎事）
乳母はやし　吉田玉市
梶原景高　吉田兵次
太五平　吉田東太郎
茂次兵衛　吉田玉昇
岡部六弥太　吉田玉男
軍兵　大ぜい

脇ヶ浜の段
石屋弥陀六　吉田玉市
歯ぬけ与次郎　吉田兵次
雀の忠吉　吉田万次郎
のどの丹兵衛　吉田玉之助
毘沙の五左衛門　吉田玉米
吃の又平　吉田栄弘
娘小雪　吉田文雀
藤の局　吉田玉五郎
番場忠太　吉田玉昇
須股運平　吉田玉幸
庄屋孫作　吉田栄三
軍兵　大ぜい

熊谷陣屋の段
熊谷直実　吉田玉助
妻相模　桐竹亀松
堤軍次　吉田文昇
藤の局　吉田玉五郎
梶原景高　吉田兵次
弥陀六 実は 弥平兵衛宗清　吉田玉市
源義経　吉田東太郎
軍兵　大ぜい

寿式三番叟

竹本津弥大夫
竹本津の子大夫
豊竹十九大夫
竹本織の大夫
竹本南部大夫
竹本津大夫
竹本綱大夫
竹本相生大夫
竹本土佐大夫
豊竹松大夫
竹本大隅大夫
豊竹弘大夫
竹本伊達路大夫
竹本相子大夫
豊竹松香大夫
竹澤団二郎

野澤錦糸
野澤吉三郎
竹澤弥七
鶴澤寛治
鶴澤藤蔵
鶴澤徳太郎
豊澤新三郎
竹澤団六
鶴澤藤二郎

千歳　吉田玉五郎
翁（前）　吉田難波掾（文五郎事）
翁（後）　吉田玉市
三番叟　桐竹亀松
三番叟　吉田栄三

第二部（夜）六時開演

雪狐々姿湖《ゆきはこんこんすがたのみづうみ》

崑山の秋より冬の湖畔まで

崑山の秋

白百合（娘白狐）　竹本南部大夫
白蘭尼（白百合の祖母狐）　竹本大隅大夫
コン平（若い男狐）　豊竹十九大夫
右コン（白百合の弟狐）　竹本津の子大夫
左コン（白百合の弟狐）　竹本相子大夫
コン蔵（爺狐）　竹本織の大夫
野澤吉三郎
野澤錦糸
竹澤団六
竹澤団二郎

白百合（女白狐）　吉田栄三
白蘭尼（白百合の祖母狐）　吉田玉五郎
コン平（若い男狐）　吉田玉男
右コン（白百合の弟狐）　吉田文雀
左コン（白百合の弟狐）　吉田玉昇
コン蔵（爺狐）　吉田玉市
猟師源左　桐竹亀松
源左の母　吉田玉助

猟師源左内より冬の湖畔まで

女房白百合（白狐）　竹本南部大夫
源左の母　竹本大隅大夫
猟師源左　竹本織の大夫
右コン　竹本津の子大夫
左コン　竹本相子大夫
鶴澤徳太郎
豊澤新三郎
ツレ　鶴澤藤二郎

恋飛脚大和往来

新口村の段

豊竹松大夫
鶴澤藤蔵

傾城梅川　桐竹亀松
亀屋忠兵衛　吉田玉男
忠三女房　吉田文昇
樋の口水右衛門　吉田栄弘
伝が婆　吉田万次郎
置頭巾　吉田兵次
鶴かけ藤次兵衛　吉田玉米
針立道庵　吉田小玉
八右衛門　吉田玉之助
捕手小頭　桐竹一暢
遠見の忠兵衛　吉田玉丸
遠見の梅川　桐竹亀若
親孫右衛門　吉田玉助

御観劇料　第一部　一等席七百円　二等席三百五十円　三等席百五十円
第二部　一等席三百円　二等席百円　昼夜通し八百円

35・10・25　因会　天理教館　奈良　［BC］

重要無形文化財指定　大阪文楽座人形浄瑠璃公演
昭和三十五年十月二十五日　昼十二時三十分　夜五時三十分　天理教館

主催　大阪文楽会　後援　天理教にをいがけ委員会

伊達《だて》娘《むすめ》恋《こいの》緋鹿子《ひがのこ》　一場

八百屋お七火の見櫓の段

竹本南部大夫
鶴澤徳太郎
鶴澤藤二郎

娘お七　桐竹亀松

鷲谷樗風作　西亭作曲

錦繍織《にしきおりなす》西陣物語　二場

丸屋勘次郎内の段

竹本津大夫
鶴澤寛治

伊丹屋友三郎内の段

竹本織の大夫
野澤錦糸
竹澤団六
鶴澤藤二郎

丸屋勘次郎　吉田玉助
伊丹屋友三郎　吉田栄三
世話方　吉田玉市
女房おすじ　吉田玉五郎
女房お千代　吉田玉男
弟子喜蔵　吉田玉幸
娘おつる　吉田文雀
息子勇吉　吉田玉昇
市太郎実は正太郎　吉田小玉
町の人　大ぜい

仮名手本《かなてほん》忠臣蔵《ちゅうしんぐら》

祇園一力茶屋の段

由良之助　竹本織の大夫
おかる　竹本土佐大夫
平右衛門　豊竹十九大夫
九太夫　竹本伊達路大夫
（三味線不詳）

大星由良之助　吉田玉助
おかる　吉田栄三
寺岡平右衛門　桐竹亀松
斧九太夫　吉田文昇

大西利夫作　野澤松之輔作曲

昭和三十五年（一九六〇）

天理教祖御伝　梅《うめ》薫《かおる》教祖《みおやの》俤《おもかげ》

にをいがけの段
みちすがらの段
手びきの段
陽気つとめの段

教祖　竹本津大夫
小かん　竹本南部大夫
秀司　豊竹十九大夫
次郎作　竹本伊達路大夫
探偵　竹本相子大夫
女儀　竹本津の子大夫
野澤吉三郎
野澤錦糸
竹澤団六
鶴澤藤二郎

教祖　吉田玉市
娘小かん　吉田玉五郎
兄秀司　吉田玉男
次郎作　吉田東太郎
女儀　吉田文雀
旅の女　吉田文昇
旅の男実は探偵　吉田玉昇

○他に鶴澤藤蔵　吉田玉之助　吉田玉米　吉田玉丸　桐竹一暢　吉田栄弘
吉田栄之助　桐竹亀若

◎十月二十七日　因会・三和会　国家指定芸能特別鑑賞会　東京歌舞伎座　正午
午後五時開演

第一部
京舞　芦刈（井上八千代）
竹本綱大夫
竹澤弥七

第二部
壇浦兜軍記
阿古屋琴責の段
竹本綱大夫
豊竹つばめ大夫
野澤喜左衛門
竹澤弥七

〔典拠〕プログラム

◇十月二十八日　因会　豊本会　大阪ABCホール　午前十時半

鼠なき
唄　竹本綱子大夫
豊男（竹本織の大夫事）

こぼれ松葉
唄　一輔（野澤錦糸事）
豊糸

大文字
唄　豊郎（竹本南部大夫事）
豊男（竹本織の大夫事）

舞妓
竹本綱子大夫
豊輔（野澤松之輔事）
一輔（野澤錦糸事）
吉田文雀
左　吉田玉男
足　吉田玉昇
後見　吉田小玉
賛助出演　竹本綱大夫

〔典拠〕プログラム、『吉田文雀ノート』「毎日新聞（大阪）」（10・14）

◇十月二十八日
東京歌舞伎座（資本金三億円）と文楽座（資本金一億五千万円）両社が株主総会で合併を承認

「合併成立は来年三月一日。年間二百五十万円ていどの赤字をだしている文楽座を歌舞伎座が合併吸収すれば、古典芸術の危機が救えるという大谷松竹会長の構想が実を結んだもの」（「読売新聞（大阪）」10・31）

「文楽座は創設以来、今日まで過去五年間、一銭の配当も株主には与えられていない。年間の総収入約一億円では、諸経費を払えば赤字しか残らない苦しい経営。株価も額面の五百円を割り四百五十円を低迷する有様。（中略）そこで考え出されたのが、歌舞伎座への吸収合併だ」（「新大阪」10・08）

〔典拠〕「産経新聞（大阪）」（10・07）

35・11・03　因会　道頓堀　文楽座　大阪　［BCD］

文楽座人形浄瑠璃十一月興行
豊竹松大夫改め三代目竹本春子大夫襲名披露
三日初日　二十三日まで　昼夜狂言の入替なし　道頓堀文楽座
芸術院会員　文化功労者　文五郎事吉田難波掾
重要無形文化財指定　府民劇場指定

通し狂言　**仮名手本忠臣蔵**

昼の部　十一時半開演

大序
兜改めより恋歌の段

足利直義	竹本相生大夫
高師直	竹本津大夫
顔世御前	竹本土佐大夫
桃井若狭助	竹本大隅大夫
塩谷判官	竹本織の大夫
	鶴澤重造

三段目
文使いの段

竹本南部大夫
野澤錦糸

松の間殿中刃傷の段

竹本相生大夫
鶴澤重造

足利直義	吉田文雀
高師直	吉田玉助
顔世御前	吉田玉男
桃井若狭助	吉田東太郎
塩谷判官	吉田栄三
大名、仕丁	大ぜい
早野勘平	桐竹亀松
腰元おかる	吉田玉五郎
鷺坂伴内	吉田文昇
奴可内	吉田栄弘
桃井若狭助	吉田東太郎
高師直	吉田玉助
茶道珍才	桐竹一暢
塩谷判官	吉田栄三
加古川本蔵	吉田玉市
大名	大ぜい

竹本織の大夫
鶴澤徳太郎

早野勘平　桐竹亀松
腰元おかる　吉田玉五郎
鷺坂伴内　吉田文昇
取巻　大ぜい

四段目
扇ヶ谷判官切腹の段

竹本津大夫
三味線　鶴澤寛治

塩谷判官　吉田栄三
顔世御前　吉田玉男
大星力弥　吉田文雀
原郷右衛門　吉田玉市
石堂右馬之丞　吉田東太郎
薬師寺次郎左衛門　吉田玉昇
大星由良助　吉田玉助
諸士　大ぜい

霞ヶ関城明渡しの段

毎日替り　豊竹弘大夫
　　　　　竹本伊達路大夫
毎日替り　豊澤新三郎
　　　　　竹澤団六

大星由良助　吉田玉助

豊竹松大夫改め
三代目竹本春子大夫
襲名披露口上

豊竹松香大夫
※1竹本大隅大夫
吉田玉助
野澤松之輔
竹本綱大夫
竹本春子大夫
豊竹若大夫
竹本相生大夫

竹本土佐大夫
鶴澤寛治
竹本津大夫

五段目
二ツ玉の段

勘平　竹本長子大夫
定九郎　豊竹十九大夫
与市兵衛　毎日替り　豊竹弘大夫
　　　　　　　　　　竹本伊達路大夫
野澤吉三郎
胡弓　鶴澤藤二郎

早野勘平　桐竹亀松
斧定九郎　吉田玉昇
百姓与市兵衛　吉田兵次

六段目
身売りの段

毎日替り　竹本土佐大夫
　　　　　松大夫改め　竹本春子大夫
鶴澤藤蔵
野澤松之輔

娘おかる　文五郎事　吉田難波掾
早野勘平　桐竹亀松
一文字屋才兵衛　吉田玉男
与市兵衛女房　吉田兵次
駕かき　吉田小玉
駕かき　吉田玉幸

勘平切腹の段

毎日替り　竹本土佐大夫
　　　　　松大夫改め　竹本春子大夫
鶴澤藤蔵
野澤松之輔

与市兵衛女房　吉田兵次
早野勘平　桐竹亀松
めっぽう弥八　吉田玉之助
種ヶ島の六　桐竹一暢
狸の角兵衛　吉田玉幸
原郷右衛門　吉田玉市
千崎弥五郎　吉田文昇

夜の部　四時半開演

七段目
祇園一力茶屋の段

由良助	竹本相生大夫	大星由良助	吉田玉助
力弥	竹本綱子大夫	矢間重太郎	吉田小玉
重太郎	竹本長子大夫	竹森喜多八	吉田玉幸
喜多八	豊竹弘大夫／竹本伊達路大夫（毎日替り）	千崎弥五郎	吉田文昇
弥五郎	竹本津の子大夫／竹本相子大夫（毎日替り）	斧九太夫	吉田兵次
おかる	竹本土佐大夫	大星力弥	吉田文雀
仲居	竹本津弥大夫	鷺坂伴内	吉田文昇
仲居	豊竹松香大夫	遊女おかる（前）	吉田難波掾（文五郎事）
伴内	豊竹十九大夫	（後）	吉田玉五郎
九太夫	竹本大隅大夫	寺岡平右衛門	吉田玉男
平右衛門	竹本津大夫	仲居	大ぜい
三味線 前	鶴澤重造		
後	鶴澤寛治		

八段目
道行旅路の嫁入

小浪	竹本土佐大夫	妻戸無瀬	吉田栄三
戸無瀬	竹本春子大夫（松大夫改め）	娘小浪	吉田玉五郎
	竹本南部大夫		
	豊竹弘大夫／竹本伊達路大夫（毎日替り）		
	竹本津弥大夫／豊竹松香大夫（毎日替り）		
	鶴澤藤蔵		
	野澤松之輔		
	竹澤団六		
	竹澤団二郎		
	鶴澤藤二郎		
	野澤錦糸		

九段目
山科閑居の段

中	竹本長子大夫	大星由良助	吉田玉助
	豊澤新三郎	妻お石	吉田玉男
切	竹本綱大夫	母戸無瀬	吉田栄三
	竹澤弥七	娘小浪	吉田玉五郎
		大星力弥	吉田文雀
		太鼓持	吉田玉幸
		仲居	吉田小玉
		仲居	桐竹一暢
		下女りん	吉田玉昇
		加古川本蔵	吉田玉市

竹本春子大夫襲名披露狂言

三勝 半七 艶容女舞衣

酒屋の段

	竹本春子大夫（松大夫改め）	親宗岸	吉田玉助
	野澤松之輔	嫁お園	桐竹亀松
琴	竹澤団二郎	舅半兵衛	吉田玉市
		半兵衛女房	吉田兵次
		娘おつう	吉田玉丸
		美濃屋三勝	吉田文雀
		茜屋半七	吉田東太郎

鷲谷樗風補訂　西亭作曲
花柳芳次郎振付　大塚克三装置

道行霜夜の千日

三勝	竹本南部大夫	茜屋半七	吉田東太郎
半七	竹本織の大夫	美濃屋三勝	吉田文雀
	野澤吉三郎		
	鶴澤徳太郎		
	豊澤新三郎		
	竹澤団二郎		
	鶴澤藤二郎		

一等席四百五十円　二等席二百五十円　三等席百五十円
学生券Ａ（一等）二百五十円　Ｂ（二等）百五十円
　※１　Ｂ（吉田文雀氏蔵）にあり
○豊竹松大夫改め　三代竹本春子大夫
◇竹本春子大夫の相三味線が野澤松之輔となる（『文楽因会三和会興行記録』）
◎鶴澤重造　十五年ぶりに復座（『文楽因会三和会興行記録』）
○二日目以降　身売りのお軽　駕籠から吉田玉五郎（『松竹百年史』）
◇十一月十六日・十八日・十九日・二十二日　学校マチネー　茶屋場　おかる　吉田文雀（『吉田文雀ノート』）
◇十一月二十一日　竹本春子大夫襲名披露口上　艶容女舞衣　酒屋の段　テレビ放送　朝日　午後七時（「朝日新聞（大阪）」、「毎日新聞（大阪）」、「読売新聞（大阪）」11・21）

◎十一月四日　豊竹山城少掾文化功労者顕彰式　首相官邸
豊竹山城少掾が文化功労者に選定される
〔典拠〕「朝日新聞（東京）」、「毎日新聞（大阪）」（10・08）

35・11・24　三和会

○都内学校巡業

都内学校巡業【ＣＤ】

文楽教室

三十三所壺坂霊験記

沢市内

人形　桐竹紋十郎
　　　桐竹勘十郎
　　　豊松清十郎

豊竹小松大夫
野澤市治郎

山の段

豊竹つばめ大夫
野澤勝太郎
ツレ　竹澤団作

本朝二十四孝

狐火

豊竹小松大夫
野澤勝平
ツレ　野澤市治郎

吉田作十郎
桐竹紋二郎
桐竹小紋
桐竹紋弥
桐竹勘之助
桐竹紋七
吉田国秀

○十一月二十四日　東京都港区日本大学第三学園
　　　　　　　　　東京都大田区荏原高等学校
○十一月二十五日　東京都港区高輪高等学校
○十一月二十六日　東京都目黒区八雲学園
　　　　　　　　　東京都練馬区日本大学芸術学部
○十一月二十八日　東京都文京区京華学園
　　　　　　　　　東京都立葛飾野高等学校
○十一月二十九日　東京都立新宿高等学校
　　　　　　　　　東京都世田谷区恵泉女学園
○十一月三十日　東京都世田谷区日本大学文理学部
　　　　　　　　東京都世田谷区鷗友学園
○十二月一日　東京都台東区上野忍岡高等学校
　　　　　　　東京都世田谷区武蔵野工業大学
○十二月二日　東京都杉並区光塩女子学園
　　　　　　　東京都世田谷区玉川聖学園
〔典拠〕巡業日程表、『文楽因会三和会興行記録』

…………………………………………

◇十一月二十三日　因会　大近松二百三十七年祭　兵庫県尼崎市広済寺　午後一時
「傾城阿波鳴門」巡礼歌の段を竹本織の大夫　野澤錦糸が奉納
〔典拠〕プログラム

◇十一月二十七日　因会　吉田玉五郎後援会　徳島県医師会館　午後二時開演
「酒屋」「朝顔日記　大井川」のさわりと人形遣い芸談など
〔典拠〕「徳島新聞」（11・25）
『吉田文雀ノート』

◎十一月二十七日から二十九日　因会　第一回扇の会　東京歌舞伎座　午後一時開演
第一部「新作　油屋おしか」（竹本綱大夫・竹澤弥七作曲）に竹本綱大夫　竹本文字大夫　竹本織の大夫　豊竹十九大夫　竹澤弥七　竹澤団六　竹澤団二郎が出演　三和会からも参加
〔典拠〕プログラム

◇十一月二十九日　因会　吉右衛門を偲ぶ会　東京新橋演舞場　午後二時開演
「ひらがな盛衰記」逆艪の段に竹本綱大夫　竹澤弥七が出演
〔典拠〕プログラム

35・12・04　三和会　豊中市立大池小学校　大阪　［ＢＣＤ］

大阪府芸術祭共催　文楽人形浄瑠璃　重要無形文化財指定
十二月四日　午後一時開演　大池小学校講堂

主催　大阪府教育委員会　豊中市立中央公民館　豊中市社会教育協議会
協賛　豊中市教育委員会

新曲　釣女
大名　豊竹松島大夫
太郎冠者　竹本文字大夫
美女　竹本伊達路大夫
シコメ　豊竹小松大夫
野澤市治郎
野澤勝平
豊澤仙二郎
豊澤猿二郎

大名　桐竹紋弥
太郎冠者　桐竹勘十郎
美女　桐竹勘之助
醜女　豊松清十郎

絵本太功記
尼ヶ崎の段
竹本源大夫
鶴澤叶太郎

武智重次郎　吉田作十郎
嫁初菊　桐竹紋二郎
妻みさを　桐竹紋十郎
母さつき　吉田国秀
旅僧 実は 真柴久吉　桐竹紋寿
武智光秀　吉田辰五郎
軍兵　大ぜい

三十三ヶ所花の山　壺坂観音霊験記
前　豊竹小松大夫
鶴澤燕三
後　豊竹つばめ大夫
野澤喜左衛門
ツレ　竹澤団作

沢市　桐竹勘十郎
お里　豊松清十郎
観世音　桐竹紋次

鳴響安宅新関
勧進帳の段
弁慶　竹本文字大夫
富樫　竹本伊達路大夫

富樫左衛門尉　吉田辰五郎
源義経　桐竹紋二郎

義経四天王

豊竹松島大夫　伊勢三郎　桐竹小紋
野澤勝太郎　駿河次郎　桐竹紋七
野澤勝平　片岡八郎　桐竹勘之助
豊澤仙二郎　常陸坊　吉田国秀
竹澤団作　武蔵坊弁慶　桐竹紋十郎
野澤市治郎　軍兵　大ぜい

○一部因会も参加

◇十二月四日　因会　吉田玉五郎後援会十二月例会　徳島県医師会館　午後二時開演
「新口村」「阿波の鳴門」の一部公演と座談会

〔典拠〕「徳島新聞」（12・03）
『吉田文雀ノート』

◇十二月十一日　因会　四條畷刑務所　大阪中央拘置所慰問

鳴戸
竹本大隅大夫　十郎兵衛　吉田玉助
野澤吉三郎　お弓　吉田文雀
おつる　吉田玉五郎
吉田小玉
吉田玉幸

〔典拠〕『吉田文雀ノート』

35・12・12　三和会　大津市琵琶湖ヘルスセンター　滋賀　［CD］

文楽教室
昭和三十五年十二月十二日・十三日・十四日

大津市坂本唐崎　琵琶湖ヘルスセンター

十二日　二回
千本桜道行
静
忠信
豊竹小松大夫
豊竹松島大夫
竹本文字大夫
野澤市治郎
野澤勝平
豊澤仙二郎
竹澤団作

壺坂
前　竹本文字大夫　野澤勝太郎
後　竹本源大夫　鶴澤叶太郎
ツレ　竹澤団作

十三日　二回
千本桜道行
静
忠信
竹本文字大夫
豊竹松島大夫
豊竹小松大夫
野澤勝太郎
豊澤仙二郎
竹澤団作
野澤勝平

壺坂
前　豊竹小松大夫　鶴澤燕三
後　豊竹つばめ大夫
三味線　野澤喜左衛門
ツレ　野澤勝平

十四日　二回
演目・配役は十二日と同じ
但し　壺坂　前　鶴澤燕三

人形
桐竹紋十郎
吉田辰五郎
桐竹勘十郎
豊松清十郎
吉田作十郎
桐竹紋二郎
桐竹小紋
桐竹勘之助
桐竹紋次
吉田東太郎
吉田栄之助
吉田栄弘

○一部因会も参加

◇十二月十五日　豊竹山城少掾文化功労者祝賀会　京都ホテル　午後二時

〔典拠〕『昭和の南座　資料編（中）』

35・12・19　因会・三和会　新橋演舞場　東京　［ＢＣ］

文楽前夜祭

十二月十九日　午後六時開演

司会　竹本津大夫

映画「酒屋」　文部省提供

座談会　先代竹本春子大夫について

豊竹若大夫
鶴澤寛治
竹本春子大夫（豊竹松大夫改め）
三宅周太郎

豊竹山城少掾文化功労章受賞記念

挨拶　竹本綱大夫

御祝儀五人三番叟

因会・三和会全員出演

会員券五十円

35・12・20　因会・三和会

新橋演舞場　東京　①　［ＢＣ］

第七回文楽人形浄瑠璃因会三和会合同公演

十二月二十日初日　十二月二十七日千秋楽

主催　東京文楽会

御目見得狂言　十二月二十日より二十三日まで

昼の部　十一時開演

伊《い》賀《が》越《ごえ》道中《どうちゅう》双六《すごろく》　新関の段より岡崎の段まで

新関の段

口　豊竹弘大夫
　　鶴澤藤二郎
奴助平　竹本大隅大夫（静大夫改め）
娘お袖　竹本南部大夫
和田志津馬　竹本文字大夫
鶴澤重造
鶴澤燕三
野澤勝平
野澤市治郎

娘お袖　豊松清十郎
和田志津馬　桐竹勘十郎
奴助平　（一日替）桐竹亀松／吉田栄三
桜田林左衛門　吉田玉昇
蛇の目眼八　吉田作十郎
唐木政右衛門　吉田玉助
駕かき　大ぜい

竹藪の段

竹本伊達路大夫
鶴澤藤二郎

唐木政右衛門　吉田玉助
捕手　大ぜい

岡崎相合傘の段

口　豊竹十九大夫
　　鶴澤叶太郎
豊竹つばめ大夫
三味線　野澤喜左衛門

娘お袖　豊松清十郎
和田志津馬　桐竹勘十郎
幸兵衛女房　吉田国秀
蛇の目眼八　吉田作十郎
山田幸兵衛　吉田辰五郎

師弟再会の段

竹本津大夫
三味線　鶴澤寛治

莨切りの段

竹本綱大夫
竹澤弥七

名残りの出立の段

豊竹若大夫
野澤勝太郎

唐木政右衛門　吉田玉助
捕手小頭　吉田玉昇
歩きの小助　吉田万次郎
女房お谷　桐竹紋十郎
夜廻り　桐竹紋二郎
捕手　大ぜい

襲名披露口上

豊竹松大夫改め
三代目竹本春子大夫
竹本静大夫改め
五代目竹本大隅大夫

豊竹松香大夫
吉田玉助
鶴澤重造
竹本相生大夫
竹本綱大夫
竹本春子大夫
竹本大隅大夫
豊竹若大夫
竹本土佐大夫
野澤松之輔
鶴澤寛治
竹本津大夫

鷲谷樗風作　西亭作曲
楳茂都陸平振付　山田伸吉美術考証

誉《ほまれの》薔薇《ばら》国礎《くにのいしずえ》

蝶娘　竹本土佐大夫
蟻男　静大夫改め　竹本大隅大夫
蜂男　竹本織の大夫

蟻男　吉田玉男
蜂男　吉田東太郎
蝶娘　吉田玉五郎

バラの精　竹本文字大夫
バラの侍女　豊竹弘大夫
バラの侍女　豊竹小松大夫
野澤吉三郎
鶴澤徳太郎
野澤錦糸
野澤市治郎
竹澤団六
竹澤団二郎
鶴澤叶太郎

バラの精　吉田難波掾
バラの侍女　吉田文雀
バラの侍女　吉田文昇

三勝
半七
艶容《はですがた》女舞衣《おんなまいぎぬ》

酒屋の段

松大夫改め　竹本春子大夫
野澤松之輔
高音　竹澤団二郎

親宗岸　吉田玉市
嫁お園　桐竹亀松（一日替　吉田栄三）
半兵衛女房　吉田国秀
舅半兵衛　吉田辰五郎
娘おつう　吉田玉丸
茜屋半七　吉田東太郎
美濃屋三勝　吉田文雀

道行霜夜の千日

三勝　竹本南部大夫
半七　竹本織の大夫
鶴澤藤蔵
鶴澤徳太郎
竹澤団六
野澤勝平
鶴澤藤二郎

美濃屋三勝　吉田文雀
茜屋半七　吉田東太郎

夜の部　四時半開演
西亭作並に作曲　鷲谷樗風演出　大塚克三装置

犬

有馬温泉の一室より清雅堂の玄関先まで

有馬温泉の一室
清雅堂娘美津子　竹本南部大夫
母時枝　竹本文字大夫
伊勢六息百太郎　豊竹十九大夫
宿の女中お竹　竹本伊達路大夫
愛犬シロ　竹本相子大夫
野澤錦糸
竹澤団六
野澤勝平
鶴澤藤二郎
野澤市治郎

下寺町寺の境内仕立屋の内
竹本土佐大夫
鶴澤藤蔵

神戸病院の門前
竹本織の大夫
鶴澤徳太郎

元の仕立屋より清雅堂の玄関先まで
竹本津大夫
野澤松之輔
ツレ　竹澤団二郎

清雅堂の娘美津子　桐竹亀松
美津子の母時枝　吉田玉五郎
伊勢六の息百太郎　桐竹紋二郎
愛犬シロ　吉田文雀
女中お竹　桐竹一暢
左官虎造　吉田玉男
娘お千代　吉田栄三
お千代の母おさよ　吉田玉市
女中お玉　桐竹紋寿
愛犬マル　吉田文雀
虎造の父松造　吉田玉助
松造の女房おはる　豊松清十郎
近所の子供　吉田栄弘
近所の子供　吉田栄之助
近所の子供　桐竹亀若
仲人　吉田玉昇
清雅堂の若い者　大ぜい

伽《めい》羅《ぼく》先《せん》代《だい》萩《はぎ》

御殿の段
竹本綱大夫
竹澤弥七

政岡忠義の段
竹本春子大夫（松大夫改め）
野澤松之輔

乳母政岡　桐竹紋十郎
鶴喜代君　桐竹勘之助
一子千松　吉田小玉
妻八汐　桐竹勘十郎
妻沖の井　吉田文昇
栄御前　吉田辰五郎
腰元　大ぜい

おはん 長右衛門 桂《かつら》川《がわ》連理《れんりの》柵《しがらみ》

帯屋の段
前　竹本相生大夫
　　鶴澤重造
後　豊竹若大夫
　　野澤勝太郎

女房おきぬ　吉田玉五郎
母おとせ　吉田作十郎
兄長右衛門　吉田栄三
弟儀平　吉田玉助
親半斉　吉田国秀
丁稚長吉　桐竹紋十郎
信濃屋娘お半　吉田難波掾

恋《こい》飛《び》脚《きゃく》大和《やまと》往来《おうらい》

新口村の段
梅川　竹本土佐大夫
忠兵衛　豊竹つばめ大夫
忠三女房　竹本大隅大夫（静大夫改め）
捕手小頭　豊竹小松大夫
捕手　竹本津の子大夫
親孫右衛門　竹本津大夫
（一日替）三味線　野澤喜左衛門
　　　　　三味線　鶴澤寛治

亀屋忠兵衛　吉田玉男
傾城梅川　桐竹亀松
忠三女房　桐竹紋二郎
鶴掛藤治兵衛　吉田玉幸
樋の口水右衛門　吉田東太郎
伝がばば　吉田文昇
置頭巾　吉田兵次
針立の道庵　桐竹紋弥
親孫右衛門　吉田玉市
八右衛門　吉田玉之助
捕手の小頭　吉田小玉
遠見の忠兵衛　桐竹一暢
遠見の梅川　桐竹勘之助

御観劇料　五百円　三百円　百円

◇十二月二十日　夜の部に限り　文五郎をたたえる会　御殿　バラ　文五郎
師へ記念品贈呈　帯屋　新口村（『吉田文雀ノート』）

新橋演舞場　東京　②　［BC］

御名残り狂言　十二月二十四日より二十七日まで

昼の部　十一時開演
藤間良輔振付
御祝儀　五人三番叟《ごにんさんばそう》

竹本相子大夫
豊竹小松大夫
豊竹十九大夫
竹本織の大夫
竹本大隅大夫
竹本春子大夫
竹本津大夫
竹本綱大夫
竹本相生大夫
豊竹若大夫
竹本土佐大夫
豊竹つばめ大夫
竹本南部大夫
竹本文字大夫
豊竹弘大夫
竹本伊達路大夫
竹本津の子大夫
豊竹松香大夫
竹澤団二郎
野澤勝平
竹澤団六
鶴澤徳太郎

鶴澤叶太郎
野澤松之輔
鶴澤寛治
竹澤弥七
鶴澤重造
野澤勝太郎
鶴澤藤蔵
野澤喜左衛門
野澤吉三郎
野澤錦糸
鶴澤燕三
野澤市治郎
鶴澤藤二郎

翁　吉田玉助
千歳　吉田東太郎
千歳　桐竹紋二郎
三番叟　吉田玉五郎
三番叟　吉田玉男
三番叟　桐竹勘十郎
三番叟　豊松清十郎
女三番叟　桐竹紋十郎

父は唐土 母は日本　国《こく》性《せん》爺《や》合《がっ》戦《せん》

楼門の段

豊竹つばめ大夫
三味線　野澤喜左衛門

錦祥女　桐竹亀松
老一官　吉田作十郎
和藤内　桐竹勘十郎
和藤内の母　吉田玉市
軍兵　大ぜい

吾常軍甘輝館の段

竹本綱大夫
竹澤弥七

錦祥女　桐竹亀松
和藤内の母　吉田玉市
吾常軍甘輝　吉田玉助
腰元　大ぜい

紅流しより獅子ヶ城の段

竹本津大夫
三味線　鶴澤寛治

和藤内　桐竹勘十郎
錦祥女　桐竹亀松
和藤内の母　吉田玉市
吾常軍甘輝　吉田玉助
軍兵、腰元　大ぜい

彦《ひこ》山《さん》権《ごん》現《げん》誓《ちかい》助《のすけ》剣《たち》

毛谷村六助住家の段

毛谷村六助　竹本相生大夫
娘お園　竹本土佐大夫
母お幸　竹本大隅大夫（静大夫改め）
斧右衛門　竹本文字大夫（役毎日替
杣仲間　竹本織の大夫
非人　竹本伊達路大夫
一子弥三松　竹本津の子大夫

毛谷村六助　吉田栄三
娘お園　桐竹紋十郎
非人　吉田玉昇
非人　桐竹紋弥
一子弥三松　桐竹一暢
斧右衛門　吉田辰五郎
杣京助　吉田玉幸

鶴澤重造

杣藤吉　桐竹紋寿
母お幸　吉田難波掾

お俊
伝兵衛
近頃河原《ちかごろかわら》の達引《たてひき》

堀川猿廻しの段

前　竹本春子大夫（松大夫改め）
　　野澤松之輔
ツレ　鶴澤徳太郎
後　豊竹若大夫
　　野澤勝太郎
ツレ　鶴澤燕三

与次郎の母　吉田国秀
弟子おつる　吉田小玉
兄与次郎　吉田玉市
娘お俊　吉田栄三
井筒屋伝兵衛　吉田玉五郎

夜の部　四時半開演

安《あ》宅《たかの》関《せき》

勧進帳の段

武蔵坊弁慶　竹本津大夫
富樫左衛門　竹本相生大夫
源義経　竹本織の大夫
伊勢三郎　豊竹十九大夫
駿河次郎　豊竹弘大夫
片岡八郎　豊竹小松大夫
常陸坊　竹本伊達路大夫
番卒　竹本津の子大夫
番卒　竹本相子大夫
三味線　鶴澤寛治
　　鶴澤重造
　　鶴澤燕三
　　竹澤団六
　　竹澤団二郎
　　鶴澤叶太郎

富樫左衛門　桐竹亀松
源義経　吉田玉男
武蔵坊弁慶　吉田玉助
伊勢三郎　吉田文昇
駿河次郎　吉田玉昇
片岡八郎　桐竹紋弥
常陸坊　吉田国秀
番卒　吉田万次郎
番卒　吉田小玉

豊竹松大夫改め
三代目竹本春子大夫
竹本静大夫改め
五代目竹本大隅大夫
襲名披露口上

恋《こい》女《にょう》房《ぼ》染分《そめわけ》手《た》綱《づな》※1

重の井子別れの段

切　竹本綱大夫
　　竹澤弥七

乳母重の井　桐竹紋十郎
調姫　桐竹勘之助
馬方三吉　桐竹紋二郎
本田弥三左衛門　吉田辰五郎
腰元お福　吉田文雀
宰領　吉田文昇
宰領　桐竹紋寿

摂《せっ》州《しゅう》合《がっ》邦《ぽうが》辻《つじ》

合邦住家の段

前　竹本春子大夫（松大夫改め）
　　野澤松之輔
後　豊竹若大夫
　　野澤勝太郎

親合邦　吉田玉助
合邦女房　吉田国秀
玉手御前　桐竹亀松
奴入平　桐竹勘十郎
俊徳丸　吉田東太郎
浅香姫　豊松清十郎

小春
治兵衛
天《てんの》網島《あみじま》時雨《しぐれの》炬燵《こたつ》

紙屋内の段

前　豊竹つばめ大夫
三味線　野澤喜左衛門
後　竹本土佐大夫
　　鶴澤藤蔵

紙屋治兵衛　吉田栄三
女房おさん（前）　吉田難波掾
舅五左衛門　吉田辰五郎
丁稚三五郎　吉田玉昇
女房おさん（後）　吉田玉男
娘お末　桐竹勘之助
紀の国屋小春　吉田玉五郎

道行名残りの橋づくし

小春
治兵衛

竹本南部大夫
竹本文字大夫
野澤吉三郎
野澤錦糸
野澤市治郎
野澤勝平
鶴澤藤二郎

倅勘太郎　吉田玉丸
江戸屋太兵衛　吉田作十郎
五貫屋善六　吉田玉幸
紙屋治兵衛　吉田栄三
紀の国屋小春　吉田玉五郎

※1　中表紙では摂州合邦辻と順序が逆

◇十二月二十七日　摂州合邦辻　合邦住家の段　ラジオ放送　ＮＨＫ第二　午後九時（「朝日新聞（大阪）」、「毎日新聞（大阪）」、「読売新聞（大阪）」12・27）

◇十二月二十一日　昭和三十五年度大阪府芸術祭奨励賞授賞式
古典芸術部門
竹本綱大夫　竹澤弥七　藤舎呂船「左文字と此君」の作曲・作詞

〔典拠〕『文楽因会三和会興行記録』

▼昭和三十五年の訃音
・五月八日　四代鶴澤清六没

昭和三十五年　放送一覧

ラジオ

◇一月二日　午後一時五分
NHK①
鬼一法眼三略巻　五条橋の段
豊竹山城少掾　竹本綱大夫　鶴澤藤蔵

義経千本桜　道行初音の旅
竹本綱大夫　豊竹つばめ大夫
野澤喜左衛門　竹澤弥七

〔典拠〕朝（01・01）毎（01・01）
読（01・01）N（01・01）

◇一月八日　午後九時
NHK②
妹背山婦女庭訓　道行恋の苧環
豊竹つばめ大夫　竹本南部大夫

〔典拠〕朝　毎　読

◇二月四日　午後十時三十五分
NHK①
菅原伝授手習鑑　寺子屋の段
豊竹若大夫

〔典拠〕朝　毎　読

◇二月五日　午後九時
NHK②
恋娘昔八丈　鈴ヶ森の段
竹本土佐大夫

〔典拠〕朝　毎　読

◇二月十二日　午後九時
NHK②
義経千本桜　川連館の段
竹本綱大夫　竹澤弥七

〔典拠〕朝　毎　読

◇二月十六日　午後九時
NHK②
新橋演舞場　二月因会三和会合同公演
加賀見山旧錦絵　長局の段

〔典拠〕朝　毎　読

◇二月十九日　午後九時
NHK②
嫗山姥　廓噺の段
豊竹つばめ大夫　野澤喜左衛門
桂川連理柵　道行朧の桂川
竹本南部大夫　竹本文字大夫

〔典拠〕朝　毎　読

◇三月一日　午後一時二十五分
NHK②
一谷嫩軍記　組討の段
豊竹松大夫　鶴澤清六

〔典拠〕朝　毎　読

◇三月二十日　午後十一時
NHK②
流し雛
豊竹つばめ大夫

〔典拠〕毎

◇四月二十四日　午後十一時
NHK②
草履打ち　長局
豊竹山城少掾　竹本綱大夫
茂山七五三

〔典拠〕毎　読

◇五月八日　午後十一時
NHK②
生写朝顔話
竹本南部大夫
＊「朝日新聞（大阪）」は、朝刊夕刊とも番組名に違いあり

〔典拠〕朝　毎

◇五月十日　午後九時
NHK②
道頓堀文楽座　五月因会三和会合同公演
義経千本桜　寿しやの段

〔典拠〕朝　毎　読

◇五月十二日　午後十時三十分
NHK①
新版歌祭文　野崎村の段
豊竹松大夫　鶴澤清六

〔典拠〕朝　毎　読

◇五月十三日　午後九時
NHK②
嫗山姥
豊竹つばめ大夫　野澤喜左衛門
野澤勝平

〔典拠〕朝　毎　読

◇五月二十二日　午後十二時十五分
毎日
鶴澤清六追悼
心中天網島時雨炬燵　紙屋内の段
豊竹松大夫　鶴澤清六

〔典拠〕朝　毎

◇五月二十七日　午後一時二十五分
ＮＨＫ②
壺坂
竹本土佐大夫　鶴澤藤蔵
〔典拠〕朝　毎　読

◇六月十日　午後一時二十五分
ＮＨＫ②
草津姥ヶ餅
竹本大隅大夫
〔典拠〕毎

◇六月十二日　午後十一時
ＮＨＫ②
夫婦まんざい
豊竹松大夫　鶴澤寛治　万代峰子
〔典拠〕毎

◇六月二十六日　午後三時五分
ＮＨＫ①
東京三越劇場　六月公演
彦山権現誓助剣　毛谷村の段
〔典拠〕朝　毎　読

◇六月三十日　午後十時三十分
ＮＨＫ①
鎌倉三代記　三浦之助別れの段
竹本土佐大夫　鶴澤藤蔵
〔典拠〕朝　毎　読

◇八月五日　午後九時
ＮＨＫ②
鵜山古跡松　中将姫雪責めの段
竹本土佐大夫　鶴澤藤蔵
双蝶々曲輪日記　道行菜種の乱咲
豊竹つばめ大夫　竹本文字大夫
豊竹小松大夫　野澤喜左衛門
〔典拠〕朝　毎　読

◇八月十二日　午後九時
ＮＨＫ②
伊勢音頭恋寝刃　油屋の段
竹本綱大夫　竹澤弥七
薫樹累物語　埴生村の段
豊竹若大夫　野澤勝太郎
〔典拠〕朝　毎　読

◇八月十九日　午後九時
ＮＨＫ②
桜鍔恨鮫鞘
豊竹つばめ大夫　野澤喜左衛門
良弁杉由来
竹本綱大夫　竹本文字大夫　竹澤弥七　竹澤団六
〔典拠〕朝　毎　読

◇八月二十三日　午後九時
ＮＨＫ②
道頓堀文楽座　八月公演
極彩色娘扇　兵助内の段
〔典拠〕朝　毎　読

◇八月二十五日　午後十時三十分
ＮＨＫ①
京名所
豊竹つばめ大夫
〔典拠〕朝　毎　読

◇九月一日　午後十時三十分
ＮＨＫ①
双蝶々曲輪日記　引窓の段
竹本綱大夫　竹澤弥七
〔典拠〕朝　毎　読

◇十月三十一日　午後八時
ＮＨＫ②
芸術祭参加
左文字と此君
竹本綱大夫　竹澤弥七
〔典拠〕朝　毎　読

◇十一月四日　午後九時
ＮＨＫ②
縁の糸口
豊竹つばめ大夫　豊竹小松大夫
野澤喜左衛門
芦刈
竹本綱大夫　竹澤弥七
〔典拠〕朝　毎　読

◇十一月二十三日　午後一時十分
ＮＨＫ②
忠臣連理の鉢植
竹本南部大夫　竹本文字大夫
万歳
竹本織の大夫
〔典拠〕朝　毎　読

◇十二月八日　午後十時三十分
ＮＨＫ①
曲輪文章　吉田屋の段
竹本春子大夫　野澤松之輔　竹澤団六

〔典拠〕朝　毎　読

◇十二月十八日　午後十一時
ＮＨＫ②
師走うたごよみ　堀川　袖萩祭文
廿四孝三段目　新口村
竹本南部大夫　田川賀世　茂山七五三　茂山千之丞
〔典拠〕毎　読

◇十二月二十七日　午後九時
ＮＨＫ②
新橋演舞場　十二月因会三和会合同公演
摂州合邦辻　合邦住家の段
〔典拠〕朝　毎　読

◇十二月三十日　午後一時二十五分
ＮＨＫ②
緑の絲口
豊竹つばめ大夫
廓文章
竹本春子大夫
〔典拠〕毎　読

テレビ

◇一月二日　午後四時
朝日
吉田文五郎が描く女
〔典拠〕プログラム　朝（01・01）毎（01・01）読（01・01）

◇一月十六日　午後八時
朝日
道頓堀文楽座　一月因会三和会合同公演
本朝廿四孝　十種香の段
〔典拠〕朝　毎　読

◇一月十七日　午後八時三十分
ＮＨＫ教育
道頓堀文楽座　一月因会三和会合同公演
仮名手本忠臣蔵　一力茶屋の段
〔典拠〕朝　毎　読　Ｎ（01・17）

◇一月二十四日　午後八時三十分
ＮＨＫ教育
仮名手本忠臣蔵　山科閑居の段
竹本綱大夫　竹澤弥七　小浪　吉田難波掾　吉田栄三　戸無瀬　桐竹紋十郎　由良之助　吉田玉助　本蔵　吉田玉市　お石　吉田玉男　おりん　吉田玉五郎　力弥　豊松清十郎
〔典拠〕朝　毎　読

◇一月二十六日　午後八時三十分
朝日
私は知りたい「生きている人形」
竹本津大夫　竹澤団六　桐竹紋十郎　桐竹勘十郎　豊松清十郎
〔典拠〕朝　毎　読

◇二月二十五日　午後九時
関西
新橋演舞場　二月因会三和会合同公演
本朝廿四孝　奥庭狐火の段
〔典拠〕朝　毎　読

◇二月二十六日　午後九時
関西
スター千一夜
桐竹紋十郎
〔典拠〕朝　毎　読

◇三月二十四日　午後一時四十五分
読売
道頓堀文楽座　三月文楽嫩会
妹背山婦女庭訓　四段目
〔典拠〕朝　毎　読

◇三月二十六日　午後八時
朝日
道頓堀文楽座　三月文楽嫩会
妹背山婦女庭訓　姫戻りの段
金殿の段
〔典拠〕朝　毎　読

◇三月二十九日　午後九時三十分
ＮＨＫ
上方の二枚目　河庄
豊竹つばめ大夫　野澤喜左衛門
小春　吉田難波掾　治兵衛　桐竹紋十郎　孫右衛門　吉田玉市
踊　林又一郎
〔典拠〕朝　毎　読　Ｎ（03・27）

◇五月十五日　午後八時三十分
ＮＨＫ教育
道頓堀文楽座　五月因会三和会合同公演
伊賀越道中双六　沼津里の段

〔典拠〕朝　毎　読

◇九月十一日　午後十時四十五分
NHK
摂州合邦辻
豊竹若大夫　野澤勝太郎　玉手御前
桐竹紋十郎　合邦　吉田辰五郎
俊徳丸　桐竹勘十郎　浅香姫
豊松清十郎

〔典拠〕朝　毎　読

◇九月二十三日　午前九時二十五分
読売
文楽嫩会
生写朝顔話
＊「読売新聞（大阪）」には、午前十時二十五分

〔典拠〕毎　読

◇九月二十五日　午後八時三十分
NHK教育
絵本太功記　夕顔棚の段
竹本織の大夫　竹澤団六
尼ヶ崎の段
竹本綱大夫　竹澤弥七
みさお　吉田難波掾　桐竹亀松
武智光秀　吉田玉助　武智重次郎
吉田栄三　初菊　吉田玉五郎
さつき　吉田玉市　真柴久吉　吉田東太郎　加藤正清　吉田小玉

〔典拠〕朝　毎　読

◇十月三日　午後一時
NHK教育
芸術「文楽」
竹本綱大夫　竹澤弥七　吉田玉男

〔典拠〕朝　毎　読

◇十一月二十一日　午後七時
朝日
道頓堀文楽座　十一月公演
竹本春子大夫襲名披露口上　艶容女舞衣　酒屋の段

〔典拠〕朝　毎　読

◇十二月一日　午後三時
NHK教育
魂ある人形・文楽　一谷嫩軍記
熊谷陣屋の段
豊竹若大夫　吉田玉助　桐竹紋十郎

〔典拠〕朝　読

義太夫年表 昭和篇 第四巻
発行日 平成二十九年九月三十日
定 価 本体価格一九、〇〇〇円
（消費税を別途お預りいたします）
編 者 独立行政法人日本芸術文化振興会
国立文楽劇場部事業推進課
義太夫年表昭和篇刊行委員会
発行者 廣橋研三
発行所 有限会社 和泉書院
大阪市天王寺区上之宮町七―六 〒543-0037
電 話 〇六―六七七一―一四六七
FAX 〇六―六七七一―一五〇八
印 刷 亜細亜印刷
製 本 渋谷文泉閣

ISBN978-4-7576-0849-8 C3374

URL http://www.izumipb.co.jp
E-mail : izumisyo@silver.ocn.ne.jp

九月興行
因会・三和会 大合同公演